函海

清 李調元 輯

仿萬卷樓原本

人民出版社

第九册目録

光緒七年公
重鎸于廣漢

井蛙雜記

井蛙雜紀序

井蛙雜紀者蜀中歷代瑣事軼文李子輯之而別爲此書也蜀自獻賊之亂書籍殘燬青羊一刼衣冠塗地承平之後雖綴拾遺文纂脩省志賴有當代諸公而搜覔珊瑚鐵網難盡又或傳聞互錯不免溷淆因不揣固陋思拾遺而補綴之而苦無載籍可考自癸酉余省覲大人於浙東一舸南下始獲遍遊名山大壑身所經歷凡有古蹟牌版無不手摹而錄之旣而先人以薄俸購書萬卷載以歸來又從而一一考核繼復奔馳南北一官京師又數十年每逢明窗獺祭之下未嘗不手自抄寫今裒然成帙矣其閒或得之舊志或得之新聞或得之山經石室或得之小說稗官要皆有關於華陽之典故文獻之考徵事多爲正史所不載以及案頭所未數數見者輒爲一集不分鴻荒而上耳目之前玉屑金沙奇奇怪怪皆入野史叢編因隨時紀錄故無次第非敢謂賅悉無遺足以訂前人之闕也亦聊以供麈尾之閒譚而已其曰井蛙云者恐渺見寡聞妄自著述以貽子陽井底之誚耳

乾隆三十四年歲次己丑孟冬月羅江李調元　撰

井蛙雜紀目錄

井蛙雜紀卷一

羅江李調元雨邨纂

甲紀 共七十二則

狀元記事揚州一士夫偶遇樟柳神因叩明春狀元何處人神云川新都種樫蕭氏頭上名喬木無灰易真心用修行慎既及第乃知爲蜀地姓名字也

嘉靖三十二年甲辰科禮部員外錢萱禮科汪鮫言會試主考官江汝璧等朋私通賄大壞制科內閣翟鑾二子汝儉汝孝連中鄉會場而業師崔奇勳姻親焦清試皆同號房考皆同彭鳳與歐陽曉係汝儉崔

業師故閱書經陽引嫌而陰爲籌畫沈坤取陸煒高節取彭謙汪一中皆通賄疏入鑾請覆試上以情弊顯然下法司逮訊翟鑾及汝儉汝孝江汝璧崔奇勳焦清彭鳳歐陽曉俱削籍爲民高節充軍沈坤汪一中陸煒皆免議按題名碑高節四川羅江人壬辰探花及第以官節敗今通志人物類不特軼其事亦並無其人意者以其敗名而屏之歟

李子靜學士少隨其父如石先生官於吳遇國變不能歸蜀僦居錦帆涇側館於鄉間柴氏柴氏子世俊夢入玉京試得狀頭師得榜眼以告子靜子靜心喜自負因拆榜眼二字之半合爲根字改爲仙根仍回原籍應舉辛丑傳臚果一甲第二狀元則馬世俊也柴本姓馬名偶符耳如石先生名實癸未進士明末爲吳縣令著有賢聲鼎革後杜門著書不以子貴易操方巾布袍終其身出觚賸

有倪進賢者婺源人素不讀書眉州萬安爲閣老日賢以房術獻媚安大喜成化戊戌科安密以囑考官劉吉彭華遂中式廷試又力挽之遂館選庶吉士士林恥之攷安子翼官侍郎翼子璧官編修皆以年少登第日縱荒淫皆先安死

正德戊辰科焦芳以子黃中不得狀元降調諸翰林是科辛未楊廷和在閣其子愼以會試第二人廷對大魁天下愼極博學然京師猶呼爲面皮狀元以相傳首相長沙公密以制策題示愼故所對獨詳得首冠也方登第時賓客來賀太保公怏然不樂謂曰身列宰輔子魁大廷盛滿已極酒闌人散矣後議大禮果如其言

丹崖劉公以奇童背負入試時廉憲某公出一對云雲月梯兒萬丈高在人平步公即對云綱常擔子千斤重須我着肩後公任御史因武廟南巡具疏極諫

瀕九死而不回非身肩綱常擔子者能之邪其英風勁節已見於童穉時矣丹崖事行見彭縣志

東坡云舊聞老蚌生明珠未省老菟生於菟坡弟子由己卯生坡號之曰卯君生子名虎兒故云

郭祥正母夢李太白而生祥正少有詩名梅堯臣曰天下如此真白後身也

大足化龍橋相傳溪中有珠浮水上邑人聶姓得而吞之遂化龍去因以爲名

龍安府近昭劍地方山裂內有石粉如麪民取以爲食單食之則病和麪則飽事在萬歷三十二年考別

志曰田產麪民有飢存心錄載武后時武威郡石化爲麪貧者取以食卽此類也

宋蘇洵嘗於天聖中至玉局觀無礙子肆中見一畫像筆法清奇云乃張仙也無子者禱之輒應洵尚無子因解玉環易之每旦露香以告乃得軾又得轍皆成大儒

僞蜀王宗信鎮鳳州有角觝人蘇鐸者委之巡警嘗與宗信左右孫延膺不協宗信因暇日登樓望見蘇鐸錦袍束帶似遠行人之狀宗信詰之鐸本岐人也延膺因譖曰蘇鐸雖受公蓄養其如包藏禍心久欲逃去宗信大怒立命擒至先斷舌臠然後斬之及延膺作逆其被法之狀亦如鐸焉

宋吳之巽大竹人逆曦嘗欲以季春聘士預令就聘者書行藝年籍巽叱吏曰此何時耶因作詩曰困窮何用怕鬼笑暴貴不免干天刑卒不爲撓賊平時應聘有司以考禮正刑一德以尊天子爲問巽附髀曰吾氣昌矣援筆成文遂冠多士

中江王隱君孟蜀時人抱道不仕尤工於詩有落花吟云富貴雨中花昨開今復落無人解花意俱爲貪花錯葢有感於時事云

郫人得巨蛇於南郭渠長八九尺許刳剔臟腹盤串置火上焙之越數日其數歲子忽皮膚腫裂痛楚萬狀蛇謂之曰汝無狀剔我而焚之今汝兒亦知此苦否其人驚乃取蛇拔去竹釗以水洗沃焚香禱謝送之故處久之蛇復蜿蜒而去兒亦平愈見古今雜記

郫縣張愈遊蓬萊廟留詩云玉帶樓前鎖碧霞經年培養牡丹芽不妨野鹿踰牆入銜出宮中第一花又金玉霞臺插碧空笙歌迭響入天風當時國色并春色盡在君王顧盼中夜夢童子謂曰吾蓬萊第一宮太真也遂引愈至一洞口見眾仙排列以待云感子

詩妙謝增壽一紀

嘉靖辛丑歲嘉定有儒生呂和者畜一猫爲鄰竊後知之訟於官盜者畏罪入言須以牛償猫乃可釋盜者曰牛賴以耕去此則一家無望矣遂至夜鍵閉門戸拽牛至寢室并其母妻烈火焚之以身躍入人物房舍俱盡然儒者實不知也後有商閻四者以債訟挾儒生於官不察謂此生捶殺數人放火以滅蹟獄成置之重辟衆咸冤之儒生既歿商得志生子女各一子甚敏慧善讀書後入試見冤者持之遂昏迷扶出吐血死女亦死商夫婦亦相繼死永訣時口數數

道前事

凌雲寺元時爲戰場多鬼祟至正間僧千峯會爲獄卒合送囚徒會訊千峯曰世亂刑繁多不當罪吾憐汝釋之我亦從此逝矣遂削髮爲僧結庵九峯山時挾一銅鐘以避祟謂之幽明鐘倏有一人走告郡守曰有僧鳴鐘家衆甚不安可爲禁之守像其人不凡乃諾而陰覘之至碧津渡卽入水去守曰此龍王下有龍宮焉因語僧僧旣止後數日又鳴之一夕大風雨挈鐘去至今不敢鳴洪鐘

嘉定東十餘里有東觀在羣山中石壁四擁殿有石函長三丈其上鑿鳥獸花草文理纖妙隣於鬼工緘鐍極固泯然無隙相傳尹喜真人昇天時約曰函中有符籙愼不可開天歷中清河崔公爲守欲開之道士曰真人遺教啟函者必有禍崔以巨索繫函鼻拽以數牛半日石函乃開有符籙十軸耳崔曰向者謂有奇寶今符籙而已令緘鐍如故崔是夕暴卒既而甦言曰有冥吏攝吾至一官署冥官卽故相呂公誼也謂吾開真人石函於法當削壽祿卽泣告呂公曰故人何以爲救呂曰法不可逃吾爲足下致二年假職優其祿廪耳吾卽拜謝而甦因問其家已死三日

矣本郡白於使具以事告節制崔甯署攝副使月給俸錢二十萬二年而卒

正德辛巳有夫婦以弄猴爲衣食者十年矣寓於嘉州之白塔山主者死葬於塔之左猴日夜號其婦更招一丐者爲夫猴舉手揶揄之婦弄猴使作技猴伏地不爲鞭之輒奮叫入夜走主者之墓跑土悲號七日而死

綿州余貴自知黄州休致歸時宏治十年也承兵荒之後風晨雨夕每聞近效悲號聲乃傭工十人每二人舁大筐日收沿河山谷無主遺骸及城壕漏澤園

暴露者無慮數百叢葬所買義塚每遇寒暑中下元於河濱厲祭歲以爲常

宏治甲子綿州副使白翱自知處州丁內艱歸新置居第始築屋基實巨甕畜金魚在側值雷雨交作甫霽有虹垂飲甕中居室炫燿照映比隣見者驚愕爭趨視之良久起去甕水已渴適叅政郭祥鵬按治因名其廳曰垂虹

龍會觀畫板治東六十里有觀曰龍會宏治間居人廖天恕焚獻其中以殿瓦疎漏將爲天花板數十覆其上畫工已施膠粉有事去數月不至板集殿中每

靜夜聞有聲疑爲鼠耗所嚙後工至啟視之則已畫矣筆跡天成莫測起落處至今宛然如新

綿州鯉魚橋仙跡治北八里卽涪江匯入芙蓉溪上游沿岸多民田每夏秋潦水逆流魚隨水上多食禾稼民甚病之後遇一異人於橋鑿一乂一網其魚遂集灘下不敢上漁人每於此時捕之得利數倍今橋圮魚復爲害

蝦蟇灘石蟇治北七里舊有石如蟇狀踞灘口張口向南相傳城中自昔無蚊蠓蓋此石所致宏治間知州汪洪改修朱容匽於此鑿碎其後遂不驗

綿州東城北五里爲芙蓉上游其水通於靈山麓有獸潛其中狀如驢不時出遊上下無常或泳水中或臥沙渚每出必旱澇見者亦不吉

綿州有院曰水陸瀕溪有石龜鑿制莫稽每夕北斗見時視之止在其首雖斗柄轉移星影常然

明正統七年甯遠黃誠以刑部侍郎何文淵薦自溫州幕知綿州事一新百廢政聲甚著嘗造册增鄉流民多欲以所佃田起科附籍又有借糧營爲里長者黃謂之曰綿州土狹民貧必爲後日之患乃令以所墾田止過東渡洛水二鄉舊糧鄉田雖增賦稅不加

民至今賴之

天寶間明皇幸蜀姜皎以藩邸舊臣扈駕至綿州畫角鷹於督郵亭壁甚精妙刺史模於石豎州堂後當時鷹隼不敢入城後守又模之換前碑將載歸至城南舟壞沒於潭乃嘆曰無功矣後人遂名其灘曰無功

莫尚書少虛因官西蜀謁南堂靜師咨決心要堂使其向好處提撕適如廁俄聞氣穢以手掩鼻遂有省卽呈以偈曰從來姿韻愛風流幾笑時人向外求萬別千差無覓處得來原在鼻尖頭南堂答曰一法纔

通萬法周縱橫妙用更何求
蜀人王長文天資聰警高暢敏識治五經博綜羣籍著無名子十二篇依則論語又著通經四篇亦有卦名擬易元以爲春秋三傳經不同乃據經摭傳著春秋三傳十二篇又撰禮記除煩舉要凡十篇皆行於時長文聞益州亂以通經筮得老蠶緣枯桑之卦嘆曰桑無葉蠶已卒也吾蜀人殄於是矣拜蜀郡太守暴疾卒

孝宗留心經術無所不涉奏對官被顧問者多致失措有王過者蜀人上殿孝宗驟問曰李融字若川謂

何過卽對曰天地之氣融而爲川結而爲山李融之字若川如元結之字次山也上大喜遂詔改官密院編修

蜀孟昶末年婦女競爲高髻號朝天髻未幾昶入朝於宋至今蜀中效之

屠鸞雲南洱海人正德中知蘆山縣縣境與天全六番土官高繼恩楊世仁地相接二氏凶暴虐下害及蘆山縣縣民嘉柑好李以帕繫樹杪無敢動者土軍種縣田顆粒入天全而縣民爲納稅鸞爲不平乃教縣民學弓矢民番奮怒人百其勇擒高氏用事豪僕係縣獄高氏聚眾刼獄鸞令其子追捕其子死焉彼此交惡搆兵高楊合并攻蘆山赤地百里雞犬皆空奏聞於朝命遊擊將軍曹玉征之未卜有司以間諜謀之先期楊氏擒高繼恩送獄厥後高氏擒楊世仁亦送獄皆伏斧碪焉自是土官不敢犯蘆山皆屠鸞爲之先也

襄城張公准字邦正爲御史左遷縣丞轉四川雅州判赴官時途次假寐空中忽聞有人呼張邦正快起來聲甚急如此者再公疑而起出戶視之其山忽崩公大驚知爲山神所報也公持節按吳憲綱大振奸

吏畏服民心帖然實成化辛丑歲公後終任都御史

楊祭字隱甫成都人宋史有傳極稱其屬文雅緻有體弟寘與兄齊名發解禮部廷試皆第一又蜀士在宋世三元三人陳堯叟楊寘何澳也亦可謂盛矣

成都浣花溪有石刻浣花夫人像三月三日爲浣花夫人生辰傾城出遊地志云夫人姓任氏崔甯之妾按通鑑成都節度使崔旰入朝楊子琳乘虛突入成都甯妾任氏出家財募兵得數千人自帥以擊之子琳敗走朝加旰尚書賜名甯任氏封夫人

前蜀王氏朝僞相王鍇字鱣祥家藏書數千卷一一

皆親札并寫藏經每趨朝於白藤擔子內寫書書法遒謹至後蜀孟昶又立石經於成都宋世書傳蜀本最善以此五代僭爲諸君惟吳蜀二主有文學然李昇不過作小詞工畫竹而已孟昶乃表章五經纂集本草有功於經學矣今之戒石銘亦昶所作又作書林韻會宋儒黃公紹韻會舉要實祖之然博洽不及也

沙門元靄蜀中人寫眞染色以一小石研磨取色蓋覆肉色之上後遂如眞又有李靄之居金波亭號金波處士又有王靄諸畫師三靄

蜀牋自唐已名天下近覩龍川集陳同甫與朱元晦書云川筆十枝川墨一挺蜀人以爲絕品則蜀人之筆墨在宋爲絕品不知何時降爲眉州大邑之濫惡耳

姑蘇守溪王公濟之在閣日論杜詩聞知榿木三年大因問先父榿木蜀產榿字何音先父曰音欹守溪曰當依韻書音楷先父曰音欹則鄉人農夫皆識之若作楷音不知何木矣因舉王荊公榿木詩曰濯錦江邊木有榿野園封植佇華滋地偏幸免桓魋伐歲晩還同庾信移王乃悅服

蘱魚旣切說文玉篇俱云煎茱萸也漢令會稽郡歲貢蘱子一斗字一作艾揚雄蜀都賦木艾椒離本草蜀州食茱萸甚高大有長及百尺者蜀人呼其子爲艾子宋景文公艾子贊曰緣實若萸味辛香苾投粒羹臛椒桂之匹范石湖成都古今記云艾子茱萸類也實正綠味辛蜀人每進酒輒以一粒投之少頃香滿盃醆但蘱與艾蓋一物相似有食茱萸藥茱萸之分如川芎有茶芎藥芎之別也左思蜀都賦旁植龍目側生荔枝故張九齡賦荔枝云雖觀上國之光而被側生之誚杜子美絕句云側生野岸及江浦不熟

丹宮滿玉壺諱荔枝爲側生雖本之左思張九齡然以時事不欲直道也黃山谷題楊妃病齒云多食側生損其左車則特好奇耳文選蜀都賦平仲君遷皆木名注缺按司馬溫公名苑云君遷子如馬妳俗云牛妳柹是也今之造扇用此柹油

蜀中有花名賽蘭香花小如金粟特馥烈戴之髮髻香聞十步經月不散按佛經云天末香莫若牛頭旃檀天澤香莫若詹糖薰陸天華香莫若薝蔔伊蘭則伊蘭卽此花也西域以之供佛後漢書所謂伊蒲之供也蒲卽菖蒲花世不恆有貴其難得耳五加皮蜀

中名白刺頭陶隱居云釀酒王益人道家用此作灰亦以煮石與地榆並無別法東華眞人煮石經曰舜常登蒼梧之山曰厥金玉之香草朕用偃息正道此五加也又異名曰金鹽玉屋山人王常曰何以得長久何不食石蓄金鹽母又曰甯得一把五加不用金玉滿車醮周巴蜀異物志文章草贊曰文章作酒能成其味以金買草不言其貴文章草卽五加皮也

易林大禹生石夷之野後漢戴叔鸞傳云大禹生西羌水經注禹生於蜀之廣柔縣石紐村金之石泉縣也石紐村今之石鼓山其山朝暮二時有五色霞氣

井蛙雜記　卷一　十三　三十三函

又有大禹採藥亭在大業山

漢地理志有朐䏰縣顏師古注音劬誤也按說文朐臘挺也其俱反字旣從句與地名何干通典作朐䏰朐音如順切䏰如尹切讀閏蠢通典之音得之矣而字作朐則音漢志而誤也當从朐乃叶閏字之音朐䏰蟲名夔州地多此蟲遂以為名又謂朐䏰屬漢中亦誤檢地志漢中實無此縣

孔明出師表五月渡瀘今以為瀘州非也瀘州古之江陽而瀘水乃今之金沙江卽黑水是也因其水色黑故以瀘名之爾沈黎古志孔明南征由今黎州路

黎州四百餘里至兩林蠻自兩林南瑟琶部三程至巂州十程至瀘水瀘水四程至弄棟卽姚州也今之金沙江在滇蜀之交一在武定府元江驛一在姚安之左郤據沈黎志孔明所渡當在今之左郤也瑟琶一作風琶兩林今之邛部長官司也

蜀山之大者曰岷山其川曰岷江岷字說文作嶅省作岷漢人隸書作汶多與汶上之汶相混列字貉不踰汶謂川江也非汶上也毅葳順巳辨之史記冉駹為汶山郡司馬溫公類篇曰汶音岷據史記引禹貢岷嶓旣藝及岷山之陽及岷山導江皆作汶葢古字

非蛙雜紀　卷一　十四　三十三函

通用也三國志蜀後主至湔登觀坂觀汶水之流王右軍與周益州撫書曰要欲一遊目汶嶺五代史蜀主王建貶衞尉少卿李綱為汶川尉徐無黨注汶讀作岷（敘州驛名汶川考古志作漫川）

江自嘉州至荊門險灘凡千百餘灘外又有磧數十今載其畧洞疾流也（江中有達洞搆水洞）水流沙上曰瀨（江中有和尚瀨）水出尾下曰瀵（今地名七瀵）回流漩轉曰漩（今有南沱漩）石積水淺曰磧（今有上磧下磧）水疾崖傾曰碥（今有閻王碥燕子碥）灘磧相湊曰㶿（音子今有石搋子折搋子）水如轉轂曰漕（今有野猪漕）又水漫不流曰沱灘下急流曰瀨其名甚多不盡書也

楊升菴先生在滇南每出遊乘一木肩輿僅容膝狀如升所謂升庵也庵之前題曰士到東都須節義地當西晉且風流爲張愈光舍筆

豫章簡西嵒紹芳弱冠客遊滇南題詩山寺楊升菴先生一見異之使人物色遂爲忘年交凡先生出入必引與俱先生藏書甚多簡一覽輒記每清夜劇談他人不能答簡一一應如響在滇南倡和及訂較文藝惟簡爲多年幾六十四歸崇山先生送之詩金蘭意氣昔論交晏坐朝霜竟夕曛千里驅馳來爽道十年羈旅共滇雲交遊落落辰星散蹤跡悠悠逝水分

江北江南從此別何時何地再逢君歸數年卒其子詣先生瀘陽時先生以疾臥牀呼拜牀下問西嵒安否其子曰死矣先生長吁拭淚遂向壁臥不復言數日卒先生交誼當求之千古矣按簡紹芳嘗著楊升菴年譜此云歿在升菴生前似有誤

峩眉山本以兩山相對如蛾眉故名字當从虫不當从山

黎州安撫司內小廳東有梨樹一株高九丈圍九尺州人取其枝以接果呼爲三藏梨相傳唐僧西遊植梨杖於此曰他日州治在此云

城西開元寺唐了休禪師道場也國初張三丰與僧廣海善寓居於寺者七日臨別贈詩云深入浮屠斷世情奢摩頭陀恰相應天花隱隱呈微瑞風葉琅琅詠大乘密室晝閒雲作蓋空亭夜靜月爲燈魂消影散無何有到此誰能見老僧並留草履一雙沉香三斤而去後海以詩及二物獻之文帝答賜玉環一枚千佛袈裟一領今猶置寺中稱世寶云解學士縉有寺中法堂記碑

白帝城上僅有元人一碑亦不甚佳工部舊日草堂在城東十餘里外尚有遺址可尋止存一碑數字題

重修東屯草堂記

峽口石上字多磨滅惟一詩云白帝城邊春草生黃牛峽裏水波清追思昭烈千古事長使英雄氣不平後書大元至元十九年歲次壬午鎮國上將軍四川宣慰使何公同男到此吟

峽口鐵柱二不知何代物上鑄守關大將軍徐宗武等字

楊用修著述之富古今罕儔予所見已刻者二十九種升菴全集升菴詩集升菴詩話楊子卮言尺牘清裁詞林萬選丹鉛要錄丹鉛總錄丹鉛摘錄丹鉛餘

錄丹鉛續錄蓺林伐山墨池瑣錄詩話補遺五言律
祖絕句辯體禪林鈎元水經古文韻語轉註古音畧
古音駢字古音複字古音附錄異魚圖贊韻林原訓
李詩選杜詩選風雅遺編明詩抄未見已刻者三十
九種南中續集玉堂集長短句長短句續集書品詞
品金石古文畫跋尺牘拾遺選詩外編選詩拾遺唐
絕精選唐音百絕唐絕增奇六言詩選古文音釋古
音獵要古音叢目奇字韻古文參同契溫泉詩集洞
天元紀檀弓叢訓禪藻集譚苑醍醐陶情樂府樂府
續集箜篌新詠墐戶錄滇載記脈位圖說連夜吟卷

月節詞千里面談經義模範崔氏誌銘山海經補註
七十行戍橐聞未刻者尚有七十一種各史要語晉
史精語夏小正解管子敘錄莊子刊語古雋謝華啟
秀羣書麗句文海釣鼇名奏菁英四詩表証古文韻
語別錄古文古詩選明詩續抄詩林振秀五言絕選
選唐百絕寰中秀句古今柳詩古諺古今風謠蒼洱
紀遊滇詞選格百琲明珠詞苑增奇草堂詩餘補遺
六書傳證六書探賾篆韻索隱古篆要畧六書統摘
要隸駢銘心神品韻藻騈䉛瓴筆清暑錄希姓錄滇
程紀書畫名跋書畫神品目素問糾畧羣艷傳神江

花品藻滇侯記引書晶鈺丹鉛別錄丹鉛閏錄丹鉛
贅錄升菴疑說文遊餘錄卮言閏錄做帚病榻手吷
蘇黃詩髓宛陵六一詩選五言三韻詩選五言別選
宋詩選元詩選羣公四六節文古韻詩畧說文先訓
古今詞英塡詞玉屑六書練證逸古編經書指要唐
史要偶語六書索隱總之一百四十種出何宇度益
部談資

仙宮佛院成都頗盛半創自獻王之國時累代藩封
中貴從而增益之殿宇廊廡華麗高敞觀如元天雲
臺寺如昭覺金像淨居淨因（一名萬佛）金沙廟如昭烈宮

如青羊俱不滅兩都規模足供遊眺（昭覺乃孟蜀宣華宮）諸寺
間藏有佛牙甚至重七斤餘者錦袱珠匣珍襲嚴祀
皆洪武間頒

郫筒酒乃郫人刳大竹爲筒貯春釀於中相傳山濤
治郫用筠管釀醾蘗作酒經旬方開香聞百步今其
製不傳

安縣白塔寺殿柱有二泥龍相傳風雨夜一龍飛去
今剩一僧以竹釘之

射洪祠在北門外驛傍傳云蜀獻王初之國夢有神
冠冕來謁者王問爲誰對曰陳子昂也今爲射洪土

神王駕過護送至此王因問其地立祠祀之世因謂子昂爲蜀土神

子雲家貧嗜酒問字者多載酒而往淸賞錄載昔有犍爲人得雄草玄之硯形如今製但去圭角

錦城又名芙蓉城昔蜀孟昶僭擬宮苑城上盡種芙蓉謂左右曰眞錦城也後世因亦種芙蓉於上唐史載明皇狩蜀至萬里橋問橋名左右對以萬里明皇歎曰開元末僧一行謂更二十年國有難朕當遠遊至萬里之外此是也遂駐蹕成都

青城在灌縣西南八十里玉匱經云黃帝封爲五岳

丈人乃嶽瀆上司諸仙崇秩天下有三十六洞天此其第五上有流泉懸澍一日六時灑落謂之朝泉天倉諸峯三十有六前十八謂之陽後十八謂之陰前號青城後號大面又有七十二小洞應候八大洞應節道書爲神仙都會五岳眞形圖洞天所在其下別有日月分精所照福地記云有甘露芝草天池夷堅丙志云青城以二月望爲道會四遠畢至巨室張氏唐氏輪主之旣集閉門罷會乃啟一日方齋有道人扣門閽者止之乃下茶肆脫笠掛壁間曰爲我視此隨當復來少頃笠旋如輪驚報觀中揭之下有詩云

偶乘青帝出蓬萊劒戟崢嶸遍九垓綠履黃冠俱不識爲留一笠不沈埋衆相視悔恨

諸葛鼓乃銅鑄者其形圖上寬而中束下則敞口大約若今楂斗之倒置也面有四水獸四周有細花紋其色不甚碧綠擊之彭彭有聲如鼓云置於水擊之其聲更鉅

川扇不知起自何時然李德裕有畫桐花鳳扇賦云未若繪茲禽於素扇動涼風於羅薦則唐時已嘗製之竹本蜀所富有第不甚堅厚紙則出嘉州彭縣輕細柔薄雅可製扇是其來已非一日矣

傳稱雷威作琴不必皆桐遇大風雪之日酣飲帶簑笠獨往峩眉山深松中聽其聲連延悠揚者伐之斲以爲琴有最愛重者以松雪名之故世稱雷威琴

眉州有蘇長公水坻小像李龍眠畫子由贊雖明初重刻不失古意又有長公馬券刻黃魯直跋及醉翁亭記水調歌頭諸碑皆近代效滁黃鐫者

資縣有唐顏魯公書中興頌刻於廢寺磨崖上石理甚粗字半漫滅去碑五里河名唐明渡云明皇駐蹕之所

許眞君名遜洪州人也嘗爲德陽縣令有仙術歲歉

點石化金以濟民今縣治有煉丹井煉丹臺遺跡存焉即豫章鐵柱宮所祀者

嘉定志名宦云隋趙昱青城人與道士李珏遊累辭徵聘後煬帝徵爲嘉州太守時州有蛟爲害昱令民募船數百率千餘人臨江鼓譟自被髮仗劍入水有七人亦被髮仗劍入水隨之天地晦暝少頃雲霧歛收七人不復出惟趙昱左手持劍右手提蛟首奮波而出河水盡赤蛟害遂除開皇間挈家入山蹤跡不復見後有運餉者見昱乘白馬引白犬一童子腰弓挾彈以從騶從如平生焉唐太宗封爲神勇大將軍

廟祀灌口明皇幸蜀進封赤城王宋張詠治蜀蜀亂詠禱祠乃得神助蜀平事聞封川主清源妙道眞君今所祀川主者趙昱也咸謂川主祀秦蜀守李冰而李冰實無川主事焉益州耆舊傳漢陳壽作益州記漢李膺作華陽國志晉常璩作成都記唐盧求作蜀檮杌宋張唐英作成都古今集記宋趙抃作續記宋王剛中作蜀鑑宋李文子作丙丁一記宋范石湖胡長文作夔記明郭棐作諸書僅華陽國志蜀鑑蜀檮杌夔記有刻餘俱漫漶久矣

張咸漢州人應制舉初出蜀過夔州郡將知名士也一見遇之甚厚因問曰四科優劣之差見於何書無以對守曰載孟子注中因檢示之且曰不可不牢攈之也張道中漫思索著論成篇至都閣試之日以此爲首題張更不注思而就主文范滈夫也覽之大喜遂置第一張即魏公乃翁也

潼川周野雲以琴遇知當路湣祐間甫二十謁余制置玠於蜀嘗留某寺因縱步林間聞叢密中戲笑聲即止則五六童子席地而弈野雲揖之童子但頷之而已野雲意貴宦子弟心稍不平但素好弈遂蹲而觀之須臾一童子攜尊俎至野雲渴意可及已因問

諸郎君何處童子不答舉尊酬酢談笑自如若傍無人者野雲怒起一童子目之曰我輩此樂不減橘中之老君謂何如捧盞目之童子酌酒令飲野雲搖首一童子捧俎令取菓野雲亦不顧而去一童子曰彼安能忘情隄上金絲也又一童子曰此人心事亦好但易怒耳一童子曰二十年後須當憶我野雲歸以語僧怪之偕往舊處見菓核狼籍而已僧曰是仙童也野雲大恨無緣既而某太守妻之以女名垂楊始悟隄上金絲之說後追憶仙童力意鉉門遊青城山或傳亦得道云

李青霞眉州人襁褓失明歲荒父母不能存棄之江流至青神漁人夫婦無子者得之曰盲兒也姑養之十餘歲爲人傭磨有瞽史挾琵琶說往事者攜之去教以所習雅善其藝至綿州多游士大夫之門一日在高翰林舍適有道士與高公論丹法李忽躍然擊碎琵琶而求爲徒道士壯而許之游諸名山將十載不知所授受還綿稱曰靑霞道人高公叩之已有所悟矣然往往以術掩其妙出入於眞僞之間令人疑信不定杯酒戲丸垢膩投盆盎得美鮮治羹充坐饌又善爲鶴舞躍起二三尺墜地無聲又道人隱衷洩

未來諧謔巧發奇中嘉靖己亥還眉弟姝在傭伍訪而嫁娶之數載復歸綿卒於寶圖山葬訖世廟忽有旨求李青霞所司蹤跡無影指墓以復又數年州別駕尹姓者江西人方莅任齋宿城隍祠問焚獻道士曰爾名會天成乎道士愕然曰小道名何容上達曰吾來時有李青霞道人居吾郡士大夫皆尊敬之行時謂余必遝眉州此吾鄉也城隍祠道士會天成曾侍我爲徒今尙在爲我寄聲天成駭然曰李師葬綿吾等俱往視其墓何由復居貴鄉州人始知青霞不死而肅皇帝以神會綿墓其尸解處也以上見外紀

井蛙雜紀卷一終

井蛙雜紀卷二

羅江李調元雨邨纂

乙紀 共五十八則

康熙壬子鄭公日奎字次公貴溪人己亥庶吉士官工部與王阮亭同使蜀能詩其名爲阮亭所掩今錄數首以見一斑其天柱山云天柱山中路風烟何慘悽亂泉爭道出怪鳥作人啼林密雲難度峯高日易低郤憐迷誤處不是武陵谿登敘州溪山一覽樓云鐵戟烟銷戍壘殘危樓喜見峙江干地經轉戰雲常黑天入悲歌雨易寒不盡雙溪流往恨尙餘一塔聳遙觀鬱姑仙去涪翁逝今古茫茫獨倚闌登重慶府澄清樓云扁舟來過古巴國獨上危樓一縱探城郭大都依壁岸人家一半住烟嵐招賢館廢荊榛長來鳳山荒鳥雀參惟有滔滔渝閬水流將旅恨下東南數詩皆佳

升菴夫人黃遂甯簡肅公珂之女有詩名詞曲尤爲擅場錫山是堂俞憲選盛明百家詩自謂得崑山張文學抄稿僅載其寄夫及庭榴春日即事數詩及積雨釀春寒一闋今得其詞曲四卷本五卷闕一卷吳元定較本武林舊刻也輙摘錄于此其仙呂點絳唇

云萬里雲南九層天棧千盤險一髮中原回望青霄遠混江龍云自離了蓬萊閬苑曉風殘月挂征帆江蘺漠漠水荇田田落日山川虎兕號長風洲渚蛟龍戰鴻雁池頭鯉魚山下鸕鷀堰底鸚鵡洲邊揚舲弔恨水雲邊授衣又早寒暄變恰似萍流蓬轉幾曾菀繫藤牽油葫蘆云白雲江陵古渡邊解征帆上征鞍楚塞霜寒楓葉丹沅澧波香蘭芷鮮武陵春老桃花怨千里望雲心九疊悲秋辯又不是南征馬援壺頭山愁望飛鳶天下樂云瘦馬凌兢蝶夢殘霧慘風僝僽消遣斷角殘鐘幾度孤城晚回首送衡陽去雁忍淚聽瀘溪斷猿亂雲堆何處是西川那吒令云怕見他盤江河毒瘴愁烟關索嶺冰梯雲巘香鑪峰獠塞苗川千尋井下坡難萬丈梯登山倦硬黃泥污盡舊青衫鵲踏枝云一封書意懸懸萬里恨綿綿誰信道東下昆池又勝如西出陽關但得他平安兩字休問他何日歸年寄生草云空彈劍頻倚欄比潮陽山水多鄒縣比江州月夜無弦管比夜郎春夏饒風霰今日箇鬬雞塍度碧雞關怎記得鳴鑾晚直金鑾殿么云難縮壺中地休尋屏上船五華臺望望愁心遠雙洱河渺渺波濤限七星關壘壘雲嵐嵌琵琶亭下淚

偏多鵁鶄嶺畔腸先斷金蕊兒云風兒酸雨霽風淸
檯望眼見西樓明月幾回圓辭家衣綠綻去國履痕
穿只道是愁來傾竹葉不信說米盡折花鈿賺尾云
且聽滄浪吟休誦卜居篇愛碧山石磴紅泉策杖行
歌與渺然醒來時對陶令無絃醉來時學蘇晉逃禪
不似他憔悴騷人澤畔任蒼狗白衣屢變笑蛙聲紫
氣爭妍浮名與我無縈絆再休尋無事散神仙以上
數闋與阮亭入蜀所載畧同

左太冲蜀都賦云丹砂赩熾出其坂蜜房郁毓被其
阜山圖隴西人采而得道赤斧服而不朽按赤斧巴人
能煉丹砂身體毛髮皆赤掌中赤斧成形亦異人也
齊建元中涪陵郡蜑民田健所住巖間常留雲氣有
聲響徹若龍吟求之積歲莫有見者云四月二十四
日巖數黑夜忽有雙光至明往獲古鐘一枚又有器
名淳于蜑人以為神物奉祠之

洪武四年明昇以全蜀降獻良馬十有一色正白蓋
得之於羅鬼國養龍坑牝馬與龍交而生者身長十
有一尺首高數尺足之高比首殺其二尺有肉隱起
項下約厚五寸廣三寸餘貫脈絡腹至尾閭而上精
彩明晃振鬣一鳴萬馬為之辟易羈勒不近近則作

人立而吼上謂天既生此英物必有神以司之親撰
祝册詔有司以牲醪祀於馬祖然後勅典牧副使高
敞賚沙四百斤壓之人跨囊沙上使之遊行苑中久
之性漸柔馴適八月癸巳上將行朔月禮於淸凉山
壇於是乘之而出如躡雲而馳一塵弗驚皇情悅豫
賜名飛越峯復命御用監馬晉臣繪其形藏焉

合州赤水縣有趙鷲奴者居大雲寺地中初母孕數
月産一虎棄之江已復孕産一巨鼈已又産一夜义
長尺餘又棄之復孕數月産鷲奴眉目五官一一皆
具自項以下其身如斷瓠亦有肩背兩手足各長數
寸無肘臂腕掌於圓肉上各生六指纔寸餘爪甲亦
具其下兩足一二寸亦皆六指既産不忍棄之及長
只長二尺善入水能操舟性甚狡慧詞喙辯給以捕
魚宰豚為業每鬬船驅瀨及歌竹枝詞較勝必為首
冠市肆交易必為牙保常髮髻緇衣民間呼為趙師
晚歲但禿頭白衫而已或拜跪跳躍倒撲於地形倮
露人多笑之或乘驢遠適只使人持之橫臥鞍中若
衣囊焉有二妻一女衣食豐足或擊室家力不可制
乾德初年僅六十腰腹數圍面目如常人無異其女
右手無名指長七八寸亦異於人

大歷中成都百姓郭遠因樵獲瑞木一莖理成字曰天下太平詔藏於祕閣

蜀孟昶一錦被甚濶猶今之三幅帛而一梭織成被頭作二穴若雲版樣蓋以叩於項下如盤領狀兩側餘錦則擁覆於肩名曰鴛衾

蜀中有竹蜜蜂好於野竹上結窠與蜜並紺色可愛甘倍於常蜜蜀後主有核桃二扇每扇盛水五升良久成酒能醉人更互貯水以供其宴

華陽雷平山有田公泉飲之除腸中三蟲用以浣衣勝灰汁朐䏰縣鹽井有鹽方寸中央隆起如張傘名曰傘子鹽

大順元年六月資州兵王全義妻如孕覺物漸下入股至足大拇痛甚折而生珠如彈丸漸長如杯蜀將軍皇甫直别音律擊陶器能知時月好彈琵琶元和中嘗造一調乘涼臨水池彈之本黃鍾而聲入蕤賓因更絃再三奏之聲有蕤賓也直甚慼不悅自意爲不祥隔日又奏於池上聲如故試彈於他處則黃鍾也直因調蕤賓夜復鳴彈於池上覺近岸波動有物激水如魚躍及不彈則沒矣直遂集客車水竭池窮池索之數日泥下丈餘得鐵一斤乃方響蕤賓鐵也

貞元末資州得龍長丈餘西川節度使韋皐匣而獻之百姓縱觀三日爲烟所薰而死

迎龍觀在開縣東一里神仙山頂舊傳觀中道士每歲一人登仙入道以先後爲序居期觀中預爲設醮拜章沐浴更衣以俟觀者不啻數千里時音樂喧闐燈火煇煌長橋如虹自空而下登仙者升橋而去莫知所之有一異僧至知其爲妖也挾劒以俟須臾橋成卽揮劒斬之有物墜地長丈許如牛舌狀血流滿地莫知爲何旣而於溫湯井後石洞中見一巨蟒舌斷而死乃知向者登仙之士皆爲蟒所吞自是妖患遂絶

蜀中有梁忝議周御史先後在告里居不法俱卒數年有金堂小吏素遊其門一日過銅梁月夜獨行至小溪上秋木蕭蕭突然見二公色甚悽吏驚怖莫知所措二公慰安之遂相與停立梁曰過我家見我子孫傳我言無爲不善我在冥司徒有悔心耳周獨悵然無語吏曰公何以教周曰過吾鄉頓與鄰人張七公幸爲我呵護樵牧冥感無極矣言訖黑風蓬蓬來遂不見

咸和中呼延冀者授忠州司戶攜其妻之官至泗水

遇盜盡奪其財物乃至躶形遂與妻於路傍訪人烟俄逢一翁問以故冀告之翁曰南行之數里卽我家或可與家屬暫宿也已同入林中得一大宅翁妾存於一室內設食遺衣夜深親就冀譚復具酒殽曰我家惟有老母君若未能攜妻去可且留之待到官來迎亦可冀思之良久謝曰丈人旣以心托我妻本出宮人能歌好飲多放蕩幸丈人拘束之妻與冀言泣而別冀到官方謀遠迎其妻忽一日有達書者啓視之則妻書也大略言妾本歌妓幼入宮禁淸歌妙舞今君棄我妾已歸翁子少年矣冀覽書不勝忿憤拋

官至泗水本欲見翁及其妻殺之訪尋不得但見一大冢林木森然冀毀其冢見其妻已死在冢中迺取尸祭別葬之

蜀昌州牧任彥思家忽聞空中有樂聲極雅麗悲切竟日不休空中言曰與吾飲食任問是何人竟不肯言本末迺與靜室設之如人食無遺或不與食卽致破什器蟲入人耳烈火四起彥思惡之移去迴避亦常先至凡七八年忽一日不聞樂聲置食無所饗廳舍袱上血書詩曰物類易變遷我行人不見珍重任彥思相別日已遠彥思猶惡其所題以刀剗之而字已入木終不知是何鬼物也

忠州墊江縣吏冉端唐開成初父死有嚴師者善山岡爲卜地云合有王氣羣聚之物掘深丈餘遇蟻城方數丈外重雉堞皆具子城譙櫓工若雕刻城內分徑街小垤相次每垤有蟻數千憧憧不絕徑甚淨滑樓中有二蟻一紫色長寸餘足作金色一有羽細腰稍小白翅翅有經脈疑是雌者衆蟻約有數斛城隅少壞以堅土爲蓋故中樓不損旣掘露蟻大擾若求救之狀吏遽白縣令李元之旣觀勸吏改卜嚴師代其卜驗爲其地吉縣吏請遷蟻於巖側狀其所爲仍

布石粟覆之以板經旬嚴師忽得病若狂或自抵觸穢詈大呼數日不已元之素厚嚴師因爲祝蟻療以雄黃丸方愈

元和荆客崔商上峽之黔秋水旣落舟行甚遲商因杖策徐步不三四里忽有人居石橋竹扉板屋有尼衆十許延客升其居見舍上多曝果栗須臾則自外齊負果累累商以深山疑爲妖異忽遽南返商旣登舟訪於舟子皆曰此猿猱耳非速返幾爲所殘商卽聚僮僕挾兵杖亟往尋捕則無踪跡矣

成都漆工艾延祚甲午歲爲賊所驅於郡治令造漆

器五月六日忽聞鼓鼙聲及南門火起乃天兵至郡也延祚窘甚緣上大樹匿穠葉間見天兵往來搜捕殺戮狼籍至夜遂下樹臥積屍中及中宵聞數十人傳呼聲頗類將吏且無燭炬因竊視之不見其形但聞按籍點名偃屍聞呼一一應之惟不呼延祚乃知
聖朝伐叛討逆悉奉行天誅者也

成都西金容坊有石二株舊曰石筍前秦遺址諸葛孔明掘之有篆字曰蠶叢起國之碑以二石柱橫埋中連以鐵一南一北無所偏倚有五字蜀歠燭觸蠲時人莫曉後范長生議曰亥子歲蜀字可記主水災

寅卯歲歠字可記主饑饉巳午歲燭字可記主火災辰戌丑未歲觸字可記主兵災申酉歲蠲字可記主豐稔後以年事推之悉皆符驗

郫縣何武墓側有尹姓者犯其墓輒死正德丁丑正月尹喜竊其磚石事發繫獄三月火焚其居二十九暴死是日其中堂壚土突出如席高二尺由是觀之正人君子百世之後精靈尙如是良可畏夫

明有盜發蜀昭烈墓入穴見兩人張燈對碁侍衛十餘盜驚懼拜謝一人顧曰爾飲乎乃各飲以一杯兼乞貝玉腰帶數條命速出盜至外口已漆矣帶乃巨蛇也視其穴已如舊矣

周末殺萇弘於蜀血碧色入地化爲碧玉數里內土皆青色故蜀有青泥坊

潼川射洪縣有飛石巖巖陡絶峭壁直數十仞下瞰江流鑿石徑以通行道有巫山士人嘗以關節豫購試目自謂得售猶掇之耳比赴省試騎馬過巖下忽飛石自空墜中士人立斃而騎逸去從者駭散棄不收俄而同庠某亦應試過爲櫬而斂之殯於旁寺廡下心念行且返吾爲歸爾骨夜夢士人來告曰某不幸以賄瀆進致天譴幸君收遺骸願奉試目助君得

售爲謝是秋其人果與解額遂返士人之櫬於故邱因號飛石巖而鑱石爲士人中石墜馬像示戒行者像至今存

老龍洞在開縣西北八十里洞門方廣五尺深不可測以火燭之行三里許有水池極深凡遇旱禱雨輒應相傳宋時旱有祈雨者入洞中取水忽迷路遂前行三十里見一大宅院有一老嫗曝米谷後園中有犬數百五色斑斕各自爲隊或躍或舞或偃或臥殿堂門廡金碧輝煌老嫗問曰汝來何爲其人據實以對且賜飲食之甚美老嫗嘗以身遮護恐爲羣犬所

害乃曰此不宜久居我援汝一竹杖持此可知前路至洞口置之愼勿持去亦勿回顧又以白米一升貽之其人回至洞口行百步回視竹杖乃龍也頭角崢嶸牙爪奮露奔至家視其米皆珠也其人年八十方卒

集眞洞在開縣北十里嘉靖五年掘出一碑記云內有石日月其明如晝爲眞人所居故謂之集眞洞傳聞漁人遇暑夜嘗見人在彼河內沐浴有應答聲俄而遁入水中疑其爲洞仙也

忠州鳴玉溪有花如蓮葉如桂豔膩當時亦無有識

之者白樂天賦詩云如折芙蕖栽旱地似抛芍藥掛高枝雲埋世隔無人識惟有南賓太守知

由灌陽軍遡牛溪而行百里溪益遠而山益峻及其源窮山峙地境幽絕人跡罕到邑士王逌等世居之一日有僧至其地乞食食訖假寐於磨山齁齁有聲王出見龍蟠睡訝之旣而求一袈裟地及展衣覆其處募工匠爲巨室遂陷爲池木葉入池即有烏銜而去之時以接骨方遺王氏至今成都禱雨則必命王氏至潭乞水則雨隨至名其池曰滋茂

大隋者成都古天彭之西嶺名利昔神照天師演大宗乘燒蛇於此時有一白蛇纏錫不就焚師曰做這個形骸猶不肯捨乃於七佛樓後卓錫爲井井上立廟名曰白龍居明正統十三年戊辰六月二十井水忽自湧出須臾大至樓殿震動僧方擊鼓號鐘以警衆見其勢不可遏遂攀岩緣木奔騰四走及回視之前後樓殿周圍廡宇悉皆陷沒惟溷廁在山側不預泯焉

敘州小溧山四時常雨霖霪不止俗呼爲大漏天小漏天

漢扶嘉生一女幽居一日遊於溪畔恍惚有娠年餘

產一物無手足眼目形像嘉怒劈爲九段投之溪中須臾化爲九龍嘉異之示雲安人不得於溪中取魚嘉臨終有記云三牛對馬嶺不出貴人出鹽井沒後其女示以井脈處所掘開遂得鹽井時民共立嘉爲井主至今爲雲安井神封爲招利廣濟王又封九龍爲龍王今爲九井之神

花蘂夫人蜀王建妾也後號小徐妃者大徐妃生王衍而小徐妃其女弟在王衍時二徐坐游燕汚亂亡其國莊宗平蜀後二徐隨王衍歸中國半途遭害焉及孟氏再有蜀傳至昶則又有一花蘂夫人作宮詞

者是也國朝降下西蜀而花蘂夫人又隨昶歸中國昶至且十日則名花蘂夫人入宫中而昶遂死昌陵後亦惑之嘗造毒屢爲患不能遂太宗在晋邸時數諫昌陵而未克去一日從上獵苑中花蘂夫人在側晋邸方調弓矢引滿擬走獸忽回射花蘂夫人一箭而死始所傳多僞不知蜀有兩花蘂夫人皆亡國且殺其身

謝石潤夫成都人宣和間至京師以拆字言人禍福求相者但隨意書一字即就其字離拆而言無不奇中者名聞九重上皇因書一朝字令中貴人持往試

之石見字即端視中貴人曰此非觀察所書也然謝石賤術據字而言今日遭遇即因此字顯配遠行亦此字也但未敢遽言之耳中貴人愕然且謂之曰但有所據盡言無懼也石以手加額曰朝字離之爲十月十日字非此月此日所生之天人當誰書也一座盡驚中貴馳奏翊日召至後苑令相有及官嬪書字示之皆據字論説禍福俱有精理錫賚甚厚并與補承信郎緣此四方求相者其門如市有朝士其室懷姙過月手書一也字令其夫持問石是日坐客甚衆石詳視字謂朝士曰此閤中所書否曰何以言之石曰謂語助者焉哉乎也固知是公内助所書尊閤盛年三十一否曰是也以也字上爲三十下爲一字也然無官寄此常力謀遷動而不可得否曰正以此爲撓耳蓋也字着水則爲池有馬則爲馳今池運則無水陸馳則無馬是安可動也又尊閤父母兄弟近身親人當皆無一存者以也字着人則是他字今獨見也字而不見人故也又尊閤其家物産亦當蕩盡否以也着土則爲地字今又不見土也二者俱是否曰誠如所言也朝士即謂之曰此皆非所問者但賤室以懷姙過月方竊憂之所以問耳石曰是必十三個

月也以也字中有十字並兩傍二豎下一畫爲十三也石熟視朝士曰有一事似涉奇怪固欲不言則吾官所問正决此事可盡言否朝士因請其説石曰也字着虫爲虵字今尊閤所姙殆虵妖也然不見蠱蠱則不能爲害謝石亦有薄術可爲吾官以藥下驗之無苦也朝士大異其説固請至家以藥投之果百數小虵而體無恙都人益共神之

翰林院侍講葉桂章爲士時妻彭氏取絲繭黃白混入釜中忽成微赤色異之乃易以水獨用純白繭取之絲色愈鮮赤白相間不紊如文錦人已卜葉桂章

之兆

虞文靖公集在翰林一夕夢兩朱衣引至一官府見一人服王者服乃孔子也公跪於陛孔子謂曰汝集善爲之公退至殿陛一跌而寤公恐遺忘口誦所言俄而聞叩門甚急亟起乃王詔議事二使以上廐馬翼公至承天殿朝臣及諸學士俱集王曰上晏駕上都某欲竊神器僞使者齎詔且至卿等在廷曷以處之衆無語公默省夢中語乃進曰殿下爲中令監國宜即大位於是定計諭中外初國璽在上都乃蠟爲天子印章頒詔先遣使守古北口候僞使者殺之焚

其書此臨大事決大疑聖人假夢以堅公之志耳

楊鼎夫成都人嘗遊靑城過阜江溺而又出有老人以杖接引且笑曰元是鹽裡人旋失老人所在因作詩紀之曰靑城山峭江水寒欲渡當時値急湍一棹狂風吹遠岸舟逢怪石碎前灣手扳弱枝倉皇處命在洪濤頃刻間今日深恩無以報令人羞說雀啣環至成都與知己言竟莫曉鹽裡之義後判鹽鐵院感野人疾暴亡以鹽裹其屍歸

蔡魯公帥成都一日於藥市中遇一婦人多髮如畫者毛女與蔡云三十年後相見言訖不知所在蔡後以太師魯國公致仕居京師一日在相國寺資聖閣下納凉一郡人自外入直至蔡前云毛女有書蔡接書其人忽不見啓封大書東明二字蔡不曉其意後貶長沙死於東明寺因就葬焉呂辨者蔡門人蔡罷珠履盡散獨呂送至長沙呂乘間問蔡云公高明遠識洞鑒古今知國家之事必至於斯乎答云非不知也特謂老身可以幸免

趙逵生於南渡之後性聰明身矮而麻尙質朴好讀書年八歲隨父自內江徙之資中盤石縣北街居住夏月夜凉常遶街吹笛爲戲是年時疫盛行一日逵

吹笛至北街茶肆老嫗與逵言近有五人來店喫茶見吹笛過各迴避自後疫遂止人疑即五瘟使者又一秀士貌類炳靈公入茶店囑老婦云趙逵有濟貧之心必獲善果言訖忽不見後日逵到店老婦具述此言逵聞徑赴廟謝空中云來年轉對大廷必魁天下三年後當入相後爲獄府尙書

太和四年尙書劉遵古節度東蜀先是蜀人有富蓄羣書劉既至嘗假其數百篇然未盡詳閱明年夏涪江大汎突入壁壘漬里中廬舍歷數日水勢始平劉之圖書器玩盡爲瀑水濡污劉始舍列於庭以曝之

後數日於羣書中得周易義一軸筆勢奇妙字體稍古蓋非近代書也卷末題云上元年三月十一日因讀周易著此正義從此易號十二三歲至一人八千口當有大水漂溺因得舒轉驪曝衡陽道士李德初劉閱其題嘆且久召賓掾視之所謂歲至一人八千口者太和字也自上元至太和凡更號十有三矣與其記果相契然不知李德初何人耳

唐丞相馬植罷安南都護與時宰不通又遷黔南殊不得意維舟峽中古寺寺前長堤堤半林木夜月甚明見一白衣緩步堤上吟曰截竹爲筒作笛吹鳳凰

池上鳳凰飛勞君更向黔南去即是陶鈞萬類時吟者數四遣人邀問即已失之矣後自黔江入爲大理卿遷刑部侍郎判鹽遂州

祟慶俗尚浮屠萬輔居喪獨遵家禮鄉人化之諺曰萬輔一呼喪禮皆儒

蜀寇黄中據支羅砦與牛欄坪相望里許萬山斗絕目爲天城謠云打得支羅砦金珠滿船載打得牛欄坪换箇成都城

楊友與楊愛兄弟相仇兩州爲之不甯士人語云骨肉虀醢參商播凱

萬歷二十七年播酋叛勢甚張十月鄉人譚經歷恕避兵深岩忽聞石裂有文在石上四川巡撫郭子章鏤板以傳賊中明年賊果滅聚山巖人化血石壁壞諸蠻絕上四句即石文也

蜀諺灩澦冒頂黑石下井

近閱東坡語深得讀書之法意欲少年爲學者每讀書皆作數過盡之書富如入海百貨俱有之人之精力不能兼收盡取但得其所欲求者耳故願學者每次作一意求之如欲求古人興亡治亂聖賢作用但作此意求之勿生餘念又別作一次求事跡故實典

章文物之類亦如之他皆倣此此雖迂鈍而他日學成八面受敵與涉獵者不可同日語也昔張方平問老泉令郎近日讀何書答云方看漢書第二徧方平曰讀書亦須第二徧乎老泉退而笑曰此老不知今人讀書尚有七八徧者子謂子瞻讀漢書第二徧非是質鈍正每次作一意之法也不得此法雖七八徧何益

懷宗崇禎二年十二月甲寅地大震十二年成都東嶽廟玉帝像自動不止十三年夏四月天鼓鳴六月安岳紅雨著物俱赤色十六年大足縣李樹結實如

刀豆甲申年日中有赤氣數道下寬下銳自東指西

彭縣白鹿山裂

蜀獻王名椿明太祖第十一子母郭惠妃洪武四年生十一年封二十三年就藩成都王博綜典籍容止都雅帝呼爲蜀秀才旣至國曰接儒生討論經史聘漢中教授方孝儒教世子延元儒清風先生楊敏俱待以賓師之禮賜田百頃發祿米贍部教博嘗以所學發爲文詞根據理要皆宿儒所不及永樂二十一年薨諡曰獻所著有獻園集

彭普貴蜀妖人也洪武中煽土民作亂破指揮音亮兵勢益張平羌將軍丁玉討平之

烏衣隹話云張尙書磐石未第時讀書一僧寺偶游方丈若有所思佇立久之漫以手擊僧房門門隙忽遞一鑰匙開之有美女在焉女曰公洩彼事彼將不利于公柰何磐石蹁跡無計伏案而思不覺沉迷夢關侯云爾無震慴吾當救汝第取吾像傍刀緊支方丈扉耳磐石如其言僧歸推門刀倒斷僧脰磐石持以報有司有司曰此必爾所殺焉有木刀而殺人者乎置之獄侯復示夢云爾當自有司取原刀植于庭可令獄中當死四伏其旁試之吾自有應也有司勉從之置多囚于庭其刀忽倒竟斷一盜魁之脰因大駭異釋磐石

遂甯張鵬翮記云乙丑歲鵬翮蒞河東値鹽池六年水患之後鹽花不生商困課絀鵬翮勞心綏懷躬督州縣濬渠築隄以禦客水雖暴日風雨不避面爲之皴周視池內教商築畦澆洒爲之較緩急權子母調劑商民各得其平以足引課有所興除或僉謀諸人或博稽諸史得一法卽見之施行自春徂冬日無甯晷且老親去楚不得朝夕承顏憂與勞並形神況瘁慨然有請告之想禱于關夫子以決其可否忽一夕夢光彩照曜如白日關夫子降臨身中面半肥而少扁顏如酡滿頤皆鬚而疎長冠漢巾服綠袍有補與人間繪像迥別向鵬翮言曰君召語未竟而夢覺再三尋繹不解二字之意越夕夢示不可去後有好音今年大池修復鹽花盛生課可足額竊意秋冬可遂歸志忽于六月三十日報聞　特旨內陞始悟君召二字應在此也謁辭解州帝廟登麟經閣見塑瀨行像面扁滿頤皆鬚宛如夢中所見

侯曾于流江縣題名云漢將軍飛率精卒萬人大破賊首張郃于八濛立馬勒銘

宋大觀中于涪州祠前掘得三印及佩鈎刀斗上刻飛名明楊愼刀斗銘文字甚工侯所書也係八分書侯嘗上表止十七字文甚著老昔人曾題其書法云此數行有丈八矛勢

侯嘗書甘露寺三大字立北固山左

侯初拜新亭侯自命匠鍊赤朱山鐵爲一刀銘曰新亭侯

桓侯廟四川有十一在保甯府閬中縣治北號雄威祠二一在夔州府治號忠顯王廟一在　州治西號忠義廟一在廣安州治南二里一在渠縣治東七里八

濛山上一在嘉定州治西北大江之濱一在雲陽縣治南一在龍安府治南一在長壽縣治西一在重慶府涪州

陳承祚三國志云建興七年雲卒追謚曰順平而武侯後出師表云臣自到漢中中間期年耳然喪趙雲陽羣馬玉閻芝丁立白壽劉郃鄧銅等及曲長屯將七十餘人突將無前據表則順平之卒當在六年矣二說不同如此豈此表出張儼默記或有誤耶抑承祚失考傳寫之訛耶年遠無他書可証爲之一慨

趙子雲鎭東將軍府在成都西城今爲藩司衙署尚有極厚牆基土人云是其遺蹟

井蛙雜紀卷二

井蛙雜紀卷三

羅江李調元雨邨纂

丙紀共八十九則

豆子山打瓦鼓陽平關撒白雨下白雨娶龍女織得絹二丈五一半屬羅江一半屬元武此綿州巴歌也楊升送余學官歸羅江直用之末添十六字入巳集中如此用古未免近于勦襲吾不取也

揚雄讀書有人語之曰無爲自苦元故難傳忽然不見雄著太元經夢吐鳳凰集於元之上頃而滅或問揚雄爲賦雄曰讀千首賦乃能爲之又揚子雲好事常懷鉛提槧從諸計吏訪殊方滅域四方之語以爲裨補輶軒所載亦洪意也

晉惠帝時蜀中謠江橋頭闕下市成都北門十八子十八子李也其後李雄據蜀僭號按漢武元鼎二年立大城九門少城九門故有十八之稱

杜宇化子鵑蜀本紀華陽國志俱引之其作詩實起於鮑照行路難云中有一鳥名杜鵑言是古時蜀帝魂

有兩揚雄兩李膺兩王褒漢揚雄成都人乃作太元經者字從手漢王褒資中人作賢臣頌者晉李膺涪城人作益州記者巳上皆川人也漢李膺爲益州太守寰宇記云城西三里有李膺宅後周王褒同庾信從益州趙王出鎭之蜀褒詩有奉和趙王途中五韻峽路少如月山峯石似眉錦城遥可望迴鞍念此時之句隋楊雄持節入蜀迎梁主蕭歸者字從木以上皆宦遊者也

王楊盧駱初唐稱四傑無不入蜀中者唐詩紀事稱高宗時王勃以檄雞文斥出沛王府旣廢客劒南與盧照隣郤大震九月九日登元武山旅眺詩照隣爲新都尉大震其同時人耳子安送杜少府之任蜀州詩城闕輔三秦風烟望五津未下注脚不知也丹鉛餘錄云大江自湔堰至犍爲有五津曰白華津萬里津江首津涉頭津江南津出華陽國志王勃詩風烟望五津盧照隣文予自江陽言歸五津皆指此然首句亦出華陽國志而用修未之引也成都本治赤里街張若徙置少城內廣營府舍修整里闤市張列肆得與咸陽同制此卽城闕輔三秦之義

王維送李梓州詩萬壑樹參天千山響杜鵑山中一夜雨樹杪百重泉楊用修詩林振秀作山中一丈雨潼川志作山中一半雨千山響杜鵑作春聲響杜鵑

方與勝覽作鄉音響杜鵑不知何所適從漢女輸橦布李周翰曰漢女蜀之美女也漢書曰秦置黔中郡漢興令大人輸布一疋小口二丈是謂布即今橦花布也

天寶末明皇嘗乘月登勤政樓命梨園弟子歌數闋有唱李嶠詩云富貴榮華能幾時山川滿目淚沾衣不見祇今汾水上惟有年年秋雁飛時上春秋已高問是誰詩或對曰李嶠因凄然泣下不終曲而起曰李嶠眞才子也明年幸蜀登白衛嶺覽眺久之又歌是詞復言李嶠眞才子不勝感嘆時高力士在側亦

揮涕久之

東蜀楊天惠彰明逸事云元符二年春正月天惠補令於此竊從學士大夫求問逸事聞唐李白本邑人微時募縣小吏入令臥內嘗驅車徑堂下令妻怒將加詰責太白亟以詩謝云素面倚欄鉤嬌聲出外頭若非是織女何得問牽牛令驚異不問稍親招引侍研席一日賦山火詩思軋不屬太白從旁綴其下句令詩云野火燒山去人歸火不歸太白繼云焰隨紅日出烟逐暮雲飛令慙止頃之從令觀漲有女子溺死江上令復吟詩二八誰家女漂來依岸蘆鳥窺眉上翠魚弄口傍珠太白繼云綠髮隨波散紅顏逐浪無因何逐伍相應是怨秋胡令滋不悅太白忽棄去隱居戴天大匡山往來旁郡依潼江趙徵君蕤亦節士任俠有氣善爲縱橫學著書號長短經太白從學歲餘去遊成都賦春感詩云茫茫南與北道直事難諧榆莢錢生樹楊花玉糝街塵縈遊子面蝶弄美人釵郡憶青山上雲門掩竹齋益州刺史蘇頲見而奇之時太白齒方少英氣溢發諸爲詩文甚多微類宮中行樂詞體今邑所藏百篇大抵皆格律也雖頗體弱然短羽褵褷已有雛鳳態湻化中縣令楊遂爲之

引謂爲少作是也遂江南人自名能詩累謫爲令云始太白與杜甫相遇梁宋間結交歡甚久乃去客居魯徂徠山甫從嚴武成都太白益流落不能歸故甫詩又云匡山讀書處頭白好歸來然學者多疑太白爲山東人又以匡山爲匡廬皆非也今大匡山猶有讀書臺而清廉鄉故居遺地尚在廢爲寺名隴西院有唐梓州刺史碑失其名及綿州刺史高祝記太白子曰伯禽女曰平陽皆去蜀後生有妹月圓前嫁邑子留不去以故葬邑下墓今在隴西院旁二百步外或傳院乃其所捨云

李白與人譚論皆成句讀如春葩麗藻粲於齒牙時號李白粲花之論

唐人言李白不能屈身以腰間有傲骨

杜甫子宗武以詩示阮兵曹兵曹答以石斧一具隨使併詩還之宗武曰斧父斤也兵曹使我呈父加斤削也俄而阮聞之曰誤矣欲子砍斷其手此手若存天下詩名又在杜家矣

唐子西文采風流人謂小東坡劉彝叔曰唐子西善學東坡量力從事雖少自成一家其詩工於屬對緣此遂無古意後邨劉氏曰子西諸文皆高不獨詩也

其出稍晚使及坡門當不在秦晁之下竹溪林氏曰唐子西學東坡者也得氣骨而未盡其變態之妙閑有直致處然無一點塵俗亦佳作也

五溪論事云蜀尚書侯繼圖本儒士一日秋風四起偶倚欄於大慈寺樓有大桐葉飄然而墜上有詩云拭翠斂雙蛾為鬱心中事搦管下庭除書成相思字此字不書石此字不書紙書向秋葉上願逐秋風起天下有心人盡解相思死天下負心人不識相思意有心與負心不知落何地侯貯小帖凡五六年方卜任氏為婚嘗諷此詩任氏曰此是妾書葉詩怎得在公處曰向在大慈寺閣上倚欄得之卽知今日聘卿非偶然也侯以今書較之與葉上無異楊柳枝詞有三條陌上拂金羈萬里橋邊映酒旗此日令人腸欲斷不堪將入笛中吹此閬中滕邁之作而劉采春歌之也

藕花衫子柳花帬多著沈香慢火薰惆悵裝成君不見空教綠綺伴文君此李餘臨邛怨也玉淪江上雨絲絲公子遊春醉不知剪渡歸來風正急水濺鞍帕嫩鵝兒此餘寒食詩也餘成都人元微之稱蜀士李餘劉猛工為新樂府餘詩僅傳二首出絕句演義按

汶江謂之玉淪江

唐學士元庭堅左遷遂州參軍讀書郊外忽見有人身而鳥首來造者曰吾衆鳥之主也聞君好音律故來見君因留數朝教以音律淸濁庭堅後遂著韻英今遂甯鳳臺舖有遺迹

金堂三學山盤陀石上刻詩一首云拔地山巒秀排空殿閣斜雲共數州雨樹獻九天花夜月摩峯頂秋鐘徹海涯長松拂星漢一一是仙槎不註作者姓名年代要非唐人不能辨也本刻九天二字提頭想必隨駕入蜀者

徐眒成都人生二女皆國色教之爲詩有漢恩王建入蜀聞之納於後房生衍及衍嗣位尊爲太后太妃同衍禱青城山遊丈人觀元都觀金華宮丹景山至德寺各有倡和詩刻石次至漢州三學山夜看燈太后詩曰周遊靈境散幽情千里江山暫得行所恨風光看未足却驅金翠入龜城太妃詩曰翠驛江亭近蜀京夢魂猶是在青城比來出看江山景却被江山見出行

王蜀樞密使潘峴字凝夢溺於美妾解愁夙恙成疾解愁姓趙氏其母夢吐海棠花蘂而生有國色善爲

新聲又工小詞建嘗至峴第見之謂曰朕宮無如此人意欲取之峴曰此臣下賤人不敢以薦於君其實靳之弟峭謂曰綠珠之禍不可戒耶峴曰人生貴於適志豈能愛死而自不足於心耶人皆服其有守

王蜀相周庠初在邛南幕中留司府事時臨邛縣送失火人黃崇嘏纔下獄便貢詩一章曰偶離幽隱住臨邛行止堅貞比澗松何事政清如水鏡絆他野鶴向深籠周遂召見稱鄉貢進士年二十許祇對詳敏卽令釋放後數日獻詞周極奇之召於學院與諸生日相伴善碁琴妙書畫翌日薦攝府司尹叅軍頗有

三語之稱胥吏畏服案牘麗明周旣重其英聰又美其風采在任將逾一載遂欲以女妻之崇嘏又袖封狀謝仍貢幕府若容爲坦腹願天速變作男兒詩一篇周覽詩驚駭不已遂召見詰問乃黃使君之女幼失覆蔭唯與老奶同居元未從人周益仰貞潔郡內咸歎異旋乞罷歸臨邛之舊隱竟莫知存亡焉

唐張元寶貞元間詩人詩多不傳惟有寒食詩一首寒食淸明倍惆然海棠風落小花鈿如今獨有孤魂在半落嘉陵半錦川

五代眉山楊義方舉進士仕蜀長於詩自以才過羅

隱嘗有春詩云海邊紅日半離水天外暖風輕到花

乾德五年重陽王衍宴羣臣於宣華苑夜分未罷衍自唱韓琮柳枝詞曰梁苑隋隄事已空萬條猶舞舊春風何須思想千年事惟見楊花入漢宮內侍朱光溥詠胡僧詩曰吳王恃霸棄雄才貪向姑蘇醉綠醅不覺錢塘江月上一宵西送越兵來衍聞之不樂於是罷宴

後梁秦隴間謠貓貓引黑牛天差不自由但看戊寅歲颺在蜀江頭朝野僉載曰竹䶉生深山取之甚艱秦隴之地此物爭出或穿塘壞城或自門闔而入犬

食不盡則並入人家房內秦民之口腹飫焉故童謠
云云庚午歲劉知俊叛梁入秦天水破入蜀王建殺
之粉其骨颺入蜀江戊寅歲也
孟蜀廣政元年上巳昶遊大慈寺宴從官於玉溪院
賦詩十二年遊浣花溪御龍舟觀水嬉珠翠綺羅名
花異卉環列十里人望之如神仙之境昶曰曲江金
殿鎖千門殆未及此兵部尚書王廷珪賦詩十字水
中分島嶼數重花外見樓臺昶稱善久之
孟蜀後主崇尚六經恐石經本傳流不廣乃易為木
板宋世稱刻本書始於蜀也昶嘗曰我不效王衍作

輕薄小詞乃敕史館集古今韻會五百卷惜不傳今
所傳昭武黃公部者乃輯略耳
少海任太史嘗葛巾訪僧於山寺行者固求名姓公
書絕句於壁云兩字虛名動五湖等閑不許俗人呼
山僧若問眞消息天子臺前講御書其師歸讀之知
其為任內翰也走謝之會試歲有羣友北上舟次赤
壁者月夜慕東坡故事狂歌醵飲聲達於黃州守禦
者亟遣走卒持牌行拘迺即牌陰草一律覆云舟泊
蘆花淺水溪友人約我泛濤卮高歌赤壁兩篇賦正
是黃州半夜時城上將軍陰有約江邊士子總無知
君侯若問眞消息曾有芳名到鳳池卒持覆州守遂
躬謝而厚禮之又內江劉怡溪僉憲為書生時家極
貧授徒於一邨叟家叟一日以襁褓孫戲云侯大為
公門徒公忿然曰我豈終於此乎題云飲馬清河日
已長神機忽動月樓觴卷懷道義山河重出手經綸
社稷康陳蔡得天須孔法會稽生伯敢吳忘英雄轉
眼風光別莫負鄉人笑老狂遂拂袖而去
蜀龍州土酋薛兆乾曾書一揮使扇云我有龍泉藏
寶匣令人肝膽盡皆寒一朝提入中郎帳百萬羣雄
孰敢當蓋述呂純陽詩余初不知見而驚嘆以示窗

友高子藩山藩山時亦總角驚曰此人反狀形矣必
有大僇後果然其亦億中乎連然郡得册頁一本皆
書畫名筆蓋正德間物也上有豫章李士實及范香
溪題蠏詩士實題云潮落灘高天色寒悄無人語到
江干鎩鎩兵甲鳴相應萬里橫行信不難觀此則士
實佐濠為逆之本態露矣香溪題云橫行蠹稻雄稱
闞虎貪惏無厭化作田鼠吾將斫爾螯折爾股以除
農殃分酣我酷此語似逆知其無君而誅之也愚按
潮落天寒言其時之戚也悄無人語言謀之靜治也
兵甲橫行言强不可禦也然取象於蠏何由萬里乎

卒之支解族滅信如香溪斫鳌折股之說矣可慨哉見外紀

少海任太史公館閣仙才也善長對聯其題清泉寺云水國中孤峯倒影似青螺浮鏡雄劒插空此江山天南第一烟霞外萬事忘機但短篷吹雲素琴彈月這漁樵海內無雙題浮橋云江關雄棧聯屯畫舫千尋直穿雲霧通三峽天塹長虹鎖斷滄波萬頃不放春光下五湖又神京西下八千里見烏鵲橫江夾岸烟花迎使節閬苑南來第一橋象螭龍飲渭中天雲霧擁仙槎題書舍云杜陵草堂大如斗海內知名又

何須畫棟飛雲珠簾倦雨王粲江樓不索錢書中有屋但願爾門庭奏賦虎觀橫經別墅云大江東去浪淘盡千古英雄問樓外青山山外暮雲何處是秦宮漢闕小院春深鶯喚起一簾風月向花邊紅雨雨邊烟樹此中有舜日堯天又大江東下一片石磨盡英雄說甚玉堂金馬明月夜來數聲笛吹散星斗公然閬苑神仙

嘗聞成都長老言聶溫少保修南宅於金津役里坊咎詈不輟實家器公督之一日有老者運土畚至稍遲又將咎老者跪而啓曰某取土最遠力竭矣懇宥之家器公曰取自何所曰取自萬閣老之宅公愀然遂遣里坊之役又某巡撫者索米醋於錦官驛時應役者金堂杜刑部之裔以醋獻怒其不佳也重箠之其人受杖訖斂衣泣訴曰此祖公之遺我也巡撫公因詰之其人曰吾祖杜銘爲尚書不知威刑刻薄作何狀使我等受報如此巡撫蹙然遂不復有所索二事大略相似可爲恃勢凌人者戒

宋江古心知吉州兼提舉就任改除江西漕使舟經臨江慧力寺前風濤大作舟人恐請燒香許願古心索紙筆書一詩云萬里爲官徹底清舟中行止甚分

明如今若有虧心事一任碧波深處沉詩讒投江浪卽恬靜徑達洪都周太愚仁壽縣人自安肅令陞雲南劒州牧甫報至卽被論挈家歸渡黃河舟人以風濤止之太愚唫一絕云試將心事白河神五年常祿半千金若教此外苞苴入擬向洪濤一棹沉遂逆風而渡得無恙殆亦有江古心之風乎

升菴題聖燈寺云蒼烟叢裏聖燈紅火齊營軍照遠空元是楓林霜葉下露華光泫月明中又題峩眉山佛鳥云佛現佛現鳥語易隨人意變山川發晶熒草木呈慈蒨坐使遊人心目亂佛現佛現覷二詩以放

光事爲誕妄矣及觀李中溪遊雞足山記云正當六月詣殿殿致禱俄頃見兜羅錦雲緬平一面宛如玉地有大圓光倚立玉地之上外暈七重每重五色環中虛明如鏡凝觀者各見自身現於鏡中毛髮可數舉手動足影亦如之衆人同止唯見已身不見傍人僧云攝身光也有頃光沒風起壑中雲氣散盡林巒敗色鮮妍奪目復出一光如大虹霓光缺此光圜如水晶映物僧謂此佛光也同行又見平雲上有二銀船檣桅皆具如人掉之云劉小鶴公亦云守隴右時一日午衙陞聽衙民盛傳佛現起視之錦雲覃一新

寺天花閃爍而墜異哉

僞蘇中如謂不分桃花紅勝錦爲李夫人之語十年厭見旌旗紅爲四皓語皆架空妄說如盲人風漢之言然猶借古人名也又謂碧山學士爲梁章褒又昏黑應須到上頭爲隋常琮語併人名亦杜撰之又妄撰景差五言律一聯尤可笑蘇李始有五言古詩而楚襄王時乃有五言律乎其人信白丁也而讀者不之悟其奈之何

杜詩關山同一點點字絕妙東坡亦極愛之作洞仙歌云一點明月窺人用其語也赤壁賦云山高月小用其意也今書坊本改點作照語意索然且關山同一照小兒亦能之何必杜公也幸草堂詩餘註可證

坡公亟稱文與可之詩而士罕傳丹淵集余家有之其五言律有韋蘇州孟襄陽之風信坡公不虛賞也今錄其數首於此詠閑樂云晝睡欲過午好風吹竹牀溪雲生薄暮山雨送微凉粉裛衣裳潤蘭薰枕席香歸來閑且樂多謝罨君堂過友人谿居云籬巷隔菰蒲閑扉掩自娛水蟲行插岸林鳥過提壺白浪搖秋艇青烟蓋晚廚主人誇野飯爲我煮秋鱸晚次江上云宛轉下江岸霜風襪人衣翩翩渚鴻壓閃閃林

鴉歸前壑已重靄遠峰猶落暉孤舟欲何向擘浪去如飛玉峯園避暑値雨云南園避中伏意適晚忘歸牆外谷雲起簷前山雨飛興饒思秉燭坐久欲沾衣爲愛東岩下泉聲通翠微極寒云燈火宜冬杪圖書稱夜長簾鉤掛新月窻紙漏飛霜酒醴軟孤宦氊裘逐異鄉誰知舊山下梅豔滿東牆江上主人云客路逢江國家人古畫圖靑林隨遠岸白水滿平湖魚小猶論尺鷗輕欲問銖何時遂休去來此伴潛夫詠梨花云素質靜相依清香暖更飛笑從風外歇啼向雨中歸江令歌瓊樹甄妃夢玉衣晝堂明月地常此借

芳菲詠杏花云仙杏一番新妖嬈洗露晨待粧嫌粉重欲點要酥匀月淡斜分影池清倒寫眞君須憐舊物曾伴曲江春此八詩置之開元諸公集中殆不可別今曰宋無詩豈其然乎

瑞香花卽楚辭所謂露甲也一名錦薰籠又名錦被堆韓魏公詩云不管鶯聲向曉催錦衾春曉尚成堆香紅若解知人意睡取東君莫放回張圖之改瑞香爲睡香詩云曾向廬山睡裏聞風香占斷世間春探花莫撲枝頭蝶驚覺陽臺夢裏人陳子昻詩宣和殿裏春風早紅錦薰籠二月時流落人間眞詫事九秋

風露卻相宜蓋詠九日瑞香也余亦有詩云小屏殘夢暖香中花氣撩人怯曉風繡被堆春蝴蝶散開簾忽見錦薰籠又唐人詩云誰將玉臙薔薇水新濯瓊肥錦襌䙅體物既工用韻又奇可謂絕唱矣以上見舊志

明皇遣吳道子畫蜀山川歸對大同殿索其畫無有曰在臣腹中請疋素寫之半日都畢後明皇幸蜀經其地無不與畫脗合因知道子之神奇也

老泉攜東坡穎濱謁文定公時方習制科業將應詔文定公忽出題令人持與坡穎云請學士擬試文定密於壁間窺之兩公得題各就坐致思穎於一題有疑指以示坡坡不言但舉筆倒敲几上云管子注穎濱疑而未決又指其次東坡一筆勾去卽擬撰出以納文定閱其文益喜勾去一題乃無出處文定欲試之也次日文定見老泉云二子皆天才長者明敏尤可愛然少者謹重成就或過之所以二公受知文定而穎濱感之尤深

蘇明允至和間來京師既爲歐陽文忠公所知其名翕然韓忠憲諸公皆待以上客嘗遇重陽忠憲置酒私第惟文忠與一二執政而明允乃以布衣參其間都人以爲異禮席間賦詩明允有佳節屢從愁裏過

壯心時傍醉中來之句其意氣猶不少衰明允詩不多見然精深有味語不徒發正類其文如讀易詩云誰爲善相因嫌瘦後有知音可廢彈婉而不迫哀而不傷所作自不必多也

蘇小妹老蘇先生之女幼而好學慷慨能文適其母兄程濬之子之才先生有詩曰汝母之兄汝伯舅求以厥子來結姻鄉人嫁娶重母族雖我不肯將安云人言蘇子無妹卻有此詩

明宏治初士民耕田犁出一印如玉上刻云衛生藥寶爲郡醫所獲又一藥臼碎之欲鑄農器遇火卽飛

散矣識者惜之

昆明傳順孫令德陽時治廨後蔬圃鋤下地應有聲若震金石掘丈餘許得古鼎高三尺五寸圓四尺五寸厚二寸兩耳高五寸薄三寸五分孔圍一寸扁穿耳方圓一寸鼎蓋厚寸五分龍虎雕畫細如毛髮其質非鐵非石體作丹砂駁文發之黃金滿鼎可百餘斤順孫獲鼎以還昆明身後其子孫侈費蕩盡立錐地不能存蓋許眞君作丹代民租以其餘瘞地中俟異日不能租者而人不知迄今千餘年神物或輕用若有攝而去矣

眉州太江東北岸近靈巖寺下江沙中得巨石鼓一高三尺圍六尺許形製殆類岐鼓狀但無紀畫可考豈蜀石善泐爲齧濤所薄蝕盡乎僧因舉置廡下寶重之

宋邵伯溫仲子傳隨父入蜀其祖康節嘗語之曰世亂蜀可居宣和末伯溫載家人仕蜀家于嘉州始免難博隱于犍爲太定山遺草書千字文石刻爲寺僧所毀惟方丈古銅香爐存

宋太平興國四年嘉州夾江民王諸得江石二皆黝質丹文隱起成字一曰君王萬歲一曰趙二十一帝

夾江縣有鳳頭石上有文若鳳頭狀提學王公慭倫識于江皐命縣令陸綸寘于學

宋時郫縣村民鑿古墓得一銅馬高可三尺許製作精妙簡池守景李淵取以歸中宵風雨輒聞嘶聲怪之不敢留移送佛寺紹興丙子王灼以事至成都黃伯淵見索灼爲作銅馬歌云君不見武皇逸志凌九垓追風躡電思龍媒魯班門外立銅馬天廐萬匹皆塵埃又不見伏波將軍破交賊歸來殿前獻馬革據鞍習氣殊未衰想見老子眞矍鑠兩京飜覆知幾秋只有山河共客愁孤烟落日蠶叢國出此神物于荒郊千年黃壤誰作主猶把歸心泣風雨但恐一朝去

無蹤有似禮城寶劒化雙龍

內江縣化龍山石崩裂得古鏡二寶劒一印篆一有石刻云有宋之始化龍爲記日月相均永遠不墜鏡爲當事者持去印劒貽長生觀中今皆不知所在又三堆山居人掘得銅碑一面上有字云塵世不我留身寄白雲浮若問眞遊處三山與十洲

綦江縣白雲觀掘地得白雲石硯一古鏡一鐫有湖州青銅照子六字古錢一曰湻佑通寶又古劒山掘得古劒一

萬歷元年四川巡撫曾省吾蕩平九絲成都蠻俘獲諸葛銅鼓九十三面擇其有聲者六十四面分天地人三號以獻蠻中以爲寶器有剝蝕聲響者爲上上易牛千頭次者七八百頭遞有等差藏至二三面者卽得雄視一方所鑄皆奇文異狀互相錯蟠僅可辨者雕螭刻鷺閒綴蝦蟇其數皆四疑武侯所製以鎭蠻者同時又得銅鐵鍋二口皆阿大王所蓄製更奇異識者曰此非鍋乃鼎類也其名曰鬵詩云慨之釜鬵其制大上小下若甑鐺無足兩耳峙如山形蠻中尤爲至寶卽諸蠻多不得見其重又不啻銅鼓

明朝御史大夫丁玉以平羌將軍經略西番鑄銀爲錠與之要約散給諸羌得之者寶之如神物上有誓詞輕重不等番中號之爲丁大夫

宋宣和中夔人龍澄嘗于大瀼水中獲玉印文非世閒篆搐澄恍見天神立于傍曰此印爲上帝所寶忽不見澄奉印投原處

犍爲治東二十里土人掘地得石上題東溪之湄孕秀懷奇偉哉丈人文章之師寶而藏之赫然有輝

中江元武山下淵中產石成龜蛇之形

宋漁人王甲于江中網得古銅鏡一枚徑圓八寸許有瑚璉款式甲不能識也持歸生計日豐不假經營而錢財自至閒謀戲之白水寺寺僧以贋者易之後復爲其徒竊以他往値神人持戟長身甚武叱曰還我寶鏡僧疾走百步有虎扼其前懼而擲之以竄遂不知所在詳見洪邁嘉州江心鏡記

漢成帝綏和元年犍爲郡於水濱得古磬一十六枚劉向因上言宜立辟雍陳禮樂以風化於天下得磬處在玉津縣今之犍爲壩也距州十里

漢嘉郡治之西偏望雲樓東有石穴天將雨輒出雲氣發之則石室屹立室之前地中獲瓦缶形製甚古

貯丹砂雲母奇石或爛然類黃金意其金丹之餘也悉斂而櫝藏輸之府庫

綿州大叅贈中丞金鬱爲寺丞時治第於家瓦礫中得錢四其文曰早登科第後知思南府修廨舍得錢一其文曰子孫昌盛冢孫自建新宅復得錢一其文曰加官進祿考之古錢無如此者父子祖孫相繼榮顯亦非偶矣

灌縣西鉢盂泉因墾地得一磚上有晉太康年號

雅州龍興寺有唐開元銅鐘鑄云唐開元十七年鐘上隱起一銀錠其迹宛然

新都縣有唐僖宗幸蜀時所遺行殿柱礎
成都石犀寺後有土阜嘉靖閒寺僧掘得石幢一合頂趺高七尺許形削六方徑圍三尺上刻尊勝護諸童子等咒爲唐太和中馬季武書筆法遒勁葢奇物也
江安縣四林寺有元時所鑄鐵鐘音聲洪遠震聞數里
雅州山門寺殿前有石一株高近二丈周五丈形如盛開花朶色青碧如鴿羽號太湖石縣令許長源愛其瑰特雨餘翠碧鮮潤謂宛如天竺羅浮飛來之異

因名飛來又雲峯寺殿前亦有石高丈餘周四丈奇峭若峯
忠州石寶山一石突高員三四丈餘根狹小傍有一孔如盂通明其頂相傳昔有米出其中口可食一人僧因利焉後以冗穢米遂絕巴縣亦有金田寺宋時米自山孔中流出以供寺僧今無矣
忠州東南十里曰氈毛山地多產草如氈八十五里曰引藤山其山多出引藤大如指中空可吸酒白樂天詩閒拈蕉葉題詩句悶取藤枝引酒嘗
涪州松屏山翠聳雲霄其山上產石有文如松形可製爲屏每雨餘青蓮江練色映州城
巴縣岷江水邊細密之石名青蠊石可作茶碾
大足寶珠溪在治南四十里唐貞觀時漁人郭福者夜捕魚見水際有光即之有蚌如斗剖之得珠徑寸獻之太宗賜以積善井碑碣存
榮昌東有小石溪溪中有石坑如甕石底有天成石龜
武隆治東關灘叢石中有響石鏗鏗然擊之有聲
彭水縣麻油灘上懸崖壁立人攀緣不能到其巖竇之處嵌空各有木櫃藏置其中莫考從來今改名萬

年倉又黔江櫃子巖亦有此異其高數十丈上有木櫃至今不朽因以爲名焉
白帝城西有木如柱大十圍高三丈世傳爲公孫子陽樓柱斫之出血枯而不朽
石泉縣河岸有石高一丈圍五尺前人立以坊水名誓水柱
銅梁巴嶽山有眞人張三丰所遺扇硯竹杖各一寺僧寶以爲重
銅梁十五里巴嶽山永樂中有人鑿井得玉版扣之其聲清越如磬獻華陽王又寺有鍾赤色如金扣之

聲聞百里蓋先代物也今皆無存

保甯府文廟中有宣聖篆碑二其一題比干墓曰左林右泉峻岡前導萬世之甯兹焉是寶其一題曰嗚呼有吳延陵季子之墓

峩眉山放光岩下有石透白如水晶形如馬牙置之日隙以手撚之即成五色雲氣名曰放光石

永甯陳以莊知成都縣日修葺衙宇於土中得石一具約高三尺許廣倍之質理奇崛狀嵌空可愛頂有竅全體貫通以水注之周流噴溢如濺珠灑沫然陳甚奇之爲文以紀移置內江王邸中

成都山人李蓁得一石於板築之家高尺許蟠頂垂足中圍如帶儼然瑞芝也名曰芝石

成都中和門右剏建火神廟掘地基得磁盎容五六升形圓如瓜色綠如豆蓋以荷葉不知爲何物也安置廟中

嘉定州舊有銅壺滴漏相傳爲郭景純守嘉州日製規制奇絕後移置會省在今鐘鼓樓上宋范成大有銅壺閣落成詩

宋周濂溪判合州時嘗與人對奕有一老人傍觀口吐涎香氣襲人公驚曰汝龍也何故來此老人曰何以知之公曰吾聞龍涎極香汝口中所落者是也須臾大雨雷雹老人化龍從溪而去公取方石二十四片鎮溪口今通曉橋是也

試劍石昔漢天師轟雷爍雹而斬妖魔擲筆試劍而弘正法於此石試一劈而中分作二高有數十丈在青城山延慶觀北

灌縣靈巖山之極峯仙人嘗奕碁於此石有碁勢傍有年號乃天祐二年

灌縣朝天寺正德末年遊僧開辟礎址得一石有詩前已剝落結句云天孫縱有閑針線難綉西川百里

圖筆法遒勁可愛

唐田眞人名大神字南陽來隱棲妙山觀中能驅絕蛇虺履水如平地嘗與二道士奕撒碁於江人取以獻蜀王旋失去後又得於玉局洞前石盤內自是江中産碁石

金堂縣華嚴寺後岩上有一石龍長數丈身現二處鱗甲儼然爪如古柏根其下泉水甚清歲旱取湫有應又峽岸有巨石足跡長二尺許指掌宛然不鑿而成

綿竹縣民楊化翠女迷於妖禳不能禁一夕妖與女

圍爐更深倦談卽倚橙熟睡張口作齁齁聲女乘便以火箸夾然炭置口中妖忽大叫從屋後號咷而去翌日覓之三里許有枯柳一株炭在焉此雍正十一年秋事也

井蛙雜紀卷三

井蛙雜紀卷四

羅江李調元雨邨纂

丁紀共三十一則

紹聖二年四月甲申山谷以史事謫黔南道間作竹枝詞二篇題歌羅驛曰撐崖拄谷蝮蛇愁入箐攀天猿掉頭鬼門關外莫言遠五十三驛是皇州浮雲一百八盤縈落日四十九渡明鬼門關外莫言遠四海一家皆弟兄自書其後曰古樂府有巴東三峽巫峽長猿鳴三聲淚沾裳但以抑怨之音和爲數疊惜其聲今不傳余自荊州峽入黔中備嘗山川險阻因作三疊傳與巴娘令以竹枝歌之前一疊可和云鬼門關外莫言遠五十三驛是皇州後一疊可和云鬼門關外莫言遠四海一家皆弟兄或用四句入陽關小秦王亦可歌也是夜宿於驛夢李白相見於山間曰予往謫夜郎於此聞杜鵑作竹枝詞三疊世傳之不予細憶集中無有三誦而使之傳焉其詞曰一聲望帝花片飛萬里明妃雪打圍馬上行人那解聽琵琶應道不如歸竹竿坡面蛇倒退摩圍山腰猢猻愁杜鵑無血可續淚何日金雞赦九州出志外紀

涪翁過瀘南瀘帥留府會有官妓盼盼帥嘗寵之涪

翁贈浣沙溪詞曰腳上鞾兒四寸羅唇邊朱麝一櫻多見人無語但迴波料得有心憐宋玉祇因無奈楚襄何今生有分向伊麽盼盼拜謝涪翁瀘帥令唱詞侑觴唱惜春容涪翁大喜醉飲而別

陸放翁之蜀宿一驛中見題壁云玉階蟋蟀鬧清夜金井梧桐辭故枝一枕淒涼眠不得呼燈起作感秋詩放翁詢之驛卒女也遂納爲妾方踰半歲夫人逐之妾賦卜算子云只知眉上愁不識愁來路窻外有芭蕉陣陣黃昏雨曉起理殘粧整頓教愁去不合畫春山依舊留愁住

放翁在蜀目有所盼嘗賦詩云碧玉當年未破瓜學成歌舞入侯家如今顛頓蓬窻底飛上青天桐落花出蜀後每懷舊遊多見之賦詠有云金鞭珠彈憶春游萬里橋東罨畫樓夢倩曉風吹不斷書憑春雁寄無由鏡中顏髮今如此席上賓朋好在不篋有吳牋三百個擬將細字寫春愁又云裘馬清狂錦水濱最繁華地作閑人金壺投箭消長日翠袖傳栖領好春幽鳥語隨歌處拍落花鋪作舞時茵悠然自適君知否身與浮名孰是親又以此詩隱括作風入松云十年裘馬錦江濱酒隱紅塵黃金選勝鶯花海倚疎狂驅使青春吹笛魚龍盡出題詩風月俱新自憐華髮滿紗巾猶是官身鳳樓曾記當年語問浮名何似身親欲寫吳牋說與這回眞個閑人

成都女郎張窈窕上任事者詩云昨日買衣裳今日賣衣裳衣裳都賣盡羞見嫁時廂有賣愁應緩無時心轉傷故園戎馬隔何處是蠶桑

漢州崇聖寺寒食日忽有朱衣一人紫衣一人氣貌甚偉驅殿僕馬極盛寺僧謂州官至奔出迎接皆非也與僧揖甚恭唯少言語命筆各題一絕句於壁朱衣詩曰禁烟佳節同遊此正値荼蘼夾岸香緬想十

年前往事強吟風景亂愁腸紫衣詩曰策馬暫尋原上路落花芳草尙依然家亡國破一場夢惆悵又逢寒食天題罷上馬疾去出松徑失其所在但有異香經月不散其詩於今見存蔡宓遠遊詩曰遠遊何所見所見邈難紀巖穴非我隣林麓無知己虎則豹之兄鷹則鵰之弟困獸走環岡飛鳥驚巢起猛氣何咆厲陰風起千里遠遊長太息太息遠遊子

王褒贈周處士詩我行無歲月征馬屢盤桓崤曲三危阻關重九折難猶持漢使節尙服楚臣冠巢禽疑上幕驚羽畏虛彈飛蓬去不已客思漸無端壯志與

時歇生年隨事闌百齡悲促命數客念餘歡雲生隴坻墨桑疎薊北寒烏道無蹊徑清溪有波瀾思君化羽翮要我鑄金丹

梁蕭撝和武陵王遙望道館詩神境留精闕仙居紫翠房今有尋眞地迤邐麗通莊九柱含虬重三臺飾夜光金輝碧海桃玉篋紫書方拂筵青鳥集吹簫白鳳翔履存堪是燕石在詎非羊烟霞四照戀風月五名香於茲喜臨眺願得假霓裳

宋慕容百才大刻山排律李勢非嵎虎公孫是井蛙聖朝無外戶夷壤盡爲家疊嶂寧須鏟停烽久廢撾

原鱗生駱谷釣駟入彭衙闕失千年壯方來萬里遐商淵盈瀕洞使節偏谽谺岑蔚誰驚鳥豐茭自樂麃烽屯開雨雪樵爨老烟霞帝德朝宗地僊遊上漢槎賞奇酬酒與摘藻謝詩葩階走楓林葉窗摧拍燭花山亭無刻漏隱几待鳴鴉

內江劉五清配汪藻之女有寄五清詩旅食京華歲月多聖賢事業竟如何明年竚聽泥金報閒把關雎獨自歌燈夕詩萬里玲瓏漾水晶滿城春色勝蓬瀛君王願坐光明景四海蒼生歌太平趙文肅李夫人舟中詩河水急於箭僊槎去若飛家人應羨我遙自斗邊歸眉州鄧氏適敘州戶部郎金寬亦有寄寬詩鎭日多愁屢廢餐閉門淸坐遣應難庭前別我春猶在月下懷君秋已殘幾點落花誰著眼一聲飛雁獨凭欄夢回湘簟無消息更啓前書仔細看

成都神鳳儀字子韶少工文流連女色老成勢朽生子俱不全然亦以壽終人謂之異數云客有誦其詠蚊虫辭云兩翅輕盈楚腰纖細鏗鏗一派笙歌沸黃昏人未掩紫扉潛身悄入羅幃裏侵憐玉體挨傍香肌嘴痕到處臙脂寄耳邊做就百般聲夜深不肯教人眠詞義極工緻

李氏唐胄也大唐四十子少郎曹王五子少郎武衛大將軍偲武氏擅政偲入蜀來眉丹稜伏民間五世孫瑜明皇西幸時抗表言狀得通屬籍尋拜長江令卒官歸葬丹稜瑜四世曰遠遠二世曰同爲始建令葬籍縣同生全始居華陽又三世曰惟吉惟吉三子曰莊曰允曰毅莊以學行名毅以科第顯莊子大厚博學工文辭從兄天章公大臨自謂不如大厚及長子陞同登第後三年子降亦登陞五典州號循吏降行義克著范公鎭薦之朝爲金部郎中宣和間提學泰鳳路列郡刺史拜宣撫使童貫降獨長揖曰我師

儒官也遂丐祠去力致仕陪大厚季子也有子時亮伯父陞欲官之辭治命又以遺長官之章已上會陞子從政郎時任卒時亮亟追還以與時任之子識後時亮二子登第三子以恩得官諸孫一以舉恩得官一登第去允子大臨第進士宋朝仕至天章閣待制事在國史知制誥時繳李定辭頭其一也子陶隲陶從司馬公光於洛當時大老皆喜之在錢塘蘇公軾送之詩忠文文正二大老蘇李廣平三舍人喜見通家賢子弟因言得邑少風塵其趣遠矣隲通達明敏吏事有能名尤工於書子時雍時敏皆世其學時雍

高廟稱之弟兄多顯者賞延凡二世毅嘉祐二年進士李氏初起家者仕至殿中丞子大昕大昕生公濟公濟生謨謨生崧凡四世登科大昕有學行謨能文章謨以下徒導江族盛時仕者不能悉書此其槩也曰頊者亦出自遠與同並世孫丞燦三世孫謹修謹交謹微謹思能登進士第謹修位至秘守三子賞皆傳嚴卿最顯官至朝散大夫鄃又與謹微子椿登第鄃官至朝議大夫丞炳三世孫彤四世孫觀登第丞哲四世諸孫彖先厚登第彖先應賢良方正科厚位至鴻臚少卿厚五子皆官生洋亦登進士第族大子孫衆多近世有以世科名聞其世一曰自遠而下部第進士四子樵孫梜孫材父今典州矣凡散居異邑者多不書

明簡紹芳楊升菴年譜云公姓楊氏諱慎字用脩别號升菴其先廬陵人六世祖諱世賢者元末避歐祥之亂徙楚麻城再避紅軍亂乃入蜀居新都世賢生壽山隱德弗仕樂善行誼鄉閭化之有李佛子之稱益世賢贅李氏子孫冒其姓也壽山生玫字美玉習春秋善歐書元配郭氏生二子曰遠曰政卒娶牟氏無子卒娶熊氏生子三曰春曰惠曰哲以貢士仕爲

貴州永甯吏目郝土官之賂金正州民之地界貴陽人傳誦之卒於官遠政亦相繼殁熊氏夫人攜二孀婦併三幼子負遺骼歸新都葬之城西春即公大父留耕公也性穎敏日記數千言家舊藏周易一部朝夕研究日漸有得乃入縣學爲諸生復姓楊氏成化元年乙酉舉於鄉十七年辛丑舉進士移疾歸養宏治元年以熊夫人命北上授行人司司正時王端毅公爲太宰擬授之際顧謂少宰張莊簡公曰老成人任此官固宜八年陞湖廣提學僉事踰年乞歸留耕公配葉氏子七人長廷和即公父少師石齋次廷平

號龍山戊午舉人終養不仕廷儀號瑞虹已未進士
兵部左侍郎廷簡早卒廷宣號龍崖辛酉舉人獻擅
古學爲李文正公所稱嘗著連雲棧賦在蜀志皆棄
夫人出廷歷以石齋考滿廕國子生廷中縣學弟子
側室王氏出石齋公生於天順巳卯甫四歲知聲律
日記書數卷年十三舉於鄉二十舉進士由翰林庶
吉士歷官少師兼太子太師首相兩朝有除難定策
之功焉子四長卽升菴公少師元配一品夫人眉山
黃公明善之女所出次惇號敘菴癸未進士兵部職
方主事恢號貞菴承廕中書舍人陞大理右寺副忱

號字菴丙子舉人皆太孺人蔣氏出若龍山公之子
癸酉舉人愷縣學生悌瑞虹公之子丙戌進士恂姚
安知府慥盧溪知縣性龍崖公之子荊州長史悅縣
學生惟則公之從弟也先是石齋與黃夫人以囏嗣
爲憂嘗禱於神後神語曰當以聰明奇慧子畀君又
夢送五代忠臣夏魯奇至曰武臣也復以中庸十八
章輔之宏治元年戊申十一月初六日生公於京師
之孝順衚衕岐嶷穎達十歲母夫人教之句讀併授
以唐絕句輒成誦又以筆管印紙作圈令公書字於
中曰吾雖不知書然卽此則楷正自可觀矣公奮志

誦讀不出外戶戊午歲十一作近體詩有一盞孤燈
照玉堂之句石齋公曰句佳矣但恨太孤寂耳不悅
已未果罹母黃夫人憂極其悲號廢食骨立未幾祖
母葉太夫人訃聞隨石齋公回蜀守制留耕公授以
易兩旬而洽不遺一字擬作古戰場文有青樓斷紅
粉之魂白日照翠苔之骨數語瑞虹公極稱賞復命
擬過秦論留耕公奇之曰吾家賈誼也一日石齋公
與瑞虹龍崖二公觀畫問曰景之美者人曰似畫畫
之佳者人曰似眞孰爲正公舉元微之詩以對龍崖
曰詩亦未見佳汝可更作公輒呈稿云會心山水眞

如畫名手丹青畫亦眞夢覺難分列禦寇形影相贈
晉詩人二公曰只此四句大勝前人矣時公年一十
二辛酉石齋公服闋公亦入京師有過渭城送別詩
及霜葉賦詠馬嵬坡詩云鳳輦匆匆下九天馬嵬西
去路三千漁陽鼙鼓烟塵裏蜀棧鈴聲夜雨邊方士
遊魂招不返詞人長恨曲空傳蛾眉尚有高邱在戰
骨潼關更可憐師福建鄉進士雪溪魏先生浚習舉
子業偶作黃葉詩李文正公見之曰此非尋常子所
能吾小友也乃進之門下命擬出師表及傅奕請沙
汰僧尼表文正覽之謂不減唐宋詞人宏治乙丑侍

石齋公於禮闈時崔公銑試卷在分考劉武臣簾下疑其深刻未錄公見之愛其奇雋以呈石齋公遂擢詩經魁崔知而以小座主稱焉竟爲生平知己時公年一十八正德丙寅與同隣士馮馴石天柱夏邦謨劉景宇程啓充爲麗澤會即墨藍田永昌張含結社倡和丁卯歸應四川鄉試督學南峯劉公面試而奇之曰吾不能如歐陽公乃得予如蘇軾是秋果擢易魁九月安人王氏來嬪淸素儉如田家禮十一月上禮部戊辰春試主考王公鏊梁公儲得公文已置首選卷偶失燭遂下第有空吟故國三千里悔讀南華

第二篇之句入國學祭酒周公王類試之曰天下士也已歷事禮部周旋朝夕不倦尙書劉公宇一日見公問曰子爲誰公對曰楊愼劉曰本部天下人豈必一大臣子弟耶乃稱嘆不置辛未禮部費公宏知貢舉入總文衡則靳公貴擢公第二殿試則及第第一制策援史融經敷陳宏剴讀卷官李公東陽劉公忠楊公一淸相與稱曰海涵地負大放厥辭共慶朝廷得人授翰林修撰公時年二十四癸酉丁繼母喻夫人憂居家讀禮賻儀一無所受學憲劉公節稱之曰禮不忘於口誦義每絕乎幣交明年藍鄢諸寇作

亂公在邑城中日夕戒嚴有賊數百詐稱官軍以胡門者公令守雉堞者詰之散去乙亥服闋冬十二月北上舟至嘉定黃閣扁幾危而得濟遂與布政伍公符鄰舟倡和下江陵丙子入翰林爲經筵展書及校文獻通考同館則鄒公守益王公思尹公襄劉公泉孫公紹祖張公潮也丁丑爲殿試掌卷官得舒公芬策以呈閣老梁公儲不置鼎魁公力爭乃得首第時武皇遊幸宣大楡林諸邊返而復往公疏切諫不報乃以養疾乞歸明年王安人卒己卯繼室得遂甯黃簡肅公珂女時江西甯藩之變値石齋公當國公經

廣漢詩曰遊子戀所生不獲常懷安大哉宇宙內吾道何盤桓庚辰九月公北上仍舊官辛巳四月世宗即位五月公爲殿試受卷官八月開經筵公首作講官進尙書金作贖刑之章言聖人贖刑之制用於小過者冀民自新之意若大姦元惡無可贖之理時大璫張銳于經等皆犯先朝事罪當死以進金銀得免故及之壬午二月命公代祀江瀆及蜀藩諸陵寢著江祀記與給事熊公浹御史簡公霄遊浣花溪載酒賦詩有烟霞誰作主魚鳥自相親斗酒千金會扁舟兩玉人之句十二月北上復命癸未纂修武廟實錄

公諫習朝典事必直書總裁蔣公冕費公宏曰官階雖未及實堪副總裁者乃盡以草錄付校時六年考滿吏部侍郎羅公欽順考公語曰文章克稱乎科名愼修允協乎名字甲申七月兩上議大禮疏嗣復跪門哭　中元日下獄十七日廷杖之二十七日復杖之斃而復甦謫戍雲南永昌衛時同事死者配者黜者左遷者一百八人挽舟由潞河而南値先年被革挾怨諸人募惡少隨以伺害公知而備之至臨清始散去時公年三十七乙酉正月至雲南病馳萬里羸憊特甚栖栖旅中方就醫藥而巡撫台州黃公衷促

且甚公力疾冒險抵永昌幾不起巡按郭公楠淸戎江公良材極爲存護卜館雲峯居之且上疏乞宥議禮諸臣而郭亦被詔下獄爲民丙戌九月聞石齋公寢疾疋馬間道十九日至家石齋公悅而疾愈七月攜家就戍所十一月尋甸府土舍安銓變起十二月武定土舍鳳朝文亦起攻掠城堡爲患孔棘公嘆曰此吾效國之日也乃戎服率旅僮及步騎百餘往援木密所守禦八城與副使張峩謀固守明日賊來攻城甯州土舍陸紹先率兵戰城下公促城中兵鼓譟開門出戰以助外兵賊散去公復歸會城戊子春疫

疫大作乃徙居洱海城疫息仍居雲峯尙書伍公文定黔國沐公紹勳鎮守太監杜唐同來問疾時公一足病有半人嘲鑿齒一足笑虞夔之句己丑八月寓趙州聞石齋公訃奔告巡撫歐陽公子重疏上得歸襄事十一月還鎭壬辰正月布政高公公韶聘修雲南通志館於滇之武侯祠時卿大夫有欲昌嗣潁川侯傅友德以覬世爵者公不可乃乘張羅峯復相流言欲中害公遂去有中宵風雨太多情留住行人不放行借問小西門外柳爲誰相送爲誰迎之句癸巳西遊大理諸處會禺山張公含於霽虹橋刻詩崖畔

以志別甲午阿迷州僉事王公廷表迎往館之經臨安納少室新喻人周氏乙未六月子同仁生丙申至嘉州訪給事楊宏山士雲復寓點蒼山感通寺之寫韻樓丁酉與御史李中漢元陽遊石寶山七月還戍所戊戌奉戎檄歸蜀便道獲拜阡梓事畢還滇己亥十一月再領戎役於重慶道庚子役事竣至遂甯七月歸新都八月巡撫東阜劉公大謨聘公及玉壘王公元正方洲楊公名纂修蜀志辛丑還滇至東瀘疾作巡撫龍山戴公金留之返成都與梓谷黃公華洱江劉公大昌遊青城丹景雲臺諸山壬寅七月還戍

所八月納少室北京人曹氏癸卯十二月子甯仁生
公大喜時當道與黔國沐公交遊士夫俱詩章宴賀
有天上麒麟輝蜀水海中龍馬過滇池之句是年公
復領戎役於蜀甲辰至瀘州與少岷曾公璵遊九十
九峯山四月還戍所乙巳二月徙居大理與門生董
難尋罷谷山經喜驗會宏山諸公倡和九月還戍所
丙午丁未居滇之高嶢有十二景日與士大夫交遊
二月公屬紹芳隸漢王褒移金馬碧雞文於羅漢寺
之崖凡招提佳勝會意處便操觚留題冬十月公復
適臨安訪臯憲樊公景麟暨桐岡葉公遊諸巖洞勝

景戊申春至晉甯與侍御池南唐公錡遊海窰蟠龍
生佛諸山阤巳酉居高嶢夏秋每與滇之鄉大夫葉
兩湖胡在軒游初武廟閱文獻通考天文星名有注
張命內閣取祕書通考又作注張中使下問欽天監
及翰館中皆莫知爲何星也公曰注張柳星也歷引
周禮史記漢書以復又湖廣土官水盡源通塔平長
官司進貢同官疑爲三地名於長官司上添一三字
公曰此六字地名也取朝中官制證之嘉靖初給事
中張翀上言時政論學術不止一條有喬宇鬼瑣之
語上問之內閣公適在館中即取荀子非十二子篇

以復敬所蔣公喜曰用修之博何減古之蘇頌乎其
該洽精辨類如此乃若論王導之賊晉室辨太王之
非翦商魯之重祭不始於成王周公春秋五伯深斥
乎楚宋秦繆引墨子及修文御覽以辨范蠡無載西
施之事引黃東發蘇東坡之言及李漢韓文序以辨
文公與大顛書之僞駁歐陽氏非非堂之說辨陳白
沙六經皆虛之語斥戴石屏之無行傳唐貴梅之死
節此又證據古今闡揚幽隱謂其有功世教也非乎
至若陶情乎豔辭寄意於聲伎落魄不羈又公所以
用晦行權匪恒情所易測者也昔重慶守劉公繪貽

公廷祿偕紹芳數遊昆明池有池賞詩社集庚戌四
月海口疏雲南臺司顧箬溪諸公請公記其事於石
壬子二月時在逸武弁得委祭龍海口歸肆狂惑復
丁夫六千督往駐濬剝眾利州人苦之有言於公者
公嘆曰海已涸矣田已出矣民已疲矣致書巡按趙
公炳然罷之三月劉峕峯明刑持先廷尉執齋王公
詩文集請公批選於太華寺癸丑公復領戎役於蜀
僑寓瀘州丁巳六月長子同仁卒無嗣八月歸新都
敘菴弟卒公痛悼倍於尋常其誄辭有曰我生與弟
先後之年呱呱而泣形分氣連夏炎合簟冬寒並氊

母攜父抱偎溼就乾八歲就傅雙筆一研嬉戲偕止
出入隨肩飲啖讓果跬步共礴又曰七哀將躋我歸
自滇兄酬弟勸翕樂罔愆觴我於庭羣從孚孿劇談
飛屑倡和珠蠙笑語亟斷頃刻弗延豈意宴席化爲
几筵遽爾凋喪門祚中顛幼弱一人何忍余捐余生
則先弟亡則前前後存亡誰質諸天其有愛至情見
於辭者如此至若保誨遺孤紀綱家政既乃心力從
子有仁以髫年失怙而幸免於顛覆者皆公惠之及
也戊午子甯仁娶瀘州滕恩官女爲室公僑寓江陽
者十數年交遊日眾與曾岷野章后齋諸公友善已

未春還戍所六月遘疾感懷詩曰七十餘生已白頭
明明律例許歸休歸休已作巴江叟重到翻爲滇海
囚遷謫本非明主意網羅巧中細人謀故園先隴癡
兒女泉下傷心也淚流又訣李張唐三公詩云魑魅
禦客八千里羲皇上人四十年怨誹不學離騷侶正
葩仍爲風雅仙知我罪我春秋筆今吾故吾逍遙篇
中溪李元陽半谷張含池南唐錡叟此意非公誰與傳卒於
七月六日年七十有二時巡撫雲南游公居敬命殯
歸新都庚申冬祔葬石齋公墓側丁卯穆宗即位奉
遺詔追贈光祿寺少卿長子同仁先卒次子甯仁時

寓瀘州公卒之年夫人黃至瀘迎歸撫教則夫人任
之也公孝友性植穎敏過人家學相承益以該博凡
宇宙名物之廣經史百家之奧下至稗官小說之微
醫卜技能草木蟲魚之細靡不究心多識闡其理博
其趣而訂其訛謬焉正德間有寄書曰凡人情有所
寄則有所忘有所譏則有所棄寄之不深則忘之不
遠譏之不甚則棄之不篤忘之遠則我無所貪棄之
篤則人無所忌無所忌而後能安無所貪而後能適
足下所爲蓋得其適與安也古人買田宅擁聲伎皆
豪傑蓋世之才然獨無抱尺寸者之見也僕觀足下

自蒙難以來嘔以匠意摹文續經延搜百氏窮探古
蹟鑿石辨剎泐碑搜出遺忘有僻儒苦士白首蓬藋
日自纂索所不能盡而謂竭精蕩神於逸欲聲色者
能之乎斯言也可謂諒公之深者矣公嘗與人曰資
性不足恃日新德業當自心力中來故好學窮理老
而不倦又嘗自贊曰臨利不敢先人見義不敢後身
雖無補於事業求不負乎君親遭逢太平以處安邊
歌詠擊壤以終餘生天之顧畀厚矣篤矣吾之涯分
止矣足矣蓋困而亨沖而盈寵爲辱平爲福者耶此
公自狀實錄至其生平著述四百餘種散逸頗多學

者恨未睹其全也按今坊刻升菴全集不列此譜使人知其人不能論其世故具錄之

古者書契多編以竹簡其次用縑帛至以木膚麻頭敝布魚網爲紙自東漢蔡倫始簡太重縑稍貴人遂以紙爲便倫宦者也傳多稱其能然受宦掖風旨詔親貴猶宦者態也智足以創物而亦足以殺身第於文字有功人至今稱蔡倫紙今天下皆以木膚爲紙而蜀中乃盡用蔡倫法牋紙有玉板有貢餘有經屑有表光玉板貢餘雜以舊布破履亂麻爲之惟經屑表光非亂麻不用於是造紙者廟以祀蔡倫矣廟在

大東門雪峯院每遇歲時香火纍纍不絕

易以西南爲坤位而吾蜀西南重厚不浮此坤之性也故物生蜀者視他方爲重厚凡紙亦然此地之宜也府城之南五里有百花潭支流爲二皆有橋焉其一玉溪其一薛濤以紙爲業者家其旁錦江水濯錦益鮮明故謂之錦江以浣花潭水造紙故佳其亦水之宜矣江旁鑿臼爲碓上下相接凡造紙之物必杵之使爛滌之使潔然後隨其廣狹長短之制以造砑則爲布紋爲綾綺爲人物花木爲蟲鳥爲鼎彝花紋雖多變大抵因時之宜非意爲之也紙以人得名者有謝公有薛濤所謂謝公者謝司封景初師厚師厚創牋樣以便書畫因以爲名薛濤本長安良家女父鄖因官寓蜀而卒母孀養濤及笄以詩聞外又能掃眉塗粉與士族不侔客有竊與之宴語時韋中令皐鎭蜀召令侍酒賦詩僚佐多士爲之改觀期歲中令議以校書郎奏請之護軍曰不可遂止濤出入幕府自皐至李德裕凡歷事十一鎭皆以詩受知其間與濤唱和者元稹白居易牛僧孺令狐楚裴度嚴綬張籍杜牧劉禹錫吳武陵張祜餘皆名士記載凡二十人競有酬和濤僑止百花潭躬撰身紅小彩牋裁書

供吟獻酬賢傑時謂之薛濤牋晚歲居碧雞坊刱吟詩樓偃息於上後段文昌再鎭成都太和歲濤卒年七十三文昌爲撰墓誌謝公有十色牋深紅粉紅杏紅明黃深青淺青深綠淺綠銅綠淺雲即十色也楊文公億談苑載韓浦寄弟詩云十樣蠻牋出益州寄來新自浣花頭謝公牋出於此乎濤所製牋特深紅一色爾僞蜀王衍賜金堂縣令張蠙霞光牋五百幅霞光彩疑即今之彤霞牋亦深紅色也蓋以胭脂染色最爲靡麗范公成大亦愛之然更梅溽則色敗萎黄尤難致遠公以爲恨一時把玩固不爲久計也

凡紙皆有連二連三連四售者連四一名曰船牋又有青白牋背青面白有學士牋長不滿尺小學士牋又半之倣姑蘇作雜色粉紙曰假蘇牋皆印金銀花於上承平前輩蓋常用之中廢不作比始復爲之然姑蘇紙多布紋而假蘇牋皆羅紋惟紙骨柔薄可若加厚壯則可勝蘇牋也

蜀牋體重一夫之力僅能荷五百番四方例貴川牋蓋以其遠號難致然徽紙池紙竹紙在蜀蜀人愛其輕細客販至成都每番視川牋價幾三倍范公在鎮二年止用蜀紙省公帑甚多且怪蜀諸司及州縣緘

牘必用徽池紙范公用蜀紙重所輕也蜀人事上則不敢輕所重矣此以價大小言也余得之蜀士云澄心堂紙取李氏澄心堂樣製也蓋表光之所輕脆而精絕者中等則名曰玉冰紙最下者曰冷金牋

廣都紙有四色一曰假山南二曰假榮三曰冉村四曰竹絲皆以楮皮爲之其視浣花牋紙最清潔凡公私簿書契劵圖籍文牒皆取給於是廣幅無粉者謂之假山南狹幅有粉者謂之假榮造於冉邨曰清水造於龍溪鄉曰竹紙蜀中經史子集皆以此紙傳印而竹絲之輕細以池紙視上三色價稍貴近年又倣

徽池法作勝池紙亦可用但未甚精緻爾

雙流紙出於廣都每幅方尺許品最下用最廣而價亦最賤雙流實無有也而以爲名蓋隋煬帝始改廣都曰雙流疑紙名自隋始也亦名小灰紙

蜀以錦擅名天下故城名以錦官江名以濯錦而蜀都賦云貝錦斐成濯色江波遊蜀記云成都有九壁村出美錦歲充貢宋朝歲輸上貢等錦帛轉運司給其費而府掌其事元豐六年呂大防始建錦院於府治之東募軍匠五百人織造置官以涖之創樓於前以爲積藏待發之所榜曰錦官公又爲之記其略云

設機一百五十四日用挽綜之工百六十四用杼之工五十四練染之工十一紡繹之工百一十而後足役歲費絲權以兩者一十二萬五千紅藍紫莿之類以斤者二十一萬一千而後足用織室吏舍出納之府爲屋百一十七間而後足居自今考之當時所織之錦其別有四曰土貢錦曰官告錦曰臣僚襖子錦曰廣西錦總爲六百九十疋而已

轉運司錦院織錦名色即成都府錦院土貢錦三疋花樣八答暈錦官告錦四百疋花樣盤毬錦簇四金鵰錦葵花錦八答暈錦六答暈錦翠池獅子錦天下

樂錦雲雁錦臣僚襖子錦八十七疋花樣簇四金鵰錦八答暈錦天下樂錦廣西錦二百疋花樣眞紅錦一百疋大窠獅子錦大窠馬打毬錦雙窠雲雁錦宜男百花錦青綠綿一百疋宜男百花錦青綠雲雁錦茶馬司錦院織錦名色茶馬司須知云逐年隨蕃蠻中到馬數多寡以用折傳別無一定之數緋甲被七八行錦緋大被瑪瑙錦敘州眞紅大被褥眞紅雙連椅背眞紅單椅背南平軍眞紅大被褥眞紅雙窠錦阜大被褥青大被褥文州稿設紅錦細色錦名色青綠瑞草雲鶴錦青綠如意牡丹錦眞紅宜男百花錦

眞紅穿花鳳錦眞紅水林檎錦眞紅櫻桃錦眞紅雪花毬錦鵝黃水林檎錦紫阜段子錦眞紅天馬錦眞紅飛魚錦眞紅聚八仙錦眞紅六金魚錦秦州細法眞紅錦秦州中法眞紅錦秦州麁法眞紅錦眞紅湖州大百花孔雀錦四色湖州百花孔雀錦二色湖州大百花孔雀錦

玉璧玉印各一　印文似成信字雍州兵於成都縣獲之衛瓘以上之相國府魏咸熙元年於是司馬氏宣示百官仍藏之府公孫述起成都自號成家三五之文殆述作也

湆于古禮器也廣漢什仿人段祖以獻之益州刺史始興王蕭鑑高三尺六寸六分圍三尺四寸圓如筩銅色如漆甚薄上有銅馬以繩貫馬令去地尺餘灌之以水又以器盛水於下以芒莖當心跪注湆于以手振芒則聲如雷淸響良久乃絕古所以節樂

古鐵鑑一　王宗壽字永年建族子得之江源下有篆文十二字宗壽覽照見一青衣小兒坐酒樓上試令人訪之青衣隨至謂宗壽曰何以知我宗壽以實對青衣曰吾失此百年矣知在公處故此盤桓公其還我宗壽出而與之青衣剖腹納長揖而去宗壽有辟穀吐納之術或謂得之青衣今載其篆文云

龍宮寶藏神和子鑄永年萬歲

銅印一　廣政十四年冬十月十五日彭山縣副將頭楊富獲於江岸印有六面方各寸許皆有篆文兩面共通一竅竅中三虛一實其直可貫其圓有規六面篆文共八十二十分夾其竅六十均在四旁各成文章印過雕鏤有竅面各一十字無竅面各十五字以印進上嚴棨作瑞篆記今楷其篆文備考一面天國老君生萬民治中國外國人和璽凡十五字其相對

一面云老君授生輔天下國安平受道人長生凡十五字又一面虛無自然明日月辰星光凡十字其相對一面云鉉女致和氣玉女致天醫凡十字又一面上國仙師天師老君道成明天地政璽凡十五字其相對一面云上召吾拜無爲大昊通天下洽氣同璽凡十五字

小金印一建炎初盧公法原修治羅城役夫得之以獻公因會鄉老出而薄觀有識其文者曰漢破氐羌侯五字字分作三行漢字居其一公以印寄舒紹興十年胡公世將提於剣家濟張公壽一因取送胡公

按漢土德故印章以五成此先漢時物但不知封侯者爲何人也

唐鐵券二昭宗以賜陳敬瑄田令孜也券形方如牛瓴縱長尺餘橫廣不及二尺以金爲字俱在軍資庫但金巳剝落無餘字益漫滅間有不可識者敬瑄以中和三年十月受賜令孜以四年十一月受賜僖宗猶在成都明年僖宗還京師後此八年當景福六年四月二人俱爲王建所殺據新唐書蓋同日死令孜與敬瑄實斲削唐室何功之有焉雖冒受此券卒不可用天道果昭昭乎券字益就漫滅可惜敬瑄券文

承旨樂明龜作唐宋之號令文章其氣象類如此也其略曰扈巨鰲者鼎大於滄海斬長鯨者劍倚於青天旣立異勳克膺殊寵李晟免其十死子儀成其九功鎮以金鏞賜其鐵券後來繼者豈在他人又曰致朕身安由卿忠藎前封公爵後錫郡王論於衆情未愜羣望今賜卿鐵券舍卿十死瑄鐵券官宰臣姓名漫滅不可復識田令孜鐵券文其略曰人臣之績古今貴儔爵位不足以荅元勳竹帛不足以紀大節式遵盛典用表殊庸宜賜駱谷扈從定難中興社稷功臣仍恕十死宰臣裴澈敬瑄令孜與建罪等耳敬瑄

令孜幸而不成是以建獨曰叛方中和褒敬瑄功時曰子儀曰晟不得專美於前令孜又自有宦者來無此榮也識者謂墓石猶砢石爾無用也鐵券其不類是乎使無一卷史書君子何所恃哉

塔玉隋蜀王秀作鎮井絡聞益州福感寺塔基金是一石令人掘之尋縱至泉不見其際風雨暴至人有於石傍鑿一片將出乃是鹽玉王問一識寶商商曰此是眞鹽玉世間希有樊鼎遇德陽錄畧

昔欲居南村非爲卜其宅淵明詩也羅江縣北三十里亦有南村山明水秀爲一邑冠其居民敦詩書說

禮樂亦有栗里風

井蛙雜紀卷四

井蛙雜紀卷五

羅江李調元雨邨纂

戊紀 共五十三則

東坡夢作司馬相如求畫贊其敘曰夜夢嚴君平司馬相如揚子雲合席而坐子雲曰長卿久欲求公作畫贊余辭以罪戾之餘久廢筆硯子雲懇祈不獲已為之既○子雲戲余曰三賦果足以重趙乎余曰三賦足以重趙則子之太元果足以重趙乎為之一笑而散贊曰長卿有意慕藺之勇言還故鄉閭里是聳景星鳳凰以見為寵煌煌三賦可使趙重

括異志成都畫師許姓者善傳神偶有幣衣憔悴人來求者許咲曰容狀如此而求寫耶其人解布囊出黃道服鹿皮冠白玉簪頂冠易衣危坐以手摩面則童顏矣已引其鬚應手而黑乃一美丈夫也許驚拜曰不知神仙降臨道士曰君傳吾象肆中有求售止取千錢後有識者曰此靈泉朱眞人也求者輻輳許貪每畫取二千夜夢道士曰汝福有限忽吾言妄取將促而壽也因批其頰既寤頭遂偏時人號曰許偏頭出雲笈七籤

綿州志州西七里鳳嶺下仙雲觀蓋揚雄别墅也壁

刻子雲眞像乃宋王助筆按仙雲觀今俗呼西山觀
宋祁知益州古學宮之西作文翁祠肖像於宇又繪
相如王褒揚雄於東西壁繪高眹蔣堂於宦牖以配
之見文翁祠記
忠州臨江縣巴王廟前有丁房雙闕對峙廟庭高可
二尺上爲層覩飛簷裴裒四旁多刻車馬人物左闕
上爲雙扉其一扉微啓有美人出半面而立皆極巧
妙刻雖漫滅有漢丁房等字可認也出地輿碑目
益部耆舊傳曰益州刺史董榮圖畫譙周像于州學
命從事李通頌之曰抑抑譙侯好古述儒寶道懷眞

覽世盈虛雅名美迹終始是書我后欽賢無言不譽
攀諸前哲丹青圖嗟爾來葉鑒茲顯謨
晉顧愷之畫雲臺山記曰山有面則背向有影可令
慶雲西而吐於東方清天中凡天及水色盡用空青
竟素上下以暎日西去山別詳其遠近發迹東基轉
上未半作紫石如堅雲者五六丈夾岡乘其間而上
使勢蜿蟺如龍因抱峯直頓而上下作積岡使望之
蓬蓬然凝而上次復一峯是時東鄰向者峙峭峯西
連西向之丹崖下據絕㵎畫丹崖臨澗上當使赫巘
隆崇盡險絕之跡天師坐其上合所坐石及蔭其㵎

中桃傍生石間畫天師瘦形而神氣遠據㵎指桃囘
面謂弟子弟子中有二人臨下倒身大怖流汗失色
作王良穆然坐答問而超昇神爽精詣俯盼桃樹又
別作王趙趨一人隱西壁傾巖餘見衣裾一人全見
室中使輕妙泠然凡畫人坐時可七分衣服彩色殊
鮮微此正蓋山高而人遠耳中段東面丹砂絕蕚及
蔭當使嵃峨高巖孤松植其上對天師所壁以成㵎
㵎可甚相近相近者欲令雙壁之內悽愴澄清神明
之居必有與立焉可於次峯頭作一紫石亭立以象
左闕之夾高巖絕蕚西通雲臺以表路路左闕峯以

巖爲根根下空絕拜諸石重勢巖相承以合臨東㵎
其西石泉又見乃因絕際作通岡伏流潛降小復東
出下㵎爲石瀨輪沒于淵所以一西一東而下者欲
使自欲爲圖雲臺西北二面可一圖岡繞之上爲雙
碣石象左右闕石上作孤遊生鳳當婆娑體儀羽秀
而翔軒尾翼以眺絕㵎後一段赤圻當使釋弁如裂
電對雲臺西鳳所臨壁以成㵎㵎下有流清其側壁
外面作一白虎匍石飲水復爲降勢而絕凡三段山
畫之雖長當使畫甚促不爾不稱鳥獸中時有用之
者可定其儀而用之下爲㵎物景皆倒作清氣帶山

下三分居一以上使耿然成二重按此記自古相傳脫誤處不得善本校之出魏晉名流畫贊雲臺在今中江蒼溪二縣界

圖畫聞見志李雄有舞鍾馗圖不知爲誰作

南史僧繇梁時爲吳興太守值昭明太子偶患風恙醫不能效僧繇乃畫二獅子密懸於青宮禁門之上其夕太子即有喜色

酉陽雜俎云唐李衛公畫得峽中異蝶翅濶四寸餘深褐色每翅上有二金眼按德裕於太和中爲西川節度使渡峽有見而作

益州長史胡樹禮爲亡女造畫盧照隣爲之贊曰夫鎔金逞妙徒罄中人之產架寶崇奢未階大乘之化豈若圖徽紈素卷舒方丈之筵表裏丹青藻繪多林之色獨有先覺其在茲乎益州長史公道洽中孚履黃裳以貞吉寄隆分陝苴白茅而涉川猶爲寵組相輝不離泡幻之域熊車結轍尙迷苦愛之津爰捨淨財幸求多福爲亡女宇文氏敬造畫像等軸徵奇緝於水府採妙色於霞莊月面澄華疑金雲之夜敞蓮毫吐照狀珠浦之晨開花寶參差眺鶴林其非遠仙雲肹蠁登鷲巖其可望窮形盡相陋燕壁之含丹寫妙分容嗤吳屏之墜筆式揚顯福俾讚幽魂其詞曰正教東漸遺像西至化格三天功超十地偉歟大士宏茲遠致追慟幽途載營檀施皎潔霜紈照影丹素果發金口蓮生玉步地寶天花星羅雲布惠燭長設迷津永渡

益州德陽縣善寂寺碑云佛堂東壁畫二聖僧丹青未畢大啓神光鄰玉麈之崇輝發金龕之實相王勃之文也畫蓋唐初名筆

保寧志云利州城西北渡江二里告成寺有唐高宗則天后眞容倚巖爲樓俗傳爲阿武婆梳洗樓

九域志武士彠爲利州都督生則天于官今州西皇

澤寺有武后眞容殿

元宗幸蜀姜皎以藩邸舊臣扈駕至綿州畫角鷹於督郵亭壁甚精妙一刺史模石豎州堂後當時鷹隼不敢入城後守模換去截至城南舟壞沒于潭乃嘆曰無功矣後人遂名其灘曰無功出本志

唐明皇令畫工畫十眉圖一曰鴛鴦眉又曰八字眉二曰小山眉又名遠山眉三曰五岳眉四曰三峯眉五曰垂珠眉六曰稜眉又名卻月眉七曰分梢眉八曰涵煙眉九曰拂雲眉又名橫煙眉十曰倒暈眉東

坡詩成都畫手開十月橫雲刼月爭新奇出丹鉛錄

董逌跋李太白畫像秋水爲神春冰爲質神鋒太儁逸氣震放蓋玉在璞而流光金藏鉚而著美凝脂點漆豈非神仙中人瓊枝瑶樹自是風塵外物此蓋造化之元精含於渾淪而不得藏者且將見有而示人吾何足以明之

夔府臥龍寺有諸葛孔明畫像宋張震立祠時物也詩史堂有杜子美畫像王十朋詩何人作堂畫遺像收拾光芒榜詩史

成都草堂有少陵像是夔府別駕何宇度所刻

陸務觀集云予以攝事漢嘉畫岑公參像于州壁

蜀獻王名椿明太祖第十一子二十三年就藩好文學帝嘗呼爲蜀秀才亦善繪有墨松墨荷餘見卷二中

新都志云冀國任夫人眞像有靈在法圓寺後唐光啓中寺廢爲荷澤院

成都記極樂院有盧楞伽畫跡蘇文忠同潁濱來觀題壁而去

范至能峩眉行記牛心寺有唐人畫羅漢一板筆迹超妙眉目津津欲與人語蜀寺畫胡僧推盧楞伽爲第一今見此板乃知楞伽源流所自國初牛心後寺此壁獨存但漫滅耳予得之萬年僧惟淨云

李洪度者蜀人也元和中府主相國武公元衡請於大聖慈寺東廊下維摩詰堂內畫帝釋梵王兩堵笙竽鼓吹天人姿態筆蹤妍麗時之妙手莫能儕焉會昌前諸寺圖畫多除毀惟餘此一處見益州畫錄

左全者蜀人也本自名家世傳畫蹟寶歷中於大聖慈寺中殿畫維摩詰變相獅子國王菩薩變相三學院門上三乘漸次修行及降魔變相文殊閣東畔水月觀音千手眼大悲變相極樂院門兩邊金剛經驗

及金光明經變相前寺南廊下行道二十八祖北廊下行道羅漢六十餘軀又於多寶塔下倣長安景公寺吳道元地獄變相蓋當時吳生畫此地獄相都人咸覩懼罪修善兩市屠沽經月不售云全塔畫至王蜀時令雜手重粧已損惟存大體大中初又於聖壽寺大殿畫維摩詰變相一堵樓閣樹石花雀人物冠冕番漢異服皆得其妙今見存

趙公祐者長安人也寶歷中寓蜀工畫人物尤善佛像天王神鬼贊皇公鎭蜀賓禮之自寶歷至開成于諸寺畫佛像甚多會昌中一例除毀唯存大聖慈寺

文殊閣下天王三堵閣内東方天王一堵藥師院師
堂内四天王并十二神前寺石經院天王部屬等蹟
公祐天資神用筆奪化權應變無涯罔象莫測名高
當代時無等倫數仞之牆用筆最尚風神骨氣唯公
祐得之六法全矣已上二則益州畫錄
成都古今記云府衙西北有畫前益州五長史眞李
太尉贊皇公記云益州草堂寺列畫前長史一十四
人代稱絶跡余嘗于數公子孫之家獲見圖狀乃知
草堂續事靡不造眞昔巖野旁求徒闕審像稽山高
謝唯上鎔金孰若托之丹青妙畫神照然楚國祠廟

魯王宮室曁此邦文翁舊館皆圖歷代卿相粲然可
觀唯有慕于前良曾莫究乎形似與夫年代旣遠遺
像猶存入虛室而煙霞暫披拂浮埃而瑶林斯覩余
以精廬甚古畫壁將傾乃選其功德尤著者五人模
于郡之廳所追惟二漢臺閣皆有畫寫黃霸于定國
雖宰相名臣不得在畫像之列卓子師德行君子而
居功臣之右今之所取其在兹乎采色旣新光靈可
想儼若神對吾將與歸因敘其事以貽來哲太和四
年閏二月十八日劍南西川節度副大使知節度事
銀青光祿大夫撿校兵部尚書兼成都尹御史大夫

贊皇縣開國伯李德裕記按唐節度使不帶尹則帶
長史銜非賓佐比也
陳皓彭堅不知何許人也開成中與范瓊寓蜀大中
年府主杜相公悰起淨眾等寺門屋知三人中范瓊
年齒雖低手筆稱冠矣因請陳彭各畫天王一堵各
令一客將伴之以幔幕遮蔽不令相見畫畢相國與
諸府寮撤其幃幕南畔仗劍振威者彭筆北畔持弓
奮赫者陳筆二人筆力相似觀者莫能昇降大約皆
宗吳道元而傅采拂澹過之畫法一曰氣韻生動是
也二曰骨法用筆是也三曰應物象形是也四曰隨

類賦采是也五曰經營位置是也六曰傳彩模寫是
也斯六法者名輩少該唯此三人俱盡其美
范瓊不知何許人唐開成中與陳皓彭堅同時寓蜀
皆善人物佛像三人同手於諸寺圖畫甚多會昌年
皆除毀惟大聖慈寺得存洎宣宗再興佛寺三人於
聖壽聖興淨眾中興等寺自大中至乾符筆無暫釋
圖畫牆壁二百餘間若天王佛像高僧經驗及諸變
相名目雖同形狀各別自湻化五年及咸平三年兵
火之餘得存三寺筆跡于後大聖慈寺南廊下藥叉
大將和修吉龍王鬼子母天女五堵謂之十七護神

北廊下石經院門兩金剛東西方天王中寺大悲院門上阿彌陀佛及四菩薩院門兩畔觀音藥師石經板上七佛四仙人大悲變相天將堂兩畔南北二方天王文殊閣下北方天王及天王變相聖壽寺大殿釋伽像行道北方天王西方變相殿上小壁水月觀音浴室院旁西方天王大悲院八明王西方變相皆大中年畫也聖興寺大殿東北二方天王藥師十二神釋迦十弟子彌勒像大悲變相並咸通年畫也其中西方一堵甚著奇工極其精妙烏芻瑟麼兩堵設色未半筆蹤儼然後之妙手終莫能繼而聖壽聖興

兩寺純是范筆右二則益州名畫錄

張騰者不知何許人也武宗末年寓蜀於諸寺壁圖畫亦多會昌年除毀皆盡大中初佛寺再興於聖壽寺大殿畫文殊普賢彌勒下生共三堵浴室院北對范瓊舊壁畫持弓北方天王一堵大聖慈寺文殊閣下報身如來一堵見存

常粲者雍京人也咸通年路侍中巖牧蜀粲自京師至路公禮待之善傳神雜畫有七賢像六逸像女媧伏羲神農像立釋伽像五天胡僧像孔子西周問禮像名醫下蟲像樗蒲圖龍樹驗丹圖至今好事者收之爲後學師範又玉局化壁畫道門尊像甚多王蜀時修改亦頗損矣今大聖慈寺悟達國師眞乃粲筆見存

常重胤者粲之子也僖宗幸蜀回鑾之日蜀民請留御容于大聖慈寺時隨駕待詔盡皆操筆不體天顔府主陳太師敬瑄遂表進重胤一寫而成內外官屬無不歎駭謂爲僧繇後身復宣令於中和院壁寫隨駕臣寮眞列爵名于左西川節度副大制置指揮諸道兵馬兼供軍使太師中書令成都尹潁川郡王陳敬瑄義成軍節度使中書令王鐸門下侍中韋昭度

撿挍司徒守太子太保鄭畋撿挍司徒鄭延林翰林學士承旨守兵部尚書樂朋龜翰林學士守禮部尚書杜讓能翰林學士戶部侍郎崔凝翰林學士中書舍人沈仁偉翰林學士中書舍人侯翽尚書左僕射裴擄禮部尚書兼太常禮儀使牛叢左散騎常侍楊堪右散騎常侍柳涉右散騎鄭頊左諫議大夫李紹鰌右諫議大夫蕭說尚書左丞知中朝御史中丞盧澤給事中李輝給事中宋旦中書舍人鄭欣比部郎中知制誥蘇循尚書右丞判戶部張禕尚書吏部侍郎張讀尚書刑部侍郎充集賢殿學士李禗尚書禮

部侍郎知貢舉歸仁澤行在十軍司馬工部侍郎判度支秦韜玉已上二十七人寫在殿上御容前左神策軍觀軍容使護軍中尉田令孜右神策護軍中尉觀軍容使西門思恭內飛龍使知內侍省楊復恭內樞密使田匡禮內樞密使李順融宣徽南院使劉景宣宣徽北院使田獻銖左衛大將軍石守悰左金吾大將軍劉巨容行在諸軍馬步都虞候趙某及諸司使副一百餘員已上俱寫在御容後尋授駕前翰林待詔賜緋魚袋駕歸韋相國昭度爲西川節制而陳太師與監護田軍容拒命據城王蜀先主時爲行軍

司馬攻圍三年乃以城降旣克下王先主至寺拜僖宗御容觀繪壁唯不見陳田眞因問寺僧對云拒扞王師近方塗抹先主曰某豈與丹青爲參商遽命重寫重脩乃援皁莢水洗去而風姿宛然先主嘉賜之常公自言我畫梁爛摧之外雨淋水洗終無剝落者蓋其設色與人殊也僞通王宗裕性多猜忌或一膝變欲爲寫貌而惡人久視謂常曰頗不熟視審可乎曰可頃之夫人至拜立斯須而退翌日貌其姿容短長無遺毫髮敏妙皆此類也又於玉局化寫王蜀先主爲使相日眞容後移在神興觀之壽昌殿矣今大

聖慈寺興善院泗州和尚及華亭張居士眞寶歷寺請塔天王甯蜀寺都官土地並其筆見存右三則益州畫錄按外史檮杌孟主往大慈寺觀明皇僖宗御容宴羣臣于華嚴閣下卽此物也

李昇者成都人也小字錦奴弱冠工山水天縱生知不從師授初得張藻員外山水一軸玩之數日棄去曰未盡妙也遂出意寫蜀中境山川平遠心思造化意出先賢數年中創一家之能盡山水之妙每含毫素必有新奇如桃源洞圖武陵溪圖青城山圖峩眉山圖二十四化山圖好事者得之爲箱篋珍明皇朝

有李將軍思訓者擅名山水稱李將軍蜀中乃呼昇爲小李將軍蓋其藝相匹云悟達國師自京入蜀請于聖壽寺本院同居數年於殿壁畫二峽圖一堵霧中山圖一堵又于大聖慈寺眞堂內畫漢州三學山圖一堵彭州至德山圖一堵時稱悟達國師眞堂有四絕常粲寫眞僧道盈書額李商隱題讚李昇畫山水今見存出益州畫錄

孫位東越人也僖宗南巡自京入蜀號會稽山人性情踈野襟抱超然好飲酒未嘗沉酩禪僧道士常與往還豪貴禮有少慢縱千金不屑唯好事者時得其

畫焉光啓年應天寺無智禪師請畫山石兩堵龍水兩堵寺門東畔畫東方天王及部從兩堵昭覺寺休夢長老請畫溽漚先生松石墨竹一堵倣潤州高座寺張僧繇戰勝一堵兩寺天王部眾人鬼相雜矛戟鼓吹縱橫馳突交加戛擊欲有聲響佗若鷹犬之類皆三五筆而成弓弦斧柄並掇筆而描如從繩而正矣其作龍拏水洶湧千狀萬態勢欲飛動松石墨竹筆精墨妙莫可記述非天縱其能情高格逸孰能與於此邪悟達國師請於眉州福海院畫行道天王及松石龍水兩堵並存不知其後有何所遇改名遇

景樸者蜀人也蜀廣政年於應天寺門西畔畫西方天王及部從兩堵以對孫遇筆識者比之蹄涔巨浸未得萬分之一慮誤後人因附政之

五代歐陽烱應天寺門左壁天王畫歌曰錦城東北黃金地古昔何人興此寺白周長老重名公曾識會稽山處士寺門左壁畫天王威儀部從來何方鬼神怪異滿壁走當簷颯颯生秋光我聞天王分理四天下水晶宮殿琉璃瓦綵仗時拂琳琅裝金鞭頻策麒麟馬眦沙大像何光輝手擎巨塔淩雲飛地神對出寶餅子天女倒披金縷衣唐朝說著名公畫周昉毫端善圖寫張僧繇是有神人吳道子稱無敵者奇哉妙手傳孫公能於此地留神蹤斜窺小鬼怒雙目揸倚越狠高牛胸寶冠動總生威容趨蹌左右來傾恭臂橫鷹爪尖纖利腰纏虎皮斑剝紅飄飄但恐入雲中步驟還疑歸海東蟒蛇拖得渾身墜精魅搦來雙眼空當時此藝實難有鎮在寶坊稱不朽東邊畫了空西邊留與後人教敵手後人見者皆心驚盡謂名公不敢爭誰知未滿三十載或有異人來間生雁山處士名稱樸頭骨高奇連五岳曾持象簡累為官又有蛇珠常在握昔年長老遇奇蹤今日門師識景公

興來便請泥高壁亂搶筆頭如疾風逡巡隊仗何顛逸散漫奇形皆湧出交加器械滿虛空兩面割然如關敵聖王怒色覽東西劍刃一揮皆整齊腕跟獅子咬金甲脚底夜叉擎絡䩞馬頭壯健多筋節烏觜彎環如屈鐵遍身蛇虺亂縱橫遶頷髑髏乾碎裂眉粗眼豎髮如錐怪異令人不可知科頭巨卒㗸生鬼半面女郎安小兒況聞此寺初興嵗地脉沉沉當正氣如何請得二山人下筆忽成千古事君不見明皇天寶年畫龍致雨非偶然包含萬象藏心裏變現百般生眼前後來畫品列名賢唯此二人堪比肩人間是

物皆求得此樣欲於何處傳常憂筆底生雲霧揭起寺門天上去出野人閒話

蘇東坡云古今畫水多作平遠細皺其善者不過能爲波頭起伏唐處士孫位始出新意畫水之變號爲神逸其後蜀人黃筌孫知微皆得其筆法常於大慈寺四壁作輸瀉跳蹙之勢洶洶若奔崖也知微死法遂中絶

東坡雪浪齋銘予於中山後圃得黑石白脈如蜀孫位孫知微所畫石間奔流盡水之變又得白石曲陽以大盆盛之激水其上名其室曰雪浪齋銘云畫水

之變蜀兩孫與不傳者歸九原異哉駁石雪浪翻石中乃有此理存玉井芙蓉丈八盆伏流飛空漱其根東坡作銘豈浪言四月辛酉紹聖元

朱景元云張南本不知何許人中和八年寓蜀工畫佛像人物龍王神鬼有金谷園圖勘書圖詩會圖白居易叩齒圖高麗王行香圖今聖壽寺中門賓頭盧變相東廊下靈山佛會大聖慈寺華嚴閣下東畔大悲變相竹溪院六祖興善院大悲菩薩八明王孔雀王變相並其筆相傳南本于金華寺大殿畫明王八軀纔畢有一老僧入寺驚踬而仆已言初不知是畫但見大殿遭火所焚當時孫位畫水南本畫火代無及者水火之畫皆無定質唯此二人冠絶古今

石恪字子專成都人也幼無羈束長乃博綜儒學好畫工古體人物數張南本筆法有田家社會圖鼈靈開峽圖夏禹治水圖新羅人較力圖陳子昂盧藏用宋之問高適畢構李白孟浩然王維賀知章司馬承禎仙宗十友圖嚴君平拔宅升仙圖五星圖南北斗圖三教圖道門三官五帝圖壽星圖城中寺觀亦多其筆兵燹後餘聖壽寺經閣院元女堂六十甲子神像及龍興觀仙遊閣下虎君並存

劉道醇名畫評石子專成都郫人性輕率尤好淩轢人常爲嘲詼之句略協聲韻與俳優不異有雜言傳於世初事張南本學畫纔數年已出其右多爲古僻人物詭形殊狀以蔑辱豪右西川人患之嘗畫五丁開山及巨靈擘太華圖其氣韻剛峭爲時所稱今蜀會秦川及閼下尚多恪筆

成都名筆壽甯院土地堂有孟蜀主像古迹也

李攀旺字美實羅江人生三歲而孤母王氏再適同邑李雲卿公隨母育於李値流寇張獻忠作亂人多逃亡時李富於財既死其僕何鮈鮈者謂公曰子非

李氏嫡而受其財族衆忿甚不去將殺汝公於是歸時年二十三至則宗族盡散無一存者公孑身無倚隨鄉里二三人走石泉是時賊衆猖獗所過殺傷焚掠殆盡民食無所出强者殺人而食弱者幸以身免則匿跡深山採樹皮草子爲餅充饑公嘗絕食三日夜於空宅中獲一猫燒食之得不死張養心者宋有聯之妻弟也公與有聯同避兵故識養心一日至其處養心召公同食時無碗以瓦片盛肉而已公稍嘗知其味異然不敢明言乘其不見而棄之歸以語有聯有聯日若輩素食人肉者奈何食其食乎於是心

影成疾腹膨久不愈聞渡夫王五善針灸就而灸之他日又至其家王五夫妻方食魚將盡止餘頭尾見公至則以食公而謂之曰好好有頭有尾子之疾自此除矣由是果愈公在石泉二年值蜀中平定乃歸住和村壩時土曠多年田地在荆棘中公開荒刈草獨力經營又歷十餘年粗有積蓄始娶妻即吾祖母李氏也厥後移居毛家壩又十餘年移南村壩子孫今家焉

余讀書金山鶻鴿寺中有癲和尚衣絮襤褸腌臢甚而談事多中余初未之信一日晨欵余戶曰昨夢山門土地屬我置笆籬隔於座前李翰林在此公宜令僕爲之余置不論後復來云土地呵責之甚不置將罪我余亦不理癲和尚乃自爲之其後遊山不歸不知所向及余館選後乃歎其異惜乎當日以癲目之而不獲細叩其生平之事也

年羹堯撫蜀時有汪守備者以私嫌殺之旣而白日見形或夜擲瓦石或燈下露面披髮張拳提頭索命羹堯以沉香木作坐寢具及巫禳咒符皆無效未幾即正法余鄉父老往往言之

牟鈐柄六雅州人余同硯友也有膽氣嘗向余言少

隨某親官邛之司鐸署中課其子有前任鄭姓姑表弟歿于署停柩於明倫堂東偏以紙槅遮之中爲庭西一間則課書室也每夜三更靜輒聞璫瑝一响即有脚聲橐橐然由東走出牟心疑之次夜假寐從壁後隙紙眼窺之則見棺蓋凸然而啓僵尸從櫬中欠伸而坐遍體白毫眼猶閉以手豎蓋於旁即翻身下往署後倀倀而去後舊有廢園荒草蘙生不敢躡其後遂坐以待雞號見從外大步而歸入櫬中仍以手扳蓋自覆如故牟翌日以告其親率數十人夜伺其出牟即持斧釘其蓋已遠避於他舍以聽動靜明日

往視之見僵尸奄仆於蓋上而已室中懸帳寸裂成條蓋巳知牟所爲憤怒以報之也牟曰若不遠避則人亦虀粉矣

鄧士廉廣安州人崇正癸未進士永明時爲吏部侍郎從入緬甸值緬酋弟莽猛白弑兄自立欲以威衆乃謀盡殺永明從行諸臣先遣人來言曰蠻俗貴詛盟請與天朝諸公飲咒水至則以兵圍之令諸人以次出外出則殺之遂殺鄧士廉以下四十二人明遂絕時順治十八年七月也

癸酉秋余舟泊酆都縣自縣東行一里許上平都山

林木邃茂夾徑皆翠柏殆數萬株麃鹿時出沒林間與人狎甚有景德宮舊名仙都觀傳漢時陰長生於此白日昇天亦張道陵二十四化之一也山頂有五雲洞多唐宋人碑刻俗傳酆都城隍靈異問之里人亦不過每月相沿送拷鬼判條耳余觀廟宇較他處宏敞而所塑牛頭馬面不異他縣時同邑范公秉鐸其地詢之亦無異聞云

何明禮字希顏崇慶人余同榜之解元也少遊宜興儲氏之門深得古文之法其才博而肆蜀中文獻半貯腹笥當代巨公多就諮焉爲諸生試輒冠軍潦倒場屋三十餘年已卯中式時年已五旬餘矣余每執弟子禮事之而希顏輒引爲忘年交相得歡甚庚辰北上試卷爲大總憲張有堂先生擊賞已定魁矣旋因小講違用十二轉字太奇遂落第從此遍遊齊梁燕趙間惟以詩酒自放再上公車終不遇客於山左郿城周令士孝署中病卒臨卒猶作詩謝主人云羨君老手膺巖城雷轟電掣日送迎甫吟二句卽瞑目逝趙木亭爲余述之

丙戌希顏來京次日余聞之卽趨見於煤市街之悅來店出其紀行詩相質時余將散館希顏言甫底京

夜欲見君之切遂形於夢夢中見君端坐玉堂然燭繙書書內皆天下官爵名字煌煌大書本厚數寸長二尺許竊歎中秘書眞非人間有也余曰非也據君言乃尙書省官員册子耳余改銓部決矣數日散館畢果然相見爲之一笑

許水南建南遺事云康熙十九年吳平西叛兵逼建城鎮帥怯而耄欲卽降其屬張遊擊者請戰數卻賊張好著羊絨絳袍單馬入陣戰酣輒袒露半袖驍勇絕倫軍中號曰半邊紅鎮帥忌之誣以他事死一軍皆哭更不戰予聞老人說如此惜失名字因表其槪

以侯捩風者詩曰漢將一身當敵騎楚歌千古怨蘭叢何事茅簷諸故老負暄閒說半邊紅

宋張氏羅江人母楊氏寡居值親黨婚會母女偕往其典庫雍乚者從行先歸死於庫提刑張僎疑楊有私命石泉軍劾治拷掠終不服女曰母以淸潔受刑吾將訴寃於天言訖自殺石泉果地震連日雨雪勘官李志甯夕坐恍有猿墜前因念殺人者非袁姓乎詢之門卒言張氏有傭夫袁大執訊之即服罪曰適盜庫金會雍歸遂殺之楊乃得免女死方數日郡守榜其名曰孝感見舊志

井蛙雜紀卷五

井蛙雜紀卷六

羅江李調元雨邨纂

巳紀 共七十九則

費著曰孟氏據蜀之日有西斑將軍黎湘昭者以畫鶴圖來獻因授雅州刺史

趙忠義者德元子也德元自雍京襁負入蜀及長習父之藝宛若生知孟氏明德年與父同手於福慶禪院畫流傳變相一十三堵位置鋪舒樓殿臺閣山水竹樹蕃漢服飾佛像僧道車馬鬼神王公冠冕旌旗法物皆盡其妙冠絕當時蜀主知忠義妙於鬼神屋

木遂令畫關將軍起玉泉寺圖於是忠義畫自運材斸基以至　楹刻桷叠拱下棍皆役鬼神爲之圖成蜀主令內作都料看此　圖枋栱有準的否對曰此畫復較一座分明無欠其妙如此授翰林待詔賜紫金魚袋故事每年杪冬末旬翰林工畫鬼神者例進鍾馗丙辰歲忠義所進以第二指挑鬼眼睛蒲師訓所進則以拇指剜之鍾馗相似而用指不同蜀主問黃監孰爲優劣筌優師訓蜀主曰師訓力在拇指忠義力在食指也二者筆力相敵難議昇降並厚賜之令衙北門大安樓下天王院自濮陽吳公行曾鎭蜀

之日創與其中有唐時名畫數堵及高道興杜齯龜房從眞趙德齊畫佛像羅漢經驗變相至是忠義與黃筌蒲師訓合手畫天王變相十堵於中各盡所能愈於前輩淳化五年甲午兵火焚盡只於王蜀先主祠堂正門西畔神鬼大聖慈寺正門北墻上西域記圖石經院後殿天王變相中寺六祖院傍藥師經變相並忠義筆見存

蒲延昌者師訓養子也廣政中進畫授翰林待詔賜緋魚袋時福感寺禮塔院僧摸寫宋展子虔獅子於壁延昌見之曰但得其樣未得其筆爾遂畫獅子圖

獻進時王昭遠公有嬖妾患痁以之懸於臥內其疾頓減恠而問之對云宋展氏子虔於金陵延祚寺殿壁畫二獅患者坐壁下或有愈者又梁昭明太子以張僧繇獅子愈疾名曰辟邪其來久矣按展氏古本獅子一則奔走奮迅一則迴擲咆哮僧繇之畫獅子翻身側視首尾俱就八分爪牙似二龍拏珠之狀至今傳焉延昌畫於諸葛廟壁爲多兵火蕩盡餘聖壽寺青衣神廟鬼神人物數堵見存益州畫錄

程承辯眉州彭山人也工畫人物鬼神當孟氏廣政年與蒲師訓蒲延昌趙才遞相較敵皆推妙手承辯兼善雕刻機巧人物鬼神恠異禽獸之類奇絶當時今彭山縣洞明觀畫天蓬黑殺元武火鈴一堂象耳山堂遊變神鬼一堵見存

姜道隱綿竹人也年纔齠齔盡日不歸父母尋之多得於神佛廟中有畫處及長木訥不務農桑唯畫是好無妻孥孑然一身常戴一竹笠隨身布衣草履筆墨而已雖父母兄弟亦罕測其行止人皆呼爲猻頭僞相趙國公昊聞之使畫屛風因問姓名則蜀語對云姜姓無名公曰既無名是以道隱也自此名爲道隱焉宋王趙公廷隱於淨衆寺創一禪院請道隱於

方丈畫山水松石數堵王與諸侍從觀其運筆道隱未嘗回顧旁若無人畫畢贈之十縑置僧堂前拂衣而去今綿竹諸山寺觀多其畫壁

野人閒話載張道隱撰集龍証筆訣三卷傳於家丁未年旱彭州倅鄭詔請圖龍於州城之西門泰山府君祠爲民致雨於是與二道士數僕夫秉燭以畫使人槌鼓噴笛掌祠者頓見起舞其夕三更風雨大沛一時之戲亦濟農事云有蔣貽恭留題詩曰世人空解競丹青惟子通元得墨靈應有鬼神看下筆豈無風雨助成形威疑噴浪歸滄海勢欲拏雲上杳冥靜

閒綠堂深夜後曉來簾幕似閒醒按姜張二姓未詳孰是

僧惠堅蜀人好圖畫而最謬廣政中爲三學院僧畫姑蘇臺一堵對楚安避暑圖識者以爲無鑒之甚亦存恐後人誤認故附正之畫評云趙元長字慮善蜀中人通天文歷仕僞蜀孟昶爲靈臺官亦善丹青凡星宿緯象皆命畫之國破從昶赴闕下太祖引僞署官屬凡學天文之類皆不赦元長當死遽呼曰臣以畫仕昶所寫者周天象耳符讖之學非其所知止特原之配文思院爲匠人常備禁中之役畫馴雉於御

座會五坊人按鷹有離韝欲舉者上命縱之徑入殿宇以搏畫雉驚賞久之召入圖畫院爲藝學詔督畫東太一宮貴神等像及命摸寫王齊翰應運國寶羅漢深得其法成都載酒亭畫像凡十有七人漢給事黃門揚雄爲主其徒宋諫議大夫田錫參知政事蘇易簡直昭文館陳充直史館朱台符侍御史張及集賢校理王湜職方員外張逵虞部員外李畋翰林學士彭乘翰林學士孫抃屯田員外陳希亮戶部員外海摯殿中侍御史何郯度支員外郭輔屯田員外張中庸直集賢院李詢作記者爲范蜀公鎭也出文類

畫繼云王詵字晉卿尚英宗女蜀國公主爲利州防禦使雖在戚里而其被服禮義學問詩書常與寒士角平居擴去膏粱黜遠聲色而從事與書畫作寶繪堂於私第之東以蓄其所有而東坡爲之記贈詩云錦囊犀軸堆象床叉竿連幅翻雲光手披橫素風飛揚卷舒終日未用忙游意淡泊心清涼屬目儁麗神激昂其所畫山水學李成皴法以金碌爲之似古觀音寶陁山狀小景亦墨作平遠皆李成法也故東坡謂晉卿得破墨三昧有煙江叠嶂圖房相宿因圖及山陰陳迹雪溪乘興四明狂客西塞風雨四圖及着

色山水等畫傳世

蘇子瞻所作枯木枝榦虬屈無端倪石皴亦奇恠如中胸中蟠鬱也作墨竹從地一直起至頂或問何不逐節分曰竹何嘗逐節生耶文與可嘗言吾墨竹一派在徐州先生亦曰吾爲墨竹盡得與可之法然先生運思淸拔其英風勁氣逼人觀者應接不暇恐非與可所能拘制也又嘗謂王定國曰予近畫得寒林已入神品雖然先生平日胸臆宏放如此而蘭陵胡世將家收所畫蟹　屑毛介曲畏芒纏無不備具是亦得從心不踰矩之道也米元章自湖南從事過黃

州初見公酒酣貼觀音紙於壁起作兩行枯樹恠石贈之山谷枯木道士賦有云恢詭譎恠滑稽於秋毫之顛尤以酒爲神故其觴次滴瀝醉餘嚬呻取諸造物之爐錘盡用文章之斧斤又竹石詩云東坡老人翰林公醉時吐出胸中墨先生自題郭祥正壁亦云枯腸得酒牙角出肺肝槎枒生竹石森然欲作不可回寫向君家雪色壁乃知先生平日之畫非乘酣以發眞興則不爲也鄧椿畫繼

蘇氏祠有碑刻李龍眠畫東坡水坻小像山谷潁濱各爲之贊出眉志

陸放翁東坡像贊我遊鈞天帝之所都是老先生玉色敷腴顧我而歎憫世垢濁笑謂侍僊昇以靈藥稽首徑歸萬里天風碧山巉然月墮江空

蘇子由常言所貴於畫者爲其似也似猶可貴況其眞者吾行都邑田望所見人物皆吾畫　也所不見者獨鬼神耳當賴畫而識然人亦何用見鬼出石氏畫苑記

楊傑閬州人長於鬼神每下筆必先畫手足四支然後用三兩筆成就全體

熙甯中文與可遊天彭館于倅舍之徐公國杯酒談笑中忽放筆繪岷山焦夫子像於學之壁不數筆而成元豐中郡守徙其壁於西湖之凝翠亭按焦夫子卽志所稱貌寢且恠長目廣鼻海口蚪髯瘦顴顴絡項下者也

文氏湖州第三女張昌嗣之母也居郫湖州始作黃樓障欲寄東坡未行而湖州謝世遂爲文氏奩具文氏死復歸湖州孫因而二家成訟文氏嘗手臨此圖放於屋壁暮年盡以手訣傳其子焉

昌嗣字起之每作竹必乘醉大呼然後落筆但不可求或強之必詬罵而走然有愧宅相者於攢三聚五

太拘拘耳

程堂字公明眉人舉進士爲駕部郎中喜畫竹宗文與可出湖州之門者獨公明入室也又畫鳳毛竹其梢極重作迴旋之勢而枝葉不失向背嘗登峨眉見菩薩竹有結花於節外之枝者茸密如裘郎寫於中峰乾明寺僧壁儼然又畫象耳山苦竹紫竹風竹雨竹好事者以刻之石又在成都笮橋觀音院畫竹其後題云無姓無名迫夜來院僧跟問苦相猜攜燈笑指屏間竹記得當年手自栽項見其作紫芥紫茄二軸奪眞也

黃斌老潼川永泰人文湖州之妻侄也登科倅戎州適山谷貶戎遂與定交且通譜焉善畫竹山谷有詠其橫竹詩又謝斌老送墨竹十二韻有云吾子學湖州師逸功已倍預知便入神後出遂無對

黃彝字子舟斌老之弟其名字初非彝與子舟也山谷以其尚氣故取二器以規之舉八行終朝郎郡倅山谷用贈斌老韻謝子舟爲作風雨竹兩篇前篇云歲寒十三本與可可追配後篇云森削一山竹牝牡十三輩誰言湖州没筆力今尚在與可每言吾所作不及子舟也俱出畫繼

黎州卒有陶道人者紹聖間入師子山採薪得道與王畫龍同時王每畫龍必闕之否則隨雷雨飛去陶每見王輒以杖擊之曰汝龍妖也後俱不知所終出黎州志

王道亨者鄆人也七歲能畫用筆命意人不能及大觀間肇置畫學自博士而下如太學法聽天下畫工補試肄業考選道亨首入學試官出蝴蝶夢中家萬里子規枝上月三更題道亨乃畫蘇武牧羊海上被氊枕節而臥雙蝶飛颺於上形容沙漠風雪景象種種奇絕又作林木扶疎上有子規月正當午樹影在地亭榭樓臺隱隱可辨曲盡一聯之景因置魁選翌日進呈徽宗奇之命爲畫學錄出輿地紀勝

仁壽飛泉山超覺寺中有爾朱仙石影二其一全寫其一半寫寺爲湻熙十年建此物必其時也宏治中掘地得其半影出本志

王利用字賓王潼川人舉進士終夔憲善書爲光堯皇帝所愛畫則山水長於人物但精謹而已不及其書也鄧椿云

成都府官給娵魚圖陳於宴廳或謂爾雅諸書無此名不知何本余按郝隆有娵隅躍清池之句葢西南

蠻呼魚爲娵隅方言不叙耳圖大小爲魚數十形此固不一種理不可以一魚名之也董逌跋

釋道宏峨眉人姓楊氏受業於雲頂山相貌枯悴善畫山水僧佛晚年似有所遇遂復冠巾改號龍巖隱者族甚富宏只寄迹旅店中一空榻雖被僕之屬亦無所有爲人畫土神其家必富畫貓則無鼠往往言人心事輒符合又凡如厠必出郭五里外鄉人每隨而窺之見其就溷無復便利但立而獨語再四乃出此皆異事後竟坐店化中年八十餘今成都正法院法堂有所畫高僧是

智平者成都清涼院僧也善畫觀音南商毛大節得其像以歸過海風浪大作開展祈禱忽現光如大月輪良久之間舟行數千里俟溥載之觀音儀中今水陸院普賢閣所畫像是其作其徒盧巳爲漆水石見存巳上二則畫繼

僧覺心字虛靜本嘉州夾江農家甚富少好游獵一旦縱鷹犬奔妻子出家游中原作從犢圖詩孔南明崔德符愛之招來臨汝適住葉縣東禪及州之天甯香山三大刹兵亂還蜀邵澤民劉中遠兩侍郎復著之請住毘盧凡十八年初作草蟲南僧稱爲心草蟲

後有宣和一待詔因事逃匿香山心得其山水訣一日千里陳澗上稱之曰虛靜師所造者道也放乎詩遊戲乎畫如烟雲水月出没太虛所謂風行水上自成文理者耶陳去非亦稱其詩無一點僧氣

古石刻其二十有三在廢藩府中後改爲貢院於瓦礫中得之皆古名書內有仙筆四按察使李翀霄豎之至公堂左爲文記之

文翁石室在華陽縣南又名文翁學堂即今之成都府學華陽國志文翁立學精舍講堂作石室一曰玉室舊志文翁立學作石室在城南安帝永初閒遇火興平初太守高士更新又增一石室始作禮殿以祀先聖周公畫三皇五帝七十二子及三代兩漢君臣像於壁李膺記後漢中平火延學觀廂廊一時蕩盡惟此堂火焰不及壁上悉圖古聖賢齊永明中劉瑱更圖焉內有禮殿記歐陽修謂蔡邕所書柱上有鍾會隸書益追文翁高君之美而書也又周公禮殿圖考禮殿制度甚古低屋方柱柱上狹下廣與今異制殿有板龕護先聖像邱文播畫山水龕後有板壁黃筌畫湖灘禮殿之壁高下三方圖像世傳晉太康中太守張收之筆即張載父也宋嘉祐中王素命摹寫

爲七卷凡一百五十五人爲成都禮殿聖賢圖紹興中席益又摹寫於石經堂凡一百六十八人明末爲獻賊所毀 國朝康熙四十三年按察使劉德芳修復之六十年學使方覲增修講堂學舍三十餘閒拔通省士之尤者延師教之一時文物稱盛

石犀在縣南三十五里秦太守李冰作五石犀沉江以壓水怪其後土人立廟祀冰號石犀廟今有一石在大慈寺佛殿前考華陽國志李冰石犀一頭在市橋即今金花橋也或以爲秦惠王所遺者非

唐平蠻碑集古錄云唐蕭晉用撰開元十九年刻石

紀功在成都昭烈帝廟又容齋隨筆成都有開元十九年南蠻爲邊患明皇遣內常侍高守信爲南道招慰處置使以討之拔其九城此新舊唐書及野史皆不載肅宗以魚朝恩爲觀軍容處置使憲宗用王承璀爲招討使議者譏其以中人主兵柄不知明皇用守信蓋有以啓之也

石本九經在府學容齋隨筆云孟昶時所刻其書淵世民三字皆闕畫蓋高祖太宗諱也

麻姑洞在繁陽山洞穴深邃中有丹鼎石牀宋縣尉王八嘗秉燭欲窮之遇蝙蝠撲燭乃不復進

周文王廟碑舊志在陽安縣西北七十五里卽後周高祖文帝廟舊碑題額云大周植其碑元年歲次丁丑造元年卽後周閔帝之初元也

忙城子在崇慶州西北四十里舊傳唐明皇幸蜀駐驆於此不三日而城成因名舊志作蠻子城非

牡丹坪在灌縣西南八十里方輿勝覽自青城之長平山捫蘿而上由鳥道三十里許平阜數十畝有高樹蔽天春深先花後葉壯若芙蓉譙定夫李浩隱其中范成大詩千丈壯丹如錦蓋人間姚魏敢爭先

范長生像在青城山中有孫太古畫壁侍中范長生舉手整貂蟬像詩云浮世昇沈何足計丹成碧落珥貂蟬

隋薛道衡磨崖碑在三女祠後刺史薛道衡撰或云薛僧

僞蜀嘉王墨迹舊志僞蜀王建宗子嘉王宗壽與能仁院僧卯往來書劄二十餘簡墨迹如新

迎祥寺鐘樓石刻舊志在廢導江縣北迎祥寺不記年月觀其有節度押衙字知爲唐末五代間刻也又有老泉爲記東坡所書碑刻

廢雒縣卽今漢州治或云在州南漢置屬廣漢郡更

始初南陽人宗成入畧漢中商人王岑亦起兵雒縣殺王莽庸部牧朱遵以應建安十八年先主自綿竹進兵圍雒遂進圍成都魏景元四年鄧艾破諸葛瞻於綿竹進至雒晉初徙廣漢郡治廣漢而以雒縣爲新都郡治郡尋廢復爲廣漢郡治隋開皇初郡廢又嘗移綿竹之名於此尋復故又以爲卽羅江非也

古文孝經舊志在北山凡二十二章與今文十八章小異按今文先出於漢初而古文與尚書同出孔子壞宅今文已盛而古文獨不得列之學宮惟孔安國馬融爲之傳及明皇注今文十八章孝經爲古文

益徵矣司馬光范祖禹皆曾繳進光謂始藏文時去古未遠其書最眞祖禹又爲之說亦云古文庶得其正

魯直謫居有涪翁晚策杖至此觀江漲雨餘天欲涼十五字墨迹在州之嘉禾堂此外如綠陰堂丹泉萬卷堂皆魯直墨跡

唐永泰二年石刻在合州西五十里化度院石刻但云永泰二年按永泰齊明帝唐代宗年號齊永泰止五月而永泰二年十一月始改大歷其爲唐無疑

季子墓銘舊志在巴川縣相傳 孔子書張從申記

云舊石堙滅明皇命殷仲容搨本傳之大歷中再刻

唐率更栢漿帖眞蹟藏於臨江農民瞿氏聖深購得之命男宗摹於忠之議道堂紹聖四年七月二十四日題後有涪翁跋

王右軍半月橘帖在忠州庠有涪翁題跋

涪陵太守闕舊志書漢涪陵太守龐肱闕龐肱即龐士元之子劉後主時嘗爲涪陵太守涪熙中賢良任子宜舟過涪陵於小民家見漢隸隱然遂載以歸碑在左綿任賢良家至今猶存此事得之夔路鈐轄馮田乃任之甥

南唐李主煜善書元祐二年太守李孝直乃煜族孫也家藏有煜親書李白古風摹勒於閬中普通院

準嘗過新井慈光院留海棠詩云春風花雜滿欄香盡日幽吟嘆異常翻笑牡丹虛得地玉階閑落對君王今刻於縣廳事

南部縣北二里有淩雲洞唐蒲景珣家於此呂洞賓訪之不遇以瓜皮寫詩於石云我自黃粱未熟時已知靈谷有仙奇丹池玉露粧珠浦劒閣寒光爍翠微雲鎖玉樓鋪洞雪琴橫鶴膝展江湄有人試問君山景不識君山景是誰字痕常溼隨擦隨現明洪武中失此石

隋蒙州普光寺碑歐陽集古錄云蒙州普光寺碑蒙州者漢南陽郡之育陽縣也碑以仁壽元年建碑無書撰人名氏而筆畫遒美玩之無倦蓋開皇仁壽以來碑碣字畫多妙而往往不著名氏惟丁道護所書嘗著之然碑石在者尤少余每與蔡君謨惜之自大業以後率更與虞世南書妙盛既接於唐遂大顯

鶴棲山在都鎮有古碑字雖漫滅尚髣髴可認其大畧云唐貞元十年歲在甲戌果州女子謝自然白日昇仙刺史李堅以狀聞又爲之傳於時先有鶴雙棲

宿此山然後飛迎自然駕之而去自是俗呼為鶴樓山按目然昇仙在果州金泉李堅上其事唐得宗賜詔今刻於金泉年月日與前所載不差

南溪古臺在縣西北唐楊發家於此有詩云茅屋往來久山深不置門草長迷井口花落擁籬根入院將雛鳥攀藤抱子猿會逢異人說風景似桃源

小桃源在長甯縣西冷水溪上相傳有耕者得一銅牌鐫曰小桃源上有詩云綽約去朝真仙源萬木春要知竊桃客定是會稽人五代僞蜀勅牒武成三年牒淯井鎮羈縻十州五團土都虞侯羅元審武成三

年牒淯井鎮羈縻淯井土刺史羅元楚永平元年牒土兵馬使羅元審

歸田錄載蘇子瞻嘗於淯井監得夷人所賣蠻弓衣其文繡梅聖俞春雪詩葢以其名重轉落夷中

走馬田在珙縣南七十里先是僰人懸酋長之棺於巖上每聞金鼓之聲明萬歷中總兵劉顯過此聞而異之土人以告顯馳馬田中發三矢俱中其棺金鼓遂絕人因呼為走馬田今三矢猶在

杜甫宅在奉節縣東北陸遊高齋記云少陵居夔凡三徙一在白帝城一在瀼西一在東屯皆名高齋東屯李氏居已數世上距少陵纔三易主唐大歷初故券猶存方輿勝覽世傳計臺乃少陵故宅今有祠堂萬歷初於瀼西故趾建草閣

少陵遊蜀凡八稔而在夔獨三年平生所賦詩凡千四百六篇可考而在夔者乃三百六十有一治平中知州賈昌言刻十二石於北園歲久字漫建中靖國元年運判王蘧新為十碑今碑在漕司涼山呂保藏

漢篆舊志源山保有呂保藏在絕崖半腹漢赤眉之亂呂保藏家貲巨萬舉家終焉紹熙中有樵夫得一劵於崖側非銅非鐵其聲鏘然上有古篆云西漢之

末赤眉避逅黃金千兩坑埋而走羔豚十祭其財自阜今藏所猶存

釰兒坪在石泉九龍山第五峯下地稍平凋石上有跡儼然如人坐卧狀相傳即聖母生禹遺跡

劉綎碑在越嶲衛北五里天王山下明萬歷二十五年總兵劉綎征王大咱等戮首三千葬此親題曰鯨鯢封處至今蠻過碑下猶凛然畏之

彭萬崑號玉吾丹稜人生九歲而孤有田百頃家僮數十人甲申之變逆賊張獻忠由夔及重慶破成都據藩府僭僞號大順土賊蠭起眉有鐵腳板丹有嘯

永道皆先園鄉勇力爲防衛盜不敢近獻逆遣假子撫南王劉文秀屠川南始卭蒲次及丹營丹城外彭計欵賊且覘動靜於是擇健勇七人與俱內裹綿甲藏利刀牽牛擔酒至賊營賊橫戈監矛刀劍交加光寒射目從人俯首次進鼓慄失色彭意氣自若賊詰來意語未畢忽從人藏刀墮地鏗然有聲賊叱縛帳下詰以故從人畏賊舌强强不能下彭從旁應曰某等去將軍營數十里防路盜刼藏刀自衛無他意也且某僅八人計何能爲賊釋之遂歸暗據扼要備賊賊亦旋引去當是時川東南北諸村殘害幾盡獨丹

安堵如故邑之避賊者多依焉獻逆之據成都也悉將楚蜀所掠金載船數百欲順流下嘉陽明參將楊展起兵大破賊於眉之江口焚其船其金盡沒江中賊逃遁先是川北土賊姚黃黨袁韜武大定聞展舉事往投展展愛其勇倚爲腹心及賊敗韜屯青神大定屯犍爲展屯嘉陽兵勢甚狀然展名方盛負其才邈視韜與大定兩人陽附而而陰實忌之常有啚展志適展壽日密謀置酒殺之遂圍展宅展子景新率從騎三百自黎雅奔過鐵鎖橋三百騎悉沒橋下景新勢窮乃趨彭甫設食而韜衆已駐五里外矣景新

追遽失箸泣語彭曰願就縛毋以我累君彭曰事急矣公子第行擇駿馬令由間道越蒲卭以奔成都囑之曰賊追必急此行三百里惟新津長江可以阻賊公子渡江當沉船毋使得渡吾自有計以退賊因率鄉老數輩俯迎道傍以實告韜等藐視之不疑也問去幾何矣曰未踰時何道可及曰間道近大道較易行韜從大道固令導者紆其途景新甫渡江卽沉船殺渡夫韜至新津急不得渡而景新乃脫去我　朝大軍旣誅獻賊於鳳凰山下餘孽未息其黨赫成裔復據黎雅叛建南觀察使張態鱗聞風負印以逃賊

乘勢由青衣江破洪雅夾江直下嘉陽川南復大亂警報至成都制軍李公國英憂之問軍中誰能探賊虛實者或以丹稜界連黎雅舉彭與張公應試對應試者彭世威爲人有幹略召至詢之彭曰某聞師出有兩道一由卭州一由洪雅洪雅地僻而徑險賊不知備將軍大軍揚言出卭而以奇兵襲之可以破賊且傳言賊喜僧此亦易計耳遂辭歸遣幹僕剃髮易衣乞食賊營潛探路徑還報制軍於是制軍分兵兩道尅期暗應及期使前軍挑戰佯敗賊悉衆來馳奇軍突入監旗鳴鼓縱火橫其巢火焰轟天賊回顧驚

亂夾擊之斬赫成裔衆悉降制軍語彭曰微君之功不及此給以都督僉事劄付張如之彭堅辭制軍不能屈張官數年亦歸彭年八十八卒以孫肇洙贈承德郎孫端淑贈奉政大夫孫端節贈懷遠將軍

廖氏者蜀江津縣民戚成勳婦也成勳僻居山中值獻賊變倉皇奔竄廖弱不能從不得已置之去廖堅閉重門自誓以死遲數月賊不至倉中積穀頗饒資以食數年荆棘叢生蔽其宅遂與外隔其後食漸不繼向宅池邊種穀續之以草爲衣四十餘年亦不知成勳之存亡生死矣成勳竄入黔中久之别娶某生

子二八年六十餘歸訪舊里是時天下甫定川中土滿人稀田園半没深廧虎豹豺狼出没縱横人跡罕到無從覓其故居但識其向而已因倩人力持斧斤斬竹伐木數日望其宅頹敧尚存大樹如圍自屋中出微烟出没異之固不計其妻之猶存也又近宅廖忽從樓上呼曰汝輩何人成勳惶怖失色倉卒厲聲答曰吾此宅主人戚成勳也廖窺覘久覺衣冠迥異昔時而聲音容貌彷彿似其夫泣語曰君妾夫也妾廖氏也可將君身餘衣褲與妾得蔽體相見成勳怪之然聽其言似非無因者即解衣擲樓上須臾氏自樓下面目黧黑髮亂如蓬成勳恍惚莫辨廖備述其由兼言當日事歷歷夫婦相泣如再世人偕至鄰家復自黔挈其妻子還年各九十餘始卒劍南名山人

張韓者爲邑名諸生放浪不羈同學皆呼爲顛莫之奇也縱飲酒肆中醉後或歌或泣閒語人禍福多中而人終莫之奇久客丹稜亦若無他奇也會邑中有乞丐數人皆大瘋疾見者輒避去韓呼與語曰若輩皆吾子吾能治若疾丐者俛首唯命吐其沫使啖之已而果愈於是一邑人盡以爲奇口不言書人莫知其能書與至每於古寺中研墨數升用掃箒醮書壁

隨意縱横皆精妙絶倫嘗止旅舍其主人以爲顛驅之出或宿之且待之厚臨别語曰感子厚意吾思報子因溲溲高數丈達於主人之屋脊主人大駭數日市被火延燒殆盡至溲處忽滅乃奇之其後往來華陽蒲邛間一盂一鉢乞食道途復游重慶以蒲團渡江竟莫知其所終

臨邛人張本元者先世務耕不聞以醫傳忽自許能醫善針人莫知所授不敢試技無所效於是時人爲之諺曰僞大夫張本元會余戚張氏婦艱於產數日舉家惶怖不知所爲本元至命取婦褻衣一履一以

箕加其上口吐針鍼之囑曰産時項上有針孔須泥以飯張佯應之俄而生子視項上果然急如囑張驚且喜始知其能先伯父楚錫公苦瘧疾請鍼之本元曰鍼其髀先伯父戲之曰吾病在首而子鍼其髀可乎本元亦戲之鍼甫半忽折餘針其踵呼曰出針躍然出達於樑又爲人治癆疾鍼其脊終身無恙自此名漸著聞者爭造其門所試輒效與之錢不辭不與亦不責報於是時人復爲之諺曰神針張本元其針長或尺及數寸約計七十餘用則取諸口中言笑飲食率如常不覺也無子一女針法傳於女女死遂不

傳

丹稜人楊鼎幼失怙母子煢煢相依茅屋一間僅蔽風雨貧幾不能自存鼎力耕養母暇則釣於溪得魚以爲母日用給言笑起居不敢有違或偶與人爭其母呼之立解雖曲直無論年近三十卒其母悲痛幾失明兼所居荒棘中心多怖一夕夢其子鼎語曰母勿怖兒爲母伴驚覺足底如有物然晨起視之則大蛇蟠屈其上母駭甚因恍悟夢中語曰得非吾兒鼎所脫耶若果然當首肯須臾蛇以首向上作肯狀母之床用大竹爲之竹節皆通可藏物蛇自床下入竹中夕則復然隣里聞之往視皆嘆異後數年鼎舅氏家遷母於洪雅去之日啟視竹中其蛇已不知所往

以上採白鶴堂

自古作曹邱生卒皆昏夜乞憐從未有光明磊落如歐陽公之於老蘇者其與富鄭公書曰有蜀人蘇洵者文學之士也自云奔走德望思一見而無所求然洵達人以爲某能取信於公者求爲先容既不可卻亦不忍欺輒以冐聞可否進退則在公命也嗟乎此非青天白日之事哉何何澄輩未之見也

左太冲蜀都賦昭烈帝故宮有議殿爵堂新宮武義

虎威宣化崇禮諸名今俱無存

劉驎度道貞之子與父俱死於賊其妻馮氏詩甚清婉有春日即事詩云閑步小橋東黃鶯處處逢梨花風雨後人在綠楊中（隴蜀餘聞）華陽縣治王衍飛鸞閣也今圯

孟昶故宮在成都府城中皇輿考孟昶僭擬宮苑盡種芙蓉其臣張立有詩云雖粧蜀國三秋景難入幽風七月詩

南樓在保甯城東唐滕王元嬰建范石湖詩所謂蜀江無語抱南樓也

接王亭在大邑縣北霧山王昶所置

王衍乾德元年以龍躍池爲宣華苑在華陽縣東十二里今爲貢院正殿基卽摩訶池

中江甯國寺隋仁壽年所建也寺有响壁人以手交拍則内有聲相應如奏絲竹康熙初年邑令某疑中有怪物破之但見匠氏一壘竹籤而已又寺中有泥龍二一夕風雷忽失其一今跡尚存

又甯國寺内香爐臺砌間舊雕有石佛千餘尊獻賊至皆斫其頭至今祇餘佛身以此觀之則不特屠戮人民並西方金人亦不自保矣唐堯春親見爲余言之

獻忠過梓潼以　文昌故未經屠戮邑人德之爲塑祠於廟旁乾隆初年綿州署牧安洪德毀之

綿竹一賈鹽者忘其名有少君之術泰武功壬午孝廉黃鑑父某客死於綿厝亂塜中已二十餘年矣鑑登科後至綿遍求父棺不得一日賈謂之曰我有術曷問我鑑亟叩頭請邀賈至亂塜處賈書符化之令童子觀少頃問曰見何物童子言見一老翁從土中出賈言此卽土地也卽問曰汝知黃孝廉骸骨否爲我俱來卽書紙馬化之老翁授命而去須臾載一人同至賈謂鑑曰汝欲見汝父乎鑑泣請賈卽燃香二一插地上一付鑑持鑑卽迷去賈又使童視之有間童報言香炷上烟縷中湧二小人一老一壯壯者向老者跪泣如認親狀賈曰是矣卽大聲令趨葬所使童子隨之卽見烟縷中老者飛奔至水窪處而止鑑亦醒按其處剮之尺餘棺露棺前有石塊鐫曰武功黃某之基啟之尸已化矣滴血良是此亦異事也唐堯春嘗爲作記

井蛙雜紀卷六

井蛙雜紀卷七

羅江李調元雨邨纂

庚紀 共四十則

成化中有廣安王永以行劫爲鎭巡所撫復不悛大劫攻掠城堡殺人發蓋藏而其後招之不得同時趙鐸者德陽人家貧貸錢賂知縣求本縣陰陽訓術知縣受其賂而不之與鐸益貧不能償所貸會怨家徐貴告鐸通賊縣捕之鐸曰作賊如王永尚不能捕何通賊之有遂殺捕反一時羣賊如天潤溝楊瓚漢州僧悟昇花溪陳煥章連山河黃鷂子皆從之流劫銅

陵內江及漢州德陽還延至荆襄所至莫禦僞立趙王及安將軍席評事諸號殺知州柴艮知縣劉宣上遣給事中童軒撫諭軒儒者遍歷賊巢慰諭賊率黃應高等流涕示心腑召與飮食給劵賊忻然有就撫者然率領劵及安撫榜帖藏衣間爲護身符公然行劫軍民無如何未幾殺都督何洪指揮楊瑛始命襄城伯李瑾帥行營兵討之而鐸已先爲龍州土兵所殺於是斬餘賊蔓延未斷自正德四年起至九年止其在川東北爲藍廷瑞鄢本恕廖惠在川南爲方四曹甫廖麻子喻老八而劉烈爲首

劉烈眉州人匿保甯山中爲盜自稱舉人嘗劫漢中輦昌還詐傳已死所至人相驚他盜多竊烈名字官軍圖其形捕之懸重購至二千金官千戶終不可得烈死藍五起

藍五名廷瑞與鄢本恕廖惠家保甯嘗拾古棄印山中怪之未幾又得一劍以爲瑞因名瑞而與本恕謀作亂號召得十萬衆自稱順天王稱本恕刮地王惠掃地王流劫鄖漢夔保新甯通巴諸處川撫林俊初請勦未報賊大訌乃遣尚書洪鐘出討賊鐘徘徊漢中與俊指畫多不合値廖惠破通江俊率官軍暨狪

獮石砫土兵督戰賊大敗走至龍灘河半渡又擊之斬八百餘人溺死者六千有餘惠擒廷瑞本恕遁

仁壽方四爲同里王克傭耕冒姓王避楊友之亂與江津曹甫遁於石阡之龍坪爲土官所逐無聊遂爲賊時重慶賊曹弼先有名人稱二曹賊二曹賊皆與廷瑞合曹弼寇綦江殺僉事王景廷瑞寇營山殺僉事王源獨曹甫者以元旦酣飮爲林俊所襲連破五營斬甫方四遁廷瑞乃大招流民從漢中入甯羌州遂攻略陽徽州府縣破其城殺千戶侯爵百戶瓦剳舍人郭玘等勢復振而曹弼敗死時上切責鐘令赴

保甯與俊等合勦而廷瑞復自鹽亭劫柳邊驛殺百戶賈雄及茂州知州汪鳳朝遂破梓潼魏城劍州殺劍州判官羅明及義官王思政鄭廷祿當是時方四已流入貴州與別賊任鬍子喻老八合至萬人已陷婺州龍泉坪焚烏江屯寨御史陳鎬調永順保靖土兵征之不利廷瑞趨江油將與之通而官軍過之還漢中值鐘與俊督大兵追勦而永順土舍彭世麟進圍之陝西界上會食竭賊出告世麟請還川聽撫世麟以告俊俊未應陝撫藍章在軍中遽令世麟護賊出陝境唯唯賊易之臨撫不至約日待之東鄉金寶寺當至屆期復不至及至依山爲營廷瑞本恕屠營中不出見第使人來言欲得營山縣治安插或臨江市駐其衆當出見鐘許諾未幾復曰請以官爲質而後見鐘不得已遣漢中府通判葉賢質賊營於是使人來言曰可見矣然先之以本恕本恕至見畢去然後廷瑞陽陽來請見見則肆甚其言不可聞見畢逕去且降且劫翼日劫松蜀埡官軍見不平殺劫者賊遂殺所質葉賢而焚其屍會廷瑞欲奔畏世麟許以所擄女子爲已女請結婚世麟世麟知其詐陽許之密白之軍門且定期邀廷瑞送婚宴廷瑞廷瑞辭以

疾鐘俊囑廷瑞所親鮮于金説廷瑞來赴廷瑞乃帥本恕王金珠二十八人同時至至則伏兵盡擒之賊大潰鐘俊遣諸路追勦擒斬及溺死不可勝紀而廖麻子遁初方四合任鬍子麻六兒寇綦江官軍敗之追至東鄉搖擄壩又敗之賊乃從貴州還寇四川而廖麻子與之合時俊憂賊勢聯屬將復盛急遣降賊周大富招之不得而川撫高崇熙以方四家仁壽取仁壽賊屬天下撫四四殺其族屬不聽撫後乃統副使李鉞督諸將分兵爲六哨由大埡小埡月埡進擊襲賊殺任鬍子追奔三十里斬首千級生擒方四妻妾翼日賊還擊奪妻妾去遁思南境上會俊與中軍不合乞罷許之蜀人哭送俊攀轅不得而賊乃復逞攻梁山殺主簿時植并其妻至南川江津賊王長子應之破江津縣先是方四寇蓬州制府遣副使張敏諭賊營諭撫而張敏被執贖歸至是洪鐘以被劫召還乃命左都御史彭澤總制軍務同總兵時源指揮閻勳出勦已調土漢軍將戰而川撫崇熙憾土兵擾民原有賊脫髮軍截髻土兵又加剃之謠恐從此大征民益不堪乃於八年正月間兵未出時仍誘廖麻子聽撫遣副使張敏於開縣臨江市買田宅安置賜

復三年上其事於朝將從之而賊反大詎執敏屠殺數百人時土漢兵悉罷遣無如何澤乃奏請急調廷綏甯夏慶陽固靖諸邊兵合得三千人方議勦民重被賊害而邊兵之擾民者且十倍於昔於是建崇熙及敏以不俟朝命罷兵褫冠帶下獄鎮守三司掌印官皆戴罪殺賊而賊已逋誅逾半載矣澤乃統諸將力勦成都衛軍餘范藻見賊勢作亂先平之而方四奔婺州爲僉事馬昊所敗變姓名潛行義官李清掩獲之送於官廖麻子奔羅江閻勳追及於劍州之青林口賊棄馬登阜俯而戰勳射之傷土把王臣以鐵

爬擊仆斬首麻六兒赴水死獨喻老人從金堂出奔陳珣擊之於富村老人降既而復遁或曰陣斬之於竹木溝或曰老人善隱形臨戰墮於竹木溝遂不見以爲遁云時尚獲他賊駱崧祥雷伯定等

駱崧祥內江人與成都衛舍人范藻相繼叛亂未幾就戮

張敖焦珙劉芳俱茂州人正德八年參將徐勇督修城傷甚刻酷敖等執梃逐勇執指揮萬嘉言索勇銀七百乃釋之後復圍城殺旗舍廖一受等官軍擒斬之

薛來保德陽巨盜也川西北羣盜皆附之橫行郡縣已而間行入省窺虛實爲邏卒趙月興所執道院訊實斬之後月興往中江爲其黨所殺家人訴於縣縣令集兵往羣盜負嵎有一盜傷踵羣盜推之下曰以此償汝縣兵不敢追縛跛盜歸

周天星周天和鄢藍餘黨合流民張東陽以叛總總兵何卿兵備林豫討平之

周嘉江津人與弟虎彪以白蓮教惑衆嘉靖四十四年作亂與蔡伯貫等相應巡撫劉自強遣百戶李茂調綦溪土兵討平之

黃中石柱司人其父俊據支羅寨劫奪後伏誅中減死充戍逃歸招集亡命劫奉節雲陽等縣巡撫劉自強奏請川湖合勦用軍進午欄坪楚軍自施州衛入中爲楚軍所獲川軍破其巢穴支羅平蔡伯貫田紈俱大足人與富順黃一元傳習陽曲妖人李桐白蓮邪教嘉靖四十四年聚黨攻破大足銅梁等縣僉事傳思明通判郭雲鳳討平之詔磔伯貫及其黨於成都市

何勉通江人隆慶中與弟姪及汪鐵鎚大鷂子小鷂子滚子等聚衆萬餘大肆劫掠川陝鄖陽三撫臣調

兵合勦悉平之
呂由鍾征播時嘗充把目萬歷三十一年聞成都等處有天鼓地震之異又值白蓮教煽亂鍾乘機聚衆四千餘人僞署守備欲犯會城內江令楊應登以計擒之解散其黨由鍾服上刑
吳洪播州人楊應龍黨後逃避貴州見改土設流法嚴不得自逞乃與盧文政劉堯等推應龍姪楊三老爲主以僞檄招兵兼署官職遵義生員彭廷詔等告變兵備傅光宅知府蔡鳳梧總兵李應祥共討平之
延安府膚施縣有林生者縣之梛樹凋人家貧苦讀

試輒不利舌耕於金明驛之東土橋遺妻守舍紡織自給塾去家兩舍一日歸省未至家天已昏黑愁雲密布少頃大雨如繩遂避雨於道旁東古廟中廟三楹墻垣倒壞無人住持中有神像一座金衣剝落神前有破香案亦欹斜將圮意待雨少霽卽行而飛霖愈猛雷電交作遥望村火點點簷外泥深三尺跬步難行無如何遂坐於香案下假寐忽見兩廊人夫喧闐騶子奔馳洒掃堦道旁有大厨豕羊羅列宰夫數十百人鸞刀鏤切堂上燈燭煇煌龍文鳳綺供設甚盛中一人緋衣平天冠似王者規模指點手下安排桌几結綵張筵旁列鼓樂似人間地方官伺應上司狀探馬卒絡繹不絶鬧擾之聲煒火之光徹內徹外少焉忽有飛報者云煞星下界矣緋衣人卽跟蹌趨出門外祗候甚恭林生亦從稠人中遥望見雲端冉冉一簇人馬擁乘輿飛奔而下兩旁皆仙娥嫚婇環夾左右笙簫縹緲響遏行雲漸漸前導至前緋衣人又疾趨數武俯首拱立貌益恭乘輿忽墮廟外喝駐輿中走出一人赤髮藍面巨齒獠牙猙獰甚昂昂而入緋衣者謙隨後至大廳赤髮人直上座略不敘賓主禮緋衣者揖後卽趨側席陪坐赤髮人坐定卽

拍桌呼曰飯來飯來莫悞我事緋衣人卽喝堦下數十青衣舁餐盤而上珍羞羅陳大率皆人間未有其隨來人衆俱有供給在兩廊下一時鼓樂齊鳴歌舞畢備饌畢又青衣數十爭上撤席緋衣避席拱立言曰今日星君下界雖奉上帝勅旨亦應萬民刧數但職忝東嶽以好生爲心伏乞刀鉞下暫留殘喘三分則庇德非淺言訖又復恭聽赤髮者初聞若怒旣見上下俱欵洽隆至有赧色微頷首而起大步出門外隨者皆擁護緋衣人仍送出旁候乘輿一片光明望望投已村中而歿林生牽從緋衣侍者密問之曰此

何人答曰此汝學生也一驚而醒則身猶在香案下
東方已白簷溜漸稀雨已晴矣視廟榜乃東嶽也遂
趦步歸至家妻啓戶出迎林生見桌上盛喜鷄子一
盒問之妻答曰昨晚比鄰張嫂誕子所送也林心異
之後五歲張翁送其子入塾從讀改名獻忠年餘不
能記一字翁遂使牧牛又無賴往往羣兒扑戲及
長漸爲狗偷充本縣快手不數年爲流賊官兵不能
捕甲申後林生已老猶在時時爲人道其事沈虹舟
祖惠嘗爲予言
張獻忠者與自成同年生少爲快手不得志去隸籍

延鎭王威戲下以淫掠與眾就縛將刑適他將陳洪
範來謁顧獻忠貌奇之請釋獻忠而殺其餘縛者
初賊未至時新撫龍文光謀設守預遣人決都江堰
水注錦江以益城濠將以禦賊乃水至而城已破蜀
王率宮眷出城不得返而沉於井文光隹引暨推官
劉士斗知縣沈雲祚皆死賊乃僭僞號稱大西國改
元大順以成都爲西京置僞東閣六部等官以汪兆
麟爲東閣大學士胡默爲吏部尚書王國甯爲戶部
尚書吳繼善爲禮部尚書龔完敬爲兵部尚書李時
英爲刑部尚書王應龍爲工部尚書其餘九卿科道

官以次分授乃設五軍都督府中軍王尚禮前軍王
定國後軍馮雙鯉左軍馬元利右軍張化龍養子四
人荀可旺艾能奇劉文秀李定國俱加宮保封將軍
賜姓張氏獻忠黃面長身而虎頷人號黃虎強不及
自成而狡譎過之性嗜殺與自成比然較無道難測
封蜀世子爲太平公未幾殺之開科取士盡坑其所
取者禁軍民私語犯者斬昏勿燃燭燃則十家坐列
兵爲甬道閱民過之壯男少女留入營餘盡斬以兵
脅紳士不至者全家抵法禁勿觸諱觸諱殊一手一
足下令民間勿畜馬乃擇日考武生武生無馬選棧

馬之獷劣者數百疋驅之使騎既騎發巨礮合營大
譟以犇之馬驚人墮蹂爲肉虀則撫掌大笑蜀府醫
院有銅人以楮幕其竅令醫者鍼之差者卽取金鎗
刺醫者竅召成都五衛指揮千百戶應襲者赴僞尚
書龔完敬考選至日午忽下令盡殺之完敬伏地不
能起以爲慢令也幷殺完敬聘井研陳氏爲僞后封
其兄國戚不十日陳氏姊弟俱極刑成都知縣吳繼
善旣爲尚書忽闔門賜死僞官朝會拜伏呼獒數十
入班次有爲獒所齅者不忠引出剖其心分兵爲一
百二十營設都督總督領之城外列大營十小營十

二各設兵部二都督一譏訶出入爲保甲法凡出入
以油印印左頰脫者死宮中夜爲鼠所撓漏三下忽
令兵各殺一鼠旦明交轅門不者代以首是夜兵毀
屋穿窖殺鼠轅門外成京觀焉賊自爲文譏評古帝
王謂之御製萬言策頒布學宮復爲僞聖諭刻石曰
天以萬物與人人無一物與天鬼神明明自思自量
是時崇禎十七年十一月卽 大淸順治改元之冬
自成遁西安方謀襲川遣賊將馬苛由階文潛入而
獻忠覺之親督驍騎出禦於保甯之梓潼仰視文昌
廟曰此張姓吾祖也吾祖助我乃上張亞子尊號曰

始祖高皇帝大敗馬苛於綿州俘其衆得蒙古一千
五百人改綿州曰得勝州因命劉文秀駐廣元艾能
奇扼保甯馬元利略順慶苛可旺收川南惟川東一
隅仍爲川將曾英所復而次年乙酉自成復遣賊將
賀珍以三千人敗劉文秀於廣元將入川會 大兵
追自成出武關賀珍逃廣元撤備賊遂敘功以苛可
旺爲平東將軍劉文秀爲撫南將軍李定國爲安西
將軍艾能奇爲定北將軍後所稱四將始是也時順
慶道葉可縮知府史覲宸故給事吳宇英以及川人
李從彥殷承祚江鼎鎭俱起兵恢復爲賊所殺而故

輔王應熊僉事馬乾復誓師起他如王祥起遵義楊
展起嘉爲郭郞起黎州以及司馬呂大器延撫李乾
德總督樊一蘅戶部范文光邛州舉人劉道貞兵部
侍郎喩思恂提學道王芝瑞涪州道劉麟長皆起獻
忠聞之意大沮謀乘間襲西安而盡殺川人以絕顧
望先殺所俘蒙古一千五百人於南門之外始分兵
計殺凡一兵殺男子一百授把總女倍之以手足爲
記兵以上較次進級不者坐逆罪卽於九月望夕夜
分起先檢各衛軍及在營新兵年十五以上者殺之
會計各路所殺衛軍七十五萬有奇兵二十三萬有

奇家口不計乃次殺民之諸生釋道及堪輿醫卜有
材技者各府縣編牌按名自城中大慈寺至濯錦橋
賊擐甲曜刃分列掄殺凡三十餘萬家口不計然後
搜戶殺名草殺自成都起由城北威鳳山至南門桐
子園綿亘七十餘里屍積若邱山其婦女不勝殺則
引組而批於水歲丙戌元日命四將軍分路草殺五
月回成都上功疏平東一路殺男五千九百八十八
萬女九千五百萬撫南一路殺男九千九百六十餘
萬女八千八百餘萬安西一路殺男九千九百餘萬
女八千八百餘萬定北一路殺男七千六百餘萬女

九千四百餘萬獻忠自領者名爲御府老營其數自
計之人不得而知也其餘南廠七星治平東廠釜戈
天討太平志正鷹揚宣威果毅果勇諸營分勦川北
川南者俱有報數惟僞總兵温自讓以不忍草殺棄
妻子率百騎遁獻忠親引騎追之自讓走百騎皆死
他如僞右軍都督米脂張君用八卦營汝州王明振
武營麻城洪正隆隆興營涇陽郭嘉引三奇營鳳陽
宋官永定營合肥郭尚義三才營山東婁文干城營
六安汪萬象援勦營寶鷄彭心見中廠營萬縣杜興
文英勇營黄岡張其在天威營開封王見明龍韜營

麻城商元決勝營汾州周尚賢定遠營六安張成以
及志義天討金戈神策虎威虎賁豹韜虎略諸營僞
總兵俱以功疏數少坐狥縱謀逆剝皮死斬其家口
於南河嘗屠順慶其屬縣閬令爭先期向酒家貰酒
圖醉死酒家堆金錢如桊初大喜既而思之復大慟
皆乂手委股以待刳割無或免者獨保甯一城有僧
破山出請命賊持驢犬肉雜進曰能啖此者免僧接
手啖之竟免草殺既盡乃分兵燒毁城郭廬舍積聚
米粟有不盡者剝皮以狥於是用法移錦江而涸其
流穿數仞實以黄金瓌寶累億萬殺人夫下土石以

塡之然後决隄放流名曰水藏後至者不得發毁中
國浮屠攻以兵器怒不速發大礮崩之厭死者以千
計又伐木造大船百令營兵由山路曳入水凡百里
緩者死有合營宜殺者則實舡而沉之江中乃以平
全川土寇功宜勒石頌德侍臣嚴錫命撰文既成賊
命北面立錫命爭曰當南面賊怒杖錫命死乃謂兆
麟可旺曰吾初起草澤從者五百人所至無敵若等
所知也今至數百萬前年出漢中反爲賀珍所敗非
爲將者不用命而爲兵者貪戀懷二心乎兵貴精不
貴多吾欲止留發難時舊人而盡殺之何如皆唯唯

乃密定爲法凡角觝超距意錢酗酒及詬誶謔詩皆
死連坐共收十餘萬諸賊掌殺者殘忍出天性偶夜
分念無可殺殺其妻左右莫敢諍既而以不諍殺左
右其虐如此後復以前法所誅尚未盡詭召諸將於
演武亭較五月所上功疏將陞賞比至盡殺之僞參
將賀斗游擊胡明王四先覺購健馬詭爲防夜者遁
去餘所殺五千七百員有剝皮者剝皮法從頂至尻
列一縷裂之張於前如鳥翅蹁曰始絶有卽斃者行
刑者抵死是日雷電作詐謂衆曰有天旨命櫟絶諸
人吾敢違天哉於是箠期啟行令各營有妻子無馬

疋者詣營門點驗既集使各殺其妻子不忍者駢戮乃剗成都城燒宮室以布裹柱澆以脂焚十五日閱灰燼中有糗糧未盡者舁之江中躧踏之使入泥尺餘有粒米上浮者死命劉文秀捆數年所掠珍寶兼金裝巨艦百餘赴彭山縣江口沉之而殲駕船卒於水後爲楊展所泅取以賑川南卽是物也於是發成都由漢州金堂什方綿竹前行其遲行者指爲亡殺其什伍每日行百里屍連相接然猶立過隊法凡各營男女刻行俱使向已前魚貫過或三留一或五留二過畢殺所留者曰我奉天司殺自始起迄今已幾

及十之七矣恨其三未盡如之何吾殺當止在冬仲之望蓋是日賊伏誅云

先是賊宿讐川人既殺民盡并欲屠川民之爲兵者時賊將劉進忠所部川兵多計欲執進忠而抗其衆進忠聞之率一軍俱逃

大清師至漢中進忠迎降爲鄉導南行遇獻忠於鹽亭界上是日大霧前不見馬領獻忠方曉行聞介馬聲彎弓前至鳳凰坡進忠認之曰此獻賊也發一矢洞脇急回走而矢叢於背大呼墜地賊將王尚禮尚負其屍走既而棄去支離之獻忠死平東以下四將兵潰入南川渡江奪重慶破夔東十三家賊并攻殺曾英王祥李乾德等遂復據川詐言獻忠婢老腳有遺腹諸將當輔孤而實無有

獻忠開科取士會試進士得一百二十人狀元張大受成都華陽縣人年未三十身長七尺頗善弓馬羣臣諂獻忠咸進表疏稱賀謂皇上龍飛首科得天下奇才爲鼎元此實天降大賢助陛下不日四海一統卽此可卜也獻忠大悅召大受其人果儀表豐偉氣象軒昂兼之年齒少壯服飾華美獻忠一見大悅左右見獻忠欣悅又從旁交口稱譽以爲奇士古今所

未有獻喜不勝賞賜金幣刀馬至十餘種次日大受入朝謝恩面見獻忠左右文武復從旁譽其聰明學問及詩文字畫一切技藝獻忠愈喜召入宮賜宴諸臣陪宴懽樂竟日臨散遂以席間金銀器皿盡賜之次早大受復入朝謝恩叩首畢諸臣復再拜曰陛下龍飛之始天賜賢人輔佐聖明此國運昌明萬年丕休之象陛下當圖其象傳播遠方始知我國得人如此奇異則敵國不戰而服矣獻忠大悅遂召畫工圖其形像又大宴羣臣盡歡羣臣席間又極口稱譽獻忠復賞賜美女十人及甲第一區家丁二十人次日

獻忠坐朝文武兩班方集鴻臚寺上奏新狀元午門外謝恩畢將入朝而謝聖恩獻忠忽顰蹙曰這騾養的嚼老子愛得緊但見他心上就愛得過不的你們快些與我收拾了罷凡流賊謂殺人爲打發如盡殺其衆則謂之收拾也諸臣承命卽刻便將張大受綁去殺之并傳令將大受全家并所賜美女家丁盡數斬戮不留一人以上見張獻忠亂蜀始末

獻賊之破和州先一歲羣鴉蔽天哀鳴自投州前江水死圃者藝菜數畝元旦後一夕蹂踐都盡覘之履跡皆婦人履跡衆莫解後賊入屠城圃中婦女千餘

井蛙雜紀　卷七　十七　二十三幽

悉殺之獻嘗選勇銳男子數百爭先慘殺以多論賞謂之孩兒軍至是縱之四掠會獻入城隍廟神所持戟墮中其額獻怒曳神碎之未出廟而疾作叩頭哀禱久之乃已而孩兒軍適至報所殺若干獻忽揮刀盡殺之人謂孩兒軍慘悍之報云

獻賊有美僮名二孩子時年十八技武絕倫常與黃靖南對陣甫出戰僮遽飛矢中其手黃幾敗陣怒甚伏兵擒之愛其勇欲令降僮不應侯笑曰聞賊夜臥汝腹上本鎮亦能撫汝何不速降僮堅不允絕其食死柳軒叢語

初獻忠破武昌盡殺武昌民其未盡者鐵騎圍之而蹙之於水自鸚鵡洲至道士洑浮胔蟻動水爲不流踰月人脂累寸魚鱉不可食乃據楚府鑄西王之寶改武昌爲天授府江夏爲上江縣開科取士得七十八人自成聞之貽書詬責賊懼而南走官軍旋復之初賊有大志題詩黃鶴樓詐收人心發金賑他縣禁殺及聞諸師集乃屠戮如故去而破湖南聞自成據西安四顧歎曰咱亦何據爲彼下哉遂令賊十萬反騎入川

獻忠初爲小賊號黃虎後爲賊帥稱八大王嘗僞爲

井蛙雜紀　卷七　十八　三十三幽

官兵駐南陽之東關以詐取宛城門已啓而左良玉適至疑而召之獻窘逸去良玉同副將羅岱追及射之矢着其眉心又射貫其左手中指於弓弝上兩馬相及良玉抽刀劈上面血流被甲孫可望力前格之得逸逃至麻城左追勦之一晝夜行三百里至穀城又破之乃降文燦獻忠在穀城嘗指其瘢語人曰此左將軍南陽時創我也雜憶剩言

賊破夔擁老少江畔圍殺天忽昏黑大雷雨獻賊怒曰咱老子欲殺人天不肯耶燃巨砲向上擊之雷雨遽止殺人如故豹斑集

賊殺蜀人之慘割手足曰匏奴分夾脊曰邊地鎗其背於空中曰雪鰍置火城以圍數百小兒見奔走呼號以爲樂曰貫戲剖孕婦之腹抽善走之脛碎人肝以飼馬張人皮以懸市涂原疏抄

蜀賊姚天動黃龍乘獻忠亂聚數千人與㺚馬袁韜合焚掠川東北又有郝搖旗譚宏皆獻賊餘黨號十三家　我兵討平之

朝天關獲成都諸生顏天漢等通表自成獻賊怒以爲闔境俱反詭稱開科用軍禮發遣諸生不至者孥戮盡殺之西門外青羊宮凡二萬二千三百人棄筆墨成邱壠

陳演夢登高臺四望不見人占者曰高而無民也俄而闖賊擒去極刑搒掠獻至銀三萬兩金三千兩珠三斗楼夾至死演井研人以賄通中官位至大學士忠義錄

丙戌年獻賊自言是歲有大劫不利欲獨入武當山修行俟劫運過當復橫行天下乃營於西充縣之鳳凰山時肅王兵至獻忠衣飛蟒半臂牽牙將出猝遇之裨將雅布蘭發鋒一矢而殪及舁屍至猶張目瞪視於是斬首刳心心色純黑時十二月十一日也先是童謠有生於燕子嶺死在鳳凰山不謂獻忠應之其埋屍處叢草如棘誤觸之輒成大癰又嘗有黑虎噬人人皆遠之此上較前詳並錄之出蜀難敘略

獻賊在川偶沾疾對天曰疾愈當貢朝天蠟燭二盤衆不解也比疾起令賊斫婦人小足堆積如二山將焚之必欲以最窄者置於上遍斬無當意者忽見己之妾足最窄遂斫之灌以油其臭達天獻太樂西皐外集

張獻忠過梓潼夢文昌帝君儆之寤而欲祭焉令士人爲祭章稍通文獻賊不解輒殺之蜀名士一時被

禍甚慘既屢易不屬獻意獻大聲曰咱自做咱念爾輩書之其文曰咱老子姓張爾也姓張爲甚嚇咱老子咱與你聯了宗罷尚饗至今川人常言其事與上所載較詳

成都東門外沿江十里有鎖江橋橋畔有迴瀾墖萬歷中布政余一龍所修張獻忠破蜀後登墖見成都城池宮殿曰不利於城命毀之修築將臺穿地取磚至四五丈得一古碑上有篆書云修墖余一龍折墖張獻忠歲逢甲乙丙此地血流紅妖運終川北壽氣播川東吹簫不用竹一箭貫當胸漢炎興元年丞相

諸葛孔明記後獻忠以一箭死始知箭不用竹乃鏞字也異錄

順治六年己丑賊黨盧名臣盤鍚重叙馬湖一帶梅勒章京葛朝忠總兵陳德楊正泰等水陸兼進攻破佛圖關直抵賊巢斬擒無數三府悉平

康熙元年壬寅冬十二月　上命總督李國英統領湖廣陝西河南四川四省官兵會勦茅麓山賊李來亨袁宗第等李國英至夔府道路榛莽伐木開道以進癸卯日大兵奪羊耳山宗第遁入深箐我師屯七里壩宗第屯茶園坪山勢陡絕諸將攀藤而上宗第

敗走巴東大兵追及巫山遂據其城衆議移守夔門督師計巫山地勢卑狹雖馳驟不便可利固守於是深溝堅壘具砲石城下樹梅花樁賊至不得進樁外挑品字坑又於城外高處立敵樓以防偵探具甫備郝永忠劉體純合數萬衆攻巫山甚急我兵出戰體純等敗走適陝西會勦兵至陳家坡奪老木空體純自縊大兵乘勝追至黃草坪永忠宗第皆授首惟李來亨居茅麓山高險難攻我兵四面圍之來亨出八地名通梁路徑陡絕我師乘霧露未開遂奪通梁來亨力窮勢迫八月初六日焚其妻子自縊茅麓山遂

破馬騰雲拓天寶王光興俱納款投誠李自成張獻忠二賊餘孽至是誅滅殆盡總督李國英凱旋重慶全川俱入版圖矣

十三年甲寅吳三桂僞總督王公良率僞將軍王鳳岐劉之衛等據夔州逾六年庚申四川總督楊茂勳率師由楚江峽路逆流而上破巫山隨風直進不二日抵夔城兵不血刃羣逆鼠竄遁去遂復夔郡

十八年己未冬十二月吳三桂賊黨吳之茂潛兵白水壩勇略將軍趙良棟討之抵白水賊阻江對壘十九年庚申正月初一日官兵渡江直入擒斬千餘人

追至青川賊伏石峽官兵四面攻擊自未至酉殺賊無數龍安餘賊望風投降良棟乘勝追勦正月二十四日克成都文武兵民跪迎道左發兵各路招撫辛酉二十年三月逆黨胡國柱等復踞關山象嶺良棟同將軍紀哈禮率總兵鄒九疇等三路征勦箐口站周公橋俱皆賊營官兵破之抵土地橋賊密架鎗砲恃險抗拒大兵分爲兩翼戮力攻戰賊衆大潰良棟遣兵乘夜蹑崖直上關頂奪勇勦戮克復關山象嶺黎州諸地陣斬四千餘級復戰於大渡河口斷賊歸路攻急投降建昌一帶遠近聞風相率輸誠之茂賊

族子國柱賊婿也
十九年庚申賊黨王屏藩陷漢中據保甯奮威將軍王進寶討之戰於武關身先士卒所向無前賊潰進寶直抵保甯屏藩縊死餘黨約降猶據城觀望進寶單騎馳入大呼曰我仁義將軍也降者待以不死眾賊感泣歸命遂定閬中時有布政吳一元提督鄭蛟麟巡撫羅森皆汙僞命後俱伏誅

嚴氏州人夏之華妻時吳逆兵至驚逃郭外遇賊被執持刀逼汙之不從赴深淵而死

裴氏梓潼人王之翰妻康熙十三年爲吳寇所逼投潼水死

段氏雲南人隨子羅銘鼎任茂州牧值賊趙榮貴叛城破銘鼎死之段氏子能爲國死難吾復何恨投大石缸死士民鐫其事於石缸以表之

王氏太平人應蛟女年十四歸楊二甫彌月吳逆僭據有賊牛惠强以勢奪之臨别謂其夫曰我必死此行矣來朝覲我遂至牛室故爲喜容紿牛出款客即閉戶自縊死其中衣預密縫固不可解明日二冒死往視面容如生大慟幾絕後數日二亦死後知縣程溥爲合葬表其墓曰節義冢

井蛙雜紀卷八

羅江李調元雨邨纂

辛紀 共四十六則

一統志載四川夔州府治鎭峽堂後有甘夫人墓廣輿記亦然予考陳壽三國志甘后傳云甘皇后沛人也先主臨豫州住小沛納以爲妾先主數喪嫡室常攝內事隨先主於荆州產後主值魏軍至追及先主於當陽長阪於時困偪棄后及後主賴趙雲保護得免於難后卒葬於南郡章武二年追謚皇思夫人遷葬於蜀未至而先主崩丞相亮上言皇思夫人履行

修仁淑愼其身大行皇帝昔在上將嬪妃作合載育聖躬大命不融大行皇帝存時篤義垂恩念皇思夫人神柩在遠飄飄特遣使者奉迎會大行皇帝崩今皇思夫人神柩已到又梓宮在道園陵將成安厝有期臣輒與太常丞賴恭等議春秋之義母以子貴宜有尊號以慰寒泉之思輒與恭等按謚法宜曰昭烈皇后詩曰穀則異室死則同穴故昭烈皇后宜與大行皇帝合葬制曰可是甘后卒於南郡未嘗卒於夔州也合葬惠陵未嘗葬於府治之後也建興元年已追謚昭烈皇后亦不應仍稱夫人也然先主居夔八

月崩於永安或者他宮人之塚未可知斷斷非甘后之墓矣

湧幢小品載江南蕪湖縣江心有蟂磯磯上有祠祀孫夫人甚靈應相傳孫夫人至此磯聞先主崩痛哭自沉又曰孫劉有隙夫人歸吳舟艤磯下不忍見兄權遂刎於此宜其爲神血食萬世郭青螺權蕪稅幷塑先主像題曰蜀望臺予按陳壽三國志先主數喪嫡室於小沛娶甘氏海西娶糜氏公安娶孫氏益州娶吳氏今志中止有甘吳二后傳不爲糜孫二夫人立傳然吳志妃嬪傳云吳氏本吳人徙錢塘孫堅聞

其才貌娶之生四男一女是孫夫人實堅之女而吳氏所出也蜀志先主傳云羣下推先主爲荊州牧治公安權稍畏之進妹固好是孫夫人乃先主在公安時所娶者也趙雲別傳云先主入益州以雲領留營司馬此時孫夫人以權妹嬌豪多將吳吏兵縱橫不法先主以雲嚴重必能整齊特任掌內事是孫夫人留公安而先主未嘗與之同行也別傳又云權聞先主西征大遣舟船迎妹而孫夫人欲將子禪還吳雲與飛勒兵截江乃得禪還漢晉春秋亦云先主入益州吳遣迎孫夫人夫人欲將太子歸吳諸葛亮使趙

雲勒兵斷江留太子乃得止又蜀志吳皇后傳云先主既定益州而孫夫人還吳羣下勸先主聘后因納吳懿之妹是孫夫人歸吳歷歷可據也但歸吳之後夫人何以不還而先主何以不迎豈如孔明所云主上之在公安北畏曹操之强東憚孫權之逼近則懼孫夫人生變於肘腋之下故不迎耶抑如法正傳所云孫權以妹妻先主妹才捷剛猛有諸兄之風侍婢百餘人皆執刀侍立先主每入心常凜凜又常據先主志云法正勸先主以孫夫人還吳故聽其去而不欲其來耶總未聞有沉江自刎之事也若果爾則孫

權有此烈妹必表吳書後主有此節母必垂蜀志豈有正史湮滅不彰而反見於稗官叢說者哉即以爲夫人歸吳不忍見兄遂刎於此是孫夫人死於建安十六年矣何史載十九年定益州而羣下以孫夫人還吳勸先主聘后耶况二三其說或沉或刎又安足信乎然則孫夫人之祀於蟂磯也曷故予意孫夫人者必古貞淑之婦死而爲神靈顯一方廟食千載其姓則同其人則非也青螺信無稽之談遂以先主配題爲蜀望臺予友曹司升嘗至其地亦疑名之不稱不曰望蜀而曰蜀望何哉予故以爲此祠宜去先主

之像削蜀望之名而止祀夫人仍其舊可也至如吾鄉杭省崔家巷崔公祠乃宋崔與之字正子廣東增城人寓杭居是巷因以爲名紹興中成進士歷任觀文殿大學士封南海郡公謚清獻忠孝惠愛立祠以祀祠碑縣志足徵明天啓元年燬於火守僧重建改爲崔府君祠府君名珏字子玉彭城人隋時官磁州刺史唐宋累封以祈祠顯著守僧貪獲祭享冒稱惑世而清獻之蹟泯焉又如台州東湖樵夫一統志及郡志皆云不知何許人採樵湖上日負薪入市口不二價靖難時或謂曰燕王爲天子矣樵夫愕然曰皇

帝安在曰闔宮自焚樵夫大哭投湖而死今祀於台久矣正見忠義在人原無貴賤之異也頃有辨其爲牛景先者景先號東湖主人亦號東湖樵夫官所鎮撫湖廣沅州人夫湖廣之與浙江地之相去絕遠且相傳景先隨建文出亾又焉得有皇帝安在之問也鄭端簡遜國臣記云牛景先禦靖難兵數有功金川門失守易服出走死蕭寺中永樂逮其妻妾發教坊司是死於寺而非死於湖矣徒以其別號偶同遂引以爲斷則妄持己見附會穿鑿有識者得毋同類而共笑之哉二條 本朝王復禮論也復禮錢塘人故後幅兼論杭事

忠武平南彝夜聞軍中多謳歌思歸遂詔衆各與一磚曰若輩久苦行役欲遄返耶枕此而臥詰朝抵家矣從者果然不用命者終莫能歸今雲南營內有一城居民皆四川人云卽其後也 述異錄

三國志孔明以巾幗遺司馬懿巾幗女子未笄之冠蜀中名曇籠蓋笑其堅壁不出如閨女之匿藏也又漢輿服志云公卿列侯夫人紺繒幗總是婦人以巾上覆髮者然曇籠之說更有意義 清夜叢談

諸葛公所止必令軍士種蔓菁取其纔出甲可生啖

也葉稍舒可煮食也久居則隨以滋長也棄去不足惜也回則易尋而採之也冬有根可斷食也比諸蔬屬其利不亦溥乎三蜀江陵之人今呼蔓菁爲諸葛菜 劉禹錫嘉話錄

蜀山谷民皆冠帛巾相傳爲諸葛公服所居深遠者後遂不除今蜀人不問有服無服皆戴孝帽市井中人十常八九謂之戴天孝余嘗以重午登南城樓觀競渡戲兩岸男女匝水而聚望之如沙城焉

先主寓荆州從南陽大姓晁氏貸錢千萬以爲軍需諸葛孔明作保劵至宋猶存

朱提山在犍為屬國舊有銀窟數處孔明書朱提銀漢嘉金采之不足以自食漢志朱提銀以八兩為一流流直千五百八十他銀一流直千南中八部志

清井在長甯縣北寶屏山下古老云昔諸葛登山謂此處當出一寶否則產英賢及下山見井曰此足以當之矣輿地記勝云清井脈有二一自對溪報恩寺山趾度溪而入嘗夜有光如虹亂流而濟直至井所一自寶屏隨山而入謂之雌雄水初人未知有井彝人羅氏漢人黃姓者因牧而辨其鹽僉議刻竹為牌浮於溪流約得之者以井歸之漢人得牌鬮於官井

遂為漢有蜀廣記

宋淯化中李順亂蜀招安使雷有終遣嘉州士人辛怡顯使於南詔至姚州其節度使趙公美以書來迎云當境有瀘水昔諸葛武侯誡曰非貢獻進討不得輒渡此水若必欲過須致祭然後登舟今遣本部將軍賚金龍二條金錢三十文並設酒脯請先祭享而渡乃知南彝心服雖千年如初嗚呼可謂賢矣怡顯雲南錄

梓潼縣西南二十里有葛山又名臥龍武侯伐魏駐兵於此見虎豹蟲蛇勢惡自臥草中獸皆俯伏有古碑在此山之景福院葛山志

西絕涪水有山曰柏下諸葛營壘在焉而喬木婆娑者蔣公琰萬秋之宅渭川王謨記畧

邛州沉黎縣即孔明征蠻之路每十里作一石樓令鼓聲相應今彝人效之所居悉以石為樓九州記

灌縣都安堰水旱從人世號陸海武侯北征以此堰農夫國之所資發征丁千二百人主護之有堰官水經

白蕁菉綿竹武都山上出甚美武侯所鑿李膺有記

諸葛洞在龍州宣慰司南石崖屹立傍有石洞數步相傳諸葛公征九溪蠻嘗過此留宿洞中石牀存焉

懸粟一握以秣馬化為石粟至今神之一云在平茶洞長官司

一在鎮遠望城坡兩山陡立中央一溪相傳武侯征蠻鑿開運糧者明黔撫郭子章復開通直達黃平令復巨石壅斷諺曰若要此洞開除非諸葛來旁有半蓮洞崖半有武侯石列像

陳三謨明時開府滇中以堪輿家言自命初卜昆明一區欲移幕府剗草得小碑云諸葛禁地皆鎔生鐵錮之又白沙驛形勝稱最而皆蠢彝陳訝之往尋龍脈已被掘斷亦有小碑曰諸葛禁地中允黃輝述

益州諸葛廟中大柏相傳是漢世所植故人多採其

葉以作藥味甚甘香異柏也本草

宋曹彬建隆二年爲都監代蜀謁武侯祠視宇第雄觀頗有不平謂左右曰孔明雖忠於漢然疲竭蜀之軍民不能復中原之萬一何得爲武當因其頹敗者折去之止留其中以祀香火左右皆諫不可俄報中殿摧塌石碑彬驚視之出土尺許石有刻字宛若新書乃孔明親題也其云測吾心腹事惟有宋曹彬讀訖下拜曰公神人也小子安能窺測哉遂令蜀守新其祠宇爲文祭之而去

耒陽有孔明石碑孔明斬雍闓擒孟獲經耒陽立石

以紀功歲久字不可辨相傳立石誓曰後有功在吾上立石於右宋狄青破儂智高立碑其右尋爲震雷所擊今存斷碑橫臥其側山川記異

陸贄墓在忠州屏風山下玉虛觀南三十步宋林逢子詩云仁義百篇唐孟子排奸勁節凛秋霜人生一死固不免死落忠州骨也香然歿時葬於此後已歸葬嘉里故里此特虛冢耳

苍溪縣北有古墓昔有主簿金極治道伐石開之遺骸尚存有石刻銘曰歲月不須論車塵擁石門若逢金主簿移我向高原因改葬於此

隋時蜀郡福緣寺釋僧淵以錦水江波沒溺者衆欲於南路駕飛橋昔諸葛公指二江內造七星三鐵鎗長八九尺徑三尺許人號鐵鎗擬打橋柱用訖投江須便祈祠方可出水淵造新橋將行竪柱其鎗自然浮水來至橋津及橋成又自投水高僧傳

武侯梁父吟外又有白鳩篇詩世多不選今附錄之詩曰翩翩白鳩載飛載鳴懷我君德來集君庭白雀呈瑞素羽鳴鮮翔庭無翼以應仁乾皎皎鳴鳩或丹或黃樂我君惠振羽來翔東壁餘光魚在江湖惠而不費敬我微軀策我良駟習我驅馳與君周旋樂道忘饑我心空靜我志沾濡彈琴鼓瑟聊以自娛淩雲登臺浮游太清攀龍附鳳自望身輕

漢章武元年辛丑採金牛山鐵鑄八鐵劍各長三尺六寸一先主自佩一與太子一與梁王理一與魯王永一與諸葛孔明二與張飛關羽一與趙雲並是孔明書作風角處所

諸葛亮殺王雙還定君山作一鼎埋於漢川其文曰定軍鼎又作八陣鼎沉永安水中又元武郡金山作二鼎一大一小時孔明行軍見此山勢似有王氣故鎭之

侯作八務七戒六恐五懼皆有條章以訓厲臣子又損益連弩謂之元戎以鐵爲矢矢長八寸一弩十矢俱發

梁將王綝與陸法和守巫峽軍次白帝法和謂人曰諸葛孔明可謂名將吾自見之此城旁有其埋弩箭鏃一斛許因插表令掘之如其言

諸葛公教云敕作部皆作十折矛以給之又教云作部作匕首五百枚以給騎士

太祖賜孝武以諸葛孔明滿袖鎧鐵帽御杖有諸葛公褊袖鎧帽二十五石弩射之不能入以賜殷孝規

武岡有一幕官因鑿渠得一瓦枕枕之聞其中鳴鼓起雷一更至五更鼓聲次第更轉不差既聞雞鳴亦至三唱而曉抵暮復然其人以爲怪因碎之觀其中設機局以應夜氣乃武侯雞鳴枕也

苗民家家供祀武侯像取穀逐顆剝米以炊日不暇給云亦始自武侯俾終歲勤勞弗得居逸思叛也今雖苦難不敢違其法

諸葛公之征孟獲人曰蠻地多邪術須禱於神假陰兵以助之然其俗必殺人以其首祭則神享爲出兵公不從因雜用羊豕之肉而包之以麵象人頭以祀神亦享焉而爲出兵後人由此爲饅首事物記原

季漢五志載　本朝王士禎沔縣謁忠武侯祠詩云武興城郭亂山侵蕭肅丹青古殿陰三代僅存魚水契千年猶聽臥龍吟世家瞻尚成忠孝祖得高光式鑒臨禮樂可興身未死中原人識老臣心今全稿不載止載天漢遙遙一篇爲人傳誦此首想其初稿後刪之矣

又　本朝有劉德新者不知何許人其弔諸葛武侯詩極佳今錄於此詩云臥龍望本平生重司馬名猶抵死欽爲讀出師前後表便知丞相始終心北征

只欲酬三顧南入先曾試七擒當日若非魚水契草廬抱膝老長吟

宋司馬知白關侯印記云關侯忠殉身國事莫濟勇廟食當陽之玉泉迄今千載之下凜凜若生四方依向禋祀不絕曰雨曰暘其應如響人咸敬而畏之紹興中洞庭漁者獲侯印兢以爲金報於官納長沙庫中時有光焰吏不敢發之移文荊門送還公廟印徑二寸其制甚古印紐有連鐶四面相貫上有一大鐶總之所以佩也淳熙四年冬元庵摹畫印狀其本末將獻於東宮是夕印留方丈光發於函輝燭楹廡亦

異矣哉噫公之歿世寖遠城郭邱壠日就荒蕪而佩章獨存署無訛缺自非神物護持安得如此其久且全耶寺有仁宗皇帝所錫龍角二物亦與此印同藏名山永為鎮寶焉余與元庵為方外遊悉所經見故得而詳之如公生平功烈具在蜀志歿靈顯烈則見於前人碑碣茲弗及也時大宋淳熙五年三月

本朝李少農仙根有關壯繆論極平允今錄之論云麥城之敗弇州以為昭烈孔明之失不知侯用兵樊城亦聊以作漢中聲援使新定者妥帖而斬龐德降于禁威震華夏忽出意料外前敵不即摧而肘腋變

生荊州失守亦先主孔明所不及測也至謂孔明宜以三萬師下助荊襄是時先主初定漢中孑甹方理內政何暇分三萬師乎余獨怪修史者不著龐士元之死益季漢之不振全係乎此士元用兵嚴厲果決實過於孔明儻士元不死孔明同侯鎮荊襄士元領大隊辦秦隴而先主居蜀漢與法蔣費經畫國事雖有智者不能為魏策矣士元死而孔明西去侯性慷慨不欺志不能隱忍用微權以集大計而罵昏撤備使疑叛叢生今則歸咎於先主孔明侯之靈豈樂受之乎故君子讀史於士元之死深嘆天不祚漢初即不得志於襄樊繼則永安再辱陰平失禦皆原於此矣安得有識者纂昭烈紀而補之曰某年月日軍師中郎將龐統卒知季漢之不振由於士元之死則知侯即不出兵樊城蜀亦必亡即不罵昏不撤備荊襄亦不能久有也嗚呼天哉

壯繆沒為神聖俎豆千秋祠宇遍天下詩可不作作亦不佳而明代詩人多詠之細考不下百餘亦頗有能包舉壯繆一生心跡者今錄數首袁翱云漢祚重新望豫州紛紛逐鹿碎金甌英雄自負能吞魏曆數其如不在劉與下小兒仇正統蜀中智士失良籌三

分鼎據今猶憾不憾曹瞞憾仲謀劉儲秀云中條山岳降明神華夏威名振古聞弓劍十年勞百戰山河一統恨三分平生激烈金刀誓千載輝煌玉璽文再拜肅如傳盻蠁靈旗日暮捲秋雲李邦才云漢鼎流移白日曛關侯大節迥超羣深悲宮黍迷寒霧早識樓桑護瑞雲誓掃河山歸一統甯知宇宙竟三分可憐靈爽高天上熠熠威名萬古聞高瞰云廟貌嶽嶔寄倚白雲累朝袞玉表忠勳山河永注炎劉紀天日同昭左氏文大廈空勞支一木中原忍見裂三分可知斛米非良史蔽善徒教報効勤林雲程云江上崔嵬

起石臺亭侯祠宇俯江開龍飛湖漲千崖斷壓起風生萬木哀落日已孤興漢望陰雲猶作怒吳來魏襄廟貌標千古三國羣雄安在哉魏應星云孤柱嵯峨萬嶂間停車緩步入雄關馬泉波潤屯千幕虎嶺峰高鎮百蠻丞相兩朝憂社稷將軍半臂定河山英魂世世摧强寇壁壘秋深草本斑

元胡琦關張年歲論云或問關張及先主年歲大小答之曰異哉問乎雲長與翼德結交俱事先主三人者相親如兄弟論其年歲今去古甚遠其詳不可得矣雖然不可以不考也按蜀志曰先主年六十三殂

又按張飛傳曰羽年長數歲飛以兄事之陳壽所載止於此矣至於二人年歲皆漏落不載其略乃見於吳鶴林集予讀至秦議有曰蜀人才有志事功而年皆不永歷數龐統法正馬超張飛諸葛亮之年而張飛有年五十之說吳鶴林先生名泳字季永潼川中江人也宋嘉熙間爲刑部尚書兼翰林學士博學洽聞爲世名儒其說豈無所據推此則雲長年歲可得知矣何以言之記曰十年以長則兄事之據雲長年長於翼德數歲所謂數歲者不及十年不過有六七年之長耳太抵先主年最大雲長次之翼德年最小

打箭爐故旄牛徼外地也雅州西去大渡河五日程羌蠻混雜連山接野鳥路沿空漢永平中白狼槃木唐菆等百餘國舉踵奉貢越山坂負襁而至皆此種類蜀漢時諸葛武侯征孟獲遣郭達於此造箭因名打箭爐至今土人猶廟祀郭將軍方輿勝覽云大渡河於黎州爲南邊要害之地唐韋皋拒吐蕃李德裕拒南詔皆扼此水爲險要故議者謂大渡之不守則黎雅卭嘉成都皆擾宋建隆三年王全斌平蜀以圖來朝議欲因兵威復越巂藝祖以玉斧畫此河曰外此吾不有也於是爲黎雅之極邊曩時河道平廣可

通漕舟自玉斧畫河之後河之中流忽陷五六十丈河流至此澎湃如瀑從空而落舂撞號怒船筏不通名爲噎口殆天設險以限羌蠻也元明時番人俱於此地互易茶馬自明末流寇之變商民避兵過河攜茶貿易而烏斯藏亦適有喇嘛到爐彼此交易漢番雜處於是始有坐爐之營官管束往來貿易諸番疊經更替歷有年所我 朝定鼎德威所被直通西域康熙十九年恢復關山相嶺則打箭爐一區俱入幅員矣

西藏在工布江達之西爲圖伯特國又稱爲康衛藏

康為古之乂木多衛卽今之西藏藏卽今之後藏扎什隆布番民呼為拉撒乃部民所居之地昔唐孝德皇帝於拉撒大寺立有甥舅聯姻碑記唐德宗御製西藏碑文字多闕落今載於此其文云大蕃神聖贊普舅甥二主商議社稷如一統立太和盟約永無淪替神人皆以證知世世代代使其稱贊是以盟文卽日闕四字之闕二字文武孝德皇帝與大蕃神聖普綺之黎贊陛下二聖舅甥睿哲鴻被曉今永之屯享矜憫之情恩覆其無內外商議叶同務令萬姓安闕二字恩如一成又闕一字大闕十八字燕義二國所守見管封疆闕二字屬大唐國界其實以西方是大蕃境土彼此不為殺敵不舉兵革不相侵謀闕二字或有猜阻捉生問事訖給以衣糧放歸今社闕十一字舅甥相安之義不朽每須通傳彼此相倚一任闕七字路蕃漢臣以將軍闕三字其綏氏栅已東大唐祇應清水縣以西大蕃供應舅甥親近之稷使其兩界烟塵不揚闕四字之名須無驚恐之患闕一字人情闕一字鄉闕一字俱安於斯樂業之闕一字恩萬代或有闕一字美之聲遍於日月所照矣蕃於蕃國受安漢亦漢國受樂茲乃合其大業耳闕一字依此盟誓永久不得私易然三寶及諸賢並日月星辰

闕十二字約闕二字於陳刑之此大闕三字倘不依此誓蕃漢闕八字破盟者來其殃禍也仍須闕五字盡為陰謀者不在破盟之限蕃漢君臣並稽古立誓周細為文闕八字

西藏紀功碑在大卜喇巖前朝代年號未詳上刻雲山為劍風樹為旗用彰我武永靖邊夷十六字

天異自木魯烏蘇水西一路至烏斯藏詔內每夜日落見星仰觀經星及象星覺光芒閃爍較中土為更大歷夏秋冬三季並不見北斗七星此天文之殊也

烏斯藏恭奉　正朔遵時憲歷行歲以建寅孟春為首元旦為一歲之始四時氣多溫和夏亦暑雖秋分後經冬至春分鮮嚴寒頗似中華二八月也日月明晦雷電震作較中華無異少晴霽多陰雨夜亦有露秋終有薄霜雪不厚積秋末春初各處有薄雪冰雹平時稀見但行軍之時隨路水圍山獵則雷雨冰雹頓至不旋踵平時間作活佛呪祝卽止然亦有不應者

烏斯藏田有水旱土地平衍活佛卽藏王所都活佛立牀處為布達拉藏王所居為詔南北袤長四十里東西延廣四五百里陸可馳馬中貫河道水流東南不甚駃急清波漣漪澄徹見底詔內夾河兩聚部落

臨白水江爲藏地之中央番夷僧俗商賈雜處其地廣二里許詔中樓殿衙署街道馬市井井可觀四圍無城郭就居人所住碉樓環繞相聯以爲藩籬似中華一大邨鎮其餘邨庄星羅碁布外則祟山圍繞隘口險峻誠有一夫當關萬夫莫開之勢考其開闢不知何始番語指爲佛地東通四川東南達雲南界東北向潘州暨湟中達中華驛馬八藏路程跕另有里數正南千里通後藏西北由後套穿衣里直達澤旺蒙古部落土人云有萬里之遙西抵後套西南向大西洋海邊詔中河名白水江江北起石山曰布打喇

爲達賴喇嘛居處山有金銀浮圖三座傍有小河水淸布打喇山後有小湖湖中水閣橋梁鳧鷺咸具焉詔之北一處畜水爲圩土人種稻其中故詔中多白米詔中白水江江面隨水濶狹澄徹見底中多綠松兒石頂如盆盎然淘泥掘大身大於象惟他河中有小綠石易取適用藏人往來此江俱用船筏濟渡云江水八冬結冰不厚日出則消藏近地橋梁甚多木石營造頗壯觀藏中田土肥美山石多巉巖藏中山多奇松虬蟠屈曲松上百鳥巢焉

西藏所附之國有康吉奈所住國在藏之西南兵力甚強歸服

盛朝亦奉活佛後套在大詔西邊相距五百餘里屬藏王管轄土宜美饒產棗後藏在詔之南將千里近雲南界亦奉活佛教班禪佛主之土宜美饒

按古唐特卽突厥查典籍所載突厥本西戎小國始見於晉漸盛於梁自侵克土門之後遂強大有北方奄居匈奴之地廣袤萬餘里求婚天子大稱可汗族姓阿史那氏之人得官食菜入居京邸歷宋元明不復表著今 王師定藏其頭目詣軍門服降引導路向始知其地包聯藏詔也人不薙髮耳飾大環項掛

念珠有至四五串者衣大領衫式同僧之袈裟色用紅綠彩綿不一腰纏白緞頭戴白巾用極細帛布爲之倣唐進士巾有掩翅巾起多褶襯耳環大小以分等威足著用白皮造軟底氈韈爲之人多瘦黑少鬚間白皙肥胖者女人辮髮下垂以細爲佳身衣偏衫帬長褶細赤足皮履髮上插戴環簪花鈿珠帽隨人力之富貴甚有一人裝飾至數千金者若百餘金卽中人以下之飾矣平日不施脂粉凡見僧之女人毋論貌之美醜俱用紅糖塗其腮若不塗則謂其呈妍逃惑僧人罰懲不宥男女俱以帛束其腰如帶也一

圖伯忒人容貌衣飾俱倣唐古特妝飾性情風俗亦相似女人所戴之冠象小瓢一片密綴美珠有用木及皮而以金銀鑲珠寶旁墜以爲美

一部藏人類喇嘛僧居其半據云其始祖名曰達賴喇嘛係釋迦文佛四大弟子之一演教傳法來居部藏人皆薙髮跣足或著皮履活佛則着錦鞾內衣氆氌半臂外衣偏單冬不衣皮嚴寒唯服鷹嘴氆氌腰繫帛如束帶臂上又以帛斜交纏縛不着裩或有用帬者冬帽以氆氌製成式上尖下大色尚紅黃夏帽若笠純金以皮爲之不娶妻生子但師徒傳受耳經

典甚多定從左向右橫寫番字具葉翻揭若上乘之學惟靜坐禪定修持正業如役鬼驅神吞刀吐火招水呼風柔金隱身諸法能之者頗多而詔中大喇嘛禁其徒妄作貶爲下乘術也不戒葷酒修靜喇嘛亦不多飲食活佛不通華言未及檢尋其世次詢之老成喇嘛云活佛遞生在世以懾服其衆者如斑禪佛世主後藏達賴喇嘛出世主前藏現在活佛名曰虎必爾漢其父母稱爲佛公佛母裡塘番人云活佛初生能道前生事乃達賴喇嘛轉世前達賴喇嘛臨終時亦言托生裡塘其徒衆往覔見虎必爾漢果符所屬遂迎歸養不大見奇異惟聰慧端正性慈善誦經典有靜力或開一露先知耳一切信之者尊奉莫敢少忤故詔人皈衣彌切焉官皆世襲治事能讀經典善書者諸之頭人但有人尊禮而無進身陞遷階級農遇春和水至耕耘鋤耨水田旱地各乘時力作農事差似中華惟牛微小有五頭作一具者工匠各色皆備木石工玲瓏細膩丹青纍絲尤屬奇巧商有本地及西洋則纏頭鄂羅厄勒索回回各色目人貨物輻輳交易街市女人充牙儈經紀其間醫藥卜筮俱有詔中人病亦服藥延醫胗脉諸藥大半與中華異

皆出藏地及西洋遠方購易者卜筮遇事則翻檢其經以數目推測休咎其經典中每事各註明吉凶觀玩以告占者似乎中國神籤之詞兵無營制凡遇爭戰擇其中壯勇及有爲者充之事定仍歸本業

井蛙雜紀卷八

井蛙雜紀卷九

羅江李調元雨村纂

壬紀 共七十九則

世傳卟仙降筆詩余多不信癸未中江唐生來京自言能致之一日同張丹崖集余椿樹齋中請太白下箕作歌唐素苦吟終日才能脫稿至此一揮而詩已就視香銷未及寸耳其詩云春風習習入簾櫳丈夫吐氣如潛虹鬱積山厓出烟霧飛來橫我堂西東李子翩翩出林鶴淩雲直上清虛宮天門九萬八千里白鳥展翼一朝通唐生抱負亦非淺窮谷十年藏臥

龍風雷奔騰起倉卒百族仰視誰能同張君皎若三株樹天涯海角看驚鴻相隨彩鳳丹山去月明無伴號秋風九年風雨泉林下十千沽酒不辭窮朝來共集上林苑木天署內誰英雄我自翰林供奉日每日醉臥酒糟中一自歸去蓬萊島人寰下視塵濛濛白也何人相伯仲惟有子美時過從論交近今七百載古道從來比霜松鬱鬱澗底誰相問風摧雨薄生青銅青鳥忽傳書一紙云君相召欣相逢太白先生不辭遠飄飄疾下如飛蓬春深三月桃李盛陶然醉我酒千鐘一斗百篇尋常事再沽百斗呼隣翁我本謫仙子君等亦仙侶蕊珠宮裏宴羣仙一曲清歌醉不起後已丑丹崖兄檢討鶴林歿於京師始知月明句爲之讖也詩雖草草紙上飄忽有仙氣亦奇事也

堯春名樂宇綿竹人余世姻也公車比上謁余於京邸攜其紀行詩以示余最愛其白沙千里月黃葉半江潮之句每爲客誦之戲呼爲唐黃葉

蜀中類試主司多私意與士人相約爲暗號李季璋李季永二公皆以文名一時而律賦非所長鄉人侯姓者以能賦稱因資之以潤色既書卷不以示侯侯頗疑之將出門故少留候李出而踵其後至納卷所

以小金牌與吏取視二李卷予策聯皆曰日射紅鸞扇風清白獸樽侯即於己卷改用之既而皆中遷蜀檮杌志

萬世尊者亦曰峩眉仙人巴陵楊一鵬者余同年進士除成都府推官登峩眉山有狂僧踞佛座覗楊而笑曰汝猶記下地時行路遠啼哭數日夜吾撫其頂而止耶楊追憶兒時語大驚禮拜耳語達旦臨別囑曰三十年後見汝於淮上楊後開府淮安一旦薄暮有野僧擊鼓稱峩眉山萬世尊寄書發函得絕句詩七首質明大索寄書僧已不知所往矣流賊焚鳳陽

祖陵楊坐失救論死西市其詩始傳於世而後二首祕不傳楊之子昌朝曰峩眉仙人自稱萬世尊密語授記二弟稍向人吐露先父聞而訶之奚斯之聲已聞不欲仰朱雲之藥留一死以謝申息之老且爲主上明國法也臨刑正定神氣如平常但連呼好師傅者數聲而已昌朝之弟薦朝語我曰萬世尊名大傳今嘗在峩眉往來人間無常處人亦時時見之出列朝詩小傳

彭幼朔名齡不知何許人也萬歷丙戌丁亥間游寓蜀之潼川州自稱鄒長春常熟人顧雲鳳爲州守從

諸生得其墳詞異而物色之戴高簷帽乘輿以來守與語激詭多奇因而稍規之遂徒步往還多談容成御女之術又七年甲午來吳中稱江鶴號曰甑甄子攜其妻寓雲間常出游旬日妻蓬髮閉戶迨其歸始櫛沐交士大夫多言其居官時事皆有端緒每及正嘉間鉅公輒曰某某吾門生也人扣之莫知其所以已而往長安妻死爲發喪乃知爲二陳太監姝也又數年游楚中又自稱祝萬壽號海圖承德間諸生從之學舉業爲諸生評點課義應山楊漣少落拓不肯習程文諸生皆心薄之每詢祝何人命中祝云楊二

會中諸生咸噪之以爲欺我漣爲其父卜塟勞劇成疾不食數月將屬纊諸生聚而哭之及其未絕也致奠焉諸生有陳愚者會哭而歸祝從光黃間來抵愚家問楊二好否愚曰楊二病不可爲矣諸生已設生奠衆哭而歸矣祝曰楊二那得會死捉愚臂往視之撼之不動頮其面大呼楊二者三唇微張喜曰猶可爲也袖中出藥一粒以箸啟其齒下之氣息惙惙夜分而甦明日諸生就漣家攜酒殽享祝漣從牀上躍出欬嗽兼坐人承德間人皆云祝老能生死人也癸卯元旦試諸生批漣文後云但得三人同一口九霄

之上便飛騰漣以是科鄉薦主考曰孫如游董復亨房考曰劉文琦三人同口之徵也漣爲常熟令爲余語祝事甚悉又曰祝今更姓名曰彭齡字幼朔卽吳中所謂江甑甄也越二年彭從楚中來余與之游先後四五年用服氣法授人間傳永銀法談百餘年朝野事歷歷如指掌與人言依於長者好爲人排難解怨妻少婦亦中貴家女長齋誦金剛經翁亦從其佞佛時時作有爲功德其語音似江楚間人又常言與某某同朝然亦竟莫知爲何許人也天啓中楊漣以給諫論劾魏奄大獄連染翁大出橐中裝助其家又

懼禍改馮姓往依涿相以居丙寅歲還金陵依李祖修卜壽藏於金陵之龍泉山經營甫畢集朋友告别談笑而逝旣斂其妻闔戶自經沮修爲合葬焉葬後兩月有人乘馬夜扣沮修門授尺書而去發之則彭翁手書也言化後事甚詳且云黃腸一具極其完美法喜以絨繩自縊云云手跡如生平字稍楷而墨加濃與翁孝先書亦然託致問於余後一年有人見之登萊山中僕從車馬甚盛自是不復見矣余嘗問翁何故數更姓名曰此古人逃劫法也上全

蜀地多產藥而業岐黃者或不知所產何地今從舊

志備錄之或有一物而彼此俱產者亦各見何首烏彭縣崇慶州俱出木筆一名辛夷續斷陵州貢樸硝成都出紫草新津縣出升麻彭縣出續斷彭縣出苦藥陵州出川芎灌縣崇慶州出沙參瓜蔞紅薯天花粉崇甯出苦藥子忠州出其性寒可解一切熱毒實竹綦江縣出引籐忠州出大如指中空可吸俗用以取酒土降香黔江涪水俱出松屏出涪州石山間不加人力天然成文補骨脂合州出九節狸長壽縣出威靈仙酥油俱南川縣出五味子厚樸邑梅洞長官司出巴戟巴州劒州廣元俱出附子天雄俱利州出漆南部縣出天白藥巴州出當歸閬中縣出麝香乳香天門冬芎藭以上俱劒州出烏頭黃連俱巴州出雞父草五月五日採山大豆八月採本草無名天門冬南充縣出紫梨出廣安州入口卽化者佳以上俱順慶府出五加皮取其皮陰乾囊之以浸酒服之能延年去疾葉有五尖者爲佳金星草本草云戎州爲上解癰疽及丹石毒喜生竹篙大木下紫貝龍牙本草云能解一切蛇毒又可治喉痛餘甘狀如川練子初食味苦澁少頃回味甚甘獨本葱元初馬湖蠻歲以獨本葱來獻郡縣疲於遞送成宗初罷之半夏升

麻黃連杉木以上俱叙州府出苦藥子梁山縣出巴戟夔州府出厚朴雲陽縣出白藥茉苡實開縣出黃蘗夔州府出黃連建始縣出太乙元精石雲陽出木藥子萬縣出芍藥厚朴附子彰明縣出胡桃石菖蒲羌活牽牛穿山甲出靑州杜仲天雄牛膝天南星當歸府治及各縣俱出黃精香臍史君子俱出靑州半夏府治及各縣俱出莎蘿花出江油縣貝母大黃府治及各縣俱出椒枳殼出石泉烏頭出江油貝母平番出甘鬆無渣者佳他處皆不及五加皮虹橋關出者佳能治風濕脚氣大母藥雪山石塊上出有雌雄

二種出必雙出大補元氣故名本草不載甘松當歸羌活朴硝麝香鹿茸酥油以上俱松潘出石緑明一統志會川縣出空青越巂衛山石中出石菖蒲一寸九節鹽源縣出靈蛇膽冶諸毒瘡蛤蚧西昌縣出茯苓俱寗遠府黃連寰宇記州產龍頭鳳尾身有鱗甲名曰雅連甲於天下升麻寰宇記州產石菖蒲寰宇記州土產椒元和志貢黎椒寰宇記貢紅椒明一統志貢花椒麝香府治天全川俱出天南星府治清溪俱出松明府治出土硝居民取之以糞田威遠縣出黃連王不留行夾江縣出花椒巴豆紅花俱嘉定出

白芨密蒙花鬱金木通史君子巴豆以上俱眉州出續斷寰宇記邛州產天門冬元和志遂州貢苓根寰宇記遂州產紫葛根寰宇記遂州產大黃杏以上俱瀘州出巴豆合江縣出香薷亦瀘州出地黃紅花寰宇記梓州產紫參川芎烏頭寰宇記綿州產乾酥蜜寰宇記茂州土產麝香五味子花椒壘溪營以上俱茂州椒新志達州東鄉縣出楓香麝香俱達州出

岳池縣教諭程公諱濟陝西朝邑人洪武間以明經爲四川岳池縣儒學教諭公有法術岳池去朝邑數千里寢食俱在朝邑而日治岳池學事不廢革除間上書言某月某日西北方兵起朝廷以爲非所宜言繫至京召入將殺之公叩頭曰陛下幸囚臣至期而無兵臣死未晚也遂繫公獄已而兵果起乃赦出公更以爲軍師護諸將與靖難兵先鋒戰於徐州大捷會曹國公師退文皇至江上公逃去不知所終初徐州捷時諸將樹碑載戰功及統軍者姓名公忽夜往祭碑人莫測其故後文皇過徐州望見碑問知之大怒趣左右碎碑方一再椎命止勿擊錄其碑文遂按碑族誅諸將無得脫者公姓名正在擊處遂免往日之祭蓋禳之也

老人邨在灌縣西七十里岷山之南青城山之西北中有平阜一餘如秦人之桃源昔人避難其中多享年壽故名或謂潛夫張不羣因入山採藥浹旬不返見一老叟致敬而問之曰吾族本丞相范賢之裔范知李雄之祚不永挈吾輩居此爲終焉之計蘇子瞻云蜀青城山老人邨有五世孫者道極險遠生不識鹽醯而溪中多枸杞根盤如龍蛇飲其水故壽圖經云卽老澤也又按夷堅丙志云青城老澤東坡集中所載不食鹽醢年過百歲者蓋此也平時無人至其處關壽卿與同志七八人作意往遊未到二十里日

勢薄晚烏鳴猿悲境界凄厲同行相顧塵埃之念如掃策杖徐進久之山月稍出花香撲鼻諦視之滿山皆牡丹也幾二更乃得一民家老人猶未睡見客至欣然延入布葦席而坐客謝曰中夜爲不速之客庖僕尚遠無所得食願從翁賒一飡明當償值矣翁曰幸不糲食見鄙敢論值乎少頃設麥飯一鉢菜羹一盆當席間環以椀揖客坐食翁獨據榻正中坐俄然一物如小兒狀寘於前衆莫敢下箸獨壽卿擘食少許翁曰吾儲此味六十年覬以待老今遇重客不敢愛而皆不顧何也取而盡食之此松根下人參也明

日導往傍舍亦皆爭相延餵曰玆地無租稅吾斸山爲隴僅可播種以贍伏臘縣吏不到門或經年無人跡諸賢何爲肯臨之留三日始出山凡在彼所見百人其少者亦龐眉白髮略無兒曹近歲道漸通漸能致五味而壽亦衰今屬滋茂卿

僞蜀廣政末成都人唐季明因破一木中有紫文隸書太平兩字時以爲佳瑞而不知爲大宋太平興國之號

水經注曰江水由湔堋江入郫江撿其左其正流遂東郫江之右也因山頹水坐致竹木以溉諸郡又羊

摩江灌江西於玉女房下作三尺人於白沙郵郵在堰官上立水中刻要江神水竭不至足盛不没腰是以蜀人旱則藉以爲溉雨則下遏其流故記曰水旱從人不知饑饉沃野千里世號陸海謂之天府也俗謂之都安之堰亦曰湔堰又謂之金堤左思蜀都賦云西踰金堤者也諸葛亮北征以此堰農大國之所資調征丁夫二百人主護之有堰官李膺記云玉女房鑿山爲穴深數十丈中有廊廡堂室屈曲殆有神功非人力矣

堤堰志曰粤自禹導江正源至石紐出汶川而南其

北無水秦昭王襄王時蜀守李冰鑿離堆虎頭於江中設象鼻七十餘丈首濶一丈中濶一十五丈後一十三丈指水一十二座大小釣魚護岸一百八十餘丈橫瀦洪流故曰都江以分岷江之水北折而東灌溉蜀郡田疇以億萬計蜀用富饒號稱陸海於所過處又設護岸蓋籠石附岸水不齧土而渠可堅久指日數十處如象鼻狀以扞之皆冰之所作也都江口舊有石馬埋灘下凡穿淘必以離堆石記爲準號曰水則其下淘深二丈二尺而水則亦深七八尺石渠水口橫一丈五尺縱一百二十丈深六尺石洞水分

爲三曰灌田水口横一丈縱一百二十丈深六尺曰彭州水口横三丈又分爲二其一縱十有五丈深五尺其一縱四十丈深三尺曰將軍橋水口横二丈三尺縱四十丈深三尺外應水口横一丈五尺縱一百三十丈深四尺倉門水口横八尺縱五十丈深二尺馬騎水口横六尺縱二百九十丈深二尺鼓兜石趾水口横二丈五尺縱六十丈深二尺東穴水口横三尺縱一百五丈深五尺投龍水口横五丈縱八十丈深三尺北水口横四丈縱一百八十丈深三尺鐵溪水口横一丈縱六十丈深三尺徙水口横三丈縱六

十丈深一尺歲以爲常過與不足其害立見由漢以來數千百年或因舊葺治或因時疏築而功實原於秦守冰故歷代廟祀之所謂馬騎水口者東南六七里隅有堤名上馬騎下馬騎各長二百餘步世傳冰駐於此督工後訛以騎爲堤也

五代時孟知祥因董璋誘商賈販東川鹽入西川甚患之乃於漢州置三塲重征其稅歲得錢七萬緡

宋朝之制益州路則陵井監及二十八井邛州九井眉州一井簡州十九井嘉州十五井雅州一井漢州一井梓州路則梓州一百四十八井資州九十四井遂州三十五井果州四十三井普州三十八井昌州八井瀘州淯井監及五井富順監十四井利州路則閬州一百二十九井夔州路則夔州有永安監忠州五井達州三井萬州五井黔州四井開州一井雲安軍雲安監及一井大寧監一井所出鹽斤各給本路監則官掌井則土民榦鬻如數輸課聽往旁境販賣唯不得出川峽

明置鹽課提舉司洪武間鹽井二百七十八額課一千六百零五萬九千九百三十斤以後漸增前額名曰新增鹽竈民課重難完別尋小井煎貼旋即榷出名曰添辦鹽宣德間富義等井戶亦尋井開煎旋即

榷出名曰增羨鹽

景泰間戶部主事汪回顯復加增榷廣貯鹽倉以待中米中銀等商持引支給然濕鹵易耗迫其商至數多不敷賠者往往苦之兼以開煎既久泉老山童不復如洪武永樂間水廣柴近竈戶易於煎辦故私井查榷雖增入無餘利而課反難完數多縮額戶部乃請歲遣按察屯田僉事兼理鹽法

茶者南方之嘉木其產於蜀者則王褒僮約有云陽武買茶而張載孫楚之詩復盛稱之凡廣漢之趙坡

合州之水南峩眉之白芽雅安之蒙頂皆珍品也自唐時回紇入貢以馬易茶宋元因之益以餘茶易有用之馬斯衛民與備邊兩得矣前明斟酌繁簡陜以西川以南置茶馬司各一且減蜀中松藩之引使不礙陜之馬政故其時行引之多獨在黎邊今則邊路全通引行漸廣而凡産茶郡邑種植益繁漱水泉之清駛浸山土之肥澤徵黄嫩綠香茗叢生故各屬屢有增引之請上以裕　國下以通商允爲經久之良法矣

按洪武中命秦蜀歲收巴茶聽西番商人以馬易之

大抵茶四十斤易馬一匹故曹國公以茶五十餘萬斤易馬一萬三千五百十八匹中國頗獲其利其後私茶出境馬價遂高乃差行人禁約永樂至成化歲以爲常厥後或令布政司委官或令按察司分巡官雖沿革不同而以巡視禁茶則一也厥後法弛人玩朝廷雖禁之而權要私主之致令商旅滿關隘茶船偏江河每茶百斤私税白銀二錢或金五分一年所得不下五六萬兩以是而歸之官不愈於塡私藏哉或曰此路不開恐陜西之馬益貴殊不知陜西四川茶路各異今四川名雖禁茶實未禁也而陜西之馬未聞甚貴若以爲終非舊制則舊制之所以禁茶者止恐私茶多而馬貴也今四川既不易馬何故而禁茶哉或又謂恐惹邊釁目今官徵其税則當禁彼勿得重徵何釁之有自宋元至成化皆資是以裕國用古之人獨無所見哉

安陽崔陞四川參政與僉事曲銳並有威名蜀人語曰崔參曲僉屹如雪山

廣元縣有石崖二字乃石中自然成文嘉靖中崩出一面字墜江中一面字現上歲久不磨其痕如玉又江中有天符石大如棹上上有文如符相傳爲張道

陵所書人佩之能祛邪孕生男三谷溝有石筍十餘根其直如柱皆百餘尺眞奇觀也

綿州靈山治東五里舊巴西縣東絶頂有石明瑩相傳神女擣衣於此謂靈女擣衣碪

彰明縣治南二十里與大匡山接李膺紀云有石方丈餘如磬擊之聲聞數里

永川縣六十里古有松化爲石樹被雷擊折爲斷石上有松紋節理蒼皺散臥野中世所罕見

貲縣治南四十里壁立萬仞石室天造凝結人形或住或坐如舞如懸大類飛行仙

資縣旗鼓寺前岡特起一石約高五丈餘下清而勁
上方而稜非笋非牙題曰天柱
嘉炯尖山坡東坡曾稽古於此成化中有掘地得其
遺硯者爲督學王敕取去
龍安府石臼壩官道左黑石白文其狀如鷄首尾冠
目儼然俱備龍安平夷舖有奇石狀如鷹蒼羽白項
黑觜行者望之以爲奇觀越嶲衛西北六十里山半
有洞寬厰可容數千人崖半懸石一片長五尺濶四
尺厚四寸擊之有聲名曰瓊鐘明初龜臺道士修鍊
於此有詩留石壁云北倚峩眉西闘峯雲開歧路去

皆通冰消玉浪鳴幽谷夜靜瓊鐘響太空嵐擁翠峯
秋聳碧霞侵丹室曉舒紅九篇真訣無人得誰識金
縣太素宮
開縣北二里盛山之麓有大石方圓二丈上有生成
錦繡紋故以繡衣名之南五里山岩之畔有石方圓
五丈許光彩耀目凡遇陰雨其光遠映照鑑則絲髮
無隱
德陽縣麻姑山有石洞六二開一閉在江南三閉在
江北綿水流其中洞深數丈石牀四石人五石馬三
騎者二

內江蓬瀛山下雙石屹立狀如合掌峻整巨秀爲一
方之奇觀趙文肅曾爲之賦
內江治東江上有石尖挺如笏名曰笏石清流時浴
而不汙夏漲奔衝不變蓋石之秀者
瀘州九姓司地名金井盤石似螺往來人憩息吹之
聲響洪越人不厭聞以上俱本舊志器物譜
灌口西有古樹圍八九丈上有寄生木亦大數圍傳
言秦物也土人名曰紫柏
成都府江瀆廟前有樹六株其樹高五六十丈圍約
三四尋挺直如矢無他柯榦頂上纔生枝葉皮如龍

鱗葉如鳳尾實如棗而加大每歲仲冬有司具牲饌
祭畢然後採摘迎入公廨差熟醫工以刀逐個劙去
青皮石灰湯焯過令熬冷蜜浸五七日漉起控乾再
換熟蜜如此三四次郎入瓶缶封貯進獻川中人謂
之金果番中名爲若魯麻棗蓋鳳尾蕉也
成都犀浦國甯觀有古楠四皆千歲木也枝擾雲漢
聲挾風雨根入地不知幾百尺而陰之所庇車且百
兩正晝日不穿漏夏五六月暑氣不至凛如九秋成
都固多壽木然莫與四楠比者
荔枝敘馬瀘涪合俱出嘉定富順亦有之敘馬瀘爲

上涪合爲州嘉定今生一二株舊屬蜀藩華陽國志載漢宣帝時荔枝開日二千石張具其下邀賓賞之一騎紅塵妃子笑蓋從棧道入關耳涪舊有妃子園顆最肥大馬馳七日夜卽抵長安其速如此所謂無人知是荔枝來也重慶榮昌諸處亦閒有龍眼白居易爲木蓮荔枝圖各紀其狀曰荔枝生巴峽閒樹形團團如帷蓋葉如冬青華如橘春榮實如丹夏熟朶如蒲桃核如枇杷殼如紅繒膜如紫綃瓤肉潔白如冰雪漿液甘酸如醴如酪若離本枝一日而色變二日而香變三日而味變四五日外色香味盡去矣

彭縣元妙觀中有桂二株對植於仙臺左右雙榦交枝老根蟠露不知幾百年矣四時清陰覆地十餘丈秋日花開黃金萬斛香飄十里殊爲奇絕

青城山出天師栗似栗而小獨房者爲異久食可治風攣相傳張道陵手植七十株在上清宮

青城山出玉眞花差小者號寶仙淺者爲醉太平白爲玉眞古稱爲石端聖花

凌雲山產蕙葉長而圓花英盛極香馥他蕙莫及俗云雅州蘭烏尤蕙

嘉定清音亭前有異柏四株霜皮黛色其葉一則瑣細如剪一則扁仄如片一則垂絲如榔一則蝟刺如毛異於他柏

嘉定洗墨池有松四枝撐出如長蛟拏空柔條曲糾北折而南既垂且仰鬱然偃蓋大如車輪爾雅云松枝上綠爲喬扶疎曲翹是謂松喬

峩眉山有璧寶草光如螢火或隱或見雖赤日不掩

峩眉山有松狀如杉而葉圓細偃蹇如浮圖

峩眉山莎蘿坪有花木一種每萼數枝多者十餘枝並開其蔕大可尺圍色有大紅有粉紅有白燦爛如錦散滿谷巘中山僧呼爲莎蘿花十餘里皆有之諸

名山所無瓦屋山亦出莎蘿花五色如爛錦照映山谷移之他處則槁

江安三清觀有二松高十數丈每晨昏烟雲鬱鎖不散

出邛州之邛崍山卽古臨邛地也漢張騫奉使西域得高節竹還而植此今人取以爲杖鶴膝者佳又敘州亦出此竹雅州復有一種名羅漢竹皆爲杖之具

蒟醬見相如揚雄左思諸賦中註云緣木而生其子如桑椹蓋僰道通越嶲之地出蒟僰人取以爲醬僰地卽今敘州也或云今之鷄㙡油及滇中蔞葉皆相

彷彿晉灼註拘音矩徐廣注拘亦作蒟音窶
名山縣蒙山上清峯甘露井側產茶葉厚而圓色紫
赤味略苦春末夏初如發苕蘚庇之陰雲覆焉相傳
甘露大師自嶺表攜靈茗播五頂舊志稱頂茶受陽
氣全故芬香唐德裕入蜀得蒙餅以沃沃於湯餅上
移時盡化以驗其眞傳稱雅州蒙山上有露芽故蔡
襄有歌曰露芽錯落一番新白樂天詩茶中故舊是
蒙山吳中復謝人惠茶詩吾聞蒙山之嶺多秀山惡
草不生生淑茗皆謂此茶也
蒙山有僧病冷且久遇老父曰仙家有雷鳴茶俟雷

發聲乃苗可併手於中頂採摘服未竟病瘥精健至
八十餘入青城山不知所之四頂茶園不廢惟中頂
草木繁重人跡希到
瓦屋山太湖寺出茶味清洌甚佳詩人詠之曰品高
李白仙人掌香引盧仝玉腋風
益州草木記雅州名山縣出虞美人草人或歌曲應
拍而舞酉陽雜俎云舞草出雅州云如鷄冠花葉兩
兩相對或云中出一莖旁兩葉相對似決明
宋太祖乾德五年合州漢初縣上青椮木中有文曰
大連宋又瑞應山於景德中出異木生文成天下太

平字魏了翁有記
榮昌峯腦山崖畔有巨石縫中突出桃一株高丈餘
葉幹與凡桃異花實不常宣德中桃實各圍尺許每
遇結實邑必有登第者宋人有題咏邑令張秉義名
之曰桃香仙嶺
榮昌有瑞蓮寺宋進士桃東之讀書處山高十數尋
石池水泉不竭中產蓮一種從石縫中出左紅右白
花不實根不藕開亦不常紅兆科第白兆年豐
涪州南長灘里內巖下有古桂樹花不常開其年有
士登科則花石上有桂巖二字

鄷都稻名重思其米如石榴子粒稍大味如菱杜瓊
作重思賦曰日霏春暮翠矣重思雲氣交被嘉穀應
時
銅梁縣巴嶽山有木蓮樹高五六丈葉如梗柟花如
菡萏出山則不植尚書王世貞異物志特紀之宋周
敦頤觀巴嶽木蓮詩有枝懸縞帶垂金彈瓣落蒼苔
墜玉盆之句
漢平鄉縣費貽宅有蓍草生其上有雲氣覆之明成
化間又生於南安鄉
保寧物產中有金樹上有鏤刻文可觀人多取以爲

香
會川衛產木火煅不化土人取以為燈心既燼復故
名不灰木或曰火浣布乃此物織成也
產於岷峩深澗中積雪春夏不消而成者其形如蝟
但無刺肥白長五六寸腹中有水身能伸縮取而食
之須在旦夕否則化矣
建昌松潘俱出香猪小而肥肉頗香土犬亦小而肥
美羣遊稻田一犬登樹望如有捕者則先鳴吠令衆
犬奔逸去
嘉定州凌雲寺白蟹間出祝融峯泉中

黑頭魚在大佛沱春初出上止九泓下止烏尤
雅州有魚曰鰟即鯢魚有四足大首長尾聲如嬰兒
善緣木天旱輒含水上山以草覆身張口露水鳥來
飲水因吸食之性有毒出溪江
漢孝宣帝黃龍中越巂之南獻背之鳥形如鶴止不
向明巢常對北多肉少毛聲音百變聞鐘磬笙竽聲
則奮翅搖頭時人以為吉祥
孝成帝時越巂獻長鳴鷄即下漏驗之晷無參差長
鳴一食頃不絕長距善鬭
青神縣宋初百年前有牝猪伏於水次化為二鯉在
泉中而莫有見者蘇子瞻偶見之以告其友王愿愿
以為誕子瞻因禱於泉二鯉復出
綦江縣明月沱在治南觀音堂百步外中有水驢見
則致旱
蜀山中有大牛重數千觔名為犪牛晉太興元年此
牛出上庸郡人弩射殺得三十八擔肉即爾雅所謂
魏也
猛豹似熊而小毛淺有光澤能食蛇食銅鐵出蜀中
崍山有漢嘉嚴道縣南江水所自出也山有九折坂
出貊貊似熊而黑白駁亦食銅鐵也

周永昌中涪州多虎有獸似虎而絕大逐一虎噬殺
之錄奏檢瑞應圖酋不耳食生物遇虎則殺
峽中猿鳴清山谷其響泠泠不絕行者歌之曰巴東
三峽猿鳴悲猿鳴三聲淚沾衣
益州雒縣寺塔為龍所護側有三池莫知深淺三龍
居之人莫敢臨視貞觀十三年三龍大鬭雷霆震擊
水火交飛久之乃靜人皆拾得龍毛鬚一撮長三尺
許黃赤可愛
建昌衛產異鳥有二首名曰雙頭鳥
甯番衛產異獸名曰雪裏眠蓋狐貉之類也其皮可

以禦寒

凌雲寺金蟹池泉穴出蟹大如金錢有士人讀書其旁夜半汲水見一蟹如盂大急取而置之器中覆而壓之明日視之已失所在矣

灌縣離堆山卽李太守所鑿以導江處上有伏龍觀下有深潭傳聞二郎鎖孽龍於其中霜降水落或時見其鎖云每有羣魚游深潭面僅露背鬛其大如牛投以石魚亦不驚人亦不敢取之蓋異物也

成都大江有黿潛深淵父老傳其形甚大人不常見見則少有沉溺之憂其行有定處上止青羊橋下止

濯錦橋或云張儀城蜀時有黿出江中循其跡而築之名曰少城黿之異蓋自古而然矣

寶珠金鵝瀘州九姓司環堵皆山邱垤中出一井水流異味土人常見金鵝朝去暮宿建立寶珠庵於上

以上俱本舊志種植譜

井蛙雜紀卷九

井蛙雜紀卷十

羅江李調元雨邨纂

癸紀共百五十一則

劉之綸宜賓人少穎異自銘於座曰必爲聖人時呼爲劉聖人中崇正戊辰進士官檢討以兵部侍郎禦我兵遵化死節

羅江廢縣南落鳳坡有漢龍鳳二公祠祀武侯龐士元逆獻之亂其部將張可望燬之夜夢士元爲厲懼而新之壯麗倍往日王屏藩亂蜀祠復燬今惟一石狻猊尚在士元墓在城上今名白馬關與余家相去

三十里王漁洋以爲在鹿頭者非也縣今復

崇禎末梓潼縣龍江寺僧晨起汲水見霞光燭天潛伺之小頃有麟浮出潼水踰時乃隱未幾蜀有逆獻之亂則麟出果非休徵也

成都東門內大慈寺有唐肅宗御書賜額蜀金堂令張蠙題詩有墻頭細雨垂纖草水面回風聚落花之句王衍與徐太后遊寺見之給筆札令進詩三百首

李衛公籌邊樓在保縣城市中樓凡二層每層高二丈許其梁柱皆當時故物保與松維相連唐廣德三年吐蕃陷松維保三城卽其地地界雪山明末逆獻

亂蜀不至其處樓故不幾門人知保縣事高崇巖說
出漁洋集按通志只載成都籌邊樓
獻賊亂蜀追尊梓潼神爲太祖高皇帝重修七曲山
神祠又建壯繆侯祠於其東皆極鉅麗獻賊嘗賦詩
於此使其僞官屬嚴錫命等皆和立成稍遲輙殺之
其詩刻石置祠八卦亭知縣王維坤長垣人順治辛丑進士碎
之以上二條出隴蜀餘聞
蜀禪教皆祖破山禪師梁山人天童悟法嗣第二人
也其弟子丈雪禪師內江人演化於成都昭覺寺門
徒甚盛康熙丙子五月至蜀訪之則示寂半載矣年

八十餘今住持弟子佛宛禪師卽其姪蜀金堂縣三
學山有古樹三四株不記年代每春月其葉夜輙有
光如炬遠近數百里以爲佛光皆裹糧往觀
呂公大器蜀人明末總督江楚駐九江會左良玉避
賊鋒逍遥江上以病自托楚撫王揚基至臥內視之
良玉使二婢扶腳偃蹇自如呂公至不卽起謁命子
孟庚代參呂公叱之曰而父病軍事不可曠軍中有
可代者以名來吾立疏以聞卽疏遊擊盧鼎名將上
之良玉怒史公可法移書勉以文武和衷大器以一
扇遺左欵書東川老人四字而已未幾朝議改袁繼

咸　爲督大器以兵書召
晒道人居四川峩眉山遇異人授導養訣曰一年易
氣二年易血九年身輕可立化道人精其術下山至
湖廣黃鶴樓下籍地坐不起立者九年人咸目曰晒
道人一夕化去果如異人所云
故蜀别苑在成都西南十五六里梅至多有兩大樹
夭矯若龍相傳謂之梅龍陸放翁在蜀時歲嘗訪之
曾爲賦詩云兩龍臥穩不飛去鱗爪脫落生莓苔狀
其偃蹇如此出簪雲樓雜說
東坡詩他年故事紀南徐按南史徐君蒨善絃歌好
聲色載伎肆意游行荆楚山川時襄陽魚宏亦以豪

侈稱於是府中謠曰南路徐北路魚蓋用此也
蜀產楠杉多在深山叢箐往往運送維艱明永樂四
年詔建北京行宮勑工部尚書河南宋禮督木前後
凡五入蜀監察御史顧佐亦以採木至而少監謝安
在蘭州石夾口採辦親冒寒暑播種爲食二十年乃
還正德六年建乾清宮勑工部侍郎兼右僉都御史
劉丙巡撫總督督木營建正德十一年又遣郎中李
寅催督採木嘉靖五年勑工部右侍郎兼右僉都御
史黃衷督木九年勑巡撫右僉都御史宋滄兼督木

十九年議建獻廟勅右副都御史戴金督木以憂去潘鑑來代三十二年採辦枋板以巡撫都御史張某兼督木三十六年建三殿勅工部右侍郎劉伯躍督木躍憂去李憲卿代之四十五年修建承天等殿巡撫都御史譚綸兼督木萬歷十一年建慈甯慈慶宮巡撫都御史雒遵兼督木二十四年建三殿巡撫都御史兼督木三十五年再建巡撫都御史喬壁星兼督木

稽古導江自岷山掠成都之南而東下成都之北水不及焉河渠書曰蜀守冰鑿離堆以避沫水之害引

其水益用溉田疇之渠以億萬計蓋至是始分江通北道堰之始也沫蓋江之源云冰姓李仕秦有功於蜀民德之所在血食號曰川主其作堰之善遠不可考崖下有古刻曰深淘灘低作堰蓋治法云

漢唐以及宋元堰法漸壞至元閒僉事吉當普鑄鐵龜民利之昭代以來屢修屢圮嘉靖閒崇甯君劉守德復鑄鐵牛凡二各長丈餘首合尾分如人字之狀以其銳迎水之衝高與堰臂等詳在僉事陳公鎏記中其銘曰問堰口準牛首問堰底尋牛趾堰堤廣狹順牛尾水沒角端諸堰豐須稱高低修減水眞名言云

萬歷乙亥江大溢堰盡壞成都知府徐元氣灌縣知縣蕭奇熊列狀修復巡撫都御史曾公羅公慨然允行後先軫念巡按御史郭公慮益深長增以鐵柱令尋牛趾而濬之自堰以下如仙女三泊洞寶瓶五陡口虎頭諸岸闊植三十鐵柱每柱長丈餘共用鐵三萬餘斤又樹柱以石護岸以堤水遇重則力分安流則堰固大都倣古云

羅正觀羅江縣西十五里僧眞惠有鼎明代物也余嘗有歌紀之川省流賊之亂前後屠毒靡有孑遺其

間忠臣義士節婦孝子指不勝屈而見於正史有傳者如巡撫陳公士奇龍公文光巡按劉公之勃華陽令沈公雲祚重慶知府王公行儉巴令王公錫諸公外遺漏尚多徒以兵燹之餘無從考究今但就所見聞者一一錄之恐此外散佚正復不少也

丁應遜官建昌行都司海棠堡指揮使署所印崇禎甲申八月初九日賊破成都巡道胡恆調應遜救援行至黎州所官沈雲龍阻截其官賴宣慰馬京及京弟亭令通使白某及子白寰翠招集黎州富庄姜黃李奈蔡包張七姓頭人子弟合兵萬餘千戶李華宇

年八十率領赴黎至雅州界八步石龍觀川對岸與賊力戰殺賊數千恢復黎雅與應選合兵殺賊苦戰三載後兵敗應選與二馬陣亡華宇及白氏父子被擒磔死榮經令黃儒城破被磔以下俱見忠義新志

陳雲鵬字淩斗漢州人父早逝卒母教十六補諸生值奢酋變援兵饑之鵬罄所有輸穀麥凡千五百石明末獻逆搜執之欲援以官不從遂罹害子太常後登鄉薦任廣東廣州府推官

乾曰貞字遵陽成都人任知縣丁內艱歸事父孝謹獻賊陷城曰貞以磚擊賊而死

邱之坊字粲吾成都人明經子祖德任山東濟南府推官受封如其銜之坊素以理學名獻賊陷城成都僞令遣役招之坊之坊臥於牀曰吾受國恩已久更知誰耶轉背復臥不食而死

邱祖福之坊第三子成都府諸生賊陷城賊官遣役招其父父臥不起祖福代父往賊嗔其不跪祖福曰吾乃朝廷士子豈跪賊乎罵不絕口而死

舉人鄭廷爵率兵拒賊於雅州龍仙關與楊之明朱之明合兵敗皆被賊磔死成都南關廷爵逃至總岡山收兵再戰後亦歿於陣曾城隍彭縣人人以其正直有守遂以城隍呼之失其名賊至執城隍赴省大罵不屈賊割其舌猶噀血大罵賊寸磔死之

劉祚昌彭縣諸生匿山中被賊執大罵不屈賊遂殺之

莊祖詔字鳳傳成都人累官順天府治中在任清正居家敦睦子孫皆明經獻賊至城陷舉家死之

張繼孟扶風人進士任按察副使分巡川西獻賊陷成都死之

陳其赤江西崇仁進士任守西道獻賊陷成都不屈自投百花潭死

方堯相字紹虞黃岡人任監紀同知提兵守城而餉不繼與巡按請於蜀藩不允城陷被執不屈尋受害於萬里橋有絕命詞曰時危節見古今同取義成仁且盡忠江水茫茫須借力此身飄蕩赴團風方家團風鎮故云

劉鎮藩山東人鎮蜀死獻賊之難

劉士斗廣東南海人由進士任成都府推官以廉能著以巡按劉之渤特薦擢建昌兵備僉事獻賊將入竟之渤邀之行士斗曰安危生死同此耳復何往遂與之渤畫策以守及城陷死之

王源長新津人崇禎間抜貢值獻賊變源長揭一聯於室云存心正大光明夜可焚香告上帝立身忠孝廉節日將披赤事明君後爲賊所執不屈死妻徐氏亦自縊

莊祖誥字天秩成都人歷雲南按察使致仕歸獻賊屠城祖誥衣冠端坐於堂賊至痛罵遂罹害

何教授失其名獻賊破成都坐明倫堂鳴鼓集諸生不至夫婦自縊死

徐明蛟四川撫標參將崇禎末督兵討賊陷陣遇害

王履亨字坤軸華陽人歷任宣府同知被獻賊執至

新橋不屈投江而死

何繼皐字直卿華陽諸生僞學官楊允升迫脅應考繼皐憤恨大罵即自刎死

李之珍崇禎末授都司僉書甲申獻賊陷成都死之

阮士奇雅州指揮領兵守成都獻賊破成都城陷死之

顧鼎鉉貢生崇禎末流賊執之鼎鉉罵不絕口賊決其兩目以死

雷應奇素負俠氣崇禎末賊至應奇曰奈何郡縣無一人殺賊者糾集義勇拒賊於高境關力戰死之

寶成川西小卒隸安慶撫標弁將廖應登營守桐城隨應登出偵賊並爲賊所獲且挾至城下諭城中降應登未及言成大聲曰廖將軍今被賊執來諭城降然賊兵無幾大營未至城中可堅守勿爲廖將軍所惑也賊怒寸磔之桐人感泣立專祠春秋享祀

劉佳印崇禎末四川總兵官獻寇圍成都與巡撫龍文光率官軍三千從川北來謀設守城破同文光赴浣花溪死

鄭安民浙江人由貢生授蜀府長史賊圍成都安民守南城城陷不屈死之

王勵精陝西米脂人崇禎末知崇慶州以清亮端方著獻賊破成都勵精具朝服北向拜復西向如北禮從容書爲臣死忠爲子死孝而今而後庶幾無愧十六字於屏投筆登樓貯火藥於樓下賊至令僕縱火自焚死獻賊壯其節斂遺骸葬之

趙嘉煒浙江人監生崇禎十七年知郫縣甫五月獻賊陷成都時嘉煒方督修都江堰賊執之不屈投江死

李甲湖廣蒲圻人由舉人知雙流縣崇禎甲申委署建昌監理釐道經滎經縣值獻賊犯雅安官軍潰甲

隨師中力竭死焉一僕守甲尸數年後楚路通始載
以歸
蔣世鉉永川人獻賊遣其黨由重慶入永川居民竄
匿世鉉倡集義旅二百餘人㨿城守禦後與賊戰於
東門爲賊所執招之降世鉉瞋目大呼曰甯速殺不
屈賊怒寸磔之臨死罵不絕口
李文陰壁山人崇禎間任川北鎭副總兵守石隘與
張獻忠戰於白水江被擒逼降罵賊不屈死之
曾異撰榮昌人崇禎壬午舉人知貴州永甯州賊陷
黔窺滇州人望風欲遁時江津進士程玉成明經龔

懋勳寓州署與曾畫策曰州據盤江天險扼吭全滇
棄之不守豈人臣義乎遂激勵軍民竭力拒之賊至
愈衆勢不能支城遂陷異撰同程玉成龔懋勳闔署
自焚死
羅大爵合州人崇禎間鎭成都賊至死之
董克治合州諸生魁梧慷慨崇禎末獻賊破重慶旁
掠合州克治傾貲募義勇殺賊甚多後於長安坪與
賊死戰力不能支率兵民㨿洞中避賊賊誘以高爵
不爲動相守月餘賊鑿山積火其上凡三千餘人感
克治風義毫無變志俱被燻而死

梁士騏永川人崇禎己卯舉人獻賊陷城士騏遇賊
欲執以行騏不屈大罵受刃
彭琯永川人登崇禎甲戌進士授福建漳州府推官
行取工科給事中值李賊變被執大罵不屈受慘刑
死
曹立卿江津人郡庠生賦性端方潛心經史以躬行
實踐爲學持功過格二十餘年言動不苟爲鄉黨所
矜式明末闖逆陷京師立卿聞之北向泣血悲憤成
疾洎獻賊據川懸僞職逼勸士紳籠絡其衆立卿誓
死不污僞命易簀時戒子佼曰吾家世受國恩爾弱

冠登賢書茲大節攸關之日失身取義只爭些子吾
一生自反無愧今日可謂得全所生爾其勉之又曰
我此時若萌一貪生念便如烈火燒身想到守身全
歸眞入清涼境界矣言畢而逝
王才啟劍州諸生流賊攻城才啟登城禦敵射殺二
賊城陷遂遇害
李猶龍廣元人獻賊破廣元猶龍以抗節被害
楊于鼎劍州人舉孝廉崇禎十年寇至衆潰于鼎率
子姪楊令青等與州守徐尚卿守城城陷尚卿被執
于鼎率衆巷戰奮臂擊賊賊怒支解以死子姪並被

殺
王承祖劍州人御史梁之棟僕也獻賊據蜀之棟子田壁知不免止一五歲兒名繩武召承祖夫婦囑之曰一綫之脈盡托於汝其善保之梁氏一家俱遇害承祖負繩武以逃賊追急遂棄已子而匿繩武巖穴間得脫後賊復起知繩武在欲索之承祖又負之逃丐食山中及盜賊平息爲之經營婚聚延師以教庚子舉於鄉

奇童子通江人崇禎間流賊犯境邑令李存性守禦甚嚴賊知不可近佯爲官兵將襲城道遇童子紿之

曰勿言我兵也童子佯應之且走將及城門大呼曰賊至矣賊殺之邑令爲葬於城西祭以文

徐尚卿福建人由舉人知劍州崇禎十年寇至召州民語之曰此城必不可守爾等當避之吾惟有死衆不忍去尚卿手書城空不可守仗節爲誰危苟竄耶無計殊羞孤影隨數語匿於懷自縊死

單之賓崇禎末以中江教諭署劍州獻賊至民皆散去之賓罵賊死之

鄭夢眉江西人崇禎壬午知南部縣冰蘖自矢興利除奸政聲迥異獻賊至夫婦不屈俱縊死

李俊英南部人郡庠生姚黃賊掠南部俊英涕泣誓衆起兵旬日得數千人禦賊江岸戰屢捷賊不敢犯日久糧乏其弟跪泣告曰我等冒矢石城中人相繼遁去無援矣曷暫退俊英叱之曰甯爲君父死不爲一身生自是無敢言退者賊計窘將引還會同事有忌俊英者噪而奔賊得從下流渡圍數層俊英奮勇突圍多殺傷不得出還至江岸投水死

王蘋崇禎間武生獻賊至語其父曰食國家水土力不能報畢命可耳父然之賊至其父拔刀殺數賊死焉遂擒蘋蘋罵不絕口死

王光先營山諸生明季流寇犯城光先率義勇戰於城北被執欲脅之降光先罵不絕口遂遇害

李完西充人進士歷官御史致政歸值獻賊陷西充完不屈死

楊文岳南充人由進士歷任太僕卿忤逆璫謫外時登萊新設巡撫文岳首任其事甚得軍民心後命討闖賊困於汝甯被執賊呼以先生文岳大罵不食數日賊灌以粥齧舌和粥噴血復罵死之

樊明善南充諸生闖賊破京師聞變大慟時撫軍龍文光駐節順慶明善喪服詣軍門曰鼎湖新去臣子

不共戴天公聞變三日矣而無所施爲耶龍深謝之後破家募士與獻賊屢戰死之

陳懷西南充武生獻賊誘以官懷西日甯作明朝武生豈作逆賊元老賊斬之懸首於東門其子亦哀慟而死同時西充廩生馬孫鸞罵賊被賊割舌死之

李乾德字雨然西充人崇禎辛未進士累官偏沅巡撫蜀亂奉命聯合汪土兵將恢復地方時賊據滇黔稱王一時靡然從之無敢一言抗犯乾德獨拒不從書詞凜厲後被執與其弟升德慷慨赴水死

張鵬翼字南溟西充明經崇禎丁丑令衡陽獻逆破

城鵬翼罵賊被沉死事聞建祠卹贈

王爾讀儀隴人王皐家僕獻賊破城縣令李時開被賊追及將執之爾讀奮身持石禦賊令奔脫爾讀被殺

周宗應儀隴人爲縣倉吏崇禎壬午景亮兵破城知縣趙學敏被執宗應涕泣求賊願以身代死賊兩釋之

鄧士廉字人麟廣安州人爲廣東海陽令歷官至吏部尚書甲申殉難死事見五卷中

泉應化營山人值姚賊猖獗應化倡先修砦遠近難民俱集邑中冉世恒冉兆元亦各以積糧濟之各砦堡俱破此砦獨全存活無數砦中泉應厚冉艮富李尚聰出砦巡守被賊執俱不屈死

王寀儀隴諸生時姚賊破砦被執寀曉以大義賊偶疎遂墜巖死

李沁營山諸生與生員李晟督邑中義勇捍流寇有功姚黃賊起沁與晟守城東被寇傷俱死

席雙楠儀隴諸生值姚賊破砦被執雙楠請於賊肅整衣冠向北拜伏刃而死

劉義國儀隴人姚賊破砦被執義國指賊大罵投岩

死

楊正道儀隴人值姚賊破砦與其妻王氏被執賊脅之降夫妻罵賊不屈死之

李師武宜賓諸生與魚嘉鵬同舉義爲賊所執不屈磔之

郭大勳宜賓諸生爲流賊所執大罵不屈闔門俱死

王應世宜賓諸生流賊陷城被執不屈死

李合宗宜賓人大司馬樊一蘅壻時獻賊陷蜀一蘅奉命勦賊賊遣僞都督索其家遂執合宗賊意欲藉以招一蘅合宗不從械至成都見獻忠罵不絕口支

諸生梁爲憲亦一蘅堉與合宗同志並械至成都俱死之

曾印昌敘州人敘南衞世襲指揮同知陞遊擊分鎮白水江獻賊圍成都死之

周壩渡子遺其姓明末流賊與官兵相持兵拒南岸寇拒郡城官軍退賊欲渡江逐之喝渡子駕舟不從且厲聲罵賊遂被殺

魚嘉鵬字萬程郡庠生篤學力行獻賊遣僞官至嘉鵬率衆殺之賊大搜獲拷詢其黨嘉鵬厲聲曰我自爲之恨不能殺獻賊耳他人何與賊磔殺之大學士

王應熊特旌焉

晏正寅宜賓諸生母早喪父貧且微不復娶貿易教子正寅體父志讀書以文名及父死哭泣三年依依孺慕邑侯常公嘗親奠焉已而獻賊蹦蜀被執不屈死之

楊興旺永甯人值獻賊餘黨據永城興旺攜家遠避爲賊搜縛興旺大罵賊斷其舌又噴血怒詈賊碎其屍闔家俱遇害

熊兆桂字岩渠郡庠生乙酉春獻賊踞城兆桂集兵拒戰被縛大罵曰天運至此任爾賊奴戕賊良善賊殺之剝其皮布鼓懸之城門令出入者擊之

劉苞字玉巒郡庠生嗜古文詞甲申獻逆殺掠人民苞被執見其貌偉强人伍苞詈罵不絕賊殺之

張祖周郡人苦志力學獻賊陷蜀語其友曰百年有盡何貪生爲遂赴潭水死

周元孝字慕若郡人幼力學有文名初聘何氏女爲配後何女瞽且跛父母將毀盟元孝堅不肯從竟成姻崇禎丙子舉於鄉甲申歲元孝爲賊所執强以官辭不受賊殺之

何察慶符人明末蜀亂誓不苟生遂自縊其子五歲

日夜拊父棺痛號不食而死

袁向科珙縣舉人官湖廣江陵令旋里值獻賊變遠避不屈賊徧索之得於鎮雄閤家死難

鄧天祿萬縣人明末爲太平戍守把總與覃璞共守城楊東應陷太平覃璞被執賊欲降之不屈賊磔璞天祿奮拳擊賊賊怒並磔之

羅維先萬縣人明末戍守太平楊賊陷城維先家東門事危急手刃妻子驅家人閉於一室縱火焚屋躍入火中舉家俱死

吳獻棐萬縣貢生獻賊入城被執强以爲參軍不受

賊怒令斷臂解腕而死子之英亦被傑
羅傑大昌人明末賊亂鄉人告以往避傑云此處即
避兵所正衣冠坐中堂列書史以待賊至傑正色辱
罵遇害
王懋烈任通判獻賊踞蜀抗節不降舉義兵恢復兵
敗全家死難
明高明西昌人以明經知湖廣長沙縣事有治聲丁
內艱還里戊子春流賊入建昌明督士民拒於焦家
屯賊勢衆不能支明泣歎曰我受朝廷祿豈可以從
賊乎遂盡室自焚死

馬京黎州土千戶甲申獻賊犯蜀京集番衆與弟亭
攻圍偽將擒獲七十餘人於演武場中明大義斬首
祭旗起義師屢戰雅州龍觀山又發義倉以濟軍民
以憂瘁卒弟亭嗣之後賊犯川誘執亭不屈遇害
黃儒福州舉人令滎經獻賊攻城儒竭力戰守兵敗
被擒磔死
秦民湯漢陽人知滎縣明末值獻寇亂爲賊所縛大
罵不絕被射死
陳天祐犍爲人家貧好讀書獻賊據蜀檄召不至適
賊將張可望駐縣南虎嘯天祐被執至營罵賊死

之閭門盡節
周正選犍爲人拔貢值獻賊據蜀爲賊將張可望所
執脅降不從死之
周正犍爲人獻賊據成都令州縣促之欲授以官正
不從後被執與陳天祐同罵賊死之其子成儒與少
弟議以家屬託其叔父曰臣死君子死父乃共奔賊
營尋父屍抱之痛哭賊並殺之
王運開字亘蘇夾江人崇禎間舉孝廉授雲南永昌
府推官獻賊餘黨入滇攻永昌府城陷自縊
王運閎字亨蘇運開胞弟崇禎間舉孝廉後往滇省

兄遇賊陷永昌運開死之運閎被執過江口占一絕
曰行來漸近永昌府吾兄英靈如欲語兄弟不作兩
截人魂魄同歸見父母遂投江死
宿士敏字元魯夾江人崇禎間舉孝廉賊陷蜀偽令
迫之出士敏治裝赴省至千佛巖策馬投江馬死士
敏泅水得生賊信其已死置不問已而士敏遂乘夜
逃匿雅州山間易姓名人服其節
羅國瓛州人崇禎癸未進士以御史巡按雲南因獻
賊餘孽沙定州入滇國瓛按部被執大罵不屈死
余飛洪雅人獻賊兵至飛誓里人曰義不共戴吾里

有從賊者共誅之於是戶抽義兵眾至萬餘伺賊來
飛選義勇伏左右兩山多張旗幟於松柏間飛自迎
敵於花溪口戰輒佯北餌之深入左右伏發翼而擊
之賊大敗步騎皆陷田中斬馘無算飛且備且耕屢
立戰功賊增兵率戰飛遂歿於軍
劉道貞字璺仙州人天啓辛酉舉於鄉性恬澹工詩
文獻賊據成都道貞避亂沈黎激勵士漢同曹勲等
舉兵敗賊於小關山嚴道以南不被寇者道貞與勲
之力也道貞為人縝密時羽書交馳籌書必自校以
勞瘁卒人咸哀之

朱蘊羅江夏人知蒲江縣明末值獻逆陷城罵賊鬭
家死節
胡恆天門人號補菴由舉人任邛州巡道明末獻逆
陷城恆率子之驊巷戰死之先是恆託友人婺源汪
光翰調兵保城及翰調兵至恆父子已戰死止媳朱
氏孫峩生得脫潛民間光翰尋獲之多方保護朱氏
竟得全節及蜀平光翰送氏歸里
譚文化蓬溪人壬戌進士仕至兵部車駕司主事解
組歸賊犯蜀欲招致之不屈而死
竇可進安岳人崇禎庚辰進士官雲南兵備副使致

仕家居獻賊破安岳被執大罵不屈賊剝其皮磔之
李紹先江西人崇禎中知鹽亭流寇陷城縛執紹先
不屈而死贈光祿大夫廕一子祀名宦
王起峩字如蘇安岳人崇禎庚辰進士家居適張獻
忠陷蜀起峩舉義兵萬餘拒之沒於戰
李錦中州庠生獻賊遣偽官考試潼川錦中佯狂臥
地旋閉戶自縊
張應禮遂甯人官都司僉書獻賊攻遂甯應禮募民
兵捍禦城賴以完後援沔陽師潰抗節死
姚思孝遂甯人明經授內江縣教諭獻賊執之守義

不屈罵賊被殺
李永蓁州人崇禎丙子科舉人魁岸善飲獻賊據蜀
永蓁避老安寺斷葷絕飲稱病臥床賊嚴索不赴乃
令偽官舁至成都張目不言引頸受刃
方伯元州庠生獻賊至州伯元獨不屈厲聲罵賊殺
之
晞容州城七寶寺僧獻賊攻打豹子硐晞容奮臂曰
硐中數百生靈豈可坐視其死遂糾合鄉勇五百餘
人身先衝殺賊大敗硐圍乃解於是簡練精悍相持
兩載先後殺賊千餘一日賊突至遂為賊害

晉薦祚瀘州諸生獻賊陷城不屈投江死

楊鼎江安人崇禎辛未進士歷官兵部尚書後殉難死

方旭字升東郡諸生崇禎時獻賊破瀘掠諸生至賊所有泣訴求脫刃者旭叱之曰我輩受國家養士之恩三百年矣恨不能噬賊之肉尚欲靦顏求脫乎大丈夫死即死耳哀乞何益賊大恚支裂之至死猶怒罵不已

王萬春瀘州衛指揮使崇禎末獻賊所至多降萬春率屯軍並招集義勇拒賊轉戰數日被執不屈闔家

遇害

鍾子英州庠生崇禎末兵燹後繼以饑饉蜀中人相食子英嘆曰吾讀聖賢書忍目擊此乎乃尚貪生爲也妻亦不忍離其夫遂攜手投於江

蘇瑱江南人進士崇禎末知瀘州獻賊掠州城陷瑱正衣冠向闕拜泣坐堂上賊至遂死之

張於廉內江人弱冠登賢書任彭澤令一介不取致仕歸適獻賊逼就偽職於廉不從與其妻鍾氏罵賊死

龍新明仁壽諸生獻賊屠蜀新明集鄉勇拒賊被執罵不絕口死

陳應新左灼陳素俱仁壽諸生寇陷城被執罵賊死之

賈鍾斗仁壽人崇禎己卯科舉人值獻賊據成都鍾斗率鄉勇同諸生劉士凱等禦賊力戰死之

楊可賢綿竹人貢生崇禎庚辰獻賊執可賢挾之曰汝子國柱守城汝令以城降可免汝死可賢佯諾之及臨城語其子曰賊兵不滿千汝堅守城勿以我爲念賊殺之城不可克舍去後賊復至國柱率城內士民數百人與賊迎戰力盡而死

李廣生安縣人監生大中丞鑑之子積學有聲值獻賊據蜀催赴監廣生嘆曰吾爲大臣子豈肯爲賊屈乎遂與其妻董氏投繯死之

趙鴻偉安縣人明經教子晟成進士以義自守時獻逆據成都逼子晟赴監不應全家罹難

卜大經江南人崇禎末任綿竹典吏獻賊陷城大經與其僕縊死

陳三諸生陳詡謨之僕明末遭劉二虎之亂全家擄入營中詡謨夫婦俱亡止遺一子陳三恐罹賊害棄已子竊負幼主而逃撫育成立仍安主僕分闔邑公

舉旌奬
藎氏安縣人太學生李資生妻獻賊據蜀資生不屈被殺氏從之死
徐氏安縣人張玉卿妻夫卒撫二子守節二十年貞節如一日後死於賊
袁氏綿竹人王宗道妻翁病宗道欲割股以進氏贊成之果愈後獻賊屠綿見氏美逼之從行氏噴罵不從賊殺之
姜氏綿竹人貢生施奇才妻崇禎丁丑奇才北上値流賊犯蜀姜避西山賊且至姜拔一簪授其婢曰吾

不能逃汝速避萬一得生語若主我不爲家門羞也言訖投崖死
趙氏綿竹人庠生王鐸妻崇禎十年流寇抵綿鐸夫婦被執賊令鐸跪大罵不屈殺之賊挾氏行不從又殺之
李氏張氏宋氏俱綿竹人李爲關南道劉宇揚妻張爲侍郎劉宇烈妻宋爲大學士劉宇亮妻崇禎甲申賊魁劉文秀抵綿竹三氏皆以未亡人避西山白崖溝相謂曰昔者吾姑涪水遇盜懼辱投水吾輩終有死時今若受汚異日何顏見姑與夫於泉下遂同縊死姑曹氏與其女瓊姐亦先死賊難故云
王氏劉宇亮子裔盛妻崇禎甲申賊獲裔盛於成都迫以官使回縣移家氏曰賊之官汝固可做賊之妻吾决不爲遂自縊以死
雷氏綿竹庠生顧天澤妻乙酉賊陷城氏嘆曰死有遲早到底不免此身不可辱也遂抱幼女投井死
勾氏綿竹人文仕舉妻乙酉賊至被執欲汚之氏大駡不屈賊怒碎其屍仕舉得乘閒逸去
龐氏綿竹庠生陶修吉妻乙酉賊陷城夫婦被縛氏紿賊曰我願往何縛爲賊寬之夫婦共投崖死

蕭氏綿州人庠生楊元吉妻李賊至蕭語生曰祖宗不可無後妾力難行君其遠避同死無益生泣去賊搜獲蕭紿賊曰素貧苦今相從吾願也行數武遇井躍入死
魏氏梓潼人庠生趙節妻崇禎十年爲流寇所執氏紿曰家有金藏之江邊願取以付之寇喜同至園子潭氏卽奮身投水死
趙氏梓潼人庠生蒲先春妻獻賊破蜀被執罵賊投江死事聞旌表
趙氏梓潼人魏元晨妻獻賊破蜀被執投繯死事聞

詔旌其門
袁氏太平人冉濳妻賊殺其夫袁駡賊死
龎氏太平人庠生冉斐妻賊欲殺其夫氏以身護賊
並殺之
劉氏渠縣人王樹極妻獻賊破渠避難舟中爲賊獲
欲驅以行劉紿之曰汝且取貲財須共去也得閒躍
入江中死
盧氏貢生步之俊妾周氏之俊子貢生中行妻俱晃
甯人順治己丑流賊攻城避兵於普咱渡村爲賊獲
驅之行至長河盧氏周氏攜手投水死以上俱見烈
女志

井蛙雜紀卷十終

尾蔗叢談

光緒壬午年
鐫於樂道齋

尾蔗叢談序

世有怪乎吾不得而知也世無怪乎吾亦不得而知也但自齊諧志怪而後好異者每津津樂道之因而搜神廣異之書紛紛錯出至太平廣記而牛鬼蛇神千形億貌可謂幻中之幻矣近世山左蒲生又有聊齋志異書以驚奇絕艷之筆寫迷離惝怳之神詞清而意遠事駭而文新幾乎淹貫百家前無古人矣然皆鑿空造意無實可徵考古者所弗貴焉予生平宦遊所歷足跡幾遍天下所至之處輒訪問山川風土人物採其事之異乎常談並近在耳目之前爲古人所未誌者輒隨筆記載以爲叢談之資其始自何人出自何地爰取其有據不取其無稽即以此爲續齊諧之書亦無不可乎昔人謂蔗自尾倒啗漸入佳境讀此書者亦可知其味矣羅江李調元雨村序

尾蔗叢談目錄

卷一

卷二

卷三

卷四

尾蔗叢談目錄

尾蔗叢談卷一

綿州 李調元 撰

荔瑞

同安文圃山產荔名赤命符皮色如夜光之珠中有綠文如符篆狀味殊衆荔國初時樹結一荔有文曰淸受命三字爲我 師入閩底定之兆見陳鼎荔枝譜

見聞志

王寰

福州人王寰初有妖術明季時自稱無爲教主每說法冬月降蓮花或有飛劍天書從空往來爲所煽惑者甚衆一日降金印一顆於座寶色爛然上鑄蟠虎盤龍作鈕篆文云寶印八一古佛親勑普度西遊達遭霹靂內有一人贓所置之處欲竊以歸俄而印忽不見寰初對衆言曰座中必有無良之人故寶印飛匿耳欲竊者跪而自首伏罪良久尋至後庭蘭花盆中得印衆益神之寰初蓋印於紙透紙數十重顏色如一衆皆狂喜各求一紙以爲供養自是拜跪施舍晝夜相繼

國朝順治十三年事

禱雨疏

羅源縣百丈龍潭明景泰三年七月旱魃爲虐邑人禱雨投疏文於潭頃之片紙浮出乃元至正間禱雨疏也衆取其文頌之大雨如注又

國朝康熙十四年秋大旱時耿逆僭命甯德鄉民禱雨疏末未寫康熙年月越三日無驗忽潭中浮出從前禱雨舊疏塡康熙年號者道士乃易疏塡康熙十四年月日投入須臾大雨如注

九仙山石文

九仙山麓居民嘗淘井出石一片廣踰尺縱尺五六寸有文九行云我有一莊園寄在於山邊于山九道士呼名爲九仙飄然來相賀磊老自相傳李公來戰日此無二一物只有一積金寄在于山莊不在中山中只在隴西郡我往東西城莊在于山下有人有不信但看碑中話只看于山松于山金出現不在路旁只在中隴西拾得無分張時人莫笑金泥師拾得金泥也有富語多鄙俚又有一石末有太和二年字文云吾年乙丑金圍一片寄在山前在山左臂不歸庚申須歸乙未留傳子孫衣錦次第時人見碑吾今在世按太和乃晉廢帝年號碑語不可解字跡娩秀似

晉人風度見林來齋金石考

西巖寺

國朝康熙二十九年九月二十四日莆田城西巖寺建山門劃地砉然有聲陷一窪長一丈四尺闊半之上銳下方甃以巨磚磚上土花三面凸起旁篆太康八年八月日作又獲古鏡一古劍二銀環數枚鏡背有花紋斑駁陸離劍脊有字剝蝕不可識環徑二寸許尚有一竈未啟寺僧畚土急掩之見莆田縣志

黃梧

海澄黃梧故偽鄭將也投誠守海澄鄭攻之圍急梧曰鄭氏善穴地攻城今且為隧乃下令沿城五步置一水缸滿貯水每缸撥五人迭守注目缸中晝夜無輟明日有報水動者掘之則為隧者已至其下入火藥燃之烟出鄭營隧人皆盡

金蠶

邵武鄒閩食貧有守一日將之外邑晨啟戶見一小篛籠在門外無封鎖貯白金數事約重百兩遂挈歸謂妻曰此物無因而至豈天賜我乎語未絕覺股上有物蠕蠕動金色爛然乃一蠶也撥去之未回手復在舊處以足踐之隨足而碎旋復在胸腹上矣投之水火刀斧皆如前衾裯飲食之間無所不有甚惡之友有識者曰子為人所賣矣此謂金蠶蟲物雖小為禍甚大能入人腹中殘嚙腸胃復完而出閩以篛籠事告之其友曰無端也子能事之即得所欲日致他財以報耳閩笑曰吾豈為此友曰固知子不為也然則奈何閩曰以此蟲并篛籠中物棄之則無患矣友曰凡人蓄此久則致富即以數倍原物送之謂之嫁金蠶今子貧也豈有數倍之物乎物不可得蠶不可去竊為子憂閩乃嘆曰吾生平清白自守不幸有此乃取蠶吞之後竟無恙

梅山虎

國朝順治丁酉春上杭梅山洞章姓者為虎所啣越五十里至一寺門虎委章於地章急呼寺僧求救僧於門隙中望見虎反鍵其門虎又啣章還之於家計二日往返將百里肌膚無稍傷章遂披剃學佛以終

鳳山石讖

鳳山仁民墾田得石碣內鐫山明水秀閩人居之八字

採金

康熙壬戌鄭氏遣偽官陳廷煇往淡水雞籠採金一

老番云唐人必有大故衆詢之曰初日本居臺來取金紅毛奪之紅毛來取鄭氏奪之今又來取恐有攸姒之事明年癸亥　我師入臺灣

地氣

臺灣颶風將作海氣先動浪勢洶湧聲聞數十里風靜而浪勢尚高聲吼如故必二三日後海氣息浪聲方恬大約海將翻先一二日海水忽變腥臊颶風即起波浪簸騰乃天地之氣交逆腥氣動而海沸天風雨而飄搖遭之者輒沉舟折檣若海氣不鼓天風雖烈摺蓬空桅順風而馳真同鯤鵬之徙耳人但知天

風之患實地氣交搆爲颶其患始烈也

賣鬼氏

龍巖有賣鬼氏不知何許人也嘗遍覘境內墳塋之無後者籍記之妄曰吾祖也葬于是視富家之有喪者輒向之以要其直受直則舉其屍而棄之每風雨陰晦墓居者嘗聞鬼鬬聲賣鬼氏亦嘗聞羣鬼怒曰而敗吾宅暴吾骨吾且訴於帝矣一日復於北寨之北貿一墳其藏孔固賣鬼氏發之有異色迨夜陰雨見一朱衣擁從甚盛呵叱之厥明賣鬼氏門屏摧折發狂疾雙拳還自擊逾旬死矣

鷺鈴

濟南郡張公城西北有鷺浦南燕時世有漁人居水側嘗聽鷺聲中有鈴聲甚清亮候之見一鷺咽頸極長羅得之項上有銅鈴綴以銀鏁隱起元封元年字

控馬奴

山左臨邑察署舊有妖物過者不敢停驂薛文清瑄時爲山東督學憩館中夜半有鬼物黑衣而立薛初不以爲意已而漸近几席瞷且逼急以手批其頰地上頹然作聲明旦視之得一泥兜鍪左右跡之爲邑城隍廟門外控馬奴面色惶懼因碎其像土木中隱

隱有血痕如脈絡自是祟遂息至今塑像仍露其項云

翁仲生鬚

後周平章景範墓倚山爲墳在臨邑城西南五里俗名相公山墳前有翁仲二康熙十七年忽生鬚長寸餘碧色土人見者輒拔去旋復生逾年而止

井鳴

康熙二十三年濟南郭莊村中井鳴如牛吼水忽上溢祭之乃止

黌山蠶穀

覺山後有仙人藏穀種於洞中每年出曬一次其穀種于地回頭即穗黃故今種有名回頭黃者又洞中仙人養金蠶居人嘗有拾之者故名覺山蠶穀

龍傭

曹三公龍泉鄉人募傭得一人形容古異而力作倍勤月餘支工價欲得粟以一束草作囷曹笑曰此盛幾何傭曰但滿是足矣傾之二石猶未充曹乃異之傭曰吾實蒼龍欲潛東山峽中有烏龍與我爭明日戰巖上望公助我曹早起至峽旁果見二鴿鬬乃拋杖擊烏者中尾飛去頃之大雨如注曹奔至家南避

雨棗樹下雨止其家迎視則已坐逝矣鄉人乃即其地建石塔塑像以祀之今尚在

石大夫

杈枒山亦名東陵長白迤南之高峯也有石高丈餘化爲人行醫於章邱明嘉靖初自號石大夫假星命至渭南見劉生鳳池即拜曰我邑父母也劉果登第令章邱訪之不得石見夢曰東陵山下大石即我也鳳池立廟祭之病者往禱輒托之夢寐醫無不愈今長山有石大夫祠

陳益修

濟南陳益修字玉筍回回楊生花者素豪猾欲毀關侯祠拓其居陳阻之及明末生花毆陳瀕死刓其目而啖之仍以礦灰實眶謂必無生理矣至夜恍惚見綠衣神飲之酒外青內白次夜復見一神人以手擊其腦後目中血出如注痛久旦已又次夜見一老嫗食以杏李又以羊眼盈把令白吸之比覺雙瞳炯如而生花以爲盜族誅去陳事纔八月益修於

國朝順治乙酉舉鄉試丙戌成進士

鬼頭王

明正統間金陵指揮王某無子運糧過濟甯買一妾

美而賢宗姻咸敬愛之生一子而夫與正室相繼死妾治家教子極有法既而子襲官部運北上問外家所在但言嫁時年幼都忘之矣妾之歸王氏者三十餘年晨起必梳沐幃中子婦立戶外俟其出乃敢前拜近侍二婢亦未嘗見梳洗也一日晨興頗遲二婢立榻前風動帳開乃見一無頭人持髑髏置膝上妝飾猶未竟倉皇加頭不及身首俱仆婢驚呼子婦入視則固一具枯骨也人因呼其子爲鬼頭王

劉銘借筆

劉銘爲諸生時與同硯友以膽氣相矜約夜取城隍

廟判官手中筆爲信是夕友先入廟伏神座下伺之近二鼓見紗籠前導呵殿擁神升座判前白劉長史借筆未敢擅與神曰彼既來借可暫與之忽門吏報劉長史至神即退劉既至掣筆而去其友驚怖死神座下次日劉遍訪得之廟中胸次微温良久而蘇因述所見劉後果爲華州長史

靈犬志

楊光遠叛青州孫中舍居圍城中食盡内外隔絶其畜犬由水竇出向其城西别墅取米如此數月闔門藉以不餒龍圖趙公師民刻石表其墓曰靈犬志

手甲龍

安邱有室女及笄天雨接簷溜濯手後右手拇甲内有紅線寸許作盤屈狀年餘不滅亦無所苦女伴戲而恐之曰得非龍乎女信之心恍惚不安明年夏雷雨女出其手於窗外忽震雷砰訇從窗間起有龍自女手甲中出騰空而去但指甲分裂餘無恙

螢化金

馮始逢性至孝葬母後省墓夜行見道側螢火熠熠治運兄弟各以手掇之治運所得者入手即化爲紫金粒其大如菽治運以瑚盒貯之置曲室自此家計豐贍治運殁後忽聞金粒唧唧有聲家人啟視之仍化螢飛去

劉九

壽光乞人劉九者明末嘗於風雪中裸袒乞於市西門花巷内有隸樂籍者見其寒解羔裘被之九大怒裂諸地曰劉九甯凍死豈受樂戶人憐耶士夫皆太息之

仙人牀

信陽鎮西南八里海港中有石平正如牀上有巨人仰卧跡腦脇膝骨痕入石數寸亦名仙人牀

響埠

常山後麓有地名響埠周迴八九里人行其上鏗然有聲緩行如登樓閣急行如擊鼓鼙

薛養本

鐵工薛養本一夜就寢窗外有呼其名者啟視乃二青衣人長尺餘拉養本手踏屋越牆北行養本乘間匿禾中二青衣遍索不得而僧寺鳴曉鐘矣青衣隨鐘聲緩急叩頭膜拜忽聞鷄鳴倏然不見養本回室竟寂無恙

龍母廟

栢陽山有龍母廟相傳郭姓妻汲水河厓感而有娠三年不差一夜雷雨大作電光遶室產後失兒所在每夜有物就乳狀如巨蛇攀梁上有鱗甲郭飛刃擊之似中其尾騰躍而去妻死葬山下一日雲霧四定有人遥望一龍旋繞山頭及霽冢移山上墓高數尺後禿尾龍見年即豐稔士人構祠祀之

塑犬

東萊海神廟塑一姥旁臥一犬相傳姥爲孫氏母貧居海濱畜此犬從不作聲有道人見之曰此犬非凡必吠帝王宋太祖微時過孫氏門犬忽大吠姥乃留

而飯之貴後賜姥以田免其家徭世爲守海廟戶

張氏婦

張應徵妻李氏生子志積成進士李病忽自言先世爲四川金懷玉以進士任御史再世爲江南舉人王宏道三世爲江南劉泮鼎四世爲福建陶福應童子試不利更名登又改名懷玉十八歲入泮隨馬死今爲張氏婦將還四川耳禧請禱于玉帝廟李止之曰豈有民間事而祈恩於上帝者乎請禱關夫子廟乃許之病隨愈又三年乃終

趙良相

蘄州城北十里大寨有鄉民趙良相於崇正十三年六月二十一日病死未殮忽失其尸家人驚駭遍索不得後數日乃從外來家自言死夕似有人曳之去若在雲霧中時啖以棗自山西南行至雲南回至定州一媼挽之行曰此汝家矣言訖不見而身在省屯居人食之由是得歸良相後生一子名恒言又四年乃死

墓銘忽飛

思南李同野墓係明萬歷二十二年葬河東萬勝山麓黄安耿定力銘其墓納於壙有祠在隔江

本朝康熙二年七月十三夜誌銘忽自墓中飛至祠前其奉祀孫晨起見之聞於知府葉藩推官常時泰知縣雷起龍同詣墓所環視墓封如故無隙衆皆駭異今誌銘尚在祠中出思南郡志

蔣寅

康熙庚午丹徒蔣寅爲布政使居黔署一日其家人具食忽案上器皿皆飛起懸於空際以好語祝之則滿室生香以惡語詈之則穢氣觸鼻甚至移易諸僕婦之釵梳衣物甲乙互置於房內几榻之間良久不息命巫治之巫反爲之顛仆誦經修醮迄不能避蔣

知之暱焉則空中有聲如嬰兒啁詭嘻笑不止而終不見其形竟莫知其何怪也

産翁

南方獠婦生子便起其夫臥床褥飲食皆如乳婦稍不衛護生疾一如孕婦妻反無所苦炊爨樵蘇自若又云越俗婦人誕子經三日便澡身於溪河返具糜以餉壻壻則擁衾抱雛坐於寢榻稱爲産翁其顛倒有如此

石花

習安之中萬仞壁立至三埡河而下地勢劃開一水

駛流昔人所詠谷黯天如線崖高月不明也山絶巔往往掘地得拳石如卵去三埡三十餘里有可處砦河崖較他處倍高亦倍險險絶處有石花四月望後始發初發之時若塗朱石上斑斑然或三五點七八點十數點爲叢經二三日漸長併點成片大如輪小如掌鮮明爛熳城頭之霞壁上之幟未足擬也再二三日漸黃漸淡倏忽而歸烏有矣其花方圓大小無定形前後高低無定位殊不類草木之華第每歲必一發每發必以夏歷歷不爽土人恒以其生之高低色之濃淡驗旱潦豐歉如持左劵亦異矣

斷腸草

黔有斷腸草叢生根如商陸葉類蓼而大莖有節當心抽花蘂數十作穗花淡紅色久漸赤子離離似桑甚署園中沿坳依砌百叢也初見輒愛之以爲紅蓼内豔顏牙外標華橙之映翠幕丹璫之厠碧瑤當不過是未識爲何花有僰兒自尋甸至呼其名始知之毒能斷腸可駴也遂遠辟不復近視後雨過忽來小鳥止於穗間羅之綠衣烏嘴似倒挂么鳳軒輊才五銖極可玩籠之三日僰兒曰此斷腸鳥也嗜啄斷腸花子採而飼之可久活試之果然按本草經一名鈎

吻一名埜葛一名胡蔓草一名黃藤今證之皆非也滇人謂之火把花亦因花紅而性大熱故名陶宏景云鈎吻言鈎人喉吻入腸爛腸是矣然所謂葉紫花黃初生似黃精隱居斯語爲芽山黃精反復致辨無使學長生者誤服它物已耳非篤論也若博物志所云鈎吻蔓生葉似鳧葵則大謬矣稽含南方草木狀云埜葛蔓生葉如羅勒一名胡蔓草段成式酉陽雜俎云胡蔓草生邕州之間花扁如巵色黃白其葉黑一葉入口百竅潰血人無復生也後人之注本草者習其說而不察遂謂鈎吻胡蔓草埜葛一物異名俗

復從而傅會之謂五六月間花似榉柳生嶺南者花
黃生滇南者花紅夫鈎吻言其毒也曰蔓曰葛曰藤
誤指此草爲蔓生之物更失其真況此草之春花夏
實又與榉柳迥殊乎無亦草之毒者不一種惜乎爾
雅未載不可得聞也

獻賊初生事

延安府膚施縣有林生者縣之柳樹澗人家貧苦讀
試輒不利舌耕於金明驛之東土橋遺妻守舍紡績
自給塾去家兩舍一日歸省未至家天已昏黑愁雲
密布少頃大雨如繩遂避雨於道旁東古廟中廟三

楹牆垣倒壞無人住持中有神像一座金衣剥落神
前有破香案亦欹斜將圮意待雨少霽卽行而飛霖
愈猛雷電交作遥望村火點點簷外泥深三尺跬步
難行無如何遂坐於香案下假寐忽見兩廊人夫喧
鬨騶子奔馳灑掃堦道旁有大厨豕羊羅列宰夫數
十百人鸞刀縷切堂上燈燭煇煌龍文鳳綺供設甚
盛中一人緋衣平天冠似王者規模指點手下安排
桌几結綵張筵旁列鼓樂似人間地方官伺應上司
狀探馬卒絡繹不絕鬨擾之聲爆火之光徹内徹外
少焉忽有飛報者云煞星下界矣緋衣人卽踉蹌趨

出門外祗候甚恭林生亦從稠人中遥望見雲端冉
冉一簇人馬擁乘輿飛奔而下兩旁皆仙娥媛姝環
夾左右笙簫縹緲響遏行雲漸漸前導至前緋衣人
又疾趨數數武俯首拱立貌益恭乘輿忽墮廟外喝
駐輿中走出一人赤髮藍面巨齒獠牙猙獰甚昂昂
而入緋衣者謹隨後至大廳赤髮人直上座略不致
賓主禮緋衣者揖後卽趨側席陪坐赤髮人坐定卽
拍桌呼曰飯來飯來莫悞我事緋衣人卽喝堦下數
十青衣舁餐盤而上珍羞羅陳大率皆人間未有其
隨來人衆俱有供給在兩廊下一時鼓樂齊鳴歌舞

畢備饌畢又青衣數十爭上撤席緋衣避席拱立言
曰今日星君下界雖奉上帝勅旨亦應萬民刼數但
職忝東嶽以好生爲心伏乞刀鉞下暫留殘喘三分
則庇德非淺言訖又復恭聽赤髮者初聞若怒既見
上下俱欵洽隆至有赧色微頷首而起大步出門外
隨者皆擁護緋衣人仍送出旁候乘輿一片光明望
望投巳村中而殺林生牽從緋衣侍者密問之曰此
何人荅曰此汝學生也一驚而醒則身猶在香案下
東方已白簷溜漸稀雨已晴矣視廟榜乃東嶽也遂
趨步歸至家妻啟戶出迎林生見桌上盛蓄鷄子一

盒問之妻答曰昨晚比鄰張嫂誕子所送也林心異之後五歲張翁送其子入塾從讀改名獻忠年餘不能記一字翁遂使牧牛又無賴往往從羣兒扑戲及長漸爲狗偷充本縣快手不數年爲流賊官兵不能捕甲申後林生已老猶在時時爲人道其事沆虹舟祖憲嘗爲予言

栁妖

綿竹縣民楊化翠女迷於妖禳不能禁一夕妖與女圍爐更深倦談卽倚橙熟睡張口作齁齁聲女乘便以火箸夾然炭置口中妖忽大叫從屋後號啕而去

翌日覓之三里許有枯柳一株炭在焉此雍正十一年秋事也

尾蔗叢談卷一

尾蔗叢談卷二

綿州　李調元　撰

苗笙

每歲孟春黔苗男女相率跳月男吹笙於前以爲導女振鈴以應之連袂把臂宛轉盤旋各有行列其製截竹爲管者六通其節而櫛比之長者四尺以次而殺短至三尺參差若羽簸其短者孔六以達於長以指捫之若撫笛然而又截竹逕尺銜縮於六管之銜而次之一呼一吸聲若鴛鴦之嘹漢每至看場旣闐歡情欲洽則遲其聲以媚之長管之上冒以匏短管

之中置以簧簧用響銅爲之恒用火炙亦古制也

補籠藥

黔之諸苗皆用弩而其矢必傅藥治藥者爲補籠之狆家謂之補籠藥雜毒物碎而煎之以爲膏雞犬婦人及白衣生人皆不得見凡七日比成以藥名䶕者點之塗諸矢插之步叉中懸於火側時時温養之使氣敗然後可以傷人中者與拔矢者皆立斃又有苗能醫之用利刀自頂踵寸寸割之使血出用口吮之血盡則以他藥傅之始可生䶕藥產粵西類勾金皮不得䶕則毒不驗鬻䶕者多粵西猾盗須禁除之叚

成式酉陽雜俎云南蠻有毒藥槊其刃狀如朽鐵中人無血而死亦謂之鐸刀此或其類歟

鉛

清平凱里香爐山之陽有穴焉其中有鉛深可二三丈於是躡壁勘漏或仰升或俯縋傴僂焉而入虞土之崩則以木搘之松肪照之而後鉛石獲焉其狀如礫炙之鎔之而後成鉛凡蠱毒之中人浸磨其汁而飲之功與蘘荷葉等

黄喉蛇

黔中有毒蛇鳥面反鼻蟠於草中其牙倒勾去人數

步直來疾如激箭螫人立死中手足立斷不則全身腫爛百無一活謂蝮蛇也有黃喉蛇好在舍上無毒不害人唯善食毒蛇食飽垂頭直下滴沫噴起變爲沙虱中人爲疾額上有大王字

蟲毒

含毒者蚊蚋之屬江嶺間有之黔界尤甚爲其嗜者愼勿以手搔之但布鹽於上以物拊畏半日間毒解矣若以手搔癢不可止皮穿肉穴其毒彌甚湘衡間亦有之毒稍可峽江至蜀有蠓子色黑亦能咬人毒亦不甚視其生處即敷以鹽春間樹葉上多生之葉卷成窠大如桃李名爲五倍子治一切瘡毒收者曬而殺之即不化去不然者必竅穴而出飛爲蠓子矣南界有微塵色白甚小視之不見能晝夜害人雖複帳深密亦不可斷以粗茶燒之如焚香狀即可斷絕或鋪油帔於席隔之稍可減

脆蛇

脆蛇長尺許圍如錢嘴尖而尾禿背黑腹白暗鱗點點可數也生黔地伏草澤間出入往來恒有度捕之者置竹筒於其徑則不知而入其中急持之方可完稍緩則自碎故名脆暴之使乾已風去癘視其身之

上中下以治人之頂腹脛足罔不驗

竹花徵旱

黔人言在歲多旱林竹類生花結米若粳糯色微紅而味甘民間多採摘以爲食久之則竹枯遂不復生凡竹花則必旱蓋旱徵也

神魚

黎平城有神魚井異物潛焉雖大旱水常盈井與何文烈公宅相近公生而井遂涸及公歿而井水復溢人以公爲神魚所化論者謂宋信國公亦係湖蛟虛陵人猶能言之兩公行事何其若合符節也

芝妖

黔人云乙未年貴陽某師簷柱忽生芝色正黃大於拳經月不彫縱人觀之當時以為瑞未幾兵敗又某鎮將駐安順廳事中柱亦產金芝時滴漿汁取而飲之比於甘露謂可以延年不三載而亡物固有其先見者

復社事實

文社始天啟甲子合吳郡金沙檇李僅十有一人張溥天如張采來章楊廷樞維斗楊彝子常顧夢麟麟士朱隗雲子王啟榮惠常周銓簡臣周鍾介生吳昌

時來之錢栴彥林分主五經文字之選而效奔走以襄厥事者嘉興府學生孫淳孟樸也是曰應社當其始取友尚隘來之彥林謀推大之訖於四海於是有廣應社貴池劉城伯宗吳應箕次尾涇縣萬應隆道吉蕪湖沈士柱崑銅宣城沈壽民眉生咸來會聲氣之孚先自應社始也崇正初嘉魚熊開元宰吳江進諸生而講藝於是孟樸里居結吳翻扶九吳允夏去盈沈應瑞聖符等舉復社於時雲間有幾社浙西有聞社江北有南社江西有則社又有歷亭席社昆陽雲簪社而吳門別有羽社匡社武林有讀書社山

左有朋大社僉會於吳統合於復社始於戊辰成於己巳其盟書曰學不殖將落毋蹈匪彝毋讀匪聖書毋違老成人毋矜厥長毋以辯言亂政毋干進辱身嗣今以往犯此小用諫大者擯僉曰諾是役也孟樸渡淮泗歷齊魯以達於京師賢士大夫必審擇而定交然後進之於社蓋先後大會者三復社之名動朝野孟樸勞居多然而斂怨深矣十年正月太倉監生是陸文聲疏陳風俗之弊皆原於士子庶吉士張溥知臨川縣事張采倡立復社以亂天下忠陵下提學御史倪元珙察覈倪公言諸生誦法孔子引其

徒談經講學互相切劘文必先正品必賢良實非樹黨文聲以私憾妄訐宜罪閣臣以公蒙飾降光祿寺錄事蘇州推官周之夔者與溥同年舉進士初亦如社至是希閣臣意墨經詣闕復訐奏溥等樹黨挾持案久未結讒言罔極至有草檄以聲復社十罪者大畧謂派則婁東吳下雲間學則天如維斗臥子上搖國柄下亂羣情行殊八俊三君迹近八關五鬼外乎黨者雖房杜不足言事業異吾盟者雖屈宋不足言文章或呼學究智囊或號行舟大保傳檄則星馳電發宴會則酒池肉林至十五年御史金毓峒給事中

姜埰各上疏白其事始奉朝旨不以言語文字罪人復社一案准注銷後福藩稱制院大鋮怨戊寅秋南國諸生顧杲等一百四十八人之具防亂公揭也日思報復爰有王寶鼎東南利孔久湮復社巨魁聚斂二疏太鋮語馬士英云孔門弟子三千而維斗等聚徒至萬不反何待至欲陳兵於江以爲防禦心知無是事而意在盡殺復社之主盟者時皇銅暨宜興陳貞慧定生輩皆就逮繫獄桐城錢秉鐙宣城沈壽民亡命得脫假令 王師下江南少緩則復社諸君子難乎免於白馬之禍矣見揚彝復社事實

水神

康熙庚戌六月十二日太湖水發鬨以狂飈郡居之家漂沒沈竈人皆露處繞郭諸所罹禍尤烈先一夕有魚舟宿太湖濱夜半見水神列坐烟波間絳服雕冠如廷議國事者久之而散忽於湖中起一長堤如虹橫截水面狂風大作明旦遂有此異相傳縣門譙樓上舊懸吳江縣三大字萬歷三十六年水至邑令向額再拜取以投水水遂定是日趙令促騎出署水沒馬腹不能行聞者老言行之果驗

虎

康熙五十二年冬十二月蕪郡東北隅大宏寺僧晨起突見虎以爲牛也曰門未啟牛從何入一老僧出視之走還呼曰虎也徒眾駭亂虎踰垣入王氏園據蘭雪堂前大石哮吼竹樹皆震動聞之官將備以下持械畢集有一人奮勇而前以大石投虎不中虎遽起傷數人觀者惶擾俄獵戶三人奉官符至舉鳥鎗逐虎虎入蘭雪堂中三人者騎屋撤瓦虎仰視即發鎗中其目再發再中虎被鎗走三人從後繫虎官軍隨之乃殺虎施考功何牧時僑居郡中有虎入城詩紀其異

沁雪石

趙孟頫齊二石一垂雲一沁雪垂雲在松江某氏沁雪在常熟縣衙會令女病呼女巫入治錢昌時掌邑賦囑巫道此石爲祟令舁出之遂爲昌所有而下盤遂失或云在陳湖陸氏昌厚幣求之陸曰盤未知所在別有石亦宜盤請以相貽比舟過陳湖爲標其處竭力挽起則又一石也石二足一足正方而巨一足三角差小而盤之二穴如之起而合焉不失尺寸眾咸詫歎之

喉風藥

吳邑趙氏家傳猴風藥甚効而秘其方一日趙氏子與庠友連鑲輩同寓金閶章北城詢之不荅酒次趙子猴間忽痛北城戲曰天也有頭痛不可忍乃露聲曰為求猪牙皂角得則搗爛以酸醋調末入喉四五嗽痰大吐痛立止鑲數以告人傳者遂眾見龔立本常熟志

水龍

蘇州水龍始於程封君肇泰仿西法為之冶錫為筒屈其頸若鶴喙鼓之以橐籥扼其機躍水數十丈從空而下所向火易撲滅初吳會城西昇平里火封君自率傔從賚水龍救熄之由是蘇人蒙利乾隆十一

年蘇州知府傅椿令城內外每圖必製一具以備倉猝甚為民利

六桅船

太湖中六桅漁船之製不知其所自始或云是范大夫移家具船身長八丈四五尺面梁寬一丈五六尺落艙深丈許中立三大桅五丈者一四丈五尺者二提頭一桅三丈許梢桅二皆二丈許以四四船相聯為一帶而以梢桅分左右為雌雄其造船在胥口之下場灣西山之東村五龍橋之蠡墅光福之銅坑其造篛篷筲欖在衝山其人以水面作田地以網罟代耰鋤以魚鼈為衣食其父子兄弟食粗衣惡無膏粱紈綺之費其母妻子女椎髻操作無金珠首飾之費其冠婚喪祭無繁文一年十二月候風暴行船其禱神之詞有大樹連根起小樹著天飛之句

洪鐘

永和龍巖上有洪鐘高八尺圍一丈五尺六寸人傳前明時墜於地村人集數十不得動眾歸村食有一牧羊者立懸之遂坐化洞中村人知其異塑像焚獻其鐘至今懸焉

陽光洞

靜樂縣廣文楊嘗夜遊東城見燈火光異常徐往就

之有小戶額其上曰陽光洞入洞蕭然無人有几案香爐案上置黃庭清淨經二種燈熒然將燼案旁有甕滿注以油納一杓楊乃以杓添置燈內甕油將盡而盞不盈也已周視洞壁下皆甕中實以金試取之皆不動躊躇久乃出舉武迴視洞已闔然罔有矣

風峪山字

太原風峪山巖鑱字云立一箭臥一箭金鍋耳子露一半溝之南道之北一輛金車露枝幅不知何語今年久漫漶字不可辨矣

銅簪化銀

王體吾長治人與諸友醵飲五龍山治具而忘其箸乃各以簪代食畢隨意取坐旁草拭其膩體吾所冠爲銅簪明日視之已半成銀矣急往山上原坐處徧取草試之竟不可得人言太行之山常有化汞之草人多不能識云

戕精

山西涑水每歲冬夜聞時聞水裂聲戍城者遥見有物如羊自西來冰劈積兩旁至南橋回近年見於白晝冰裂水湧逆流過南橋至呂莊河相傳有梅氏將戰敗執戟熱甚就水濯之化形而逆此其戕精也

令公襖洪崖幞

李實建節晉州表兄武恭性誕妄又稱好道及蓄古物遇實生日無餉乃遺箱挈一故皂襖子與實曰此是李令公收復京師時所服願尚書一似西平實以書謝後聞恭生日挈一破膩脂幞頭餉恭曰知兄深慕高眞求得一洪崖先生初得仙時幞頭願兄得道一如洪崖賓朋無不大笑又記有嘲好古者以市古物不計直破家無以食遂爲丐猶持有所頗子陋巷瓢號於人曰孰有太公九府錢乞一文與武恭事正相類見江盈科談言

蚺蛇油

明武宗初年嘗宿豹房劉瑾等以蚺蛇油萎其陽是以不入宮後十年始得幸劉妓呼爲劉娘娘此出王文祿庭聞紀畧然蚺蛇油能萎陽本草不載

大同婦人

大同婦人好飾尚脂多美而艷夫婦同行人不知是夫有是婦也宣府教塲東西幾十里南北二十里蔚州城磨甎所砌朔州近山易採木市房簷廊今頗傾頹語云大同婆娘蔚州城牆宣府教塲朔州營房亦不誣也

吳畫

王圭祿云吳生畫筆其在於今殆片楮爲重矣平陽西偏普菴堂水陸社乃有吳生所畫水陸百二十軸社之得名以此姜子綺季爲予言聞之寺僧述畫所繇出甚奇甚明世宗朝西河郡王城北有隙地傳爲廢寺遺址其地中間方數尺許雨下不濡雪甚不積又中夜常見奇光王心異之乃掘地以窮其怪掘深五丈得巨石函一以鐵緄二道束之發之又得錫函其最中函以木木函啟而畫軸見乃希代之奇寶也

王甚珍焉其後王薨嗣王不知寶異以乞揮僕呂呂又死其家落寺僧以常直得之因創地藏焉則崇正間事云因美子言急求觀得見三十軸信奇筆已遂作歌志之

許冲亮

平陽許冲亮與甘肅生冲朋友善崇正間相約汗漫遊至高平遇牛公子某留憩南關道院牛倏遘家變以千金付許曰事急矣東西南北不可必脫有遇濡此金以濟而生不知也居十年所不相聞至

國朝牛更名青入監用教習考知縣許方知某尚在告

生曰吾守此地負遊約者徒以公子金耳今公子在都門需此必急於是賫金偕往見公子抱許痛哭既而曰某不肖家私灰燼意中久無此金願奉為買山資許大恚云亮若利此安待今日幸勿汙我牛改容謝許遂去陟嵩岳不知所終或曰許避逅宋中一巨公棲遲歿生亦不食死

穴葬

近年有營葬穿壙而遇古穴者窺其甃砌堅緻采繪人物之狀完好如初尸體衣佩仰卧在牀有若寢息衾裯枕席都未損動或以幽室久閉未可輕入及入之觸風輒化前之所見一切如掃亦不知何時有此葬法說者疑為金元間事然史傳中亦未之見也

放鯉祠

莊麟山西臨縣鄉民也年二十未昏暑浴於河見大鯉困網中約重百餘斤軒鬐若訴麟憐而脫之鯉遊行作回頭狀躍波而逝後麟隴上假寐夢秀才騎從甚都皆翩然俟逸揖麟而言曰予德子甚矣請於家君將以妹室子幸勿辭麟瞿然曰僕田澤人耳素不與君相聞何德之有矧畜野不稱敢辱君之妹乎秀才曰子不憶河上之鯉耶余乃禹門龍王第三子也

化魚出遊為漁所困微子將膾予於市矣舍妹明艷真堪作述子何拒之深也麟聞之心惴曰水府路殊賢妹何愛於僕蒙君之厚是速僕之死也敢辭秀才心恚因出水晶一顆贈麟曰旱魃為虐子以此禱甘雨可立致豐也及寤而晶在枕遇旱以禱輒效號曰雨師莊老凡州縣賻遺皆卻焉遠近甚德之

國朝順治初年七十餘臨歿前三日復夢秀才曰君數將盡晶應見還麟探懷予之果卒至今士人立祠河干顏曰放鯉肖麟像其中禱猶驗焉

聶翁

聶翁山西人婦虞氏生一子翁又商於川主李氏李之婦新寡翁即贅於其家俗謂之坐門招夫承其香火改姓李亦生一子因張獻忠入川李氏子母散失翁流入滇黔爲僞弁被官兵俘獲時渠因數十撫軍付州刺史聶熊臣鞫之詢及翁里居姓名刺史異之退問母母令復訊而已聽於後不數語呼其子曰真而父也起之囚中拜哭大慟洗浴更衣慶抃無已屬員咸將羔鴈爲賀刺史觴之翁亦在席客問翁何由入滇黔翁言其從川入滇始末又與李吏目里居母子姓名合李駭甚歸述於母母令設醴邀翁翁至母窺見出曰尚識妾否爲吏目者君之子也刺史聞之至與吏目序兄弟焉

羊十三

山右有羊子壽者羊叔子之裔也子壽之祖年三十未有家室牧羊山中里人以其誠實有願爲之婚者彼乃曰德容兼備而後厚奩資者娶之聞者莫不竊笑時隆冬南風大作瓦石俱飛墮一婦於庭姿容絶艷衣飾縞素自言秦氏女父母俱亡家在正定之平山縣頃見我亡母云與此處羊郎行十三者有姻緣挾我至此倏失我母人咸異之正定至汾幾二千餘里瞬息飄至洵屬天緣衆爲醵資諸伉儷焉客有戲十三者曰佳人之德容備矣百兩之將關山修阻風姨不能致奈何女聞之曰我家固巨商有金窖於都門室中我父母相繼淪亡不及發尚有老僕居焉今我與俱往窖金十萬有奇皆可得也奩資不亦厚乎擇日往僕已死唯嫗存焉告以故遂盡取地下物置於京令子若孫以百指稱富室云

橫土立土斜土

田地有橫土有立土西北橫土可以穴居山西多窰房即所謂陶復陶穴也立土不可穴居又不宜種禾江南又有斜土不能畜水

卟仙

世傳卟仙降筆詩余多不信癸未中江唐生來京自言能致之一日同張丹崖集予椿樹齋中請太白下箕作歌唐素苦吟終日才能脫稿至此一揮而詩已就視香銷未及寸耳其詩云春風習習入簾櫳丈夫吐氣如霽虹鬱積山崖出烟霧飛來橫我堂西東李子翩翩出林鶴凌雲直上清虛宮天門九萬八千里白鳥展翼一朝通唐生抱負亦非淺窮谷十年藏臥龍風雷奔騰起倉卒百族仰視誰能同張君皎若三

森樹天厓海角着驚鴻相隨彩鳳丹山去月明無伴號秋風九年風雨泉林下十千沽酒不辭窮朝來共集上林苑木天署內誰英雄我自翰林供奉日每日醉臥酒糟中一自歸去蓬萊島人寰下視塵濛濛白也何人相伯仲惟有子美時過從論交近今七百載古道從來比霜松鬱鬱澗底誰相問風摧雨薄生青銅青鳥忽傳書一紙云君相召欣相逢太白先生不辭遠飄飄疾下如飛蓬春深三月桃李盛陶然醉我酒千鍾一斗百篇尋常事再沽百斗呼隣翁我本謫仙子君等亦仙侶蕊珠宮裏宴羣仙一曲清歌醉不起後己丑丹厓兄檢討鶴林殁於京師始知月明句為之讖也詩雖草草紙上飄忽有仙氣亦奇事也

卷二終

尾蔗叢談卷三

綿州 李調元 撰

關侯廟對

宋文康過蒲州謁關侯廟見一聯云怒同文武道郎聖賢文康以對句不工思有以易之偶午睡夢侯告之曰何不云志在春秋公醒而書送侯廟

昭君墓

嘉禾曹秋岳溶嘗至昭君墓墓無草木遠而望之溟濛作黛色古云青塚良然墓前石案刻某閼氏之墓為蒙古書先生考譯最詳搨數紙歸

鐵母

名勝志太原府城內有巨鐵常露其頂掘之則深入不出曰鐵母今有鎮鐵祠西樵游并州題詩云塊爾留其質蕭然覆古苔氣應千象緯地已絕塵埃知有藏鋒用無勞大冶開風胡今已遠珍重寶刀材

白玉盌

竹垞白玉盌記余自大同轉客太原留曲周王公官解公藏白玉盌一崇五寸深四寸六分徑七寸舉以映膏燭皎若冰雪有黄點如粟凡十餘綴焉獲之晉恭王府者也

鐵人

朱彝尊跋晉祠鐵人胸前字曰太原縣唐叔虞祠西南隅聖母廟階下鐵人四長九尺分兩行侍立胸前有字紀銘鑄歲月是政和年造文既率率字亦粗醜無足取者倦圃鉏菜翁以金石之文石多金少欵多識少遂摹搨而裝潢之此無異燕人之市馬骨也

散人

永甯州通大道處有土岡岡側一小茅菴菴中有道人以賣馬鞭竹篠爲業傍置一爐取炭碎轆篠卽成人物山水花草較倭銀更細所獲錢卽修路及橋人每過其處必下馬少憩未嘗知其異也後道路橋梁俱已修整道人忽不見相傳爲散仙云

行乞老人

五栁先生所歸處村中有老人行乞爲業遇人則曰余百四十歲矣無籍貫姓氏非本無之蓋彼亦不自知其所從也初來爲村人牧牛止須一飽牧一生無絲毫積今老矣不能牧故至是耳計嘉靖抵明終已百二十餘年

大清又十三年則百四十非誕也他日予過故里詢得老人爲牧之處其主人之孫曰彼自嘉靖初爲余祖牧牛余父見時見彼初來已約畧近四十無論余祖卽余父亦至八十餘久爲泉下人余又復皤皤矣由是設計之則是嘉靖已前所生者尚不止於百四十矣百四十云者從老人自命之辭一混沌甲子耳今猶矍鑠行乞十里則終日返二十里則翌日返以至百里內蹤跡錯交然其後死尚未有期其人無異狀身不滿四尺貌癯而黑似應爲乞者獨雙耳垂垂長二寸許老猶腴潤如故又云其人從未破色欲戒不知世間男女婚嫁爲何事至今猶童子身意者壽在斯乎

孝牛

毛逵文云吾邑南四十里地名九都田家姓黎者畜一子母牛子齒近歲七月間田家縶乳牛於家駕其母耕隴上耕畢放牛牧洲渚方午風雨晦明雷電大作牛忽爲霹靂所擊田家卽聚隴上人舁斃牛委之河歸乃憐其子而嘆息曰若母已爲雷擊死於某隴上洲渚矣時乳牛悲鳴不已次日田家放乳牛牧地所去前洲渚猶里許牛卽騰躍悲鳴犇至其母被擊處哀號躑躅不飲不食如人匍地而號咷逐則躍起促之歸則逸去人去則復遶哭其處如故一晝夜不

絕聲竟自擲死於隴上鄉人哀其孝爲之葬於隴上名之曰孝牛家此順治丙申七月事也

郭氏陳氏

安遠葉燦妻郭氏死既葬一日忽來歸處分家務飲食寢處如常但有聲無形閱數月息又孫心海妻陳氏死後爲厲能言食亦如郭三年始息去之日有痛哭聲此康熙初年事也

瑞羊

安遠貧當村濂江所經有狐狸石崒然磊嵬江至此深不可測巨魚棲穴其中有長至數丈者次亦三四

丈居留無所施容蓄浸長石之陰爲石羊穴嘗有羊出穴日人見之輒走匿穴深窅而窄其外無有鬱窺之者羊或三四歲一出或一歲二三出見則其地多有吉事以爲瑞羊焉墳羊與鮪穴華而爲一而傖俗罕有傳之者吳子晉綺過而賞之謂狐狸石之名不稱更名曰鮮卑石謂源之鳥鼠同穴向未有對者以魚羊共谿當之天然儷偶云

龍船神

贛俗多淫祠而龍船神尤爲鄙妄圖像於屋壁頭大如輪赭顏皓齒金甲蟒服侍從吏卒篙工柝師以百計長不盈尺以形容神體之鉅視長狄僑如數倍矣土風無競渡屆端午則喧金鼓縻牲醴以祠神舉國若狂賭博鬭毆叢生其中里民曾某牒縣請禁之贛令楊玠如其言戒飭閭井不逾旬曾某病發譫自言龍船神憑焉闔室妻子皆病譫語無異祠令君往觀則詢怒熟視無如何蒞人復相率祠神曾病良已此亦異也

祭天金人

漢驃騎將軍霍去病出隴西過焉耆山得休屠王祭天金人顏師古曰今佛像是其遺法也

毾㲪

異物志西域大秦國埜繭織成氍毹以群獸五色毛雜之爲鳥獸人物草木雲氣千奇萬怪上有鸚鵡遠望軒軒若飛其文赤白黑綠紅絳金縹碧黃十種色古樂府請客上北堂坐氈及氍毹通俗文氍毹細者謂之毾㲪班超與弟固書月支毾㲪大小相雜但細好而已今則統云氈矣

花蹄牛

元封中大秦國貢花蹄牛其色駁高六尺尾環繞其身角端有肉蹄如蓮花善走多力帝使輦銅石以起

望仙宮牛跡在石上者皆如蓮花形故陽關之外有花牛津時犕得異石長十丈高三丈立於望仙宮因名龍鐙石武帝末此石自陷入地中尾出土上今人謂龍尾墩

劍靈

酉陽雜俎云開元中河西騎將宋青春每陣常運劍大呼執馘而旋未嘗中鋒鏑西戎憚之一軍始賴焉吐蕃入寇獲生口數千軍師令譯問衣大蟲皮者曰爾何不能害青春答曰常見青龍突陣而來兵刃所及若叩銅鐵我以爲神助將軍也青春乃知劍之有

靈

青鳥

山海經三危之山三青鳥居焉是山廣圓百里青鳥主爲王母取食陶詩翩翩三青鳥毛色奇可憐朝爲王母使暮歸三危山我欲因此鳥且向王母前在世無所須惟酒與長年今云青鳥仙使本此

伎兒鳥

兩當有鳥羣飛音如簫管二月從北向南八月從南向北春來種米秋來種麥土人名伎兒鳥

魚洞

兩當縣東五十里有魚洞一名長春洞每歲暮春魚涌洞中而出不知所從來又成縣仇池山亦有神魚洞每年清明後連貫而出土人取之

天仙椒

敦煌新錄虜蘇割刺答魯之右大渾中高百尋然無草木石皆艳色山產椒大如彈丸燃之香徹數里每燃椒有鳥自雲際蹁躚五色名豬爾鳥蓋鳳凰種也漢武帝遣將軍趙破逐匈奴得其椒不能解問東方朔朔曰此天仙椒也塞外千里有之能致鳳武帝植之太液池至元帝時椒生果有異鳥翔集

樹神

錄異傳云秦文公時武都故道雍南山有大梓樹文公伐之輒有大風雨樹生合不斷時有一人病夜往山中聞有鬼語樹神曰秦若使人被髮以朱絲繞樹伐汝汝得不困耶樹神無言明日病人語文公如其言伐樹斷中有一青牛出走入豐水中其後牛出豐水中使騎擊之不勝有騎墮地復上髮解牛畏之入不出故置髦頭漢魏晉因之

趙抱一

秦州民趙抱一常牧羊田間一夕有叩門召之者以

杖引行杖端有氣如煙其香可悦俄至山崖絕頂見
數人會飲音樂交奏與人間無異抱一駭而不測會
廵檢司過其下聞樂聲疑羣盜歡聚集村民梯崖而
上至則無所覩抱一獨在援以下之具言其故凡經
夕若俄頃自是不喜熟食凡火化者未嘗歷口茹甘
菊柏葉果實井泉間亦飲酒貌如嬰兒素不習文墨
口占辭句頗成篇詠有道家之趣遂不親農事野行
露宿自言生於宋初至今人猶見之

滇中詩人

滇中詩人永樂間稱平居陳郭郭詩有唐風三子遠

不及也其竹詞云金馬何曾半步行碧雞那解五更
鳴儂家夫婦久離別恰似兩山空得名又登碧雞山
太華寺一聯云湖勢欲浮雙塔去山形如擁五華來
一時閣筆

滇中古書

巡撫顧應祥刻常璩南中志於滇意甚善而未盡今
滇中古書如南中行記樊綽志辛怡顯錄等絕無傳
本其刻諸史如史記兩漢西南傳新舊唐書南詔兩
爨驃國傳宋史大理傳元史緬國傳又皆散見未有
會歸楊慎采白虎通作滇戲記僅備小說倘合南中

志十一種爲合刻則上下千餘載差足一方之典則
矣

九字梅花詩

楊升菴丹鉛錄曰元天目山釋明本有九字梅花詩
滇南唐錡以爲不佳屬予作一首乃口占云元冬小
春十月微陽回綠萼梅蕊早傍南枝開折贈未寄隴
凱隴頭去相思忽到盧仝窗下來歌殘冰調沉珠明
月滿舞破山香碎玉凌風臺錯恨高樓三弄叫雲笛
無奈二十四番花信催

咏刺桐花詩

督學雲南彭綱咏刺桐花云樹頭樹底花楚楚風吹

綠葉翠翩翩露中幾枝紅鸚鵡刺桐花雲南名鸚哥
花花形酷似之彭詩本四句命吏寫刻遺其一句復
誦之自覺意足乃不更改

白綾作襪

楊慎戍永昌遍遊諸郡所至攜娼伶以隨蠻酋欲求
其詩翰不可得乃以白綾作襪遺諸妓服之酒後乞
詩楊欣然命筆醉墨淋漓揮滿裙袖酋重價購歸楊
後知之更以爲快

用修唱和詩詞

用修久戍滇中婦黄寄一律云鴈飛曾不到衡陽錦字何由寄永昌三春花柳妾薄命六詔風煙君斷腸曰歸曰歸愁歲暮其雨其雨怨朝陽相聞空有刀環約何日金鷄下夜郎又黄鶯兒一詞積雨釀春寒見繁花樹樹殘泥金滿眼登臨倦江流幾灣雲山幾盤天涯極目空腸斷寄書難無情征鴈飛不到滇南楊又別和二詞俱不能勝詞云夜雨滴空堦傍愁人枕畔來鄉心一片無聊賴淚眸懶指狂歌懶裁沈郎多病寬腰帶望琴臺迢迢天外懷抱幾時開霽雨帶殘虹映斜陽一抹紅樓頭畫角收三弄東林晚鐘南天

晚鴻黄昏新月弦初控望長空披襟誰共萬里楚臺風絲雨濕流光愛青苔繡粉牆鴛鴦浦外清波漲新篁送涼幽芳弄香雲廊水榭堪遊賞倒金觴形骸放浪到處是家鄉

懷歸詩

楊用修在滇中有懷歸詩星橋南望沉犀渚雪嶺西連抱珥河關塞渺茫魂夢隔山川迢遞別離多汀洲春雨搴芳杜茅屋秋風帶女蘿心事未從詹尹卜生涯聊聽僰童歌後暫歸瀘已七十餘而滇士有讒之撫臣王昺者昺俗戾人也使四指揮以銀鐺鎖來用修不得已至滇則昺已墨敗用修竟不能歸病寓禪寺以沒

張字

永昌張志淯爲太常卿時與新都楊廷和友善一日廷和偕弟廷儀暨二三僚友集志淯宅分韻賦石榴詩客有得張字者難之志淯子含方七歲在側曰何不用張騫故事坐客皆驚明日廷和亦攜子慎來慎年與含相若互相辨論各不能屈遂定爲終身交後含舉鄉薦不仕慎亦謫戍永昌復與含詩文倡和以垂老焉

岣嶁碑

嶽麓碑即南嶽岣嶁山祝融峯韓昌黎恨未之見者楊慎得衡山墨本釋之中有四字未詳夢黄衣魚目人曰此南瀆衍亨也因重摹於巨石上較湖廣本尤妙其詞曰承帝曰咨翼輔佐卿洲渚與登鳥獸之門參身洪流而明發爾興久旅忘家宿嶽麓庭智營形折心罔弗辰往求平定華嶽泰衡宗疏事裒勞餘伸禋鬱塞昏徙南瀆衍亨衣制食備萬國其寧竄舞永奔

大理三塔寺碑

寺碑原在黄華山金翰林王庭筠四絶句詩也嘉靖間象事崔某攜帖至李元陽重摹之其詩曰王母祠東古佛堂人傳棟宇自隋唐年深寺廢無僧住滿谷西風集葉黄手拄一條青竹杖興來日挂百錢遊夕陽欲下山更好深林無人不可留挂鏡臺西挂玉龍半山飛雪舞天風寒雲直上三千尺人道高歡避暑宮帝遺名水護此邦千家瑟瑟嵌西窗山僧乞與山前地招客先開四十雙今碑在大理三塔寺

蘭氏兄弟能詩

楊林蘭廷瑞信天翁詩云荷錢荇帶綠江空唼鯉含

鯊淺水中波上魚鷹貪未飽何曾餓死信天翁詩中有諷其夏日詩終日凭欄對水鷗園林長夏似深秋槐龍細灑鵝黄雪涼意蕭蕭風滿樓冬夜云枕上詩成喜不勝起尋筆硯旋呼燈銀瓶取盡梅花水已被霜風凍作冰題嫦娥六月圖曰竊藥私奔計已窮藁砧應恨洞房空當時射日弓猶在何事無能近月中三詩皆可嘉信天翁水鳥也食魚而不能捕俟魚鷹所得偶墜者拾而食之按滇補云蘭茂號止菴楊林人兵燹之後著述散失其七世孫世蕃所遺斷簡殘編內有止菴元日家慶沁園春一調甲辰元夕懷亡弟一翦梅一調四月二十一日壽弟廷俊西江月一調又古碑鐫景泰年縑山蘭秀等字合參之則止菴兄弟三人皆能詩廷秀茂字也廷俊秀字也廷瑞或止菴之又一弟也年遠遺名無可考又升菴詩云蘭叟和光卧白雲賈生東晦挹清芬何人爲續稽康傳題作楊林兩隱君和光止菴别號東晦詩不存

烈婦湖

明紹郡土兵四起時避兵湘湖者以數千計淫掠慘毒不可言狀同時赴死節烈最著者如趙逢元妻張氏王九隆妻戴氏庠生來冠朝妻何氏儒士來逢盛

妻黄氏來冠倫母俞氏妻任氏太學沈驥妻來氏王國生妻徐氏庠生黄奇英妻於氏庠生來夢麟妻程氏韓時雍妻來氏來裕女與婢小春傳日新妻戴氏楊守程與妻湯氏及幼子皆躍入水中死庠生胡光樞妻徐氏胡斗輝妻許氏王國幹妻俞氏被執不從俱臠斬剖腹死他如貢生來逢時母王氏徐喬椿妻沈氏翁氏二女俱被獲赴水不得皆解髮自縊死其失載姓氏者不知凡幾至今風月清明之夜土人聞悲泣之聲當事歲時致祭人號烈婦湖云

柳英

鄞民柳英邂逅處州商拉之往彼販靑箬既而棄宗留谿起路梗不得歸人傳英已遇害詢諸處州還者皆曰死矣踰三月其弟華婦發狂附語曰我於某月某日已被賊殺恨吾子幼可析烟以杜後患邀二三宗婣歷言平生事無訛曰我無私蓄唯僞縣耆老受人苎布二疋在某箱中妻探之果有亦命分其一與弟後二年賊漸勦絕英乃生還始知附語咸非眞也

詩讖

江南丁儀部澎咏蝶云愛爾飄揚意依人冉冉飛高低惜芳草浩蕩弄春暉有夢長爲客無家尚憶歸故

園風物變楊柳未應稀羣嘆神采紹炳獨愀然曰飛濤少年登第風雲路闊忽爾作此酸楚語當非佳祥已而果被謫出塞外人之歸里故宅已售之他人惟垂柳數株翳綠如昔

十子詩評

西陵十子毛穉黃評陸景宣圻如濯龍甲第宛洛康馗流水游龍軒蓋聯映柴虎臣如連雲夏屋乜論棟樸卽欂櫨支撐都無細榦吳錦雯百朋如淺草平原朔兒試馬展巧作劇便有馳突塞垣之氣陳際叔廷會如孟公入座宕邁絕倫孫宇台治如春江一消波路壯闊張祖望綱孫如鄭生謁軍門外取唐突見奇而中具簡練沈去矜謙如秦川佚女巧弄機杼心手既調花鳥欲活虎臣評駁如伶倫調管氣至音成比竹之能而欲近天籟丁飛濤澎如黼帳初搴銀箏未闋月光通曙與燈競輝虞景明黃昊如叢篁解苞新蓮含粉

積善三異

明徐棠六墓士名上向有別宗其謀佔其穴訟之官當事夢老人衣冠甚偉卒英髦分庭抗禮言曰願乞靈一掃門庭之寇上堂果見持訟堂下如夢狀異一又仇首謀埋僞誌於墓僞勘驗地皓月中忽轟雷擊

散異二及庭訊時公座上頂格軋軋作欲墜聲搦管則然擱筆則止當事驚訝遂正奸佔之罪異三人以爲積善之報今其子孫果多科甲云

馮小二

管思易鄞人奉命湖廣辦疑獄衡陽有少婦秦氏孀姑逼嫁之不聽有鄰少馮小二欲挑之以姑在不得閒因計毒其姑而婦遂陷於辟思易至夜夢老婦繫一馬泣訴於前曰馬實殺我非婦也比至郡以獄上求馬姓不得覗鄰右名有馮小二曰將無是乎遽呼

訊之卽立承婦遂得釋

節婦雨

張爲知鉛山與民約有孀婦願嫁者具牒進跪羞字牌下願守者跪節字牌下判牒聽其嫁守有傅四妻祝氏夫死舅姑欲奪之紿以願嫁牌進爲判如其牒出舅姑謂曰張公判汝嫁矣祝乃赴水死舅姑怒實土塡之事久不洩後不雨朞月爲齋戒宿城隍廟中夢一婦抱牒泣訴寃狀爲閱狀悉記其都里姓名竟詣其家啟土得之貌如生爲乃大慟作文祭之忽大雨如注平地水深滿尺號節婦雨請於朝立祠祀之

尾蔗叢談卷四

綿州 李調元 撰

佛骨

扶風縣法門寺古塔四層葬佛手指骨一節卽唐憲宗迎入禁中韓吏部退之表諫者塔下層刻作石芙蕖工緻精妙每芙蕖一葉上刻一施金錢人姓名殆數千人宮女姓名爲多又刻白玉像所葬佛指骨置金蓮花中隔琉璃水晶匣可見聞見後錄云法門寺者唐憲宗迎佛骨之所也元和十四年詔改爲法雲寺勅學士張仲素撰碑宋徽宗有讚并大書皇帝佛

國四字於山門之上明宏治十八年重修

九龍廟

九龍廟在同州九龍泉上每歲二月二日有司以牲醴修祀曰扶龍頭居民以五月十八日報賽相傳元亞哥守州値久旱禱於神曰得雨爇民願以女事言訖雨大注女暴亡遂塑像後殿明知州鄧鎧辨其不經畧云亞哥一念之誠割其至愛以代已身有桑林餘意而女逝適會乃厚受其誣神若有知其羞血食於此矣

太白禦寇

太白廟在華陰縣西太和堡堡爲邑巨砦順治初山冦將夜襲之遙見縞衣老人環巡陴上戈戟森列柝鼓相聞賊驚逸去後有自冦中逃歸者述其事始知神之捍禦也

神女詩

韓城志云解公孫某韓城人有神女降其樓上善詞賦頃刻立就行草尤雄秀其詩云萬疊芙蓉列翠屏曉聞燕閣誦元經振衣直上凌霄漢倚劍平臨壓斗星風引簫聲來碧落雲連海氣散青冥仙盤乞得蓮花露天半飄飄共御泠

夜半人語

澄城孫嘉士閉戶讀書夜半忽聞人語云天有五星兮晦明不一地有五嶽兮高卑不齊草木兮夭喬鳥獸兮走飛人生造化兮一定而不可移孫開戶視之不見有物惟聞山谷泬寥深風響荅而已

麋

順治五年興平河得一物色青黑頭角如鹿尾如馬之禿者目下別有二竅深寸餘夜能視物人謂卽麋也

櫟陽韭

陳其年檢討遊紀云閒愁疊疊紛於太華之旒歷劫綿綿多似櫟陽之韭蓋古諺櫟陽家家種韭也

羅漢殿

葭州青龍岩居人姓名未詳其叟以積善爲事修青龍岩羅漢殿工成立化於殿中老嫗煑粥饋食見叟狀亦立化隨一犬亦化土人將肉軀敷泥塑像至今猶存

王祟

王給事崇爲陝西主考出題四罪而天下咸服及考察汪鋐以其指已與羅峰也爲羅峰誦之欲去崇羅峰曰彼自出題耳爾非四凶安得卽與招認耶

自成考試

李自成據秦府大集士子考試出題曰道得眾則得國士子私相謂曰仍不離盜賊二字

鬚異

明時長安五隅頭有葉姓老翁鬚已皓然一道人過之化齋葉仰面視日曰非其時矣道人乃舒右手抹翁右頰尋鬚而下曰美哉鬚遂飄然而行少時侍婢見右畔鬚純黑而半面肉色亦嫩如少年後翁得上壽鬚容卒不變云

吉解元

吉給諫時爲諸生讀書城隍廟偶暮歸忽聞門下有人言去得否徐伺之乃二泥鬼也須臾二鬼下臺東行時因尾之一鬼曰勿高言吉解元在後尋至一人家叩門即開以納次日往訊主人言有女得疾每夜起鼓後如魅壓狀五更方甦吉令取硃紙書吉解元在此五字貼牀頭女尋愈吉後果發解

書生取珠

崇正末蒲城人屈曼爲縣隸嘗中途醉卧夜半見古槐間有少年書生仰月呼吸俄而口吐一珠色赤於

火以手承弄曼踉蹌奪取書生怒爭不已既曰假汝經年仍當歸我隨失所在曼遂吞之體忽飄颺咸謂曼得隱形術適御史巡蒲錄諸訟牒怨家重賂曼令入堂掣牒左右無見者御史覺階前有半體人案牒翻翻自動心異之急以所佩印重按得人手全體遂現立命箠斃掩埋逾夕墳開成一小穴若有物出入狀蓋書生取珠爲之

懶翁

李任義本蜀人避難寓隴州後官彭州太守忽自歎曰三生原是出家人一念差來墮縉紳破衲蒲團瓢笠杖依前還我水雲身遂棄妻子掛冠而遁混迹緇流歸隱於隴州方山結廬巖壑徜徉嘯傲似唐之懶殘遂以懶翁自號而詩歌梵音絕類寒山子門人於石壁樹葉間尋得其遺跡刻拾唾錄傳世壽八十一一日沐浴整衣與大衆別行者道坐脫耶翁曰我不喜打坐又道立化耶翁曰你也管我不住大衆求偈翁豎起拳頭曰會麼衆無語翁笑曰不是這箇道理老夫天堂也去得地獄也去得言訖自卧而逝白雲繞室異香三日不散

芝山子

王金字芝山西安人年十七遇道人墮水救歸嚴事之已而道人攜入終南授以奇祕試輒有驗時世廟好方伎金以白衣召見言三元大丹稱旨與陶仲文邵元節並稱榮寵歷官太常出入禁闥二十年依新鄭高文襄以居遂爲鄭人李夢陽贈以芝山子辭云

徐庶成仙

徐庶三國南陽人事蹟載人物傳康熙三十五年廣東五指山白日雲鶴翔空香霧繚繞有一仙人升舉空中語山中人曰我三國時徐庶也修煉千餘年今得冲舉汝輩可傳與世人知之

孝子村

劉芳永甯人康熙己巳洛水漲溢芳父爲巨浪所漂疾去如矢芳哭追里許躍入水援之芳父聞人語云急抱吾馬足可渡父如其言比達洲則所抱者芳脛也父子俱免人以爲孝感所致知縣佟賦偉率鄉民環拜其廬表曰孝子村

麥自生

順治元年荆襄野麥自生時大亂初平貧民賴以活不耕而獲人謂太平之兆

烏異

順治十二年長沙水是歲辰州尙爲黔寇所據有烏萬計色黑如鴉自北而南其飛下處草爲之盡赤識者以爲我 師南征戡定草賊殄滅之兆後果驗

天如僧

天如不知何處僧住鄂城修靜寺言未來禍福不爽常受一宰官舟貲數兩渡江卽盡畀舟子或曰何多也師云某子我舟貲也故與之又某施一衲值十餘金遇寒乞卽以衣之張獻忠破省之前指鄂東門謂人曰此竈竇也又曰城內皆圂猪張屠李屠將至矣每五更沿街呼云謝檀越佈施大難到盍早爲計癸未元旦忽不見六月闖省及於難

生生道人

生生道人不知姓名或曰江漢間人行符水方藥於咸甯蒲圻間多奇驗有孝廉郭翹中家遷一宅地忽軟如泥不可下足屋瓦欲傾請於道人乃畀六植符而地復故順治初蒲圻周生見道人負葫蘆行賣藥問之曰吾偶寓跡仙棗亭詰朝訪之無所遇後亦不知所之

雷九功

雷九功夷陵人生時室有異香少不慧一日有張道

人呼其小字功遂從之遊引入一樓飲食歌舞非人間有一日欲之長陽張令閉目耳中但聞風聲俄頃歸過石門洞道人以土書月峽張仙數字至今猶存久之道人辭去遺功以詩功歸輒逆知來事但曰吾以某日行矣至期卒年僅弱冠大風拔木道人所遺詩忽失所在卒後三十五日室有火光視之得功手書別家人詩人以爲尸解云

王相

王相監利人補弟子員讀書城南小園月夜輒有黃冠扣戶入與談黃白術後則當晝亦來相事母極孝

又不欲以牲殺供甘旨黃冠授以弓小如鈎以筯爲矢命射小雀發輒中往來三年黃冠忽辭曰吾去三十年復來及相五十已忘之矣其初度日忽憶前約亟起詣圃則黃冠已至張筵宴之黃冠因指壁門隙呼男子美女六七人奏音樂樂畢以土書詩几上前二句字不可曉中云當年猶有維摩筆今日卻無鍾子音閑敲幾句乾坤老朗誦一聲天地驚勸君早擲王喬舄同作崑崙閣上人振衣而去約以中秋蟬鳴伺我階除是夕蟬自雲中墜鳴不休相舉手拾蟬而逝越三日面色如生

麗鹿門

麗鹿門蘄州人幼從李時珍作本草綱目視神農多三千品視唐本草多一千五百品視陳希夷蓍多五百品凡魚虫鳥獸草木天地內外無所不包久復考核詳究盡生生變變之妙

卷四終

古音合

光緒壬午年
鐫於樂道齋

詁有之字孳也言其孳息而無窮也天地之生形立而聲隨之故六書之本在象形而其用在諧聲自假借之法行而音韻相生其道乃弥出而不匱矣經術與小學廢縉紳先生有不誤蹲鴟而解讀雌霓者曾有幾人字一也音則隨所用而爲之變若執此字以讀彼音則音義俱失甚且誤以押韻而不覺者雖在通人不免焉余暇日輙取韻書之一字而音韻相借者合而錄之名古音合非止供拈吟之用亦使初學者知所考焉雨村李調元序

古音合　卷上

綿洲　李調元　鶴洲　撰

一字二音

囪 音聰窻突也又音窗憁同
侗 音通論侗而愿又音同悾侗
恫 音通呻吟也又音洞書乃奉其恫
紅 音洪紅色又音工女紅
風 音鋒風俗風教風化又音俸風刺風諭
倥 音空倥侗又音孔倥傯
翁 音平聲長老之稱又上聲翁翁然酒醲也
馮 音縫姓也又諸馮又音憑馮依馮河
悾 音空論悾悾而不信又音孔悾憁不得志也
童 音同童子菀童又音終夫童地名
筩 音同截竹為筩銿筩又音勇筩室也
憧 音童易憧憧往來又音撞贛憧兒頑貌
瞳 音同瞳子重瞳又音動未有知貌
幪 音蒙帲幪墨幪又音蠓詩麻麥幪幪

籠 音聾鳥籠又上聲箱籠籠罩
供 音恭供給供養供奉又去聲供設 東韻
匈 音胸匈中匈奴又去聲匈匈
容 音庸儀容包容容受又音勇飛揚貌
封 音葑封禪封疆華封又音砭檀弓般以機封
葑 音風葑菲又音俸菰根也
逢 音馮逢迎遭逢闕逢又音蓬詩鼉鼓逢逢
縫 音逢縫掖詩可以縫裳又音鳳鏬縫縫人 冬韻
傭 音融傭僱菜傭又音充詩昊天不傭
邦 音幫邦國邦家又音寧
幢 音牀幡幢又音撞后妃車幨 江韻
尼 音泥尼山尼僧又音匿孟止或尼之
吹 音炊吹噓又去聲鼓吹
知 智平聲知覺又音智仁知
枇 音皮枇杷又音彼禮枇以桑
卑 音悲尊卑卑下卑賤又音彼詩卑民不迷
兒 音而嬰兒兒女兒孫又音倪詩黃髮兒齒
祇 音岐神祇又音支詩亦祇以異
陂 音卑陂澤陂障又音坡陂陀不平

追 音錐追逐追隨又音堆詩追琢其章
衰 帥平聲衰微衰弱衰耗又音崔等衰齊衰
倭 音煨倭遲又音窩倭奴國
倕 音垂重也又音瑞古巧人名
推 音吹推獎推移推遷又音腿推排推盪推擠
唯 音微專辭又音委唯諾
庳 音卑庳下又音陛孟封之有庳
為 音偉作為又音位為已為人
傀 音規傀偉禮大傀異災又快上聲傀儡
裨 音悲裨補裨益裨附又音皮偏裨裨冕裨諶
菑 音支菑畝易不菑畬又音哉詩無菑無害
粢 音咨粢盛又音劑禮運粢醍在堂
期 音奇期約期會期頤又音雞期年期月期服
緌 音雖詩福履緌之又音妥曲禮國君緌視
孳 音咨孳生孟孳孳為善又音自書鳥獸孳尾
綦 音其詩縞衣綦巾又音芰內則屨著綦
維 音微維繫四維綱維又音雍周禮其浸盧維
縋 音垂縋擊又音墜架蘊薄杜
廝 音斯廝役廝徒廝養又音詩詩疏也分也
遲 音池棲遲尉遲又音稚待也希望也

嬉 音希嬉遊嬉戲又音喜妹嬉夏桀妻
犛 音離犛牛又音茅牛尾可為旌旄
疑 音彝疑惑嫌疑又鋸入聲疑立
璣 音雞書璇璣玉衡又音季厥貢元纁璣組
錡 音奇左傳筥錡釜之器又音掎孟北宮錡
錘 音垂稱錘又追上聲爐錘
噫 音伊噫嘻又音隘內則不敢噦噫
彌 音迷彌綸彌月嫛彌又音米彌亂
麋 音糜麋鹿又舉麋醜人又與眉同須麋
騎 音岐跨馬也又音芰騎射車騎
斄 音犛斄牛毫斄保斄又音狹劉向貽我斄斄
離 音犁別離佚離流離又音利附離離騷離支
蘄 音奇山蘄蘄春蘄水又音芹蘄菜
羸 音雷羸瘦尫羸又音連羸陵縣名 支韻
衣 音伊衣裳又音意孟許子衣褐
妃 音非嬪妃后妃又音配古配字
沂 音彝論浴乎沂又音銀大荒也
希 音熙希少希望又音止希冕
依 音衣憑依依附依倚又音倚天子當依而立
非 音飛是非又音斐非謗非議

威 音猥 威儀 威嚴 伊威 又音畏 禮德威 惟威
非 音非 芳菲 芬菲 又音斐 菲薄
頎 音其 長貌 詩碩人頎頎 又音懇 禮頎乎其至也
歸 音圭 歸去 歸妹 于歸 又音匱 齊人歸女樂
微韻
予 音于 余同 曲禮予一人 又音羽 賜予 推予
車 音居 車騎 車書 又音硨 五車 左車
於 音于 語辭 又音烏 於戲 於陵
疏 音梳 疏通 親疏 又音數 奏疏 注疏
除 音儲 階除 去除 歲除 又音住 詩日月其除
虛 音吁 空虛 孤虛 虛宿 又音區 邱虛
蜍 音除 蟾蜍 又音于 蝍蜍也
樗 音樞 樗櫟 樗里 又音話 亦木名
糈 音胥 糧也 又音所 祭神米也
廬 音閭 廬舍 倚廬 又音盧 戈戟殳矛之柄
躇 音除 躊躇 又音綽 公羊躇階而走
魚韻
于 音籲 于于 又往也 又音吁 詩于嗟麟兮
毋 音無 禁止辭 又音牟 毋追 冠名
夫 音孚 大夫 丈夫 夫婦 又音扶 語辭 夫人 夫餘
朱 音諸 朱紫 朱輪 丹朱 又音殊 朱提

古音合 卷二 三 三十四函

孚 音敷 信孚 中孚 又音赴 孚烏
吳 音珸 大言也 三吳 句吳 又音話 詩不吳不敖
吾 音梧 金吾 支吾 昆吾 又音牙 允吾 谷名
呼 音滹 稱呼 呼喚 又去聲 叫呼 呼號 呼
拘 音居 拘執 拘攣 拘束 又音鉤 禮以拘袂而退
柎 音孚 花下萼也 又音附 楡附 楅附
莩 音孚 葭莩 又音殍 同孟 野有餓莩
荼 音徒 詩誰謂荼苦 又音書 神荼 勖目必荼
梧 音吾 梧桐 枝梧 蒼梧 又音誤 魁梧
桴 音孚 乘桴 禮蕢桴土鼓 又音浮 棟桴
屠 音徒 屠戮 屠兒 屠岸賈 又音除 休屠 匈奴主號
須 音胥 須臾 須斯 必須 又音班 周禮魚須文竹
窬 音于 穿窬 又音豆 門窬 圭窬
鋙 音吾 鉏鋙 又音語 鉏鋙
鋪 鋪平聲 鋪設 鋪張 鋪陳 又音鋪 店鋪
盧 音鑪 湛盧 呼盧 蒲盧 又音雷 兗州其浸盧維
瞿 音劬 周書一人冕執瞿 又音據 詩狂夫瞿瞿
虞韻
妻 音萋 夫妻 妻孥 又音砌 論以其子妻之
泥 音泥 泥土 醉如泥 又音膩 論致遠恐泥

淒 音妻 淒涼 詩淒其以風 又音倩 史儵胂淒洌
荑 音題 孟不如荑稗 又音夷 芟荑 莁荑
梯 體平聲 階梯 雲梯 禍梯 又音題 易枯楊生梯
[illegible] 音犀 傷皮也 又音遲 [illegible]魚
稽 音雞 稽留 稽考 會稽 又音啓 稽首 稽顙
緹 音題 緹衣 緹騎 緹縈 又音體 酒正四曰緹齊
蹊 音奚 蹊徑 成蹊 又音蹊 蹺蹊
題 音題 題目 品題 樓題 又第 詩題彼脊令
齊韻
俳 音牌 優俳 俳倡 又音裴 俳佪
佳韻
台 音胎 三台 天台 又音怡 台德 台背
坏 音丕 瓦坏 又音裴 坏盂
來 音崍 往來 牟來 來孫 又音賴 孟勞之來之
埃 音哀 塵埃 又音雉 城上堵也
蚘 音回 蚘蟲 又音尤 蚩蚘
培 音裴 培盍 培治 又薄口切 培塿
栽 音哉 栽種 又音再 築牆長版
崔 音催 齊邑名 又姓 又音漼 崔嵬
裁 音才 裁剪 裁度 體裁 又音在 風裁
摧 音崔 摧挫 摧折 又音剉 詩摧之秣之

古音合 卷二 四 三十四函

臺 音台 輪臺 靈臺 又音呼 臺駘 人名 地名
纔 音才 暫也 始也 僅也 又音彩 帛青色
灰韻
屯 音豚 屯實 屯守 又卦名 又音沌 混屯
旬 音巡 浹旬 旬日 旬始 又音鈞 古均字
恂 音荀 論恂恂如也 又音峻 大學恂慄也
神 音辰 神明 精神 鬼神 又音伸 神荼 荼音舒
陳 音臣 陳列 陳告 又姓 又音陣 孟我善為陳
莘 音森 詩莘其尾 又音辛 細莘 藥名
夤 音寅 夤緣 八夤 又音彝 恭也
綸 音倫 經綸 紛綸 彌綸 又音關 綸巾 綸草
賓 音濱 賓客 賓服 寅賓 又去聲 通客 客之人
親 妻辛切 親愛 親迎 親眷 又去聲 親家
磷 音鄰 磷磷 又去聲 論磨而不磷
鶉 音純 鵪鶉 詩鶉之奔奔 又團 詩匪鳶匪鶉
真韻
文 音聞 文章 文理 文法 又音問 文飾 文過
分 音芬 分別 分判 分毫 又音問 名分 分劑 分位
斤 音巾 斤兩 斧斤 又音僅 詩斤斤其明
訢 音銀 恭謹貌 又音欣 孟終身訢然
聞 音文 耳聞 聞達 令聞 又去聲 聲聞
墳 音焚 墳墓 詩遵彼汝墳 又音刎 書厥土赤埴墳

飧 音孫 饔飧 又千山切 素飧 | 轀 音氳 轒轀 戰車 又音溫 轀輬 喪車 文韻
言 音延 言語 又姓 又音銀 一爵而言言斯 | 昆 哀平聲 昆仲 昆明 昆蟲 又音魂 昆侖 昆邪
拚 音番 詩 拚彼飛鳥 又音墳 禮 埽席前曰拚 | 奔 音犇 駿奔 又去聲 奔走 湊集也
原 音元 本原 平原 中原 又音愿 鄉原 | 孫 損平聲 子孫 干孫 天孫 又音遜 論語 孫以出之
惇 音吨 心實也 又音敦 惇厚 惇信 | 溫 音氳 溫和 溫厚 溫習 又音醞 詩 飲酒溫克
蹲 音存 蹲踞 又音逡 詩 蹲蹲舞我 | 元韻
弁 音盤 小弁 詩 弁彼鸒斯 又音便 弁髦 冠弁 武弁 | 冠 音官 冠冕 冠弁 又音貫 童冠
莞 音官 詩 上莞下簟 又音緩 論 莞爾而笑 | 狻 音酸 狻猊 又音俊 狻兔
萑 音完 萑葦 萑苻 又音追 茺蔚也 | 媻 音盤 媻姍 來貌 又音婆 老嫗也
摶 音團 曲禮 毋摶飯 又音篆 周禮 百羽爲摶 | 漫 音瞞 水廣大貌 又去聲 汗漫 汚漫

古音合 卷二 三

嘽 音灘 詩 嘽嘽駱馬 又音闡 禮 其聲嘽以緩 | 彈 音壇 彈射 彈琴 又音憚 彈劾 彈丸 彈激
磻 音盤 磻溪 又音波 磻石可爲矢鏃 | 懽 與歡同 懽忻 又音貫 爾雅 懽懽 搖搖
讙 音歡 讙譁 又音諠 讙譁 | 瀾 音闌 波瀾 又音爛 瀾漫 寒韻
頒 音班 頒賜 孟 頒白者 又音焚 詩 有頒其首 | 關 音鰥 關津 關塞 關會 又音彎 孟 關弓而射之
觀 音官 觀光 論 觀其所由 又貫 易 中正以觀天下 | 刪韻
田 音塡 井田 田獵 又音佃 詩 無田甫田 | 先 音先 先生 先進 先輩 又音線 孟 疾行先長者
延 音沿 延長 延引 延納 又音硯 曼延 獸名 | 宣 音暄 宣布 宣明 宣召 又去聲 宣髮 髮皓落也
穿 音川 穿窬 穿鑿 又去聲 史 貫穿經傳 | 前 音錢 後之對也 又音翦 淺黑色也
焉 音延 決辭 又音煙 疑辭 | 荃 音詮 與筌同 取魚竹器 又音孫 與蓀同 香草也
涎 音前 吐涎 液涎 龍涎 又音甸 光澤貌 | 軒 音掀 魚軒 軒輊 軒軒 又音獻 內則 皆有軒

乾 音虔 乾坤 乾州 又音干 乾燥 乾沒 | 牽 音愆 牽引 牽連 牽挽 又去聲 挽舟索也
旋 音璿 周旋 盤旋 斡旋 又去聲 還旋 旋繞 | 絃 音弦 絃歌 絃索 又音絹 古絹字
研 音延 研究 鑽研 又音彥 筆研 | 專 音磚 專擅 專壹 專諸 又音團 周禮 其民專而長
援 音員 援引 鉤援 又音換 援救 畔援 | 鈿 音田 釵鈿 又音甸 螺鈿
傳 音椽 傳授 傳續 傳布 又音篆 傳食 列傳 驛傳 | 剸 音專 擅也 又音團 斷也
嫣 音煙 宋玉賦 嫣然一笑 又音偃 韓嫣 人名 | 編 音邊 簡編 編次 又辮上聲 漢書 解編也
蓮 音連 蓮花 蓮子 又上聲 蓮勺 地名 | 圜 音圓 轉圜 圜法 圜視 又音還 圜繞 圜橋門
嬛 音暄 便嬛 又音煢 詩 嬛嬛在疚 | 錢 音前 錢財 又音翦 詩 庤乃錢鎛
禪 音蟬 參禪 禪機 又音善 封禪 禪位 | 顛 典平聲 顛沛 顛倒 又音田 玉藻 色容顛顛
羶 扇平聲 腥羶 又音馨 禮 蕭合羶薌 | 先部

古音合 卷二 十 三十四函

佻 音調 詩 佻佻公子 又音姚 荀子 佻其期日 | 姚 音遙 姚悅 姚墟 姚遠 又音耀 嫖姚
陶 音桃 陶正 陶瓦 陶唐 又音遙 皋陶 | 朝 音昭 朝夕 朝鮮 又音潮 朝廷 朝見 早朝
焦 音椒 火焦 三焦 又姓 又音樵 焦瘁 | 僥 音交 僞也 又音遙 僬僥
僚 音聊 朋僚 官僚 百僚 又上聲 詩 佼人僚兮 | 嘐 音囂 孟 其志嘐嘐然 又音交 詩 雞鳴嘐嘐
漂 音飄 漂流 浮漂 又音勦 漂母 | 撬 音蹺 舉也 起也 又音毳 禹泥行所乘
橈 音鐃 橈櫂 蘭橈 又音鬧 棟橈 | 燒 少平聲 焚燒 又去聲 野燒
蕭 音宵 蕭索 蕭條 蕭瑟 又音夙 蕭蕭 | 徼 音交 論 惡徼以爲知者 又音叫 徼塞 徼妙 游徼
燎 音聊 庭燎 又音了 燎原 | 譙 音樵 譙國 詩 予尾譙譙 又音誚 漢書 因譙項羽
驕 音交 驕傲 驕矜 又音鴞 詩 載獫歇驕 | 囂 音鴞 孟 人知之亦囂囂 又敖 詩 讒口囂囂 蕭韶
包 音包 包裹 包含 又音庖 包義 易 包有魚 | 巢 鋤交切 巢穴 有巢 南巢 又去聲 巢刺 惡譏也

鈔 音抄鈔謄鈔寫 又抄去聲錢鈔寶鈔　膠 音交膠鬲詩德音孔膠 又皎蛀膠膠擾擾有餚
毛 音帽平聲不毛燕毛又姓 又音模無也飢者毛食　牢 音勞牢獄堅牢太牢 又音霤牢籠屋牢
跳 音陶號跳 又音逃噭跳　旄 音毛干旄旄邱旄頭 又音冒孟反其旄倪
敖 音熬敖遊莫敖敖敖然 又去聲孟般樂怠敖　皐 音高九皐詩皐皐訿訿 又音豪呼皐皐舞
勞 音牢勞劇功勞勤勞 又去聲慰勞郊勞　膏 音高膏澤膏沐 又音告詩羔裘如膏
操 草平聲操持操琴 又去聲節操琴操　褒 音包褒衣褒揚 又音報褒操再拜也
檮 音陶檮杌惡獸名 又音稠檮箸檮戢　豪韻
多 朶平聲衆多多少 又支論多見其不知量　何 音河誰何無何奈何 又去聲儋何負也
和 音禾和順和諧和鸞 又去聲倡和調和　茄 音伽茄子落蘇也 又音家芙蕖莖也
娑 音唆婆娑騣娑娑娑 又去聲邏娑吐蕃城名　軻 音珂軻軸又孟子名 又上聲轗軻

古音合　卷上　七　三十四函

蛾 音俄蛾眉飛蛾 又蟻同學記蛾子時術　磨 音摩琢磨磨礱 又去聲磨磑
蹉 搓平聲蹉跎 又去聲蹉跌　些 寫平聲些微些少 又梭去聲楚些　歌韻
邪 音斜邪佞邪辟姦邪 又音耶莫邪瑯邪　耶 夜平聲莫耶又疑辭 又音邪與邪同
枷 音佳枷杻 又音架枷物屋枷　涯 音牙天涯 又音移兩涯涯岸
查 詐平聲藥查 又音搽浮查仙查稽查　嘉 音佳嘉美嘉禮嘉魚 又音暇詩嘉樂君子
斜 音邪不正也 又音耶班賦右界褒斜　蝦 音遐蝦蟆 又與鰕同魚蝦　麻韻
蝸 音瓜蝸牛蝸角 又音羅禮蝸醢而蓏食　卬 音昂我也詩人涉卬否 又音仰詩瞻卬昊天
亡 音忘逃亡存亡 又音無論語亡而爲有　匡 音眶正論一匡天下 又音汪與尪同
央 音殃中央未央 又音英詩白旆央央　祊 音方周禮致餗以祀祊 又音崩禮器爲祊乎外
忘 音亡遺忘健忘 音望忘失

相 音襄相共相質 又去聲丞相將相儐相　倀 音昌倀鬼 又音諍倀倀失道
倡 音昌倡妓 又音暢倡和　狼 音郎豺狼貪狼 又去聲博狼沙狼籍
張 音章開張主張又姓 又音帳共張操張　康 亢平聲康年康莊康侯 又音抗物安得所也
涼 音良涼薄孟子踽踽涼涼 又去聲詩涼彼武王　量 音良稱量商量 又去聲度量氣量
鄉 音香鄉黨鄉里 又向鄉也吾見於夫子　喪 音桑喪服喪禮 又去聲喪亡喪師
詳 音庠詳審詳論詳備 又音羊史詳詐爲死　當 當平聲合當抵當承當 又去聲質當底當
薔 音牆薔薇東薔 又音色薔虞蓼也　藏 昨平聲藏蓄行藏 又去聲府藏寶藏府藏
颺 音揚颺言 又去聲飛颺飄颺　陽韻
生 音甥先生生產 又去聲鷄生卵　平 音屏平安平坦平成 又音並平定廷尉平
爭 音箏爭鬪爭奪 又音諍諫爭爭辨　呈 音澄呈示呈露呈首 又音鄭自媒衒也

古音合　卷上　八　三十四函

亨 黑平聲亨通 又音享公周享于天子　掙 音撐掙刺 又音諍掙剳
彭 音朋彭城彭祖老彭 又音滂詩出車彭彭　盟 音名盟約盟誓 又音孟盟津水名
睛 音旌目睛 又音請昭睛　衡 音恒權衡阿衡 又横詩衡從其畝　庚韻
丁 音丁丁甲零丁人丁 又音爭詩伐木丁丁　廷 音亭朝廷廷尉 又去聲正也直也
青 音清丹青空青 又音精詩綠竹青青　扃 音駉扃閉鼎扃 又上聲扃扃明察也
娉 音伻娉婷 又音聘娉問　庭 音亭門庭家庭 又音定逕庭
經 音京經綸六經大經 又音徑經緯太白經天　瞑 音名瞑目瞑眩 音冏孟若藥不瞑眩
寧 佞平聲安寧丁寧 又音佞寧可　蓂 音明蓂莢 又音覓菥蓂　青韻
冰 音兵詩鑿冰冲冲 又音凝凝同　丞 音成丞相輔丞中丞 又音拯丞民於農桑
凌 音靈凌澤 又音另詩納于凌陰　乘 音成乘除乘勢乘馬 又去聲車乘千乘乘矢

烝 音征 蒸烝烝民烝烝又 又音正易洊烝而爲雨
曾 音增 曾益曾孫又姓 又音層論曾謂泰山
興 音馨 興起興舉 又去聲比興興況
繩 音成 繩索玉繩 又音孕草名實曰繩
鐙 音登 鐙燭俗作燈 又去聲鞍鐙俗作鐙
稱 音偵 稱謂稱揚稱呼 又去聲稱量稱意 蒸韻
夅 音謀 中夅史德夅天地 又音謨 盧夅規模也
收 音平聲 收斂收放蕎收 又去聲易井收勿幕
攸 音攸 相攸孟攸然而逝 又音有莊子淑乎攸乎
幽 音攸 幽突幽闇幽州 又上聲玉藻緇紱幽衡
烋 音休 休烋和休熏 又音哮女炰烋于中國
啁 音周 啁噍小鳥聲 又音嘲 啁嘐詼啁
敢 音鄒 矢之善者又麻稭 又音讚檀弓敢塗龍輴
猶 音由 猶似猶豫猶謀 又音姚檀弓咏斯猶
媮 又音于媮 音媮漢書媮合苟容
畱 音流 停畱久畱陳畱 又去聲宿畱
游 音由 優游泳游游龍 又音留左傳鑿厲游纓
溝 音鉤 溝瀆溝封鴻溝 又音叩荀子愚陋溝瞀
溲 音蒐 溲溺韓牛溲馬勃 又上聲水調粉麵也
漚 音謳 浮漚 又音傴詩可以漚麻

紬 音儔 詩綢繆牖戶 又音叨 纏也韜也
繇 音由 與由同 又音遙 征繇咎繇
騶 音鄒 騶虞 又音驟 鳴騶車騶而騶
讎 音酬 報讎校讎 又授詩無言不讎 尤韻
沉 音霃 沉没沉溺沉潛 又去聲投物水中也
吟 音平聲 吟詠 又去聲長吟吟𩎤
侵 音阝 侵削侵伐侵占 又音寑 貌侵貌不揚也
陰 音音 陰德陰謀凌陰 又音蔭 樹陰日陰
鍼 音箴 鍼刺 又音鉗詩子車鍼虎
臨 音林 臨民監臨照臨 又去聲哭臨卜臨 侵韻
三 音毿 三數 又去聲三思三復
函 音含 函容函人包函 又音咸 函丈函谷殽函
擔 膽平聲 擔荷擔負 又去聲息肩弛擔
譚 音談 談譚論譚譚吐 又音潭大也 覃韻
占 音蟾 占卜占候 又音佔 占據口占自占
奄 音淹 奄留詩奄觀銍艾 又上聲奄覆奄忽
嗛 音謙 漢志易之嗛嗛 又音歉 漢紀未有嗛志
潛 又漸平聲 潛藏潛伏 又音岑詩潛有多魚
鹽 音炎 煑海爲鹽 音豔 以鹽淹物也 鹽韻

監 減平聲 監察監臨 又音鑑 周書當於民監 咸韻
哄 洪上聲 鬨哄哄誘 又音烘 哄哄市人聲
動 同上聲 動搖動作振動 又去聲動之動盪
總 音摠 總括總角總布 又音宗 縱也 董韻
俑 音勇 作俑 又音通 痛也 腫韻
否 音鄙 臧否否泰 又音浮 可否
豸 池上聲 蟲豸 又音呰 獬豸
使 音史 使令役使 又音試 命使遣使
𡱁 與菌同 𡱁溺天𡱁星名 又音希 殿𡱁
俟 音士 俟俟 又音其 万俟覆姓
美 音每 嘉美美甘美 又音儀 少儀言語之美
徙 西上聲 遷徙徙月 又音思 徙縣
茝 音齒 蘼蕪別名 又昌改切 茝蘭
喜 希上聲 欣喜歡喜 又去聲詩中心喜之
椅 音倚 倚子椅柅絡絲樹 又平聲 木名
褫 音弛 褫奪 又音池 褫褆
壘 音累 冠壘營壘 又音律 鬱壘 紙韻

虺 音毀 虺蜴蛇虺仲虺 又音灰 虺隤
豈 音起 論豈其然乎 又音愷 詩豈弟君子
亹 音尾 詩亹亹文王 又音門 詩鳧鷖在亹 尾韻
土 兔上聲 土地后土 又音杜 詩徹彼桑土
杼 除上聲 機杼崔杼 又音序 杼栗
許 虛上聲 稱許許可又姓 又音虎 詩伐木許許
圉 音圄 圄圉人馬圉視圉 又音禦 牙圉守圉
語 魚上聲 言語論語 又去聲 告語語人 語韻
父 音負 父母 又音甫 尚父
苄 音戶 地黃 又音下 蒲之可爲席者
雨 音與 雲雨 去聲 穀雨 詩雨我公田
取 趨上聲 索取受取 又音趨 取慮縣名
俛 與俯同 俛仰俛首 又與勉同
鹵 音魯 鹵莽斥鹵 又音爐 鼎鹵鹵簿
堵 音覩 垣堵百堵 又音者 縣名
愈 音瘉 病愈 又音于 荀大子心至愈
頫 音俯 頫首頫仰 又音眺 論注衆頫曰同
憮 音武 憮媚 論夫子憮然 又音呼 詩亂如此憮

簿 音部簿籍簿領鹵簿 又音簿簾簿鬻簿

廣韻

弟 題上聲兄弟 又去聲孝弟豈弟

抵 音邸抵觸抵當大抵 又音止漢抵冬降霜

邸 音底邸舍 又音池考工絲三邸

坻 音邸隴坻左物乃坻伏 又音池詩宛在水中坻

禰 音你祖禰詩飲餞于禰 又音祢禮則守於公禰

薺韻

捭 音擺捭擊捭闔 又音百禮運播黍捭豚

蟹韻

每 音美咎也凡也頻也 又音昧左原田每每

在 才上聲存在 又去聲所在

亥 孩上聲辰名又亥唐 又去聲豕亥胡亥

采 猜上聲五采采邑采地 又去聲舍采即釋采

怠 音待懈怠倦怠 又音怡易謙輕而豫怠

賄韻

尹 音引令尹尹祭 又音云孚尹玉采

盾 閏上聲干盾矛盾 又音允中盾

隕 音允隕墜易有隕自天 又音員詩幅隕既長

軫韻

古音合 卷上 十一 三十四函

近 勤上聲不遠也 又去聲附近親近

憤 焚上聲憤懣忿憤 又音奮發憤

隱 因上聲隱微隱蔽隱藏 又去聲孟隱几而臥

吻韻

苑 音遠孟苑囿洿池 又音鬱詩我心苑結

遠 員上聲遼遠遙遠 又去聲遠之遠離

阮韻

卵 鸞上聲卵生 又音鯤魚子也

短 端上聲短長 又音豎史士不得短褐

款 寬上聲款曲款留中款 又奐款乃棹船相應聲

斡 音管斡運 又腕入聲斡全

煖 音暖溫煖 又音暄煖煖

旱韻

眼 顏上聲眼目 垠上聲考工欲其眼也

典 顛上聲典守典章典常 又田上聲堅潤貌

潸韻

免 音勉罷免免去免 又音問袒免

娩 音免產娩 又音晚婉娩

展 音輾開展舒展展信 又音戰詩其之展也

善 然上聲良善善人善士 又去聲善善善哉

轉 旃上聲旋轉輾轉 又去聲遷轉流轉

銑韻

夭 音腰夭夭少好貌 又上聲短折也

少 燒上聲不多也 又去聲老少

嫋 音鳥嫋嫋嫋娜 又音若嫋嫋

蓼 音了紅蓼蓼又集于蓼 又音六詩蓼蓼者我

嬌 音皎嬌姿嬌揉嬌嬌 又音驕矢羅出也

藐 音眇藐視孟則藐之 又音莫詩聽我藐藐

擾 音繞煩擾優擾 又音饒馴擾

繳 音皎纏繳 又音酌矰繳

篠韻

找 音爪找尋找還 又音華找撥找船

好 蒿上聲詩君子好逑 又去聲論眾好之

巧韻

倒 音島倒置潦倒 又音到傾倒顛倒

造 音皂造作建造 又音糙造詣造次兩造

道 桃上聲道理道路 又去聲說道稱道

皓韻

左 佐上聲左道左遷左計 又音佐扶左左助左式

頗 音叵頗何頗久廉頗 又音坡偏頗

哿韻

下 遐上聲對上之稱 又去聲自上而下也

馬韻

仰 娘上聲瞻仰俯仰 又音卬周禮鬪闕卬仰

沆 杭上聲沆漭沆瀣 又音亢抗水流聲又沆碭

古音合 卷二 二 三十四函

彷 音紡彷彿 又音旁彷徉彷徨

帑 音儻內帑帑藏 又音奴中庸樂爾妻帑

兩 良上聲二也輛也 又去聲車兩百兩

爽 霜上聲爽快清爽昧爽 又音霜肅霜霜馬名

養 陽上聲養育養氣養養 又音樣供養養是謂能養

攘 音壤攘攘浩攘 又平聲攘羊攘奪

養韻

永 榮上聲永遠永長 又去聲歌永

冷 稜上聲寒冷 又音陵冷澤

秉 音丙秉持秉政五秉 又柄詞國秉

省 音醒省察三省 又音眚省中禁省京省

頃 傾上聲頃刻俄頃日頃 又跬同頃步

景 音頸景慕光景風景 又音影景從景響

梗韻

夐 音迥上林賦儵夐遠去 又音絢詩夐求于野

迥韻

斗 音陡升斗大斗斗牛 又音主周禮大瑚斛斗

右 音有尚右右文 又音佑易以左右民

有 尤上聲對無之稱 又音又詩不日有曈

守 音首守主守攻守執守 又去聲巡守

走 奏上聲奔走 又聲史叱使者曰走

杻 音丑杻械 又音紐詩北山有杻

抖 音斗枓抖 又音主禮沃水用抖
某 謀上聲未定之稱 又古梅字
後 候上聲先後前後然後 又去聲不敢先而後之
叟 音藪老叟 又摉詩釋之叟叟
有韻
沈 音審姓也 又音潭沈沈湥邃貌
枕 斟上聲臥薦首者 又去音
飲 陰上聲歠也 又去聲以飲飲之也
稟 賓上聲稟命稟事 又音廩中庸既稟稱事
審 㝬上聲詳審審擇審問 又盤莊止水之審爲淵
寑韻
感 甘上聲感應感激感格 又音撼恨也
感韻
斂 廉上聲斂也 又去聲聚斂
琰韻
洞 同去聲空洞洞洞 又上聲洞洞貌
控 空去聲控訴控引提控 又腔莊以金推控其頭
夢 音孟夜夢雲夢 又音蒙詩視天夢夢
送韻
重 音仲輜重尊重梅重 又音蟲重複重疊
頌 音誦歌頌稱頌 又音容頌繫
宋韻

古音合 卷上 三 三十四函

示 音侍垂示告示 又音奇地示
次 音刺次第次舍 又音咨易其行咨且
忌 音技忌憚忌諱 又音季詩叔善射忌
治 音稚爲理與功効 又音池未治而攻之
帔 音轡冠帔霞帔 又音皮披也
刺 音次諷刺譏刺 又音七刺繡刺面
帥 衰去聲將帥主帥 又音率論子帥以正
洎 音忌及也潤也 又音計肉汁也
淚 音類涕淚 又音流水疾流貌
棣 音第棠棣 又音代詩威儀棣棣
意 衣去聲意思心意 又衣韓信傳意烏猝嗟
義 音異仁義 又音儀義渠複姓
翠 音淬翡翠 又音崔翠粲
䃰 音滯膩滯也 又音晳逝因也
僞 音僞與訛同 又音訛僞
摯 凝去聲兒皃也 又音摯介摯也
芾 音費詩蔽芾甘棠 又紱同詩三百赤芾
沸 音費沸湯詩如沸如羹 又音沸詩觱沸檻泉
氣 音器氣息元氣 又音餼饋客之芻米
尉 音畏太尉廷尉候尉 又音鬱尉遲複姓

既 音器既然既盡 又音餼中庸既稟稱事
費 音沸耗費糜費 又音秘魯邑名
未韻
蔚 音畏草名詩匪莪伊蔚 又音鬱蔚州
庶 音恕衆庶嫡庶 又音注周禮有庶氏
去 區去聲來去去齊去魯 又上聲除去去兵去食
絮 需去聲綿絮柳絮 又音處禮毋絮羹
處 杵去聲所也 又上聲居處區處處女
遽 音據急遽 又音渠魯渠人名
御 音遇撫御統御御車 又音迓迎御百兩御之
譽 音豫聲譽逸譽 又音余論誰毀誰譽
注 音著灌注眷注添注 又書考工記以注名者
御韻
宁 音杜辨積物也 又音主門屏之間
附 音負依附麗附 又衰上聲附婁小山也
務 音霧事務專務 又音侮詩外禦其務
措 音醋則民無所措手足 又音窄漢書措捕盜賊
副 音付副貳副笄 又音逼詩不坼不副
路 音輅道路公路路車 又洛虎路以竹簑遮落
喻 音諭曉喻譬喻 又音于喻喻和悅貌

古音合 卷上 四 三十四函

愬 音訴論譖受之愬 又音色易愬愬終吉
戾 音例乖戾拂戾 又音列曲戾狠戾
遇韻
曳 音意曳裾孟棄甲曳兵 又音拽搖曳曳白
祭 音霽祭祀 又音債國名
敝 音備敝壞敝邑 又音閉弓握處也
厲 音例嚴厲勉厲 又音賴史漆身爲厲
埶 音詣枝埶種埶 又音泄威埶埶力埶要
劑 音霽分劑調劑藥劑 又音咨質劑
蔽 音閉遮蔽掩蔽隱蔽 又音拂蒲蔽蔘蔽
濟 音祭濟渡通濟 又上聲濟水濟濟
髻 音計了髻椎髻 又音結莊子竈有髻
儷 音例伉儷 音離琴儷
麗 音厲附麗華麗 又音離高麗
汰 音泰沙汰淘汰 又音獺裁汰擊汰
兌 音隊兌換詩松柏斯兌 又音銳荀子仁人兵兌
奈 音耐奈何忍奈 又音糯無奈
沛 音配顛沛豐沛 又音佩沛澤易豐其沛
會 音潰會合會總 又膾會計詩會弁如星
害 孩去聲殘害禍害 又曷同孟時日害喪

噦 音嘒詩鸞聲噦噦 又淵入聲氣噦噦喔噦

介 音介耿介保介一介 又戛介然用之而成路

蕢 音匱荷蕢 又音快禮蕢桴而土鼓

泰韻

壞 壞去聲物自破敗也 又音怪物不敗而毀之

卦韻

內 餒去聲內中內外大內 又音納論出內之吝

沬 音妹易日中見沬 又音誨洗面也

耐 音柰忍耐耐事 又音能禮運耐以天下

背 音輩背面胸背 又音佩違背反背

倍 音佩鄙倍倍蓰 又音裴倍阿兒名

倅 音萃副車曰倅 又音卒百人為卒

隊 音兌隊伍 又音墜聘義如隊禮也

肺 音費肺腸肺腑肺肝 又音沛詩其葉肺肺

瑁 音妹瑇瑁 又音冒書上宗奉同瑁

貸 音代借貸稱貸 又音忒月令宿離不貸

愾 音慨禮愾然聞乎其聲 又音戲詩愾我寤歎

廢 音廢廢弛廢驟 又音髮漢歌續秀不廢

隊韻

濊 音穢汪濊 又音豁詩施罛濊濊

三十四國

信 音訊疑信音信 又音伸孟屈而不信

峻 音濬高峻嚴峻 又音俊大學克明峻德

盡 秦去聲盡心盡力 又津上聲盡後盡前

憖 銀去聲史不憖遺一老 又音銀憖地名

震韻

駿 音俊駿馬神駿 又音峻詩駿極于天

運 音韻運行運用運祚 又音圍月運

問韻

汶 音問汶水汶汶 又音民汶江

論 郎頓切議論辯論論語 又平聲論說討論

願韻

飯 頻去聲炊穀之飯 又音返餐食之飯

旦 音誕平旦旦旦旦夕 又神禮所以交于旦明

半 般去聲物中分也 又音判李陵傳一半水

扮 班去聲打扮粧扮 又音刎扮握

汗 音翰汗液汗馬 又音寒可汗

泮 音判泮宮泮散 又音叛詩隰則有泮

伴 音畔伴侶陪伴依伴 又音判詩伴奐爾游矣

看 刊去聲視看 又平聲看承相看

按 音案按抑按察 又音遏書以按徂旅

貫 音灌貫中本貫條貫 又音慣習貫

胖 音判周禮腒胖 又音盤大學心廣體胖

幹 音榦幹事公幹 又音寒井幹

榦 音幹枝榦楨榦 又音寒井榦

歎 音炭歎息歎美長歎 又音難永歎

翰 音汗翰墨翰林翰音 又音寒羽翰張翰

鑽 祖算切錐鑽 又平聲鑽研鑽刺

翰韻

瞯 音諫孟王使人瞯夫子 又音閑馬一目白者

諫韻

見 音建目見相見 又音現孟粹然見於面

串 音釧貫串 又音貫詩串夷載路

便 音卞便安便殿便坐 又平聲論便便言

扇 擅去聲箑也 又平聲以扇扇也

悁 音絹躁急也 又音淵分也憂也

倩 千去聲婿倩笑倩 又倩去聲假倩央倩

奠 音電奠祭奠爵釋奠 又音定周禮奠繫也

殿 音甸宮殿 又顛去聲論奔而殿

僎 音撰具也數也 又尊鄉飲酒輔主人者

嬗 音善代嬗史號令三嬗 又音蟬嬗娟

縣 音現郡縣赤縣 又通懸縣絕縣挂

薦 音箭薦席薦越薦舉 又音搢薦紳

三十四國

燕 音宴燕雀 又音煙函燕

譔 與撰同譔述 又音銓專教也

霰韻

弔 音釣弔問弔 又音的詩民之弔矣

俏 鍫去聲俊俏俏措 又音宵俏然反琴之聲

要 邀去聲樞要緊要 又平聲孟將要而殺之

料 聊去聲料理料量物料 又平聲左臣料虜者

詔 音照詔告 又音韶禮器詔侑武方

噭 音叫曲禮毋噭應 又音擊鳴噭之聲

嘯韻

淖 音鬧淖泥淖齒 又音綽淖約

教 音較教訓教授 又音交教令

較 音教相角也不等也 又覺獵較詩猗重較兮

貌 茅去聲容貌秀貌 又音邈書貌其狀

效韻

告 音誥告成告示告存 又音谷告朔必告父母

冒 音帽覆冒假冒 又音墨貪冒冒頓

抱 庖去聲抱持抱恨懷抱 又音拋史抱之山中

奧 襖去聲論與其媚于奧 又音郁詩瞻彼淇澳

號 音浩號令號名名號 又音豪號呼號泣號咷

纛 音導羽纛 又音讀皂纛

號韻

个 與箇同東个西个 又音幹周禮上兩个

過 戈去聲過去過失 又音戈經過

懦 音檽懦弱柔懦 又音如荀子偸懦憚事
墮 音隋墜墮墮落 又音揮墮壞墮廢箘龍
夏 音廈春夏 又上聲諸夏大夏夏屋
擭 音話中庸罟擭陷阱 又音攫捉也于取也
霸 音灞霸持霸業五霸 又音魄死霸生霸
禡韻
上 音尚高上之上 又上聲升上之上
向 音巷向嚮方向向背 又音餉向嚮
伉 音抗伉儷 又音岡伉直
杖 音長去聲論杖者出 又上聲几杖殳杖
放 方去聲放辟放縱放逸 又上聲論放於利而行
尚 音上崇尚尚加尚 又音常尚書官名
降 音絳下也歸也貶也 又巷平聲降服
浪 郎去聲波浪孟浪 又音郎滄浪水名
望 音妄瞻望名望怨望 又音亡令聞令望
創 瘡去聲創始創業 又平聲禮頭有創則沐
諒 音亮論君子貞而不諒 又音良易直子諒之心
漾韻
令 音另法令月令縣令 又平聲使令脊令令狐
更 耕去聲再也 又平聲更改更事更漏

政 音正政事爲政 又音征詩不自爲政
孟 萌去聲孟仲孟津 又音莽孟浪
命 明去聲天命性命命世 又音慢大學命也
盛 音剩衆盛茂盛 又平聲盛受粢盛
慶 音磬福慶慶賀 又音羌亦福也
敬韻
定 音錠安定決定動定 又音訂詩定之方中
勝 音聖勝負牗勝戴勝 又平聲勝任勝當
錠 音定銀錠 又音釘豆有足日錠
應 音映應對 又音英應當應須應承
賸 音孕以物相贈也 又音盛餘也
聽 汀去聲聽從聽待聽憑 又平聲聽事耳聽
徑韻
豆 音竇水豆俎豆 又與斗同左豆區鐘釜
告 音誥過告無告告犯 又音皐告餘
柚 音右橘柚 又音逐詩杼柚其空
嗽 音漱欬嗽 又音朔嗽唅嗽吮
覆 音副覆蓋覆載 又音福反覆傾覆顛覆
鏤 音漏雕鏤銘鏤 又音閭屬鏤
任 音賃任用勝任已任 又平聲孟治任將歸
禁 音噤禁令禁戒宮禁 又音今禁持不禁難禁

讖 參去聲符讖讖緯 又産去聲讖悔作讖非
沁韻
探 貪去聲窺探刺探 又音貪探試探索
澹 音淡澹泊恬澹 又音談澹臺滅明
勘韻
闞 音瞰窺闞 又音喊詩闞如虓虎
嵌 口陷切陷入中也 又陷平聲嵌巖山險貌
陷韻
畜 音觸孟畜君何尤 又音旭畜養
俶 音束俶儻詩俶載南畝 又音惕俶儻
宿 音夙安宿止宿信宿 又音秀星宿列宿
踧 音促論語踧踖如也 又音狄詩踧踧周道
簇 音促攢簇蠶簇 又音湊太簇
幅 音福邊幅幅巾 又音壁幅舄邪幅
福 音復福祐福德 又音副史邦福
穆 音木和穆昭穆 又與默同
瀆 音讀溝瀆四瀆 又豆左盟於句瀆之邱
犢 音讀牛犢 又音逗統相如著犢鼻褌
麴 音曲麴糵麴聖 又音糗朽敗也
讀 音獨誦讀 又音豆句讀
屋韻

曲 音麯心曲委曲部 又音區曲池曲遇
足 宗入聲手足足食足兵 又音沮論語足恭
燭 音竹燭炬燭照燭 又音註漢紀一夜三燭
歜 音畜盛氣怒也 又蠶上聲菖蒲葅
沃韻
朔 雙入聲朔望朔方正朔 又音素
剝 音博剝落剝削剝卦 又音撲剝擊
學 轄覺切學業學校 又音效斆同
覺 音角知覺發覺先覺 又音教夢覺醒覺
覺韻
匹 音疋匹偶匹配 又音木鴨匹匹雛
出 音黜出入 又吹去聲論出內之吝
只 音質只此只須只管 又音紙詩樂只君子
佚 音逸安佚遺佚 又音迭佚惕佚蕩
怵 音出怵惕 又誓史諸侯驕奢怵邪
術 音述心術道術 又音遂月令審端徑術
絀 音屈贏絀 又黜同王制君絀以爵
矞 音聿驚遹貌 又音決詭詐也
軼 音逸奔軼屈軼 又音迭侵軼
實 音日克實誠實果實 又音至禮使某實

漆 音七膠漆沮漆 又音切禮漆漆者容也
質 音織質朴質成質對 又音至質當交質

質韻

蹕 音必警蹕 又音祕列女傳立不蹕
勿 音物禁止辭又勿勿 又音沒禮以策彗卹勿
拂 音弗拂拭拂除拂逆 又弼同法家拂士

物韻

汨 音骨汨沒汨亂 又音覓汨羅
艴 音孛怒色 又音配將曙之色
腯 音突左傳牲牷肥腯 又音豚上聲禮舍其豚腯
掘 音槩挖掘 又音軋莊掘若槁木
越 音月岊越發越超越 又音活左傳大路越席
厥 音蹶其也又與瀱同 又音槅突厥
蹶 音厥孟今夫蹶者趨者 又音貴詩良士蹶蹶
闕 音缺宮闕闕論多聞闕疑 又掘左闕地及泉

月韻

末 音木末末細末末減 又音覓絲末
拔 佩入聲拙拔拔擢 又音佩詩柞棫拔矣
阿 音遏稱呼發語端 又音窩丘阿太阿阿衡
活 桓入聲生活活落 又音括詩北流活活
跋 音鈸跋跋跋躐 又音撥燭跋
渴 音磕饑渴 又音竭水涸也

古音合　卷上　十九　三十四函

喝 漢入聲呼喝喉喝 又音錫嘶聲
達 音踏通達發達 又韃挑達詩先生如達
撮 竄入聲四圭為撮 鑽入聲兩指撮也
撥 般入聲挑撥撥動撥亂 又音拔絕也
奪 音杏爭奪攘奪 又音兌春秋襲莒於奪

曷韻

茁 音札孟牛羊茁壯 又音掘詩彼茁者葭
滑 音猾滑利滑達滑稽 又音骨滑稽滑釐

黠韻

切 音竊迫切反切切近 又音砌一切
別 便入聲離別訣別別樣 又音鱉分別別嫌
迭 音絰更迭 又音逸家語馬將迭
泄 音洩漏泄 又音意孟無然泄泄
怗 音帖安怗服怗 又音覘怗懘怗敝
枻 音屑桀枻正弓弩之器 又音裔楫也
咥 音絰齧也易不咥人 又音戲詩咥其戲矣
桔 音結桔梗桔槔 又音戛桔槔
結 音潔締結結締 又音記與髻同
缺 音闕破缺列缺 又音傀儀禮布袪缺
洩 音屑漏洩 又音裔洩洩舒散貌
桀 音傑桀紂詩雞棲於桀 又音結詩維莠桀桀

裂 音列迸裂破裂 又音例聲裂
楪 音蝶摺楪 又音設楪箸
摺 音攝摺疊又敗也 又拉同范雎折摺而危
啜 與歠同餔啜 又音掇詩啜其泣矣
徹 音轍通徹徹取 又音涉三家者以雍徹
薜 音屑莎薜藤薜 又音北尾器破裂

屑韻

勺 音酌舞勺長勺 又音杓考工勺一升
拓 音托開拓落拓 又音職拓拾
杓 音斲括杓 又音標斗杓
削 襄入聲刮削筆削削奪 又梢去聲大夫之采也
若 音弱是是杜若海若 又音惹蘭若般若
卻 音郄卻受止卻退卻也 又音隙禮相見於卻也
郭 光入聲城郭東郭 又音國郭度
莫 音摸廣莫論無莫也 又音暮論莫春者
索 桑入聲繩索蕭索 又音色摸索索隱
貉 音鶴狐貉 又音陌孟貉道也
幕 音幕帷幕六幕幕賓 又音漫錢背也又幕姓
錯 蒼入聲錯雜交錯 又音措論舉直錯諸枉
薄 音泊厚薄帷薄 又音博薄暮寒暑未薄
穫 黃入聲詩無浸穫新 又音護詩整居焦穫

古音合　卷上　二十　三十四函

躍 音藥跳躍 又音剔詩躍躍毚兔
嚼 牆入聲咀嚼 又音誚牛羊有肚能嚼
鶴 音涸仙鶴 又音謞孟白鳥鶴鶴

藥韻

百 音伯十百百里奚 又音麥左傳距躍三百
宅 音澤居宅屋宅 又音策蜀賦百果甲宅
易 音亦周易交易變易 又音異輕易簡易樂易
炙 音職炙肉炙燔 又音蔗孟耆秦人之炙
拍 音珀拊拍合拍拍板 又音搏周禮豚拍
柵 音折寨柵 又音訕籬柵
核 音劾綜核考核 又音鶻果核
責 音窄責望責任責罰 又音債左西鄰責言
唶 音謫嘆唶唶吮 又音借歎聲
舄 音昔詩赤舄几几 又音鵲詩松桷有舄
摘 音窄指摘採摘 又音惕前漢發姦擿伏
翟 音狄重翟厭翟揄翟 又音宅陽翟地名
積 音迹積累積聚 又音恣委積
畫 音獲分畫界畫 又音話繪畫圖畫
澤 音宅沛澤雨澤滑澤 又音鐸潤澤
斁 音亦厭也終也 又音妒敗

蹢　音擲易羸豕孚蹢躅又音的詩有豕白蹢

嚄　音厄嚄唶又音畫嚄嘖

藉　音夕藉田狼藉又音謝蘊藉倚藉

析　音昔分析又音司析木

鬲　音力曲腳鼎又重鬲又音隔漢傳西州鬲絕

北　崩入聲北方敗北又音佩書分北三苗

匿　音溺藏匿亡匿又音忒側匿服匿

塞　音色克塞塞責又音賽邊賽紫塞

識　音釋知識見識別識又音至論默而識之

揖　音邑揖讓拱揖又音湒詩螽斯羽揖揖兮

嚇　音赫恐嚇又音鏵笑聲

擿　音擲揚子擿埴索塗又音惕漢傳發姦擿伏

蘖　音栢黃蘖又音備蘖荔

陌韻

戚　音七親戚干戚又音促無以為戚速也

晳　音昔白色又制詩揚且之晳

錫韻

亟　音急亟迫又饋孟亟問亟餽鼎肉

植　音寔植立種植又音治論植其杖而耘

織　音隻組織促織又音至漢志旗織加其上

職韻

歙　音吸歙張歙然歙縮又音攝縣名

緝韻

合　音盒和合保合好合又音鴿升合合藥合夥

挾　音甲挾持又接周禮挾日而斂之

捷　音踕奏捷報捷又音妾捷捷譖言也

攝　閃入聲收攝攝政又音聶靜謐也

押　音鴨簽押管押花押又音夾捻押

筴　音甲箸筴又音策蓍筴

颯　音靸風聲颯然又音立人名劉颯

合韻

葉　鹽入聲枝葉奕葉又音攝縣名

喋　音蝶間喋喋血喋喋又音閘喋唼鳥食貌

洽　音狹浹洽和洽又音合詩在洽之陽

葉韻

一字三音

中　音終宜也堪也平也又半也又音眾中的中風中暑中與治中又音仲與仲同月令律中中呂

空　孔平聲罄也虛也又司空官名又音孔穴也寵也又音控困窮也論回也其庶乎屢空

虹　音洪螮蝀也又音絳虜傷紋也又虹縣又音江潰亂也詩實虹小子

渢　音馮水聲又音凡左傳美哉渢渢乎又音泛義同

蓯　音聰蓯蓉藥名龍蓯花名又音總菶蓯草貌又音揀衝蓯相入貌

鴻　音洪鴈名又大也又音汞洪濛元氣也又音貢淮南子澒濛鴻洞

東韻

淙　音叢水聲又音牀義同又霜去聲水出貌

雝　音邕和也虞書黎民於變時雝又辟雝學名又音勇壅同漢書雝於上閭又勇去聲蔽也滯也

喁　音顒噞喁魚口上見貌又音魚聲相應和莊子後者喁喁又音偶義同

雍　音雍塞也培也又尹踈切障也又雍去聲義同

冬韻

牠　音希慳他欺設之語又音戲義同又方者切他他心不欲貌

池　音馳沼也差池舒張貌又戚池黃帝樂師又音既呼池光武渡處又音輒檀弓主人既祖填池

其　音奇指物之辭又姓又音雞語辭不其邑名又酈食其審食其漢人名又音寄詩彼其之子

奇　音岐異也說也又窮奇獸名又音雞奇偶又數奇又音倚離奇委曲盤戾貌

思　音思慮也又語辭又音四意也情緒也又音顋多鬚貌左傳于思于思

耆　音其入十日耆孟乃屬其耆老而告之又音旨致也詩耆定爾功又音侍嗜同孟耆秦人之灸

移　音夷易也徒也又音稱表記衣服以移之又姓又音異羨也郊特牲以移民也

偲　音司相切責也論語切切偲偲又音猜多才力也又音顋多鬚貌詩其人美且偲

猗　音伊語辭周書斷斷倚又取葉存條詩猗彼女桑又音倚詩猗重較兮又音婀詩猗儺其枝

斯 音私此也則也又語巳辭又析也詩斧以斯之又音疎折也又音西

雎 音綏水名又雎陽縣名又音揮仰目視貌又音誨姿雎暴戾矜放貌雎鳩之雎从且

龜 音規蓍龜又龜蒙山名又音邱龜茲西域國名又音均手凍坼也莊子不龜手之藥

纚 音離綏也詩紼纚維之又音徙以緇布韜髮也又纚纚索好貌又音纚義同 支韻

褘 音韋婦人之褘卹今香囊又音揮敝膝反后夫人祭服又音曲與鞠同玉藻再命褘衣 微韻

茹 音如相牽引貌又茅根也又音汝貪也納也又乾菜也又音孺受也又度也詩不可以茹

蔞 音閭蔞蒿菜名詩言秣其蔞又音呂考工記爲萬蔞以運輪上又音柳卽柳也檀弓蔞翣 魚韻

臾 音于須臾俄頃也又顓臾魯附庸國又音勇縱臾將勸也又音匱古蕢字草器也

兪 音于然也答也又姓又音裕呴兪色仁也又音舒漢侯國名

枹 音浮擊鼓槌漢書如枹鼓之相應又音孚屋棟也又音苞木叢生又木名

古音合　卷上　卅三　三十四函

區 音驅藏隱也又小室曰區又類也分也又區區小貌又音謳量名又音邱域也阜也

趨 音蛆疾行也又音趣行而張足曰趨又音蹙與促同樂記衛音趨數煩志

濡 音如沾濡又濡滯又音而內則濡豚濡雞濡魚濡鼈又音輭莊子以濡弱謙下爲表 虞韻

批 音披手之擊也唐史批逆鱗又推也轉也示也又音䚬義同又音別相如賦批巖衝擁

倪 音霓端倪又小倪也孟反其旄倪又音匡莊子和以天倪又音詣埤同俾倪不正貌 齊韻

柴 音豺薪也又音恣積也詩助我舉柴又音寨柴柵柴籬鹿柴 佳韻

駘 音台臺駘地名駑駘下乘又音臺與跆同蹋也又馬脫銜也又音待駘蕩廣大之意 灰韻

屯 音肫厚也難也屯亶難行不進貌又卦名又音豚聚也又音遁混屯太昊之良佐後因以爲氏

淳 音淳質也朴也又淳于複姓又音肫沃也盥也又音準周禮壹其淳制淳謂布帛幅之廣 眞韻

啍 音肫以巳誨人也一曰壯健貌又朱閏切義同又音吞重遲貌詩大車啍啍

渾 音魂江流聲又濁也又胡本切渾天儀器名又音渾莊子渾沌又渾然無圭角也

繁 音煩多也雜也又音盤馬髦上飾左傳繁纓以朝又音婆姓也漢繁延壽 文韻

端 短平聲正也萌也緒也又端朝服又音外荀子端而言又音勉冕同禮記士元端

壇 撣平聲祭場也封土爲壇又音但壇曼寬廣貌又音善堂壇

難 赧平聲艱也重大也又木難珠名又赧去聲患阨也挼也又音那盛貌詩有難其葉 寒韻

閒 音閑暇也安也空隙也又音姦中閒禮記少閒願有復也又音諫隙也厠也隔也非也又閒諜

還 音環返也復也償也又音旋與旋同詩子之還兮禮運還相爲本又旋去聲義同 刪韻

扁 音篇小也扁舟小舟也又音匾門戶封署也又音辧荀子扁善之度

員 音袁官員又幅員又音云益也詩員于爾輻又音運伍員人名唐有員半千

埏 音延地際也又登也方也又音硯義同又音羶和土也考子埏埴以爲器

古音合　卷上　卅四　三十四函

圈 大平聲屈木所爲巵匜之屬又音權姓也又權上聲養畜之閑

傳 音椽授也續也布也又音篆訓也又續也孟傳食於諸侯又音戰驛遞也車駕爲轉馬乘爲驛

緣 音延因也循也孟緣木求魚又音硯衣緣衣純也又音員魚緣連絡也

鮮 音仙腥魚又色艷曰鮮又鮮于複姓又音銑希也少也又音獻月令鮮羔開氷

蟬 音禪蟲名一名蜩蟟禮冠飾附蟬淸高之意又音善蜿蟬舞盤曲貌又音提黏蟬縣名在樂浪

蠲 音涓明也潔也又除免也又音規唐人以漿護紙使瑩滑名蠲紙又音佳水絞蠲動也 先韻

招 音昭手呼也又音橋舉也過秦論招八州而朝同列又音韶孟徵招角招

挑 音祧挑撥挑剔又上聲挑弄挑戰又音叨輕僄跳躍貌

銚 音挑銚鎒刈之器又音堯燒器又調去聲亦燒器

調 音迢和也揉伏也又迢去聲選也樂律也又才調又音周重也詩惄如調飢

嬈 音饒嬌嬈妍媚貌　又音鳥戲弄也　又音擾亂也鼂錯傳除苛解嬈

噍 音焦聲噍也樂記其聲噍以殺　又音誚讇也漢　噍類言無生而噍食者　又音啾啁噍小鳥沸聲

燋 音焦與焦同傷於火也　又子肖切灼龜炬　又音樵義同

蕭韻

他 音佗與佗同　又音駝人名戰國尹公之他　又音噎凡以驢馬載物謂之負他

歌韻

沙 音紗細散石也　又沙汰　又所嫁切嘶也聲破曰沙　又音梭詩鳧鷖在沙

杷 音爬收麥器也　又枇杷果名　又皮罵切亦田具也　又音霸柄也

麻韻

王 旺平聲君也主也　又音枉與往同詩及爾出王　又音旺興也盛也王天下是也

方 音坊四方比方義方方向方正　又音旁荀子方皇周浹於天下　又音罔方兩

芒 音茫稻麥芒　又罷倦貌　又音亡木王曰句芒　又音荒莊芒乎芴乎

枋 音方木名　又桴也　又音柄周禮內史掌王之八枋之法　又音放義同

古音合　卷上　三十五　三十四函

倉 音蒼藏穀也　又倉卒忽遽貌　又音桑亢倉子　又音創與愴同詩倉兄塡兮

旁 音螃側也　又旁午交橫也　又音棒與傍同倚賴也　又音崩彊貌詩駟介旁旁

傍 音蚌進也倚也　又音螃與旁同　又音崩不得已貌詩王事傍傍

潢 音黄積水也天河謂之銀潢　又音晃水大至貌　又音纊以漿染紙也唐六典有裝潢匠

陽韻

桁 音衡屋橫木也　又音杭械也　又杭去聲衣架一曰曬衣竿

瑩 音榮石似玉　又烏迥切聽瑩惑也　又縈定切玉色又潔也

橫 音宏縱之對也　又戶孟切不順理也孟子其待我以橫逆　又音光漢長安北有橫門

鐺 音撐鬲屬有耳足　又音當銀鐺鎖也　又音湯鐺鞳鼓音

庚韻

屏 音平所以蔽也　又屏翳雨師　又音丙蕃蔽也又除也斥也　又音柄王制屏之遠方

零 音陵餘事也　又零落　又畸零　又音令俗謂碎曰零別作另非　又音連先零西羌名

青韻

矜 音京憐也　又矜持　又驕矜　又音芹與穫同矛柄也　又音鰥與瘝同詩不侮矜寡

澠 音成水名在臨淄易牙辨淄澠二水　又音閔澠池縣名在河南府　又音兗義同

蒸韻

紬 音酬大絲繒古謂之綈　又音宙緒也綴集也　又音抽繹也抽引其端緒也

揉 音柔以手挻也又調順也　又忍九切矯揉也　又如又切治也詩揉此萬邦

僂 音樓傴僂尪也俯也　又音漏僂佝短貌　又音呂義同

裯 音儔單被也詩抱衾與裯　又音除牀帳又單衣　又音刀衣袂又汗襦

鯫 音鄒小魚也　又音淺鯫生小人也　又湊上聲義同

尤韻

喑 音陰兒泣不止也　又音噫聚氣貌　又音蔭喑噁懷怒氣也　又音庵義同

蟫 音淫書中蠹魚　又音曇義同　又音尋物動貌

侵韻

沾 音詹漬也濡也又沾沾輕薄也　又音添水名又益也　又音點沾沾自整貌史沾沾自喜

古音合　卷上　三十六　三十四函

謙 欠平聲敬也謙讓不自滿也　又欠上聲義同　又音嫌荀子信而不處謙言得信於上

纖 音暹細微也又布名　又音鑯刺也文王世子公族刑罪纖剸　又音司郎總麻之總

鹽韻

儳 音讒儳互不齊也　又儳儳貌惡也　又牀陷切韽賤貌一曰輕言　又參去聲參雜禮毋儳言

咸韻

氏 音是姓氏　又音支月氏西域國名　又閼氏單于后名　又音精狋氏縣名

委 音葦委曲委頓委置　又音煨委委行委曲也詩委委佗佗美也　又音畏委積原委

倚 音椅恃也依也　又左史倚相　又音意義同　又音鵸荀子倚魁之行

累 音壘增也疊也　又音纇罣也玷也事相緣坐也　又音雷縶也孟係累其子弟

揣 吹上聲揣度揣摩　又音團控引也賈誼賦足控揣　又音朶莊子犬馬之揣鉤

紙韻

匪 音斐詩有匪君子　又音分周禮以待國之匪頒　又音非少儀匪匪翼翼

尾韻

女 音語未嫁謂女已嫁謂婦　又音遇以女嫁人爲女孟子涕出而女於吳　又音乳爾女也

與 音羽及也許也又黨與施與 又音于歟同與 與威儀中適貌 又音預干也猶與未決也 語韻

母 模上聲父母 又音畝地名春秋公盟 于鄮母 又音模內則八珍有淳母

膴 音武厚也詩則無膴仕 又音呼全體之歟 又大也多也詩民雖靡膴 又音計義同 麌韻

底 音邸下也壅滯也 又音支 定也至也 又音至義同

疷 音邸滯之病也 又音奇義 同 又音民詩祇自疷兮

灑 篩上聲汛水也灑掃俗作洒非 又大瑟謂之 灑 又音徙巢分灑耳 又沙上聲灑落 蟹韻

乃 奈上聲辭之緩也 又哀上聲欸乃歌 聲 又哀去聲欸乃棹船相應聲

咳 音慨咳嗽 又音該史奇咳術言 非常術也 又音孩小兒笑貌 賄韻

準 中上聲平準準則 又樂器 又音掘鼻頭曰準 漢高祖隆準 又音水考工記輈注則利準 軫韻

宛 音苑苑轉宛然 又音鴛大宛西域 國名 又姓 又音鬱史寒淫氣宛

苑 音遠所以養獸 又音鬱屈也積也詩我心 苑結 又音隕禮運故事大積焉而不苑 軫韻

亶 丹上聲誠也信也 又壇上聲與 但同 又音旃屯亶難行不進貌 旱韻

反 音返覆也不順也 又音翻平反活罪 人也 又反切字音 又音版順習貌 潸韻

選 宣上聲選擇 又少選須臾也 又音線 銓選論選於衆 又音刷金銖兩名也 銑韻

拗 凹上聲手折樹也 又於教切拗捩固相違 也 又音郁抑也西都賦乃拗怒而少息 巧韻

賈 音假信也 又音古行貨曰商居貨曰 賈 又音價與價同論求善賈而沽諸 馬韻

幷 音丙棄除也與屏同 又音柄並也及也 又兼并 又音兵姓也 又井州今太原府

請 清上聲祈請請謁請乞 又音淨朝請漢 律春日朝秋日請 又音情昏義請期 梗韻

弇 淹上聲蓋也 又鐘形中央寬也 又 於罷切義同 又音非人名漢耿弇

掞 音剡削也 又閃去聲舒藻也 又 疾動貌 又以贍切光耀明也 淡韻

縱 去聲恣縱放縱縱肆 又音宗直也橫之 對 又音總趨事檀弓喪事欲其縱縱爾 宋韻

聑 音二耳目不相信也 又音 陟義同 又音聶輒覗也

肆 音四放也恣也陳也又百工居肆 又音剔剔 同肆牲體也 又音異肄同 玉藻肆束及帶 又

暨 音忌及也 又暨暨果毅之貌 又 音季諸暨邑名 又音吉姓也

[月鼻] 音譬盛肥也 又音避壯 大也 又音義臚肉也 寘韻

市 音費蔽市小貌 又音弗韠也天 子朱市諸侯赤市 又音潑盛貌 未韻

度 音渡法度制度 又度量 又音鐸忖 度量度 又音宅擇吉地而營之也

趣 音娶疾也指意也 又聚向也 又督迫也 又湊上 聲趣馬官名主駕者 又音促漢書趣駕南輈

濩 音護布濩流散也 又音穫煮也詩是 刈是濩 又音畫濩澤縣名在河南郡 顆韻

偈 音忌武貌 又偈語釋氏詩詞 又音結偈 偈用力貌 又音揭疾也詩匪車偈兮

弊 音備敗也惡也 又欺弊 又音閉斷也周 禮弊群吏之治 又音別莊子弊殺爲仁 霽韻

蓋 音丐苫蓋掩蓋車蓋 又發語端 又音葛姓也 又 齊邑名 又音合與盍同孟子則蓋反其本矣 泰韻

曬 篩去聲日乾物也 又砂去聲義 同 又音癡舒也漢書白日曬光 卦韻

振 音震奮也收也中庸振河漢而不洩 又音眞 振振盛貌 又音軫曲禮振絺綌不入公門 震韻

混 音溷水雜貌 又混沌 又音褌與昆同 詩昆夷駾矣 又音袞孟源泉混混

頓 敦去聲下首至地也 又安頓委頓 又音突 冒頓匈奴頭曼子 又音鈍史鉄鄉爲頓

蔓 音萬葛屬 又瓜蔓 又蔓延左傳無使滋蔓 又音瞞蔓菁菜名 又音幔枝長也

獻 音憲呈也進也下饋上曰獻 又音希漢書皇帝 建華蓋立斗獻 又音蓑禮汁獻涗于醆酒 願韻

散 珊去聲分離也 又布散 又姍上聲蕭 散 又散宜生 又音珊廣陵散琴曲

僤 丹去聲篤也詩逢天僤怒 又然 上聲婉僤行動貌 又音僤疾也 翰韻

甸 音電五百里甸服又甸徒治田之衆 又音田義同 又音盛四邱爲甸
瑱 音換以玉係於統而充耳 又 音震鎭也 又音珍與鎭同 霰韻
哨 肖去聲凡物殺銳曰哨 又巡哨 又鍫去 聲口不容也 又多言貌 又音宵義同
掉 徒吊切顫也搖動也 又迢 上聲義同 又音諾持也 嘯韻
校 音效學校又校尉校人 又音攪疾也考工記中 有變焉故校 又音教挍獵挍木以闌禽獸 效韻
耗 蒿去聲消耗 又息耗善惡也 又音 毛無也盡也 又音帽耗亂也不明也
暴 庖去聲猛也驟也 又音僕日乾也又 顯明也又暴白暴露 又音泊卒趣貌 號韻
那 音糯語餘聲漢書公是韓伯休那 又懦平聲何 也又盡也詩受福不那 又音懦俗言那事 箇韻
舍 音赦屋也又三十五里爲一舍 又音舍論 不舍晝夜也 又音釋釋同櫝弓舍莫於墓左 禡韻
正 音政平也當也又正朔 又音征正鴇射候 準的也 又音整孫子堂堂之陣正正之旗 敬韻

古音合 卷上 三九 三十四函

瞀 音茂目不明也又瞉瞀鄙吝也 又音務 目低視也 又音謀九思復顧兮彭瞀 宥韻
淡 去聲對濃之稱 又徒覽切薄 也 又鹽上聲滔淡水滿貌 勘韻
僭 去聲假也儗也差也商書天命弗僭 又 亂也詩以籥不僭 又音譜與語同 儖韻
浮也 又音捧漢書
之馬 又音之水聲
鏡也照也誠也 又古咸切鑑諸可以取水
又音檻盛水之器禮凌人春始治鑑 陷韻
也匿也又三伏又伏義 又浮去聲
又音匐與匐同史記膝行蒲伏
山中流水也又窮也詩進退維谷
夷妹 又音綠谷蠡匈奴王名
祝祝頌 又織也詩素絲紕之
呪藥 又音晝祝[illegible]以
答也 又音福反復
浮去聲重也再也
又粥粥若無能也
欲與鬻同曲禮君子

又觳觫懼貌 又音
觳于此 又音學射具
月令鞠有黃華又蹋鞠
鞠衣 又與芎同左有山
苦也憎也 又音欲與育同
下 又身毒音天竺西域國
黃鵠 又音谷小鳥也射者
又音浩呂覽鵠乎其羞用智慮也
也類也 又音祝連也
又音注甲扎之數 沃韻
踔不常貌 又音捉孔光傳踔絕之
超去聲蹤也 楊子雲棱獵賦踔夭嬌 覺韻
失錯遺矢過失 又音試晉詩過
失 又音佚逸同莊子自失走 質韻
聲曲也軌也 又音闕與繩同玉藻
夫之之衣 又音橋也名孟屈産之乘 物韻
聲脫略解脫又或然之辭 又音奪物自
也 又音兌脫脫舒緩貌詩舒而脫脫兮 曷韻
灼痛也 又音的義
又刁上聲憂也

古音合 卷二 三 三十四函

樂 音岳禮樂又樂正復姓 又音洛喜樂安樂 又音效欲也好也論仁者樂山知者樂水
樂 音洛水名在濟南 又音鹿齊地名春 公會齊侯于濼 又音薄駁澤也
鑿 音胙鑿也 又音作鮮明貌詩 白石鑿鑿 又音造穿孔也 藥韻
伯 音百長也兄也又第三等爵曰伯 又音霸把持 家政也又五伯 又音罵馬祖也詩既伯既禱
昔 音息往昔曉昔曩昔 又音錯安也周禮老牛 之角紾而昔 又音鵲說文鵲鳥昔三字同音
赫 音嚇明也盛也 又烜赫赫奕 又音 號薄小紙也 又音釋赫赫迅也
踖 音積踧錯恭謹不自安貌 又音寂蹟 也曲禮毋踖席 又音鵲詩執爨踖踖 陌韻
溺 音匿沉溺陷溺 又堯去聲小便也漢書見 儒冠必溺之 又音若水名其水不勝鴻毛 錫韻
食 音石茹也啖也食言吐而復吞也 又音寺 以食食人也 又音異人名審食其酈食其 職韻
拾 音十掇也收也斂也 又音竭奧也儀禮大射 拾發以將乘矢 又與涉同周禮拾級聚足

接 尖入聲續也反也 又音㨗勝也 又音插與揷同周禮大祭祀其其接盛 葉韻

慊 音挈快也足也 又音欠恨也不滿也 又音嫌與嫌同

哈 巖入聲魚動目貌 又音歃以口啗飲也 又䑛上聲夷姓 洽韻

卷上終

古音合 卷下

綿州 李調元 鶴洲 撰

一字四音

東韻

兄 音胷同胞先生者 又音䒹義同 又音荒大也 又音兄與怳同詩倉兄塡兮

龍 音隆鱗蟲之長 又草名詩隰有游龍 又音龐孟有私龍斷焉 又音芒與尨同考工記上公用龍 又音寵與寵同詩何天之龍

冬韻

披 音批分也散也 又荷衣日披 又音詖披靡震懾貌 又與祕同周禮作六軍之士執披 又音怕

施 音詩加也用也 又音異及也詩亦施于宇 又音移孟施從良人之所之 又音試布也施與也

紕 音批紕繆舛戾也 又音避織組也詩素絲紕之 又音皮冠兩邊及卷下半之緣也 又音齒積

苧一紕

隋 音隨楊堅國號 又駝上聲落也衡也 又音灰周禮大祝隋釁謂血祭也 又音妥火裂肉也

疑 音移感也不定也嫌也 又音凝定也莊子乃疑于神 又音隔亦定也詩靡所止疑 又音擬與擬同易陰疑于陽必戰

遺 音夷失也亡也陳迹也 又音位餽也贈也 又音隨謙以下人也 又異詩政事一埤遺我 支韻

煇 音灰火光也 又音熏詩庭燎有煇 又音混封禪頌炳煥煇煌 又音運日光又烝也周禮眡祲掌十煇之法 微韻

胥 音須相也助也 又追胥捕盜賊也淪胥相牽引也 又私呂切周禮胥徒 又音疏義同 又音祝喪大記大胥是斂衆胥佐之 魚韻

汙 音烏濁也水不清曰汙 又烏故切穢也又染也 又音蛙禮運汙尊而抔飲 又音于水名

咮 音朱讋咮多言貌 又音注鳥聲 又音周義同 又音晝鳥喙

需 音胥待也索也又疑也　又音秀易壯陽氣需而不進前者畏上坎也　又媛去聲弱也　又音輭考工記庖人脛脂之則需　虞韻

提 音題挈也拘也　又音時朱提縣名產白金　又提提羣飛貌詩歸飛提提　又音抵詩言提其耳　又音第擲也揚子槌提仁義　齊韻

禆 音排藉也　又音悲木名實似柹　又音皮叢書美酒一裨　又音闢胡傳國君出疆必載裨　佳韻

甄 音眞陶也察也明也又姓　又音震掉也周禮蒲聲甄　又音堅義同　又音眷地名　眞韻

殷 音因衆也作樂之盛　又音隱雷聲　又音印中也莊子其不殷非天之罪　又音烟赤黑色　文韻

干 音竿盾也求也　又音幹幹同義　又音翰詩公侯干城　又音岸郎右岸字

潘 判平聲姓也　又音判縣名在上谷　又音翻淅米汁也　又音盤水之盤旋巳潘

謾 音瞞斯也　又音慢且也　又音綿亦欺也漢書欺謾倆右　又音熳與慢同

古音合　卷下　二　三十四函

鄮 音攢聚也　又音纂百家爲酇　又音醝與酇同沛地　又音贊地在南陽蕭何所封邑　寒韻

咽 音烟咽喉　又音淵鼓聲　又吞也孟三咽　又音謁哽咽悲塞也

滇 音顛滇池地名在益州　又天去聲水流貌　又音眞義同　又音田滇泫大水貌

僮 音蟬僮佪不進貌　又音善與禪同傳與也　又音坦僮僮舒閑貌　又音撣義同　先韻

騷 音搔愁也憂也屈原作離騷　又音掃李斯傳寗上騷除　又搔去聲義同　又宵騷地名　豪韻

佗 妥平聲彼也誰也　又音駝負荷而行　又音唾加也詩予之佗矣　又音夷漢書委佗還旋

荷 音何芙蕖　又下可切儋也負也　又胡箇切義同　又音歌與荷同蔽草也　歌韻

華 音划榮華中華重華又華山冠名　又音話姓也　又言謙與花同又破也　又音誇周禮形方氏正封疆無有華離之地

衙 音牙行貌官府所居　又音迓周禮迓衙還之　又音魚義同　又音語衙衙疏遠貌又行貌　麻韻

長 音場遠也久也常也　又音仗多也餘也論長一身有半　又音掌孟也尊長也　又音障增盛也

湯 儻平聲熱水成湯又商王號　又他浪切熱水沃也　又音傷水盛貌書湯湯洪水方割　又音宕與蕩同詩子之湯兮

強 音牆壯盛也　又互兩切倔強不從人也　又其亮切木強不柔和也　又正兩切抑人從我　陽韻

冥 音明幽也暗也　又莫迥切昏薾也　又音命義同　又音覓覆也又以繩縻取禽獸也　青韻

能 奴登切才能又勝任也　又奴等切夷人言也　又音台三能星名郎三階也　又音柰與耐同漢書能寒能暑　又三足鼈

徵 音征召也驗也證也　又姓　又音呈荀子且徵其未也　又音紙火音　又音證左傳不徵辭　蒸韻

脩 音羞脯也論自行束脩以上　又音宵與脩同　又音由與卣同　又音狄周禮凡酒脩酌　尤韻

倓 音談燔也詩憂心如倓　又音淡莊子恬倓無爲　又音鹽熱也燎也　又淡上聲安靜也

古音合　卷下　三　三十四函

覃 音曇布也及也深廣也又延也詩葛之覃兮　又徒感切義同　又音琰利也　又音尋姓也　覃韻

摻 音衫好手貌詩摻摻女手　又音選義同　又彡上聲擥也詩摻執子之祛兮　又七勘切後漢禰衡摻撾　咸韻

幾 音紀幾何也　又音奇亦近也　又音基危也微也近也　又音訖未巳也將及也　尾韻

呴 音煦氣以溫之也　又音吁嘔同吹呴　又音吼與吼同　又音捏楚辭孤雛鷩兮鳴呴呴　麌韻

蠡 音里蛀屬又蟲齧木中也　又彭蠡澤名范蠡人名　又音離瓠瓢荀子以蠡測海　又音羅蠃蠡乾谿母也　又音裸疥病　薺韻

解 皆上聲散也脫也釋也又講解　又音介發也闓上也　又音蟹亦散也又緩也又卦名　又音懈曉也　又解逅　蟹韻

烜 況遠切曝也又光明也　又音暄義同　又音毀取火於日也又舉火也　又音貫與爟同　阮韻

果 音裹木實可食又决也　又音顆果然飽貌又鳥果切女侍也孟二女果　又音裸赤體也哿韻

且 七也切發語辭又姑且苟且　又音疽行不進也易其行次且　又音徂往也　又徐上聲恭謹貌

把 巴上聲執也持也　又音扒爬同晉書搔把無巳又必架切弝也　又音跛播也所以除物也

哆 車上聲張口詩哆兮哆兮　又音聡脣下垂貌　又音朶大口貌　又音咤衆意　馬韻

啞 倚賈切　暗也不能言也　又音鴉聲也嘔啞小兒學語　又衣架切啞啞烏聲　又音厄笑聲易笑言啞啞

搶 鏘上聲爭取也　又音鏘拒也飛掠也又音斂著也　又音撐攙搶即欃槍

廣 光上聲大也濶也播也又州名　又音光馬旄毛在背日閎廣　又音誑度量廣又廣輪廣袤　又音曠開泰貌

鞞 音丙佩刀之鞘詩鞞琫有珌　又音彼義同　又音皮鼙同月令修鞞鼓　又音悲牛鞞縣名　梗韻

嘔 音謳漢朱買臣歌嘔道中　又嬰兒聲　又音歐吐也　又音虛慈愛之聲　又飫嘔喻和悅貌　有韻

漸 潛去聲次也進也事之由來也　又音巉漸漸山石高峻貌　又音尖流入也漬也　又音潛左傳沉漸剛克　琰韻

種 音衆藝也布也植也　又音腫種類又種種髮短貌　又音同先種後熟之禾　又音蟲義同宋韻

戲 音僖嬉也謔也　又音希姓也　又音呼於戲即嗚呼　又音摩大將之旗韓信傳可致戲下寘韻

契 音器合也券也又書契又契契憂苦也　又音屑舜臣名　又音挈詩死生契濶　又音乞契丹

稅 水去聲租也　又憩息也　又音退日月已過聞喪而脫日稅　又音脫孟不稅冕而行　又音彖雜記夫人稅衣揄狄

遞 音第更迭也　又傳遞迢遞　又音舌王仲寶儀刑長遞　又上聲義同　又音帶繞也　霽韻

大 音代小之對也　又音太大和大原大王　又音惰巨也　又音唾猛也甚也　泰韻

載 音再承也勝也事也成也始也　又音宰年也唐虞日載　又音在舟車運物也　又音帶與戴同月令載以弓韣　隊韻

曼 音慢末也且也　又音滿長也遠也　又音萬引也無也　又音無傷子聖人曼云

斷 音綴絕也　又團上聲絕亦也　又音短截也剪也　又音鍛決也又斷斷專一貌　翰韻

羨 涎去聲欲也貪慕也　又音硯延也　又音延墓道也　又音衍餘也周禮璧羨以起度　霰韻

棓 音棒杖也打也　又連枷也　又音浮天棓星名又音裴姓也　又音裒高下有絕加版日棓　講韻

捄 音究與救同　又音居盛土于器中詩捄之陾陾又音鳩義同　又音求長貌詩有捄其角　宥韻

肉 音辱飢肉　又柔去聲樂記寬裕肉好之音　又音柔肉柔也　又音獳樂記曲直繁瘠廉肉節奏

樸 音朴木素又質也　又音卜樸樸木叢生貌　又音蒲僕勦漢縣名　又音樸東京賦尙素樸　屋韻

卒 尊入聲兵卒　又音萃盡也終也　又音倅忽也速也　又音翠與倅同副貳也

率 音蟀循也領也皆也略也　又與帥同　又音類計數之名　又筭也　又音律約數也　又表的也　又彀率彎弓之限也　又音刷量名即鋝也

佛 焚入聲西方聖人名　又音弗拂戾也　又音僾與弼同勇壯貌又佛佾　又音孛浡同　物韻

揭 音結揭起高舉也　又長也詩葭菼揭揭　又音傑負也漢書揭竿為旗　又音挈義同　又音契以衣涉水曰揭詩淺則揭

茇 音跋草木根　又草舍詩召伯所茇　又音撥蓽茇藥名　又音拂草也　又竹草細也　又音貝　曷韻

殺 山入聲誅戮也　又生殺　又音曬降也減也衰小也　又音屑弊殺旋行貌　又音薩散貌　黠韻

折 音浙斷之也　又方曲也　又音舌斷而猶連也　又姓　又音制西都賦秦成力折　又音題折折安舒貌檀弓吉事欲其折折爾

愒 音挈貪羨也　又音契息也詩不尙愒焉　又音憩左傳玩歲而愒日　又音喝史記恐愒諸侯

說言剔解也訓也述也　又音稅舍也又說誘以言說人使從巳也　又音越論不亦說乎　又音脫易用說桎梏　屑韻

亞音惡塗飾牆也　又鴉去聲次也少也　又音鴉伊優亞者辭未定也　又音烏去聲惝亞也

惡音堊不善也　又音烏何也孟子惡在　又烏去聲恥也惝也　又音呼惡池滹沱井州川也　藥韻

扻音擒搽也　又音節治髮也莊子簡髮而扻　又音忿義同　又音坎打擊也

適音釋如也往也自得也安便也又女嫁人曰適又音的親也厚也專也從也　又音狄與敵同禮大夫訃於同國適者曰某不祿　又音擿與謫同昏義適見於天日爲食之

魄音拍人生始化曰魄又月體黑者謂之魄死魄朔也生魄望也　又音拓落魄不檢　又音朴與粕同莊子古人之糟魄　又音薄旁魄廣被　陌韻

霅音煠雨雪雪又閘貌又霅川地名　又音洽煜霅光貌　又音閘震雷貌一曰衆言　又音煠洽韻

一字五音

詒音夷既也遺也詩詒厥孫謀　又音異義同　又音泰欺詒誑詐也　又音代詼詒懈倦貌　又音臺義同

揄音于引也揄揚譽言也　又音遙揄翟雉名禮人揄狄　又音由杼臼也詩或舂或揄　又音頭與投同擲也　又音鋀亦引也　虞韻

臑音如嫩耎貌　又音然義同　又音輭義同　又音猱臂節也　又奴報切義同

番音翻次也更也　又音煩獸足　又音波番番老貌　又音婆地名　又音潘番禺南海縣名　元韻

般音搬運也移也多也　又半上聲縣名　又音鉢般若見釋典　又音槃樂也孟般樂怠敖　又音班還也又魯般即公輸子又般首猛獸虎之類

單音丹孤也薄也　又音亶大也詩俾爾單厚　又音蟬單于　又太歲在卯曰單閼　又上演切姓也　又單父縣名　又音禪列子墨尿單至

癉音丹火癉小兒病　又音誕癉疽惡創又黃病　又多簡切病也書彰善癉惡　又音朶勞也怒也　又多去聲亦勞也　寒韻

條音迢小枝也又條暢　又音祧枝落也詩蠶月條桑　又音叨與條同　又音由條條智也　又音狄與滌同周禮秋官條狼氏

蹻音蹺揭足也又企也　又音皎亦舉足也高也又强直貌詩其馬蹻蹻　又音腳草履也史躡蹻擔登　又音橋蹻也慢也　又强入聲驕甚也詩小子蹻蹻　蕭韻

撓音鐃抓也撓亂也詩　又乃巧切屈也孟不膚撓　又音鬧義同　又音蒿義同　又音澆擾同　肴韻

蛇音奈毒蟲又姓　又音佗上古草居患它故相問無它乎　又音駝自得貌詩委委蛇蛇　又音移詩維虺維蛇又蝮蛇澤鬼名　又音池歐蛇地名春秋盟于漚蛇　麻韻

將 音蔣欲然也　又音醬將帥　又音鏘將將佩王
聲　又音臧牂同牝羊也　又音奬詩天不我將
彊 音強健也暴也　又巨兩切勉彊力行也　又巨
亮切屍勁硬曰強　又丘兩切人不我然而抑之
又音姜
彊土封彊　陽韻
行 音衡步也往也用也　又五行行人　又何梗切鑒
察巡視也禮巡行縣鄙　胡孟切身之所行謂之
行孝弟爲百行之本　又音杭伉也伉足而前
又行伍太行　又杭去聲剛強貌行行如也　庚韻
瞑 音明閉目也　又音皿目不明　又音命義同
又音眠莊子晝瞑　又音面孟若藥不瞑眩　青韻
婁 音樓宿名　又空也　又音慮頻數也　又音閭牽
也詩勿曳勿婁　又音呂詩牛馬維婁　又音摟
左傳部婁
無松柏　尤韻
氏 音邸至也　又大氏大凡也　又音低本也詩維周
之氏　又宿名　又音帝根氏　又音厥木本也俗
作緊　又音
支氏池縣名　齊韻

古音合　卷下　八　三十四函

洒 音灑洗水也　又沙上聲亦洗也　又洒落　又音
徙雪也孟願比死者一洒之　又催上聲高峻貌
又先上
聲肅恭貌
卷 音捲舒卷　又卷耳　又音卷卷帙可舒卷者曰卷
編次者曰帙　又音圈冠武曲也　又縣名在河南
又音權卷曲卷阿　又鬈髮之美　又中庸一
卷石之多　又音衮玉藻天子龍卷以祭　銑韻
窕 調上聲窈窕幽閑深靜意　又音姚義同
挑輕小貌左傳左師輕窕　又土了切深也輕也
又他弔
切義同
標 音殍落也詩標有梅　又拊心貌詩寤擗有標　又
音標揭也標記也　又麾也孟標使者出諸大門之
外　又音飄擊也　又音剽亦擊也　篠韻
又音拋公羊傳曹子標劍而去之
邦上聲木片　又標榜　又音邦江湖兩船相並曰
榜 挨榜　又音謗船長主倡聲而進船者　又音彭
所以輔正弓弩者　又
音崩去聲與榜同義　養韻

枸 音苟枸杞木名　又音鉤木曲枝　又音舉枳枸
樹高大似白楊　又音巨義同　又音劬立木也
莊子若
槃株拘　有韻
共 渠用切同也衆也　又音恭詩受大共小共　又
音拱向也　又音供供養　又音具禮掌共　宋韻
跂 音器垂足坐舉足望也詩跂彼織女　又音極義
同　又音奇足多指　又音支義同　又音起義
同　寘韻
箸 音住匙箸借箸　又音注明也章也　又音灼置
也　又音濁附也麗也　又音除籌箸猶豫　御韻
句 音句句讀章句　又音渠國名　又須句地名　又
音鉤曲也拘也　又句芒神名　又音舉方也莊子
履句屨者知地形　又音搆句
當　又引滿也詩雕弓既句
數 音恕枚也算數　又所主切計也辯也　又音朔
頻也類也　又音促密也　又音簌與速同　遇韻
憚 音但忌難也畏也　又與坦同　又音妲懼也
又多去聲勞也詩哀我憚人　又音亶義同　翰韻

古音合　卷下　九　三十四函

撰 音饌造也撰述也　又纏上聲義同　又除戀切
義同　又酸上聲周禮群吏撰車徒謂選擇之也
又音選持也曲禮
君子欠伸撰杖履　霰韻
射 蛇去聲射弓　又音石以弓矢射物也　又音夜
僕射官名　姑射山名　又音迭無射樂律　又音
妒中庸作
此無射　禡韻
繆 音謬戾也紕繆也　又音矛綢繆纏綿也　又音
嫪繞也檀弓衣衰而繆絰　又音了與繚同繞也
纏也　又音木諡也秦魯皆
有繆公　又與穆同禮序以昭繆　宥韻
厭 音饜足也棄絕也　又音謁服也　又厭浥意詩
厭浥行露　又音淹飽也不休也詩厭厭夜飲
又音掩消沮閉藏貌大學見君子
而後厭然　又音鴨臨也俗作壓　豔韻
芍 音若花名根可爲藥　又音杳鳧茨似龍須而細
根　又音的與菂同蓮中子也　又音酌義同
又音鵲陂
名在壽春　藥韻

格音隔至也　又窮究也　又音閣樹高長枝爲格又阻格不行　又音核堅不可入也　又音落籬格以竹莖相連遮格之也　又音鶴格澤星名一曰妖氛　陌韻

卷下終

一字六音

純音淳粹也全也至也不雜也　又音支與緇同玉藻大夫佩水蒼玉而純組綬　又音屯纏也包束也詩白茅純束　又音準冠飾衣緣曲禮父母存冠衣不純素　又音囤亦纏束意　又音全投壺某賢於某若純二算爲純　眞韻

參音驂趨承也謀度也　又驂去聲曲名又參鼓又音森詩雜參與昂又人參藥名　又抽簪切參差不齊貌　又音糝雜也　又音髟參與三同　覃韻

比音鄙密也又較量也　又音皮和也比部比鄰阜比　又音嚭具也大胥比樂官　又音祕及也孟比其反也又比年猶頻年也　又音避卦名詩比物四驪　又音粥比比皆然　紙韻

假音賈眞之反也又借也又大也　又音嘉美也詩假樂君子　又音駕假告休沐也　又音霞與遐同曲體天王登假　又音夏與嘏同　又音格至也易王假有廟　馬韻

罷音杷休也廢也黜也了也　又音犕義同　又音跁義同　又音陛義同　又音擺遣囚也　又閩人呼父爲郎罷　又音皮與疲同　禡韻

茀音拂所以自蔽又道多草不可行也又福也詩茀祿爾康　又廢入聲車傍禦風塵者詩翟茀以朝　又茀茀強盛貌　又音費義同　又音佩史星茀于河卽孛星也　又音孛與桲同芬香貌　又音弼姓名　物韻

一字七音

從齊容切與从同就也順也　又齊用切隨行也　又音聰從容舒緩貌　又音總從從高貌　又音狀髮高也　又音宗詩衡从其畝　又音粽縱同論從之　冬韻

苴音疽苞苴　苴杖　又音租茅苴藉封　又音槎水中浮草也詩如彼棲苴　又補苴　又子與切履中草也　又音鮓粗䰇也莊子土苴以治天下　又將豫切終軍苴白茅于江淮　又音炮慢也　魚韻

填音田塞也　又鼓聲　又田上聲盡也苦也　又音甸亦塞　又音鎮安也定也　又音顛病也詩哀我填寡　又音臣久也詩倉況填兮　又音鎮撫也壓也　先韻

差音叉不相值也　又差錯　又叉宜切不齊也　又差池參差　又音磋禮記御差　差沐淅米瀋爲沐也　又景差人名　又音瘥病除也　又較也　又音詫巽也　又音搓足跌也過也周禮注有差分重差之法　又音釵便也詩穀旦于差　又夫差吳王名　麻韻

亢音剛陳亢孔子弟子　又音抗頸也　又抗上聲義同　又杭去聲義同　又音抗過也抵也　又音康敝也　又音庚人名　又亢倉復姓　陽韻

賁音臂飾也　又卦名　又音肥地名漢書東海襄賁　又音奔周禮虎賁　又音焚大也　又三足鼈食之殺人　又大鼓詩賁鼓維鏞　又音吻怒聲　又音奮敗也射義賁軍之將　又音斑文章也　眞韻

著音注明也章也遮也成也定也　又音主絮也　又音柱宁同門屏之間也　又音除亦門屏間詩俟我于著乎而　又音佇朝內列位也　又音灼破服也　又置也　又杖入聲附也麗也黏也　御韻

湛狀陷切露貌　又湛然　又音沉湛溺也　又音耽湛湛詩和樂且湛　又音尖禮記湛熾必潔　又音鴆投物水中也　又丈減切澄也澹也　又子禁切與浸同內則湛諸美酒　陷韻

不音[illegible]非也　又音拂與弗同　又音缶與否同　又否去聲義同　又否平聲夫不雖也　又音浮[illegible]也　又音孚花下萼足也　沃韻

六書分毫

光緒壬午年鋟於樂道齋

六書之中象形居其一竊以所謂形者即字之點畫形象昭然於楮墨之間不必深求古人象物製字之源也自字變而楷古體已失而鍾王等以善楷名家者又各逞筆資任意增減沿習既久筆畫多訛遂至弄麞伏獵貽笑士林未必非俗書階厲之也唐顔元孫作干祿字書令其姪眞卿書之勒石吳興爲世所寶蜀中亦嘗摹刻一本藏今潼川府學　文廟中搨者既多漸以漶漫分辨正通俗云體以干祿名者以其取便臨文爲應舉者所資也惜其袤廣中多絓漏余庚寅間以喪家居家之弟子咸來問字余教以欲作文必先識字因時摘其舛誤爲之辨正遂推類以及其餘作六書分毫一冊亦分三等止便家塾未嘗以示人也茲因有止海之刻附著於編以諗幼學雨村李調元序

六書分毫卷上

字有形似同而音義各別者

綿州 李調元 鶴洲 撰

乙乙 上音乙十幹名 下音軋元鳥也
几几 上几席 下音殊短羽飛聲
丁丁 上丙丁 下古下字
刀刁 上刀斧 下音凋刁斗又姓
七匕 上六七 下音比
子孑 上子孫 下音結獨立貌
刃刅 上忍去聲鋒刃 下與創同傷也
𠫓云 上音突不順也 下云為
歹歺 上戴上聲好歹 下顏入聲殘骨也
少少 上音捷步字从此 下老少
巛巛 上川同 下坤同
弓弓 上音恭 下音撼嘽也
廾廿 上音拱竦手也 下音入
叉叉 上音蚤交手也 下古爪字

丱丱 上古猛切 下音慣束髮如兩角
月月 上日月 下肉字
丹冄 上丹字 下冄字
殳殳 上音殊兵器 下音沒入水取也
攴支 上音朴擊也 下音枝出也又庶也
巿市 上音費蔽巿 下市井
友犮 上朋友 下音拔犬走貌
无旡 上音無易多用之 下音寄飲食逆氣也
丏丐 上音勉避箭短牆 下音蓋乞也
丰丯 上音鋒夆邦从此 下音害耒耕从此
木朩 上樹木 下品去聲麻片
冃曰 上音冐 下音月
𡈼壬 上音挺 下十幹名
从从 上古從字 下即兩字
瓜爪 上瓜蓏 下爪甲
不不 上音卜非也 下岸入聲木折復生
己已巳 上人己 次已止 下辰巳俗無鉤非
疋疋 上音雅正也 下音疏足也
王玉 上音獄 下音速玉工
凷甴 上音塊墣也 下音支竹器

吪叱 上音化開口貌 下音尺呵叱
奼姹 上音吒女不謹 下與姹同
屳仚 上仙同人在山為仙 下音軒輕舉貌
刌刊 上音茜切也 下看平聲削也
尻尻 上郎居字 下考平聲脊梁盡處
本夲 上根本 下音叨
卬卭 上音昂 下音節臨邛
卵夘卯 上音輕 次音淵 下音卯
另冎 上音令孤另 下與咼同
㐲伏 上音代海中地名 下音服俯伏
帆帆 上音奇地名 下音凡舟上幔
氾汜 上與泛同 下音祀水決復入
禾禾 上音雞稽稽等从此 下音和不黍
巨叵 上音具大也 下音頗不可也
四四 上數名 下與日同
宂宄 上繁宂 下巢宄
仝仝 上同字 下即全字
母毌毋 上父母 次古文冠字 下音無
亘亙 上音宣揚布也 下庚去聲極也
回囬 上回轉 下古面字

医医 上與篋同 下音意盛弓矢器
汱汰 上音獺洗米 下音泰沙汰
朿束 上音刺木芒 下音叔約束
糸系 上音覓細絲 下音係緒也繼也
忍忍 上音詣怒也 下人上聲
任任 上音王急行也 下音王又去聲
休体 上音咻息也美也 下音笨麤貌
臼臼 上求上聲 下音匊
冏囦 上古冏字 下古淵字
匡匩 上音眶正也 下音曲匡匩也
次㳄 上音刺次第 下音前口中液
襾西 上音[illegible]覆也 下東西
圮圯 上音痞毀也 下音夷橋也
劦劦 上音離割也 下音協同力也
艾艾 上音礙艾艸少艾 下音乂艸芽又鬼艾
吁吁 上音米楚姓 下音虛歎也
谷谷 上山谷之谷 下強入聲 上呵
沂泝 上音彝水名 下音溯同
芜芄 上音荒荒野 下音完芄蘭艸
艽芃 上音交藥名 下與蓬草盛貌

囟囪 上音信頂門 下與窻同　卤鹵 上音赤姓也 下古西字
戊戉 上務一音幹名 下音越斧戉　戌戍 上音恤辰名 下音庶邊戍
泉杲 上音出 下音爪果木盛生　皂皀 上皂白 下音香穀皀
肓盲 上音荒膏肓 下音萌目無童子　戾戾 上音代輜車傍椎 下音例乖戾
夾夾 上浹入聲左右持也 下音閃盜攘物　技技 上音朴打也 下音忌技藝
底底 上音指搘石 下音邸下也　杕杖 上音地杕杜 下音丈几丈
汨汩 上音骨沒也 下音聿水流　沐沭 上沐浴 下音術水名
皃皃 上古貌字 下音而小兒　丣丣 上古卯字 下古酉字
免兔 上眠上聲罷也 下土去聲獸名　佳隹 上音加美也好也 下音追鳥之短尾者
彤彤 上音容祭名 下音同赤色　串弗 上音釧穿也 下音産灸肉器

六書分毫　卷二　三　三十四函

余佘 上音魚我也又姓 下音蛇姓也　釆采 上音辨別也 下音採摘也又采色
冷泠 上寒冷 下音零清水　延廷 上音征行也 下音沿長也
芋芊 上音干草名 下音千艸盛貌　羋芈 上古羊字 下音米姓也
改攺 上孩上聲革也更也 下音以　旴盱 上音虛日 下音許日映
盱盱 上音吁張目 下音紆目多白　灸炙 上音久 下音隻
豕豖 上音矢犬豕 下音觸豕絆足行　抔杯 上音裒一杯之土 下酒杯
受妥 上音授收取也 下音到姓也　否杏 上音缶不然也 下偷上聲語唾不受
折拆 上音哲曲折 下音册開也　析柝 上音晳分也 下音託木柝
絿紈 上音求引急也 下音紈紈綺　芝芝 上靈芝 下音泛艸浮水貌
届屆 上音田穴也 下音介至也　刺刺 上音刺諷刺 下音辣辛也戾也

易昜 上音異又音亦 下音羊古陽字　糾糾 上音几絞也 下倫上聲黃色絲
泒派 上音孤水名 下音湃水分流也　虬虯 上音求龍無角者 下音斗蝌蚪
妹妺 上音味女弟後生者 下音末妹嬉　孟孟 上萌去聲長也又姓 下音子齊謂盤曰盂
沬沫 上音昧水名 下湏沫　門門 上門戶 下斗去聲
斯斨 上音錯斧也 下音昔分破也　弟苐 上兄弟 下音提草名
劵券 上音勸契券 下音倦疲也　盂盂 上音于盤也 下音於飯器
旹昌 上古時字 下音羌疇悵也　幸幸 上慶幸 下音覦小羊
郄郤 上音却 下音隙　玫玟 上音梅玫瑰 下音民石似玉
冈罔 上居郎切山脊 下妄上聲誣也　罙罙 上音森 下音迷彌同
味昧 上音未臭味 下音末黑光　盼盻 上攀去聲視也 下音係恨視貌

六書分毫　卷二　二　三十四函

畈販 上攀上聲販睛 下音泛販賣　臭臭 上扃入聲犬視貌 下抽去聲氣之總名
美羑 上美好 下郎羑字　苗苗 上禾苗从田 下音笛草名从由
軏軌 上音癸車轍 下音范軾前橫木　祆祅 上音軒胡神明 下音幺地反物為祅
祖祖 上租上聲大父也 下音聚事好也　捍捍 上音足收早熟禾 下捍禦
斛斛 上音求角貌 下斗斛　負負 上音附背荷物也 下音裴負尾山名
洚洚 上音降洪水 下音逢水名　苜苜 上音木苜蓿草名 下音耄目不正从廾
柿柹 上音廢削木片也 下音市赤實果　叚段 上團去聲 下真叚
俗俗 上音續風俗 下音極倦也　浪浪 上音銀水名 下波浪
郤卻 上與隙同 下音却字　勅敕 上音尺制也 下音賴勞敕
蛍蚩 上音闘蟲伸行也 下音鴟妍蚩　秩秩 上音夫黑稻 下音姪序也

扃扄 上音駉門鐶鈕 下音貞戶耳也　垔豎 上音因上城具 下音樹立也
毐毒 上音藹嫪毐人名 下音毒亭毒　祜祐 上音戶 下音右
貟貟 上音袁官員 下音運人姓　厙庫 上音赦姓也 下庫藏
眙貽 上答去聲視也 下音夷遺也　聿筆 上音聿草木花始生 下音畢筆墨
財𢔶 上售財 下與得同　窋窟 上諄入聲物將出貌 下坤八入聲孔穴
捋埒 上亂入聲持也 下音列等也　趺跌 上音夫跌坐 下音絰足失據
毫亳 上音豪毫毛 下音箔名　墀犀 上音池遲也 下音西野牛
垻埧 上音霸也 下音具拔塘　聆聆 上音琴音也 下音陵聽也
衺袤 上音斜不正也 下音茂不廣袤　浙淅 上音哲江名 下音昔汰米
脊脊 上古填字 下背脊　敕敕 上音策驚馬 下音赤制書

釚鈄 上音求努牙 下偷上聲姓也　陝陜 上音洽陝隘 下音閃地名
速速 上與迹同 下音肅疾也　厝厝 上與措同 下音籍漢陵寢名
紙紙 上音只楮紙 下音低絲滓　雁雁 上音堆聚土也 下與鷹同
祏袥 上音石藏木主石室 下音託衣袥　朕眹 上天予自稱 下陳上聲目童子
挺挺 上汀上聲直也 下音瓚取也　冢冡 上音腫冢宰 下音蒙覆也
逄逢 上音龐姓也 下音馮遇也　祇衹 上音岐地神 下音低短衣
宷宋 上古審字 下條宋　圜圓 上音旋規也 下方圓
脅脅 上音歇脅肋迫脅 下音現劦也　凊清 上七正切溫凊 下七情切清濁
這這 上籀文誕字 下音彥迎也無𩿰音　凍涷 上東去聲水凍 下音冬暴雨
淨淨 上音撑冷也 下情去聲滯淨　祟崇 上音粹神禍 下音戎高也

珤瑤 上與寶同 下音遙　笫第 上音滓牀簀 下次第
淖湖 上音鬧泥也 下胡同　离禼 上音梨明也 下音契蟲名石
掐搯 上嵌入聲爪刺 下音滔　兔兜 上音兔菟蹏 下兜同
帢幍 上音掐士之帽 下音叨亦士帽　扉屝 上音費草屨 下音非戶扉
訢訴 上與欣同 下告訴　揚揚 上音剔挑揚 下音羊飛揚
惕愓 上音剔怵惕憂也 下音宕又音蕩　埸場 上音亦疆埸 下音長祭神場所
婬姚 上音淫姦婬 下音姚美好貌　疌疐 上音接速也 下音致躓也
茆茆 上音柳蒲茆 下同卯　啇商 上音的木根果蒂 下音傷商賈
脛脛 上形去聲腳脛 下頷上聲直視貌　軝軧 上音奇車轂 下音邸大車後
祫袷 上音洽祭名 下音夾衣無絮也　淊滔 上音掐泥水淊淊也 下音叨漫也

啄喙 上音卓鳥食物 下音誨獸口　晹暘 上音釋日覆雲暫見 下音陽日出暘谷
壺壼 上音胡酒器 下音悃內壼　湏須 上音誨滌面也 下音胥待也資也
欹攲 上音衣歎美 下音欺偏也　祴䄎 上音該樂章 下音祗釋典行戒衣
傅傳 上音附師傅 下音椽相傳　腎腎 上辰上聲水藏 下音限晚瞖無畏視
髠髡 上音坤去髮 下髡上聲髮垂貌　絚縆 上音恒緩也 下亙平聲大索
敡敭 上音異輕簡 下與揚同　越越 上音月超越陌越 下薰入聲走也踰也
梪裋 上音豆祭器 下音豬短衣　掾椽 上音硯官屬 下音傳屋椽
喦嵒 上巖同 下音聶叀喦爭言也　睫睒 上音接目旁毛 下音閃睒眣日光
雁雁 上與鴈同 下與鷹同　觝觶 上音振觝觸角觝 下音支飲酒圓器
揵犍 上音虔以肩舉物 下音堅牛之健強者　棟楝 上音東棟梁 下音煉木名

絲絲 上音司纖絲 下音關織貫杼也
貫貫 上音灌繩也穿也 下音世貸也
養養 上音谷祭名 下養育
慄慄 上音栗懼也 下音栗
裼裼 上音祖裼 下音羊道神
搏慱 上邦入聲普也 下音團憂勞
豊豐 上音里禮器 下音封豊稔
祼裸 上音貫祭也 下羅上聲露體
暖煖 上與煖同 下音暄大日
輗輗 上音貌引也 下音倪轅端横木
庾庾 上音喻倉也 下音拔匿也
雎雎 上音雖雎陽縣名 下音疽水鳥
綏緌 上音雖安也 下音蕤纓也
準準 上屯上聲準則 下音損刻木入竅
溥溥 上音普遍也 下音團多露貌
禂禂 上音諸為牲祭求肥 下音儔單被
寘窴 上與置同 下音田塞也
頊頊 上庭上聲直也 下音旭敬謹貌
搏摶 上音博擊也 下音團聚也
福福 上禍福 下音富藏也

六書分毫 卷二 七 三十四函

蓴蓴 上音鵝芭蕉 下音純蓴菜
夐夐 上音絢營求也 下興去聲亦求也
禔禔 上音支福也 下音題衣厚也
禊褉 上音係祓禊 下音歌褉襦
僣僭 上音貼僣倪狡猾也 下尖去聲假也凝也
瘐瘦 上音與囚以饑寒死 下搜去聲瘠也
歐毆 上謳上聲吐也 下音區逐也
慹慹 上音執怖也 下音世情態
蓺蓺 上音詣種也 下音卽草木不生也
禠褫 上音司福也 下音恥奪也
褘禕 上音衣美也 下音揮后夫人祭服
踼踢 上音惕以足蹴物 下音宕跌也
榮禜 上音營榮華 下音詠禳風祭雨
熊熋 上音雄熊羆 下乃平聲熱也
兢競 上音京戒慎也 下鯨去聲爭也逐也
壿墫 上與樽同酒器从土 下與蹲同舞貌从土
鼏鼏 上與冪同覆食巾 下與扃同以木貫鼎
菑薔 上古災字 下音詳薔薇
摰摯 上音孽危擊也 下音至握持也
蒔蔾 上音時蒔也 下音黎藜牛

賣𧶠 上買賣 下音欲衒也
睪澤 上音託洛澤水也 下水澤
曉曉 上天曉 下音閴湨目貌
錫鍚 上銅錫又賜也 下音羊馬額前飾
磿磨 上音摩治石 下音歷石聲
麈塵 上音主麋屬 下音辰鹿屬
褺褻 上音牒重衣 下音屑私服
螽蠭 上螽斯 下古蜂字
鯗鯗 上音鴞魚名 下音想魚腊
鍛鍜 上端去聲鍛鍊 下音遐錏鍜頸鎧也
詒語 上丑敘切媚也 下音刃疑也
蕈簟 上尋上聲菌生木上 下恬上聲竹席
彊疆 上彊弱 下封疆
澧灃 上音里水出衡山 下音風水出扶風
錬鍊 上音東車轄 下連去聲
斂歛 上聚斂 下音酣欲也
禪襌 上音蟬禪家有禪說 下音單襌衣
聽聽 上音或聲聽欲睡貌 下耳聽
餳餳 上夕平聲飴也 下音唐亦飴也
燹燹 上先上聲野火 下音乗犬也

六書分毫 卷二 八 三十四函

謫謫 上音豆商度也 下音宅責也
懶嬾 上音嬾同懶請也 下音賴愉懶嫌惡也
夒夔 上音猱貪獸 下音逵書夔夔齊慄
鏕鑣 上與平聲溫器 下音標馬銜外鐵
蘖蘗 上岸入聲萌蘖 下音柏黄蘗藥名
盦盦 上音勘器也 下音酌羊凝血也
鏊鏊 上音志田器 下音屑亦田器
薾薾 上音你花草盛貌 下音聶陷也
騫鶱 上音牽虧也 下音軒飛也
亹亹 上磬去聲鏗隙也 下音尾亹亹勉也
薟薟 上音杴草味辛薟 下廉上聲白薟藥名

卷上終

六書分毫卷中

字有音似同而形義各別者

綿州 李調元 鶴洲 撰

尢尣 上過也 下尣豫
凶兇 上吉之反也 下兇暴
扎札 上扱也 下書札
冲沖 上鑿冰之聲 下和融之意又虛也
机機 上木名 下機杼機械
攷考 上成也又叩也 下壽考又稽察也
泮沜 上冰解 下泮宮
卲邵 上高也 下姓
況况 上發語辭 下寒水也
尨厖 上犬多毛 下厚也大也
佯徉 上詐也 下徜徉
奈柰 上奈何 下果名
効效 上功也驗也 下法也
侄姪 上堅也又癡也 下兄弟之子

明眀 上明聰 下視也
杪秒 上木末 下禾芒
邪斜 上姦邪 下不正
岳嶽 上州名 下五嶽
冑胄 上甲冑从冃 下世胄从肉
弈奕 上博弈 下奕葉
班斑 上班列班分 下斑文
晏宴 上早晏歲晏 下宴安宴樂宴會
俳徘 上俳戲 下徘徊
悮誤 上惑也 下謬也
祛袪 上祛禳 下衣袖
奘奘 上大也 下健犬
悟晤 上覺也 下對也
凉涼 上寒涼 下涼薄
修脩 上修爲 下脩脯
朢望 上盼望 下朔望
梁粱 上棟梁 下穀名
飢饑 上餓也 下穀不熟
得淂 上得失 下水貌
隄堤 上隄防 下壅也

翊翌 上翼同羽翊 下翌日
庾瘐 上倉也又姓 下囚以飢寒死
棨綮 上棨戟 下肯綮
湆湇 上土幽溼 下肉汁
証證 上諫也 下驗
閑閒 上闌也止也防衛也 下暇也安也空隙也
㼌窳 上呰窳嬾也 下苦窳缺也
游遊 上浮行也 下遨遊
晳晢 上晳晢賢人名 下白色也
睽暌 上違也 下易卦名
鼓鼔 上革音之器又鼓動 下動擊之器又鼓舞
溼濕 上燥溼 下水名
剿勦 上殺也絕也 下勞也
罛罳 上取魚器 下罘罳屏也
赭褚 上姓也 下綿絮裝衣
豎竪 上立也 下未冠者
榖穀𥞤 上楮也皮可爲紙 下五穀通用
[illegible]轍 上[illegible]敗 下車轍
傲徼 上傲倖 下邀塞也
摟樓 上樓櫓 下樓櫟

蝦鰕 上蝦蟆 下魚鰕
[illegible] 上[illegible] 下艸陸也
談譚 上言論 下大也
蔟簇 上聚也 下小竹
瞑瞑 上目夕 下目閉
瞳曈 上目瞳矓 下日童子
辨辯 上辨別 下辯論
辦辦 上具也判也別也 下致力也
穎頴 上禾名又惟柄 下禾末又雖芒
嬴羸 上秦姓 下與盈同
鍾鐘 上酒器 下樂器
靡縻 上費也 下羈也
耤籍 上耤也 下籍貫簿籍
鐙鐙 上馬鞍踏 下豆之下附
蘧籧 上蘧蘧有形貌 下籧篨竹席
鬱鬱 上芳草釀酒曰鬱鬯 下鬱鬱茂佳氣也

卷中終

六書分毫卷下

綿州 李調元 鶴洲 撰

字有形似異而音義相同者

乃廼 从從 丏匄

友㕛 仇逑 仆踣

无無 去厺 甶塊

仙僊 他佗 企跂

光灮 耶耶 艸草

宇寓 份斌 肎肯

乱穭 丽麗 汚洿

向嚮 帋紙 村邨

沉沈 宐宜 囪窗

吹飈 却卻 廷誔

佚逸 妒妬 㡯敘

弃棄 叓事 豸鷹

吽吼 吻脗 阱穽

虬虯 吹龡 吽嗷

吟唫 災烖 秇藝

衄恤 萅春 玨瑴

虱蝨 沽酤 肢胑

泝溯 居凥 旹時

怪恠 板版 帙袠

炒熘 和龢 法灋

阸隘 坸垢 協勰

拉摺 呼嘑 奔犇

泮頖 松寀 昔[illegible]

扼搤 垂坙 咂噆

侃偘 昭眣 炤照

刱創 杰傑 蚘蛔

弢韜 俊儁 柂栧

姻婣 柬簡 挂掛

挐拏 屎菌 秔稉

眤暱 看翰 美媺

篪箎 俟竢 [illegible]憸

剗剷 浣澣 涌湧

蚓螾 球璆 睞覼

乘椉 茵鞇 胯跨

釜鬴 砲礮 笋筍

畝畮 俛俯 哲喆

笇算 脉脈 倏儵

涖莅　烟煙　娭嬉
珤寶　昚慎　袖褎
捄救　梅某　飛蜚
蚊䘇　絤緬　笑咲
個箇　涎㳄　浙淛
絖綆　徑逕　袒襢
粟㮚　倜俶　粗觕
卨偰　跖蹠　策筞
曼㬅　絛縚　登墱
累絫　庵菴　箘簬

馗逵　偄懦　粭餄
紬𦅇　埜野　掩揜
啜歠　瓶缾　軟輭
羚麢　遆遞　翊翼
鮓鮺　旅盧　專顓
敚奪　紲絏　砦寨
需需　谿谿　瀕邈
跡蹟　雁鴈　詧察
酧醻　飦饘　强彊
訛譌　椀盌　菀鬱

愆僁　焫爇　琖盞
貊貉　聋聞　猫貓
悳德　勛勳　滌滌
牋箋　猱獿　鉏鋤
賔賓　酬醻　辠罪
馹驛　睹覩　腮顋
蜂蠭　惷蠢　喻遙
僭僭　傘繖　飧餐
駢騈　萱藼　愧媿
粮糧　搗擣　俛僶

旤禍　飰飯　猿猨
遁遯　韵韻　毀燬
夢㝱　碕礄　貌䫉
箸篛　愳懼　瑰瓌
閡礙　薛辥　漁𢿁
嘆歎　綫線　鉄鐵
嵒巖　韋韡　墝墩
撰巽　蹄蹏　璇璿
剷鏟　駭駴　嘷號
暫蹔　險嶮　攜擕

嘯歗　暴虣　覞䚀

鞉鼗　頞闋　繙繅

頯䫜　璚瓊　螘蟻

磚甎　蠊螊　叢藂

䫂嬉　鮮鱻　穗穟

徙䉆　螺蠃　醜醻

燭爥　鎖鏁　錘鎚

騘驄　擿擲　嬾孏

豓豔　餽饋　懽歡

臞癯

卷下終

光緒七年立
重鐫于廣漢

通詁

通詁序

書何以通詁名詁史通所難通之語也史以括紀傳通以包編年例倣爾雅義取釋名立言必簡而該隨手便閱疏注必雅而典觸目不煩好學者或偶而失之善忘者可俯而拾也篇分二十卷釐上下雖小學要必歸於適用彙大成正不在乎尤繁摘之正史之中幾於散錢無串廣之別乘之外實已毫髮無餘易曉者畧焉原非罣一漏萬艱澁者盡矣何妨舉一反三是爲序綿州李調元李山敍

通詁　卷上

蜀綿李調元李山學

投蜆篇

投蜆霓散也雲撓雲屈曲也烈鈌閃電也遲明天遲其明也質明正明也陽九奇數也爲陽數之窮百六偶數也爲陰數之窮皆刧數也龍見角亢爲東方蒼龍之宿農事始畢晨見東方也火見火心星繼角亢者也農祥房星也玉燭四氣和也辰正正月初也孟陬始正月建寅在天東此隅也陽餘閏也蔀首閏盡歲也大茀大彗星也金韉韉與韉同秋也庖風暴風也飛谷日所入也釆醴雀錫似甘露而非五緯相汁汁協也五星聚也調調風緩也刁刁草木動也日高春春晚炊也日尚未冥也下春日將冥也枉矢流星形若火也少女風將雨微風也少男風急風也風角占風之角驗休咎也亭午日中也

莊馗篇

莊馗大道也横洿停水也句廉水岸曲而有稜也沇潏古災字洪水也胷宄井無水井也偃豬下濕地也弇中狹路也蓬顆蓬土也鈎盾弄田天子所宴游也陽盱禹所禱河也神鬻山之凸者也仙的峰之尖射者也畯田燒田而種也阡陌田間車馬大道也商鞅盡開之爲田繞霤臨險道也厠溷所也口椒山頂也窮髮不毛地也結限三泉小數之終也極深爲九泉瀉鹵鹽地也斥鹵也東方謂之斥西方謂之鹵盬傈邂杲狹隘也消沺峭嵑峻波也微壘之燒田而獵者也庢杳庢碍止也溯釜湧出也鷄鹿胡地山也姑射亦海外山也宗膾旨敖叢枝堯時國也吳泉虞淵也影國附庸也鱗眗猶嶙峋也埭水埒也坰灘水衝岸糾壤也提封封積土表界也提舉也畢四封之内而計之也

同産篇

同産子養昆弟子爲子也耳孫元孫之子但耳聞也尊章舅姑也嬈新兄也彌甥對父舅而言也食子子奉養者也收子子葬身者也門子卿大夫之嫡子謂代父立門戶也侲子逐疫人漢大儺則選黄門子弟以逐疫也覡猶巫也女曰巫男曰覡蹇修古賢媒也靈氛善卜人也巫咸古神巫也孌童嬖子皆美童也公主天子女下嫁必使上公主婚曰公主也葭莩之親葭蘆也莩其筩中白皮物之至薄者言薄親也贅子贅質也質子與人三年不贖遂沒爲奴也顛行在

前行者也縣官宅家大家天家歷代稱天子也郎君
唐奴稱主人也前輩唐宋通稱猶今先生也偍仔偍
接也仔美也娙娥亦美也杜連一曰田連善鼓琴者
也便蛸一曰蛸淵一曰蛸蠉辨士也支離善屠人也
又偃人也倭傀醜女也闒跋偃人也

涓人篇

涓人掃除涓潔之人也司李卽司理也皐陶爲大理
其孫利貞值商季逃難食木子得全故姓李氏也中
候軍中候吏也補黑衣之鈇黑衣衛士衣也河如帶
山若礪言微也使山頹河竭而封國如故也秘祝秦

官國有大灾秘過於下移諱其事也計偕與入計之
之吏偕行也廐騶騎士也閥閱閥積功也閱經歷也
復陶晉典衣官也中二千石中滿也輿臺輿衆也臺
給臺下厮役者也中盾郎中允也率更爲太子掌更
漏也洗先馬馬在前行猶導馬也大田大農也閽人
精氣奄閉也尚書機衡機衡北斗二星名於天文爲
喉舌也尚書秦爲天子主書者也干牛刀名也象胥
譯語人也蒲類將軍蒲類西海名鴻臚鴻大也臚傳
也大聲傳道也端公唐稱御史也金吾鳥名性不睡
故用以巡警也節推節度使推官也鞮鞻氏夷樂官
也當戶匈奴官也

坼裂篇

坼裂皸也凍瘡瘃也睚眦怒目也盱衡眉上曰衡謂
舉眉揚目也欽頤曲頷也坼頞過折鼻莖也露紛即
露髻也坐行膝行也視流視不端也目留以目留連
也搏膺拊胸也噢咻痛念聲也肖貌肖貌也心儀心
向也壯髮當額前髮侵下而生也汚汗洣米言洣淚
汙集垂下也淸盧盧童子也呂馬童而之面之不正
視也意鳥怒聲而雍樹馳以面擁之立而馳車中也
魋結椎髻也頤指頤動而指使也跋盭戾跋與跛同

腳掌病戾不可行也捽胡捽頸也遏隊失據而墜也
上僂肩傴也磬折曲躬如磬也甚口有口辨也躗衛
言過言也緩頰徐言也股弁股戰若弁也嘍南音也
宛舌屈舌也嗢咽下垂也敦脈美血拇背厚而拇指
有血也盛鬍盛鬚也曼睩潤澤其視也介刖一足也
兀刖足人也蹣躃曳疾也偏髯茅髮覆眉也形嬰骨
藺嬰麗也藺好也絆變月事也齼齒怯也義甲假爪
甲以彈箏者也臧三耳臧獲之臧奴也奴本兩耳更
有一主聽者爲三耳也絕脰斷頸也絕亢斷喉也戟
手詈人狀舉手如戟形也痁瘧疾也蟹蟹一足行也

煩手奏樂不以正也旋小便也三折肱言其臂三足
損折歷病之多乃爲良醫也恙食心蟲也古者草居
霜宿多被此苦故問人疾苦以爲恙也辟且病痱辟
足病痱風病也肺附肺腑也熊經身不動而廻顧導
引者學其法也踤陸足蹴之也君將㱿學之㱿嘔吐
也重腿墜下腫病也瘲瘛小兒病也狧糠舐糠也晉
侯夢楚子鹽其腦鹽以口唼也譆服卽呼呦薄關西
人以被杖而呼爲呼呦又呼譽義亦同墜言失言也
不誰何不惜詞也無誰啫無可啫也漂說浮言也食
言不信前言如復吞之也將指足大指也贔屭被戲

作力貌神菹形茹菹乖屈茹臭敗也闇易行廻轉貌
鄙削刻畫也言伎人美麗如刻畫而成也沮顔燋齒
梟瞯俱四夷之狀也遡手凍拆也前者唱于隨者唱
禺于小聲禺大聲哀駘醜貌句勾贅項瘣椎也㛗婉
容也嫭和色也嚌吟忍口怒齒也丹的宮人有月事
者以丹注額避進御也鐕簪頭伏地也軒渠笑狀也

受釐篇

受釐受禧也禖求子之神也伏臘伏者金氣伏藏之
日也冬至後祭百神曰臘蜡折方澤之形四曲折也
餟食墜似接續而祭祭羣神從者也猖狂狂鬼也族

人炊古主炊爨神也膋蕭脂及香草也鬼趡催上聲
鬼走也蹛帶林囪奴會祭所蕸遶林而祭也馬步害
馬神也妖禜魅詠淫祀也祓撙俎溫祭物也祖道祖
祭名卽軷祭行人祭黃帝子纍祖也封爲壇以祭天
禪爲墠以祭地也禪本作墠綿蕝立竹束茅引繩界
位以習禮也貙膢膢祭名貙以立秋日祭獸王者亦
以其日出臘還祭宗廟也受脤受社祭肉也盛以脤
器脤唇也宗祏托廟中藏主石室也嚁揮幣輸幣也
享覜說覜獻也朝聘而享獻國所有也堪坏丕神也
權火權擧也天子不親祠則擧火爲識以望拜也瘞

縣軌懸祭山也其物或瘞或懸置之於山也

立均篇

立均木長七尺而施弦以考樂音者也方響上圓下
方磬類也涫于形如鐘而口弇懸而振之以和鼓也
王蠡大螺也官懸四面懸也軒懸缺南面也判懸東
西懸也特懸獨懸一肆也參差洞簫也據槁梧梧琴
也楚如竪簫而長者也徘徊房露房露古曲名孤子
之鉤以爲隱九寡之珥以爲約隱琴隱長四寸五分
約卽琴徽也九寡九子之寡毋取其聲哀也以下樂
挹抐擫擫恰簫制之善者也鰛溺戞貌遻木律馳

貌隱䖰吸戢衆聲也鍖鉒舒緩貌㦬恈卽㦬恈寂靜也懰漫衍訙和樂貌阿郍腲腇舒遲貌頹唐隤墜貌恢㒚廣大貌媪殁舒緩貌瞭梨瞅歛容也兀嬖婁㹠鬚凝險峻貌㢊窌窖巧老空深貌槷刖危貌運褭廻旋相纓也穿洝烏按畀下也硐磨也撐距刧逍誤擊觸也佁儗寬容貌窾圔聲下貌寶㩙聲緩也筤笏抑隱手循笛孔也挼那挐挼尊去貌臧以手上下笛孔也絞緊汩湿音相切磨也務㰈銚幱分別節制貌憔眇䁥維目開合也㯤捷批㰈捋手撫絃貌虺䔿盛貌懒㩳疾貌浪孟失志貌又大聲與孟浪異氾艷放縱

貌䨵爆急疾貌膹菌磈𥔵央聲䵣結不散貌鄳琅磊落駢田磅唐皆聲四布而多貌和矚聲相雜貌澌窅郎空貌㨎㨎卽颼颼也以下散樂唐梯弄梯戲也角觝兩兩相當角伎力也象人假面戲也追人分肢截首戲也奇蟲魚龍戲也拔河分朋對挽競勝戲也都盧緣高戲也都盧國名其人體輕而善緣也高緪更步索戲也尋撞緣竿戲也白打宮中鬬戲也潑寒胡以水潑人效寒胡戲也蹵鞠卽蹴踘也

期門篇

期門漢武微行與左右騎射者期於殿門後因以名軍也戊已較尉諸千皆有正位惟戊已寄治言於西域無定居也要害於我爲要於敵爲害也欵段馬馬行遲緩也離徧遠部曲也敗北北方幽隱之處故軍敗曰敗北伍伯當道驅除之卒也亦曰五百烈卒迦人也衷師伏兵衛擊其中也虔州虔殺僇也横草之功横卧草中言勞苦也武鋒精兵也搃捎貫而刺之也當百軍吏也戲下麾下也偃伯靈臺偃伯休師也投石超距投石以石投人軍中戲習其法也超距跳躍也老弱未傅者傅著也未著名籍盡發爲兵也草山而望趙軍草蔽也以山爲隱蔽也辟易開張而易

其故處也尺藉五五相保之符也都肄郎大閱習武備也蹲甲而射積甲射之以比力也漏師泄漏軍事也交綏兩軍皆退也軍退曰綏射王汰輈汰過輈車轅也謂過車轅也勦民勞民也射麋麗龜麗著也龜背當心高處也干掫夜廵也注傅矢也關引弓也楯瓦楯脊也執鈹執劍也離衛離陳也陳兵自衛也緰筏精赤色草可爲染者筏旆同赤旆也呼庚癸庚西方主穀癸北方主水軍中乞糧之隱語也卞射試卞角方也手搏爲卞羽檄重迹押至言相因而至也叟兵蜀兵也漢方言謂蜀爲叟連拄連剌也蹭札柳端

午軍中走馬射栅也雜翹插鶏尾以告急也拔聯編木爲營相聯不絕也餘皇戰船也金支羽葢也李陵傳張穹弮弮弩也空弮無羿之弩也擘張手張弩也蹶張足蹈弩也大黃肩弩也負籣闟盛弩矢者也一作欄排撤正弓弩之器也桼弩發箭處也黃間射䈉弩也剛挂射雉弩矢也𨋢服弩車闌間置皮箙以安弩者也谿子蠻中柘弩也簫弓弰也弣弓中央把也淵弓閃面也巨黍古良弓也忘歸箭也鳴鏑骲箭也夏服夏后之盛箭器也檿弧檿山桑之有文者以爲弓也箕服箕草名織之以盛箭也彍郭弩彍引滿也

韇丸箭服也菔囙箭矢也大屈弓名也水矢箭葢又可以飲也五兵矛戟弓劒戈也𠝏琢當作𠞊劒鼻玉也匈奴徑路刀金留犁撓酒徑路匈奴寶刀也留犁飯匕也撓攪也鞮鍪提鍪兜鍪也革笥皮甲也木薦木楯也渠荅蒺藜也膱劒兩刀也菴盧軍行宿室也爛覓鍪廣行軍乾酪也迺以夏斜拄長矛也蘭錡兵架也賜夷甲名劾盧矛名削廚曲刀也棘矜棘戟也矜戟把也綮戟有衣之戟也歐刀劒也露布文書不封露而布之也羽書告急之書書上加鳥羽也中黃五方之旗各以其色居中者黃也𥇊鉤彎弓也旝大將之麾執以號令者也丁盜鉦也靈姑銔不旗名也

令甲篇

令甲法令首篇也漢宣帝詔令乙第二篇也江充傳令丙第三篇也漢章帝詔慮囚即錄囚也椎埋椎殺人而埋之也摽掩摽人而掩取其財也伏質鈇質鈇也古者斬人加於鑕上而斫之腐刑腐本不生實也蠶室無風宮刑者不可以風故下蠶室也鉤距鈎致其情閉距之使不能去也城旦舂男子旦起行治城婦人則舂也鬼薪取薪給宗廟也白粲擇米使白也暴室掖庭之室取曝曬衣也薄室義同請室請罪之室

也雉經俛頸閉氣自經而死狀若雉也自繆縊殺也爰書爰換也以文書換口詞也琅璫長鎖也榜掠一曰搒格擊也文無害文詞無咎也苛政苛小草也言其繁細投繯以繩爲繯也董卓縱軍士擄牢謂牢固貨藏者皆擄取之也無噍無噍類噍讀嚼食也言無復活而噍食者也疏捕搜捕也又尋其足跡而捕之也臂搬蘸側手毆人也徂擊密伺擊人也乳藥飲鴆鎮也擊竅而殺之擊擊殺也縱殺以戟撞殺之也戎索戎法也唐宣武兵變執城將曹全晸之晸郎剛字也從刀與刖異耏耐刑去頰旁毛也酎宙金失侯三重醇

醲爲酎八月嘗酎於宗廟則諸侯出助祭金以金輕
及色劣而削爵也鉆鈴鑽椎鑿之類酷刑也連坐相
連坐罪也胥靡胥相也靡隨也古者輕刑聯綴之使
服役也抵罪抵至也隨傷人及盜之輕重所至以爲
罪也殊死斬刑言身首殊異其處也髡鉗鉗以鐵束
項也雅舂手舂也釱左趾以鐵鉗著左指以代刖也
沉命法沉没也取蔽匿盜賊者没其命也瘐與死繫
囚以饑寒死也女徒雇山錢女徒當於山伐薪今令
月出錢三百以雇人也弛刑弛解也解罪而輸作者
也三木囊頭頭及手足皆有械更以物蒙其頭也面

縛縛手於後惟見其面也轘車裂也殺管叔而蔡蔡
叔蔡放也刑器鑄刑書於鼎也奇請它比主者於
常文之外別有所請引他律以定罪也頌繫頌容也
寬容之不桎梏也

收介篇

收介特䘏單身民也登下開收民版也繭絲謂浚民
之膏如抽繭絲不盡不止也保障謂厚民之生如築
障自衛也發閭左之戍秦民復除者居閭之左因戍
不足併復除者發之也卒更正卒一月一更也踐更
出錢顧倩者月與二千也過更天下之民皆應三月
戍邊不能盡行入出錢三百入官官爲給戍也頭會
箕斂從人頭數出穀以箕斂之也流庸流民出外爲
傭也緡錢二千而一算漢武計人貲錢每二千令人
一算算百二十錢也馬復令養馬免徭役也形民之
力言隨民力任使如金冶器隨物制形也以律占租
出租如法不於律外取之也半床租調男子有妻者
爲一床無妻者半之也粟謂之租力租謂之庸布帛
謂之調兩稅春秋兩納正稅不零輸也除陌於民市
易除其陌頭之錢也保馬保官之馬而養之令無死
傷也方田限民田而計以方也手實令民手書其戶
口田畝之實數也月樁錢諸州封樁之錢按月解發
不可蠲損也版帳錢起民間苛稅書之於版也經總
制錢經制使所統額外之稅月樁版帳之類也

通詁　卷下

蜀綿李調元李山學

琨蔽篇

琨蔽玉箸也六博者投之以行碁彈碁兩人黑白子各六碁局中心凸列碁相當彈中者勝也格五簺也簺有四采至五格格不行故謂之格意錢諳億也射意卽攤錢也方罫碁局間線目也晉制犀比比集也言晉工作博碁之箸比集犀角以爲飾也剛卯漢人於正月卯日刻金玉桃目爲佩以當吉祥逐疫者也赤仄錢以赤銅爲其郭錢紺色也筴錢如榆筴也紫

泥天子六璽皆以五都紫泥封之牢盆牢價值也盆鬻鹽盆也淳金鍍器金飾器口也蚌耳玉爵也橐中裝珠玉之寶物輕而價重可入橐橐以齎行也寓錢象泉皆紙錢也倓賧同蠻夷贖罪貨也昭華之玉堯贈舜者也昆吾之鼎太公所銘鼎也藻率韋爲之以藉玉也鐔注衛劒飾鐔劒口旁橫出者也衛劒鼻也羽葆鳥羽葢也劒履皆軍容軍容不入國劒履上殿殊禮也履以皮爲之綮戾綬綮草名以草染綬也鞞鞛佩刀上下飾也洪頫旌名虹霓爲纓緌上下旛也鮫韅馬服革以鮫皮爲之星施旌也罜獨麗小網也

罠麋網蹏兎網也罥罟也互屠家掛肉物也檋舟登山履也以鐵爲之如錐頭施履下不蹉跌也別作樏畾欙義同檋以木爲之如箕形行泥上也胡床今交椅也皐比虎皮褥也毾㲪毛席也書檐盛書夾也六䴚竹織方扇也便面障面扇也脿有蓊蘢也藥裹藥囊也箯輿竹器除糞土者也赫蹏蹏薄小紙也軍持淨瓶也甗無底甑也積竹杖攢竹杖也鉒筩飾盛錢器卽撲滿以竹爲筩如瓿狀投窗告之書可入而不可出也人持一半判氷半大片也筳篿筳小破竹也折草卜曰篿編曲就喪家織蒲曲也椅薦瀲笭箵

星皆漁具也漢侍中掌虎子虎子便溺之器也

雋永篇

雋永雋肥肉也漿酒藿肉藿豆葉也言視酒如漿視肉如藿也張飲供帳也贏糧擔糧也餔相聚飲食也具器食一盤食也肴未胇廢物乾曰胇言食尚未乾也腐䋣肉壞也翠鵝鴨尾上圓肉也胖鳥脇側肉也乙魚目旁骨也奥鴇脾胘也醜鱉瞉也挏同酒以馬乳爲酒撞挏而成者也犂白見器空白以驗乾也大白大爵也醑胥少飲酒以潔口也水曰漱酒曰醑食酒多飲至酒盡也歡伯酒也酒吏酒糾也上尊稻米一

斗得酒一斗也稷米爲中尊粟米爲下尊偏提酒注
子也焚尾酒巡匝且盡也沫餑孛湯細花也裹蒸以
糖物和米竹籜裹蒸之若今角黍也餹䭔丸餅今之
元宵子也胡餅今燒餅言以胡麻著餅上也麧䴹麥
飯也鼓簸播精鼓以手簸揚也簸小箕也精簡米也
䊭雁舂而復舂也草具草率之具也飲八斗而醉二
參參三也言十飲有二三次醉也攻苦食啖啖淡也
爵養殭孰謂非時進御之物皆火室蒸鬱強使成熟
也熊白熊當心白脂也苦酒今醋也白黑熬稻熬黍
也形鹽鹽爲虎形也蓐食早食於蓐寢也振廩發倉

粟也胹而羹也陪鼎加鼎也酌盧䣼酒也鵨酸以鵨
爲酸羹也腨剪臇腨羹之少汁者以臇爲腨也露鷄
露栖之鷄也山膚芳椒之類産於山故曰山膚也雕
胡菰米也安胡同霜蓄霜時菜也寒鼀寒蒸肉也古
注作脠宍元秬黃麰牟黍與麥也起溲蒸餅也不托
餺飥今湯麪也畢羅亦湯麪也餦餭餳也醵却合錢
飲酒也廊飡唐制常朝賜百官食也杜舉揚觶潔洗
而後舉也禮始杜蕢故云

諸于篇

諸于大掖衣也襐象飾盛飾也側注冠側立而下注

也阿錫細繒也跕躧輕躡無根小履也戴勝麗婦人
玉首飾也革踏皮履也履綦履下飾也都布卽荅布
白疊也裋褐裋布長襦也童豎所著至細布也厠牏
近身小衫也牛衣編亂麻爲之不得要領要腰也持
衣者先領持裳者先腰也麗服雜色服也衵日服婦
人內衣也韎韋之跗戎服若袴而屬於跗也弁髦童
子垂髮加弁既冠棄之也復陶裘也衣製雨衣也纂
組亦組紱縧也弋綈黑色粗帛也窮袴有前後襠不
得通也苴履履中藉也飛緌纓以烏尾作纓也冠襌
纚離織絲爲之卽方目紗也以輕故步搖襌衣朝服

中單也交輸割正幅使一頭狹將燕尾垂之兩旁見
於後蕃裁衣法也襜褕直裾單衣也鎧扞臂衣也大
袑大袴也襶從從卽縰韜髮之物褚衣以綿裝也繻
帢無絮衣繻爲表綺爲裏也袿圭婦人上服也襂彡
袿婦人長帶也贏服微服也袪袖口也幐騰筭袋
也㡜曳鞋帶也屝履草履也弁襦繻帛也邊闗出入
裂帛頭以爲合符也白越白布也葛越葛布也褕曳
衣輕長貌洴澼洗者漂絮也瀚浣衣也毾毲兜達夷
服也練䌁羽衣半臂也露卯屐齒達褊土也毼毲掇
羊皮臂飾也毾㲪榻毛布也加元服加冠也承露古

巾名也䍐離離帷帽蓋而者也縉紳縉作搢插也謂插其笏於紳也又作薦紳薦進也進而插之也袯襫漁服也不借草履言價賤不須借也袯襫襫袍也踞轉鼓琴轉車上衣裝也取我衣冠而褚之褚藏也傒者畏法藏其美衣冠也踊刖足者履也鞶鑑鞶帶而以鏡爲飾也貍製貍裘也類絢渠織物劣惡也夾纈錦也玉導所以導髮入冠幘中如今抿也珵廳使衣束帶也㝹竿樂工短衣也揚襹以戍削襹衣袖也戍削裁制也萃蔡衣聲也

虎落篇

虎落編竹爲藩拒虎者也譙樓一爲巢樓言高也罘罳浮思簷戶間網也罦夏複屋也仙陀佛寺也虎門周師氏居漢祭酒第也按堵按其次第墻壁不動也柧稜殿堂最高處也鐎宮湯所受命宮也駘蕩漢宮名言春時景物滿也馺颯娑亦漢宮名二字本狀馬行迅疾言宮之深大迅行乃遍也枍意指亦漢宮名言美木盛也杜治奉道家淨室也甌脫土室邊人候望伏宿之處也垂堂謂堂階垂盡處坐之易隕墜也顧成廟身存而爲廟若周之顧命也甲第甲於諸第也巖籞天子射苑也漢東宮太后居也後漢則謂太

子切皆銅沓切門限以銅裹之也壁帶爲黃金釭丁壁帶壁中橫木露出如帶者也壁帶中以金綴飾之如車釭也篹撰食堂篹具也屠蘇屠蘇平屋也庌迓舍野中迓候賓客之處也屈戍窓上銅鐵扣也㶷軟平聲垣宮外垣也門牡門鍵也以鐵爲之馬弩關禁馬弩二石平弩十石以上皆不得出關也鴻寶秘苑秘書之苑也榑振屋中央也㝹數梁上四柱交叠如蟲狀也窔奧窔東南隅奧西南隅也窔窨屋深響也游極梁上浮柱也陽馬角梁也雙枚重梁也㯕津纑曲短梁也雲楶梁上柱也禁楄駢短方床也㮾㮰茗灊大梁也𣟴橑也桴䈎椽上竹也藁街街蠻夷之館也柂桯行馬今攩眾也

舳艫篇

舳艫舳船尾安柁處也艫船頭刺棹處也濯歌櫂歌也艐宗舟著沙不行也五兩候風鳥羽建桅上者也鹿車車小裁容一鹿也轒輼匈奴車也轀輬車猶溫涼也方釳肸轂旁以五寸鐵貫中以翟尾著之轂兩旁恐馬相突也左纛以旄牛尾置驂馬頭上以亂馬目不令相見也柴軼第車轄也韓魏間方言轄車車馬相屬連綿不絕也衘橜之變衘馬衘也橜車之鉤

心也言或銜斷或檕傾也柴車賤者所乘言曳柴也
柴轂同露車載物之車無帷蓋者也金根車天子所
乘金畫交龍於轄上也說輹脫車下縛也筆路路軺
同柴車也轮車兵車也楚人惎之脫扃惎教也扃車
上兵闌也輂 差 車連車也巾車車有帷者也鹵薄
車駕儀衛也鹵大楯法駕從物其所陳次第著之於
簿故曰鹵簿也熊轓車前橫軾為伏熊狀也

山鞠篇

山鞠窮芎藭也江離芎藭苗也初生為蘼蕪卷施宿
莽也昌歜昌蒩蒩也新雉香草也跂鵙即蹲鴟芋也

荅遝離支荅遝似李離支即荔枝也槐生五日曰兎
目十日曰鼠耳竅木空木也澀勒竹之有芒者也一
名蔥簩 徙勞 櫖兩樹交陰也班荆布荆於地藉而坐
也萑苻之澤苻蒲也蒲葦之澤也藺 逆 綬小草色似
綬也牝荆荆之有子者也軸解木之轉心者言不堅
直也君遷㮕棗今丁香柿也如何九百歲一實長位
尺而甘羅鹿梨也盧橘金橘也槊 計 梅楊梅也栘棣
樹也蕁 覃 莸藩知母也文無當歸也將離芍藥也杜
若似良姜而細者也杜衡馬蹄香也狀如葵蒟 矩 醬
土蕈茭也蔓生即今蔞葉 夫須莎香附也蓷益母也

蕠卷耳即今蒼耳也天苴芭蕉也莃葵紫背天葵也
鮮支梔子也山薔芸香也燕麥野麥也腐婢赤小豆
花也戎菽豌豆也樵蘇樵 取薪蘇取草也

慈鶂篇

慈鶂母鷄也爰居海鳥似鳳者也鳥䴈頡亢猶頡頏
也交睛似鳧而脚高碎火屬玉碎水旋目皆鳥名也
青鵁雉尾間青毛也滑鶬似鵲而大謝豹杜鵑也題
鴂 桂 亦杜鵑也鶬義 儀 錦鷄也鷟即鵕似鷄無斑者
也鶌鳩燕也鶡鴠寒號蟲也鴠即伯勞今苦鳥呼姑
惡者也爽鳩鷹也祝鳩班鳩也乏 捧 駕之馬覆駕也

齒鄰之馬良馬低頭口至膝也驌驦良馬也鷄斯戎
馬釋西伯囚者也燧象以象戰如火牛法也踤足蹴
之也角槍題注題額也以角槍地以頭注地也馬踶
蹄噭 叫 十馬蹄與口也沛艾馬行貌騰遠射干皆猿
類鳴陽佛也琢卵生也乳胎生也山都形如崑崙體
生毛獸類鬼也荼首兩頭鹿也騃 情 馬牾 介 馬也宮
刑曰犗俗謂騸馬風馬牛不相及牝牡相誘曰風言
雖馬牛風軼而奔亦不相及也鹿死不擇音音作蔭
休蔭之處也驂之隨靳靳車中服馬當車衡者也婁
豬求牡之豬艾豭艾老也豭牡豬也鼠般虎皮也般

與斑同牛馬維婁維馬繫也婁牛繫也廓記狗狂狗
也柑馬而秣之柑木銜馬口也騂旄之盟旄牛也言
大盟也昆䮶好馬名蹄平善登山也周阹區遮禽獸
爲陣圍也獑猢猿類而白腰以上黑獱似狐青色居
水中食魚者也蜜窕詐物在穴中也躨跜動貌于蜺
延首也徼𤟹極邀遮禽獸之倦者而取之也齒至之
車言馬齊也𩣡兀以鼻搖動也扣跋奔突狀也䞤倉
白虎也虪叔黑虎也雙觡共柢言一本生兩角也猨
猵狚篇丹以爲雌猵狚一名獦狚似猨而狗首言非
類爲牝牡也砉畫然皮骨相離聲騞然刀聲也肯骨

間肉也大窾空處大郤有際之處大軱大骨也杕亦
栖戲猿猴者也誕馬車駕前散馬也當盧馬面上飾
也王孫猴屬也果然獸似猴者也程豹也蜻蛚蟋蟀
也蛾與蟻同范蠭蜂也炳魚書蠹也鳴哈蛙也朐肕
蠢閏蚯蚓也沉虎虎頭魚也潛鹿鹿頭魚也昭兆寶
龜也魚牛狀如牛陵居蛇尾有翼者也宴靈一一曰本
一日立龜也率然大蛇也鱟鱭也鯸鮐河豚也鱁鮧
魚腸也

一金篇

一金金四方一寸也古秤一斤今重四兩陌百也唐
以八十錢爲陌宋以百錢爲陌緡亦百錢也或曰千
錢漢六斗準今一斗七升九合一斗準今二升九合
八勺三抄三撮秤三斤準今十三兩一斤準今四兩
三錢三分三釐若干未定之詞干從一從十言或如
一或如十也一端二丈也一疋兩端也百雉三百丈
也雉飛不過三丈庭實旋百庭中所陳其品數百也
錦繡千純屯千束也

窀穸篇

窀穸販戌窀厚也穸夜也猶言長夜謂葬也楄柎棺
中靈床也椑小棺也東園秘器東園署名其器如方

漆桶鈌其一面安鏡於中以殉葬葢東園署所作也
藁葬藁草也葬禮草率也方中天子陵中也銀鏤黃
腸以銀鏤棺以松木黃心爲槨曰黃腸也襚送死者
衣也堋崩去聲下棺於土也屬辟皆棺也王棺四重
二重爲辟三重爲屬羨延墓道也殉有身亡也禪傍
棺全一邊者也百金祝賻終者衣被也和棺兩頭也
翰檜翰棺傍飾檜棺上飾也堲周夏棺名也

醞藉篇

醞藉如醞有味如物有藉也扈從跋扈縱恣也見相
如賦典扈從人主二義媒蘗媒酒教也蘗麵也言造

作而成如酒之媒糵也齊人名麵餅曰媒相騃執意
不同如馬駁色也橋虔撟托上命而固爲邪也慼槩
感而立節槩也首鼠兩端如鼠首一前一却也尉薦
安慰而薦達之也陵夷如丘陵之平夷也蟠木得爲
天子器以左右爲之先容容雕飾也先爲雕飾然後
得見天子也侵牟如牟賊之食苗也稽故稽留以事
故也姑息姑且也息安也言苟且安息不深求也休
嘉砰隱砰隱盛也委禽卽奠雁也警蹕警戒也蹕止
行人也旁午一從一橫也又曰分布也蠭午猶雜沓
也鄭重頻煩也與慎重異薄遽迫速也豪強慹執服

慹服畏服也覈實詳實也逌卽悠逌爾笑貌也愊利
有節也惎間謂毒亂也呰窳子與偷生短弱也謷傲
詐也鉤鋠碎析亂鋠破也隽潔詬無志分也不讁不
順也選耎怯不前也無俚無聊也離疏釋蹻棄蔬食
釋緬屩也驤至尋至也觖望卽缺望也侘傺失志也
黕灼讒也波謐言變態也麻沸麻亂波沸也綴斿隨
風動搖也蕭杌求踈放不勤事也方洋常洋俱倘佯
也骫骳鬼秃屈曲也揘畢撞搣背撞而倒也滑稽吸
酒曲器也轉注吐酒終日不已借以擬人之善言也
嫐鳥撓亂之也攖盜逆而後安也鹵莽耕不善也滅

裂芸不善也鋠槻裁木爲器裂帛爲衣也卜得兆大
横龜文正横也操奇贏謂有贏餘之財蓄積奇物也
掌故掌故府之典籍也發蒙振落物有所蒙發而去
之葉將落振而墜之也留落不偶覊留遲落不相偕
偶也有郤有隙也奏廁向廁也闌入闌出妄出入也
回容回護也立表示人曰標揭書示人曰榜標榜猶
表揭也阿堵猶此處也寍馨猶如此也狼藉狼藉草
而卧去則凌亂也模稜門梂也模之可左可右疲徚
極疲倦也旁魄猶旁礴也肸蠁蚊類喻羣集而衆多
也地忍之第忍之也揭來盍來也不訾不可量也傾

蓋車蓋也塗遇駐車而語則車蓋傾欹也藉甚狼藉
甚盛也貫行謂條陳事相續而行之也仞積仞滿也
伊優屈曲佞媚之狀宴娭娭與嬉同窕㮯窕纖細不
滿也㮯宏大不入也稱娖錯整飭也麾城摲邑摲手
擬之也庶有豸至乎豸解也嘸然不精明貌馬不適
亡闕西音以適爲禘也徤羨徤壯也蹎仆顛仆也頌
言公言頌禁公禁也詆娸邱奚毀醜也繜絀屈也惕
日狎玩也謑髁奚禍不正貌熛起若飛火也齮齕以
乞側嚙爲齮吃爲齕也折閱所閱貿易之價虧折也
辜榷占市易也寥寮遠深貌咽嘲忿氣也技策舉杖

擊節也。𥨍息累懼而喘息也。叜歎歎與出同言叜呵也。罨畫籠色畫也。撊然勁忿貌。鮮福輕疾貌。鴻絧同直馳貌。繞獵相參差也。章皇周流也。聿皇疾貌。陸梁跳也。蟬嫣聯也。婉瘱瘱與嫕同順靜也。跆籍跳躤也。騷殺飂颺貌。駊遻壯貌。獥貐嗔纏密而相連也。弔詭益至怪也。眦劉缺落也。覭髳䰎䯻也。姑布相術也。䚕羅縷委曲也

勸說

光緒七年辛巳重鐫于廣漢

勸說卷一

綿州　李調元　雨村　撰

表文用伏以之始

漢書文帝紀臣伏計之大王奉高祖宗廟最宜稱後世表文用伏以字發句始此曹子建求自試表伏見先臣宿兵年耆即世者有聞矣又求通親親表伏惟陛下咨帝堯欽明之德凡云伏者以卑承尊之辭也自漢以後皆沿用之

熟通作孰

公羊傳莊公十四年孰爲來哉孰爲來哉此孰字何也古通作熟皮日休和張處士詩序曾望覩予困與承吉生前熟若按熟本作孰緣是一字故通用非誤也今俗本改作孰非

杜注左傳屬字未合

左傳成公二年下臣不幸屬當戎行杜注云屬適也晉語有韎韋之跗注君子也屬見不穀而下無乃傷乎韋注云屬適也愚按屬當作會字解正當之辭如宇文逌庾子山集序屬我太祖獻帝策命將荆衡是也漢書張良傳上曰天下屬安定師古云屬近也霍光傳將軍之廣明都郎屬耳師古云屬耳近耳也

立言者不可以苟同而亦無取乎立異故必禮之言曰毋勦說明同之不可以訓也而復繼之曰必則古昔若惟恐人之或詭於異者蓋同非也異亦非也考其同而辨其異君子宜何如審擇而予乃以勦說名是編毋乃欲戾古人乎顧義理本同得力自異嘗見鉛槧之士冥心孤詣前無古人自以抉從來未發之奧矣及流覽篇章而見古人之言早有與吾說相孚各者是我雖不必蹈襲古人而其說爲古人所已經將不謂之勦說乃乎迨徐而驗其所爲又未嘗不自成一家言堪與古人并存而不廢是勦說中亦不無

可采者乎閉戶造車空門合轍其不求同而自同者正其不求異而自異者也予從經史傳注中擇其字義錯謬攷證以成是編其所引据強半出自古人其爲勦說無疑矣第其所自說者間有發明或亦鉛槧家所不廢乎雖然由前之說觀之則予才以不得盡襲人爲恨也故勦說之名予所不諱亦非敢以示諸也是勦非勦必有能辨之者滁州童山李調元序

愚按此屬字則當作適辭是適纔之義魏志賈詡傳太祖曰與卿言而不答何也詡曰屬適有所思故不即對耳此言適纔正有所思也諸注皆未合

不足之解有三義

漢書外戚傳王太后曰太子小而傳太后抱養之今至太子家以乳母恩耳不足有所妨不足猶云不至也言不至於有所妨害也又世說注絡如此便可爲丞不足復爲郎也此不足猶云不必又魏志鍾會傳鍾會所統五六倍於鄧艾但可勅會取艾不足自往華陀傳忍病十年壽俱當盡不足故自刳裂此不足

猶俗云不直得也

史記多用趣字

史記曹相國世家參聞之告舍人趣治行吾將入相周勃世家自賓長君在時竟不得侯死後及封其子彭祖顧得侯吾甚恨之帝趣侯信也

自宋以來多用逐爲辭

自宋以來多用逐字爲辭如逐人逐事逐件逐年逐月逐日逐時之類皆謂隨其事物以爲區處無所脫漏故云逐也其詞見陸宣公義班規矩劄子亦逐旋立規矩

不漏

爾雅夷上洒下不漘郭注云平坦而下水深者爲漘不發語聲邢疏云不者蓋衍字按文義去不字不成句自當以郭注爲是

奉時辰牡

春秋桓五年冬州公如曹六年春正月寔來公羊傳曰寔來者何猶曰是人來也引之證寔是爲是也愚按秦風奉時辰牡毛傳云時是也實時音相近故皆得爲是也不如引此義便確

實得爲果

晉語畢陽實送州犁於荊猶云果也果木實也故實得爲果然之果

壹作一

禮記檀弓壹似重有憂者正義云壹者決定之辭又予壹不知夫喪之踊也亦然莊子大宗師回壹怪之其義並同又詩小雅壹者之來云何其盱壹者之來俾我祇也此壹者猶云是人也蘇公刺暴公譖已故不斥言之而曰壹者猶詩云彼其之子從未有作一字通用者考淮南子伯樂喟然太息曰一至此乎一字雖作一茲是語辭不爲義也漢書元許后傳家吏不曉今壹受詔如此且使妾搖手不得此一字一切也大學自天子以至於庶人壹是皆以修身爲本朱注云壹是一切壹作一朱子之說當本於此

荔草挺出

顏氏家訓蔡邕月令章句云荔似挺高誘注呂氏春秋云荔草挺出也然則月令注荔挺爲草名誤

聿曰欥遹

書湯誥聿求元聖詩國風歲聿其莫正義云聿爲遂愚按聿與曰欥遹並通詩豳風曰爲改歲漢書食貨志引詩作聿爲改歲師古云聿即曰也小雅見晛曰消荀子引詩作見晛聿消大雅遹求厥寧說文引詩作欥求厥寧漢書敘傳欥中和爲庶幾兮師古云欥古聿字由也由中和之道庶幾免於禍難可證曰說文云曰從開口象氣出於口也愚按云也論語牢曰子云其義則一變文以便讀者耳書洪範一曰壽二曰富三曰康寧四曰攸好德五曰考終命此曰字猶云謂之又書堯典曰若稽古帝堯蔡傳云曰粵越通古文作粵曰若者周書越若來三月亦此例也

卒明

史記歷書雞三號卒明注云卒斯也愚按非是酷吏

傳野𤅢卒入厠卒猝同遽也卒明猶言遽明

周昌口吃不作汔

爾雅云譏汔也郭注云謂相摩近邢疏云說文云刏摩也郭讀譏爲刏云謂相摩近孫炎云汔近也大雅民亦勞止汔可小康鄭箋云汔幾也反覆相訓故汔得爲幾也昭二十年左傳亦引此詩杜預云汔期也然則期字雖別皆是近義言其近當如此史記稱漢高祖欲廢太子周昌曰臣口不能言然臣期知其不可陛下雖欲廢太子臣期不奉詔言期者意亦與此同也愚按詩大雅汔可小康毛傳云汔危也危是幾

將之辭故詩箋訓汔爲幾也左傳昭公二十年杜注云汔其也未嘗訓期豈舊本有此文邪周昌云期乃口吃聲皆與幾將之義無涉漢書元帝紀引此詩師古訓汔爲至言人至此可以小安逸之非也

越字義

書泰誓我友邦冢君越我御事庶士蔡傳云越及也又書立政亦越成湯亦越文王武王蔡傳云繼前之辭愚按本文並是更端而言非有因繼也

咄兒過我

後漢書袁譚傳譚墮馬顧曰咄兒過我我能富貴汝若似怒叱然譚見追墮馬知追者必得已以爲功雖乞憐無益乃爲項籍吾爲若德之語如游俠兒預死猶强顏自大故云兒過我我能富貴汝今人所謂惱羞變成怒往往如此

害澣害否

詩國風害澣害否鄭箋云我之衣服今者何所當見澣乎何所當否乎愚按害當作曷害曷音近故也

末不亦樂乎

論語不亦樂乎公羊傳哀公十四年末不亦樂乎堯舜之知君子也末不亦猶云無亦添一末字愈古

脫時過

世說王汝南既除所生服遂停墓所兄子濟每來拜墓畧不過叔叔不候濟脫時過止寒温而已脫猶言儻今人文每用之

迭與迭衰

史記封禪書軼興軼衰漢書郊祀志作迭興迭衰

劣通車軸

宋書劉懷眞傳子德願善御車常立兩柱使其中劣通車軸驅牛奔從柱間直過胡藩傳江津岸峭壁立藩以刀頭穿岸劣容指劣與畧同言畧通車軸畧容

車軸也廣韵諸書俱未有此解

殺不作煞

常璩華陽國志宋李垩刊本殺俱作煞按煞方言極也太甚之辭程子經解云煞害義理朱子答陸子論無極書云太煞分明從未有作殺者應是傳寫之誤

爻別主一日

易緯稽覽圖云卦氣起中孚故離卦震兌各主一方其餘六十卦卦有六爻爻別主一日凡主三百六十日此言每爻各主一日六十卦有三百六十爻故主三百六十日也

錄錄

史記竇田傳此特帝在即錄錄設百歲後是屬寧復有可信者乎錄錄當是碌碌之訛

畧似人形

孟子始作俑者其無後乎朱注云古之葬者束草爲人以爲從衛謂之芻靈畧似人形而已古人畧似人形尚不爲後世糊冥庫彩飾紙人肖僕婢則更不可矣

釋唯諾

禮記曲禮父召無諾先生召無諾呂氏云諾者許而未行也愚按諾者應之緩也內則云男唯女俞唯是應之速然則承君父先生之召當唯而不當諾非許而未行之謂也如論語子貢曰諾吾將問之此雖未遽問而業已諾之也夫子曰諾吾將仕矣此雖心不然而姑且諾之矣皆是應之舒緩不以行不行爲義

頎而長

詩國風猗嗟昌兮頎而長兮抑若揚兮美目揚兮正義云若猶然也此言頎若長兮史記孔子世家稱孔子說文王之狀云黯然而黑頎然而長是知爲長貌也今定本云頎而長兮而與若義竝通也愚按正義

蓋以頎而長爲頎若長抑若揚爲抑然揚也

士相見禮

儀禮士相見禮君若降送之則不敢顧辭遂出疏云若者不定之辭也愚按設辭也如左傳隱公元年若闕地及泉隧而相見十一年寡人若朝于薛不敢與諸任齒諸若字竝假設之辭也以爲不定非也

若干

漢書食貨志或用輕錢百加若干師古云若干且設數之言也干猶箇也當如此箇數耳愚按若干者未定多少且約計之也今人用若干字本此

非莫耕非莫蠶

禮記祭統天子諸侯非莫耕也王后夫人非莫蠶也莫應作不字解此言天子諸侯非以齊盛之故不親耕也王后夫人非以祭服之故不親蠶也云非莫者省也朱子語類云莫疑辭猶今人云莫是如此否

今若是迮

公羊傳襄公二十九年今若是迮而與季氏國季子猶不受也鄭注云迮起也倉卒意愚按此與乍義近乍是忽然事鄭訓迮爲起非

嚄唶

史記外戚世家褚先生云武帝下車泣曰嚄大姊何藏之深也正義云嚄責失聲驚愕貌猶今人叱喝之喝一作嚇莊子秋水於是鴟得腐鼠鵷雛過之仰而視之曰嚇注云嚇怒其聲恐其奪已也詩箋云以口拒人曰嚇愚按嚄義同

安直耕稼

晉書苻堅載記猛曰方當使君爲宰夫安直耕稼而已安直猶云何但義本孟子非直爲觀美也之直

熟用字有本

凡熟用字有本史記高帝紀豐吾所生長極不忘爾燕世家孤極知燕小力不足以報本禮記禮運夫子之極言禮也來

亟

管子鮑叔曰若亟召則可得也不亟不可得也義本詩豳風亟其乘屋

說部書下字

錄異傳云雍南山有大梓樹鬼語樹神曰泰若使人被髮以朱絲繞樹伐汝汝得不困邪得不猶云豈能不省文也古人說部書下字典雅如此不似今人草草也

千里占日

史記天官書數至十二日直其月占水旱爲其環城千里日占則其爲天下占竟正月孟康云月三十日周天歷二十八宿然後可占天下也愚按此言正月一日雨則正月水二月雨則二月水此爲千里內占耳若爲天下占則以盡一正月爲驗也

易或字兩義

廣韻云或不定也易繫辭或出或處或默或語又或字猶云誰也易恒卦九三不恒其德或承之羞同一易而或字兩義如此

立稱善

桓譚新論劉子駿聞吾言乃立稱善焉此立字猶云卽便俗言也

闔行邪

管子桓公謂鮑叔牙曰闔不起爲寡人壽乎莊子夫子闔行邪無落吾事闔何不也注家俱不甚分悉

無易通作无

無有之反也論語大車無輗小車無軏又與无亡通易皆作无廣韵云无虛无之道也

呼無爲毛本漢書

後漢書馮衍傳饑者毛食注云毛與無同方氏通雅云江楚廣東呼無爲毛黃幡綽賜緋毛魚袋則古有此語矣

四毋

論語子絕四毋意毋必毋固毋我程子云毋字非禁止之辭聖人絕此四者何用禁止朱注云毋絕無之盡是也

四夫字

管子夫天不墮地不沉夫或維而載之也夫又況于人人有治之辟之若夫雷鼓之動也五句用四夫字

嗚呼

嗚呼一作於戲嗚嘑烏乎烏虖於虖烏呼於乎文有不同其義一也小爾雅廣訓篇云烏乎吁嗟也吁嗟嗚呼也大學於戲前王不忘五子之歌嗚呼曷歸

闔號

莊子列御寇篇闔胡嘗視其良既爲秋柏之實矣闔盍通何不也闔胡重言也又通作號荀子哀公篇魯哀公問於孔子曰紳委章甫有益于仁乎孔子蹵然曰君號然也楊注云號讀爲胡聲相近也按家語作君胡然也

孟子烏通作惡

孟子烏俱通作惡惡在其爲民父母也又云居惡在仁是也路惡在義是也又云惡乎宜乎抱關擊柝又曰惡是何言也趙注云惡者不安事之歎詞也

粗麤麄觕

粗與麤麄觕竝通廣韵云畧也漢書敘傳觕與僚職竝列其人師古云觕大畧也世說謝粗道其義又云沖乃粗下意又云阿鄒故麤有才具按師古以觕爲才戶反廣韵以麤麄觕爲倉胡切又以粗觕爲徂苦切平上去三音竝收

俗言纔字有本

纔字與裁財才竝通廣韵云僅也漢書鼂錯傳遠縣纔至此俗言纔字之本又其字不一史記張儀傳雖大男子裁如嬰兒漢書文帝紀太僕見馬遺才足師古云財與纔同少也水經注林鄣據嶮路才容軌

頻復頻巽

易復卦六三頻復巽卦九三頻巽王昭素訓頻爲數朱子訓頻爲屢愚按三爻承初爻二爻爲辭雖有屢數之意然其本義似相音仍而爲復巽則頻乃仍辭也

漢家自有制度

漢書宣帝紀漢家自有制度本以霸王道雜之奈何純任德教用周政乎今人以臨事自有主張爲漢家自有制度用此

員猶員游

詩國風聊樂我員孔疏云員音云本亦作云言且晉可以樂我云也正字通云石鼓文君子員獵員游是也愚按員獵員游猶云載獵載游非云也

元

詩正義云比賦興吳札觀詩已不歌明其先無別體不可歌也孔子錄詩已合風雅頌中明其先無別體不可分也元來合而不分今日難復摘別也顧氏日知錄云元者本也本官曰元官本籍曰元籍本來曰元來唐宋人多此語後人以原字代之不知何解原者再也易原筮禮記月令原蠶文王世子末有原漢原廟之原皆作再字解與本來之義全不相同愚按原有推原之義亦可作本字解易原筮之原乃推原之原訓再者先儒之誤也

利執言

易師卦六五田有禽利執言朱子本義云言語辭也

詩國風言告師氏言告言歸朱傳云言辭也愚按言猶云也毛傳訓爲我葢引爾雅之文恐非

邪幅在下

詩小雅邪幅在下孔疏云幅爲內則亦單云偪則此服名偪而已愚按單猶秖也又虞書蔡注云在位通計百單一年百單一年卽百有一年奇零之數也

勦說卷一畢

勦說卷二

重不相善　　　綿州　李調元　雨村　撰

戰國策今富摯能而公重不相善也是兩盡也注云重猶甚也愚按重者輕之對相惡最深至非輕惡之故重爲甚猶今俗云著實也禮記檀弓壹似重有憂者文義正與此同

啻翅

啻與翅通書秦誓不啻若自其口出孟子奚翅色重今多有訓不啻爲不異者非也或問莊子大宗師陰

陽於人不翅於父母非不異之云乎曰此言人於陰陽惟所陶鑄不但如父母鞠育而已且陰陽所以生父母者若云父母之鞠育不異於陰陽可也云陰陽之陶鑄不異於父母則傎矣

公羊不如穀梁

春秋僖公四年遂伐楚穀梁傳云遂繼事也桓公七年祭公來遂逆王后於紀公羊傳云遂者何生事也何休云生猶造也專事之辭愚按遂云專事者言祭公不待更受命因其來會遂迎后於紀亦繼事之辭也公羊說不如穀梁

讀史記

史記伯夷傳巖穴之士趨舍有時若此類名湮沒而不彰今人多從若此讀爲句非也此類字猶率也趨舍有時若此句絕言巖穴之士趨義舍利有時若伯夷顏淵而大率皆名湮沒而不彰也此與漢書賈誼傳夫移風易俗使天下回心而鄉道類非俗吏之所能爲也同

會及暨

公羊傳曰會及暨皆與也又曰及我欲之暨不得已暨不得已是不得及邢疏云案春秋隱元年三月公

及朱婁儀父盟于眛公羊傳曰及者何與也會及暨皆與也曷爲或言會或言及或言暨會猶最也及猶汲汲也暨猶暨暨也及我欲之暨不得已也然則暨者非我欲之事不獲已而爲會者也故不云及也

毛傳本爾雅

邢疏云詩大雅緜篇云肆不殄厥慍毛傳云肆故今也郎以肆之一字爲故今因上起下之語按爾雅云肆故今也毛氏傳本此

比時具物

禮記祭義比時具物陳氏集說云比時及時也又魏

志鄧艾傳宜權停留須來秋冬比爾吳亦足平蜀志
王平傳若賊分向黄金平率千人下自臨之比爾間
涪軍行至此計之上也比爾猶云及此時也可作比
時具物注鄰

何自為郎

史記馮唐傳父老何自為郎崔浩云自從也愚按此
言從何出身為郎也韓退之答劉正夫書要若有司
馬相如太史公劉向揚雄之徒出必自于此不自於
循常之徒也必自於此言必由於此可証

未順命

易臨卦九二象曰咸臨吉无不利未順命也程傳云
未者非遽之辭按孟子或問勸齊伐燕有諸曰未也
左傳文公元年子上曰君之齒未也杜注云言尚少
此為非遽之辭也如孟子云未也直是云無耳

子謂

論語子謂子賤子謂仲弓子謂者稱舉其人非必對
其人而與之言也今人臨文入口氣者大非

孟子注

孟子此又與於不仁之甚者也朱注云與猶注也愚
按與猶共也漢書高帝紀兵不得休八年萬民與苦

甚如湻云與音相干與之與是也

龜距冉

漢書食貨志元龜距冉長尺二寸孟康云冉龜甲緣
距至也度背兩邊緣尺二寸也說文云距止也正字
通云與距通書益稷予決九川距四海濬畎澮距川
孔傳云距至也正義云距者相抵之名故為至也愚
按距川距海者言至于川至于海也龜距冉長尺二
寸者言自龜甲至緣相去有尺二寸也此為相抵之
辭耳與距川距海之義別

屢婁

詩小雅屢顧爾僕又與屢婁通漢宣帝紀婁蒙嘉瑞
獲茲祉福元帝紀婁勑公卿日望有效師古云婁古
屢字

投壺注

禮記投壺主人曰枉矢哨壺不足辭也敢固以請鄭
注云固之言如故也重辭也少儀聞始見君子者曰
某固願聞名於將命者鄭注云重則云固正義云再
辭也不初辭而云固者欲明主人不即見已已乃再
辭若初辭則不云固愚按此固字是心誠如此非若
訓作再如少儀云始見君子豈可便云再願聞名邪

上先下後

禮記祭統祭者澤之大者也是故上有大澤則惠必及下顧上先下後耳按正義云言上有大澤惠必及下無不周徧但瞻顧之時尊上者在先卑下者處後耳訓故既與上文不合而正義訓作瞻顧尤爲牽強

賈誼傳諸慮字

漢書賈誼傳慮亡不帝制而天子自爲者師古云慮大計也愚按云大率賈誼傳諸慮字皆是如云一二指揣身慮無聊又云逐利不耳慮非顧行也又云至於俗流失世壞敗因恬而不知怪慮不動于耳目以

是爲適然耳其義竝同師古訓慮非顧行之慮爲念慮之慮恐非

第如滇池

左太沖蜀都賦鳥鎩翮獸廢足殆而朅來相與第如滇池集于江洲李善訓第爲但按此言鳥獸見追逐無所於逼相與且如滇池集於江洲也若訓爲但不可通矣又如漢書司馬相如傳第如臨邛是也

繼自今嗣王

書無逸繼自今嗣王則其無淫于觀于逸于遊于田孔傳云繼從今已往嗣世之王皆戒之正義云繼者繼此後人即從今以繼嗣世之王也愚按繼者比也孟子繼而有師命是也

范蔚宗避父名

泰從無作太字者自漢書高帝紀今漢有天下太半韋昭云凡數三分有二爲太半有一分爲少半愚按說文以太爲古泰字後省作太耳舊說謂范蔚宗父名泰凡後漢書泰字竝改作太夫私牘與史册殊科家諱與國諱異致國諱將使方內避之不得不改雖改要自知某字元是某字雖異代要自可考而知之無猜意之者至于家諱但當避諸私牘而已豈可用

之史册令當時後世猜意之乎緣泰太本來是一蔚宗適副其私願耳

毛晃非確論

禮記曲禮童子不衣裘裳鄭注云爲大溫也陸德明音義云大音泰按陸氏以大本音代與泰非一音故云音泰則是經史諸太字竝從大者乃通假耳非大即太也毛晃以爲古太字無點後人加點以別大小之大似非確論

西伯蓋即位五十年

史記周本紀西伯蓋即位五十年其囚羑里蓋益易

之八卦爲六十四卦詩人道西伯蓋受命之年稱王
而斷虞芮之訟後十年而崩謚爲文王改法度制正
朔矣追尊古公爲太王公季爲王季蓋王瑞自太王
興正義云自西伯蓋卽位五十年以下至太王興在
西伯崩後重述其事爲經傳不同不可全棄故畧而
書之引次其下事必可疑故數言蓋也愚按改法度
制正朔以下乃重述文王未崩以前事言旣嘗改法
度制正朔追尊古公以來悉爲王者矣則是文王未
崩之年巳受命稱王也復云王瑞自太王興者以明
古公以上不王之故也然此皆舊史傳聞不敢的以

爲然又不可徒据他說削而去之使舊聞自我而湮
故毎云蓋以疑之如六十四卦非始於文王而世有
謂文王始重八卦爲六十四卦者故云蓋益易之八
卦爲六十四卦也太史公毎遇傳疑多用蓋字如封
禪書上有所幸王夫人夫人卒少翁以方蓋夜致王
夫人及竈鬼之貌云外戚世家衛皇后字子夫生微
矣蓋其家號曰衛氏此以方士矯誣難信衛氏冒姓
不可根究故竝云蓋也然則史記未嘗的言文王受
命稱王始重八卦而難者頗以爲口實斯謂之粗中
也

天寶非大寶

素問帝曰余聞得其人不敎是謂失道傳非其人慢
泄天寶余誠菲德未足以受至道天寶卽素問也今
刻作大寶非

中西域

漢書鄭吉傳中西域而立莫府師古云中西域者言
最處諸國之中近遠均也愚按最處諸國之中者言
處諸國之最中倒文也

胡再不謀

左傳襄公二十四年公孫同乘兄弟也胡再不謀再

猶更也此言鄭公孫射犬御晉張骼輔躒致師于楚
憾二子待巳無禮旣送楚師不告而馳二子入壘收
禽射犬又不待之而出兩窘急之故云再不謀也杜
注非是

勵厘僅

禮記射義序點又揚觶而語曰好學不倦好禮不變
旄期稱道不亂者不在此位也蓋勵有存者漢書地
里志豫章出黃金然菫菫物之所有取之不足以更
費賈誼傳諸公幸者乃爲中涓其次厘得舍人挍勵
與厘僅同

不慭遺一老

小雅亶侯多藏不慭遺一老俾守我王注疏訓慭爲心不欲自彊之義言皇父不自强留一人輔天子也左傳哀公十六年旻天不弔不慭遺一老杜注云慭且也愚按訓慭爲彊者爾雅之文也然詩言非勉強之義不如杜氏訓且爲是言聊且留一老都不肯也

振古非古

詩曰振古如茲邢疏云案周頌載芟云匪今斯今振古如茲鄭箋云振亦古也似屬勉强不如毛傳訓自古如茲爲得

又弱一个

左傳昭公三年又弱一个焉今人凡稱一人一物爲一个本此史記貨殖傳竹竿萬个則形象爲个矣

晉辟雍行禮碑

水經注漢石經北有晉辟雍行禮碑是太史二年立其碑中折但世代不同物不停故石經淪缺存半毀幾今金石錄不載

况兄

况古作兄漢樊毅華嶽碑君舉必書兄乃盛德今杭州人呼兄曰况老本此

追尊

漢書高帝紀十年夏五月太上皇后崩如湻云王陵傳楚取太上皇后爲質又項羽歸太公呂后不見歸媼也又上五年追尊母媼爲昭靈夫人高后時乃追尊爲昭靈后耳漢儀注高帝母兵起時死小黃北後於小黃作陵廟以此二者推之不得有太上皇后崩也晉灼曰五年追尊先媼曰昭靈夫人言追尊則明其已亡史記十年春夏無事七月太上皇崩葬櫟陽宮明此夏五月太上皇后崩八字也

陸陸

漢書馬援傳季孟嘗折愧子陽今更共陸陸陸陸二字甚新皆碌碌鹿鹿之義

莖正赤

漢書廣陵厲王傳胥宮園中棗樹生十餘莖莖正赤燕刺王傳前曰一男子詣闕自謂故太子長安中民趣鄉之正讙不可止此正字猶大也易說卦爲大赤大赤是正赤故知正亦得爲大也凡色不雜糅方不偏畸者曰正正是純全之義如正讙之正亦謂眾讙齊同其聲非小故正爲大也

不作三公

魏志辛毗傳兢與孫劉不平不過令吾不作三公而已古人語有益身心令人心折

大率大抵大氐大歸大要大畧大較大體大段

大致大都大凡

史記平準書於是商賈中家以上大率破大率辜較之辭也又禮書大抵皆襲秦故索隱云按大抵猶大畧也漢書食貨志天下大氐無慮皆鑄金錢也師古云大氐猶言大凡按史記佞幸傳內寵嬖臣大氐外戚世家太氐即大抵又漢書王莽傳大歸言莽當代漢有天下云陳萬年傳具曉所言大要教咸諂也大

歸即大要又孟子此其大畧也史記貨殖傳此其大較也竝是大槩之辭又史記貨殖傳大體如此矣大體猶今云大段也後漢書袁術傳然大致爰大福者歸於信順乎大致與大體相近自大率以下雖義有微別然總之是大都大凡之義也

呂望行年五十

水經注呂望行年五十賣食棘津行將也或云行年者言年歲流行耳豈得謂將年邪余應之曰行年之云今推祿命者有是言耳古未之有也如一行作吏訓作一去作吏率是不多考古辭強爲臆解耳行年猶云年將倒文也如漢書韓國安傳行幾十年行幾猶云將近高帝定天下凡七年故云行幾十年此豈可云年歲流行乎詩國風行與子還兮朱傳訓將可証非余臆說也

卷二終

勦說卷三

綿州　李調元　雨村　撰

統之猶總之

後漢書胡廣傳夫紆於物則非己直於志則犯俗辭其艱則乖義徇其節則失身統之方軌易因險塗難御故皆人明慎於所受之分遲遲於歧路之閒也統之猶言總之也史記五帝紀總之不離古文者近是

只軹

國風母也天只不諒人只宋玉大招純用只字本此乃語已辭如兮思之屬又通作軹莊子大宗師而奚來爲軹崔譔云軹辭也

是書皆觸

顏氏家訓呂尙之兒如不爲上趙壹之子儻不作一便是下筆卽妨是書皆觸也言凡是書札皆觸忌諱也可爲著書之箴

居次亦名甲

漢書萬石君傳奮長子建次甲次乙次慶皆以馴行孝謹官至二千石是居次亦名甲也

四六

四六不應兩句中有重字駱賓王上司刑太常伯啟側聞魯澤祥麟希委質於宣父吳坂逸驥實長鳴于孫陽是則所貴在乎見知所居伸乎知己見知與知己連重知字亦失檢處也

俗言有出處

俗言謂者箇曰者樣謂彼箇曰那樣亦有出處如詩國風嘒彼小星彼茁者葭此彼字猶云那箇也如孟子管仲得君如彼其專也此彼字猶云那樣也

佹俏

列子佹佹成者俏成者也初非成也佹幾也將也俏似也言將成有似于成本非成也

大學注逸

大學此以沒世不忘也此以猶云是以所以也注未詳殊逸

偷世說

世說謝仁祖年八歲謝豫章將送客爾時已神悟自參上流又云許掾嘗詣簡文爾夜風恬月朗爾時是時也爾夜是夜也云名教中自有樂地何爲乃爾又云正始之音正當爾耳又云君不得爲爾何其雅也陳后山用入詩云且然聊爾耳意在偷世說近于惡道矣

嚴君平千餘言

應劭風俗通義序周秦常以歲八月遣輶軒之使求異代方言還奏籍之藏於祕室及嬴氏之亡遺脫漏棄無見之者蜀人嚴君平有千餘言林閭翁孺才有梗槪之法揚雄好之天下孝廉衛卒交會周章質問以次注續二十七年爾乃治正凡九千字按嚴君平千餘言今已佚惜哉

敬忠以勸

論語季康子問使民敬忠以勸猶云敬忠與勸也魏書李順傳此年行師當克以不猶云當克與否也韓

退之詩凡今之人急名以官爵之類云韓文與多作以皆此類

揚長抑短

馮唐傳唐對曰齊尚不如廉頗李牧之爲將也上曰何已師古云已猶耳愚按何已問辭也凡問之餘聲揚以長則爲何耶何與抑而短則爲何已何耳

世說用已字

世說吾時月不見黃叔度則鄙吝之心已復生矣又云嵇阮山劉在竹林酣飲王戎後往步兵曰俗物已復來敗人意此已字猶又也愚按已音與噫譆相近

考工里讀已

考工記里爲式然後可以傳衆力鄭注云里讀爲已聲之誤也

孟子朱注參

孟子願比死者一洒之又云且比化者無使土親膚朱注云比猶爲也按魏志東夷倭人傳對應聲曰噫比如然諾比如譬如也亦可參一說

曾子唯與宋玉唯不同

論語曾子曰唯朱注云唯者應之速而無疑也楚襄王問宋玉曰先生其有遺行與何士民衆庶不譽之

甚也宋玉對曰唯然有之然亦應聲也既唯又然重應之也按唯字有兩義如曾子曰唯是答者心契其言而更無所疑惑之辭如宋玉曰唯則是猶未以爲然姑且答之然後徐理其說也又酈子對文王曰唯疑注云既唯而又疑如太史公唯唯否否之意愚按此類並是姑應之辭非實然之也

陸說爲長

左傳僖公二十三年夫有大功而無貴仕其人能靖者與有幾杜注以其人能靖者句絕陸氏釋文以與字句絕愚按陸說爲長言有大功而不酬之以貴仕

其人能安靖耶有幾人也有幾正謂其無人也

其爲仁矣

論語惡不仁者其爲仁矣不使不仁者加乎其身其爲仁矣猶云其爲仁也是頓挫之辭言惡不仁者其於爲仁也不使不仁之事加乎其身不使不仁之或加是乃所以爲仁也

豈其卿

漢書王貢兩龔傳谷口鄭子眞不詘其志耕於巖石之下名震於京師豈其卿豈其卿豈其卿者猶云何必卿也又後漢書隗囂傳若囂命會符運敵非天力

雖坐論西伯豈多嗤乎注云多厚也言未可厚以爲非笑也與豈其卿二句語俱古峭

如匪行邁謀

左傳襄公八年引詩如匪行邁謀是用不得於道杜注云匪彼也顧氏補正云詩箋云不行而坐圖遠近故不得於道路也此解曰匪彼也行邁謀謀於路人也不得於道衆無適從按詩上文云謀夫孔多是用不集發言盈庭誰敢執其咎則此解爲長古人有以匪字作彼字用者二十七年引詩彼交匪敖作匪交匪敖愚按謀夫雖多而無老成人譬如行邁而不與行邁者謀終不得其道耳此匪字當乃訓非然補正說亦通兩存之以備考

倒文

左傳閔公元年爲吳太伯不亦可乎猶有令名與其及也與其反設之辭倒文也今人入詩入文俱襲用此體

所非誓辭

左傳僖公二十四年所不與舅氏同心者有如白水文公十三年所不歸爾帑者有如河宣公十七年所不此報無能涉河襄公二十三年所不請於君焚丹

書者有如日二十五年嬰所不唯忠於君利社稷者是與有如上帝昭公三十一年所能見夫人者有如河定公三年余所有濟漢而南者有若大川六年所不以爲中軍司馬者有如先君哀公十四年所不殺子者有如陳宗杜注並云所誓辭也愚按所字未必便是誓辭疑當時誓辭之例以所字爲發句而繼之以有如云何也

四尺許

禮記檀弓其高可隱也鄭注云隱據也封可手據謂高四尺所疏云言墳之高可四尺之所以人長八尺

低而據之半爲四尺且曰上賁崇四尺故云四尺所

愚按四尺所猶云四尺許未定是四尺也故鄭注云所

舉家

顏氏家訓舉家無食汝何處來舉家猶云全家今尚有此言

俞愈

荀子榮辱篇清之而俞濁者口也豢之而俞瘠者交也楊注云俞讀爲愈

每有良朋

爾雅云每有雖也郭注云詩曰每有良朋辭之雖也邢疏云況茲永長也良善也當急難之時雖有善同人來茲對之長歎而已此言與朱子小異

乃字義別

禮記襍記祝稱卜葬虞子孫曰哀夫曰乃鄭注云夫曰乃某卜葬其妻某氏孔疏云妻卑故以明夫之尊也按書盤庚萬民乃不生生暨予一人猷同心此與上義別

盡後盡前

曲禮虛坐盡後食坐盡前此盡字當讀如即忍切今作儘也儘前儘後者言極至于前極至於後不容餘地今俗云儘讓是也

往近王舅

詩大雅往近王舅南土是保說以云按古文讀近爲既朱傳云近語辭也愚按朱說爲長往近王舅猶言汝往哉王舅也

朱傳恐非

詩國風宛在水中央言宛然如在也又國風宛其死矣此宛字亦是如辭然是假如之義與宛如不同朱傳訓爲坐見恐非

亶但

詩小雅亶其然乎言信然也又通作但漢書賈誼傳非亶倒縣而已又作信解

俔天之妹

詩大雅俔天之妹毛傳云俔磬也孔疏云磬作是天之妹又云此俔字韓詩文作磬則俔磬義同也說文云俔喻也詩云俔天之妹謂之譬喻即引此詩箋云尊之如天之有女弟與譬喻之言合蓋如今俗語譬喻物云磬作然也愚按俔非譬喻當是宛如之義故以譬喻釋之也俔五兩也又謂之綄所以相風者也

恐是統完音近遂以俔作統而以統通宛也

小少也古通世說上意欲令小加宏潤又云日小欲晛

少小古通

坐不廉

漢書景帝紀宅物若買故賤賣故貴皆坐贓爲盜按漢法入罪曰坐言罪與律應不得移動也賈誼傳古者大臣有坐不廉而廢者此猶今云緣某事落職也

義有不同

史記漢興以來諸侯年表漢獨有三河東郡潁川南陽自江陵以西至蜀北自雲中至隴西與內史十五郡而公主列侯頗食邑其中師古漢書注云十五郡中又往往有公主列侯之邑也愚按公主列侯食邑不盡在十五郡中乃時有之故云頗也漢書車千秋傳至今餘巫頗脫不止師古云言往往尙爲蠱也愚按脫或辭頗脫不止者言時或有爲之者不休止也此二條義有不同不可不辨

多夥

史記注云楚謂多爲夥說文齊謂多曰夥皆非也夥驚歎聲耳非多之方言也

舍皆取諸其宮中

孟子且許子何不爲陶冶舍皆取諸其宮中而用之趙注云舍止也愚按止猶只舍是止息之義借作止辭舍字當讀作去聲

唐人疏狀用者字

唐人疏狀凡引勅旨訖則以者字足之如韓退之論變鹽法事宜狀右奉勅將變鹽法事貴精詳宜令臣等各陳利害可否聞奏者陸宣公狀河中後請罷兵狀昨日欽漵奉宣聖旨示臣馬燧渾瑊等奏平懷光收河東狀兼令臣商量須作何處置令欽漵奏來者此者字當時體例如此宋人亦多用此式

我非愛其財

孟子我非愛其財而易之以羊也宜乎百姓之謂我愛也我非愛其財句絕而易之以羊也猶云而易之以羊矣言我非愛財而後以小易大然旣已以小易大矣宜乎百姓之謂我愛財也應作如此解

浸假爲漸者非

莊子大宗師浸假而化予之左臂以爲鷄予因以求時夜浸假而化予之右臂以爲彈予因以求鴞炙浸假而化予之尻以爲輪以神爲馬予因而乘之豈更

駕哉郭象云浸漸也愚按浸假而化者言假如漸化倒文也郭云漸者止以訓浸非訓假也今遂以浸假爲漸者非

匪且有且

詩周頌匪且有且匪今斯今振古如茲毛傳云且此也鄭箋云饗燕祭祀心非云且而有且謂將有嘉慶正祥先來見也心非云今而有此今謂嘉慶之事不問而至也言修德行禮莫不獲報乃自古而如此所由來久非適今時孔疏云有天下者主于敬待神人接之以禮則人神慶悅至誠感物祥瑞必臻故知非

且有且非今斯今謂嘉慶正祥之事非謂其有而已有之以言報應之疾也按且實語助但今謂今時則且亦今時其實是一作者美其事而丁甯重言之耳

徃徃

漢書高帝紀見諸將徃徃耦語徃徃常也二字本此

儻黨

史記伯夷傳儻所謂天道是邪非邪又省作黨漢書董仲舒傳試迹之古返之於天黨可得見乎師古云黨他朗反

請者以卑承尊之詞

以卑承尊有所啟請故云請也論語請問其目又云回雖不敏請事斯語矣

匡鼎非匡衡字

漢書賈誼傳天子春秋鼎盛應劭云鼎方也賈捐之傳顯鼎貴上信用之如淳云言方且欲貴也又匡衡傳無說詩匡鼎來服虔云鼎猶言當也若言匡且來也應劭云鼎方也張晏云衡少時字鼎長乃易字稚圭世所傳衡與貢禹書上言衡敬報下言匡鼎白遂以匡鼎爲字矣應以服應二說爲是

幾何頃

史記循吏傳市令言相曰市亂相曰如此幾何頃乎市令曰三月頃幾何頃猶云幾何閒也今北人謂地百畝曰頃

數無奇零曰整

凡數無奇零曰整蜀志諸葛武侯傳亮以建興五年抗表北伐自傾覆至此整二十年

日食言有

春秋隱公三年春王二月己巳日有食之亦云有者凡日月合朔日乃食然亦有合朔而不食者有食有不食故云日之食有也

十有一年

隱公十有一年正義云十盈則更始以奇從盈數故云有也愚按以奇從盈數者十是盈數一是奇零之數十有一年猶云十零一年也或云有又也然則十又一年奇是以奇從盈之辭也如論語必有寢衣長一身有半是也

偶然耳

漢書儒林傳詔問昆曰前在江陵反風滅火後守宏農虎北渡河行何德政而致事昆對曰偶然耳此眞有道之言

伯某甫

儀禮士冠禮字辭曰禮儀既備令月吉日昭告爾字爰字孔嘉髦士攸宜宜之於假永受保之曰伯某甫疏云伯某甫者若云尼甫嘉甫也但設經不得定言人字故言甫爲且字是以禮記諸侯薨復曰臯某甫復鄭云某甫且字以臣不名君且爲某之字呼之愚按伯某甫者無所指名之辭凡無所指名及泛言事物與不如姓名皆云某也如儀禮聘禮反命曰以君命聘於某君某君受幣於某君某君再拜以享某君某君再拜漢書項藉傳某時某喪使公主某事不能辦元許后傳設妄欲作某屏風張于某所柳子厚文永有某氏之類是也某甫復者不敢斥君之名也如尚書惟爾王孫某禮記孝王某之類是也

今人云豈敢

禮記投壺賓曰敢固辭主人曰敢固以請儀禮士虞禮敢用絜牲凡言敢者皆是以卑觸尊不自明之意也今人云豈敢本此

勦說卷三

勦說卷四

綿州　李調元　雨村　撰

楚辭多陳蔡閒語

楚辭九章多陳蔡閒語如云固朕形之不服兮然容與而狐疑宋玉九辨然中路而迷惑兮自厭按而學誦又云忠昭昭而願見兮然露曀而莫達又云被荷裯之晏晏兮然潢洋而不可帶此然字發語辭也今陳蔡閒發語猶云然完也

六輔

漢書兒寬傳寬表奏開六輔渠韋昭云六輔謂京兆

馮翊扶風河東河南河內也師古云溝洫志曰兒寬爲左內史奏請穿六輔渠以益溉鄭國傍高卬之田此則於鄭國渠上流南岸更開六道小渠以輔助灌溉耳今雍州雲陽三原兩縣界此渠尚存鄉人名曰六渠亦號輔渠今稱三輔非也

世說贊毛詩

世說謝公因子弟集聚問毛詩何句最佳遏稱曰昔我往矣楊柳依依今我來思雨雪霏霏公曰訏謨定命遠猶辰告謂此句偏有雅人深致此後人作詩所謂警句也

懸見排壓

顏氏家訓吾初入鄴與博陵崔文彥交游嘗說王粲集中難鄭元尚書事崔轉爲諸儒道之始將發口懸見排壓懸猶預也凡預計遙揣皆曰懸者懸是繫物之稱物繫則有不定之勢預計遙揣懸也

傳經最先

漢書神仙傳河上公授漢文帝素書二卷曰余注此經以來一千餘年凡傳三人連子四矣此傳經之最先者

皋某復

禮記禮運及其死也升屋而號告曰皋某復注云皋者引聲之言

交唐人語

陸宣公奏議交下不存濟蔣之翹韓退之集注云交唐人語

佗作它

漢書文紀佗作它韓安國傳所推舉皆天下廉士賢於已者於梁壺遂臧固至它皆天下名士師古云於梁舉二人至于他餘所舉亦皆名士也

俄作蛾

俄通作蛾漢書班婕妤傳始爲少使蛾而大幸如淳云蛾無幾之頃也

那那

左傳棄甲則那那猶今人云柰何也杜注云那猶何也顧氏日知錄云直言之曰那長言之曰柰何一也

邪

左傳不知天之棄魯邪抑魯君有罪於鬼神邪莊子天邪地邪漢書是邪非邪之類是也而北人即呼爲也字誤矣以邪作耶更非

釋名嗟

嗟釋名云嗟佐也言不足以盡意故發此聲以自佐也漢書匈奴傳嗟土室之人顧無喋喋佔佔冠固何當師古云嗟者歎愍之言也愚按亦與噫通

不遐有害

詩邶風泉水遄臻於衛不瑕有害朱傳云瑕何也言如是則其至衛疾矣然豈不害于義理乎又二子乘舟願言思子不瑕有害朱傳云不瑕疑辭也愚按毛傳訓遐爲遠與詩義全無干涉朱傳義長也不瑕有害猶云得無有害蓋泉水以衛女義不得歸故疑歸而有害乘舟則人國既傷二子見害乃故爲唯恐見

害之言以哀之也

爲山霞高

後漢書劉昭序爲山霞高不終路乎一壝霞當是遐之訛

艮

漢書五行志鄉亡桓公星遂至地中國其艮絕矣師古云艮猶信也後漢書獨行傳雖事非通圓艮其風軌有足懷者景丹傳世祖引見丹等笑曰邯鄲將帥數言我發漁陽上谷兵吾聊應言然何意二郡艮爲吾來魏文帝與吳質書古人思秉燭夜遊艮有以也其義並同又甚也

固當

漢書萬石君傳內史貴人入閭里里中長老皆走匿內史坐車中自如固當按固當者反言其不當也如管子仲父不當盡語我昔者有道之君子漢書張釋之傳吏不當如此邪薛廣德傳曉人不當如是邪不當者反言當也皆此類

羌作慶

羌作慶出漢書敘傳恐罔蝸之責影兮慶未得其云已

烝

國風蜎蜎者蠋烝在桑野小雅南有嘉魚烝然罩罩朱傳云烝然發語聲或謂衆多之貌亦通

山東人呼得

公羊傳隱公五年公曷爲遠而觀魚登來之也何休云登讀言得得來之者齊人語也齊人名求得爲得來作登來者其言大而急由口授也愚按今山東人呼得字爲德歸切與登字音近故以得來爲登來也

猷來無棄

爾雅云猶肎可也郭注云詩曰猶來無棄肎今通言

疏云皆肎可也詩曰猶來無棄者魏風陟岵文也肎今通言者邶風終風云惠然肎來是也愚按猶訓爲肎者猶尙也尙庶幾也猶有庶幾之義故得爲肎也凡云肎者唯恐其不肎也書盤庚汝猷黜乃心之猷亦當訓作肎舊注訓作謀猷之猷恐非

譬猶亦作辟由

劉琨答盧諶書譬由疾疢彌年而欲以一丸銷之

攸逌

書洪範彝倫攸敘漢書五行志引書作彝倫逌敘師古云逌古攸字

詩用矦字

小雅六月云矦誰在矣鄭樵云矦維也維亦乃也按詩用矦字不一如周頌矦主矦伯矦亞矦旅矦彊矦以此矦字在句首乃也如小雅亶矦多藏此矦字在句中維亶矦猶云信維也

不任

左傳成公三年臣不任受怨君亦不任受德不任猶云不當也荷之于身謂之任當有任受之義故任得爲當也又吳志諸葛恪傳卒腹痛不任入此任字猶能也謝朓左傳啟伏銘私荷不任下情此不任猶云

不勝也義各不同

荀子名言

荀子榮辱篇故與人善言煖於布帛傷人之言深於矛戟故薄薄之地不得履之非地不安也危足無所履者也凡在言也斯爲名言

濟水清

水經注今濟北東阿四十里有故清亭卽春秋所謂清者也是濟水通得清水之目焉此濟水清之本

子書習氣

荀子宥坐篇女庸安知吾不得之桑落之下莊子齊

物論庸詎知吾所謂知之非不知也庸安庸詎皆子疊白氣

小哉闓

荀子解蔽篇醉者越百步之溝以爲蹞步之澮也俯而出城門以爲小之閨也小之閨猶云小哉閨也

國策句讀

戰國策山東相合句之主哉不惡卑句之之國者可長存句之卒者出士以戍韓梁之西邊句此燕之上計也此言其主苟不惡卑名而相合則其國可長存其餘有事則戍韓梁之西以援之也今人多讀不成

句注意亦不甚明故截之

彼其之子

詩國風彼其之子禮記表記引詩作彼記之子左傳襄公二十七年引詩作彼已之子杜注云已音記又左傳文公十四年終不曰公曰夫已氏杜注云猶言某甲顧氏補正云夫已氏猶言彼已之子

而今而後

論語而今而後而今猶云如今而後猶云以後也顧氏曰知錄云孟子望道而未之見集註云而讀爲如古字通用朱子答門人引詩垂帶而厲春秋星隕如雨爲證今考之又得二十餘事易君子以蒞衆用晦而明虞翻云而如也書顧命其能而亂四方傳釋爲如孟子九一而助趙岐云而如也而居堯之宮逼堯之子劉熙曰而當讀作如左傳隱公七年歃如忘服虔曰如而也僖公二十六年室如懸罄注云如而也昭公四年牛謂叔孫見仲而何注云而何如何也史記賈生傳化變而嬗韋昭曰而如也如蟬之蛻化也戰國策威王不應而此者三韓非子嗣公知之故而駕鹿呂氏春秋靜郭君泣而曰不可又曰而固賢者也荀子黯然而雷擊之如牆厭之說苑越諸發曰意

而安之願假冠以見意如不安新序引鄒陽書白頭而新傾蓋而故後漢督郵班君碑柔遠而邇皆當作如戰國策昭奚恤曰請而不得有說色非故如何也絺疵曰是非反如何也大戴禮使有司日省時考之又曰然如曰禮云禮云又曰安如易樂而湛又曰不賞不罰如民咸盡力春秋繁露施其時而成之法其命如循之惟南子嘗一哈水如甘苦知矣漢樂府艾如張後漢濟陰太守孟郁修堯廟碑無爲如治高如不危滿如不溢太尉劉寬碑去鞭拊如獲其情弗用刑如彈其姦郭輔碑其少也孝友而悅學其長也寬

舒如好施易王弼注革而大亨以正非當如何皆當作而懸按孟子而主癰疽與寺人瘠環此而字亦當作如其他類此甚多

多見其不知量也

論語多見其不知量也正義云古人多祇同音顧氏日知錄云後漢書郎顗傳思過念咎務消祇悔注訓祇爲大非也按易復卦初九无祇悔九家本作多古人多祇二字通用正字通云易无祇悔王肅陸績本作禔按祇作禔因氏是聲近而僞非古通也廣雅云多祇也多亦訓祇非多即古文祇字九家晁服合多

殽祇爲一非鄒陽傳之祇作秖從禾竇嬰傳之祇作祇從衣皆俗本傳寫因示衣禾形相似而誤非祇秖祇古通也愚按多見其不知量也朱注云多與祇同云同者是即以多爲祇也古字頗少多相通借九家晁服必有依據然訓釋之文當云某字與某字通若竟云某字即某字所未安耳

諸經用此字各別

諸經用茲斯此各別尚書多言茲論語多言斯大學以後之書多言此又云論語之言斯者七十而不言此檀弓之言斯者五十有三而言此者一而已大學成于曾子之門人而一卷之中言此者十有九語音輕重之閒而世代之別從可知矣

噫本周頌

後世歌詞皆出三百雖一字一句未有出其範圍者後漢書梁鴻傳作五噫之歌又漢書溝洫志瓠子歌云燒蕭條兮噫乎何以御水不知師古云噫乎歎詞不知詩周頌噫嘻成王已先之矣

駁升菴楚誒說

漢書韋孟傳在予小子勤誒厥生注云誒歎聲許其切楊升菴云方言楚謂然曰誒說文云譍也離騷款

秋冬之緒風說文云款譍也二字音義並同實一字耳皆楚辭也愚按漢書之誒離騷之款並是歎聲方言之誒乃答辭也義各不同說文訓譍者從乎方言而爲辭非訓漢書離騷也又按款一音於開切與唉同今廣東土語謂是曰唉

奇爲騶菴

水經注沁水又東南陽阿水左入焉水北出陽阿川南流逕建興郡而其水又東南流逕午壁亭東而南入山沿波漱石湍瀨八丈環濤轂轉西南流入於沁水又南五十餘里沿上下步逕裁通小竹細筍被於

山渚蒙龍拔窞奇為醫薈也又云心水東逕野川縣故城北水北有華嶽廟廟前有攢栢數百根對郭臨川負岡蔭渚青青彌望奇可玩也宋本奇為翳薈作最為翳薈

城垂淪半

蜀志先主傳今大事垂可立如何釋此去乎水經注昔燕齊遼曠分置營州今城屆海濱海水北侵城垂淪半垂字用此義

危得之危殺之

漢書宣元六王傳我危得之孟康曰危殆也趙后傳

今兒安在危殺之矣師古云危險也愚按俱應作幾字解言幾得之幾殺之也

齊會之語

禮記緇衣資冬祈寒鄭注云資當為至齊魯之語聲之誤也祈之言是也齊西偏之語也

種桑界上

襄陽耆舊傳韓係伯鄰居種桑樹於界上以為誌係伯以桑枝蔭妨他地遷數尺鄰畔隨復侵之今蜀人于界上種桑猶有此風

黎明

史記晉世家犂二十五年吾踰上栢大矣索隱云黎猶比也按今人謂將明曰犂明黎字本此

三十希不失

論語三世希不失矣正義云希少也愚按希不失猶云鮮有不失

微將軍

漢書趙充國傳微將軍誰不樂此者顧氏日知錄云言豈獨將軍苟安貪便人人皆欲為之師古以微字屬上句讀非愚按微將軍猶言非獨將軍省文也

易詩用居

易繫辭亦要存亾吉凶則居可知矣正義云或此卦存之與亾吉之與凶但觀其中爻則居然可知矣愚按詩大雅居然生子鄭箋云徒以禋祀而無人道居默然自生子正義云空祀神明而無人道交接故居位默然而得生子朱傳云居然猶徒然也鄭說固非而徒然之義亦無所明又按生民詩上帝居歆箋云上帝則安而歆饗之訓居為安於義為協然則易云居可知者謂觀其中爻則吉凶存亾之故安然而知之也詩云居然生子者謂安然生子而無有災害也

居諸不可代日月

詩國風日居月諸胡迭而微正義云居諸者語助也故日月傳日日乎月乎不可居諸也日居月諸照臨下土毛傳云日乎月乎照臨之也今人竟以居諸代日月非

東齊曰胥

爾雅云僉咸胥皆也郭注云東齊曰胥見方言邢疏云方言云僉胥皆也自山而東五國之郊曰僉東齊曰胥是也

殆始不同義

詩國風殆及公子同歸毛傳孔疏殆皆作始解以爲生之始然殆始同義按殆字仍應作將字解易繫詞顏氏之子其殆庶幾乎若作始解便說不去

勦說卷四畢

光緒七年[illegible]重鐫于廣漢

蜀雅

蜀雅序

今之論人文者皆以爲取材必於鄧林覗鳥必於藪澤固已然而閬風元圃不借高於垳埒懸黎結綠不假觀於瓊珉何者拘井谷之隘不知辰極之高也澄秋毫之覗不見寥天之濶也吾蜀詩亦然自漢唐以來百家騰躍指不勝屈最著者如漢司馬相如揚雄唐李白陳子昂宋蘇洵父子元虞集明楊愼作爲文章類皆沉博絕麗雄覗百代構沉瑋之風立騷壇之表洵古今來文雅之淵藪也殘膏餘馥不知沾丐後人幾許而賤目貴耳者顧謂今不如古方隅之别也豈不悖乎慨自明末獻賊之亂衣冠文物半委青羊我

朝定鼎休息百餘年來英才蔚起而岷峨之氣又磅礴而鬱積之故往往轢古切今不少鴻章巨製軒翥奮飛和聲以鳴太平之盛而以巴爲嫠多不入採風之聽則是鍾期亡而伯牙之絃絕獲人沒而匠氏之斤輟非作之難知之難也若不爲之網羅而表彰之有不泯於荒烟蔓草者幾何余束髮授書來郎矢此志廣搜遠採靡不收錄披沙揀金閱有歲時彙爲一册統名曰蜀雅大半理不空綺清麗居宗句不賈奇渾潤爲上登大雅而刊淫哇此中具費苦心也

雖丹雘接蔭醜姿可翳朱漆錯塗枯木或隱然而出汙泥者要皆寶光劍氣譬之止水之修鱗必現名之美者實必歸也司馬揚雄之徒去今未遠風雅之道豈遂墜乎若夫覽此篇者存町畛之分索吹毛之垢則所謂播塵埃於白珪生瘡痏於玉肌者亦聽之而已吾安能以人人之性情爲我之性情哉是爲序

乾隆四十六年歲次辛丑孟冬月羅江李調元雨村撰

凡例

一是集意在收羅全蜀文獻或多或寡悉就佳者錄之其有因人存詩者則以圈點爲別非忍而不能錄徒具數也降格以從亦聊以存百餘年風雅云爾

國朝順治與明末相連終於明者悉不選入其有明科甲而入仕

本朝或流寓隱居者悉入卷首庶不溷淆

一是集悉依科甲編次其有老於諸生布衣者則按其時代以附之總以詩取人不定爵于佛名經也

一是卷各體俱備而就一人亦必先古後今先五言後七言以便繙閱餘倣此

一人必論定於身後蓋其人已往則其品量學問俱定否則是非醇駁未經定評何由綜其生平而輯之故集中所登皆已過之人且亦以杜交遊結納之漸也

一先君詩稿本不敢彙入一例因唐子鴛港夙有選本幾易丹黃並有評釋累屬登梓不得已列十八卷編次圈點唯唐子任之不敢置一詞

一釋道閨秀不少名篇搜羅匪易約得數人以作一

卷神仙鬼怪碑謠等亦閒錄之

一是選恐有漏遺凡我同里　諸君子有家藏鴻篇巨製或抄錄郵寄或擲示全集以便續選亦表揚之意也

一此外尚有所選續蜀雅皆近日詩人名作及師友酬倡之什另當附梓

一尙有所輯全蜀詩話分代編纂此書亦閒採之嗣出就正

蜀雅卷一目錄

蜀雅卷一

羅江李調元雨村選

呂大器

大器字儼若號東川遂甯人崇正戊辰進士官至吏部尚書大學士入　國朝自稱東川老人有塞上草王漁洋皇華紀聞呂公蜀人明末總督江楚駐九江會左良玉避賊鋒逍遙江上以病自託楚撫王揚基至臥內覘之良玉使二婢扶掖腳僵蹇自如呂公至不即起謁命子孟庚代叅呂公叱之曰而父病軍事不可曠軍中有可代者以名來吾立疏以聞即疏遊擊盧鼎各將上之良玉怒史公可法移書勉以文武和衷大器以一扇遺左欵書東川老人四字而已未幾朝議改袁繼咸爲督大器以兵書內召儼若

有才督江西時密布方畧遣將於衛袁萬載萍澧諸路撲賊殄盡然善避事見天下方亂上疏自言好酒色財不可用　科臣馬嘉植劾之事見明史以艱歸哀毀入　本朝未幾卒詩多橫槊之氣時露粗服然秀拔堅渾終是唐人格調不落宋元以下蹊徑静志居詩話公驅馳南北盡瘁行間五言如野寺依巖立官衙傍水開孤燈寒殿壁落月映山城土瘠蟬吟屋林疏月上扉野狐衝馬立山鬼伺人驕精衛悲銜土鵑啼滿山雲烟春尚在烽火畫相連淚盡銅駝棘歌殘玉樹花豈無丹闕戀終抱白雲思忠孝之誠溢于言表

晚至閬州

落葉嘉陵下。冰心對綠漪。豈無丹闕戀。終抱白雲思。

輕艭星前導。微波天暗移。南池千萬折。懷古一增悲。

昭化縣

不堪百戰後。寥落兩三家。白骨堆荒草。青燐亂晚霞。

高城行鳥雀。古廟困蒹葭。羣盜中原徧。愁心未有涯。

音旨俱極淒壯逼似少陵

泊略陽下灘

祇爭一帶水。尚枕小溪眠。漁火穿江出。村烽帶月傳。

孤城還屹爾。白叟半蕭然。回憶垂陰處。森森俯大川。

甯遠故里 唐甯

唐代新豐市。千年霸業非。誰從歌鳳德。相對有鶉衣。

土瘠蟬吟屋。林疏月上扉。傷心興廢地。落葉不堪飛。

蘧江

孤身行萬里。驛路怯星軺。樹密烟邨小。沙平水岸遙。

野孤衝馬立。山鬼伺人驕。漸喜南州地。猶看聚晚潮。

潭市

曲澗涵秋雨。人家水鏡中。蜂房緣石竇。虬樹繞花叢。

農事悲荒土。鄉心寄暮鴻。徘徊萬里路。何日到春風。

湘潭道中

世路原多險。況經巉磵行。日從當午見。雲向漏天生。

果熟猿朝暮。花深鳥送迎。何時出暗谷。一望大江平。

閒居

好山當面出。知我在幽軒。煨芋聊充飯。烹泉不問源。

潭元藏史李學稼小人樊數得林間趣花開鳥亦言

晚次江門

世事何年定江皐且振衣樹紅橙子熟濤白鯉魚肥
獨鳥銜烟去殘霞壓岸飛邨醪無處得空對月光輝

舟中聞笛

夢餘猶枕午風涼野笛何心欲斷腸萬里一身秦塞
柳扁舟五月玉門霜故園去去雲山盡白髮毿毿道
路長不比笳聲頻入耳擬邀子野到征航

陽平關酬友人席仲材

山河百二劍鋒摧漢上猶思召父來短綆終無弭亂

策中流空詡濟川才子遺聊與鷦枝寄大力還須鵬
背回春築當年亦細事漫將涕淚灑荒萊公築陽平關以撫流移惜後無有葺之者結語聲淚俱下

渡皐蘭作

相隨洮水渡蘭津高柳垂條麥浪勻玉塞西馳尊八
極黃河逆轉壯三秦應教滴博歸荒服更遣輪臺置
守臣此日神州煩擘畫且從徼外洗烟塵

雪山

光摇旌旆五涼平天外羣峯玉削成瀚澥欲空青見
月燕支未染白如邊飛鴻已度長城窟勒馬還歌出

塞行朱夏重裘猶不解崆峒倚劍自崢嶸

鎮羌道上有感

鷹眼何堪秋草枯姑臧濤節至今無鶴邊不肯空談
虎策國豈容先問狐已許此身嘗塞雪那教家夢到
江鱸雄風歌罷秋聲壯古驛亭前倚湛盧時廿帥不法甫入境郎行諭奏具見丰稜

早發古浪

水剩山殘接大川平沙一望不分天何從去覓金屑
澤且喜來無鐵箭傳秋草正肥驕塞馬寒膠可折勁
霜弦孤城昨夜嚴防密鼓角聲高壓遠邊

雙塔道上

七月柳肩麥未黃江南花盡塞西霜一灣清玉流殘
積萬里寒沙築大荒劍舞明星緣露淬弓彎新月倚
風强白狼西去烟初靜莫唱涼州客思傷

靖邊作

鳴沙萬里憶芙蓉午夢猶酬客思慵戍卒秋新將歛
馬將軍歲久不傳烽停蓮無計綢桑戶乘傳頻勞進
午饔獨坐帳中驚白髮何堪砌下響秋蛩

五涼郊行

旌旗書捲出城闉緩帶無妨步塞塵石列魚鱗能攻

序山垂瑪瑙自嶙峋玉川宛轉歸王國金塔高巖類古人莫謂黃沙春不度朔雲邊柳自芳辰

落索河有感

百折波濤險一泓山澗清天高雲黯淡巖老石崢嶸古洞都成穴諸峰盡築城版圖猶蜀界風土半秦聲杜宇啼方歇銅駝歎未傾旌幢連赤縣烽火到神京嫠婦徒存恤羣臣孰請纓傷予才略淺深媿李西平

黑松嶺

漠漠濃烟罩萬松透迤秋嶺盡成龍聲寒鐵騎千軍肅一線遥看古戍峰

采石磯晚眺

磯頭誰忍坐垂綸天送閒緣一葉身烟護萬松三月雨水圍千舍六朝人

胡世安

世安號菊潭井研人崇正戊辰進士入 國朝官至大學士著有秀巖集石芝軒偶存容竹居偶存譯峩籟異魚圖贊補箋

和陳實菴同年續峩遊夢

昔年襪靈夢曾賦憶峩行天假烟霞供人寒猿鶴盟詩瓢雖早辦斗室未垂成忽覺移文至慙余伴俗情三遊有譯籟夙締亦殷勤靈稱非私我幽探若待君陰晴山態易黑白水情分到者無他侶逢迎只素雲勝峯雲海濶培塿赤城標騎叛方追葛驂鸞亦邁蕭春遲巖北秀夏減日南驕旅夢依青岫評題總寫描鹵嶠棄風便寒潭濯鬼臺山朝聞靜籟樹古引蒼藤蜥蜴充龍號貔貅學犹登同人隨降陟濟勝具偏增

李鑑

鑑字涵白安縣人崇正戊辰進士累官宣雲巡撫入 國朝陞總督宣大三鎮再總督河道卒

寄桃源陳器之明府

龍淵白鴿不易知切玉追風乃見奇古來神物多自閟觚稜炫耀徒區區陳侯落落原靜者十年投分支山下抱兒當戶不聞聲桐陰深巷無車馬海門浪蹴樓船湧黑雲壓城山欲動日日兵前喘息微輿臺攘臂誇拳勇是時陳侯方閉關予亦跼蹐闤堵間投詩引我入勝地得酒時為破愁顏風塵一別年來久顏色常思別離後飛龍天上不可攀空向童峯回白首湖南清絕古今稱羨君臥理稱神明到日已聞齊買犢至今還似未經兵始知才大成常跳汗血霜硎終

一展丈夫膽踔亦有時未擬蹉跎嗟歲晏君不見白頭浿高滂陽深九嶷綿亘青楓林側身南望思公子沅芷澧蘭知我心

柳寅東

寅東字鳳瞻梓潼人崇正辛未進士官至僉都御史入 國朝寓居維揚有來鶴堂詩集鄧孝威云覲鳳瞻遭亂解職僑居維揚與諸大老相倡和詩在眉山劍南間而造意命格有游于盛唐闕域處

和胡宗伯菊潭夢遊峩眉山

三峩不可卽遠在西南偏白日迷歸路青天上睡僊鉢馴龍子蟄樹閟定僧禪栩栩蘧然後逍遙再著蒲八十四盤道懸崖撒手行將迴西日馭欲踐北山盟見雪知盤古因風問廣成緬懷王逸少未至已馳情家山十載別客路半生勤處世覺同夢入林吾與君深溪憑虎渡聖水自能分想見詩囊裏兜羅上界雲

望泰山

遂古誰開闢東維奠奧區廢興輪日月封禪遞唐虞山呼去聲今天子松傳古大夫長生如可學應有白雲都

王範

範字慕吉內江人崇正辛未進士官至巡按浙江御史蜀亂不仕 國朝寓居丹陽慕吉先知丹陽清勤有能聲公餘寢處廨後一室三年未嘗入內丹人素德之寓居時贈送薪米不絕云

崇正宮詞

水殿風搖楊柳絲先皇朝罷獨憂時抽毫却寫賢臣頌面勅中涓賜主兒自注故宮人左氏今為民間浣衣婦能言掖庭舊事云宮中稱皇太子曰主兒

慈甯宮禁老莓苔元日驚傳法從來上下隔簾遙拜畢六龍飛輅一時回懿安張后居慈甯宮帝朝后不補見於簾內各兩拜

宗敦一

敦一字凌霄宜賓人崇正辛未進士歷官江南巡按督學御史入 國朝進通政使督學順天

卽事

寒夜挑燈檢敝囊客心無奈轉旁皇只存一幅胡威絹拭得酬恩淚幾行

卷一終

蜀雅卷二目錄

蜀雅卷二

羅江李調元雨村選

費經虞

經虞字仲若號鮮民新繁人崇正巳卯舉人官至雲南昆明令遷廣西知府入　國朝卒有荷衣集仲若父嘉詒明末以明經授大竹教諭善詩詞生四子仲若其季也事親以孝聞令昆明時廉潔端謹民愛戴之士官吳必奎反討平之驗閱武定浮民全活甚衆擢雲南同知再選知府不之官歸里著書人服其高介事見通志　仲若當蜀亂之後獨能以詩學世其家其子密其孫錫琮錫璜俱以詩鳴蜀再傳不替可謂有鳳毛矣

往定軍山下潘氏授徒崇正年作

國亂民生蹙西南久困兵流離心不定鄉塾事猶清花啟新蓬戶書傳舊讀聲一官如夢斷垂老只諸生

喜張象翀至揚州話舊

吾子何時至鄉音入耳新久爲吳地客終是蜀山人沽酒坐中夜看花到暮春百年才論定只恐媿芳隣

所聞

共傳徐元直尚在南山雲我欲從之去高峯麋鹿羣瀑寒留古響松老亂雜文別有閒田宅種花無夕曛

上栁花嶺

傳說隋朝苑蒼茫煙樹空殘陽迷野寺古驛向江東

一代高原後孤墳亂草中逢人求故事何客號于嵩

揚州北郭有史相公墓

遣兒寄往褒城投徒

送汝出門去高堂淚黯然病來今更瘦亂後久無錢斑白來千里全家食一編艱難宜力學大父是先賢

定軍山下村居

倦起披衣獨上臺白雲紅樹一重開石泉香透花長落木葉聲乾雨乍來觀物未能忘舊事避人稍欲著新裁耆年何處歌商調扶病相從聽上哀

自漢中攜家往江南

蕭條故國賦東征白首攜家萬里行珠樹有禽隨我隱玉山無地傍誰明餘生已覺羞鑱柄舊曲何堪更羽聲夜起呼兒同玩月老夫不是爲多情

雪

高城臨水浩無涯雪片飛來奪月華天上遂教殘玉樹人間重與種瓊花丁年絕域迷歸路寒夜孤舟未抵家吳越乍聞歌楚調空流老淚向琵琶

思蜀

垂老無家只自憐不堪往事益淒然當門慈竹八千里昨日疎梅二十年既使丁男安稼穡遂無姓氏到

風烟春時更覺傷人意寒食青青麥滿田

揚州春日

緩步西郊日欲曛水流花發又春分久無弟子傳秋駕空有佳人隔暮雲没盡雙鴻聲尚在飛來小鳥食爲羣興酣思續蕪城賦老大悲傷不好文

歸田吟

出山未遂便無家結屋青城上紫霞手版何曾成一事幾年辜負碧桃花

家破猶餘半畝塘杜鵑啼處柳絲長騎牛不到人間去白髮蕭蕭晒夕陽

王新命

新命字純嘏潼川人官至河道總督有東山集

詩最純嘏年甫十二賊目張獻忠攻潼陷一家七十餘口皆被害公匿文昌廟上穴中乃免風鶴驚惶東西奔竄大兵入蜀時公年十五矣艱苦流離難更僕數後以諸生補筆帖式旋授中書舍人量移柏府都事轉儀部車駕司員外郎出使滇南逆藩攝之不屈還朝未幾即有巡撫湖北之命政聲茂著君相稱賢尋陞河東總督聖寵特隆幾拔其平生少習帖括長閱經史以及天文地理方輿象數兵農理學之書靡不究覽居官時以坦容養性以恬適怡情休休乎有房杜之風焉

使滇

祗命來南服馳驅輕萬里聖治洽寰區滇池跋扈起

元濟爲戎首干戈懾天使我徒烈丈夫成仁取義耳
從容誓天日慷慨存廉恥上以壯國威下以光青史
幽拘夢寐淸惟礪睢陽齒

別江右

昔來南浦日此地只孤城黽勉行吾拙艱難任世情
有心籌國用無力贍民生贏得淸風好飄然兩袖輕
似少陵

纔見烽烟靖災荒又疊聞按圖稽戶口曠野少耕耘
下詔憐餘子蠲租出聖君不才慚賈傅宵旦獨
慇懃

已知民力竭仰屋强持籌到處分銅虎誰能運木牛
檄書頻夜至輸輓幾時休幸荷皇天眷無貽覆餗憂

已未仲春俞都閫招同李觀察李大參黃憲副
游靑雲

雲璈鳳管啟瓊筵領袖恒沙八百仙冠蓋雲龍追此
日瘡痍風鶴想當年公餘偶問烟霞地亂後重逢花
柳天山水從來僥逸興甯須行樂看鞦韆

龔懋賢

懋賢內江人官至光祿寺卿

下峩從雲中行

海氣如雲一抹空洞雲醉殺白猿公臨行却贈山中
物幾簇寒烟裹雪風

楊世珍

世珍眉州人

白龍池

避盡人間垂釣叟優遊來到翠微巔天懸藤線花爲
餌地湧池盆月作筌幾片瑩瑩高下石一泓湛湛古
今天饒伊不逐風雲會好學驪龍自在眠

饒桂陽

桂陽眉州人

大峩山

名勝曰相親吾家在山下譬如居寶所得寶不論價
髫年走雲巒壯焉未曾謝探奇詩窮幽觀變知元化
烟霞分晦明氣候無春夏陰崖千古雪石室萬年舍
彩光現晴嵐星燈燭昏夜

李實

實字如石遂甯人崇正癸未進士官至江蘇
吳縣令　國朝寓蘇州所著有蜀語吳語石如
爲人方正淸潔於書無不讀鼎革後遂寓於
蘇市隱居三十年著述甚富子仙根以鼎甲
官少司農終身方巾布袍如未
有祿養者年八十卒事見說鈴

春閨曲

碧玉堂前柳絮飛。白狼河外信音稀。征夫不及營巢燕。歲歲春風一度歸。

呂　潛

潛字半隱別號石山農遂甯人大器子崇正癸未進士入　國朝未仕卒有懷歸草堂課耕堂等集揚州府志本傳潛工詩文書畫人得其尺幅皆珍之嘗遊宮氏春雨草堂與姜垓梁以璋酬倡甚多傳爲盛事漁洋感舊集載半隱望江詩一首未盡所長也茲從集中選入方不沒其善

上元日懷兩弟

已斷江南夢。荒園勝事增。遠灘春社鼓。寒月草堂燈。濁酒因鄰得。嘉蔬近圃登。佳時兄弟隔。愁思獨難勝。

送友着大師住水西

瓢笠歎無定。名山久待公。雪殘春路滑。雲過晚江空。道力馴岩虎。鄉心折塞鴻。還憎多慧業。詩句滿南中。

秋水園即事

近午過重溪。亭空春草齊。幾家圍市小。一寺背山低。花隱漁人路。香留燕子泥。前賢遺澤在。五夜尚聞鷄。

邗江夏夜懷史赤豹蕭寺

飛鳥不知處。孤城生暮雲。吟邊誰最苦。鐘畔爾先聞。月冷空王閣。風號故相墳。蜀岡有歸路。吾亦戀斜曛。

吳園次罷守吳興感贈

不悔無家計。蕭條傍霅村。經宵焚柏子。向月倚桐孫。楚塞煙波闊。吳船洞壑尊。有時念漁父。短服過柴門。

江陰晤年友張四若志感

二十年前別。重逢白髮生。登堂如有淚。對面各無聲。多難惟存骨。居貧不墮名。天涯兄弟少。淒絕動江城。

夜登君山

日與山相對。追涼上晚磯。月沉江樹暗。風急浦燈微。舊壘逢僧指。荒祠到客稀。登臨期更盡。徐趁野螢歸。

句句是夜燈

大水渡泗州

浩浩春濤闊。孤城一葉浮。烟波淮水暮。風雨泗陵秋。戍壘存官渡。蘆花伴客舟。年年涉江渚。愁絕此中流。

登開元塔北宋築以望契丹一名料敵塔

漠漠河山盡朔州。紺宮曾與作邊籌。驚看白日憑飛屬。絕少黃塵到敝裘。唐世何人分鴈塞。宋家此地割鴻溝。瀛州有唐城宋與遼分界處於今北望休乘障。獨寄征夫萬里愁。

上谷感懷先司馬以崇正癸未春總督保陽距今三十四年矣重到賦此

趨庭猶記少年遊大纛威名易世留上谷峰沉青海月中原魂斷白雲秋麒麟臥宿三川草蝴蝶驚回八渡溝華表不歸遺老盡斜陽立馬淚難收

石亭寺樓與友人話舊

江濤如雪亂飛鴉客裏逢人漫憶家杜宇叫殘巫峽夢鷓鴣聲斷嶺南花天涯寄食無耕土世外藏名有釣車試看滕王遺跡盡西山空對晚烟斜

奉寄李制府

灩澦嶔崎四百灘從今蜀道不言難艨艟風駛波聲動蛇鳥雲高陣氣寒父老久煩司馬節西南再築武

侯壇懸知儉府多奇士倘許歸來厠鵷冠 雄傑

汴梁

魚龍去後息兵爭萬井依然禹甸清望裏遺宮春草沒吟邊古戍夕陽平遊梁詞賦慚司馬入洛年華異賈生欲問夷門栖隱處荒堤衰柳不勝情

成都雜感

陸海塵飛井絡昏錦城茅屋類江邨摩挲但有支機石尚共銅駝臥草根

繁華閨閣重詩書賦就朋簪錦不如萬里橋頭吟社散枇杷花下更誰居 前朝婦女皆有詩社

客中逢梅溪侍御爲作畫

往事已隨春夢斷故人相見說林巒岷峨歸思濃於酒只把家山作畫看 半隱蜀人家于茗

江望

横江閣外數帆檣立盡西風鬢漸霜只有鄉心不東去早隨煙月上瞿塘

遣興

烟中白鶴獨飛還相伴孤雲盡日閒落日放舡湖水上一簾秋色看青山

暮靄霏霏捲翠峰遠離落葉有形踪杖藜獨自行吟

去不是尋松定看松

呂溥

溥字卿藻遂甯人潛之弟

成都道中感懷

老大苦奔疲人憐亦自知蕭條家計拙潦倒壯心違按劍星辰動狂歌日月馳丈夫悲慷慨莫訝鬢成絲

李永周

永周字完冲成都人

旅中望月

獨有秋中月何人不喜看久留滄海影遠共錦江寒

戎馬家難問他鄉淚未乾。欲將數行信。無處寄平安。

潘綾

綾字來朱大足人遺民集來朱老女吟云少小姜聞戶外言不知媒妁幾寒暄無端忽聽鄰人語笑整荆釵獨閉門可以想其貞志矣詩亦清拔自適

游元嶽

名嶽西寰區。茲山冠蜀巔。上懸萬仞梯。下瞰無底谷。九州奔輳同一往心神肅。婚嫁向平畢。仰止子長篤。瞻矚情已欣。躋攀徑如熟。乍喜脫塵襟。況得返初服。屢憩叩天關。攀躋撼地軸。紛綸蹬尋埋。險絕猱升木。遊縮俯窺蹤。懍凜懸崖屋。更多素心人。棲眞傍巖麓。攬勝眺難周。結隱隣堪卜。愷悌神所勞。不同敢求福。

卷二卷

蜀雅卷三目錄

蜀雅卷三

羅江李調元雨村選

費　密

密字此度號燕峯新繁人經虞子有鹿峯燕峯等集王漁洋池北偶談此度少遇逆獻之亂竄身西域不毛之地已乃溯漢江下遊吳越居淮南老焉常流寓泰州州守爲除徭役予曾見友人几上一卷偶取觀之其首篇云大江流漢水孤艇接殘春問之乃密句也遂賦詩與訂交密跛一足後往蘇門謁孫重元先生稱弟子吾蜀詩人自楊升庵趙文肅任少海熊南沙四大家後古學幾凌遲費氏父子起而振之其詩以漢魏爲宗遂爲西蜀巨靈手

古意

久已歷艱辛人情今始解五日織疋布估客嫌不買東隣女如花西隣女如葉東隣人作妻西隣人作妾看花莫看葉夢物莫夢水遠姨同我年今年生一子掃地得餘光所見何咫尺翳桑有餓人報恩逾金石

詠史

山東無足事連衡欲用秦咸陽方逐客歸作大梁人少年縱飲博任俠顯諸侯無人求劇孟藏劍宿娼樓

北征

邦國遇塗炭歲已八九徂展轉山澤間困鬱意不舒壬辰十一月始發自成都於時正凜烈北風傷肌膚老父方多病乘牛取長途官道畏遊兵山徑塉崎嶇所賴多戚屬恩愛相將扶敗絮甚且棄天寒不可無荒絕驛路亭但尋人跡下或復鬼神祠或復殘廬舍過水塞侵骨登山泥沒胯行行無所止日墓粗得息筋力已困疲伐薪具炊食野燒周四圍慮爲猛獸得腸胃如枯土稀羹潤顏色棘乾刺同刃刈拔偃終夕低頭就火觀流血浸肘腋長松勢百尋巨石橫一里寒草藏開花枯藤留結子花開色何皎子結味何旨人力徒辛勞天地物皆美沿徒苦荏苒除夕至綿州烽火正擾攘秣馬隔江流出檄示軍官呼人爲濟杼一鼓入城中破屋何所求士卒戚苦辛各出飯一盂嗟嘆令强食毋以飢煩冤苦探精力消皮肉皆血痕親戚在閬州可以救朝昏作書一尺紙爲報家人存綿州城何大中川之要津舳艫接南楚車馬通西秦勢重控部落赫奕鎮文臣濟濟數萬家一旦化荆榛狼狐白日走魑魅哭城闉全蜀盡枯骨陰晦聚災屯害氣久不絕耕鑿困遺民親戚自遠道來迎當春天乞假各數騎背瘡深可憐大馬一無轡小馬一無韉雙臂牽藤蔓聊束礙與墮馬力亦何少相易出長道曠遠憂意外馬飢常齧草婦女艱難行痛哭心慘哀

貧物置宿莽喘息還復來藏身匿村樹狙伺人歸逋
畏恐驚舍去侶伴不敢呼日暮至一家炊飲若珍珠
老人置上座再拜謝荒蕪我顏如僮僕食我堂之隅
飢人歡一飽甯問禮意麤往往官長間亦復相餽餔
累月至閬山毛髮悉焦枯古時蜀道難棧閣下方軌
葭萌諸郡縣桑蠶遂生齒後世割褒中恐滋羣盜壘
利閬爲門戶大軍嘗麾指東川既已没西川旋不守
拊關一夫當賊入如摧朽始知遠畫策不在險與否
因頓留十日買舟意欲東倉皇奉老親出此蛟螭中
江漢幾卅年衰弱病成翁颯然翻飛意不復故豪雄

衆庶罹喪亂我復爲勞人一朝辭墳墓相望若崑崙
即此眼中路皆可成海濱淚落如黃河舊事痛不已
寸心思無窮隱忍未能舉茫茫者天涯微身曷所止
二三骨肉親居處各異里當此無家別安能不傷毁
天地固無情人生豈終否棲遲田野間白首佳山水
我自種梧桐還妻樹蘭芷村釀亦已熟歡笑偕稚子
俯仰既無憾旦夕肆樂只歲宴葺屋寬狂歌從此始

豐城安汉看梅同徐時俊

天陰羃遠霧山没青隱隱江平沙逕幽春草發岡嶺
舍舟循斷岸禾黍秀里井叢竹鬱勃深村樓列舊畬

依垣老花樹微香散寒影樹下逢一翁言簡氣尤渾
亦欲卜山居問出耕半頃韓柳外另一種

鬭雞行

輕衫樂鬭雞各抱一隻來地潔無蔓草坦坦鬭場開
大雞冠五寸小雞距一尺脚稜精鐵闊冠老珊瑚赤
此雞產何處旦種從西川高山大澤聚靈氣生爲殊
物如鷹鶚出籠勢與衆雞異不徒飽食供烹煎獨立
一聲天地轉起張雙翼精神展甯止可慰兒曹心亦
堪廻却君王猝兩雞立鬭場氣勢互相當風捲雷轟
百十合四圍觀者眼生光怒色蓬蓬裂雙目昏疲不

肯甘雌伏亂毛滿地血淋頭長頸靡靡少完肉一雞
既出勢猶陡衆雞見之皆却走狂童盛氣快所言共
嘆此雞齊拍手賭取青銅錢抱雞歸飲酒明日重來
鬭一場君誰來看古無有

紡車口

七日五縣路三百六十灘山深無人至好鳥相緜蠻
松樹大十圍霜葉如渥丹此中有隱者抱朴鬢毛斑

贛州

宗子稱兵出中丞捕反時廟謨資節鉞亂卒倒旌旗
往事餘烟樹新愁倒玉巵南行弔楊僕春水遠迷離

儛霞嶺

野寺無僧住蝸涎四壁乾人家移絶壁馬跡亂空壇
山邑侵苔滑松聲夾路寒遠行猶百舍處處向南看

奧麗

冬菊

九日已陳事黃花未改妍寒枝當北牖野邑耐霜天
酒凍徵君側水流故老前蕙蘭無數好春雨各娟娟

聽解二彈琴

自我傷寥落空懷大雅音忽從遷客指重見故人心
谿溜潺春雪松風出暮林秋鴻休再鼓幽怨已難禁

移家定軍山下

移家接村舍地僻好烟光藏此新圖籍仍歸舊草堂
白來皤家雨青入陸渾庄久住隨風俗悠悠野興長

杜宇

霸業一時盡哀聲萬古傳哺雛依百鳥流血濕青天
瘴雨離人酒春風估客船此時來耳畔何處不潸然

北岸山盡

山勢寵嵸盡空濛入望遥平原開白日羣雁掠青霄
一月舟爲宅千峰雪未消故鄉從此遠揮涕向蕭條

朝天峽

一過朝天峽巴山斷入秦大江流漢水孤艇接殘春
暮邑偏悲客風光易感人明年在何處妻子共沾巾

三四漁洋極贊

山中

采藥不知還偶來身自閒月過燒筍處雪滿起雲山
猿狖寒藏果熊羆老見斑菖蒲石上節久餌駐朱顏

隱者

老翁久深隱結屋巖石間春日采芳芷夕陽行亂山
無事入城郭獨負壺樽還便欲隨芒屩白雲相與閒

可畫

別友

既來不甚數去亦無乃輕吾且行鼓瑟子何多遠情
山寒滴竹露屋靜聞松聲幸有石間在四時禽鳥鳴

贈客

屏跡層沽內常懷一飯恩鐵錐報公子寶玦贈高人
抗手自茲別悲歌西入秦可詢王景略捫虱向誰論

江夜

復載羈人夢烟波異縣行老禽爲蚌蛤野鴨護鴛鴦
且自從容去無妨淺淡裝相思在何處幽鬱意偏長

涇縣雜詩

故人無禽慶五嶽何時行共道黔山好能娛隱者情櫂歌起清夜野服過秋城卻慮逢郁女猶存賣藥名

異境絕塵俗從容到寂寥市人羣鹿豕村路出烟霄溪水胡麻飯寒蘿細藥苗邱隅聞好鳥乘興石欄橋

浮溪

日暮入郁落松杉客坐新鷄豚散在野兒女聚觀人禮樂餘二代藤花隔四鄰家山獨烽火流蕩至今貧

村景可繪

棧中

棧閣通秦道青天未易行盡過奇絕處不負有平生

曰馬巖中出黃牛壁上耕野花埋輦跡幸蜀只空名

奇確

客

負釜出巴蜀饔飧類賦狙那能隨北雁長自客南徐春事賈人早幽棲僻好愚閒來歸落葉席地坐開書

沔縣村居

故國不可到春風吹閉門雲移峰頂寺花落雨中郁事簡人過少山深禍自尊無書傳弟子耕鑿任乾坤

似阮亭集中作

翟郁

二客乘秋艇翩然過古郁不緣喪家久勝地足銷魂水族甘魚蟹山居長子孫此中忘貴賤來往翟公門

更欲求佳處何能勝此山田園當晝裏婚嫁遠人間灌口峰千疊彭門水一灣江南無屋柱吾意亦須還

夢中作

勞心望春水春水載孤舟載此孤舟去江南江北流有時取美酒獨上最高樓高樓何所見歷歷是神州

江晚

昏氣滿孤嶼此時途尚遙天寒將作雪風急欲收潮棲鳥黃雲樹歸人白版橋酒家隨意宿明日進蘭橈

同蔡治田金游西山登秘魔崖望石壁

絕壁幾人到虛崖一望秋秋聲生眾木日氣射殘樓僧少不鳴鼓簾稀只挂鈎却愁山雨重賦杼捲溪流

雨

急雨占紅邑遙青入望微水寒雲不絮雁大濕能飛早汲愁高岸遲還畏薄衣瀟湘何處屋開戶待人歸

高郵遇故人

相逢多難後只此是天涯與子躬耕處蒼生尚幾家朱門齊牧馬白骨亂開花耆舊何人在行吟感暮鴉

感慨深厚

阻風三江口

晚泊孤洲葦荻傍襄樊估客嘆凄涼三江水下金陵霧百草春乾赤壁霜寒氣不開從伏枕鱸魚多買當攜糧自有長風行萬里人間豈畏路蒼茫

送姚曼之鹽城

淮南旅舍暫相逢便放扁舟過海東未有男兒長袴下不曾賓客處囊中萬山月色孤笻路十載秋思一笛風別後新詩應滿篋重來爲我啄飛鴻

元夕雨中見雁

野雲片片接橋西可惜年華負柳堤江上雨來催晝暝沙中雁起覺城低寒邊無信傳春融荒圃宜歸理舊畦濁酒一杯和淚灑看燈誰在浣花溪

小仄

放船直入深山去無路青林有數家烟裏人聲呼伐木巖邊鳥跡亂開花殘民未死征徭在新戍頻增驛路譁時見秦中官長過不知何以慰三巴

亂後入青原山

遠郭寒峰野霧昏殘僧遥指舊軍屯河山百戰埋金甲煙月三年度五門兵氣累朝猶未解吾生已老更何論不將酒灑黃師檜拋滿蘆花當一樽

送劉與生還廣元兼呈王嶽

送爾西歸意惘然吾家山水復誰憐雲邊短杖看梅樹雪裏微燈夢杜鵑一郡更思新市後千峰長在故人前王郎舊有江湖約爲寄苎之臺詩幾篇

西鄉縣

雨餘春樹百花稀好處來游却似歸貧賤已甘人盡笑顛狂未解客何爲長隄白日眠牛馬官路青峰放鹿縻八十老翁倨僻相逢只說太平時

燕湖

城北凄迷水霧浮行人懷古到千秋空餘鐵券殉芳

草不見空筏止亂流十里桃花春社酒一天明月大江樓人無蕩子思鄉淚幾度鶯聲起暮愁 五六名句

金陵懷古

一聲殘篴旅魂消柳暗花飛過六朝甲第雲霞開壯麗樓船鼓吹擁逍遙石頭有路生春草商女無端泣夜潮極目可憐鍾阜外長江空鎖水迢迢 應爲此題出色

呂太常潛自歸安移家海陵

銅龍宮闕邈山河臺笠穿雲就薜蘿天近南徐開霧氣人從西塞狎烟波槍荒歲遠成遺老草木人稀發浩歌可許相邀尋舊約江魚村釀共婆娑

春晚

頹垣見舊閣，佳處在鄰西。欲買畫眉鳥，非春亦自啼。

洋縣二首

春山青復青，春水綠復綠。花開不見人，何處滄浪曲。

微風度城上，滿城花盡開。閒攜一壺酒，花落滿蒼苔。

鄱陽湖

昔去湖水深，來日湖水變。湖水無定流，搖出湖口縣。

古琴

古琴人不理，塵積斷痕[illegible]。爲君彈一曲，明月滿江山。

空宅

春氣生寒月色微，蟠龍繡鳳隱雙扉。主人一去空留宅，花落苔深蝙蝠飛。淒涼可想

識舟亭

漁舠夾岸浪花腥，烟樹霏微草自青。春去何人記踪跡，故衣重到識舟亭。

題畫

百株春樹隱茅居，畫裏人家似敝廬。小鳥斷橋啼曉色，落花晴日焙山書。

江曉

寒月無人守釣磯，秋風兩岸曉星微。渡口鴛鴦避舟棹，野鴻羣向荻花飛。

飲友人家夜歸

岸幘歸來酒半消，月中頻望短牆遙。耕夫久斷繁華事，猶取春灯照版橋。

遊紅橋

女堞飛烏趁曉昏，火攻猶見舊燒痕。春遊畫舫都年少，一路簫聲進水門。

塞上

塞上冰流綠玉沙，邊人吹遂向南歌。平沙大磧迷春雁，千里雲昏雪片多。

古意

芳草沿隄春楚楚，花枝開遍清江渚。一羣無數鳥飛來，恐有兒家白鸚鵡。

卷三終

蜀雅卷四目錄

蜀雅卷四

羅江李調元雨村選

王朝桓

朝桓字植夫巫山人植夫入費氏詩社而能自出機杼可謂人杰

費滋衡移家入城同人過訪卽事

村居亦已久忽復來城闉言念素心侶遠道感離羣卜廬古巷側窈窕絕囂塵開門杖履集列坐杯盂陳鬚髩皆老蒼喜無榮利人介性違俗尚狂吟信天眞侵堦周氏草壓架李侯芸慙予近市居願結河渚鄰

黃山松歌鷺鈿軒社集爲程若菴賦

雲海峰巔鐵作枝蟠根絡石鬚倒垂身幹特小心貌古連蜷抑塞磐虬姿程君曠懷眞好事不憚巉巖遠羅致輦來衆本多零落惟有四株長蔽芾哦詩酹酒興會佳菁葱掩映園林花四時自不改柯葉雖離泉石含烟霞嗟乎汝四松誠不能干霄蔽日衆千丈樵蘓斤斧知無恙嚴霜密霰曾飽經雕闌玉砌欣相傍浣花翁愁蔓草纏今汝托根盆沼邊還如梁孟依皐廡不害淸風萬古傳

范文炗

文炗字仲闇號雨石內江縣舉人官戶部主

事著有石鼓山房詩集鄧孝威云范兩石在金陵時刻石鼓山房詩集訪之費此度言還蜀後所著亦不少其長君沒孫尚幼累經兵火皆散失矣爲之慨然

峨眉山萬年寺送費此度往榮經省覲

敝衣猶賸老萊斑負米雖歸不是還世到亂時都作客途當險處更開關幾年草檄伸孤憤累月移家近百蠻瓦屋峨眉俱歷遍滿頭風雪當游山

題華嶽圖

上山看山形下山看山影色相誰能傳妙應山靈省此詩有二首余過華陰廟於石碣得之爲登其一

鄧子儀

子儀字伯鴻巴縣人有劍閣芳華集

九日荒署寄杜思曠

無復龍山對孟嘉詩成徒自感年華江南佳麗空回首不信官衙盡野花

趙司鉉

司鉉字翼黃號退公彭縣人崇正　舉人官至四川建昌兵備道

拜將臺和費此度韻

高臺遙指碧流斜何處東陵可種瓜砌下百蟲啼夜雨江邊一鴈落殘霞登臺事已成千古守冢人誰置萬家曾向淮陰尋釣址斷堤衰柳宿寒鴉

劉道開

道開字非眼號丁菴巴縣人有各夢草丁菴有巳令王子美死節傳可補史氏之遺詩亦有豪邁之氣

白帝城歌

白帝城古人築今人增古人築之兮險不可升今人增之兮賊來便焚噫歎歔乎人有古今兮城有古今

疇昔

疇昔干戈裏飄零剩此身一生九死客兩代六朝人

路未通新朔歸應少舊鄰塋山與字水回首亦傷神

宿柏林驛

古殿臨官道凄涼落日斜山荒多虎跡驛廢少人家

昔駐君王蹕今開野草花珍收殘瓦片制硯亦堪誇此在廣元閬中之交古葭萌關也

華陰萬壽閣望嶽

危樓新雨過凭眺亦奇哉迭見三峰出遥知十丈開

關收山勢斷河抱水聲來搔首茅龍客深慚混俗埃

亂後初至成都

錦城絲管地桑柘綵縱橫露下銅駝泣春歸杜宇驚

相逢無故友獨坐愧餘生却訪支機石殷勤問舊盟

和費此度雜詩

聞說吾生亦有涯野人微尚在煙霞墻東便是君王宅谷口原宜鄭子家無事焚香當讀易有時擕水白烹茶柴門晝掩容誰叩只許風來掃落花

岳廟

君臣無意復輿圖唾手燕雲豈廟謨才過張韓天若忌心同龍比主難乎金戈鐵馬公生氣綠水青山宋舊都畫舫不須經廟下忠魂最恨是西湖特識名言不讓前人作

馬嵬驛過楊妃墓

延秋門外馬嘶哀玉碎珠沉土一堆聽雨無人同棧閣御風有客問蓬萊行權定變中誅妲怙寵戕身悔妒梅謂江採蘋最是傷心烽燧日入亡猶進荔枝來言外有興廢之感

雞頭關

曲折如登天幽深如覷井近年流賊過更比康莊穩豈不可恨

陳盟

盟字雪灘成都人雪灘生於明季遭亂後故多激昂之音

大造行

大造具鑪鞲冶鑄資羣生融液循氣化天地豈容情嘐嘐千古士振袂長盱衡東海有男子甯甘蹈滄瀛夸父不量力死欲追炎精人生論成敗天地無豪英星漢久喪邑山川徒縱横美人香已杳卷阿復誰鳴瞻彼赤烏景日夕無停征

與親友話舊

江流日夜度高安亂後同人老釣竿天下晨星餘幾點枝頭碩果未全殘斑斑蘭笋抽香玉隱隱雲煙護葉欄所願故鄉歸有路披襟重話再生歡

趙熠

熠字方開安縣人獻賊屠城安邑諸生二百人一時殆盡方開知幾先遁承平後遂著書不出

江上晚望批淡遠

一片水光秋中有愁來處却笑晚行人悠悠此中去

余价

价字君維巫山人

題山水停舟觀雁圖

萬壑層巒映日暉停舟遥望翠成圍千章嘉樹叢斜谷百丈清流繞釣磯身外功名誰料得眼前世局要

知幾雲問雁字家書杳何日田園舞彩衣

冷時中

時中字心汾號悔菴內江人有雪椀集

漢中東費此度

偃仰他鄉客君無一草堂青年甘隱逸白雪見文章歸計貧難定孤懷醉易傷暇時須過我暫得慰愁腸

王　璲

璲字子京廣安人

燕湖宴集

園樹鶯來熟山池鷺過腥暑堪逃辟塢暮亦上孤亭

鳥定猶驚月螢高欲亂星雨多知歲稔柴戶不須扃晚唐人佳句

趙　適

適字子明彭縣人

雨中秋日費滋衡外甥省墓卹事

避秦先世去無聞省墓秋來尚有君故國江山新入眼幾年姻婭舊同羣纈邊流寓思蘇轍與下詞人壓陸雲猶有前朝碑碣在明年誰到薦春芹

郭奎先

奎先字汾又羅江人

丁未人日東江式繩

連朝礎潤凍雲屯此際晴霞湧瑞暾遠樹含烟如欲吐幽禽弄日漸爭喧君多逸藻花生穎我怪狂吟舌莫捫回首錦江春夢冷只餘芳草憶王孫

先　著

著字渭求號蜀齋瀘州人渭求詩造句必新遣言必雅亦詞壇中飛將也

晚眺雨花臺

古臺覆秋雲晚步帶殘酒西風吹平原林木失森秀乘高一環眺山勢若趨走江遠天欲吞寺密地能受

雄城超吾前峻塔接吾肘樓殿何鬱盤岡巒自纏紐舊都百萬戶繡錯市廛有長干諸女兒曲成今在否勝溯六朝餘感從百年後但覺草木衰莫知人骨朽須臾暮色沉搔髮立難久朗然浮金鐙煙鐘一聲吼

題出塞圖

萬里邊牆特堅好怒馬來時騰蹈倒當時賦脫少人行今日春風肥野草黃鄉出塞衣狐皮烏羊渾脫腰犀毘手中鞭絲搖落日心雄欲赴和林西四十八家犬牙地廓落蕭條舊三衛琵琶一曲海東青帳下胭脂搖花醉腐儒衰謝不勝思朔漠中華此一時因君

出塞圖中意感激翻成入塞悲

薄暮燕子磯獨眺

雲沉日已隱倍覺水天宜興自一人發狂眞千載奇空堪邀鳥過幽獨許龍知今古傷天塹如何運又移

再題永與紅梅

客盡爲香至花如愁屢尋僧扉不能隱人跡遂相侵幽獨傷於是春風悔未深繁紅因豔目聊復寓微吟

薄暮看衛基桃花

不堪苦雨困林芳裹足橋東滑路長酒伴忽來茅屋下晴光初射竹籬旁二分春色隨流水千樹桃花漲夕陽更約心閒方外侶飯蔬清曉過山岡似嚴滄浪

尋秋偕雲辨樹南兩上人

老懷非不愛尋秋怕向秋原易觸愁小艇乍搖西郭路故人追感北邙邱過陶戴故居殘山剩木憐江左廢壘荒城話石頭靜侶相攜能盡日多年無復有茲遊

段朝偉

朝偉字敬亭簡州人

得家書

無數鄉關語欣從雁足來披函經再讀入篋又重開勸勉憐清苦平安慰溯洄欲將珍重意呼僕進殘盃

余齋

齋字生生號鈍菴青神人有增益軒草施愚山集

余生生過吳門客舍自言爲梅花作主人酒間得三絕句云云詩最鈍菴爲大司馬蕭敏公裔值流寇亂黃冠羽衣避難江東賣古文詩字自給不喜入富貴門亦不喜聞富貴之人詩詩工漢魏及六朝唐近體不屑也嘗過江都與野人高士遊康熙乙丑仲夏卒於瓊花觀中時年七十有九有五七古詩凡若干卷皆手書時屬楊焦氏付其友張諧石選輯焦竟失其稿今新安姚給如於扇頭壁上搜錄爲遺詩十餘首入集不能窺其全豹通國傳爲恨事云　倪永清云鈍菴詩閒情逸致超然塵表眞魯仲連陶元亮一流人

除夕前二首

放浪無終極看看歲又更貧懷生倉卒心事一無徵促酒不成酌斂衣空復情蕭槭無人知振策倚前楹

孤衷原有屬雙眼未全青汗漫肆情志暫遺憂思屏回首念妻孥豈禁心鬱悒悲來不可遏我生胡營營營營亦何爲悽惻不擬道幸恃心潔清可以對蒼昊一身輕百折堅貞聊自保偪側履荒途何暇計溫飽昔世居京華有如魚在藻今者嘆流離不及安枝鳥有酒且賦詩塵氛迹如掃不學裴晉公擁爐嘆衰老

辛酉元日

今晨氣宣朗檐次透曙光春風扇和柔悠悠襲我裳道院自幽靜中庭焚異香香氣何氤氳隨風泛長廊

我本羈旅人感此歲月長孤蹤謝塵事靜坐閱班揚
濡毫改舊詩開樽引巨觴躊躇無拘束頹然入醉鄉
天地氣候改陽和易冰霜草木漸勾萌梅花何處芳
幾欲探消息林水空蒼茫翹首憶江南雲霞慰相望

題張諧石雪巢隱居

志士多雅操援古以迄今懷才與時異志乃在山林
張子我故交相知日已深卜隱邗江邊花木何陰森
堂鳴以雪巢高爽豁夙襟制度自精雅良朋日招尋
可以賦新詩可以彈素琴門映城闉碧池倒浮屠陰
觀望何幽杳氣象自嶔岑美子經濟才而不希華簪
胡爲養恬淡殊有高士風叶分幽居海足樂時共采芝
吟

簡友

歲暮增無那而又奢陰雨隙風入我懷氣咽不能語
探囊無長物枵腹待懸釜衰殘畏奔走晏眠恆至午
人情近反側誰能更古處知已言在耳德音燦可數
倘終顧盼情旦夕臨江滸

獨酌

友人惠我酒竟日延清歡閉戶無人來好鳥伴我閒
初旭下窈窕小窗明可觀興來聊復酌藉影相盤桓

幽寂性所好瓶梅香未殘即此無拘束境靜神亦安
未暝倏復醉餘情盡可删

賞梅

連來雨不歇淒風日飛颺庭梅斂光彩生意何微茫
天地忽開朗靜院飛晴香玉色映朝旭疏影風迴翔
陰極陽自靜氣運不可量百卉亦因時爛漫雲水鄉
就子營一醉斜景逗餘光

夜坐

靜夜正危坐縈短燈力微挑燈對隻影宛若有所依
動靜不殊致語默空自知莊蝶非不幻蕉鹿非不奇

如何眼前景奇幻有如斯人生大化內誰能不遷移
守一以御變往復皆天機靜觀有至理得失分毫釐

新晴得月

雲靜天益高微風起庭樹接葉望猶濕堦草已多露
半規出東井光彩異平素涼夕豁人襟靜對生遠慕
風竹碎流影烟林平帶霧安得同心友清斟展良晤
徘徊夜漏殘雞聲忽交互

廣陵季春十有三日憶沈子禹甸生日對酒懷
之

虎邱何鬱葱雲霞望如綺中有抱道人時在雲霞裏

三春景物繁花氣香流水詩歌陶逸興琴尊延近理
別來歲未周緘情鈌雙鯉遥憶子初度馳懷更依依
爲子歌斗酒獨坐開雙扉微風起將夕園景澄清輝
醉臥不知曙迢迢星漢微

壬子春仲同家不遠遊焦山

猛風蓬勃來千里凌晨吹立長江水我曹乘興約同
遊衝風側立烟檣裏招招舟子駕一葉牽衣欲渡意
遲怯乘危恐觸河伯宮波翻濤湧驚魚龍庀帆飛渡
任欹側頃之足與山涯接向時驚悸今得當扶筇拾
級相競行天光冥冥海氣白羣山絪緼成一色憑高

下視驚背飛轉眼忽見松濤碧砥柱中流既有年孤
高直與濱渤連上有金山中北固三山鼎峙撐南天
古來大隱傳焦子今時高邁孰與比我來瞻眺起遐
風風濤萬頃雲霞東

壬戌孟夏聽琴

孟夏之吉風景清庭除瑟瑟涼風生碧天如洗雲氣
净張筵設酌招羣英靜院東西分兩序琴清月朗方
持觥須臾皓魄出東井孤光照耀通宵明撫絃動操
出古調洗耳不願聽新聲座客無譁酒頻瀉揮杯不
覺玉山傾人生樂事亦何有今夕歡情差不負六街

寂寂更聲長竹爐諸火香悠颺

候月歌

老夫候月夜不寢披衣獨坐凌霄寒月亦有情鑒幽
獨飛光直射浮雲端碧霄澄徹玉宇靜流輝瀉宕河
山影河山影燭寰區白烟林古木晶光汞噎嘒月有
圓鈌人盡知千年萬年恆如斯今人不見百年月生
老病死須臾期此時對月郁無酒徘徊無語徒搔首
長歌一曲憂思攢星殘斗挹更聲闌

新灘觀捕魚歌

君不見新灘奇險天下聞驚濤怒浪如山立上下舟

行實畏途放舟須仗灘人力上灘牽挽終日勞逆流
直上百餘尺束舟委浪下更難撇漩擊波如箭疾灘
際洄流急且深承流鼓浪魚競集漁人舉罾百不失
烝然罩之如俯拾傷鱗破頷委泥沙慘淡腥風起朝
日跳波脫漏時有之潛跡江潭秘呼吸灘人竹簍滿
背歸戶戶門前盈百十霜刀直下亂雪飛棄置頭顱
入不食乾魚家家掛滿壁腥臭漫漫氣難息誰云烹
鮮世所珍見之悲惻情罔極嗚呼十年殺戮人民空
今復毒流鱗介中

蜀都行

自我之成都十日九日雨浣花草堂並蕭瑟青羊石犀但環堵生民百萬同時盡眼前耆舊存無幾訪問難禁泣涙流故宮荒廢連禾黍萬里橋邊陽氣微錦官城中野雉飛經商半是秦人集四郊廓落農人稀甃頽凋殘豈無術日生月養誠可期但得夫耕婦織無所擾桑麻樹畜隨所宜數十年後胥生聚庶幾天命有轉移成都被獻寇殺刈生靈幾盡此篇逼眞詩史

卜居

臥隱仍無定途窮數卜莊有家何日到老病滯瀟湘道遠音書少秋深客夢長桃源今有路恣意樂他鄉

元日遊下鍾山即事

上日淹留客登臨興幾長無人覺來往半晌對湖光烟際雲相接匡廬屬渺茫浦中帆片片望裏應春陽此律做古

梅花三首

市上何人識故侯靑鞵皂帽稱心遊相逢頭白留詩別細雨孤帆下虎邱

遙歸見說爲梅花鄧尉風光滿眼誇我夢相隨便東去一天花壓帽簷斜

花時歸客怕花殘烽火漫漫道路難斷送春風多少恨憑誰留寄一枝看

官舍

葳鞬鎖下雙靑銅盡日無人官舍中花落花開春已晚流鶯啼過女牆東晚唐妙句

費錫宗

錫宗字厚蕃密長子新繁人著有白鶴樓詩別裁集厚蕃克傳家學五言亦有大江流漢水孤艇接殘春之概新城王尚書惜未見其詩白鶴樓篇才氣略下濩衡而聲調獨絕品格在皇甫曾上

綵雲曲

畫欄曲室珠簾垂翠幌紅樓春滿幃紅樓夜夜聞歌舞窗前日日綵雲飛綵雲飛飛來飛去飛何處飛入園中百花路淸晝香生睡鴨斜美人歌起鶯聲住

少年行

少年出入羽林中自矜力能挽雙弓金錯寶刀耀寒日玉環絲帶鬣盤龍橫戈走馬河西去九月榆黃瀚海路只徒報恩決生死甯知骸骨葬何處

織婦詞

吳娘小袖新上機金綿如絲孔雀飛五年三丈織成匹歲輸內府裁爲衣蕋宮鷄鳴夜未央鼎彝微爇龍團香帶結西玉破天碧翠輦春移覲百王吳江江水

淸如雪女兒濯絲對明月江風夜吹江水寒明月照
絲復照妾妾起拖絲入洞房回看殘月淚沾裳山龍
皆妾手中出那得辛懃動尚方

滁州道中

策騎入長林村幽耐客尋秋晴紅葉潤山遠暮烟深
江館寒潮斷河橋蔓草侵古人殘跡在空使候蟲吟

放鶴亭

鶴去孤亭在人歸往事移可憐斷橋上不是看花時
雲閣春潮冷湖平午雁低孤山梅尙在殘雪凍南枝

黃河

靈脉來天上渾流晝夜奔縱横穿套口曲折下龍門
地入滎陰斷山臨華嶽尊何須逢漢使便擬溯崑崙

登北固山

絕嶺横江岸登樓望渺然潮來徐福島山出寄奴泉
境界分吳楚波濤混海天千秋爭戰地今喜靖烽煙

三四極似空同

邊辭

新拜元戎寵命嬌賓按横坐出中朝沾恩壯士輕生
死誓取昆彌帽上貂
繡甲羣來襯短衣雕弓駿馬疾如飛山前射取黃狼
子笑擁將軍罷獵歸

卷四終

蜀雅卷五目錄

蜀雅卷五

羅江李調元雨村選

費錫璜

錫璜字滋衡密次子新繁人著有掣鯨堂詩集別裁集滋衡熟古樂府詩中蒼蒼莽莽時有古音然亦不無粗率處陶汰之取其古而近雅者迥異時流　滋衡遊父命自揚州還鄉省祖墓時兵燹甫定道路榛莽間關萬里不憚艱險與密嘗糞事相同父子稱孝尤爲難得本朝蜀詩自此度後滋衡當推爲一大宗生平毫放不羈嘗登之罘投其詩於海中痛哭而還益悲其才之不遇而未交於天吳陽侯也其好奇如此詩有至情而根柢亦極深厚古樂府直接漢魏五七律絕亦在李頎崔顥之間雖遭際明末時露骯髒然其言忠厚絕無乖張之氣識者當諒其時惜其才而去其疵可也張雲谷云滋衡樂府上逼二陸下揖三晁　陳石材云古艷奇葩是揚馬之小友

有所思

有所思不知在何所出門望四方四方何遙遙天生粟地生毛海水蕩蕩白日搖思之不見望之煩勞願爲大鵬翼飛到大海東飛到大海西飛到大海南飛到大海北

君馬黃

君馬黃非君馬之爲黃黃獨艮去家門行遨遊則有十日五日之道千里萬里之鄉與君並轡參翺翔君

馬在前我馬在後君馬苦肥我馬苦瘦我馬啖萁君馬啖豆兩馬不齊人心則一馳驅天路妬相讒疾飲酒愷歌樂何極但願君馬爲龍上青天我乘黃犢歸野田有典有則

惜哉志士行

惜哉志士亦何愚死亦何愚死無以爲名亦何愚吁解一誰無室家棄之如遺誰不畏死甘之如飴惜哉志士兮解二海內豪傑知與不知聞志士死鮮不哀之惜哉志士兮解三敗舟浮海不可載兮沅湘細流不可大兮惜哉志士兮解四

豔歌行

同心漆與膠黑白雙綫縧竊恐君心變日夕結在腰日夕結在腰雙綫補襠條君去不復來結亦不復開

太白逸句雙燕參差飛新紅成故衣聞說君心變扯碎燒成灰心衆松樅堅此灰當復鮮結意新

賣兒行

人生貧慎勿賣兒賣兒不若殺之請告丈人天寒無衣腹中苦饑有兒安得不賣兒人生貧但當夫婦兒女同賣作他家奴慎勿賣兒賣兒不若殺之兒有過主人當笞兒無過主人當笞兒早行出門爲主人擔水擔水歸辦飯煮糜。又爲主人網鹿豕與麋兒日午爲主人牧羊牧牛兒腹飢主人不知兒離牛羊十步五步主人知之主人笞兒兒急呼重復笞之主人笞兒兒不敢啼謂兒佯死重復笞之兒呼亦笞兒不呼亦笞兒無大罪過何用笞兒爲兒頭無毛臂無皮臂如黃瓜面如青梨兒是爺娘心頭肉頭髮是爺娘心中絲親爺見兒淚下如綆縻多謝丈人人生貧慎勿賣兒賣兒不若殺之。讀之爲之淚下

高句麗

河伯外孫日之子被髮東走遇大水魚鼈爲梁踏海

日追者不及投弓矢建國樂浪由此始。黃裙赤袴烏皮靴。金花高帽垂袖紫爲君翩翩舞不止。大國勿笑小國斐襜褕傳來漢時製。

枯魚過河泣

枯魚過河泣。亦勿復悔。亦勿復寄書。前有網畢。後有網罛。下有網罭。上有網罜。大魚呑牿目爲明珠。小魚啖沙曲鐵生須。出不得與樂。入不得與居。法令如繭絲安能伯叔兄弟長相呼

來日當遠犇行

來日當遠犇囑咐兒三兩言兒生不辰。逢此大艱今

當犇命逃懼兒不獲全爲兒作布袋緊着兒身邊中有萊菔大豆牛肩兒渴食萊菔兒飢噉豆及牛肩愼無啼哭漣漣哭於中野阿母不得爲兒憐囑咐未及終淚出如流泉倉皇入山口賊勢如風煙烏鳥一分飛渺若天與淵三覓終不得痛哭大河邊昨日囑咐兒言舍置勿重宣

夜黃

河中綠頭鴨百鵝共一雄一男娶五女迫窄不相容

估客樂

歡爲千里別妾止一里送寸心長江水千里與郎共

長樂佳

紅綠鴛鴦絲頭在中央接不與儂同心何用親手結

諸陵哭

南陵哭北陵續紅燈滅燐火綠爲語長陵且勿哭建文無陵亦無木

黃囊

黃囊黃囊天降不祥前言天啟後言福王歷數有定後及滅亡鬼神幽譴不可測沅洲丈出五尺石

將軍起 哀楊嗣昌不能制左師也

將軍起賊破襄矣將軍急起將軍不起奈如何報言丞相老夫有罪丞相愼勿生怒嗔國家承平視壯士如牛毛輕一日有事誰能萬死一生供他人驅如牛毛輕丞相自愛千金軀臣守臣職不敢踰

兒語

摸魚摸蝦有利刃魚有牙不如袖手早還家

攙郎攙郎跌無妨郎眞跌倒誰肯攙郎

鵶鷹搏雞雞有母護離親出門心寒行路

食魚去乙食李去核治國去賊

禽言

阿公阿婆阿公渡河滸死阿公氣死阿婆即脫卻破袴也

姑惡姑惡爲君作婦不見姑喜但見姑怒

蟲言

推車客脚應斷既解推郎去何不推郎轉

曹婆婆同貲合本爾賣胭脂我賣胡粉

九夏

始皇滅羣雄晏然天下清收取六國珍貯之咸陽城鑄金人十二誇胡示銷兵奢淫弃聖道王業無足稱虛想神人至跨海接蓬瀛曾連且東蹈何況安期生鸞棲必琪樹安得求一安鳳食必琅玕安得飽一餐所以大聖賢在世多飢寒聖賢且如此無爲空長嘆

天狐被九尾豐毛炳霜雪夜半戴髑髏深山拜明月
化爲美婦人丹唇渥如血少年爲蠱惑終身不得決
援劍欲斬之飛光巳電滅邪士能害正藏身亦何捷
李廣射石虎石虎飲金鏃錢鏐射江潮江潮爲退縮
人心致精誠鬼神猶慴伏西風掃林柯桂華落如粟
弦弧信在手何畏天狼毒
狻猊出西城酉尾多威儀顧盼一憑陵百獸爲之靡
猛虎且乞憐安問狐與狸一入樊籠中猛氣何所施
猬猱處崇柯顚危不自知崇柯有時折去之亦巳遲
駑馬戀棧豆臨事多狐疑介石不終日勇退在及時

皦然雲門鶴千秋長不緇
孤鴻飛天首冥冥若有無楚人以爲乙越人以爲鳧
睇視未得眞辨論徒區區萬物起毫端能令智者愚
所以赤水上可以罔離朱
珮帶雙金鐶幘上大東珠窄袖囘鶻裝輕便隨轉舒
招呼千里至行坐百夫趨吳娃手如玉跪進黃羊酥
節使仰鼻息何論部薄軀借問此爲誰乃是侯家奴
文皇開北都表裏河山固關口如犄角飛鳥不敢度
黃旗與紫蓋鬱鬱環相顧中葉何遽衰將爲文字誤
當其立國初皆殺亦何故朔風利如刀先刮長陵樹

水後寄城中故人

老翁夜呼婦欲語未開口迸淚落如珠血痕漬襟袖
飢餓廹就死破壁一何有惟此膝下子尚可易升斗
念昔生兒時四鄰致鷄酒懸弧射四方正始甯敢苟
生長雖貧家未嘗離左右凶年事齟齬骨肉難聚首
今忽棄之去心痛如割剖笞辱知不免翻更執兒手
不久當贖歸且暫忍耻垢老婦黙低頭但聞吞聲久
不堪卒讀

怪樹

海中有怪樹不傳樹何名樹根蟠九地樹梢撑兩輪

苞英歷幾刼開花象赤城一枝當皜日爛熒瑩光晶
一枝照海水蛟蜃潛其形一枝向中國國人疑海噭
香氣尤迅烈椒桂謝不能草木盡萎黃爲觸其芳辛
伯禹聞此樹開山會百神穆王聞此樹翠龍來東征
嬴皇聞此樹跨海駕長鯨將界以尺繩將斷以鋸斤
此樹如不知柯葉日夜生南海帝儵忽往謂樹之靈
汝枝太椏杈恐礙日月行汝根太深結恐截潮汐根
汝形太礧佹恐觸雷與霆萬形未鏤削破露元氣淳
圓則包九重毋乃旁午振胡不歛汝光胡不藏汝精
此樹大解悟再拜謝殷勤縮花僅如豆收葉才如針

滅色入空寂　杳歸杳冥回頭看此樹若與衆草并自負不凡

泛舟紅橋因至觀音閣

繡槳盪晨波春城千柳影水窗三十六捲簾落紅粉
佛閣絳仙宮臙脂沉廢井鬼唱念家山桃花淚如綆古音淒艷

火耗行

去年火耗增今年火耗倍縣令絕廉介毋乃急公費
公費何所需使我獨憔悴唱傳大差來官私各有備
官家尚未知私家已爲累吏役亦何急窮民亦何戚

昨夜鄭家庄親聞老翁泣

送劉德柔入秦兼懷王抱荆彭海客

紫騮鈿玉羈故人來齊安昂藏河朔氣兩鬢蕭蕭寒
爲言三載別岐路各漫漫燕秦二千里浮雲會江千
雪堂寂寞秋傾杯暫盤桓片言瀉黃河隨風生波瀾
蛇虺橫江湖噬齧太無端湛盧不在握徒手空長歎
明日東西別征車不可攀
河隴多大俠中多我舊游往與王仲宣酣歌昆陽樓
抵掌天下士傾心第一流握指彭與馬謂海客乳錢皆古
烈士儔十載結中懷未得訪鄧州君今復過此驅馬

魯山頭偏見彭夫子爲寫我心憂二首沈確士極賞

長歌行

短歌聲已急長歌聲正哀疾風動河嶽黃塵西北來
極目古塞垣封狐正崔嵬徒手欲搏之獨立空徘徊
杞人憂天傾爲算何愚哉漆室女自歎安知妾所懷
當門種桂樹九載花不開自抱芳菲質霜風日夜催
盛年能幾何凋謝玉容衰故人遺寶劍中夜吼如雷
鋒鋩未及試龜鱗生綠苔奈何絳灌輩亦惡賈生才

序數十年流離聚散事遙寄蜀中趙安叔外舅敏思表弟並呈楊周子舅氏

獻賊屠巴蜀四姓出漢中李宅竄信陽楊費落江東
趙氏客未久先自歸蠶叢舅祖佐勤襄撫蜀大有功
西山餘孽伏掃滌諸魁雄二舅早鄉薦出宰古平鄉
滇亂蜀道阻棄官來維揚萍聚四五載再起倅南康
惜哉未之官中道遽淪亡三舅萬里來暫會東海旁
表弟載父櫬母子相扶將返蜀二十載雲海中蒼茫
吾家與楊氏江東長寄籍西望劍門關如天歸不得
墳墓邈河漢棄爲狐兔窟天西落風雨哀號如有失
痛哭松楸遠永爲參辰隔舅家居相近千護囑勿忽
悲涼一紙書遙托西飛翼

王微波

王微波金陵名妓桐城孫武公暱之已卯七夕大集羣妓秦淮水閣梨園子弟三班馱演院本名曰品藻花案以微波爲第一余澹心贈詩云月中仙子花中王第一姮娥第一香微波繡之帨巾不去手後蔡香君以三千金買歸香君爲廬州太守張獻忠破廬擄至營中甚寵之俄以事忤獻忠蒸其首以享羣賊錫瓚作詩記之

人間無辥濤眾女掩面走秦淮王微波名壓白門柳脇袜榴花紅繡字不去手可憐鏡中面血汙佐杯酒

詠史

徐市東入海將訪青霞君三千童男女化爲海上雲神仙定有無金銀闕氤氳祖龍如嬰兒戲弄出塵氛

鴻鵠聲嗚咽垓下氣悲辛兩雄成敗異不能忘婦人我行邳徐間悵然涕沾巾楚漢事已矣柔情感千春

古意

莫攬匣中鏡一照一覺老背面偷啼紅淚下滴青艸妾淚長不止青艸爲枯死

入汴

驅馬汴城南野田多黃粟執轡路踟躕馬行何躑躅汴城高以長齊趙環相屬前日城中人漂沒不可數宮闕何嵯峨言是周王府白骨化成灰黃金變成土前人去漸遠後人生兒女生兒乘高車生女嫁外家往來五城門車騎何奢華珠絡繫馬項金絲借馬鞭瓔瑜兜馬尾璫瑠作鞍韉車中有美人逸態何嬋娟纖手裹玉釧廣額貼花鈿奴子六七人被服麗且鮮莫唾地上塵黃土能笑人

卷五終

蜀雅卷六目錄

蜀雅卷六

羅江李調元雨村選

費錫璜二

烏棲曲

城東烏飛日欲低飛入吳王宮裏棲吳王宮中夜方半笑擁如花醉似泥醉後烏啼君不覺越兵已破城東角

楊花曲

江南楊花三月飛桃花已盡杏花稀乍起乍　無定處飛來飛去欲何依紅樓少婦惜芳春手綰長條憶故人乳燕梁間初結壘香車陌上欲生塵此際思君未敢言此時花飛益惘然飄搖似妾長流落輕薄逢君早棄捐香起山爐情宛宛風吹江水恨綿綿芍藥欄邊停踏躑鴛鴦池上冷鞦韆學舞腰肢徒自惜含愁眉黛更誰憐窗中珠網千重繫天外游絲百尺牽烏烏更更啼素月杜鵑夜夜流紅血方看絲葉細如烟已有白花飛似雪

乞巧辭

月烟微青樹烟紫繡屏雲母凝秋水誰家女兒隔屏立瀟湘一曲八千里年年乞巧拜雙星袖羅鬢翠因

風起不願織錦作迴文但願嫁郎同生死

鹽徒行

横眉廣額何陸梁居人畏避客人強闖穿柵破鷄豕失鹽徒夜過中市墟日持百棓夜刀鎗邏卒往往遭殺傷草深地鹵龍蛇遁海闊江瀰日月荒　朝廷禁止有明令何爲十百敢成行即憫饑餓死溝壑積成擁臂反大剏官府但習苟安計此輩奋禍亦須防戢而散之豈無術徙薪遠慮非更張不見高黄起鹽澤旬日之間稱侯王

昆陽行美葉令呂長在前輩

昆陽城郭忽無邑城門白晝狐狸出野赤雲腥殺氣深血肉膏原收不得城西爵山賊之窟夜出殺人晝伏匿其初竊豕與牛羊婦豎聞之猶避藏白牽豕冠入昆陽七十二處烟塵荒所在皆化爲豺狼大臣躬偶持戰守黨議未平心腹傷那少良策救爾輩一言出口身受殃縣中李好尤陸梁屠戮不亞李與張崇正巳夘至癸未七次蹂躪爲戰場澧河以南莽荆榛白骨捄拐如亂芒道逢一人似舊識欲語不出淚泿泿爾家何在井枯竭門前巨蒿如門長今來縣令古召杜告示四出招流亡汝寧開封千里間往往負耒來剮疆荒土插標入版籍歌功大旗三丈黄眼看阡陌有起邑黄雲直到謝家莊牽犬不敢逐走兔舉步愁踏麥與秧東鄰晚約西鄰醉笑指今年春酒香

大鐵刀歌

關侯廟中大鐵刀勒字百二十斤重刀頭上有一鐵環故老傳來歷唐宋刀口縱鈍力頗鉅一夫直當百夫用自從將軍走麥城棄置但作祠前奉萬人血洗都山鐵（萬人關侯所鑄刀名見劍錄）千年斑化辰州汞風雨時聞鬼泣聲精靈猶抱荆襄痛廟中老僧爲我言少年數輩時手弄當場賈勇誇莫比心傷血嘔如泉迸蘭楯

鎖殺不敢開三載如山屹不動勿謂此刀侯所持殺人已比他刀眾安得官府毀此刀鑄作鏵犁襍耕種

將進酒

白日如黄金不肯借分陰黑髮似春草朝榮暮枯槁長安浮塵不可逐不若閒尋故人好庭前黄葉晚來深涼月紛紛白如掃芙蓉羅袖鸚鵡觴雙鬟進酒勸君嘗德且不足貴名又烏足誇是堯非桀皆泥沙千秋萬歲細如麻李白劉伶稱達士不對今宵堂上花花時勸君君不醉明朝掃地成殘霞

少年行

十二學擊劍十五早工文二十業詩書西謁武安君倣裘長揖據上座傾詞吐氣如浮雲昨夜秦人出函谷一騎橫當千人軍九國逡巡不敢進但從壁上觀塵氛戰罷歸來血滿裙吳娃緩舞勸微醺自謂玉符當剖券何愁銅柱表奇勛丞將勇敢名中外腰間但得黃金帶男兒三十當封侯不然歸臥南山頭

璚琵謠

璚琵凝霜難割曉南山夜向秦雲倒蕭郎白馬芥無蹤碧蹄亂踏王孫草錦幄瓏瑜蟠鳳紅饜酒歸來春夢中翠鬟扶八橫波爛眼語無聲匿笑工快刀砍斷

生龍子吳江水赤要離死

臙脂亂

戰血入土鮮不老千年邊地生春草夜露滴破眞珠紅秋棉嬌豔芙蓉小明君穹帳曉吹笛紅冰欲結朝霞濕戎王擊鼓眼斜醉一點墮花憐不得自從馬踏臙脂山三年玉塞無春色以上二首神似飛卿

太清謠

海風吹天蔚藍色太清靈境高無極紅雲不到白河低日光倒上融如炙太清眞人六銖衣出入八紘一呼吸九天俯視皆塵壤鳳腥麟臓不可食覆盆無朕青無邊下界人稱是上仙

朱自觀觀潮圖

紅綃幕海海燈紫天妃醉跨蒼龍子忽然倒出雲山來歎作眞珠幾千里黃山老儒詩腸瘦兩眸的的奇光透神魚撇浪餘青霞安得偕汝乘古查

穿珠燈老人歌

穿珠老人抱珠泣春燈不貴當時物五色蠙珠的皪光細如組繡縝如織老人當年推好手一燈入市誇無有百金爭購不易得槊落青錢日取酒自從奚貴米與包近來夾絲聲價高眼前縱復工巧媚觸手破

碎苦不牢少年愛新動忘故指穿血出無人顧世事反覆類如此今年穿珠眼生霧

奉贈梁藥亭前輩

昔讀梁公六瑩詩常恨同時不相見單車欲度大庾嶺江城快識梁公面豐準高顴疎鬚白聲若鐘鏞眼如電路行萬里興還賒年垂八十身猶健偉哉三家起南海公與屈陳雄一代屈力宏博陳冲希公尤奇變窮諸態眞精貫注萬象羅元氣淋漓百物駭譬若伯禹鑄九鼎招撫大荒無不載十身八首原常物世人不識詫爲怪直堪鼎足立中原詎止三分峙嶺外

此日屈陳已九京正風正雅惟公在錫瑣江湖放浪夫少年亦讀等身書萬不如人求入幕百無所就悔爲儒舊詩一卷等敝帚每欲摧燒擲太虚匣中忽作蛟龍吼知己從天來聚首公愛我詩不釋手卻怪同官未置口白日江村常閉門不然饑餓天涯走十年懷刺紙生毛那不聲名落人後前輩愛才若饑渴在于今日曾何有見公雖晚未爲遲一語品題足不朽吁嗟屈公不可作千古神交付冥漠讀公詩罷送公歸天地萬里搏羊角

趙忠毅公南星鐵如意歌

拘鐵塗銀銀線走百形蟠結蟲書紐下錯名字署南星上泐天文懸北斗繞指難柔烈士心强項肯俯英豪首芝盤輪囷龍頸迴三尺方廉剛過肘古人造器必鑴名大賢細事亦不苟豈但出入衣領間社鼠城狐恨未捨東林點將首公名把此疑聞怒聲吼戈鋋銷盡烟塵昏獨炳乾坤垂不朽邇來八十六年間不知淪落幾人手麈尾熏爐散何處前輩風流遺未久種紙老人開歌筵滿堂祝客多耆叟鳩茲杭子倔强士願持此物爲翁壽倒提壯氣傾座賓醉舞寒光射杯酒秦淮翠浪蕩雷霆鐘阜斜暉閃蝌蚪犀鏤竹節不足珍白角黃金俱在後往時弃置久塵埃卽今什襲勝瓊玖

隴西公子行 贈楊申佩表兄

隴西公子巴川客天産英奇妙標格名成江左二十年鳳皇未奮雲霓翮相逢授我太元文三蒼奇字驚人魄大雅遺聲久闕然讀此如聞弄古瑟我方風塵困頓餘忽覺涼飇生肘掖長安西去道路賒五陵年少爭豪華王孫陌上黃金彈倡婦門前白鼻騧公子才技尤殊絶此行正看長安花擊刺跳丸戲角觝妙舞拍彈揮琵琶白馬青絲花裏濕銀環烏帽醉中斜

風流便狎誰不見道旁嘖嘖皆稱羨南街擲果潘安仁西園好客曹子建男兒意氣若黃河子建安仁烏足多不見古來劉越石壯懷終夜枕干戈

王文安公草書歌

草書誰人號第一孟津尚書才傑出尚書早年得盛名蔣黃董米無顔色千載重生王右軍閣中名字九重聞順治初年親召見中官虎賁何紛紛琉璃研匣豊狐注倚書受詔開練素聚神凝氣始落筆西江之水來奔赴驚若頑蛇入秋草猶若長風吹海霧亂若滎陽紛刀兵凝若倒薤垂清露枯藤墜石宛轉來錯

落銀鈎不知數左側右側飛橫斜天人吹雨散天花太白狂歌大娘舞醉倒仙姝蕚綠華翩僊倚曳傾相向尚書用筆非一狀泰山七十二重峰天台四萬八千丈來時萬馬向雲中書罷孤鴻歸海上獸錦貂裘拜賜歸道旁觀者生光輝從此聲名益烜赫高麗使者求眞蹟君家此卷何年書丙戌之歲六月初用筆頗比他本健同時觀者王與胡聞帖摹勤夥眞態此作不識古人模嗚呼尚書之名天下知傷心誰見老兵詩文宋久爲世所貴不逢識者兒女啗卽今攜卷氣生動何況當年落筆時

卷六終

蜀雅卷七目錄

蜀雅卷七

羅江李調元雨村選

費錫璜 三

滄海

滄海難消滴黃金易鬼神馬飢偏戀主鷹飽不依人
雲別東山暮花歸西苑春朝來殘霧淨如驗物華新

關山月

獨有關山月羈人望不同年年隔隴外夜夜入閨中
無雲常似晦不暈亦生風徒令紅顏損何當紫塞通

入房山縣

路入見幽邃草深夾岸迴塢村僧買酒山縣馬馱煤
石井深難汲巖花凍不開此行爺買墓非爲訪君來

三句過其地者始知

樓觀滄海日

樓出寒星上隱臨露海東潮聲扶日起殘夜入樓中
銜燭神龍紫鎔金大冶紅因悲塵市客猶隔五更風

三四新警

重別甘涵齋司馬

昔日送君處春風吹柳花幾年傾百萬何地買煙霞
今日別君處秋江生荻芽勿嫌沽酒薄雨雪滿天涯

板子磯看花

江水樽前綠桃花戰後紅王敦聲犯闕溫嶠泣臨戎
波冷羣鷗聚山青萬馬空舟人催不去貪問釣魚翁

臨淮

四鎮分屯日臨淮舊有名千秋龍種地十里鳳陽城
草綠彈箏浦雲寒牧馬營婦人歌古調半是楚遺聲

贈嚴子

欲就嚴遵話閑中乞酒過梅花君自種春草意如何
卷幔青山見梳頭白髮多已忘掛瓢累時詠采芝歌

詠帆

平湖杳無際孤帆去去閑遠依青莫岸斜映夕陽山
烟裏看凝没天涯望不還乘槎有仙侶邀矣未能攀

同宋豫菴先生入西訪天下大師墓因遍游隆恩善感寶珠諸名刹

石塔青天閟金堂靜日閑綠濃經雨樹翠重欲晴山
雲暖龍藏骨花深虎守關老增諳舊事指點亂巖間

三四新警

扶溝曉發

今夜扶溝縣五更風色涼溪橋沙似雪村店月如霜
人影追前騎鈴聲壓後行蘿衣山鬼立遠樹正蒼茫

纖

海色風吹斷秋聲葉帶歸日從鷹背落塵拂馬頭飛
草淨狐難伏原空兎不肥前山未深入更合一重圍

小塘

小塘不知滿塘口隘盧沙時有西溪水流來北港花
波晴立閑鷺草暖聚鳴蛙自可通江海將浮天漢槎

清明

一百五日節唫花醉柳春二十四橋夜吹簫玩月人
粥餳風似舊桑柘火從新無食西鄰叟蕭然岸葛巾

送閔山長入都

江浦柳堪折故人初入燕春風衣上軟寒日馬頭圓

雨合青林色晴分綠嶂烟不忘塵外侶應指海雲邊

觀海

萬國周靈海八紘開混茫烝雲來十岳飛雨過三桑
蜃吐樓臺氣鯨吞日月光吾將浮一葉上問古鴻荒
日出太平東桃花射海紅彩雲飛不住霽色映成空
龍嘯天妃雨魚吹少女風回看落帆處已在亂烟中
陰火煎神瀵陽精灌沃焦地機互張翕天道有盈消
白噴千堆雪黃回萬里潮勿愁東注溢大化自然調

後觀海

昔登烏月頂今陟白狼巔鼇柱難支地鯨波直到天
江聲思禹力石勢走秦鞭萬里仍爲客憑高涕泗漣
文章沉大海不願世人知投水非秦璧懷沙是楚辭
天風吹忽起雲霧散何之若化靈虬去潛淵百媧恣
獨往不知處投空向海濱江窮東有日山冷北無春
古塔能爲怪昏燈欲化燐松間逢老衲疑是上皇人

古戰場

月冷戰場空兵戈在眼中寒沙埋箭鏃春草哭英雄
聚嘯冤難白成燐骨尚紅誰憐寒食近濕雨雜陰風

由合肥歸自紫家岡至全椒

落日在山腰經過百里遥饑人甘半李疲馬盼全椒

複嶺莽迴互重關鎖寂寥往來能幾日早見亂紅飄

野步

野步饒幽趣田塍與水涯溪浮田字草路放碗兒花
話舊雲俱散論詩日易斜人生老農圃事業在桑麻

俠客

長安樊仲子槐里趙王孫市馬過沙苑馱葠入塞門
破貲因結客學劍爲酬恩一遇曾句踐終身不復論

初夏過高郵

燕乳花間屋人登水上樓榔能晴作雪麥以夏爲秋
新笋甘於蔗春醅釀似油扁舟隨處泊今夕在秦郵

入淯川山店

午辭卓茂廟廟在淯川有高墩晚入一村孤山店寒懸兔野船秋渡驢橋危橫板折龕破老僧枯借問當爐婦厨中有火無

村夜

村夜百機息桑榆辨渺茫犬聲一巷月人語滿船霜秋遠蕎花靜霄深橘葉香幽懷無與晤獨立咏滄浪

塞下曲

青年隨戰伐黑塔屢經過校獵秋燒野勤王夜渡河雲昏關月少風起塞塵多獨有銘功石至今猶不磨

大漠陰霾積寒門日月偏鷹風橫掃地狼糞直薰天馬飲黃泥淖人吞毒草烟斷碑無甲乙只記馬兒年

南樓聞雁

昨過甘甯廟今登庾亮樓九江何處雁萬里一聲秋肅肅將焉往哀哀如有求雲霄雖可到吾卻慕沙鷗

目病六七年不痊偶檢近詩見於吟歎者十數處慘然自傷

眼病何時愈燈前暗自傷無錢致耆朮有物據膏肓命在醫何益書成瞽不妨古來誰與友左史與文昌

蜀道難

金牛開九阪陳寶出三秦道絕惟通鳥橋危不度人陰巖春積雪虛壑夜疑神故國終難到題詩淚滿巾

朱仙鎮甯南侯左良玉為賊困於此

懸軍三十萬千里救孤城舉國無生氣沿河有哭聲朝廷方論法賊勢已難平勿道從來誤哥舒久擅名

汴梁

河決如奔馬飛來灌大梁萬人同日死雙闕幾年荒桂殿鯨鯢入椒宮雁鶩翔惟餘頭白父涕淚說周王

郟縣督師孫傳庭為賊敗於此

流賊縱橫日中原正苦兵喪師悲大帥謀國歎書生

歲月春風度乾坤秋草平夜深城下過不覺壯心驚

少年行

臂上角弓強腰間劍似霜舊從李都尉新拜漢中郎愛馬黃金埒調鷹白玉牀平原秋草淺射獵出長楊

江夜

夜景暢餘清秋光如有情三更江月起一片海霞生山澹入天色潮歸帶雨聲此中塵境隔何處更蓬瀛

送友人入山

淮南木葉飛江上早鴻歸之子去何適深山行採薇霜清蒲子履雲濕薜蘿衣薄暮不言返林皋待夕暉

送李東侯入蜀

蜀國八千里青天上萬重臨崖多古蹟入峽盡奇峰夏木懸黃狖秋江走白龍何當送遠日野寺恰殘鐘

婕妤怨

雙燕入宮墻高棲瑇瑁梁綺疏侵夜月紈扇奪秋涼鳳輦曾辭寵鸞歌只自傷昭陽方妬妾不敢怨君王

官河晚望

暢然懷野適容與戀斜曛遠樹微茫辨長河曉夜聞人歸喧渡口鳥起亂沙文遠望無終極秋山横暮雲

古廟

斷石迷年月陰房客過驚井枯生毒氣樹老聚羣精白日無人入黃昏有虎行哀蟬將敗葉故故作秋聲

山中對月

開軒見山月照此山上花細數山花落不知山月斜悠然紫巖趣瞻若碧天霞去去無勞問東陵已種瓜

金陵秋夜因憶

又聽金陵雨秋聲十二年人歸萬里外夢斷一燈前塵世原雞肋陰陽似馬鞭遂初仍未賦飄泊在江邊

江月吟

倚杖青林暮鳴琴綠嶼間美人遺珮去仙妾弄珠還風定一江月雲收兩岸山鄉心何處極目斷秣陵關

遲抱雪不至

夕烟杳無際暫泊數江程沙雁寒相喚風燈夜獨明離情泝河漢鄉夢隔潮聲欲賦懷人曲春洲杜若生

入鄧城僧寺

浦樹暝蒼蒼征橈滯大梁林皋人對雪蘆荻雁棲霜破帽尋僧寺寒沙指戰場坐愁殘獵盡何日到南陽

爲客

隨身磨鏡具自給賃舂錢複壁藏張儉悲歌和魯連藥成將度世書就有編年爲弔襄陽叟留詩漢水邊

沙隄同呂舟汝晚步

斷岸千層剝隄分一帶沙雁行排作印麋跡聚成花日射星光碎風迴篆勢斜誰憐孤艇客飄泊向天涯

雨後過六合諸山

石溜穿沙急淙淙殊未平桃花經宿雨柳色近清明雲碓喧三舍風箏動一城六朝餘舊跡千載尚關情

鐘聲

莫打秋鐘動羈魂久未安聲中羣鬼立歇處萬峰寒雨澈禪心淨霜清客夢殘何時最淒切兩載滯長安

興體送儲禮執氾雲

濯濯堤邊柳青青陌上桑征夫歌雨雪之子去雲陽寄興憑毛穎忘憂得杜康弟兄皆國彥鴻雁美同行

杪秋至江干小村

江北已蕭索江南木葉稠一江行幾日十里不同秋港曲逢僧問舟輕得樹留老懷隨處適此外不須謀

吾友

世少眞名士如君始是眞羊皆皮虎豹驢亦楦麒麟白眼輕時輩狂言罵古人吾將逃大陸與汝共爲鄰

金山夏日

水逢石暴怒石插水分流水石相爭處黿鼉不敢游

濤聲晴作雨日氣夏凝秋灔澦夔門口何時坐小舟

京口夜泊

淮海孤燈暝關河一雁秋霜催兩鬢改潮裏衆星流鐵甕熊羆守金山神鬼愁勿矜天下險王濬下中流

送蔡樞原先生移家華亭

月鏡臨樽上風帆度雨開移家去松浦結屋近城隈潮落江聲遠雲昏海氣來揚州舊居地北望幾遲迴

黃河

宛馬來殊域河源出大荒逶迤横地軸窈窕象天潢西繞芙蓉闕東迎日月光輿圖從古載水色至今黃狐塞城秦地龍門鑿夏王山開五指跡勢曲九迴腸蒲海連葱嶺潼關接大行石碑陳聖德玉策受神方一派襟齊晉千年衛漢唐天巡沉璧馬國誓歷興亡如帶盟空在分符事渺茫隄防歌瓠子漕輓負金湯祀典班侯服沈埋薦雅章焚舟思楚將列艦想陳倉霸氣銷金甲兵威在土囊箜篌留怨曲絲竹和清商香象横流入靈鼉暗穴藏虛沙浮夜月枯草壓秋霜潮沒雲中樹風迴霧裏檣澄淸知有待飛渡恨無梁

金陵秋夜

雁度南江木葉黃美人羅袖拂輕霜石頭城上西風

起玉笛聲中秋夜長楚客蘼蕪悲帝子班姬紈扇怨君王傷心獨有秦淮水猶繞蕭梁舊粉牆

久雨

社前社後雨催麥村北村南水瀰溪綠篠娟娟難自直斑鳩苦苦爲誰啼孤帆北去愁沾濕萬馬西征盡踏泥野老不知天下計朝來決溜灌花畦全學工部

書懷

食肉封侯事已虛生平二十學孫吳買刀未試屠牛技聚米能爲破敵圖得配才人厮養卒快騎大馬霍家奴腐儒窮死原常分恐負平生萬卷書

寒燭凝花影乍偏誰吹篳篥近江邊甃沈蟋蟀三更雨波冷芙蓉十里烟煨芋殘年留作相種花餘事可成仙兒童爲謝安車去脊漫先生正熟眠

西塞

邊聲雪後震蓬婆大漠秋高聲鼓多白草白沙埋白骨黃雲黃葉滿黃河羌兒犀椀調酥酪番女花韉跪駱駝互市不勞都護力西戎新與漢家和

元夕登三義閣

昨日人日還苦雪今宵元宵方解冰豐年穀賤家家酒新歲人閒處處燈士女喧成春一片魚龍看遍閣

三層誰憐秉禮蘭閨婦繡罷搴帷也未曾

送趙敏異表弟還蜀至蕪湖乃別

關山萬里絕烽烟海角羈留更幾年此地已無堪戀處故鄉猶有未開田空聞漢使求金馬剩得遺民拜杜鵑自種葛山千畝稻男兒何必乞人憐

暮春雨中偶書

淮亭三月冷于秋出塞還鄉志未酬客淚不禁頻夜雨壯懷無奈是春愁新聲怕聽黃鸝調舊事難忘白鳳舟野老不知新事改花時猶說少年游

懷故鄉親友

西蜀東吳萬里思青春白髮只移時人分南浦王孫草家滯東陵聖母祠天外片帆來渺渺城邊雙鳥去遲遲遙來錦里鄉書斷淚灑長江只自悲

黃州覽古和王方若

樊城夏口鬱蒼茫烟樹離離隱武昌江上靈濤飛白馬墓前妖梓化紅羊傷春杜宇啼亡國映血桃花開戰場何處風光不堪弔山河滿目酒盈觴

銅鼓聲催戰伐頻女王故跡已成塵烏飛夜月思名將蝶化春衣痛美人斷雨荒江迷夏陝斜陽故壘記春申涉江歌罷芙蓉死芳草於今不復新

萬嶺千峰擁大崎孤城殘堞晚笳悲青山白骨埋紅粉碧草黃花怨赤眉寒月偏于官署照春風莫近女墻吹棲烏未定驚三匝夜夜哀鳴知爲誰

直北雄關鎖虎頭東西形勝扼江流愁聞弱國分南戒忍見强藩據上游王謝未銷宣武恥張韓難復靖康仇江干到處生春草閱盡興亡是白鷗

貪看水鳥戲蒹葭獨坐山城到日斜尋盜何心亂江漢諸公無策靖風沙秋魂燈火刀頭血春女胭脂鏡裏花惆悵千秋衫袖濕非關月夜聽琵琶

春江雜述 辛未春日濟江至長干省父作

岷山山勢接崑崙東向荆揚北向秦白帝黃陵虛有跡玉書金簡實稱神海風吹冷堯時月江水流殘夏后春天下已平羣盜散管甯猶是未歸人

揚州重鎮古城池南郭清江碧柳垂架鷲將軍分閫日倉皇宰相出師時牧兒還覓宮人草歸燕難尋玉蘂枝村舍寄居三十載乾坤飄泊更何之

大梁城東

大梁東去陳留縣枳刺藤花十里春馬踏還生原上草風吹不盡道邊塵侯嬴老作監門客阮籍窮為失路人却怪古來天下士卑官薄俸亦羇身

昆陽

平林新市屢兵戈四十年來事若何日落悲風餘草木塵飛戰氣滿山河中原盜賊皆銅馬閫外將軍少伏波回首蒼涼更誰是汝墳橋上暮雲多李賊居此最久

送楊葛山舅氏之官嘉峪關

旅食三年猶未歸又披繡甲赴戎機班超謀略留張掖皇甫勛名著武威隴上射鵰弓晚勁城邊牧馬草春肥鄉關回首知何處一片寒雲天外飛

秦帝長城沙漠間衝寒不惜鬢毛斑邊霜甲上生銀磧漢月刀頭映寶環保障難憑金峪險功名全在玉門關故園書信經年斷誰望春來有雁還

山家

石谷烟深十里松柴門斜對兩三峰春塘鸛月分蝌斗晴圃牛欄聚蜜蜂盡日經函依竹縣誰家藥臼隔雲舂夜來疏雨花狼籍小徑泥融有鹿蹤

蝶

戲蘂穿枝故故斜文章五色未須誇香中昨夜知何國夢裏前身是落花輕似柳綿渾不定飄如燕子更無家芳叢別愛東隣好文趁微風過水涯

野田怡全堂讀史雜詩

大父辭官歸故廬但遺清白更無餘盧家五世專經業斑氏三人續史書適野自尋巢子菜當門仍種武侯蔬舊鄉風景依然是只少峨嵋上碧虛

老將

挽強超距舊雄圖短褐長鑱一病夫老去廉頗思用趙歸來范蠡未忘吳劍花夜雨生苔蘚甲葉秋風繡鷓鴣欲就青山謀一醉蘄王墓畔酒堪沽

黍山墩岳武穆廟

風塵潮海屯兵地熊虎中原血戰年斷碣傳來鎮撫蹟古墩掘出大觀錢甲戌墩中掘出錢數斗皆自宋年號山河不贖班

師恨草木猶知其獄冤卽使燕雲收復盡兩宮頭已

白烽烟 別立新議

黃湓阻雨

白鳥低飛樹影搖春愁如病酒難銷雨聲寒入何朝寺殺氣攻爲半夜潮世事聽來成往刼驚風定後拔新蕉憑君莫指黃巢壘今日孤舟夢六朝

吾廬

吾廬僻遠多奇跡跨馬東西路不遙臁臉荒祠錢武肅乾坤孤塚魏張遼未妨秘器通幽邃豈有精靈擣夜潮已謝儒冠拚棄置却將短褐混漁樵

暮春雨中偶書

疎籬微靄喚班鳩古寺人稀獨上樓雨月不舒雲外眼一春都在雨中愁蛟螭有意翻雲窟虎豹無心踞石頭誰道東南天塹險長江猶在太空流

軍中

黃河月皎受降城寧府春深細柳營驪驪旗中惟署姓麒麟閣上不書名塞垣草綠牛羊散朔漠風清禾黍平勿道廟謨資白面古來大將半儒生爲讀書人吐氣

韈門落日淨氛埃越甲燕函上國材碧海濤翻金鼓動黃河雲捲繡旗開文螺浮白千人醉畫角吹青萬馬來近日漁陽無獵火野花紅遍李陵臺聲作金石

卷七終

蜀雅卷八目錄

蜀雅卷八

羅江李調元雨村選

費錫璜四

相逢

岐路不相識一言傾寸心贈君腰下劍不在直千金

南溪

昨夜瓜蔓水南溪可放槎雨中燈一點有艇宿蘆花

秋江

玉人吹玉笛一片秋風起涼夜月微明芙蓉落江水

江寺

江水何年綠江雲自古閒一聲花裏磬無數夕陽山

纏歌

東門楊柳枝早晚遭攀折今日是相逢明日是離別

逢王孫

野寺打昏鐘相逢路不同一驢何處去落葉四山風

西溪

西溪帶長林十里行蹤絕時有夜深人沙中渡寒月

採蓮曲為汪聖郊賦

浦上生綠烟波底蕩紅雲匆搖雙桂楫猶恐濕湘裙

相約採蓮來艇子打兩槳驚起白鷺絲飛入橫塘港

亦作採蓮人乘舟向若耶誰知盪槳意不是為蓮花
五月採蓮花六月打蓮葉七月摘蓮子八月斷藕節

楊花

高低渾似雪上下不因風借問昭陽燕珠簾隔幾重

龍兒河

沙響船頭澀秋潦落三寸前灣水淺深相逢兩相問

書室

田家桑柘林春盡綠成陰亭午讀書歌時聞春鳥音

邊辭

四月春風不度遼邊城氣候迴蕭條黃金臺上花都

落長白山頭雪未消
十載從軍戍朔方不知身死在他鄉秋風易殺原頭
草春酒難消鬢上霜
百重犀甲攢成錦萬隊龍旗動似雲塞外不知天子
貴邊人但說大將軍
渾河流水夜漫漫燕將長城漢將壇朔邊明月無冬
夏長照沙場白日寒
狹袂輕衣別樣妝美人酌酒勸君嘗琵琶一樣淸商
曲彈到涼州便斷腸
旌旗慘淡照黃雲細柳營空背夕曛誰使射鵰人入
塞朝廷自殺李將軍
閼氏大獵向蕭關侍女雙雙白玉環萬騎飛來不敢
度一齊下馬拜天山
猿臂將軍馬上飛聲名百戰震金微少卿空負良家
子一沒賢王竟不歸
馬上鐃歌不可聽漢家亭障總凋零邊城自古無春
草惟有明妃墓獨青
黑水流冰夏日寒白沙如雪晝漫漫長平老去嫖姚
死銅鼓無人出賀蘭
年年鐵騎護邊州久戍邊人半白頭但使天朝開絕

幕自甘身老不封侯

春閨

花謝鶯歸春又歸玉人睡起不勝衣前身應是雙棲
燕夢繞盧家梁上飛

宮辭

禁城南畔御溝斜樹色曈曈映曉霞珠箔昨開疑是
雪春風吹散白楊花

江上竹枝辭

隣舟誰唱采蓮聲秋月淒淒秋露淸一曲未終天已
白不知潮水夜來生

銅雀妓

茱萸寶匣貯分香會是當年被寵光壘壘南墳七十二知從何處哭君王

揚州雜詩

朱樓綠樹影參差芳草沿城水滿池盡日城南無客到落花紅滿范公祠

居庸關

歲遣戾家向北庭紅顏到此涕交零回頭勒馬看春色一出居庸柳不青

春夜曲

繡屏雲淨夜堂清黃月穿花影未明按罷新翻羅嗊曲別移紅燭教調笙

少將

小侯白面傾元戎赤氣橫生玉帳中十萬旌旗楊柳色枝枝繡虎颭春風

偶成

小雨無妨燕子飛濕餘野竹蕩斜暉西塘寒食蘼蕪路認得兒家白板扉

卷八終

蜀雅卷九目錄

蜀雅卷九

羅江李調元雨村選

雷珽

珽字笏山井研人順治辛卯舉人官吳縣令

崆峒巖

爲愛秋痕落碧苔輕車乘輿載新醅芙蓉倚漢清如削薜荔依門翠半開石做雲房還日月天成洞宇自樓臺簫燈共向幽巖宿月下聲寒有鶴來烹鍊而出却自瀟逸

邱履程

履程字鴻漸號一菴成都人順治辛卯舉人

寄費二參軍此度嘉州

刀鋋初出骨空存又曳輕裾上將門才略自能追越石旌旗誰復似桓溫芙蓉麗發新文藻薜荔衣香舊夢魂志士何妨聊袖手空山歸臥聽啼猿

饒上

上字謙居號石潭巴縣人順治辛卯舉人官至吏部郎督學江南遷廣西左江道著有巢解四書

八陣圖

遶脊金鼓震殷殷出河千峽捲愁雲黑天沉落日丹雷霆訶石壘神鬼護烟灘抱恨無須辨遺孤在永安

馮天培

天培字默佑西充人順治甲午解元官福建漳平縣知縣

春感

香車寶馬去悠悠載酒尋花陌上遊借問春光誰賦得飄零王粲未登樓眼前語有風致

羅爲賡

爲賡字西溪南充人順治甲午舉人官浙江孝豐縣令擢行人卒西溪官孝豐令有德政民爲立生祠詩亦和平

過合州無斗蔬氣

舟發天未曉夢醒日初晴雲繪遶山色江流急雨聲岸沙留虎跡炊靄見荒城在昔繁華地如何僅有名

三四名句

李瑨

瑨字宕山號梅岑渠縣人順治甲午舉人官鳳陽縣知縣有片石齋集梅岑有集句詩一卷甚工

歲暮感懷步二兄原韻

蜀山閑海思悠悠暮角邊笳滿戍樓泉石近知何處

穩風烟遥接故園愁投身可得如張儉洗耳還應似許由誰念飄零荒瘴地南冠千里獨羈囚

聞笛

晚霽江城夜氣清寂寥孤月對愁明誰攜羌塞三更笛吹作吳山十月聲豈有梅花開又落自驚楊柳折還生天邊舊業歸何日為爾今宵夢不成

春日旅懷

春風客思繞郵亭厭見千門草色青黃盼眉間空歲歲白窺鏡裏幾星星漢庭近詔寬三甲蜀道何年罄武丁但說醉鄉饒樂事羈心聊欲託沉溟 五六工甚

榕城雜咏

民力東南久驛騷尚聞飛艦欲凌濤將軍自許標銅柱長吏誰曾過石壕蕩草夜呼朝市閉海田春隔繚垣高何當借箸籌方略願罷乘風破浪艘

別孫無嫿

覺社棠陰晚未殘相逢誰復問南冠令君座上香三接公子門前鋏幾彈久客未聞生馬角累人何止愧猪肝擬將千尺珠湖水深比桃花一樣看

過沔縣謁武侯廟

宗臣遺像千秋在入廟愀然瞻瘁躬沔水長流心血

碧蜀山高鎖陣雲紅呂伊伯仲真何忝管樂才名漫許同莫訝漢圖終割據九原餘恨哭秋風

劉沛先

沛先字棠溪閬中人順治甲午舉人官至兵科掌印給事中

湖上

湖水尚如昨樓臺望已稀可憐相識燕猶向舊家飛

金光祖 光祖號念峯饒爲人

不得家書

孤影空庭悵旅居遥遥清漢倍踟躕三年寂寞金臺

月萬里浮沉蜀道書殘笛不堪愁裏聽翠眉祇向夢中舒故園今夜應相憶雁羽迢迢半載餘

田金

金字子相閬中人

春獵曲

雙闕春烟曙高於達度城羽林開輦道豹尾映車旌花路前禽起平原驟馬鳴君王思講武不厭鼓鼙聲

熊天祥

天祥字里未詳 從陶煊四川人詩的中採入

秋懷

雲山歷歷雁聲低秋水潺潺日色西往日繁華今不見寒江徹夜老猿啼

冉存巽

存巽字同人南充人

登增城龜峯

龜峯第一岑巽地獨登臨髣髴方山勝依稀果木深人烟平雉堞塔影壓江林風景嘉如許容無宓子音

李奕拓

奕拓字麟武遂甯人諸生寓居蘇州詩有奕風

生女

生女復何恨愁時亦解歡每攜花下坐偶向月中看學語聲猶澀求人乳亦難左公賦嬌女三復倍辛酸

淮上同吳西文步月

同爾耽良夜臨流興轉淸人行官渡日月照大河聲漁屋連波動郵烟著樹生劇談身世外誰耐聽支更

入夔

一逕瞿塘過雙崖灩澦通亂離夔子國想像永安宮人老干戈裡烟稀邑井中躑躅看白帝躍馬意何雄

張吾瑾

吾瑾字石仙金堂人順治乙未進士官至行

人有鵲符齋集石仙有跑突泉和趙松雪詩云常與江湖同晝夜不隨春夏問榮枯

山居

朝雲起山南暮雲起山北只有山中人朝暮看山色似古樂府

陳暻雯

暻雯字杲亭富順人順治乙未進士官廣東樂昌令晚自號破愚子破愚官樂昌有循聲詩亦澹遠似韋蘇州

舟行

晴川曲曲抱沙堤岸柳依依遠近齊山色欲開疎雨外夕陽忽在亂峯西舟前波浪河流駛望裏烟嵐曾樹低作客乘春何處往故鄉曾否息征鼙

張注慶

注慶字元長號曲山保甯人順治乙未進士官至廣東巡按御史鄧孝威云向于廣陵得聽曲江柴丈極稱其澹懷雅誼覩其蹤跡一官知爲古人無疑

濯足仙女潭同費此度作

濯足仙女潭潭水淸且潔輕儵出其間後先悉成列長此浥寒流芳餌非所悅猿啼萬山雲漁歌兩岸雪我友醉濁醪爲探馮夷穴載詠吳隱詩不見心如結

彭襄

襄字子贊中江人順治乙未進士

書屈陶合刻後

變風以後數靈均彭澤天然見性眞對酒不忘書甲子懷沙長自嘆庚寅滋蘭九畹心偏遠采菊東籬句有神五柳三閭異醒醉何妨千載得爲鄰

卷九終

蜀雅卷十目錄

蜀雅卷十

羅江李調元雨村選

李　珪

珪字公執號鶴汀淚縣人順治丁酉舉人官甯德縣知縣有說劍齋集鄧孝威選公執詩只兩首今從鴛港處獲覩全集公自序其詩云巴渝之俗其人好歌李生偶爾習氣不除借此發其塊壘使巴童蕩槳賨女持節而唱之亦竹枝款乃之餘韻耳讀此可以想其襟懷

古意

桂生泰山阿朝露浥其英馨香遍林莽高潔可人情自憐山下池形影與之迎深秋沐素月蕩漾滌塵氛顧為女蘿花托根附爾身常使松柏風為我颼飀鳴峩峩趙城門直接邯鄲里里中有少年意氣為人死衆人徒嗷嗷甯解丈夫志丈夫常苦悲感慨日以至何當騎大鵬飛過滄溟水俯謝鷽鳩羣蜩聲徒細細筆聲

天涯路

天涯路年去年來無著處冉冉斜陽浸綠波朦朦細雨迷春樹不知底事係心頭撥盡鵾絃留不住一曲離歌唱未終鳴鞭亂踏紅塵去去馬匆匆不少留花邊亭館柳邊樓水遠山長望不到十二珠簾嬾上鈎

唯有垂陽知別苦婆娑亂拂去人頭

東垣道中

君不見遊子心易悲天寒歲暮霜風吹滹沱凍合冰如鐵僵殺侵晨馬上兒年年臘月漁陽道十里九里無青草枯桑海水亦有知明鏡秋霜那不老揭來浮食京華春空教塵土撲烏巾誰憐盡日高樓上手捲珠簾望遠人

沙縣雜詩

屈指河東發應過函谷關百年寒食節萬里越江邊老眼昏殘水征途指亂山青春期汝至相對破愁顏

風雨沙村路心悲此滯留怕驚垂老眼不上最高樓客久唯親劍書來數買舟方言雖飽聽觸緒但牽愁

聞官軍收漢中成都

天險誰終踞先聲已不支得聞收宋建遂已殪姜維王者師無戰流人言可知翻愁雲棧路雨雪擔簦遲已分歸無計朝來涕淚新誰傳今日信詔是再生身月冷瘡痍色花殷鼓角春安危爭撫慮跂望轉傷神全從工部脫胎

登奎樓樓在高郵城南堞上先大夫牧郵重建

城郭參差暮靄收重來此地不勝愁王孫前路誰青

眼父執于今半白頭菓葉棠梨霜後赤家家楊柳雨中秋遺碑讀過腸隨折蔓草寒煙迸淚流

送王孝先入秦幕

江上相逢春草滿橋邊送別暮禽鳴黃雲隴樹千峯隔落日邊山一劍行漢時幾年猶置驛秦關百里未休兵丈夫還有蒼生志為看陳琳草檄文

丁未下第後同潘遊擊新吾話舊感賦

帝里黃塵軋傲裘霜華暗逼鬢毛颼也知侯印憎猿臂可耐儒冠誤虎頭抱璞幾年羞楚刖據鞍三歲哭吳鈎何當挽起滄溟水澆盡男兒萬古愁

三山雜感

珠簾繡柱城西路父老猶誇未戰前他日尉陀專壟綏幾年楊僕擁樓船春城晝閉飛飛燕野水晴看跕跕鳶只有無諸臺畔草東風依舊綠綿芊似老杜諸將詩

青絲珠絡散平蕪二月春郊草上枯宛馬自來甘苜蓿魯人今復峙茭芻空村夜醵傭身值廣陌晨飛趣市符蒿目遺民成痛哭五年剜肉給征輸

寄周嘉受

渺渺予懷隔水涯憶曾玉樹倚蒹葭荀君坐處香三日潘令行來果一車屈指秋風摧蕙草斷腸春信隔梅花練裙憶得羊欣在無語挑燈對綠紗三四巧鶯卷極贊之

九日同恕菴寓西登高

客中時序只堪驚此日欣逢九日晴皂帽青鞵何處酒紫萸黃菊故山情江湖滿地歸難定哀樂中年感易生盡醉不須嗟世路暮雲無盡是神京

紅樹青山繞郭斜連天秋水浸蒹葭自捹却掃歸鴻行誰為欹冠嘲孟嘉萬里有風遲白雁一樽無恙就黃花登臨且鬬身粗健矯首江天息鼓笳

題扇頭桃花

元都舊業未全空幾樹依然綠間紅恰是武陵溪口望數聲啼鳥夕陽中

題館壁哀前宮人之被俘者

景陽烽火竟天紅馬上琵琶怯曉風從此盧龍河上月獨將淚眼盼征鴻

臺城花柳望中迷夢到陳宮事已非今日笳吹明日淚何人為贖蔡姬歸

趙　𢏻

𢏻字子匡號芙溪彭縣人順治丁酉舉人有半山草堂集子匡詩逸情雲上有蓬蓬遠春之意

出棧

閣道銜烟出迢迢問帝鄉山深晴亦冷花密雨皆香茅店春宜坐鈴聲夜可傷欲尋蕭相迹騎馬獨迴翔是棧道中語

李如泌

如泌字鄰臣號廉水井研人順治丁酉科舉人有胎仙集鄰臣詩如百戰健兒三鼓而氣不竭

鄉夢

湖北湖南正好秋故園何處夢悠悠瞿塘急水流難住巫峽愁雲結不收萬里魚書無計得千羣犀甲幾時休顧看四壁皆沉寂倘遇仙人葉作舟與少陵步月看雲同

一修歲

李蕃

蕃字錫徵通江人順治丁酉舉人官山東黃縣知縣有雪鴻堂集

杜牧木蘭有夢裏曾經畫蛾眉之句時人以為佳句余謂李陵以軍中有女子氣則戰不力木蘭有畫蛾眉夢烏能十二年乎非木蘭本色矣因為之咏

攬轡提戈坐繡韉長途無復看花鈿倘教有夢眉重畫火伴先驚十二年

趙宏覽

宏覽字僧照劍州人順治戊戌進士官江南虹縣知縣

楚王宮

四望荒烟裏蒼茫野色齊山猶開躑躅春自發棠梨亂石江雲捲荒藤夜雨迷一從亡國後空有鷓鴣啼五六荒涼

巴東縣

大江橫楚塞蜀客問歸程堠火林間列人烟亂後生有巖皆置屋無地可成城疏鑿眞何意巴東自古名

晚歸

雨後銜寒出山行意轉濃林藏雲寺火風渡雪溪鐘谷靜窺猿飲村喧警虎蹤此時歸暝路烟樹鬱重重

陳璠

璠字虹也四川人從順甯府志採入未詳明何縣人

初夏種竹

慶雲張永曰澍澤老青筠點綴心忘苦遷移日已辛名園增好友列卉速嘉賓榦直蜺為貫根盤石作筤佇看餐鳳粒原是化龍身煮茗烟籠夕披襟露浥晨蕭蕭增斌媚謖謖倍精神削杖嗤鮐叟持竿憶虎臣

不知淇水遠巧結渭川鄰細葉鋒疑劍微痕淚似鱗徜徉三徑古笑傲七賢真勁節同高踏孤標迥絕塵風搖驚倦客月襲舞騷人對此甯甘瘦從今不效顰吹之詞一律沃以酒千巡秖畏此君少何辭問主頻伶倫堪取截雅奏足娛貧

蜀雅卷十一目錄

蜀雅卷十一

羅江李調元雨村選

李仙根

仙根字子靜號南津遂甯人實之子順治丁丑進士第二授翰林院編修歷官至戶部侍郎有安南使事紀要康熙六年安南黎維禧與高平莫元清搆怨使殺維禧奪高平元青奔飯朝飯朝旗界也廣西總兵王會奏聞南津以內祕書院侍讀加一品服充安南正使奉勅諭黎氏移元青於廣西南甯府且致書維禧責安南臣工誤國十節安南君臣遂帖然奉詔大義凜然詩亦典雅惜所見甚尠　鈕玉樵觚賸少隨其父如石先生官於吳遇國變不能歸蜀僦居錦帆徑側館於鄉間柴氏其子世俊夢

巳試得狀元師得榜眼以告子靜子靜私自負因折榜眼二字之半合爲根字改今名回籍應舉辛丑傳臚果第二狀元則馬世俊也柴本姓馬名偶符耳

季秋王公武約遊上方山

二十年前望落霞如今重到似還家半山紅日迎人出一徑清烟傍馬斜鴉勢遠盤孤塔影漁歌長應轉帆檛偶然與會因同調欲覓幽間更覺奢

張祖詠

祖詠字又益內江人有枕江堂選刻詩鈔魏惟憲百名家小引張子以詩鳴僑寓巢湖大江南北名公卿爭折節下之余過毘陵與研齋李太史衡浣花才子指首屈焉得家學於尊甫犂玉先生近始締交河朔出所爲詩屬余論定見其以英雄之氣練儒雅之才響中鳴球風生玉樹幾幾乎融黃金白雪牛鬼蛇神輩皆奴隸之矣其推奬如此今觀稿中率多應酬之作未易低昂取有眞氣者登之或不沒其善

感遇二首

貧賤驕人耳黃金何足論甯爲鴻鵠翔肯逐鷃雀喧六翮吾自有且從霄漢翻

置身天地間出門豈不寬冠蓋當我前自作浮雲觀吾哀韓王孫乃受漂母餐

讀范增史傳同劉子菴年伯作

白帝已幾隆準公安能劍舞困乃翁玉玦不敵舞陰

盾黃金一行疑重瞳君王許乞骸骨去烏騅獨走烏江路八千子弟無一人七十老翁何足數噫吁嘻丈夫擇主不愼始國破身亡亦徒耳何如吾家報韓人功成更從赤松子

隔巷見

長安有女正青春自矜十五未嫁人豈是薛濤居北里如何宋玉在東鄰東鄰北里遥相及紅裙翠袖風前立時聞門裏墮釵聲逢人便故搴幃入相看遊子笑相憐柳絲花片總嫣然只愁夜夜墻頭月腸斷秦箏十二絃長吉遺韻

欲宿彭澤縣不及

古邑臨江岸相看是畫圖一城山共水半壁楚連吳夢隔樓頭鼓心依酒肆墟此時彭澤令還肯折腰無三四咏彭澤確

送春二首

薊北春遲到如何今亦歸野花愁自落梁燕看還飛柳晴蘼迷旆塵迷故國衣年年那作客送盡此芳菲

途中遇雪

雪風吹馬去遲遲何處梅花勸酒卮在我固宜潘岳鬢於人何盡馬艮眉雲連玉宇炊烟淡凍合瓊樓鴈

障岐歸去自憐裘已敝寒江何處釣堪垂

天中客蒲坂作

客中佳節獨淹留敝葛朝來又換裘虞舜山川雖在望屈原風雨不堪愁離家久厭辟兵縷泛宅長隨競渡舟無奈錦江歸路渺黃河偏繞郡城流

楚江月夜

雖道仙人去未回鶴樓千載看崔巍楚王夢裏神爲賦黃祖刀頭血是才烟火萬家明月渡笙歌雨岸碧雲開征人極目思無限擊碎銀壺酒百杯

客衛源偕魏惟度出郭訪驪月上八和韻

鶴去軒空寂鼓鐘相看郭外數青峰客攜風到花迎屐僧臥雲深戶不封菡萏未舒沙路暗綠楊已拽晚烟濃北來傾蓋君知己日傍延津匣底鋒

呂柳文

柳文長在號旂山遂甯人康熙癸卯科舉人官葉縣知縣

送施又黃還吳門

親老遊何處長安羨爾歸西風悲落葉征馬戀斜暉詞賦無今古烟霞少是非淵明三徑菊留待護柴扉

林明儁

明儁字位旃鄂都人有澹遠堂巴子圖梧桐居等集漁洋蜀道驛程記初十日晨大霧林生來以其遵父命持巴子圖詩文集乞序按林名堅本漁洋王子所得士也位旃學富經史甲申獻寇陷蜀從閣部王應熊討賊奮畫多中後以病假歸隱居著述

燕

隨風燕子正翩翩秋去春來不多年茆店啄殘紅杏雨畫橋剪破綠楊煙幾聲絮語傳粉閣數點芹泥流繡韉最有惱人愁絕處飛花如雪鬪鞦韆

盡日差池傍綺寮天涯無處不魂消柳塘春水迷三逕花塢斜陽話六朝南國營巢空碌碌御河歸夢尚

迢迢憐紅惜紫情何限腸斷春風是灞橋

張象樞

象樞字四水安岳人康熙癸卯舉人有雪泥齊集四水爲費仲若所賞識然奇氣獨出能於費氏外別立一幟

展墓不得

閒來無事便登樓回首家山處處愁久去似成三島絕難歸却近十年流親朋戰老城池廢風雨寒深草木秋多病自甘爲棄物只期灑淚展松楸

張象翀

象翀字六飛安岳人康熙甲辰進士官至膠州知州有處和詩集六飛早孤值忌日致奠盡哀如初喪以孝聞詩亦根抵至性粹然不疵

贈高汝止

沙草坐傾壺江天野望孤低烟圍白水遠樹入青蕪流水鄉心切浮雲世事徂同君當此日相對兩躑躅

遊瓦屋中天池

帶雨入荒寺松濤一殿流枯燈塞古佛殘葉落危樓江界猶灰刼吾生直浪浮烟雲能護枕且夢辟支遊

張象華

象華字五華安岳人

溪上

不爲儒冠悞何辜泉石深貧賤甘寂寞忠孝付沉吟薄俗殊南北幽懷自古今獨行溪上晩霜月靜疎林

向上達

上達字恬菴犍爲人

攬山訪何季長何赤木水竹居

歸鳥擇深木高亭欲暝時琴書吾道在雞黍故人期蟲網露生草蛙喧月到池放談三日夜終宴不爲疲五六淒切

冉德

德字公讓廣元人康熙丙午舉人官至陝西西甯縣知縣公讓鄉舉後避吳逆徵聘逃匿深箐中賊刼其父公讓奔救臨以刃弗去賊義而釋之見通志

望采石磯

綠樹丹崖俯石頭龍爭虎鬬故磯留謫仙已是騎鯨去詞客空爲乘鶴遊欲薦蘋蘩帆去疾那堪蘆葦望中稠天荒地老稱詩伯不盡長江萬古流

楊岱

岱字東子彭縣人康熙丙午舉人有郪山詩集魏惟度云余讀東子詩氣力雄健知爲詞壇英俊近董耕伯蔡方山從維揚來道東

予年十九其器宇沉沉似有道者侍乃翁研速先生恂恂乎儒予不特其詩之妙也益嘆余暗中摸索能因其詩知其人焉

巫山高贈友人

巫山高聚猛虎白日食人肉天摧地坼傾西土碧草幽幽斷行客山魈寂寂啼春雨巫山高兮悲復悲游人怨兮君莫知君行直到萬峯裡白石崚嶒光玉齒峨眉峰下花如雲駿馬蹴花城鴉起

巫山

落日巫山峽孤舟萬里風石寒神女館濤沒楚王宮疊嶂飛青靄高城上碧空何年成蜀道刳木往來通

閬中

空有山川在長存萬古名野花頹岸發枯骨斷巖平人去啼雅亂村荒牧馬鳴何時罷征戰重住錦官城

白帝城即事

玉洞三巴雨桃花萬壑春楚雲歸峽暮涪水入江新柏柱祠神木青峯化美人古來藂子國寂寞久歸秦

眞州留別友人入蜀

與爾天涯別留沽興亦闌退潮江雨滿吹角夏雲寒沙鳥飛何急巖花落未殘登樓無限意只倚玉欄干

登黃陵廟

日日寒烟火空庭山氣秋黃牛歸更遠杜宇怨無休萬水雲中變一江天外流蒼蒼谿浦望應有古人愁

大慈寺

久廢先朝榜何人禮大慈青苔荒石馬昏月宿寒鴟不見張蠙詠空憐孟昶碑年年春草綠芳躅與誰知

山棧

孤嶂阻青霄千峯向寂寥羣猿渡水怯獨鶴下天遙雷雨歸何處仙人不可招東南盡平野蕃馬一何驕

閬中送友人公車

應是臺郎器成名自不難無家臨別苦多病送君歡

津樹江亭暮邊風馬上寒青青辭驛路相對倚闌干酷似少陵

項羽祠

鼎峙非初願空餘百勝威纔看秦火滅又聽楚歌悲江漢無歸日中原有盡時霸圖今已矣駿馬尚名騅三四悲壯

棧中早秋

大火初流日歸途到棧清樹陰藏野店日影射山城寒雁知秋氣巖前作雨聲當時據蜀道獨有臥龍名

棧道

鳥道與天齊盤雲萬壑低層巒飛瀑下空木亂猿啼
山勢危巴郡邊聲隔隴西可憐唐輦路煙雨草萋萋

送孫默還黃山

歸去成高隱送君逢暮春柴車臨驛路兒女出風塵
野水斜通磵孤猿啼向人平生應有意不止爲棲眞

黃陵廟

岧嶤古廟到今垂夏后乘輿駐蹕時江過岷山萬里白雲連湘曲九嶷卑空潭日落馮夷出古木春寒杜宇悲斷壁祇留遺跡在滿天殘雨濕靈旂

夔州雜詩

三峽風高雷雨低盤雲直上與天齊楚王斷壁飛猿狖巫女空臺嘯鷓鴣楓葉隔江全障日山花滿路半成泥永安宮裏傷懷事漠漠寒烟馬自嘶

春來急水下峨嵋客路悠悠啼秭規亂樹藏雲荒故壘行人見月憶當時千年畫壁公孫墓百尺寒松帝子祠父老近來生計拙干戈何以慰瘡痍

晴川閣泛舟

晴川閣倚漢江斜獨泛城西十里花忽見青龍翻日月欲隨黃鶴上烟霞誰家細唱揚州曲爲客重寃陸羽茶仙吏不來丹棗熟一天風雨散神雅

淮安渡河

淮安城北日初斜水驛迢迢客路賒獻賦十年愁對酒登樓何處好思家雲低野浦千株樹雨徙黃河萬里沙不見王孫更垂釣望中空自立殘霞

馬嵬途中

烽火漁陽一騎飛梨園子弟笐絃悲誰知七月長生殿便是鈴淋夜雨時史識

燕趙少年行

天山雪夜解重圍獨上城頭曬鐵衣回望陣雲橫絕漠至今隴雁不曾飛

千金名馬受飛黃新市騂弓八尺長久住邊城歸未得寒衣都付市門倡

夜泊

夜船將泊棹歌齊芳草萋萋野路迷只有斷猿無宿處最高枝上徹明啼

泊舟

捐堤春水四無雁吹笛樓邊起暮霞舊寺僧殘江樹盡空留寒月老蘆花

楊崑 一首

崑字葛山號中洲成都人有三樹堂詩集 楊氏

昆仲嬌嬌者東子此外則葛山亦儼然成家

雨中看荷花

一帶垂楊綠乘流放畫船晴陰來水際香氣入衣邊細雨低雙鷺微風咽一蟬不妨霑濕好盡日醉芳筵

楊岐

岐字周子成都人有碧蘿亭稿碧蘿亭稿皆悲壯之音今擇其細意尉貼者

雪

朔風吹凍雪天半忽漫漫遠塞孤城沒空山樹影寒舊曾穿戶牖今遂壓闌干不學袁安臥啣杯且獨看

蓬萊閣雜咏

仲連天下士慷慨古人風抗論非秦帝高蹤寄海東秋雲橫島黑野火照山紅誰見銘功石長留烟雨中

紅橋舟洪

日斜放艇向輕波一帶園林隱碧蘿似爲畫簾人小立故將簫鼓緩經過

朱軫喬

軫喬字三聘嘉定人康熙己酉舉人官至南城兵馬司指揮有政聲詩亦雅澹三聘爲景甯令時

馬

驍騰如此見應稀瘦骨稜稜秋不肥只有雄心無可似黃金臺上白雲飛

劉荻

荻一名羽荻字忠嗣遵義人

題陳世長舫齋

想到虛舟百事慵富窗端只愛雲峯目隨鳥背思無際身遠龍濤夢亦濃海上鷗羣終踐約江潭漁父數相從乘風熟與臥遊好消息還當問二宗

趙艮樓

艮樓字彥雯巴縣人

宿洞庭

日暮征帆歇孤舟穠雁羣湖平湘水盡雲斷楚天分江霧迷荒戍漁燈映夕曛浮生飄萬里倘泊在江濆

傅汝和

汝和字梅之奉節人

欸乃曲

瞿塘春水綠搖櫓前溪曲郎住瀼西頭妾住瀼東麓三月桃花紅歌聲暗相續暗相續妾搖船郎濯足當古渝歌

集老友人中作

爲卜幽棲處閒尋仙石偏名應埋野草老不厭林泉鶴唳空巢月蛩吟敗壁烟寥寥清夜裏攲枕未成眠

山居

小閣臨江日正斜溪山好共野人家晝長無事棋堪遣老去消愁酒便賒蘿逕雨深苔易滑茅堂月出柳難遮北窗一榻新涼起半縷茶烟颺落花

劉　迪

迪閬中人康熙丁未進士官至吏部郎中

感懷

太平風物舊堪憐去國離家亦偶然遊子設身無善策古來流寓有高賢海邊盡日看鷗戲塞上何時失馬還最喜百花潭畔路嫩槐新柳綠娟娟

卷十一終

蜀雅卷十二目錄

羅江李調元雨村選

張鵬翮

鵬翮字運青遂甯人康熙庚戌進士授庶吉士由吏部郎出守蘇州遷河東鹽運使司歷兵部督捕侍郎巡撫浙江轉右侍郎督學江南遷都察院左都御史授兩江總督改河道總督兵部尚書加太子太保轉工戶兩部尚書進吏部尚書太子太傅文華殿大學士卒謚文端文端論詩以性情爲主其序張南軒先生詩集云吾觀三百篇中惟十五

國風或多託于山川蟲魚芳草雜佩以極其流連纏綿之趣至于大小雅及三頌曷常不莊敬和樂敷陳治理揚厲道德也哉而世乃謂詩有別腸當在可解不可解之間且曰作詩必此詩定知非詩人其亦過矣古人云道在瓦甓在稊稗每況愈下無邊非道彼山川蟲魚芳草有一非理之所寓耶不得其理而徒繪其情狀以爲工吾未見其能詩也其持論如此文端著有武侯誌一書搜羅不遺餘力亦足備蜀中典故時采一二條入余井蛙雜紀中

旅夜書懷

分水驛連古萬州烽烟無際暮雲愁三軍不作刀鐶夢一夜鐘聲遶戍樓似王龍標

王庭詔

庭詔字宣子夾江人康熙庚戌進士著耕餘集

寄家書

一函遊子淚痕封寄去雲山幾萬重君到鶴洲江上問數椽茅屋幾株松

李先復

先復字曲江南部人康熙壬子舉人官至工部尚書西鄙用兵時曲江以兵部左侍郎奉命輓運軍需至巴里坤清勤慎職致政歸囊無餘貲可想見清白風詩有古直氣

弔斷臂烈婦行并序

烈婦鄧氏長溝民何獻圖之妻齡廿一事孀母趙氏至孝會吳逆作叛夫負餉隨征母已出婦鍵戶治內事守備張某鷹騎突入翩翩糾糾竊意於深谷無人之地挽一女子如探囊易耳始而以言挑之則駡繼而以金誘之又駡再則以力脇之仍大駡張乃直劃其頭顱連揮數刃痕寸餘婦欲撞圍而出張捽其肘婦力拒之遂斷左臂張懼甚乃自刺復自刺所乘馬赴縣庭中夜死婦匍匐往食田水鄰人詢其故猶云馬兵殺我不踰時卒鄰人

鳴之官遣捕跡其狀見滿室皆血一手在門後刀插戶側婦遍體皆傷下衣無全縷遠近觀者如堵詳聞偽將軍俟事定方蓋棺露尸四月顏色如生噫威武不能屈謂之大丈夫只大丈夫耳而婦人云乎哉爰紀其異以存

傳紀云

長溝之山山矗矗長溝之水水曲曲蒼巘松老風謖謖郗婦扃離形影獨織無機絲春無粟荆釵蓬鬢壓顏玉良人長征不可憐長征輸輓泰師前阿婆牧犢柴桑外倚閭終朝望不還紅日未暝青山紫馬蹄轟

處黃塵起寶劍金鞍羽林郎下馬瞥見雙顋喜低首求歡甘言餌婦氣冲冲髮豎指躑躅徬徨奔無門心口相商惟有死兇奴忿極刃交加血和珠淚飛紅雨中庭電掣雷霆吼神龍只抱驪珠走烈婦守身不顧身骸縱形骸傷其手手既斷肝如鐵血千行腸百結勢如漢魏交鋒金鏃折賈復拖腸不敗北又如真卿義激李希烈割舌期期猶罵賊哭已無聲魂黙訴上帝聞之心震怒陰遣六甲與六丁藉手殲奴奴惡露渠自戳匪無故忠孝節烈鬼神護不則泰山等鴻毛石完玉碎芳名悞君不見漢殿明妃馬上嬌銅雀空

勞鎖二喬美人一旦埋蘧草姓氏誰將烈女標又不見金屋阿嬌傾國色一笑千金難買得宮中脂粉賤如泥不換郗姑一點血吁嗟乎別夫不於室拜姑不於堂慷慨赴義曷忙忙千載而下仰清風於高山之崔巍兮與流水之汪洋（煌煌大篇繫有關係）

趙心怍

心怍字清章西充人康熙壬子舉人官至兵科給事中（清章與曲江嫌雲俱出王漁洋之門故獨有法律）

答客

君問西川路雲邊白帝城但逢明月夜處處擣衣聲

楊嶠

嶠字嫌雲彭縣人康熙壬子舉人

樂府

城東飛燕落城西落燕飛城南歸燕去城北去燕歸

吳艮璧

艮璧字夢星榮縣人康熙壬子副榜官舟縣訓導

夷門行

壯士不虛死美人不虛生邯鄲何足救天意在候嬴

韓士修

士修廬州人康熙癸丑進士授庶吉士官檢討

問七夕

晩風渡海凉新月出雲薄今夕不易閏人生貴行樂中庭小兒女仍復陳杯杓再拜向天孫喁喁申舊約老翁抱膝坐閒吟自斟酌夜靜人不聞高城吹畫角

李甡

甡字埜材渠縣人康熙辛酉舉人有瀫梁詩集

發彭湖

水際無端倪孤舟日夜發瀰不九派寒日没萬頃濶怒石落秋濤蒼茫捲春雪汗漫戒客心一葉任飄忽緬想鼎沸初此地鳴金鐵親提百萬師勢若無吳越樓艑方震蕩一炬隨煙滅氷結連環鎖波冷胭脂血至今三百載夜夜愁鶗鴃感往撫壯懷擊楫浩歌烈豎子岡無成王氣亦銷歇天道有廢興人事隨轉轍過眼等逝波代謝無時輟惟有湖上峯依舊明孤月

送友人郭大從戎

滂櫢日微兵廻艫自請纓星隨柔櫓動月傍戍樓生鸚鵡麈前醉芙蓉匣內明知君單騎去看築受降城

工整

送友人還蜀

握手憐今夕崎嶇指故都青山開倦眼疲馬戀平蕪石棧盤雲細暝猿向客孤衰親應計日豈爲慕蒓鱸

章江門遊滕王閣時已被焚

君王臺榭餘灰燼傑構何年浩刼還盛日文章碑版在秋風薜荔石鯨閒五更江湧初生日十里潮青未了山異代豪華俱寂寞莫論高閣化雲間 五六奇句

孤燕

年來倦羽滯天涯前路卑飛夕照斜共道烏衣長作

侶誰知紫頷竟無家簾鉤月冷侵孤夢柳絮風清趁落花莫道幽棲憔悴甚樊籠何事鬬諠譁

羅廷璋

廷璋字文成閬中人康熙辛酉舉人

山亭

荒署晝冥冥秋聲天外聽野蒿迷舊徑老樹覆空亭雨過諸峯白雲開一帶青癭樽消永日移此對郊坰

與客泛舟

載酒烟江上勞勞半日程波濤分雪色人語亂江聲斷岸連雲轉孤舟與石爭同君高涉險因發浩歌情

極享錄亦極自然

李謨

謨字采臣富順人康熙甲子舉人官至河南太康縣知縣采臣平居言動不苟致仕後依然寒素教授生徒每以收放心最爲急務又謂聖狂之別須于起念處省察因嘗居峚山講學學者稱爲峚山先生 本朝在吾蜀理學稱峚山鶴山兩先生

梅花落

春風吹明月夜落梅花裏相看兩無言清香淡如水

樊曙

曙字旭東宜賓人以廕襲指揮僉事有楚澤吟諸刻旭東博通典籍寇亂後家業蕭然躬耕養母弟暾流寓滇中老難歸迎息歸爲之置妾生一子吳逆廹以僞命力拒之年七十二卒事見通志

黃陵廟敕書樓二首在明月峽

月峽黃牛合江聲白帝來樓前憑積雪石上起奔雷

天險岷江出神功蜀道開敕書猶望杜不見使臣哀

壯麗

秋色

秋色好盤桓悠然興未闌鶴羣松石嶺漁艇蓼花灘

歸路郫邊晚鐘聲寺外殘隔溪餘景碧楚楚見巖巒

樊叙倫

叙倫字仲燮宜賓人貢生仲燮幼失父奉母避吳逆亂於荒山乏食覓糧數百里外爲賊所得監守甚嚴無計得脫會兵弁覓能書者仲燮稍見禮重遂以老母在哭告兵弁感重至深夜給米少許縱之潛逃抵母所母已病且死仲燮呼搶大慟具棺殮時平扶昇歸葬人稱其孝云

峽中

八月瞿塘水秋風萬里身高樓飛木葉愁殺渡江人

襄陽曲

蒲帆去若飛沙渚流多曲無復弄珠人來臨江水綠

卷十二終

蜀雅卷十三目錄

蜀雅卷十三

羅江李調元雨村選

李以寧

以寧號雪樵營山人康熙甲子舉人官至三水縣知縣有綏山草堂詩集十卷余從遜齋先生處得其全集大半皆氣高格老之作以其從愚山阮亭輩遊故不無毓䕶之概雪樵有峨眉賦設爲綏山先生問答詞氣直逼兩京文集中所必傳者

公無渡河

公無渡河河深且寬奔流疾如矢濁浪高如山解一公無渡河衰草淒迷白日將下隔岸不見人迎酸風而泪瀉解二公無渡河招招舟子有徒實繁停橈須洄瞋橫索錢解三公無渡河朝辭滎澤暮見廣武水底有蟠螭舟中盡乳虎解四公無渡河欲渡不渡當奈何夭矯天吳揚大波天吳猶自可乳虎將噬我解五

歲暮行

歲聿云暮墐戶牖敝裘蒙茸露兩肘頗憶儵忽遭迍邅土伯觺觺虎其首嗚嘑昊天正僤怒不自我先不我後一歌歲暮兮歌轉驚短後之衣曼胡纓

歲聿云暮多風雨蕭條旅舍無環堵山妻椎髻擁敗絮癡兒不襪啼聲苦賃廡誰爲皐伯通索米那問謝

仁祖再歌歲暮兮歌轉孤荒城月黑號於菟
歲聿云暮日月除拊髀忽忽愁居諸男兒墮地不貴
顯動稱經術何為躑桓譚已去侯芭死忍飢仰屋空
著書三歌歲暮兮歌轉慷市兒新拜騎都尉
歲聿云暮夜漏長念我同氣天一方分明入夢來牽
臂封胡遏末俱前行荷戈滿地龍戰野骨月何由聚
我旁四歌歲暮兮歌聲促戶外寒雞齊喔喔
歲聿云暮雲霧浮故園不見心悠悠自從移家別閬
里緩山書屋寒松楸乘羊仙人杳何處我欲隨之道
阻修五歌歲暮兮歌聲漫附書咫尺無征鴈

讀漢侍中楊倫上順帝書

西南有大荒產獸曰饕餮厥性好積財狠惡恣攘竊
九鼎辨神姦象形戒貪劣如何窮奇輩甘處四凶列
粤稽東漢時風尚猶廉潔任嘉令昭陵狠竹簠簋裂
以賄與大郡垢臭曾不輟一朝廷尉收將相遭牽涅
請案舉者皐侍中能攖鱗國家勵有位先絕要路津
誅惡不及本此輩何由馴轉喉便觸諱尚書議鬼薪
賴帝鑒忠言徵拜旌直臣至今讀其書仰首看蒼旻
上書固足美更思埋輪人

錦城篇

我聞錦城好駕言錦城道錦城萬家含秋雲錦城四
野迷荒草峩眉山在色蒼蒼灌口江來波浩浩益州
自古帝王都西陲陸海真名區文翁政教成遺俗武
侯將相開雄圖豪華幾見晉唐代詞賦偏工揚馬徒
七橋九陌橫烟霧風光佳麗忘朝暮仙人紫府騎青
羊秦相赤樓高白菟江瀆神從帝女留支機石自天
河度二月四月冶遊天輕車細輦爭駢闐文窗繡戶
家家啟珠箔瓊鉤處處懸垂簾市上高人隱貰酒鑪
頭少婦妍王孫俠客馳飛鞚同心暗結鴛鴦夢花卿
歌板入雲流艷孃舞袖隨風動藕履輕施荔子裘釵

頭小集桐花鳳狹斜那得比宮闈粉黛橫陳未足奇
王衍太妃稱國色李珣小妹冠略儀漫誇天子十眉
畫更美夫人百首詞別有風流開水殿青娥皓齒娛
清宴城號芙蓉萬樹垂波明珠翠新粧衒彩舸避暑
摩訶池綺衣待月宣華苑近來蜀國更堪誇奕葉賢
良帝子家自是宗藩盟帶礪敢將程卓擬驕奢蒲萄
織就錦千輛雲母描成扇九華畫棟飛甍連戚里絲
管烟花讓朱邸三百年來恩寵多一朝世變荊榛起
安得壯士雄五丁可憐野火焚連理行人莫向浣花
溪草堂檻木晚萋迷金雁橋邊曾有雁碧雞坊下已

無雞遥遥芳樹通秦棧滚滚長江擁石扉祇今驛路
惟烽堠天寒何處倚翠袖紅牆夜宂魚燈微青松日
斫龍鱗覆尙憶華陽集古今誰從盇部傳耆舊物換
星移復幾秋棘闈深鎖故宮幽闌珊此日三千士窈
窕當時十二樓漏聲頗似銅壺閣月影難銷石鏡愁
巳矣哉歸去來久無金馬祀莫問石經臺井絡文星
猶燦熳天彭玉壘徒崔嵬獨有春深聽杜宇年年啼
血爲誰哀包括蜀事感慨係之

赴涇川和耦長雪不止兼寄高院懷

臘月朔風動地起十月雪花飛不止野霧壓山山盡

低南北茫茫何處是顧予萬里之孤客騎驢躄躠風
雪裏故人高臥敬亭雲仙臺誰薦琴溪鯉路傍冰樹
交嗟義短袖無溫欲墮指我曹書卷眞無靈憂來萬
事紛難理君不見乘雪會獵南山頭錦裘大馬者誰
子

講武城渡漳水東望銅雀臺

阿瞞已吞袁冀州千乘萬騎臨漳流威行河朔如虓
虎築城要害時講武經營巨麗摩青霄三臺樓閣何
岧嶤祇今古渡餘荒壘一代繁華隨逝水可憐銅雀
久飛騰當時歌伎望西陵世人不知粉黛假兼金猶

鵲鴛鴦瓦

楊花篇 調陳木參

花濃綺陌春時節君家楊柳絲絲結乍舒青眼解窺
人但掃翠眉堪鬭月鬭月窺人花漫飄輕薄春風任
蕩搖自矜粉素垂羞靨自倚婀娜裊細腰細腰羞靨
芳塵接玉勒金鞭恣蹀躞旁人盡道美楊花舊主空
思作桃葉桃葉楊花太放顛爲雲爲雨若非烟瞞挑
游冶誰家宿枉費東君着意憐蛺蝶雙雙元共趁晴
絲處處爭相牽相牽共趁墜無主烈飈驟雨漂零苦
巳化浮萍赴浪流分爲燐火照圜土誰知荏苒向春

回却得翻飛隨燕舞春回燕舞影差池楊花重到故
棲遲萋迷寶瑟爲君戀縈迴繡闥爲君私章臺雖折
他人手隋苑猶存往日姿偷歡豈覺同行妒密語微
防大婦知玳瑁牀中貪夜夜芙蓉帳底約時時時時
夜夜恩誰比何須瞥眼開桃李鏡裏盈盈色更妍枕
上纖纖嬌不起卽看今世結同心却誓來生作連理
那意輕狂本性成更逢漂泊無窮已婉轉難留掌上
珠別離又逐溝中水楊花楊花何處遊雪膚玉貌去
悠悠難將破鏡天邊合爲憶驚鴻夢裏求誰言萱草
能蠲忿不信盧家字莫愁野客歸來春欲暮撲衣柳

絮靡蕪路逢君幽咽可憐生回頭不見銷魂處小疊鸞牋錦字乖長吟羅袖紅顏誤風流自古惜歡場往事躊躇客共傷垂楊羃地今何在詎取飛花繞故牆

遊沐道士淇園

淇縣城北多飛沙道旁却有羽人家羽人本是黔國裔來闢淇園祇種花橘刺藤稍迷咫尺高柯短篠交紛拏春深或值好風日鼠姑片片烘明霞蹣跚園中抱甕畢瑤琴三弄勝箏琶我來枏訪已蛻去亭臺無處非叢葩君不見秦時故侯久寂寞猶種東陵五色瓜

鄴城行

朝行漳水濱暮宿鄴城下秋颸吹斷鴻古驛嘶征馬此地由來魏始都鸞旂鶴蓋爭相趨岌嶪層城拔繡棟嵳峩雙闕接金墉雄心當日何能已建安霸業中天起堂皇府寺七門通鉤連閣道三臺峙公子芳園競讌遊美人闌渚嬌羅綺曹家運去事堪傷須臾典午亦銷亡榜題自昔誇梁鵲劫火何期屬汲桑淵勃紛紛無足數一旦荒淫恣石虎舊宮不復留文昌新殿初成朝太武窮搜聲色羅奇珍後庭窈窕萬餘人五夜星文工女史千羣騎射教宮嬪婵鬟齊裝金鏤帶蛾眉偏戴紫綸巾戲馬水邊騰黑矟鬬鷄郊外漲紅塵襄都信宿馳周道赤橋紫陌相環抱雲龍神虎壯閶闔白鹿蒼麟隨羽葆雉堞還營齊午高繚垣更築華林好名果累累綴木難靈芝處處生瑤草不妨財殫與民痛那信天荒同地老高齊世世躭嬉遊日崇土木成丹丘藻井搏風朝露薄文窗過鳥夕暉留玉鉤珠箔麒麟錦碧瓦雕檐鸚鵡樓停鑾嶺望蘼蕪島駐鶴峯看杜若州欲倣貧兒村有市可知天子號無愁水殿縈迴更瀟灑仙都沉湎忘歸也堂浮密作繞莊嚴觀設臨春藏艷冶鴛鴦扉啟流蘇張翡翠奩

開明鏡瀉競美齊宮馮小憐詎讓江東袁大捨繁華如夢草芊眠窮據興衰豈偶然沙埋丹錫饒難覓苔蝕胡桃瓦不全歲時苒苒驚流電殘鐘野寺何王殿莫歎浮雲變古今曾經明月窺歡讌漳水湯湯去不回鄴城遺跡盡蒿萊風流千載人猶憶獨有陳思作賦才　豔冶

觀紫陽山飛來石用元人薩天錫韻 石在丁野鶴祠下

老藤挂遍吳山峯紫陽屴崱尤玲瓏誰施鬼斧鑿空翠倒飛片石垂芙蓉黝窅荒惚入林屋陰風豎髮聲吹竹乘鶴仙人招不來香雲夜夜巖邊宿

小孤山

片石雲初斷中流勢轉尊岸分彭澤樹烟鎖大江門側影黿鼉伏摩空日月昏濤陽知不遠猶此上潮痕

秋爽臺對月

向晚浮雲欲登臺爽氣生秋惟今夜好月似故鄉明小院喧蟲語空天落雁聲客愁當薄醉萬里更含情

九江舟中遇雪

春半寒猶重城頭積暮烟雲低三楚樹雪壓九江船遠岸連林動輕帆趁浪偏不聞商婦曲客興亦悽然

望嶽麓

奇峭臨湘岸層層翠幛開水光連嶽動山色入城來何日臨丹壑攜尊坐碧苔祝融千里外矯首更徘徊

湖舫雜咏

峯影插湖流參差一望收翠屏雲外立螺髻鏡中浮水濶疑無樹沙晴欲下鷗西風蘋末起颯颯片帆秋

山色沿溪入青蘿尚可捫新沙崩岸脚古木覆雲根漁子舟為市人家水抱郭澧蘭吾欲采誰肯贈芳蓀

桂楫弭何地遙看水一方雁聲驚別浦鴉背帶斜陽不見芙蓉彈時聽荻葦蒼客行猶楚澤百感共茫茫

數首俱有氣格

猶憶十年事時從此地過薪芻爭道集砂礫過風多兎起盤雕鶻騎驚避駱駝今來還彷彿朔氣滿關河

恭聞荆州大兵入蜀口號

久不勞西顧軍書底事交但能紓婦子不復惜芻茭誓衆應呼兕臨流欲射蛟蜀中諸將士何以壯前矛

江行

山光漠漠總無痕吳楚湖來日夜吞曉霧乍收飛石燕狂風欲到拜江豚眼中積恨桃花浪枕上華胥竹葉尊回首壯遊眞足媿浮雲來去共誰論

送存夜之貴陽次王佩翁韻

驪駒忽唱惜離羣相送河梁日又曛千里之官衝瘴霧一帆行李載春雲竹祠月冷征人拜銅鼓風殘野峒分到後蠻帷詢疾苦殊方父老舊思君

登慈仁院毘盧閣遠眺

毘盧傑閣倚霄浮蒼莽烟光接薊丘萬里塞垣秦上谷四朝陵墓古幽州郊壇樹擁斜通市甲第雲連半列侯空外不知凝眺久天風吹散旅人愁

大梁懷古

曾閱宣和繪事精上河祓禊盛清明虹橋鳳舸波搖闕綺閣花棚水接城誰使戈鋋成北狩還憐歌舞罷

東京堤邊柳色空今古不分寒烟處處生

江上晚泊

古戍停舟江上郵荻洲深淺見潮痕漁人聚艇晚成市野店收燈早閉門月出遠看沙岸白帆歸極望浦雲昏悲涼畫角中宵起指點平蕪戰地存

登岳陽樓

岳陽名勝一樓孤畫棟朱甍蹟久殊山色尚留麋子國秋聲不斷洞庭湖風吹急浪魚龍冷雲盡高空雁鶩呼十二芙蓉猶在眼湘靈鼓瑟聽曾無

南樓

夏口江峯合荊門樹色開傷心樓上月曾照庾公來

郊居雜興

步出柴門細路斜斷橋流水一山家不知愁裏春光盡處處開殘夜合花

寄季弟

惜別多時秋已分亂中相憶每看雲可憐與汝爲兄弟不及天邊雁一羣

昔遊

東風惆悵玉鈎斜千古雷塘祗暮鴉憶得棠梨花放處當時曾過七香車

樊澤達

澤達字昆來宜賓人康熙乙丑進士授庶吉士官至翰林院侍讀提督廣東學政昆來少值寇亂奉二親避兵越溪家貧負米百里外徒跣供爨又常於蓮塘賀市寺授徒養親往來皆水道嘗撐筏至魚窩沱觸石身墮水中聞人呼曰此孝子也若有扶之者及出波心筏猶在側得不死此亦異事也詩頗有俊逸之氣

瞿唐峽口

誰憑霄漢劈青蒼天險由來古戰場八陣風雲連灔澦三巴門戶鎖瞿唐烏蠻塞遠江流合白帝城高草木荒峽路愁人從此始哀猿啼處過飛航

樊澤迴

澤迴字膏卿成都人

登四望山

山勢挿河漢泉聲落檻楹今予愁極目古者亦何情巖逼雲雷近溪流日夜清曠哉懷抱盡老氣尚縱橫

張懋齡

懋齡遂甯人文端之子

午日秦淮竹枝詞

青溪畫舫往來頻玉樹歌殘夜色新獨有多情千古月偏隨桃葉渡頭人

贈沈皇渥

髯公逸態解風騷捧腹軒渠與更豪一串紅牙一斗酒侍兒可有鄭櫻桃

卷十三終

蜀雅卷十四目録

蜀雅卷十四

羅江李調元雨村選

傅作楫

作楫字濟菴奉節人康熙丁卯舉人官至都察院副都御史有雪堂燕山遼海西征南征等集濟菴詩余從農部唐鶩港處覓得其詩如老將臨戎步伐森嚴不事攻擊而氣自奪人

代女行雲中有女不得于夫號泣中野予哀其志賦以記之

泉流聲澌澌花落影遲遲一身負君子范范安所之河邊兩鴛鴦意氣酣淋漓鴛鴦爾弗驕驕我亦何爲我不食爾食我不衣爾衣守死待所天寸心終不移百歲溝渠日皜皜無瑕疵寓意深遠居然漢魏凄凄復凄凄凄凄凄無已時舉頭思舊恩低頭悲路岐使君何處來投珠光陸離君意良不薄妾懷深自知賦命已如此百年有窮期人生名節事那能一再虧死爲舊夫死歸待舊夫歸

九日登高不果

生平嗜山水獨往嘗無懼一日中危機跬步生猶豫秋原爽氣高野景多幽趣逝將陟崔嵬掀髯賦長句何人阻我行斗酒且歡聚坐令覽勝心鬱鬱不得吐

咫尺尚如此遠行叟可慮海東有白雲飄然自來去結得悠遠

晝日小齋中獨坐渾無事偶然弄碁譜觸機悟妙義紛紛黑白子隨我意所置我者天之碁置我隨天意莫謂離鄉遠譬如生此地杜門謝車馬努力習文字蟋蟀床下語報我北風厲呼童墐戶扉看彼來何自

有懷巫峽書屋

三更推枕忽狂叫芙蓉照眼青濛濛巫峰十二離雲嶠遠來就我青門東江頭神禹驅鬼斧鑿門混沌分天柱雷霆日月雙壁行老龍出穴噓風雨天門奇險爭瞿唐柴扉斜對綠蒼范愛向千峰結書屋書燈隱射波濤光三月桃花紅爛熳岷峨春漲迷高岸葦葉橫飛下九霄峭壁懸崖削天半之官一舸類浮家亭午天開落日霞把酒臨風渾似昨等閒孤負東籬花巫峰矗矗雲之表青山滄海催人老借問窗前舊啼鶯可見朱顏長美好

豐臺女

豐臺女兒嬌無力春日登臺望春色萬紫千紅照眼明獨倚危欄淚沾臆憶昔花開妾嫁時良人相愛不相離花前共理銀箏柱花下同傾金屈卮過眼年光

疾於電珠簾淚捲東風變垂裀委砌可憐花花自可
憐君不見君不見兮妾望雲雲高望遠路難分何由
得似天邊鳥飛到君前訴與君

彈箏曲

君不見潯陽三月天海風吹雪密如綿城頭細鳥凍
無語屋角殘枝僵可憐曉氣抽毫覓冷句墨花滿硯
寒雲迈典衣沽酒欲消愁無奈春愁消不去酒盡詩
成晷影遲兒童歸語笑聲低街前喚得彈箏女試令
一彈喜可知我已多年不好樂風塵誰復精絃索回
身隱几聽伊彈緩攏輕撥驚且愕入破新鶯蹴嫩條

蛾眉初月抹雲高千慵萬懶遲梳掠紅暈春風豆蔻
梢調改甤賓彈夏景滿池菡萏花開盛珠簾輕掩暗
香來冰簟紋綃入夢醒一轉金風玉露中霸王甲葉
鳴秋空雲雷雨往來電急石破滄江走臥龍拍尾茫
茫渾無際斂藏萬象歸元氣湘靈縹緲數峰青忽憶
潯陽江上事借問東來始末情銀箏一放淚霑襟可
憐本是良家子生長江南白下城十四粧成傾國色
千金嫁向王侯宅主人愛妾教彈箏日日承恩侍主
側金屋瓊筵樂事奢朝歌暮舞度年華鳥中不羨雙
飛翼樹裏曾羞並蒂花盛極那知時命改須臾陸地

成滄海妾身一點似浮萍風浪飄零今數載數載飄
零苦不勝饑來花市叫彈箏郎今餬口他鄉計猶是
當年舊主恩舊主恩情思不了幾回西望長安道千
愁萬苦妾無辭惟有銜環與結草此言聽罷心暗傷
由來絕色恨偏長花前織錦春含淚月下搗衣秋斷
腸前路漫漫憑造物紅顏何用傷心哭崎嶇羨爾不
忘恩爲爾偷閒作此曲

將進酒

君不見山前射虎故將軍薄暮單車歸灞亭又不見
門前張羅廢廷尉一朝駟馬聲喧沸人生榮瘁那可

定眾口悠悠極難聽白髮空爲鏡裏愁青春好遣杯
中興呼兒將我舊金貂新豐市上沽春醪先開一甕
金盤露老夫煖手親烹羔曩時童婢顧安在主人依
舊朱門改郎今對酒不盡歡咄咄窮愁復何待將進
酒好舒懷清歌一聲酒一杯須與興來發深悟拈髯
微笑吟長句乾坤何地不容愁獨有醉鄉容不住

孤啼青

出關以來鮮佳馬東郊偶見孤啼青豐肌艷采一無
有雄心瘦骨空亭亭飢寒陌路誰相向獨對高天時
引吭我亦風塵憔悴人見此茫茫漫惆悵適逢主人

前致辭具道孤蹄不可騎我言此馬大宜用與人一心人不知賢哉主人遽感悟殷勤引馬將歸去馬不能言向我嘶難忘此日相逢處乾坤氣機如轉蓬今古曾經泣路窮一朝騰踏青雲上誰論昔日汚泥中人世悠悠且如此那能望爾酬知已

登澄海樓和同年湯西崖先生韻

山海關頭勢錯崿狻猊怒蹲金鰲腳迴瀾激石烟霧中澄海樓高天際落當年燕將恃兵强設險築城爲鎖鑰築城西向雲中道白骨青燐莽相錯筵前鐘簴未酬勳城上旌旗風捲籜㧞火年深千載餘䕃垣歷

歷渾如昨我朝尚德不尚險放馬歸牛柔六幕父老衢歌兵氣銷公卿染翰昇平樂新豐驛路掛城頭屬國琛車震鈴索紛紛紫氣自東來飛傍關門樓上著五陵佳客玉驄過六郡才人金罍酌昌齡王渙氣縱橫劃壁旗亭稱傑作清時展眺一高歌自喜遭逢艮不薄詩成穆穆風徐徐意境悠然殊展拓晴天望遠海風清何處空中有樓閣

蕩平厄魯特後餘馬發固節驛收養恭紀

鐵衣曾遠涉鞭策敢辭勞瀚海連雲濶天山帶雪高甘泉翻玉韉翠草染征袍昨日居延外平沙擁仗旄

山寺曉鐘

疎鐘破林出山寺本來空響迸分溪水聲遙度嶺風依微殘月迥斷續曉煙濛何事驚人夢明朝問遠公

別意

妾夢隨明月因君到海東君今西出塞月又照崆峒別意艮難薄此行當自雄但留明月在不敢怨飛蓬

述懷

我昔遼東去蕭然十一秋病從肝膽受身爲國家留絕域驅天馬間關轉木牛莫言才具鄙卜式已封侯

陳家峪

白髮楊無敵三關轉戰勞殘生騎虎背一擲等鴻毛

峪水聲猶咽陰風晝不消夕陽沽酒處有客話前朝

薊門秋望

極目愁無際邊陰慘不開寒鵰驚月落陣馬刷雲來白草雕弓勁黃蘆戍角哀李陵遺恨處空築望鄉臺

夜發瀚海

北斗正當天明河挂馬前露沾銀甲重月照寶弓圓薄伐懷周績西征憶漢年從來敵愾者兒女不纏綿

烏泥圖得雨（即瀚海）

炎征戈筆道渴極飲汚泥好雨一朝得歡聲萬帳齊

風清駝益健水足馬無嘶明發申軍令王程不敢稽
過兩雲章江皋別業
欲擬歸田賦長吟意自如柳深元亮屋花壓子雲廬
橋斷經秋漲園荒課晚鋤愛君耽寂寞寄跡在樵漁
九日登高唐
不是龍山會翩然側帽來峰環巴子國雲出楚王臺
勝地耽詩思懷人托酒盃遙知兄與弟笑對菊花開
玉泉山觀大閱
虞廷入寓敷文教爲重提封閱武來出水寶刀霜片
落射雕好手月輪開花翻碧澗朱旗動山擁黃雲紫

蓋廻慙愧相如巴蜀檄何由珥筆侍蓬萊
西郊觀獵夜歸
右安門外草芊芊小隊尋秋見合圍得意馬隨人所
到失調鷹與兔相違西風古蹟寒烟斷薄暮空林落
木稀却憶少年戀遊騁夜涼花露滿羅衣
雁南飛
霜早平沙落木稀南征秋思動金微直從絕塞乘風
起便上層霄帶月歸鐵嶺城邊花未謝玉泉山畔稻
初肥關情下聽斜陽外何處人家尚擣衣
遼都春興
五雲縹緲鬱春城春日遙看氣象生北枕龍岡開紫
苑南臨鳳島接蓬瀛晚花向暖連枝放幽鳥迎和出
谷鳴多少侯邦環帶礪太平風物首東京原評三四之整麗必得五六之輕婉方能出入暇豫
九劇三條絕點埃春風昨夜大甯臺纔聞玉勒鳴鑾
去又見金輿擊轂來洛水神光朝振蕩瑤池仙路晚
徘徊東都車馬堪圖畫慙愧張衡作賦才
驕騎飛鷹樂未休憐香惜客晏高樓座中肝胆傾無
忌囊內金錢贈莫愁翠袖杯擎花影動紅燈劔舞夜
光浮年來六郡良家子骨氣稜稜傲五侯

秋雲
入客悲秋常病臥今年初起見秋雲翻將北海魚龍
氣變出南山虎豹文晚樹陰從天外合寒江色向雨
中分五陵衣馬情如許舊說荒唐不可聞
寄友
漠漠塵沙暗不開蘇門作客獨懷才黃壚日醉荊卿
市碧草偏生樂毅臺代馬嘶殘邊月苦征鴻叫斷朔
風哀盧溝日暮行人少幾度踟躕首重廻
永安宮
當年此處遺明詔貢履分香一字無嗣子不才君可

取老臣如此罪當誅艱難力盡三分鼎終始恩酬六尺孤今日西陵撫松柏青青依舊鳥空呼三四爲人傳誦

籌邊樓

天府金城古益州文饒節鉞舊風流春秋兩見桐花鳳晴雨三調柘樹鳩夢裏關山精漠漠天邊烽火路悠悠不堪憔悴西征日人在籌邊第幾樓

山塞

太平天子不臨戎大將行軍膽氣雄畫角聲中吹曉月琵琶馬上醉春風宣遼塞險連雲扼龍虎臺高一綫通最喜關頭回望處五陵佳樹欝葱葱

嗚咽河流入漢京黃沙浩浩斷人行營含苦霧旗猶濕陣壓陰雷鼓不鳴無定河邊秋夜冷受降城上月華明誰憐此處高樓女獨對西風念遠征

萬里長垣繞碧空誰燒獵火射天紅馬嘶曉戍驚吹角鵰沒層雲應落弓芳草夜寒陰嶺月怒濤秋捲黑河風明妃一去勞回首淚濕琵琶曲未終

烏塔河望舟吉喇部落

綠水青山任去留閒花野草不生愁與來赤足調驕馬倦後提壺捋乳牛羌笛數聲邊塞月琵琶一曲漢宮秋功成我亦還鄉去日與兒童話釣遊

塞上曲

雁度金河水風生玉塞秋誤人成白首還說未封侯

秋夜詞

脉脉獨含顰愁懷難自遣梧雨滴秋窗寒衣燈下剪

問鏡

一笑謂嬋娟卿知妾可憐個人當日去曾說幾時還

白雲

君身如白雲妾在青山住青山無轉移白雲自來去

贈歌者

江天蕭颯不宜秋烏柏霜紅罨畫樓明月一窗寒似水誰教唱殺古涼州

金陵雜感

不見當年白鼻騧垂楊垂柳夕陽斜莫愁湖上笙歌歇惟有東風送落花

風帆霧槳蕩中流紅雨江南樹樹秋桃葉渡頭歸去晚蛾眉纖月上簾鉤

蕭颯西風夢轉蓬傷心重過舊吳宮千秋王氣淒然盡空建降旛落照中

赤烏碑斷記前朝百戰人歸霸業銷試向鳳凰臺上望白楊風裏雨瀟瀟

西陵懷古

悵望平原思不勝可憐南渡竟無憑秋深搖落冬青冷烟雨瀟瀟泣六陵平調中有異響

夕陽古道草萋萋十里荒烟望欲迷惆悵年年寒食節越王臺上鷓鴣啼

湖邊楊柳入霜凋蘇小門前久寂寥紅粉摧殘歌舞歇月明無復聽吹簫

秋日有懷

溥溥白露冷江干采得芙蓉欲寄難九月涼秋刀尺動鴈門關外雪漫漫

乙酉元日虎丘市得昭君出塞泥影

萬里辭君出大荒幾番回首望君王侍兒不解傷心處還負琵琶近妾傍

淚洒明駝血未乾焉支山下路漫漫衛青死後奇兵少銅鼓金鉦出賀蘭

黑水流澌翳塞垠黃沙隱隱動青燐就中多少英雄骨千古娥眉妾一身

將出關寄內

樓邊楊柳綠陰齊小帳遙憐晝景凄莫打黃鶯怨驚夢征夫猶未到遼西

白狼河沽酒

十千一飲興猶豪笑解蟠花舊錦袍日暮酒家樓上望白狼河北水滔滔

秋柳

公子青春繫馬時誰家玉笛倚樓吹分明一曲關山月不到飄零那得知

對月

十年京國五陵豪步下毛錐馬上刀贏得滿頭霜雪在玉門關外月輪高

聞砧

三更月轉黃龍戍萬里秋高白帝城已是寒蛩聽不得誰家猶急擣衣聲

感雁

石榴花下別朱顏黃菊開時客未還却怪賓鴻不相待等閒先入薊門關

杏山

聞道當年未解圍金鉦銅鼓戰塵飛只今但見寒原裏一片孤城掛夕暉

雪中解衣贈友人子

失路王孫賣寶刀西風滾滾雪如毛別君萬里無相

贈親解牛絨罩甲袍

望遠曲

夢裏金徽路不眞黃沙如雨復如塵曉來試上高樓望一片垂楊靑殺人如此等詩置之唐人集中幾不辨○余選蜀雅費氏而外端推濟菴以其格正調高不落宋元谿徑也故所選獨多

高人龍

人龍梁山人康熙戊辰進士改庶吉士官至吏部員外郎

秋夜

秋夜懷人候孤燈鴈過時吾身正無定爾意欲何之露重竹聲靜月高松影移長廊頻徙倚不覺到鷄啼

陳書

一書鹽亭縣人康熙戊辰進士官至吏部郎中

雨後

雨洗秋天淨塵心亦自閒夜來倚戶望新月澹前山

張翔鳳

翔鳳富順人康熙辛未進士授庶吉士官至知府

種烟行

閭囝手携三尺鋤囊裏幾粒澹巴菰逢人說烟鼓嚨胡一筒抵得酒一盂亦不飲食筋骨舒種烟之利與禾殊種禾只收利三倍種烟還獲十倍租沙田種烟烟葉瘦山田種烟烟味枯根長全賴地肥力氣厚半藉土膏腴越人嗜烟如嗜鼠窮可朝饔缺不厨黠者招囝充力作上田百畝種九區可憐力薄苗葉短不似烟葉高扶踈憎苗愛烟戶相告老農傍睨欲色癯吁嗟老農勿健羨此物鴆毒奇莫居食多積日煩劑殺肝腎焦灼勞醫巫棄灰往往成失火焚燒廬舍殃池魚我聞前明有厲禁稍因瘴卒寬其誅無米令人俱餓死無烟豈遂傷毛膚昔年眼見鬻烟賈掘田築

室穿清渠此來米價眞大貴里中惡少攫肉烏太倉掬米一掬珠陳齒爭噉如花猪種烟利厚趨者衆有田不稼將何如語有關係方不是無爲而作

李鍾璧

璧字鹿嵐通江人康熙丙子舉人官廣西平南縣知縣有燕喜堂集

黃汾阻風

繫纜黃沙幾晦明歸心日夜共愁生風高陡覺千帆落潮至如聞萬馬聲世事久知同木鴈羈懷何處付銀箏倚欄蕩漾占風色遠浦危磯浪未平

何鉽

鉽字元鼎號厚溪涪州人康熙己卯舉人官至浙江鄞縣令著有芝田詩稿

平生孝友嘆零丁金石文章貫六經豈有袁安偏臥雪須知劉向善觀星乘龍汲吸千江動雛鳳毛分五色靈蔚起一時稱樂事爲君頓覺喜顏形

普和看梅

酒沽林外野人家壽日當簷獨樹斜小几呼朋三面坐留將一面與梅花

董新策

新策字嘉三合江人康熙庚辰進士授庶吉士官至甘肅甯夏道有㮣齋詩集顧息存云㮣齋詩有盛唐風味如五丁關云云臨潼早發云云皆其近似者彭樂齋云嘉三爲文飄飄有仙氣自少能詩晚年益臻老境尤工於辭擅白石之勝

送費滋衡省墓新繁作此送之

當年西蜀名家子此日江南老布衣百代冠裳先壟在半生萍梗素心違纔經故里來爲客又向他鄉去是歸那得親朋分手後暮雲春樹思依依

五丁關

五丁關外入雲霄一線天中望轉遙巉斷千尋行有路溪經百折渡無橋馬蹄踏葉寒聲澁人面衝風短鬢飄坐倚籃輿登陟倦不禁心旆自搖搖

臨潼早發

叫曉天鷄寂不聞紅燈影裏絕塵氛人家夜色新豐樹馬首秋涼華嶽雲古戍清霄無鼓角山田儉歲有耕耘行行漸近三竿日天遠長安望轉殷

九日登署後仰瞻樓有感

獨倚危闌對夕曛陽雲紅樹影相依窮邊人事音書杳薄宦天涯故舊稀籬落已寒花自放林柯不靜葉交飛西風莫遣嚴霜下多少人家未授衣

平生不識古南荒到此尋思更渺茫天氣近連羅鬼國人情遠歷爨蠻鄉醉醒楊柳樓中月冷暖梅花帳底霜吟碎客心無好句逢人莫道錦爲囊㮣齋詩極似晚唐人手筆而此首則近王溪飛卿之間

張晉生

晉生字日三金堂人康熙壬午舉人

題美人撲蝶圖

飛來迎面故遲遲欲打偏穿花上枝蝶翅撲殘人意懶憑欄宛似倦粧時

高大中

大申字天士梁山人康熙乙酉科舉人

白門中秋

碧鷄坊裏久淹留又向江東賦遠遊萬事消磨成老境一年容易到中秋蘭尊挤醉吳儂酒桂棹思乘楚客舟不比兒時呼拜月頻搔令髮立階頭

周泗

泗字未詳重慶人泗詩從高白雲先生案頭處採得頗有奇氣

黃鶴樓九歲作

吾蜀青蓮曾閣筆今朝黃口敢能詩長江日月滔滔去大野風雲漠漠馳鸚鵡竟成才子恨梅花久斷玉人吹徘徊閣影樓頭我全不思鄉淚已垂白雲師云泗爲諸生年纔弱冠授館土酋侍才玩侮後竟遇害鸚鵡梅花實先讖也

卷十四終

蜀雅卷十五目錄

蜀雅卷十五

羅江李調元雨村選

龍爲霖

爲霖字雨蒼巴縣人康熙丙戌科進士官至廣東潮州府知府有松蔭堂詩集余在大廷尉鄧遜齋先生處覓得原刻稿八卷係雨蒼手訂即先生所序以行者按雨蒼有本韻一得以五音六律叅入韻理旨意奧窔而其詩乃多平易近人賢者固不測也今選其戛然獨造者庶幾使人無元白之譏

雜感

雁以不鳴烹木以不材終愛憎兩無定涉世真途窮

匠氏所不至松柏自龍葱雌者有時盡尚恐求其雄
甯作有用物任運以爲通彼材與不材誰能處其中
鵠白不嗤鴉鴉黑不忮鵠各自全其真何事默與浴
寥寥天宇廓機心生桎梏傷哉陽子居枉作衢途哭
芍藥豈不美顧謂牡丹奴龍眼與荔枝亦復如是呼
傾心附其勢惟恐或後時安知旁觀者直且奴隸之
荒圃餘老菊冒霜吐寒玉曠士與爲友高潔不可辱
橄欖抱餘甘諫果得佳目瘦質與清味知不諧時俗
幽貞聊自全幸免爲奴僕

邨曉

薄雲漏晷景殘露滴松梢晨風微一過野竹自蕭蕭
幽人起當戶清陰徐自搖晴鳥弄好音迴溪響暗潮
雪峰如對揖隔江遠見招入門無俗客非農即山樵
秋頭便唱喏偃蹇未爲驕有茗呷一盞有酒飲一瓢
飲罷亦竟去餘興樂陶陶

偶憩

避暑投遙林碧草生烟霧坐靜時聞香不見花開處
老農田間回問客來何遽答言偶憩此茶瓜啖嗟具
欵欵話農桑依稀忘日暮臨別相送遙壠西指前路
主人驅犢歸余亦從茲去

嘉州食墨魚感賦

嘉州有嘉魚甓鱗排點漆龍身燕尾長雙髩并鐵直
二月天氣和春風鼓百蟄倔强立泥沙矯如樹黑幟
市之羅縷膾芳鮮妙無匹夙聞箋蟲魚墨瀋遺點滴
吞之遂潛化如蝕神仙跡郭公固多奇此語難窮極
獨怪鎮江鰣跳網若銀色千里走京華歲供上方食
斯物甯不貴何爲故鄉擲悠悠世間人尚元不如白

題錢舜舉秋荷鴛翠圖

錢翁畫荷不畫花與子破葉數枝而已矣雙雙翡翠
閒相戲對對鴛鴦偎不起鴛鴦翡翠矜麗質破葉全

然不修飾彼此濃淡兩乖違雜置其間毋乃失君不見株樹巢邊懼金丸在梁有時憂羅畢西風颯颯吹儆荷挾彈公子走馬疾雖有網罟無處施顧盼逍遙眞自得老手善畫感我思想見西湖秋雨時巧偷生割聊移贈淡粧濃抹總相宜

橐駝行

危峰矗背高嵯峨昂頭鶴立影坡陀遠走沙場近羽獵軍儲任重惟爾宜俄古叶天生異物各有用市廛未許常經過揭來所見乃大異豢養不啻驢與贏負戴纍纍驅入市羣行逐隊如鶴鵝雨濕煙煤氣慘澹風

堆塵涸形蹉跎憂然一鳴似我訴爲爾感念長咨嗟物生貴賤本無定遭時失勢成殊科白龍魚服猶困頓矧爾質陋才匪他方今　天子重文德遠洽策旺懷牂牁博徵鴻儒倒載戈長楊不賦賦卷阿千金戰馬空芻秣犀兕雖多棄則那駝乎駝乎奈汝何

畫鷹歌

秋高颯颯風枝枯蒼鷹側踞如愁胡攫身怒翼拳爪鐵意勢儼與雷霆俱不須更待狐兔死毛血已似殷平蕪我聞善畫宋徽宗後來作者林良工此圖桀鷙誰所作殺氣慘澹風雨通世間妖鳥紛如織凌霄健氣排空立整骨刷羽氣豪雄迴旋欲蕩時一擊謂須洗盡羣氛類萬里霜天見霜力空驚野鶩飽山雀鴟梟依舊鳴聲惡吁嗟畫師有意無愧爾森森戟雙角生綃一幅我無用烏玦半九江左貢儲待明年春和時爲我潑墨寫鸞鳳

彙草辨疑歌爲馬文毅公賦

字法變化如浮雲古來作者何紛紛各體縱橫留楮墨惟有草書傳其神龍跳虎臥驚天門雄强無過王右軍平原自是忠義士筆挾風雷日月昏擔夫劒器悟草法以頭濡墨勢輸囷前有顛張後懷素此輩要

是不羈人試看怒猊與驚馬誰非一脈之氤氳秋蛇春蚓譏懦弱了無意氣徒生存馬公大節垂靑史四載幽囚苦無比窮愁發憤著此書血淚斑痕猶著紙纖疑必辨守乃定浩氣與之相終始丈夫慷慨託毫素聞者悚然生敬慕俚語眞書不作草未敢狂言忝忝故

木如意歌

君不見烈士暮年心未已老驥伏櫪志千里如意敲缺唾壺邊可見跋扈從茲始又不見雲錦照野金谷春手揮如意石季倫擊碎珊瑚二尺許豪奢直壓天

家珍可憐貴盛不久傳俯仰今昔徒悲酸我行萬里
金臺肆偶市古木光斑斕不如意事常八九半生潦
倒歌長鋏郎茲撫摩亦稱意何必十襲深包緘嗚呼
何必十襲深包緘

雨後聞驅九頭鳥

康熙戊戌五十七仲春二月二十日神威高壓黑雲
頹鬼氣潛驅陰雨出靜夜狂風漸瀟灑千門萬戶人
如啞突聞四面撾鼓聲驚起寒窗下帷者須臾喧填
滿閭閻東家籭簸西家碓黃鐘瓦缶各雷鳴樂昌破
鏡齊擊碎渾疑鉅鹿戰秦軍呼聲動天不可聞又疑

田單出郎墨鼙城大譟驅龍文嚋昔之夜曾如此云
當月蝕天地否奔馳嵩夫走庶人補助陰陽固其理
嗟此重聞獨何由詢之言有鳥十頭一頭滴血破人
家逬遣不使凌空遊我聽此語心疑之人生禍福誰
其尸刱茲異物難窮極至今不解鶺鴒詞（孔子鶺鴒歌言一身九尾註者謂即九頭鳥竊疑不類）揣摩曲盡形容肖却愛歐陽鬼車
詩玉女調笙音凄切江東轉軸聲嗚咽鳴機夜織錦
江上群雁驚起蘆花雪如斯寫照眞奇特我欲摹之
不可得吮毫濡墨苦吟謳詩成一夜東方白

題趙松雪八馬圖

穆王八駿稱名馬今之畫圖其是也描神繪意各盡
態正不必驊騮赤驥名增價或行或立或亂流飲者
齧者滾塵者騅駓驪騮騧騢驄一一染毫細分寫牧
奴奚官咸磊落風鬉霧鬣何瀟洒當時爲誰摹神駿
至今展玩如歷天閑與夏序嘗讀杜公九馬詩霜蹄
蹴踏長楸下又觀蘇子牧馬圖沙苑荻藜嗟荒野平
無淺水任閒逸惟有此圖見者寡八鑾六轡非所謀
西山東邱亦何暇意在萬里其誰知水精道人落筆
眞大雅

送高守村之京師

我官滇之南得友高守村我官粵之東得友王斗南
兩君各自負奇氣下視六合幾無一人可與參當時
握手聲交歡心醉歸來年復年惟我與我自周旋壬
戌之歲黃花天守郁倏然來叩關倒屣迎之發長嘆
傾壺竭榼攄肺肝高談何止驚四筵蟣蝨遠遁青蠅
避始覺麈尾柄外乾坤寬辭我將北之燕山買舟先
欲泝濟源倘遇斗南濟水邊（斗南家住濟甯）不相罵定相憐
有時相泣還相笑與會所至旁無人（古韻讀然）須計龠山
尚有蘭谷子可許中處乎材與不材間

觀海

落日滄溟好高郵極望間烟雲澒洞處天地有無間
積水三千運神州萬里環秦皇與漢武何地問三山

再乞養還鄉

薄宦憶南滇陳情已十年只緣　君命重復使母心
懸毛義情何極蘇耽志早堅及今抛祿米菽水亦歡
然

金川

蠻酋何所識恃險抗天威日射層碉峻雲封野彴微
注坡爭兔捷援壁學猱飛習慣成長技吾軍但守圍
若輩犬羊似奸人實蠍之性惟矜死鬬時亦逞奇師

日月常陰翳雷霆或護持天心要叵測不忍見瘡痍
元戎貪樹績咄咄向空頻未屑諳羣策翻勞遣重臣
金戈輝道路玉帶降天人傳說初臨陣豺狼亦避嗔
師老鎧生蟣兵間霜作花相持如蟠蚌漸化類蟲沙
白骨春閨夢青燐輦路笳　至尊方旰食何以答勳
華
天子重推轂宰臣再建麾日行三百里親帥五千師
雪嶺雖云險雲梯或用奇遊魂金釜底衛霍定勳垂
彝女崇朝滅妖星永夜除不聞摧隻矢已見走降車
萬姓歡加額三軍賀在廬功成惟善斷飲至頌那居

歸舟入峽

歸人空艙意漸安峽深處處好尋看戲憐巉狖投山
石巧愛江烏接飯丸雲去林梢明佛寺風來竹尾掃
仙壇傳聞更有萊公蹟古柏雙雙葉未乾

湯陰謁岳忠武祠

崖山震蕩九天昏太息斯人不復存南宋勢危三字
獄北庭愁殺二宗魂巍巍偉像傳鄉里肅肅陰風過
廟門想見忠靈遺憾事生平無力鎮乾坤

出京日感賦兼寄邸中諸友

投足金臺百慮非羈遲宵與素心違遙知他日空壇

鋏不待明朝便拂衣遠岫雲連秋樹沒野田鴉帶夕
陽飛晚程孤客頻回首舊有幾人今未歸

海潮寺

車馬塵寰一曲湖閙中清景最堪娛逐波漁艇時高
下隔岸人家乍有無落日似啣潮尾動微風欲到樹
頭呼若添幾點書雲雁恰似湘江好畫圖

郊外即事

昌明河曲板橋東獨倚胡床興不窮紅樹影搖千嶂
日白蘋吹斷一溪風羲皇以上懷陶令山水之間學
醉翁欵段羊腸歸去晚偷閒仍在百忙中

王江源由楚歸蜀計程春杪當過湖南矣偶感成句

宦遊自苦歸無計偏爲歸人計去留春盡水生雲夢澤月明人上洞庭舟氣連野岸吹魚浪波影高城動客愁從此挂帆三峽近杜鵑催喚蜀江頭

村莊晚景次張藝圃韻

危峰障日剩餘霞照耀田間三五家幾點殘雲村角亂一鈎新月柳梢斜雄鳩啼罷爭巢竹乳燕歸來帶落花共醉一尊流水畔清光野興晚猶奢

謁武侯祠

雨表長懸雙日月三分早定一乾坤造廬有道懷先帝銜壁無端感後昆羽扇綸巾風自古木牛流馬制空存只今瞻拜荒祠下紫柏森森盡欲昏

梅花

壓盡羣葩品格稀芳名不倩入騷詞最宜水淡山幽處更愛參橫月落時竹外一枝何窈窕笛中三弄亦淒其平生心跡渾如爾相對垂垂知未知

湯陰重弔岳忠武

忠武沉冤千古稀一回經過一噓欷傷心不及侍中死碧血猶能濺帝衣

歸途雜詩

道逢幽勝小停驂步屧來看滴翠嵐林靜忽聞人謦咳野禽驚落羽毵毵

題畫竹

勁節虛中帶露宜偶然風折最高枝孤根自有凌雲意不在干霄直上時

尋梅

聞評素月借精神冷澹生涯好結鄰待得蝶蜂爭認取早應錯過幾多春

疎影横斜隔水遙不辭深夜闖烟梢三更踏月歸來晚猶帶寒香度石橋

李鍾峩

鍾峩字雪原通江人康熙丙戌進士官至太常寺少卿雪原有保甯志一書文獻獨備經史賦人多傳頌

巫峽

巫峽天下險巉陰水氣昏猿啼雲外樹客斷雨中魂神女靈旗去騷人艷賦存無窮懷古意獨白向江村

陶仁明

仁明字善長號石門萬縣人康熙丙戌進士

同易半山和喬太守攜酒過瞿唐書院作

巳蕡前村酒花閒懶獨斟邀同高士語一敘故人心
春入瞿唐暖雲歸瀼水深何時清興發騎馬到荒林

易簡

簡字位中酆都人康熙壬辰進士改庶吉士官至編修顧息存云位中掌教錦江有陰擠之者適作雪詩徘徊庭下忽得句云幾回狂舞冰消易一落蹄涔激濁難甚喜其佳

夏日雜感

百感非關暑氣侵故鄉羈緒擁煩襟北窗日臥陶元亮西寺時尋支道林賣藥入城無好價抱琴於野有知音此身到處無安著聊對薰風一苦吟

賦得峩眉翠掃雨餘天

峩眉經雨過前川回望風光倒夙烟兩岫翠鬟如帶沐千峰螺髻似爭妍照開白雪寒垂地幻出青霞氣接天刼笑幼輿邱壑小也隨新霽鬭嬋娟

百花潭

去國離家老病身天涯何處不相親花卿好客才偏放嚴武多情氣未醇萬里風塵空隕淚五陵裘馬漫傷神會須買棹夔門去瀼水東西理釣綸

毛振翧

振翧字翥[illegible]華陽人康熙戊子舉人官至直

隸宣化同知著有半野居士集

寓目

鳥下平蕪冷秋情亦悄然柳風梳野日湖水盪空天蘆老將飛雪雲輕欲化烟書齋閒倚徙吾道在殘編

水塘塞

半竿斜日到寒塘主僕依棲路共商山客初傳驅瘴藥地出眞金草云煎水飲可去瘴老人新受避熊方人云熊眉最長自愛特甚人若值之須立于路側手持枝作作獮聲則熊不敢逼剪來春韭同瑤草沽去村醪等玉漿萬里蠻荒風味別寒郊駐馬倍淒涼道風俗而不俚

遂甯冢宰應　召進雲南鶴慶府四路入烏思藏冢宰命余繕摺賦此誌概

繪圖定計剪蠻王百萬貔貅進麗江閒日河窮尋嶽水有時舟絕渡皮航空子拉朶可行皮舡塞高天柱應迴雁有天柱塞路轉雲峯不礙驛佇看降書來小醜不將軍士駐遐荒

行行江岸曉風寒碧水朱崕取次看雀報林巒知客過葉埋山徑覺秋殘問岐遣使翻苗語借宿通名索晚餐往歲贈言君記否短衣並馬出長安晚唐佳境

宿三十家子番僧寺

身著黃衣異樣裝停驂難與話空王竿頭梵字搖新篆院內松針落古香拂硯白雲常過几開軒青嶂半連牀偶懷天竺當年使翻譯車書共一鄉

向日貞

日貞字一存成都人康熙癸巳進士改授庶吉士官至御史一存精制藝出黃際飛太史門下所刻程墨大小題文盡幾於汗牛充棟蜀中論時文者必歸之詩其餘事也然亦自矜貴不苟

吉意

不見黃鶯啼但願鶯啼早莫使夢遼西省得儂煩惱

採菊

幽齋只合供幽芳豔吐陶園引興狂帶影扳來三逕月凌寒剪斷一枝霜拾將翠鈿侵衣綠挂起金錢壓帽黃儘有好花攀不易何如籬落問秋光詠物詩得體

馬天麟

天麟字瑞生奉節人康熙甲午舉人任忠州學正

襄陽留別潘立齋

長安回首暮雲空並轡聯唫出豫中仗劒同君過漢水看山何處弔羊公鄉心遠樹層層碧別路斜陽處處紅項刻扁舟分上下相思各載一帆風

胡瀛

瀛字一山宜賓人康熙戊戌進士官至湖南按察使署布政使著有石溪集

晃山道中

遠涉休嗔蜀道難重山重水蔚奇觀天連象嶺千峰合雲鎖龍潭六月寒插羽傳書多驛使披裘椎髻少衣冠建南扼要惟茲地大將酬庸在乂安三四壯語

春日過太平橋

沿溪驛路接高峰結搆危橋兩岸通松作濤聲疑夜雨鳥如人語笑春風平疇段段新秧祿遠岫蒼蒼返照紅夾路花光總堪戀歸來猶戀午陰中

嚴瑞龍一首

瑞龍字凌雲閬中人康熙戊戌進士由給事中歷任湖北布政使護理巡撫

秋雨

蕭颯聲疑落葉乾風吹細點灑林端滕王閣暮簾初捲巫女峰寒夢未殘淨洗幽巖榮早桂潤沾香國媚秋蘭釣蓑明日蘆汀去添得澄波一尺寬

卷十五終

蜀雅卷十六目錄

蜀雅卷十六

羅江李調元雨村選

王　恕

恕字中安安居人康熙辛丑進士授庶吉士官至福建巡撫有樓山詩集丙戌歲余晤嗣君鎮之始以先生全集屬予點定余讀之見其學力沉博氣象渊壯幾於美不勝收乃嘆沈歸愚別裁所取祗片鱗耳因亟登之鎮之余同官也每以未梓爲憾他日刊流海内當如景星卿雲

雜體次韋蘇州韻

焚香讀水經有客來叩門借問客何來黃鵠拜新恩執手將告别相贈惟一言水清湖海深水濁泥沙存

漁父詞

湖水瀰瀰烟霏霏漁人操網舟若飛翻身一撇颯颯風雨船頭潑刺銀鱗肥歸來蓬背月如斗兒唱漁歌妻送酒拍手聽歌一醉眠惡風白浪嗟何有風浪悠悠天地間人生未有漁人閑夜雨朝來沙尾没隨潮又過綠楊灣

牧牛詞

湖水清淺河水流潮來潮去生沙洲洲平沙軟百草長村童驅牛州上遊童知牛性不擇草青蒿白葦皆良疇大小牝牡各有得一聲黃笛風悠悠天上日車

休𩝒𩝒少待吾牛飽其腹牛得飽兮吾無功牛不飽
兮愧吾牧一洲草盡牛未飽連羣麾去尋豐草牛蹄
彳亍牛尾搖行行背上啼春鳥高下陂陁任所之牛
日肥兮牛不知夕陽欲下村烟微相呼相喚騎牛歸
嗚呼司牧盡如此人間那有饑寒死

登太白樓

翠螺山前江水清采石磯上山烟横王孫一去無消
息萬古江山空復情憶昔星精初破夢天上神官親
抱送甕令金宿斂光芒要使人間識麟鳳一朝名字
聞金闕狂歌痛飲君王側題詩不識高將軍一曲清

平留不得潯陽白日風翻波夜郎脊雨瘴煙過到處
天涯感流落逢塲嘯傲從譏訶歸來偶過青山趾牛
渚茫茫月如水兩槳船頭着錦袍醉吟百尺滄浪裡
船在江心月在天江妃月姊鬭嬋娟翻身一躍騎鯨
去長庚炯炯光依然至今明月清風夜疑有笙鶴來
山巔亦有太白逸致

閫中有以祭鬼請者余寢其事作此詩曉之

文思天子照遐荒闢門之典何輝煌杞梓梗枏如堵
墻魑魅魍魎安所藏光氣上觸斗牛旁妖星怪宿走
且僵況乃人間鬼渺茫縱有酒食敢親嘗簪筆使者

出玉堂仗鉞老臣守邊疆恭承天命提天綱肯從淫
祀瀆天常君不見滿堂拱立皆冠裳分行逐隊爭趨
蹌太平天子正當陽有鬼應到無何鄉

新灘

峽路行將盡江流不肯平撼山高浪捲怒石險灘横
深谷蛟龍起晴天風雨聲過來憂患釋猶覺夢魂驚

夜警

夜警人聲合燈昏旅夢殘乍聞驚盜賊轉念恤饑寒
澤國居人滿江流蝕地寬復隄非下策黄鵠頌安瀾

望甓社湖

隄外烟光合平湖入望賒澤陂江北水地利野人家
暖日生魚子東風長荻芽遠天帆點點疑是泛輕槎

雪中同諸子遊虎邱二首

步屧過前殿披衣揖老僧山平能受月池暖不成冰
天意分晴雨人生屬友朋出門尋小艇風際有孤燈

宿慈湖

衰草前年路輕烟薄暮時正逢長至日稍覺夕陽遲
湖淺氷凝水林枯鵲在枝前郵又一宿父老莫相疑

晚泊沙口

天心悔海國赤子慣冬温作夜寒偏甚人家早閉門

不妨侵枕席切恐害蘭蓀爲語勾芒使春風養本根

人日羚羊峽中懷許子遜步學子韵

萬古羚羊峽長風落半帆人烟寒嶺岫石骨瘦松杉技劒心仍壯高歌與不凡知君多意氣春詠百杯銜

舟中晚眺

夕霧横山淡晴霞落水紅扁舟載暝色歸鳥破寒風節序春當首流年日過中天涯增感激一醉與君同

燕子磯晚眺

一卷孤聳帶山廻力障狂瀾亦壯哉江水勢從落日

下海風聲送晚潮來懸崖樹老常棲鶻亂石濤奔欲走雷試倩山僧談浩刧可能指點六朝灰

句容早發

城頭落月掛金盆漠漠川原氣欲温南浦柳牽千里思東風梅返去年魂關心馬足凌氷滑回首仙山帶霧昏試乞茅君分七藥勞人髩髮已霜繁

督運渡江

一幅蒲帆一葉舟烟波盡處是瓜州潮生潮落天將曙人去人來江自流治粟舊銜慚漢使乘槎孤夢隔瀛洲龍驤萬斛連檣渡仍歲荆揚報有秋

寄錢集齋學士

安仁歎逝感浮生卜子離居欲敗明魚眼未乾殘夜淚鴻書遥送故人情爐波落日雙蓬髩風雨扁舟一短棹千里相思江上路又吟芳草聽流鶯昨年寄集齋詩有黄鸝芳草之句

次鐵嶺太保夫子燕子磯登眺原韻

山生翠巘水生紋閱盡朝暉與夕曛石底灰餘秦代刼檻前風度楚江雲千秋霸業看兒戲萬竈炊烟待處分報國一心今白首獨醒不信世能醺用蘓長公詩意

龍蟠山下有遺宫誰遣全川引朔風熒惑竟干南斗位貔貅偏讓北平雄而今放馬桃林外無復射蛟江

水中漁火耕遊太平日傅巖霖雨正濛濛

贛州懷古

虎帳龍驤控上游居然一柱砥南州豹房卜夜天方醉鯨窟翻波血已流閫外何勞輕玉趾湖中早已得黄虬將軍廟略輸皇祖漫向康郎捉縱囚

送友人鍾二杰人回粤

天涯黙黙數交親意氣如君若飲醇萬卷讀書兼讀律半生憂道不憂貧八閩兩月同風雨五嶺三年借主賓跋馬遲遲幾回首言言珍重白頭人

廬陵懷古

狀元宰相來何遲兩宋鴻基運已移江上竟無乾淨土海邊猶有烈轟師要將一死酬三學不盡孤忠在五噫落日荒祠回首處秋風黃葉不勝悲

過潮州有感

金山遙帶鳳凰洲書記峒峒憶昔遊二十七年如昨日八千里外似并州空餘大樹翻斜日尚有遺丁說故侯路過西州秋欲老舊參軍也雪盈頭

楊宏緒

宏緒字丹山新繁人康熙辛丑進士官至按察使著有冝養齋詩集

別姪倩王子端

不欲與君別天涯親故稀吾行正無定爾去更何依家信煩重寄鄉心欲並歸相看增黯結日暮海雲飛

月

生時纔耀魄缺處漸增明不蔽山河影空磨今古情半輪雲外度一點樹間行霧瀉幽花濕烟流密篠輕鄉關縈遠思刁斗肅邊營爲愛金波漾聽殘玉漏聲

自昭化至劍門

兹行又值早春時一握天高任所之衰草斜陽丞相墓荒苔冷篆劍門詩泉通石罅山根響樹擁崖陰日影遲沽酒但尋茅屋去松風高掛薜蘿衣

甘日懋

日懋字實夫大邑人康熙辛丑進士

華頂三十六峯見吳青霞題詩壁間寄贈

袖拂剛風倚天闕忽見龍蛇氣蓬勃君從三十六峯來獨上蓮華攬明月自是君身有仙骨放歌長向煙霞窟回頭却笑韓退之痛哭蒼龍嶺上時

岳鍾琪

鍾琪字容齋成都人官至川陝總督加太子太保進爵威信公著有蛩吟薑園復榮等詩集威信先秦之壯浪人以父蔭龍歷官至川省提鎮遂家於成都勳平川陝沿邊諸番威重華夷邊民懾服恩眷隆重列鎮四川幾三十年其歿也以忠州陳昆邪教倡亂日夜馳至擒捕餘黨歸至重慶卒上震悼諡恤有加云 公於軍旅之間輒寄嘯於筆壘邊塞諸作多慷慨悲歌之氣而退居林下寄情花鳥又復神似放翁石湖諸君所謂奇人眞無所不可

古劍吟

太阿豈凡鐵耿耿七星浮奮揮旋紫電冷冷眩雙眸分水擊鴻雁迎刃斷馬牛每逢風雨夕怒吼蛟龍愁偶值不平事錚錚寒芒流嗟哉閒癈置久不近兜鍪室衣從未解韜光已數秋星鐔生古鏽鋒鋩與昔殊

叶神氣亦沮喪不啻匣中收斗間之寶氣甯再豐城
求砥礪更拂拭光芒復燭幽神物亦有數利鈍不自
由丈夫遭坎壈與此刼相伴有待磨與拭或未終棄
休

述懷三十韻

拘幽寂無事心緒忽茫茫連宵迥不寐兀坐更彷徨
憶昔少年時所食盡膏粱肉必啖大胾酒必飲巨觴
手能格猛獸足可逐奔狠無志事毛錐請纓列戎行
喜馳花叱撥愛射野羊黃狻盧忽蠢動十載客沙塲
恆河飲戰馬番藏躍龍驤單于悉授首擒斬僞藏王達克咱等

天威震遐荒論功邀上賞提封萬里疆青海復傳
箭東井見欃槍秦邊圍未解蜀兵遠調防赤血汚白
刃金甲舞銀霜歷程兩閱月百戰抵河湟二月草未
萌胡馬正羸尫趁時當進剿行謀自倘方梟虜十萬
級九戰一殪羊出師不十日生擒十八王青梅十八部落皆封王爵自二月八日出師至十六日止悉皆擒斬蕩平凱旋報　明主錫命寵煌
煌進爵為上公總制領故鄉　殊恩深且厚山海亦
難量惟知籌國計身家念早亡西夷屢犯順負固擾
戎羌奉　命統雄師用將撻伐彰街亭馬豎子縱敵
翻自戕罟魚不得食解羅任遠颺　宸怒震虩虩被

逮繫銀鐺　君恩生已負臣罪死應當但聞傳露布
含笑赴黃壤

天山

偶立崇椒望天山中外分玉關千里月鹽澤一川雲
蒼石遺唐篆殘碑記漢軍未窮臨眺意霜雪滿征裙

軍中雜咏二首

地在乾坤內人居朔漢間月寒川上草松老雪中山
鐵騎嘶沙磧金戈擁玉關樓蘭誠狡黠不滅不生還

玉隆道中

尋勝到郊原寒雲蔽日晴馬行黃竹路犬吠白蘺門

山色松環岫人家水抱村旅亭成小憩鷄黍晚饔飱

出征西甯

嗟余五載九征蠻骨病神疲力已殫瀘水瘴烟迷古
渡天山陰雪壓雕鞍別時兒女牽衣泣歸日親朋握
手歡願得太平無個事牛衣卧對養衰殘

韓信嶺

王孫勲業有誰同四百開基一戰功漢水有人旁躡
足烏江無客渡重瞳當時不合藏亡昧臨死何須說
蒯通憑弔不勝生感慨蕭蕭暮草泣秋風

西藏

幾度平蠻入不毛傾心報國豈辭勞天連塞草迷征馬雪擁沙場冷戰袍七縱計成三戍靖六花陣列五雲高壯懷自信還如舊劍匣時聞龍怒號

武侯祠

等閒巾扇策奇勳伊呂儔非管樂羣漢士蠶叢天一角草廬龍卧鼎三分陣圖終古排沙磧廟樹何年赦斧斤魚水君臣兩遺憾祠堂殘照惠陵雲

中秋

瑩瑩霜鏡掛長空此夜清光果不同百歲人生將過半一年秋色恰當中鄉蒐長繞芙蓉水塞鴈纔尋社子風遙憶故園今歲月天香寒影入郫筒

山居

小築山居傍綠溪百花潭北少城西柳隄沙暖朝調馬竹院人閒午飼鷄麥浪翻風黃半熟秧針出水綠初齊持竿携榼臨流坐碧樹陰陰布穀啼

感懷

三年未佩呂虔刀仰望青天嘆寂寥北海未通中使節南冠不挿上公貂愧閑玉塞搴旂手恥羨維揚跨鶴腰麤糲萍虀猶可食市聲何事苦相招

偶感

高陽狂態信非儒使酒陵人笑灌夫長短夢還憑蝶意陰晴天欲任鳩呼好尋枯幹生枝手爲畫殘山剩水圖中有老翁披莖服持竿箕踞倚雙梧

湯陰懷古

立廟湯陰古渡頭平生餘恨在燕幽朱門麗日靈威壯翠柏斜陽客路愁奸相有心通北使康王無志復中州奇冤三字羅成獄鐵檜千秋是復讐

七夕

漫道仙家樂事饒仙家離別亦蕭條金風已報佳期近銀漢還愁隔路遙天上不聞鸞作侶人間都信鵲爲橋一年一會猶惆悵惟有嫦娥慣寂寥

余間居十二年童頭豁齒景逼桑榆因大金川土酋狂悖致干　天討自乾隆十二年五月進兵至十三年五月尚未克捷余奉　旨統師黨壩又命大學士公納親經略軍務督師勦逆自立秋以來霪雨連旬阻我長驅有感而作

遯跡邱林十二年于今又著祖生鞭銅標未建將軍柱錦纜重牽相國船瀘水瘴來雲似墨蠻荒秋後雨如泉霪淋欲識蒼蒼意先挽天河洗穢羶

題畫馬

誰寫驊騮卧碧茵曹將軍骨子昂神年來未向沙場跨畫裏相看也動人

蔡時豫

時豫字笠齋崇甯人雍正癸卯舉人官鎮遠縣知縣著有慈竹園等集

次南星店題　果親王壁上畫松歌

南星店前山似戟瀟瀟細雨愁行役暮投山舘見蒼龍道是親王眞筆蹟巨幹入雲撐鐵柱老根拔地入盤石一枝横放勢何長徑去不知幾千尺一枝拗出特有意倒影明月涵空碧此松品在丈夫上韋偃筆

法猶小樣會將楨幹捧明君肯向空山飽烟瘴綠山仙去纔幾年碧紗破壞塵黯然我來掃壁空太息山椒雨歇聞凉蟬

道中喜晴懷舍弟修萊

晴日徵車裡遥天碧一涯石田收晚稻野草放秋花杖策心雖壯巢林願不賒卯君行漸遠計日已還家

鎮遠行館作

山城重到處雨後氣如秋巖色朝侵戶江聲夜入樓憂虞時已改險阻跡仍留底事頻來往飄飄羨去舟

鎮遠紀事

新著頭銜尙舊官艱難時會敢辭難登陴意氣風雷動免胄鬚眉日月寒勢若燎原誰赴火身非砥柱欲迴瀾千重毳幙憑高見男子從教誓孝寛

冬日慈竹園養疴

半夜霜風寒無人知獨寤惟有遠村雞爲語天將曙

傅輝文

輝文字曉亭簡州人雍正甲辰進士著有承翼堂集

靈泉謡

昔從羣兒遊往往弄此泉今從泉畔居靈泉日在前

泉色長如此我色非少年安得煮泉水煉藥挾飛仙

秋郊夜行

雨過西山霽高林夕照微銀河斜晚渡珠露上秋衣夜迥燈花落年豐水稻肥村人知吏簡樺火候迎稀

古意

西南爭戰久天地别離多爲問長安柳春條剩幾何

張乾元

乾元營山人雍正丁未進士改庶吉士官檢討

秋思

小雨饒秋態斜陽戀遠靑夜來井梧葉一葉一秋聲

陳中

中字用其墊江人雍正庚戌進士改庶吉士官至湖南寶慶府知府

富樂山懷古 劉璋宴昭烈處

富樂山前有人歇九月高風吹殘碣我為山靈結伴來秋洗蘆花白似雪英雄割據已千秋唐宋元明共一邱只有芙蓉江上水年年不斷向東流

費晃

晃字言槼錫琮子新繁人

少年行

玉勒紫驊騮看花過御溝一鞭深柳度雙袖落花投簾幙圍輕舫笙歌出遠樓王郎猶借問何處散春愁

塞下曲

五月霜威勁千秋舊戰場朔雲屯海黑邊月帶沙黃山冷秋笳動城空曉角長近來鄉夢斷壯志在勤王

費軒

軒字執御錫璜子新繁人 此度詩傳未替故執御方潔俱能紹述家風

閒情

壚喧隔斷野人家溪水漣漪淺見沙乍覺曉寒肌起粟旋驚午睡眼生花古苔暗碣題黃絹嫩竹分陰上碧紗鎮日小窗無個事風爐自泡雨前茶

春閨

豆蔻風微二月時曲欄亭畔雨絲絲梨花半樹將成雪下着珠簾總不知 香奩逸品

紅橋柳色

畫舫春歸酒易銷絲絲牽恨說前朝剪刀風裏初開葉魂斷揚州第幾橋 不減杜牧之

費藻

藻字方潔新繁人雍正壬子舉人

吳聲曲

亳州輕紗若烟霧隔窗朧朧月微吐門前楊柳烏亂啼貪聽吳歌不知曙

費盉

盉成都人

春草

芙蓉堂上翠綿綿楊柳橋頭色倍妍春老未歸千里夢曉寒惟見一堤烟水依樓閣斜陽外露濕蘼蕪古道邊回首不堪思往事消魂尤在茂陵前

卷十六終

蜀雅卷十七目錄

蜀雅卷十七

羅江李調元雨村選

李　專

專字知山遵義人貢生彭樂齋云知山少以詩自豪放蕩不羈與巴縣劉康成友善晚交崇甯蔡雪南自謂平生得此二友有贈湘潭進士劉暐澤續娶詩云不用將縑來比素須知有鳳必來凰人傳誦之知山為貢生時遵義尚屬川省今則隸黔矣選入蜀詩從其初也息存常稱其薛濤詩便宜節度高千里錯過詩人杜少陵為佳然便宜二字甚褻以為佳所不解也

雜詩

我愛天邊月年年如鏡明良宵當十五對月感人生萬古月長在百年人遞更月闕今又圓人枯幾時榮月華如首肯攜家上太清月虛我亦虛月盈我亦盈所願非所能長歌遣此情

照鏡

劉郎謂我醜於鬼其言未免近於毀陸郎謂我美如玉譽之惟恐其不足以此懷疑經幾年菱花曉起當窗懸投果擲石皆不與兩賢愛憎何天淵他日相逢舉似汝才不才間我中處

遊中巖

天下好山水君王與佛分畫圖留古蹟鐘鼓列沙門

客繫如萍纜僧携滿袖雲停杯問鷗鷺何日許同羣

洞庭

試倚滄波望楚天如此長九嶷皆化水三峽竟何鄉但覺澗無際誰能測所藏魚龍莫驕怒柳毅在中央以空得之

灩澦堆

誰觸夔山似不周輕拋一柱砥中流大如幞日船皆避削作峰時客尚愁江勢遠將辭并絡濤聲怒欲掃荊州請聽雙壁凌霄處盡日寒猿嘯未休

昭君村

空舲峽裏近花晨一綫天低不見春肯信山川如此險鍾爲窈窕竟無倫紅顏皃顯描難肖青冢龍沙怨未伸世代屢移遺蹟在琵琶休撥暮江濱顧息存極賛三四聯之工然不如五六含蓄

吊驢

茹草何曾耗秝田主人情薄尚加鞭化爲鳥道一杯土愁對鬣叢萬壑烟野店斜陽山下路小橋流水雪中天祇今行役將誰恃懶向孤村問釣船

采石磯懷古

雍公才調異儒紳奉使巡行此水濱兀朮南來甯有敵臨安北面久稱臣三千步卒投危地百萬强兵潰要津向使勤王師便集須知一舉靖邊塵

劉慈一首

慈字康成巴縣人雍正壬子舉人彭樂齋云康成性簡傲不可一世工於詩於友人家壁上抄得之

偕同人遊草堂得陵字

十九年前吟望處浣花溪上記吾曾石碑遺蹟依然在草閣迴廊不可凭林口三叉沽酒店渡頭一點打魚燈呼朋飲罷匆匆去回首安閒愧老僧

顧鴻

鴻字農以閬中人官至山西汾州府知府著有寄餘集

許昌送工部劉曉江解組還蜀

悠悠與誰論靜識天地廣壯志隨浮雲功名任飄蕩京尹落拓時跬步觸魍魎不忘貧賤交風雨樂幽賞我來守潁濱故人勞夢想達者略細行大德終不枉坎壈遇何常浩歌一長往憶昔我丁年與君共里黨握筆主文壇豪氣最倜儻索米到長安七尺優憑仗大造等洪爐日月復摩盪畢竟成何事共看鬢髮蒼橘味淡神仙槐根幻夢象物外得自由何者堪悒怏

闐山臺高高闐水波滉滉瀟洒歲月深不須隨俯仰
水部以携蒲事去官至許農以作此送之慰勉交至

温泉

寂寞驪山夜蕭疎八月秋仍過來去客不冷古今流星度長生殿花開羯鼓樓濃歡終有盡惆悵漫生愁

閒居

閒裏居無事春闈住日暉誅茅人欲老鋤甲菜添肥蛛落緣絲起禽爭墮地飛有時開卷帙心迹不相違

揚州夜泊

歌舞樓臺夜寂寥輕風暗送客帆遥二分無賴邗江月猶照當年廿四橋結有遠神

毛大周

周字贊伯四川成都人

登沙河南樓

庾亮高樓與畿南地最幽暮雲連日盡野水接天秋故國知何處他鄉望不休誰家吹玉管凄斷小橋頭

唐叔度

叔度字汪波綿竹人官至江南桐城縣知縣

題姚十五範冶彈琴圖

希聲不諧俗獨與君子期君子寡所營乃與希聲宜

閒庭寂無人悠然理朱絲絃指兩相忘淅淅松風吹古人不可作髣髴一見之魚鳥何所聞飛躍情如移此中有妙契未與筌蹄知

折楊柳

春風從天來吹我江上柳聞有紫騂騮驕嘶躡雲走條長不繫馬飛絮何紛糅欲折一枝春離情空在手

許儒龍

儒龍字水南成都人舉博學宏詞有岷南詩草許水南集大半平妥之作過多而堅渾有聲調者絕少由范陸習氣深也

新灘

楚蜀足千灘此灘尤不測亂石擁巑岏深濤看洞黑盛夏水奔流嚴冬行阻塞兩岸夾民居賴此長灘食水作雷霆聲人有鮫鰐色十夫奮篙櫓禍福付頃刻我來值冬季有路在江側登崖看行舟快於生羽翼理水稱昔賢誰能舉其職嗟爾往來人但頌江神德
顧息存云人有鮫鰐色爲集中警句第一

黄牛峽

迢迢山水間幾日巴東路回首見黄牛上峽無朝暮我茲東南行屢冒寒江霧今夕聆江陵何處烟中樹長歌太白詩急棹輕舟去

止止菴

蒼松間修篁繞徑清風起恍疑輞口莊有館在竹里屋角散巖花簷前接溪水山北此權輿見此已心喜行行方縱觀安能遽稱止

題畫鍾馗圖

南山進士古豪客能以劍鋒殺鬼魄耳聞鬼聲首囘顧戟鬚鐵面雙睛怒魚腸著地雙虬吼黑月無光霹靂走開元宮中會入夢吳生寫神顏色動拂拭高堂懸素壁魑魅宵奔狐絕跡而今白晝羣魔嘯蛇神牛鬼情難料願公倒提三尺水鋤而去之余乃喜

自題負雪圖

此客生平何所樂放志人寰無束縛畫師欲畫觀大略白帽襦羣不可作斧木成齋足棲托齋前種樹雜花藥有時霰雪飄春暮凍醒瓊枝發新蕚毳服纏身躡芒屩負雪呼樽燒聚襻眼飫寒香還細嚼濛濛冷月杯前落人各有求汝求約性地貞和孰汝若天乎於汝不爲薄千樹梅花一聲鶴

春池

戶外春情瀦池邊野興賒乍添三尺水已聽四鄰蛙人夜星光動迴風樹影斜元亭正荒草休認子雲家

行舟

行舟當漲落處處凜春氷石出灘增勢沙高岸善崩凝眸傷地迥清嘯有巖鷹惆悵江中嶼乘流未可登

到岸

到岸停征棹悠悠無限情一舟橫野色百聽廢灘聲瞑覺空江易愁嫌獨夜生殘殘猶道路飄泊耻身輕

雨中過安莊山

山徑崎嶇困不勝青泥灑灑倍難登漫看石磴餘千曲纔到蒼崖第一層帶雨馬如寒夜犬穿雲人似早秋鷹自嗟疾步何堪羨猶使奚奴訝我能

天柱菴

天柱峰前石磴斜迴廊複閣上人家籠懸東粵能言鳥堦放南溟弄色花（洋花一日數變）對雨捲簾山獨秀臨溪命酒與偏賒不知得此操何術笑指雲崖萬樹茶

泊光澤縣西郭

雨後山雲黯不開江城艤棹合徘徊船頭剛近魚蝦市早有腥風觸鼻來（似宋人小詩）

劉灝先

灝先字曉江閩中人雍正癸丑進士官至工部郎中（曉江官工部有能聲其褫職也以拷蒲之事爲小人所中傷士論惜之）

馬寬

郭李功成幸蜀回二坏荒土足徘徊可憐不負當時意會聽巴山夜雨來

彭端淑

端淑字樂齋丹稜縣人雍正癸丑進士由吏部郎中歷官至廣東肇羅道

金牛峽

鬱鬱陰風號稜稜石角銳鱗鱗斧鑿痕巉巉兩岸際危徑碍行車竹杖方漫曳蒼藤掛狖猿古木藏鵜鴂俯仰天地窄黯黮日月蔽不因金牛貪中外至今閉悲哉蜀何愚一闢不再世惟有五丁功與峽長不替

彭肇洙

肇洙字仲尹四川丹稜人雍正癸丑進士由翰林院編修官至御史

秋夕宣化道中作

向晚出南口黃沙一掌平凉風肅野艸孤月照邊城樹老蒼烟合山寒白露清人家秋色裏處處暮碪聲

彭遵泗

遵泗字磬泉丹稜人乾隆丁巳進士改庶吉士官至江防同知磬泉有文名領乙卯鄉薦第一眾論翕然尤長於古文其詩先宗小杜後宗大杜

七夕篇

微凉下秋葉白露沾我裳徘徊侶孤影仰面視穹蒼耿耿銀河脈悠悠去路長我欲駕赤龍乘風叩九閶矯首天衢外鱗爪自飛揚復聞青鳥至促裝待翺翔仙客為余言往來雲之鄉已矣且休歸百感出中腸生死胡太速別離多慘傷生離會有期死別杳無方借問牛女星何如參與商磬泉失偶不娶有摩詰之風故有為而言

古墓吟

重壤何年閉纍纍相參伍斷碣橫荒榛四垣穴狐鼠寒風拂面來愴然摧肝腑服朮餌丹砂求仙慕遐舉鎔鐵錮南山設疑七十處機巧枉用深握發誨盜監脫神不脫形骸骨尚須貯嗟彼貪痴人沒世思禦侮縱使長不虧於生亦何補古來大聖賢天地可為宇修短隨物化精神照千古哀哉袁公路未死骨已腐

過武侯祠

荊門遙撤漢宮墻老後雲旗出益方王氣夜收明月峽賊星東曜紫髯王千年風雨園陵閉一代君臣祀事長自是吞吳遺恨失不勝幽怨滿江湘

摩天險閣劍關存一旅潛驅至國門歸命箋成噬太

史殘家力竭哭王孫武擔不斷萇宏碧洛下誰招杜宇魂頻過昔時孤憤處惠陵風雨易黃昏

悼亡

中饋紛拏事可嗟向平初願計非遐蘭堂燄燭方成采萱背當階已謝花豈是命宮逢磨蝎甯同此歲在龍蛇可憐新婦歸來日不著粧衣只著麻

過應山楊大洪故宅

黑風吹獄氣陰陰何處招魂慰夙心解脫龍淵歸北寺毒流徇監指東林大刀未試奸猶在棋局翻殘恨總沉每歎晚來邪國瘁人亡何禁淚淋淋

雨泊復行

草風吹雨晚涼天睡思曹騰客枕前一路蠶叢山不斷鷓鴣聲裡又行船

張士炳

士炳字麗天南部諸生

自述

市遠塵囂淨幽居日閉門門開松竹逕人在水雲村跣足懸崖下科頭古樹根春秋無復記但覺有寒溫

周國器

國器字玉潭大竹人乾隆辛酉舉人仕新都縣教諭著有桂湖講義

新安道中

詰曲羊腸道征車出漢關風來堤外樹雲起望中山疲馬獨吟苦野人相對閒麥苗春正好驛路慰衰顏

余嶧桐

嶧桐字仲響華陽人著有十三樓稿

七夕

淡淡銀河夜沉沉玉露天鵲憐仙子渡蟾共客心懸白髮驚秋思青燈隔綺筵誰家競乞巧兒女笑聲傳

寄張紫望

歸路雙江隔思家百慮兼已難炊數米那計食無鹽細雨柴門掩秋風客病添故人張旭遠詩韻待誰拈

蔡時田

時田字修來崇甯人乾隆壬戌進士改庶吉士官至御史有雪南集彭樂齋云雪南始學溫李晚乃刻意長吉

按修來天才超拔詩文俱極沉博絕麗之觀以科場事發論死人皆悲其事而惜其才

古劍四首

化龍躍入江神物原無主秋墳走妖狐靜夜騰金虎出匣劃有聲儼與雷電語肝胆蝕泉泥千金重一許神光含古木怪異動幃幌讐仇隔千里在處時一响

壁間𤔡以室精靈自來往白氣每插空徐收入柱礎鑄成孌千人入土鋒仍淬光氣入斗間星辰失其位世路歸坦夷仗之輕細碎把與結死生天涯一燈背床頭時一鳴匣裏鏘秋水囊之十餘年天壤無知已恥與蓋聶論歸來自磨洗騎驢入大梁向人不為禮

極摹長吉

將赴青城從離堆渡江入筏村道中即景

過江指青城江村一灣綠踏沙去洲渚岸行入林麓樹密靜行人林深鳥側目一坪淺草地十丈古喬木四圍佐濃陰數點漏初旭便可席其間樹裏微風出

一坐訂終日蟬聲聽斷續未到六六峰先此忘塵躅

由眞人觀入山口蹊行至建福宮

一徑入山口峽合路忽斷路斷一蹊行行人走石澗石澗多于水磊磊白石亂因之水清淺踏踏雙履換雙履跡石次析閃不越畔彎樹欹溪斜清陰足一半此間坐小憩飲谷得所便漱齒弄流泉一掬泠然善

瀟灑出塵

初入青城過常道觀

入山森耳目蒼深天地失合沓聳青巒葱蒨蘊山質蓊蘙藏神理烟靄滿欲溢藤蘿染日月子午多不的萬古養蔚藍天應苔蘚蝕琳宮遥任望茂樹隔澗密仙人御綠髓大是甯封匹老作青城遊咳唾成點碧胡麻飽我饑趺坐訂三日

山中雨後

古寺高突兀四山埋重霧金蛇時一掣雷聲欲破柱隆隆在殿角挾風雨與助勢方作飄洒終然成灌注朝來百道泉巖頭挂幾處一夜山中雨山間斷來去亭午詑客來問之已可渡便擬腋青鞋不襪走石步雨後山益佳白雲方在路

將抵灌口

十里一柳村陌上柳無數柳下見田疇田外仍柳樹深秧圍茆屋入去莽無路時有荷鋤人自繞阡陌度

入峽四首

峽裏誤出峽峰勢展船頭峽裏更入峽迫隘不容舟亭午不見日合沓萬木稠束扼急湍瀾重沓爭一流前水若未伸後水來奔投糾纏相搏擊水與水為仇風伯更助虐漩澴無時休舟行觸其怒安得不汝尤釋怨向水府先謀鏟嵎嵎象馬悉聽去何愛乎黃牛

峽窄水幽深峽夾天繚繞響應兩巖答風入深灘瀑新險我所叱愛此春巒好天台與鴈台不奈遊入關

何如此諸峰倒立出烟表林寒蓊髮蔓泉紳拖樹杪
謝屐不敢辱神秀毓清老天女露雄奸下與人世杳
儘作正面看嗟嘆殊又了舟過尚回頭雲中從縹緲
胸有十二峰不得安朝寢披衣問船人未暇理襟袵
其峰曾過未急出露厥頂芙蓉剛打頭豁此昏眸烱
平生躭奇峭值茲有天幸況復新雨餘刻餙曉粧靚
烟鬟任人看向背各自領一峰正詫奇相失在轉瞬
一峰矜秀娟梢頭但露影想當風霧濃半面徒延頸
峰與峰爭研離立同邢尹船尾更揚頰空帳如雲鬟
遙天峽口入遠峰同孤迴微茫帶殘雪片雲亦清泠

風當定處閒天從長去永前行歷險灘神致詫不定
過眼躭奇闞肝愁有怪猛帛以尺五去天縮入胸窘
偪以挂畫峰峰倒入水併何如天外天悠然見山影
吟懷一以佳心顏舒聳緊

題畫扇

山外露遠天山脚帶平麓虛烟淡若無寒雲宿古木
野色辨微茫叢薄倚蓊鬱孤村不見人深林有茅屋

崢嶸洲阻風歌

四山盡失如山浪竟日鄰舟相擊撞渡頭江岸集渡
人亭午無光日不放兩岸不復辨馬牛蘆洲一抹皆
西向渡聲拍岸來薄人排激危沙猶逆上渚昏沙起
鳥飛還江豚起拜驚折檣劉毅英風想此時破走桓
元負豪宕

秋晚自秦淮河欲抵白下因風雨所阻泊古渡

宿程望尚遠雙槳到難憑夜雨孤蓬客秋鐘古寺僧
村喧爭渡口星點過江燈此夕秦淮水隨風上秣陵

紀事

使相籌邊靖廟謨入歌來暮望柔遠戰逾二八春秋
戍用至東南十萬夫馬向桃關隨撤轡兵登鐵嶺遞
相扶本朝王化通烏海塞勒奔西早獻俘

青城雜詩

闌風伏雨赴青城洞裏琳宮少送迎隔斷乾坤支杖
影宕搖日月入鐘聲六時巖畔聽殘漏三素雲中謁
上清五月騎驢遊太華不知來訪范長生

昭君怨

妾向單于去君王勿苦思能作安邊計勝在漢宮時

夜泊

沙虛鴈影移月明蘆花朗時有打魚人孤舟聞蕩槳

李其昌

其昌字敬伯成都人乾隆壬戌進士官至甯

籠府知府著有漣溪詩鈔敬伯工於制藝刊行甚多便於初學

余少時猶及見之今士夫鮮有談及者集中纖巧體過多如過七盤關云山剳亂雲分剳地寒斜孱頭帶秦風剳字斜字元八陋習矣恐傷雅道故不錄

秋夕登滕王閣

來步子安後高登第一樓殘霞依鷺起片月湧鯨流南浦人何遠西山爽未收誰將長笛倚平寄一聲秋

顧汝修

汝修字息存華陽人乾隆壬戌進士改庶吉士授編修官至大理寺正卿加一品服册封安南息存氣宇嚴嚴喜獎士類官大理時余甫得登中書曾一見之平生詩工于應制有賦得雲在意俱遲試帖一首館閣爭先傳誦今從先大夫所編鴻案珠圍集中錄出壽歌一篇蓋祝余祖父母詩也息存與先大夫爲同年友相知最深故篇中于先大夫家世政蹟言之尤詳非他人濫作賀詞可比此選凡壽詩俱概從删汰而獨登公此作以紀實也

祝李太封翁趙太夫人七袠雙壽歌

金山之嶺多靈異芙蓉之溪饒薛荔何人依山飲溪水至今往往多仙氣吾蜀李子眞猶龍執鞭曾記隨南宮娛親滕下復十載承命捧檄甬勾東昨者掛冠返錦里紆道海疆出蘭溪青油檥棹邇花封鸞鳳聲名殊聒耳豈知仙吏關尹同仙李蟠根卽乃翁華陽之山有人至公與仙姥俱方瞳先時絳縣逢雙壽吾蜀士夫如某某鼠鬚斑管碧苔牋侈頌南山酌盈斗壺中歲月自長春且看滄海會揚塵蓬萊何必海島外羅江又屆弧懸辰萬人歌舞當衢路仁侯燕喜美無度盛事傳聞到十洲願與抽揚翰林賦吾聞青城太古初居人壽者二百餘今其庶幾一覩止　聖世涪樸同黃虞又嘗聞之陰隲言活人盈萬福遐綿約計姚江被災戶不下十萬皆生全治行卓爲天下冠併入我翁壽無筭金山投老待歸來刀圭乞取蓉江畔

蜀雅卷十八目錄

受業唐樂宇塡諱

蜀雅卷十八

羅江李調元雨村棻編

李化楠

受業唐樂宇塡諱

化楠字廷節號讓齋羅江人乾隆壬戌進士官至順天府北路同知保舉知府著有石亭詩集石亭先生性豪善飲與人交坦率無町畦尤喜獎借士類丙子浙闈有本房所薦士柴子邦直惜其未售且孤苦携至蜀爲置田宅入籍于羅後舉乙酉川榜人或尤之先生不顧也其愛才如此而蜀西從遊者亦以百計樂年方束髮以所業請見謬蒙嘉賞至有劍氣珠光不久塵寰之目呼爲小友遂命長君雨村訂交其成都雜詩云秋水交章不受塵小蘇端的是前身君家自有髯翁在莫向他人更問津意蓋指樂仲兄滄東也先生詩出入韓蘇瓣香獨紹東坡追慕三十餘年凡酒酣耳熱必爲人談蘇長篇斷句賭誦不遺故詩云心印遥從玉局傳又云韓蘇千古人隻字有深義乃自道也雨村銓部選蜀雅畢樂爲舉先生石亭槁十登一聊以窺全豹之一斑其立品治行則見侍讀吳諱省欽本傳不贅

唐樂宇識

七月二十七日自南村起行至德陽縣途中作

多病憚遠征出門欲何適世事暗相催人生會有役月黑曉光遲雨過寒氣慄荒徑細欲無疎林翠頻滴無人指行路但覓牛羊跡稍行漸平曠茅屋倚山壁高田種豆苗低田蓺黍稷乍見貧者富萬顆堆玉粒東藁散不收一一如人立漏水清可飲綿江淺可涉

鹿頭山亭亭。可望不可即。過此盡平川。乾坤忽開闢。靑天浩漫漫。遠樹紛歷歷。晦明極變態。烟雲爲潄滌。茲遊良不虛。耳目一快愜。日暮到城下。作詩弔秦宓。

如村庄畫圖

田家雜興四首

四月麥已熟。堆積在平場。幸逢天氣晴。人牛相併忙。碌碡千百轉。磨礱去針芒。杈却場頭草。掀簸趁風揚。內包白雪團。外浮紅玉光。四時受氣足。一粞喜初嘗。讙笑對妻子。茲日爾其康。

春禾既得收。秋田亦須耨。靑靑北阪糜。淺淺南山豆。

嘉種雖已植。惡草亦隨茂。君子與小人。強弱互競鬬。要令惡者除。嘉者乃獨秀。我聞朱虛侯。立苗欲疏透。非種必當鋤。茲理可細究。

有田斯爲農。無田則爲傭。淸晨披衣起。百十立市中。人家要皆去。早晩値不同。鋤禾百草死。刈麥疾如風。亭午饋食來。雜坐無西東。兩手快一啜。頃刻盤盞空。日暮各散歸。來朝還相逢。力作計雖微。亦有八口供。蓋藏如山積。盡屬主人公。算日需升合。聊以救饑窮。

歲入既饒裕。秋來風氣淸。老翁幸健强。倚杖笑盈盈。念我諸親友。春來各有營。農事日夜忙。不得相合并。焉能久不顧。庶往致其情。蹇驢當風嘶。鳥雀樹間鳴。主人驚客至。嘻笑出相迎。入門無他語。先問麥收成。語罷出酒漿。盤饌羅縱橫。兒童驚挽鬚。杯盡輒復傾。出門已酩酊。歸路踏月明。

孤兒行

孤兒早起行。採薪手皴足凍鼻酸辛。上山多狼虎。下山多惡狗。孤兒了不畏。但畏家中兄與嫂。浩浩風雪。枯葉蕭騷。一束不成。悲且號。腹中饑餓身上單。雖有捶楚安得逃。但免腹中饑餓身上單。雖有捶楚安得逃。末重一語尤妙

烏棲曲

香滿空庭月初出。啞啞啼烏傍簷宿。閑窗玉指自調絃。墮淚無聲起剪燭。長檣大艑遊何處。丁甯莫向倡樓去。願君心似船頭纜。有時繫向儂家住。七子不能道其隻字

種田戶

種田戶。業良苦。叱犢扶犂耕瘠土。春忙力盡幾支拄。又屆陽驕天不雨。艱難幸得値有年。妄冀倉箱盈萬千。烹羔酌醴招鄰里。解囊糶穀輸官錢。官錢不入儂心樂。免教催科受敲樸。那知事情多變態。正供雖完官事在。東家犯罪我爲隣。西家爭訟我中人。爲中爲

鄰界無已差傳票嗔何能嗔一到官署遲未理門前守候動經旬官坐高衙方飲酣司閽如虎甯堪親一腔憤懣向誰訴不敢言兮焉敢慼旅店晨昏度淒凉回首田園春已暮春深未得勤畊作眼見蒿萊田卒汙又況吾姚訟師胸有矛頃刻海市與蜃樓一言不合休不得非控搶奪即控偷何曾交手已啾啾流血號呼拳碎頭筆端造次奔魍魎清白良民受冤枉籤拿鎖繫陷法網由渠玩弄從股掌今歲不結又來歲彼爲大海我精衛尾閭不洩尚茫茫啣塡力竭且垂斃新穀未登塲剜肉聊醫瘡妻孥淚暗傷不是年歲

荒傷哉貧至此噫嘻憊甚矣安得賢侯視我如赤子。事事入人心曲裏聽爾言爾勿哀我亦身自力田來固知不剪稂莠良苗災（達下二首絕似香山新樂府）

欠糧民

欠糧民縣差促來催比頻一一喝令伏堦下但見衣襟露肘皮肉皺或老或少相扶拽堂上長官詢緣因去年牒下今幾月粒米無輸何逡巡糧從田出須人力豈或遊蕩荒隰畛三時有秋九穀舉眼見紅腐倉倉陳別戶完納皆最早獨爾拖欠眞可嗔縣官呵咄言未絕中有老翁向前說長官可容聲訴乎題起源頭淚鳴咽田必有糧何容諱我糧雖有田則未無田因何由老翁再叩頭田在元明間曾有祖産傍海陬當年頗稱膏腴地歲歲每有千箱收爲苦潮汐不時至年深久刷成沙洲至今已作鰍鱔窟荒荒一片泥淤浮後世無田那餬口爲人作傭乞升斗少壯猶能力經營今已衰疲成老叟朝不保夕何待問國賦無逃甘守分既無稱貸家又無可典緼事已至此其奈何敢忘父母諄諄訓我聞此言心爲悲撫之不暇安忍笞爲民請命牧民事今無此例空垂涕薄俸不足起累疾何以對我老疾黎他日上官行部至告之亦

復無所施豈眞無所施莫似春陵但吟詩

題伏虎寺僧畫虎歌

林深月黑初出走掉尾草間自抖擻松聲颯颯斑奴來空山無人一回首夜聞咆哮驚雷電頭爲震搖股爲戰明朝寫向屏幃間恍惚重岡陰雲變知君前生善覺師大空小空旁繞之想其下筆身在虎正當寅日風生時嗟爾稱爲百獸長眞氣自可逐魍魎莫學江乙客王門謬將威柄假狐黨（有氣格有議論）

洛陽行

君不見金谷園中草木春一朝委葉化灰塵又不見

北邙山上塚高凸年久穿作狐兎窟榮華富貴安在哉茫茫萬古一骸骨世間那得有長生要於死後留其名香山老人眞達者廿年樂道林泉下同時並開綠野堂後賢亦有耆英社清風明月不費錢酒旗詩鼓自年年烟雲澹靄閒中味紅紫芳菲醉裏天人生萬事不自保歳月消磨人易老功名不恨得來遲富貴應須退身早

我所思兮三章章八句

我所思兮北堂親顔衰齒暮髮如銀遊子天涯不相見長路漫漫暗沙塵迷離塞草凄復碧夢裏不知身

是客魂魄飛去暗相依醒來仍自關山隔

我所思兮連理枝同心同氣友兼師自從分手綿州路三年不見來何遲蜀道迢迢幾千里人事蹉跎日月馳兩弟近來復何如老兄於今眞老矣

我所思兮祠堂側異卉名花經手植池塘春水綠生漪竹外柳絲翠如織林泉佳氣日氛氳喬木陰森挂夕曛主人到老不歸去負却溪山一片雲 似大蘇

東門

步出東門去行行復向西水深江面濶雲重嶺腰低僧寺遊將遍林烟望欲迷枝頭逢好鳥相與盡情啼

遣興

敧戶山長在無心地轉幽晩烟迷石徑飛雨過江樓往事思如夢浮名念早休東籬黃菊滿不醉亦風流

同羅維陽吳冲山及六弟鳳來夜坐

共是他鄉客飄搖任轉蓬夜驚迴谷雨春捲落花風細路連村黑衰顔得酒紅幽居何所事長嘯碧天空

龍門關寄懷靳明府萊溪關路萊溪所開

崇關高百尺登眺得遐觀塞石連雲抱邊山帶雪攢危岩防馬蹶細路等蛇蟠鍵戶憑天險營城拓地寬前朝嚴戍守 昭代樂清安雞犬兒童放牛羊婦女

看濛濛烟在樹淰淰霧平巒聞昔多頑獷何年費剗剷羊腸忽開闢鳥道失艱難鬼斧心甘伏神工膽亦寒扛來千萬力步去再三嘆憶昨筵初秩于今醉尚殘一官容我懶兩日盡君歡回首龍門遠相思廢晩餐

謁龐靖侯祠

夾道陰森漢代松靖侯祠墓白雲封功開西蜀人誰識名冠南州士所宗不改蒼山長鬱鬱依然綠樹自重重漫言落鳳難消恨明月相歡有卧龍 祠內並祀諸葛武侯

餘姚署中偶作

爲民父母本無難無擾方能境內安德化鳴梟皆赤
子政除猛虎即淸官城樓每爲聽潮上郡寺多因驗
地看了郤簿書無一事訟庭袖手看盆蘭

恤囚吟

一入圜扉絕可憐求生何計死徒然諒難三宥全開
網空有千愁孰與懸吏卒無情呼黑獄妻孥有淚滴
黃泉傷心久罷團圞夢況是饑寒疾病連
切骨嚴刑痛莫支況逢暑濕並蒸時言多不盡憑誰
說病到垂危只自知獄繫十年灰已死冤成一字案
終疑叮嚀此際須詳愼頭上靑天那可欺纏綿悱惻讀之令人

淚墮

伊陽早發

夜半秋風送馬蹄穿岩度嶺怯衝泥孤村石徑環山
谷小市人家隔水溪豈有盤飧供白酒依然豆粥襍
黃鷄鄉關此去無多路回首雲山西復西

別客雲縣

百里檀州白水濱二年魚鳥識幽人徘徊尚有登臨
興轉變聊隨夢幻身落日孤村牛背笛山橋野店馬
蹄塵寄言鄒子休吹律寒谷於今遍是春

太白故居在靑蓮鄉去漫波渡二里許

騎鯨人去跡猶留冷淡村烟弔李侯奴視權閹眞有
骨詩非老杜竟無儔秋風落日漫波渡夜雨荒原粉
竹樓太白星精長不死龍門俎豆肅千秋漫波渡上舊有太白祠今爲龍門書院

遊劉敬躋園二首並序

敬躋先人字亮宇烈宇城崇正時並爲顯官
園其故居也連日飲酒索予作詩

先朝閥閱舊家聲別館開亭幾歲更千古功名付杯
酒一時勝敗落棋枰近山綠水依然在戲水紅鱗特
地明僻性自來耽野趣名園佳賞慰平生

傍舍橫斜一逕開芒鞋小步踏殘灰將軍蟣蝨生刀
後俗子蜉蚍撼樹來日月無情春色老乾坤有憾夕
陽頹主人爲說山茶好待我高秋覓種栽敬躋出先人詩集見示率爲八改竄故云

廣元山中見梅花寄贈劍州廣文何玉書

噴鼻寒香處處聞窮山絕嶺有餘芬江南春色憑誰
寄劍北幽光與子分冷雀啄殘千樹雪高人衣惹一
溪雲遙知何遜詩成後索笑巡簷已半醺

沙嶺阻雨

無端小驛滯行裝好雨留人六月涼濃抹山雲橫紫

塞亂流野水瀉紅塘灙各在懷安界內長四十里年豐信有千家喜河廣難將一葦航小酌三盃閒眺望四圍煙樹晚蒼蒼

月夜由宣府至懷安道上作

馬首東西若轉蓬夜深人靜思無窮天光瀲灔消殘暑樹色霏微倚大空沙草螢輝風定後山莊犬吠月明中自慚不是乘槎客路斷銀河莫可通又似晚唐佳作

過馮家林舊日讀書處追悼趙志遠師有感

風流儒雅是吾師立雪難忘問字時杵臼程嬰都不見誰憐趙氏只孤兒

卷十八終

蜀雅卷十九目錄

蜀雅卷十九

羅江李調元雨村選

晏珸

珸字玉齋富順人乾隆戊辰進士庶吉士官檢討

哭鄂太傅

不奉芳型巳八年神勞樞府爲心懸騎箕忽報成今古調鼎何人更後先聞道龍顔親問疾可曾鳳閣預籌賢衡茅雖自甘終老猶爲蒼生一泫然

何明禮

明禮字希顔號愚廬崇慶人乾隆巳卯解元著有斯邁草心謂集愚廬正集續集愚廬少遊宜興儲氏之門深得古文之法其才博而肆蜀中文獻半貯腹笥當代巨公多就諮焉潦倒場屋三十餘年巳卯始與余同舉於鄉年巳五旬餘矣余每執弟子禮事之而愚廬引爲忘年交相得歡甚庚辰北上試卷巳擬高魁矣旋因小講用十二轉字太奇遂落第從此遍齊梁歷燕趙益以詩酒自娛再上公車終不遇客於山左禹城周令士孝署中病卒臨卒猶作詩謝主人云羨君老手膺巖城雷轟電掣日送迎甫吟二句即瞑目逝趙木亭嘗爲余言之愚廬豪放不羈避俗客如冠遇知巳有過即面折之以是多忤相歡如余猶不免頸赤面成與諸同年飲京師之石頭衚衕出其紀行詩一册以示余有年友略摘其疵即大恚幾施拳勇因不歡而罷其尚氣如此詩始學杜陵既而倣太白爲遊仙擊劍之學

嘗有調鶻圖一卷屬余題大率蓬萊山島不似人間也余詩亦以太白曼倩況之愚廬得詩大喜每爲人誦之

南天門

盤道扶雲上霧捲天門開飄颻出世界洒洒罡風來松聲搖萬壑鱗鬣掣奔雷神森骨珊珊詄宕煙霞堆懸知天帝近星漢共昭回我欲躡天宮寒芒摘斗魁燦爛雲錦裳天孫爲我裁隻手扶瑶闕長嘯金銀臺肯學岩棲子鑿石倚山隈

乾坤亭

長子乘乾闢天門手握靈樞定乾坤兩儀交泰初絪縕渾淪元氣此中存日居月諸東西軒丈人天柱作離藩知水仁山序弟昆邱陵拱衛列兒孫二十八宿手可捫峭壁巉岩虎豹蹲飛泉千尺涙霤奔觸石膚寸湧雲根龍峪開闔相吐吞綠霧蒼烟迷朝昏天鷄一叫破扶桑暾蒼茫俯視萬家村濟漯汶泗帶一痕千山蟻聚與蜂屯松濤颯颯風雨翻蒼龍捧駕丹鳳騫花間草軟鳥不喧採藥何須問桃源手携姹女過南園鑿開石釜調饔飧整理絲綸釣修鯨飽飫沆瀣養丹元仰天坦臥舒心魂栩栩然一夢謁天閽蹀躞忽聞響郲根諸君何來入吾褌

題盧伴樵百鴈圖

伴樵盧子書畫癖三年偃蹇吟床簀病卧還乞山水靈陡起揮毫憑左壁豪氣不因困頓消酣醉淋漓興猶昔爲余寫鴈生機騰屈指計之數盈百一部十七此中尋尺幅未覺乾坤窄天際冥冥作者七亮公廿二風雲赫漸逵初上羽爲儀寶塔題名永留跡元愷未登勢盤旋衎衎十亂尊盤石回首西山毛羽摧黃農已殁將安適瀛洲競進騁才華竹林竹溪烟水碧偕老雝雝致足樂伯仲叔季序絡繹我得此圖印胸中高天大地形無役

觀仲松嵐明府蜀征日記爲作長歌

捫井絡上青天古來名臣國士半入川文翁高眹闢石室千秋學舍此其先袴襦叔度愁來暮叱馭王尊欣着鞭濂洛風行開道脉篾叟醬叟發眞筌琴鶴氷心照江水懷柔遠略峙籌邊勳名爛熳垂青史更有鴻章佳詠付鸞牋集記古今昭風土方物益部揚芳鮮他如石湖入蜀前後皆有記放翁遊記復連篇漁洋當代推宗工驛程兩度手爲編竊怪造物區區誠何意故遣高人奇士登山涉水勞胝胼嗚呼噫嘻吾知之天私我蜀豈云偏借蜀山水抒靈蘊雅調好翻

蜀國紱清名惠政作符節長江峻嶺亦良緣松嵐明府今才子高文典册媲前賢太江南北齊頫首瑶林杏苑難比肩競看威鳳翔瀛島倏覩雙鳧振翩翩四月離燕薊五月度秦阡懷人弔古飛逸興奚囊麗句壓錦韉中原片楮收拾盡東都西京嘲磨研鳥道羊腸經絶壑虬龍虎豹躡層巔北棧南棧中間相距一千四百有餘里沐雨櫛風帶雲穿朝攀天梯暮摘星躔蛇虬擁道蛟螭騰淵寒花草藉老樹藤纏山城鬼嘯野市虎眠時起時伏乍郤乍前柴關槎枒劍閣削鷄頭倒挂牛頭懸僕隷喘汗頻欷歔驢騾仆蹶苦迍

邅起視明府何所事豪吟正自握丹鉛邑乘輿誌誰能究一一都從胸中筆底註雲烟峻如峭壁奇峰當面起婉如平岡漫坡相曼延快如金鞍駿馬馳平坂清如飛瀑寒流漱石淨涓涓竹韻松濤鳴天籟荒林午夜聽啼鵑蘇海韓潮入林同把臂瘦島寒郊那爭妍陂盡平來（額在梓橦）撫琴縱轡過沃野塵襟灑灑骨僊仙浣花江頭裁新錦平雲亭下問桑田五斗雖貧八斗富漁獵百代歸陶甄訟庭花落園草長泮林飛躍皆魚鳶嗟余淺陋僻井底文淵學海謬尋沿幾載杖策八京里三春花飛零華顛齊韓楚趙曾遊遍馬煩

車殆旅魂莽亦白客夏發齊水險阻踰越道里千東岳西嶽猶在目名區勝概景儼然却恨秦莽横胸臆橐筆何能志夷堅捧讀日征記還尋重往還官柳依依草芊芊華峰又放玉井蓮其如日近長安遠坐老名山空自憐他日青雲驥許附雖爲執鞭欣慕焉

入峽

夔門穿一線怪石捭流横峰與天關接舟從地窟行亂猿昏月色殘葉冷江聲神女知何處時時雲雨生

斗母宮

山斗原同仰仙宮可奉眞樓高涵翠靄殿古隔囂塵

繞砌香花細當軒鳥語馴炎天全遠暑旭日半如春藹藹祥和集振振禱祀神三男初出震萬彙總生寅允矣鍾靈秀于焉降甫申篤生徵至聖陰隲錫凡民感應甯無據報施亦有因保之惟大德宜爾賴深仁物候清明日風雲際會辰請看廊廟器都是石麒麟

新灘

數里濤聲先蕩魄朦朣一葉浪花翻舲空怕觸蛟龍怒路轉還逢虎豹蹲衰草寒煙迷故鬼懸岩落口老啼猿前途八九羅雲夢試把長江一氣吞

重慶府

城郭生成造化鐫如林舟檝兩崖邊江流自古書巴字山色今朝畫巨然烟火參差家百萬波濤下上浪三千鑱岩月峽誰傳出要使前賢畏後賢

寄懷張太史鶴林年兄

司馬文章漾錦波瑤林平步拂煙蘿玉爲堂署金爲簡鶴在雲霄鳳在阿濁酒知于同酌少清名正不在錢多喪家笑我眞如狗舊誼甯能忘駱駝

寄懷同年李羹堂

別來詩興近何如不得羹堂一紙書內翰文章曾欲試余山京時羹堂擬考中書年翁官職可能除風清徐孺新書榻

月落黃公舊酒壚嗟我雖羣千里外夢中猶怪汝遷居京寓去羹堂咫尺朝夕過從後羹堂移寓而予亦來濟南夢中猶嗔其遠也覺而黯然並誌之

寄懷同年張七石臣

無緣富貴復何疑命也天乎一聽之蟻爲泥深頻覓穴鳩緣性拙又遷枝三條短蠟同燒夜半醆浮蛆獨酌時槐舍風清天漸冷長逢涼月寄遙思

初夏安化寺同人對雨得初字寄雨村

廿四番風信巳疎天公著意雨徐徐落花對客三春後折柳逢人四月初暖浪乘時添鳳侶寒烟帶潤上蝸居豐穰儘有農家樂莫便窮愁嘆著書

華不注

千古兵戈一笑秋猶傳跛子逐三周天然綠翠芙蓉好不見題詩李白樓

大明湖

皎皎澄湖接玉京夜闌銀漢落無聲最宜雨過秋光後一片蘆花帶月明

張　翯

翯字鶴林成都人乾隆庚辰進士官至檢討有鶴林詩鶴林爲吾同年友其爲人沖和澹雅無論識與不識皆愛敬之以羸疾於三十四年十月初五日卒於京邸余既哭之即索其生平所爲詩編次成卷詩多倣法東坡拔其尤者入茲選其餘序而授其子鑑以不負良友之託也嗚呼子敬人琴俱亡矣抄錄一過輒不禁月落屋梁之感也

冬夜書懷

弱冠弄丹墨窮年覩書史抗志希古人意不在青紫蹉跎三十餘歲月如流水客路羊腸盤微名鷄肋似我生竟何成中夜汗流泚

嗟予亦何幸有弟復有兄兄本嚴師長弟亦賢友生早歲篤歡愛門戶同支撐朝歌暮復嘯貧賤有餘榮一朝賦遠別悠悠三載情何時對床臥夜聽風雨聲詩詞古人似弟則吾弟也與欒城同一境界

我昔出門去兒來牽我衣老妻背面哭兒問何時歸驅車萬里行遠逐鯤鵬飛豈屑守蓬戶兒女徒傷悲北來三四載壯志日漸微號寒恐不免夢想時依依寒鷄自悲啼飢鼠長咬齧由來羈旅人孤詠等蜩螿寒宵閉戶坐火冷燈燼滅小院寂無人庭下揖明月多憂少睡眠感時念離別故作繞床行微吟待明發情真境真皆肺腑中流出設身處地亦不能到

癸未臘月居停致梅花水仙二盆詩以賞之

飲酒不求醉半酣興味長看花不必多疎淡含真香北地苦霜雪歲晚花木僵何人工灌溉溫室回春陽

孤根强盤曲纖頭時低昂莫嫌生意少即此襲餘芳梅花如仙人水仙如仙女天然兩仙客爲我伴羈旅無風韻自清有月香更古夜靜寂無人獨對二花語松竹歲寒交芝蘭同心侶何當一樽約共入此室處全學東坡而得其骨

秋日小齋觀芮後庫李慰堂作書

有客昂藏來作書握筆爲我臨黃蘇松烟蘭屑和梁濡玲瓏筆格紅珊瑚是時秋爽氣清虛清風習習來庭除試旁觀之樂何如得意豈異蘭亭乎芮君天機駿有餘興劇一揮百紙無烟雲變滅纔須臾書成滿

眼蟠龍魚恂恂李子眞醕儒筆勢和緩體自殊眞書八法令指模迴如寒冰在玉壺意到筆隨法亦俱世間嚴放徒區區快馬奔踏蛇縈紆工拙曾不爭疾徐嗟我兩手拙於鳥雙鉤妙帖不可摸偶學弄筆如吹竽世人不好强自娛人生技巧爲人奴好辭工書皆癰瘑能者不閒拙安居鐵閾門限何其愚咄哉二子愼無迂從我終日飲醍醐自有眞趣忘形軀何用臨池苦拘拘

秋風歌

燕山九月風怒號千林落木聲蕭蕭雲霾砂走白日匿黃葉上舞霜天高入夜風聲猶不已撼幨排闥驚客起布衾多年踏裏穿似潑寒宵十斛水我官於京長苦貧披絮瑟踡體難伸却念長安十萬戶歲暮豈少無衣人朔風起兮天雨雪手足凍龜肌膚裂安得大被覆千家盡使窮簷生暖熱即杜工部安得大厦千萬間意也寫得更淋漓

夜

瞑色來高樹簷前烏鵲歸雲開孤月上雨後一螢飛兒女情空斷功名願尚違八年鄉井夢別久但依稀妙景可想

夢遊

雨餘芳徑草萋萋花滿閒原柳滿堤山色遠含新翠黛湖光近泛碧玻瓈牧人叱犢身先跨釣侶分魚手自攜最是夕陽留客處一灣流水小橋西

生日憶家

驚秋南去鳥茫茫眺遠徒增歲暮傷三十五生一彈指五千客路九迴腸朔風漸起衣裘薄去日難留鬢髮蒼把酒忽思庭除樂蜀西冀北鎭相望

元日早朝和李羹堂同年元韻

天階銀箭尚催更禁苑新鶯向曉鳴旭日漸升瞻豹尾和風徐引入鸞聲芙蓉闕暖雲輕罨鳷鵲樓高雪倍明隔仗氤氳香篆裊笙歌達旦滿重城

送顧息存大廷尉冊封安南

平明捧 冊下青霄桂郡珠崖道路遥秋去黃花迎使節春歸楊柳映征轎百蠻碑版傳荒服三殿 泥書降聖朝載得聲靈通萬里論功應不讓銅標

宮詞

簫聲隱隱渡銀河望斷青鸞影未過遥意離宮三十六不知何處月明多力摹龍標

七夕辭

仙橋駕水接紅雲夾岸笙歌遠近聞牛女豈愁銀漢迴却嫌烏鵲太慇懃 用意妙

呂林

林字宣茂梓潼人乾隆壬午舉人

錦浪桃花詞為張麗天明府作 麗天名鳳詔宛平人時解任將歸

錦江雪浪連天起片片桃花逐春水迴首東風別恨多嬌姿艷態波中委洛妃鏡裡洗紅粧天孫河畔濯新綺擊碎珊瑚翻血濤剪斷朱霞落寒沚遊魚追逐吐還吞桂揖招邀行乍止宛轉天台歸路遙為憐灼灼穠之子宋玉墻東魂欲銷崔郎門外心應死海山一放歲三千不及汀蘭與岸芷南北飄殘踏作泥九十風光空負爾武陵還有問津人重來為入仙源裏

燈市

春燈百種媚雙目不暇給少年不看燈回頭却看妾

周開豐

開豐字駿聲號梅厓巴縣人康熙庚子舉人歷官福建直隸龍巖州州同

畫眉隴

晨露霏微下朝暾隱約明支笻足幽興一路畫眉聲

李其椅

其椅字鳳木號儀甫通江縣人戊午舉人官巴縣教諭

梨塢

朝塢開梨花夜塢照明月花月影交橫杯色同玉白主人醉眼蒙道是陽春雪

吳崑

崑字奇誠號明軒江油拔貢官湖北監利縣

閏月九日晚登龍泉山漫吟

十年泛宅亂蓬蒿忽為龍山野興豪舊事笑經成畫餅芳晨誰復索題糕倚樓行客沽村釀溪月留人照布袍勝會難逢重落帽白雲飄盡首頻搔

卷十九終

蜀雅卷二十目錄

蜀雅卷二十

羅江李調元雨村選

流寓

王寡郎

寡郎姓字里爵未詳 彭樂齋蜀名家詩畧云寡郎不知何許人亦不知其姓氏自謂不讀書然喜吟詩亦時有佳處爲人送文書得錢則沽酒自吟莫知其所終

白帝城

忽見雀飛處人傳白帝城山形猶未改世變幾回更灩澦何曾險江流不肯平興亡千古事無故客愁生

觀息存亡老健

登成都八角樓

益州吾夢古蘭州春日頻登八角樓遥望千山皆不是一層雲樹一層愁

彭齡

齡字幼朔里居未詳 幼朔明末嘗寓蜀之潼川州自稱鄒長春常熟人顧雲鳳爲州守從諸生得其塡詞異而物色之戴高簷帽乘輿以來守與語詭激多奇因而稍規之遂徒步往還多談容成御女之術已而去不知所終順治初年有人見之登萊山中僕從車馬甚盛後不復見

偶題寺壁

小軒幽寂偶徘徊落落修篁曲徑開滿地蒼苔鞋子印無人知是赤松來

絕句

崎嶇歷盡入林邱瀟灑襟懷象外遊閒向岷山高頂臥覺來到處是瀛洲

黃霖

霖不知何許人年八十餘僑寓成都善畫菊自號菊花老人

歸農

我愛騎驢婦坐車兒肩書籍僕挑花出城未到青羊

市先問橋西賣酒家

畫蟹

不食霜螯二十年未曾舉筆口流涎何時得到江南去明月蘆花繫釣船

宿士敏

士敏夾江人自號臥雲子 外紀士敏字元魯獻賊陷蜀迫之試士敏治裝赴省至千佛岩策馬投江馬死士敏泅水得生賊見馬浮於江信其已死也置不問士敏遂乘夜逃匿雅州山間易姓名爲臥雲子終身不出云

石門

靈峯人不到雲鎖石門幽一夜溪頭雨桃花出洞流

藥香來白鹿苔軟卧青牛聞有眞師秘高高不可求

道宮

絳闕開清壁丹梯上紫微松聲泉共落鳥影葉俱飛花引樵人入雲隨道士歸仙靈未可遇悵望石巖扉

上二詩俱有高山流水之趣

秋意

溪動螢過水松凉月在枝此中無靜者秋意有誰知

蔣超

超字虎臣金壇人生時其祖母夢峩眉老僧托生長亦自言夢身是僧早年成進士狀元

及第入翰林督學北直假歸瀰峽遊峩眉寓伏虎寺長蔬一日索筆題詩八句念佛而逝

詩偈

翛然猿鶴自相親老衲無端墮孽塵妄向鑊湯來避熱卻從大海去翻身功名傀儡場中物妻子骷髏隊裏人只有君親無報答生生常自祝能仁

張清夜

清夜字子還別號自牧道人著有潭東草全蜀詩話道人先名尊本長洲諸生不得志乃溯江入蜀覽峩眉青城諸名勝遂易羽士服結廬於成都城南武侯祠之西偏一琴一榻蕭然自得年八十餘乃卒所著詩古文甚夥余遊武侯祠見弟子宗繩始獲覩其全集其道孫徐本衷亦弱冠能詩有和余見贈絕句云

少年落落志難同夙夜精勤繼祖風不受塵寰烟露惹飛身直入廣寒宮

登太白嵓

南浦重陽日登高臨太白縱觀鐵鳳低始知滄溟窄傳言太白仙於此凌雲烟蒼茫不可即遺蹤山之巔山巔有古井日照含空影旁蔭千年松上閉鍊丹鼎泠泠响石鐘廓然聲外逢我亦欲飛去青天騎白龍

似太白

題張耐觀白猿舞劍山水手卷

斷虹三百丈化作芙蓉鍔猿公兩手持霜雪紛錯落

今日一見君豪氣猶凌雲隻身走天涯雌雄何必云雙松多勁節片石餘高潔几上有奇書閑來獨檢閱箕踞儘悠悠光涵溪水流虛空漾白日慘澹千山秋

起語高挺

謁北地王祠

皇天不祚漢王業終西陲末造挺義烈矯矯千古儀一戰再三戰當爲社稷死恐貽後世嗤忍作降天子降表出世家折衝無反車佐命胥反首文孫獨磨牙廷諍不可得廟見心無瑕霜鋒斷秋情熱血聊薦馨高光信難幾甯復遜桓靈五行本無常五倫烏可移

冠履各倒置胡能一朝羈吁嗟乎河山縱失節不失二十四帝爲解頤結語神氣高渾

蓮花吟

池上仙人嬌欲語亭亭整袂香如許綽約凌波踏鏡來綠雲擁扇空中舉自是天然淺淡粧風鬟雨鬢佩霞裳不枝不蔓非凡質怪殺當年比六郞却憶西嶽蓮花頂頂上一潭名玉井其中有藕却如船花開十丈擎空影何日移根種此間金莖承露玉爲盤孤芳不染人間色離垢眞同世外看我來別喜神清靜晶英向日溶眞性秀映靈淵可悟觀鳶飛魚躍花涵靜

廣元舟中

行來雲水合蘭槳破沙汀巖際雕千佛山尖聳一亭溪流長送碧岸草漸知靑明日春風至扶笻入畫屏

山行

日午山逾靜行來又幾層竹鷄啼客樹松鼠走危籐倚石憐無力探奇愧未能眼前何限意蒼翠晚烟凝

流水

不作奔濤勢惟餘漱石聲落花應有意紅葉自多情入耳心堪洗無絃調更清千山明月夜曲澗小橋橫自然流出

春草

東風吹細草隨意發春泥原上情何限天涯人自迷色憑花瓣襯嫩與麥苗齊落日揚鞭外青青送馬蹄

蘆花

生成骨格清於竹瘦影蕭蕭劇可憐兩岸花明殘月夜一灘霜皎薄寒天學書空羨堪爲筆納被何妨竟作棉愁絕懷人江水畔那能長繫釣魚船

秋日有懷喬太守鐸

錦官別後炎雲盡秋水懷人獨倚樓梧葉飛時數點雨蓼花明處一灘鷗材非有用能全跡水本無心自在流寄語羈棲喬太守脫身莫負五湖遊四語於靜處得之

次答李見山過訪不遇

荷淨清香遠心空白日閒因從採藥去帶得暮雲還

題畫

綠楊三月繫春情落盡桃花春水生一葉扁舟人獨坐滿天風雨過江城

海明

明字懶愚一字破山大竹人住嘉興東塔寺後歸蜀有破山語錄破山姓蹇母徐氏俱亡持師剃度一日從萬丈懸崖墮落而醒一叅雪嶠再叅湛然後叅天童密和尚得法雄踞

九山名聞四海明詩綜詩話張獻忠殺人之多較黃巢百倍自甲申正月犯蜀陷重慶悉斷民右手既破成都僭號大西改元大順挼其義兒孫可望爲偽平東將軍監十九營李定國爲偽安西將軍監十六營劉文秀爲偽撫南將軍監十五營艾能奇爲偽定北將軍監二十營次年五月可望報一路殺男子五千九百八十八萬女子九千五百萬定國報一路殺男子七千九百餘萬女子八千六百餘萬文秀報一路殺男子九千九百六十餘萬女子八千八百餘萬能奇報一路殺男子七千六百餘萬女子九千四百餘萬此外各營分剿川南川北所殺之數及獻忠偽御營殺人數目自有簿記之不與焉於是四川之民靡有孑遺迨屯營於西充鳳皇山自殺其卒日一二萬人初殺蜀卒蜀盡則楚楚盡乃殺共起之秦人後令量之以度過不及者皆死駐西充時尚存兵一百三十萬逾兩月剿刖宰割者過半矣相傳破山和尚嘗勸賊帥李止殺賊帥以羊豕進曰和尚食此吾當封

刃破山遂食之此破山之徒杖雪通醉載之語錄者綏寇紀畧謂勸獻忠誤也予友高念祖對予述之魏叔子文集釋海明傳蕪湖僧海明聞故簽事金公被刑乃乞貸往市棺徑前抱公屍而殮邏卒訶阻之不爲動卒殮公載歸蕪湖菴中倪永清曰世人謂破和尚是逆行菩薩讀其詩又是逆行詩何則衆人多有旨歸彼獨別開一路如鳳皇自鳴不知宮商如獅子自吼不解聲調當于筆墨未施吟哦未吐時具一隻眼則知破山和尚詩並非逆行也

山居即事

幾年勘破是非關小結茅茨擬住山園裡竹鷄啼引子崖前石虎老生斑一條心事弓弦直三個柴頭品字灣法法拈來皆活句更餘何事可躋攀

送微言之蜀

竹方床上幾經秋忽地番身問話頭走起欲拈行脚事草鞋先到楚雲樓

永慶寺

踢倒須彌鏡影空逢人徒鼓舌尖紅黃鸝不識吾生意叫落庭前一樹風筆帶烟嵐

白兔亭

磊落山川忽地平雲巢月窟兩關情於中白兔今何在只有巖前瀑布聲

示四不侍者

倒騎驢子上揚州却似當年跨鶴遊邵伯湖邊親說與紅塵飛處莫停舟

寄炎雪禪友

嶺畔桃花相映紅恍然如醉薜蘿中通身長出參天棘刺殺山頭瞌睡翁

通發

通發字師遠內江人有山居草

再過永慶寺

山涵孤城外舟行一水前落花柔櫓撥斜日斷橋連丈室依林住雙扉倚竹偏再來情不厭知是主人賢

了用

了用姓張字雪機遂甯人舊志雪機少善應教偶聞人言遂感悟靜坐數年深有所得印證於天淵和尙年七十二卒卒時彩雲繞寺人異之

山居

傍樹修庵倚翠岑烟霞繚繞白雲深愚癡自合棲泉
壑潦倒何妨論古今怪石溪邊無過客浮嵐巖下有
鳴禽始因入道藏幽谷截斷攀援更莫尋

行寄

寄字澹竹峩眉山僧

寄峩眉聞達

層巒碧落萬年烟紅蓼江頭橋露泫寒雁一聲頻寄
語茄瓢箬笠枕雲眠

通醉

醉字丈雪峩眉山僧

卧雲菴

七重天末號峩眉樹裏老僧下榻遲八十四盤行欲
盡青山湧出象王兒

性一

一字貫之犍爲人峩眉山僧少于觀音寺三
濟和尙出家與其徒建伏虎寺

宋玉洞

石洞陰森渾沌開天然雲物自崔巍分明鐵壁銀山
老誰湧瓊樓玉殿來谿畔猿來携子去門前鶴唳引
雛回丹爐萬古遺僊跡惆悵荒烟動客杯

行喜

喜字雲峩峩眉山僧

送印光禪師禮峩

正值春和柳眼開折來相餞當茶杯草鞋得到最高
處携取峩眉山月回

永宣

宣字化機峩眉山僧

山居

九日柴門雨亂飛禪心無住客來稀西風不管黃花
夢林鳥山雲各自歸

牛心寺遊雨

幽徑荒苔寂千章古木橫雲來迷洞口雨過濕流鶯
殿僻凉生遠谿深霧到輕松陰聊對座返照起新晴

兩山

山字荊門峩眉山僧

四會亭

雲近天垂一鑑空天邊春擁梵王宮山桃花上輕合雨烟柳枝頭軟帶風錦繡妝屏鋪殿北笙簧吟鳥過樓東旭晴細向臺端望不是山中是畫中

海源

源字可問峨眉山僧

峨眉早春

茆廬清淨只幽恕日對晴巒數點新疎壁嘗留穿牖月垂楊偏送隔牆春止居不過三間屋坦率惟捐一點塵慚愧谿山無箇事虛聰高卧一間人

別鄉友

多年未覩南來雁影落峨眉下翠微三笑虎谿留不住乘風又望海天飛

元溫

溫字瓊日峨眉山僧

登峨

不到崇高處安知壁岫懸路頹山霧接橋斷野雲連秀目青松柏清心冷澗泉半輪秋夜月千古照巴川

照裕

裕字與峨峨眉山僧

峨嶺秋

萬籟吟風紅樹顛杖藜閒步洞山前疎林過鳥知寒露古木留蟬噪暮烟寂寞泉聲依玉峽蕭條梵宇長金蓮曉鍾何事朝來急敲落晨星散碧天

福昆

昆字禪明峨眉山僧

白水寺

勝遊山寺古幽賞出奇蹤石磴穿雲細松梢帶雨濃漱心臨白水寫意坐青峯問道何年闢殷勤說惠宗

元英

英字省白峨眉山僧

山居次韻

抱拙林泉下安貧任意閒無絃琴易操有韻句難刪雨過雲初曉風回戶自關故人何處見深月轉青山

覺和

和字屢生峨眉山僧

懷峨

謁罷峨眉嶺常懷第一峯臺高常見月山靜獨聞鍾古雪搖瓊蝶飛泉掛玉龍何時重躡屐散步倚雲松

馮氏

氏卬人劉聯度室王漁洋隴蜀餘聞劉遙貞字瑩仙卬人名士也嫻詠

起兵討張獻忠不克病卒於軍妻子皆遇害其子睽度妻馮氏詩甚清婉有春日即事云云

春日即事

閑步小橋東黃鶯處處逢梨花風雨後人在綠楊中要婉欲絕

馬士騏

士騏字韞雪晉城人張應垣室從沈歸愚別裁錄入

齊雲樓

凭闌天際盪心胸一片雲飛接岱宗縹緲層檐疑結蜃寂寥卧榻笑元龍自傳家學三千衆誰數仙居十

二重爲問芙蓉樓上客何如東海表齊封

楊雪娥

雪娥彰明女子

雪

乾坤一夕地同天白日無端影倒懸人愛落花兮六出我惜飛絮又三年銀裝裊裊輝簾外玉屑霏霏繞座前爵酒深閨無別祝先爲聖德兆豐年

高氏

氏華陽人提督四川威信公岳鍾琪之妻封一品夫人夫人能嫻弓馬善理軍政威信公每出征戰署中內外莫不肅然待

人以寬亦能詩常與公唱和其歿也公哭之詩云五載西曹我困危長安寄食一赭謀爲全家幸得歸田里相守翻成永別離一字如金愛惜之郤因相敬故如斯從今永閣閒中筆自此無人解和詩鬢增白髮面增皺行亦無雙坐亦孤仍向合歡床上卧入簾涼月照鰥夫

雨中看芙蓉花

芙蓉花面艷粧新細雨微風洗庾塵有淚郤同湘女恨無言宵有息嬀嗔遙思洛水凌波襪想像華清出浴人相對莫愁秋寂寞一生顏色不傷春立品高潔

和芙蓉花韻

深淺芳心濃淡容宵甘蕭瑟對西風拒霜縞袂嬌還

怯映日胭脂暖欲融冷類曉凝秋露白醉顏潮暈夕陽紅錦城萬里芙蓉月勾引鄉魂入夢中

新月

一痕印破碧天秋半面修眉婉轉浮疑是廣寒猶閉戶珠簾不挂側金鉤

咏蕉

寒蕉雨浸碧紛紜似浣湘江六幅裙夢覺午晴回枕看梳風擘絮一窗雲

咏畫中美人

鏡中窺影喜如真誰信豪端幻出身一捻胭脂污玉

頻却疑曾佩守宮人

巫雲

巫雲姓韓氏華陽人爲蜀中名妓之冠巫雲善歌舞名重一時後竟出家爲尼臨去有留別人詩云歌盡金釵不列行漫歌其雨怨朝陽從今了却前生債花自烘然水自凉又云漫化巫山人夢雲向人重着海榴裙年來杜牧風流減襆被無香夜不熏盡巫雲時亦老矣

鈴兒草

衆芳燦爛獨青青賺得明皇仔細聽寄語流鶯今且去春風繫遍護花鈴

白鶴翎

漫道秋來花事稀看他皎皎玉爲衣風寒月淡空庭靜鶴立東籬勢欲飛

萬氏

萬氏成都人李雨村妾氏秉性幽貞嫻於吟咏辛卯之七夕始歸於余催粧之日曾有艷詩十首是年冬從余來京師相得歡甚燈前花下無刻分離癸巳四月初六日以産第四女得惡露疾而終余一慟幾絶空之於石芝菴尙記其遺詩一首

暮春遣悶

春花度盡百花顛燕老鶯愁晝欲眠敗絮因風還自舞落紅無主更誰憐雲球夾透斜陽影樹容低烘晚照烟底事浮沉皆夢幻等閒覷破即神仙四語似讖

趙昱降筆

昱青城人隋煬帝時爲嘉州太守入水斬蛟以除民患後入山得道遂不見唐太宗時有見昱乘白馬引白犬腰弓挾彈以從遂奏上封爲神勇大將軍廟祀灌口明皇進封赤城王宋張詠治蜀禱祠得神助事聞封川主淸源道妙眞君今蜀人多祀之有巫者降神大書於灰盤云

煬帝宮前草秋來不復青苑中螢百萬散作雨餘星

龔完敬鬼

完敬字潛石彭縣人崇正丁丑進士官臨安府推官順治末年有士子客成都旅舍與友人聯吟忽聞舍傍芭蕉下有聲覓之不見重挑燈閒宴忽有人在窗外高吟曰請君勿吟聽我燕城之歌云云問之答曰我尙書龔完敬也明日使人迹之但見瓦礫烟草而已遂以其土封之爲尙書墓

燕城歌

暗拖紅豆淚盈把委佩當年悲艷冶一杯黃土玉鈎斜切莫燒作鴛鴦瓦毛西河集獻忠破蜀完敬受僞尙書職召成都五衛指揮千百戶赴省考選至日午忽下令盡殺之完敬伏地不能起以爲慢令也竝遇害見後鑒錄

青羊宮吟一首

青羊宮獻忠殺應試舉子三千人於此蜀平後有道人偶夜遊見古栢下有二人携手聯吟曰

只須飲醋酒不用讀離騷八一誰是眞名士千秋恨未消八一

檜鏡二首

內江士人讀書崇天寺僧房忽一夜聞後圃有人吟詩聲甚淸越士人潛聽之遂錄其詩明日邀僧人至其地了無踪跡鋤地二尺得檜一鏡一後遂寂然

檜吟

攢竹黍苗直。鑱銀柳葉銛。百交鋒不減。所刺甲無堅。
霜女飛花亂。神蛇掉尾圓。技成烽燧靖。施巧是何年。

鏡吟

誰將匣裏月。挂向碧雲邊。光映三秋水。淸涵五尺天。
時時芒自吐。夜夜影長圓。不爾宵埋照。無勞醜女懸。

碑讖

迴瀾塔碑讖詩

修塔余成龍。拆塔張獻忠。歲逢甲乙丙。此地血流紅。
妖氣滿川北。殺氣遍川東。吹簫不用竹。一箭貫當胸。

朝肅王入蜀箭斃張獻忠其言始驗

諺謠

潼川諺

鳥爲食傷人爲財亡。又草生一季人生一世。

綿州謠

藏朦藏朦。爾西我東。分明瞽見。妝瞽妝聾。螻蛄歌。蜻蜓舞。蝦蟇吹簫鼈打鼓。

羅江謠

水灌姚家營。羅江出翰林。

蜀雅卷二十畢

全五代詩

光緒七年合
重鐫于廣漢

全五代詩
五代詩向無全本編詩者率皆附之唐末宋初
之間並少專輯惟新城王尚書漁洋有五代詩
話而所載者事蹟詩或缺焉竊嘗論之梁唐晉
漢周歷五代十三君共五十二年其間或縉紳
或隱逸代不乏人然各事其主判若町畦如梁
初或可附之唐末矣晉漢周則去唐較遠周末
或可附之宋初矣唐晉漢則距宋稍遥况兼以
十國各據疆土卽五代之君亦不能隸其版土
而屬之而况乎唐宋所謂風馬牛不相及者以

之附入豈不謬乎夫讀古人書貴知古人之世
事君之義從一而終此天經地義也而五代年
閧易姓僭竊如翻鐵上餅以致官爵猥濫小人
乘君子之器富貴出於非意視國家安危如秦
越不相謀故其時將相大臣有一人而事一二
朝者有一人而事四五朝者如後唐之馮道所
向稱臣後梁之王易簡幾遍五代後漢之王仁
裕歷事八君似處處皆可攔入嘗附入何代乎
惟於其人核其生平將受知必有最深之地功
名必有最顯之時本其時其事以定其爲何代

之人亦愧其不安之意也故數年來於趨署直宿之餘輒坐擁諸書詳加稽核有五代詩而爲前人附入唐末宋初者俱一一歸還之或應入某代或應入某國各按其時其事而更於每人姓氏之下綴以小傳皆據各書採錄非臆說也蓋不如是則不足以成五代之詩也更於五代後附以十國凡有斷章摘句靡不收入統名之曰全五代詩共計書一百卷自乙未春二月至戊戌春正月積三年而始成雖草創經營不無坦率而獺祭之下頗自信摭拾無遺庶幾使五

十二年之文獻得以不墜不亦可乎我
朝文教光昌炳耀千古近於鄉會益以詩律薄海內外莫不炳炳麟麟羣趨風雅矣今是編之出或亦操觚者不無一得之助也夫

大清乾隆四十五年庚子八月朔日
賜進士出身　奉直大夫
欽命提督廣東學政吏部考功司員外郎兼翰林院
編修綿州李調元雨村甫謹序

凡例

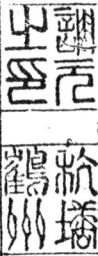

一五代詩向無輯本今取昔人所附之唐末宋初之間者以成此書意在備收爲五十二年典故之徵披沙揀金非吾事也

一五代詩人最著者梁之杜彦之南唐之徐鼎臣前蜀之韋端已吳越之羅江東閩之韓致堯皆大家也詩固全錄至荊南之齊已蜀之貫休釋家之最著者詩雖糅雜非大家可比然卷帙相傳本富亦備錄焉

一十國人文惟南唐最盛故編卷最繁其次卽惟前

後兩蜀采藻明艷焜燿一時再次若楚閩吳越亦推聲名文物之區如南北漢則著者寥寥遍加搜討僅各得一卷亦可見其一斑矣

一五代詩人率多事不一君今惟按其事實於何代最著則斷以某代至有唐人而入五代五代而入宋者不加採入則五代詩人不全故備收之庶無遺失

一五代詩人以詩著名當代而兵戈之際流離散失以至全集不傳間有一二佳句多雜見於唐宋諸叢書中茲不另立名次惟附於各代各國諸人詩

話之中使閱者從首至尾細爲尋繹方知無滲水之漏也

一五代中十國多有奉五代正朔者如吳越閩荆南楚南唐時叛時附故抄五代之詩而不附十國則無以觀其全然究以五代爲正十國附之故止名全五代詩

一唐末如司空圖之聞梁加尙書官不食而卒李涚之爲王行瑜所殺旋得贈官吳融之不肯爲錢鏐王官皆忠於唐室事節凛然不敢採入

一五代詩話無不具備

一讀書貴知人論世故於每人先敘字爵里居謚法再綴以事蹟庶讀者可以得其人之厓畧焉

一編書貴有次第故於每代每國詩人必先官爵次隱逸次道釋次閨媛次神仙鬼怪次歌謡雜識次樂章庶覽者便於䌷閱

一詩有古今各體此書之輯每一人必先樂府次四言次五古次七古次五律次五排次七律次七排次五絶次六絶次七絶各國皆倣此

一杜撰無徵素心所鄙是書採用書目幾三百種今並列左方以便攷訂者互相查對

一五代帝王及十國僭號年譜另編一册於卷首庶覽者於歷代興衰之故一目瞭然

一是編編定余獨任之至於校讐魯魚亥豕則舍弟檢村鼎元墨莊具有力焉綿州李調元雨村識

全五代詩

編引書名

石林詩話　貢父詩話
蓉塘詩話　漫叟詩話
隱居詩話　金石詩話
鍾蒨詩話　許彦周詩話
迂叟詩話　楊萬里詩話
桐江詩話　中山詩話
碧溪詩話　娱書堂詩話
五代詩話　詩格
韻語陽秋　詞品
文苑英華　北里志

翰府名談　歷代吟譜
瀛奎律髓　雅言 雜載 雜系 雜錄
檇李詩繫　百斛明珠
吟窗雜錄　藝苑雌黄
清異錄　緗素雜記
金鑾別記　翰林名賛
邵氏聞見錄 前錄 後錄　天中記
事物紺珠　法藏碎金錄
唐詩紀事　宋詩紀事
續翰林志　丹鉛總錄

皇朝類苑　輟耕錄
雲笈七籤　錦繡萬花谷
海錄碎事　摭言
博物志　高僧傳
補續高僧傳　湧幢小品
堯山堂外紀　北夢瑣言
碧雞漫志　異聞錄
茅亭客話　錄異記
鑑戒錄　郡閣雅談
夢溪筆談　野客叢書

苕溪漁隱叢話　西溪叢語
野人閒話　容齋初筆
容齋二筆　容齋三筆
容齋四筆　容齋五筆
復齋漫錄　南部新書
東坡志林　鐵圍山叢談
白孔六帖　牧豎閑談
貴耳集　侯鯖錄
青箱雜記　玉壺清話
東觀餘論　懶真子

游宦紀聞　玉堂嘉話
揮麈後錄　談賓錄
談錄　玉堂閑話
雲麓漫抄　清瑣高議
蒙齋筆談　國老談苑
順存錄　庶齋老學叢談
畫墁錄　玉堂信話
老學菴筆記 續筆記　石林燕語
雷舟脞語　希通錄
洞微志　稽神錄

摭遺　江鄰幾雜志
癸辛雜志　雪浪齋日記
楓窗小牘　五朝啟事
墨莊漫錄　津逮祕書
說郛　猗覺寮雜記
青瑣集 青瑣後集　能改齋漫錄
娘環記　談苑
辟寒錄　冷齋夜話
紫桃軒雜綴　雲溪友議
學圃藼蘇　硯北雜志

遯齋閑覽　晉公談錄
桂苑雜錄　歸田錄
續歸田錄　筆叢
盧氏雜記　何氏語林
困學紀聞　幕府燕閑錄
五色線　葆光錄
榕蔭新簡　竹窗雜錄
捫蝨新語　遺珠
廣川書跋　酉陽雜俎
避暑錄　三山老人語錄

宣和書畫譜　五代名畫記
清河書畫舫　圖畫見聞志
益州名畫錄　樂書
侍兒小名錄　翟耆年籀史
絳帖　寒夜錄
墨譜　茶譜
器物譜　花品
投知小錄　劇談錄
高氏眼淚洗面帖　楚風補
逢辰錄　奉藩書事

金陂遺事　中州題詠集
青雲總錄新錄　一統志
江南通志　浙江通志
江西通志　山西通志
山東通志　河南通志
湖廣通志　陝西通志
廣東通志　廣西通志
四川通志　全蜀藝文志
安慶府志　桂林府志
湖州府志　西湖志

金山志　瀏陽志
京口三山志　杜荀鶴唐風集
羅隱江東集　韓偓內廷集香奩集
徐夤探龍集釣磯集　韋莊浣花集
張嶠元珠集　唐彥謙鹿門集
黃滔泉山秀句集　崔道融申唐詩東浮集
熊皦屠龍集　和凝紅葉集
李澣可年集　滕白工部集
殷文圭登龍集　沈顏陵陽集
馮廷巳陽春集　徐鉉騎省集

孟賓于金鼇集　左偃鍾山集
王貞白靈溪集　潘佑榮陽集
梁藻處士集　成彥雄梅嶺集
李中碧雲集　樂史仙洞集
後主衍煙花集　馮涓南冠集
陸放翁全集　姜白石集
黃損桂香集　後村集
錢俶政本集　錢惟演擁旄集
錢惟濟玉季集　錢易金閨集
李忠定公梁溪集　鄭良士白巖集

孫光憲荊臺集筆傭集橘齋集　鄭準渚宮集
杜光庭壺中集　陳摶高陽集
張無夢瓊臺集　貫休寶月集
齊己白蓮集　可朋玉壘集
可止三山集　贊甯內典集

全五代詩
五代帝王廟諡年諱譜
梁朱氏都洛陽以開封爲東都二主十七年
太祖神武元聖孝皇帝晃本名温碭山人初從黃
巢後降唐賜名全忠封梁王天祐四年篡位
於大梁元年丁卯三年己巳遷洛陽在位七
年癸酉其子友珪弒之　開平四　乾化二
宣陵　追尊𦽏祖諱茂改茂名縣爲越常
縣兼避戊字凡戊改爲武　憲祖諱信凡信
皆爲實　烈祖諱誠兼避城成等字凡誠爲
確新城爲新登長城爲長興樂城爲樂清城

郭之城爲牆成全之成爲完
末帝初名友貞即位更名鍠貞明中又更名瑱晃
子封均王誅友珪立元年癸酉在位十一年
癸未唐兵入汴爲其下所殺　仍稱乾化二
貞明七乙亥十一月改　龍德三辛巳五
月改
唐本姓朱邪賜姓李氏都洛陽四主十四年
莊宗光聖神閔孝皇帝存勗其先沙陀部人父克
用唐末以討黃巢功封晉王克用薨嗣晉王

位六年紹唐正統稱帝元年癸未在位四年
丙戌兵亂中流矢崩　同光癸未四月改
雍陵　追尊獻祖諱國昌凡昌字皆避改昌
明縣爲彰明昌江縣爲平江延昌縣爲延唐
義昌縣爲彬義金昌縣爲唐山
明宗聖德和武欽孝皇帝亶初名嗣源代北應州
人克用養子同光三年爲鄴都亂兵所立元
年丙戌入洛在位八年癸巳崩　天成五丙戌
四月改　長興四庚辰二月改　徽陵
愍帝從厚明宗第三子封宋王元年癸巳在位四

月明年潞王兵入出奔遇害　應順甲午正
月改
潞王從珂明宗養子本姓王氏弒愍帝自立元年
甲午在位三年丙申石敬瑭兵逼自焚　清
泰甲午四月改
晉本出西夷姓石氏不知所始都洛陽後遷開封二
主十一年
高祖聖文章武明德孝皇帝敬瑭太原人以北京
留守舉兵爲契丹冊立元年丙申在位七年
壬寅殂　天福丙申十一月改　顯陵　敬

改爲文氏或改爲苟氏餘皆以恭字代之
兼避唐字凡州縣器用犯塘唐字者悉改之
追尊靖祖諱璟兼避景影字　肅祖彬改
彬爲班或爲文　獻祖紹雍兼避邕雝等字
更後唐雍陵曰伊陵

出帝重貴高祖兄子初封齊王壬寅嗣位在位五
年丙午契丹入大梁出降北遷卒於黃龍府
仍稱天福二　開運甲辰七月改

漢劉氏都大梁二主十年
高祖睿文聖武昭肅孝皇帝暠初名智遠本沙陀

部人世居太原契丹滅晉以太原王即帝位
於晉陽入都大梁元年丁未稱天福十二年
明年戊申殂　更稱天福一　乾祐一　睿
陵　追尊文祖諱湍兼避遄喘端瑞等字德
祖昂兼避卬仰抑等字翼祖僎兼避巽譔撰
等字顯祖兼避典字
隱帝承祐高祖第二子封周元年戊申在位三年
庚戌郭威犯闕弑之　仍稱乾祐　穎陵

周郭氏都大梁三主十年
太祖聖神恭肅文武孝皇帝威邢州堯山人以鄴
都留守入汴自立爲帝元年辛亥在位四年
甲寅殂　廣順三　顯德一　嵩陵
世宗睿武孝文皇帝榮太祖養子本姓柴氏后之
姪封晉王甲寅嗣立在位六年己未殂　仍
稱顯德　慶陵

恭皇帝宗訓世宗子封梁王元年己未明年庚申
禪於宋後十四年殂　不改元

附十國

吳姓楊氏廬州合肥人建國揚州自唐景福元年行
密入揚州起至晉天福二年溥止歷傳四主凡四

十六年
前主楊行密字化源唐乾寧二年封宏農郡王天
復年進爵吳王天祐三年殂年五十四謚孝
武僭號太祖　興陵　徐人諱荇溪曰菱溪
揚人諱密楷曰蜂糖
二主渥字承天行密長子在位三年殂年十三
三主隆演字鴻原行密第二子在位十三年年二
十四謚曰宣　武義己卯四月改　肅陵
後主溥行密第四子在位十六年丁酉天祚三年
十月爲南唐李昪所篡年二十八殂僭謚睿

帝號讓皇國亡　順義　太和　天祚　平
陵

南唐李氏都金陵傳三主三十九年

前主李昪初名知誥徐州人唐憲宗第八子建王
恪之後初依楊行密繼爲徐溫所育冒其姓
仕楊氏封齊王受禪元年丁酉在位七年癸
卯殂諡光文肅武孝高皇帝僭號烈祖　昇
元　永陵

二主璟初名景通後以避周信祖諱更名景昇長
子封齊王元年癸卯在位十九年辛酉殂戊

午以後去帝號奉周正朔諡明道崇德文宣
孝皇帝僭號元宗　保大十五　中興一　戊午改
交泰一　三月又改　順陵

後主煜初名從嘉璟第六子文獻太子卒立爲皇
太子辛酉嗣立在位十五年乙亥降於宋封
隴西公又三年戊寅薨　用宋年號

前蜀王氏都成都自唐大順三年入蜀後唐同光三
年國滅傳二主共三十五年

前主王建字光國許州舞陽人爲唐西川節度使
封蜀王梁開平二年戊辰梁簒唐建遂於九
月稱帝在位十二年七十二殂諡神武聖文
孝德明惠皇帝僭號高祖　武成三　永平
五　通政一　天漢一　光天一　永陵

後主名衍字化源初名宗衍建十一子賢妃徐氏
所生立爲太子光天元年六月嗣位在位七
年年二十八爲後唐所滅　乾德六　咸康
一

後蜀孟氏都成都自後唐同光二年入蜀至宋乾德
三年乙丑國滅傳二主共四十一年

前主孟知祥字保允邢州龍岡人爲後唐西川節

度使封蜀王清泰元年即帝位在位二十六
日年六十一諡文武聖德英烈明孝皇帝僭
號高祖　明德一　和陵

後主昶字保元初名仁贊知祥第三子貴妃李氏
生立爲太子甲午七月嗣位降宋國亡封秦
國公宋乾德三年六月殂年四十七諡曰恭
孝　明德四　廣政二十八

南漢劉氏都廣州自唐天祐二年入廣東至宋開寶
四年國滅傳五主共六十七年

南海王劉隱彭城人仕唐爲清海軍節度使梁開平

四年封南海王卒年三十八追尊襄皇帝僭
號烈宗　德陵
前主龑初名巖襲封丁丑梁貞明三年稱帝國號
大越改號大漢在位二十七年年五十四殂
謚天皇大帝僭號高祖　乾亨九　白龍三
大有十五　康陵
二主玢龑第三子初名宏度卽位更今名在位二
年爲宏熙所弒年二十四謚曰殤　光天二
三主晟初名宏熙改名在位十六年年三十九殂
謚文武光聖明孝皇帝僭號中宗　應乾一

乾和十六　昭陵
後主名鋹初名繼興晟長子襲位更名在位十四
年爲宋所滅國亡封恩赦侯

楚　馬氏都長沙自唐乾甯三年入湖南至周廣順元
年國滅傳五主共五十七年
武穆王名殷字霸國許州鄢陵人爲唐湖南節度
使封楚王年七十九薨謚武穆
衡陽王名希聲字若訥武穆王次子襲位在位二
年卒
文昭王名希範武穆王第四子在位十六年殂

廢王名希廣字德丕武穆王第三十五子在位四
年爲希萼所弒
恭孝王名希萼武穆王第三十子南唐保大九年
遷於金陵馬氏國亡後馬氏將相繼鎭湖南
劉言三年王逵三年周行逢六年子保權二
年歸于宋

吳越　錢氏都錢塘自梁開平元年起兵錢塘至宋太
平興國三年歸宋傳五主共七十八年
武肅王名鏐字具美臨安人董昌反於越稱大越
羅平聖人鏐討平之爲唐鎭海鎭東軍節度
使中書令彭城王天復二年進越王天復四

年進吳王梁開平元年加封吳越王在位四
十一年年八十一殂謚武肅　天寶十四
寶大二　寶正六　長興三
文穆王名元瓘字明寶武肅王第七子襲位在位
十年年五十五謚文穆　長興二　應順一
餘用淸泰年號
忠獻王名宏佐字元祐文穆王第六子襲位在位
七年年二十謚忠獻
忠遜王名宏倧字隆道文穆王第七子卒年四十

四諡忠遜

忠懿王名俶字文德初名宏俶文穆王第九子襲位舉國歸宋年六十一卒諡忠懿國亡

閩 王氏都福州自唐景福元年王潮入閩至南唐保大四年國滅傳六主共五十三年

前主王審知字信通唐福建觀察副使潮之弟加節度使梁開平三年進封閩王在位二十九年年六十四諡龍懿初追諡昭武孝皇帝僭號太祖 宣陵

二主延翰字子逸審知長子在位一年爲延鈞所

弑

三主鏻初名延鈞改名審知次子嗣位在位十年爲李倣所弑諡齊肅明孝皇帝僭號惠宗

天成四 長興三 龍啓二 永和

四主繼鵬鏻長子即位更名昶在位四年爲連重遇所弑永隆初諡聖神英睿文明廣武應道大宏孝皇帝僭號康宗 通文四

後主羲初名延羲審知第二十八子在位六年亦爲連重遇所弑諡睿文廣武明聖元德隆道大孝皇帝 永隆

殷主延政景宗弟初封富沙王兄弟相攻遂以建州開國號大殷改永隆五年爲天德元年在位三年降於南唐國亡諡曰恭懿

荆南 高氏都江陵自梁開平元年建國至宋乾德元年國除傳五帥共五十七年

武信王名季興字貽孫陝州硤石人本名季昌避後唐獻祖諱更今名梁開平元年拜荆南節度使封南平王卒年七十一諡武信

文獻王名從誨字遵聖武信王長子襲位薨年五十八諡文獻王

貞懿王名保融字德長文獻王第三子薨年四十一

嗣王名保勗字省躬文獻王十子嗣荆南節度使卒年三十九

侍中名繼沖字成和貞懿王長子嗣荆南節度使納土歸宋開寶中六年卒年三十一贈侍中國亡

北漢 劉氏都太原自周廣順二年立至宋興國四年國滅傳四主共二十八年

前主劉旻後漢高祖暠之母弟初名崇隱帝時爲

河東節度使已而周代漢遂以周乾祐四年
即帝位在位四年年六十一僭號世祖
二主鈞初名承鈞旻次子在位十二年年四十三
謚曰孝和皇帝僭號睿宗　天會十二
三主繼恩本姓薛氏父釗晉初爲護聖營卒世祖
女生繼恩旻以鈞無嗣令養爲巳子巳而世
祖女再適何氏生繼元未幾何死世祖女亦
没睿宗復撫繼元爲子帝立六十餘日爲郭
無爲所弒
後主繼元鈞養子嗣位在位九年爲宋所滅封彭
城郡公國亡　廣運六

全五代詩總目錄

唐

唐彥謙

李贊華

程紫霄

吳涵虛

可止

馮道幕客

鍾傅客

楊苎蘿

京兆女子

姊妹三人

清泰三年歌

後唐軍士謠

後唐宗廟樂舞辭

卷十一

晉

和凝

賈玭

卷十二

晉

裴皞

崔棁

李濤

李澣

楊昭儉

鄭遨

使北者

天嶠遊人

馬重績繇辭

遼述律后謠

晉出帝咏天詩

晉朝饗樂詩

晉昭德成功舞歌

卷十三

漢

張昭

王仁裕

符彥卿

趙逢

王著

爾朱先生
卷四十七
前蜀
貫休
卷四十八
前蜀
貫休
卷四十九
前蜀
貫休

卷五十
前蜀
貫休
卷五十一
前蜀
貫休
卷五十二
前蜀
貫休
卷五十三

前蜀
貫休
卷五十四
前蜀
貫休
卷五十五
前蜀
貫休
卷五十六
前蜀

曇域
掃地和尚
太后徐氏
太妃徐氏
昭儀李舜弦
李玉簫
嚴氏
黃崇嘏
任氏
張窈窕

卷五十七

後蜀

卷五十八

後蜀

卷五十九

後蜀

全五代詩　總目錄　三十六函

何光遠
李堯夫
卞　震
劉保乂
韋　穀
薛　映
羅處約
暢　甫
許　岷

卷六十

後蜀

張　嶠
勾令元
杜仁傑
宋自然
李　浩
彭　曉
丁元和
可　朋
遠　國

慈　覺
爾　鳥
村寺僧
花蕊夫人徐氏
明月潭龍女
張太華
蜀宮人
薛　濤
石　恪
高侍郎

卷六十一

南唐

黃　損
張　瀛
趙　損
林楚材
鍾允章
文　丙
蔣　吉
王定保

謝鶚
孫郃
邱光庭
林嵩
任翻
鄭巢
周繇
屠環智
韋謙
李翰

卷七十四
吳越
葉簡
殷天祥
舒道紀
吳仁璧
文喜
無作
延壽
贊甯

處默
仲休
吳越僧
杭州還鄉和尚
吳越失姓名人
方卜士
婺州山中人
越中狂生
蔣氏
王霞卿

越溪楊女
山陰老人
湖州人
吳興神女
富春沙際鬼
牡丹妖
郭璞讖
錢氏琴
謠
無名氏

王滌
柯崇
卷八十七
閩
陳黯
劉山甫
鄭良士
顏仁郁
劉乙
詹敦仁

詹琲
陳乘
夏鴻
胡令能
徐昌圖
劉昌言
錢熙
陳文顥
虞皐
慧稜

常雅
文炬
清豁
躭章
上藍和尚
閩后陳氏
夢中宮女
王霸讖記
福州記
黃涅槃讖
陳智廣讖
福州謠
閩伶官戲主延政語

全五代詩 總目錄 三九 三十六函

卷八十八
荊南
梁震
孫光憲
王嵒
高若拙
盧注

全五代詩卷一

羅江李調元雨村　編

梁

趙光逢

光逢字延吉京兆奉天人唐僕射隱之子乾符五年登進士第拜御史中丞唐亡仕梁爲中書侍郎同中書門下平章事累遷左僕射進司徒拜太保封齊國公五代史光逢少以文行知名時人稱其方直溫潤謂之玉界尺

梁郊祀樂章

就陽位昇圜丘佩雙玉御大裘膺天命擁神休萬靈感百祿遒秉黃鉞建朱旗震八表清二儀帝業顯王適夷受景命啟皇基開九門懷百神通肹蠁接氤氳明粢薦廣樂陳奠嘉璧燎芳薪膺寶圖執左契德應天聖饗帝薦表衷荷靈惠壽萬年祚百世

慶和

惟德動天有感必通秉茲一德禋於六宗欽賓寶命恭肅禮容來顧來享永穆皇風

天惟佑德辟乃奉天交感斯在昭事罔愆歲功已就王道無偏於焉報本是用告虔

慶順

聖皇戾止天步舒遲乾乾睿相穆穆皇儀進退必肅
陟降是祗六變克協萬靈協隨

慶平

天命降鑒帝德惟馨享祀不忒禮容孔明奠璧布幣
薦神獻精神祐以答敷錫永寧

羅紹威

紹威字端己魏州貴鄉人宏信之子梁初官
魏博節度使封鄴王入朝累拜太師兼中書
令謚貞壯北夢瑣言鄴王羅紹威喜文學好儒士每于七言詩江東羅隱爲錢鏐客紹威申南阮之敬隱以所著文章詩賦酬寄紹威大傾慕之乃目其所爲詩集曰偷江東又有句云樓前澹澹雲頭日簾外蕭蕭雨腳風今鄴中人士多爲風誦

柳

妝點青春更有誰青春常許占先知亞夫營畔風輕
處元亮門前日暖時花密宛如飄六出葉繁何惜借
雙眉交情別緒論多少好向行人贈一枝

白菊

雖被風霜競欲催皎然顏色不低摧已疑素手能妝
出又似金錢未染來香散自宜飄渌酒葉交仍得蔭
蒼苔尋思閉戶中宵見應認寒窗雪一堆

王鎔

鎔成德節度使庭湊之五世孫中和中襲位
梁受禪封趙王後爲大將張文禮所滅五代史鎔好左道鍊丹藥求長生與道士王若訥留遊西山登王母祠使婦維錦繡牽持而上每出逾月忘歸相傳有哭趙州和尚詩

哭趙州和尚

師離瀉水動王侯心印光潛麈尾收碧落霧霾松嶺
月滄溟浪覆濟人舟一燈乍滅波旬喜雙眼重昏道
侶愁縱是了然雲外客每瞻餅几淚還流
佛日西傾祖印隳珠沉丹沼影沉輝月敷丈室爐煙
慘風起禪堂松韻微隻履乍來留化跡五天何處又

逢歸解空弟子絕悲喜猶自潸然對雪幃

孫偓

偓字龍光武邑人乾寧中宰相仕梁同中書
門下平章事封樂安公五代詩話偓曾乘輅至蜀訪杜光庭先生受籙乃曰嘗遇至人語及時事每有高樓之約爾後乃登宰輔竟出家于南岳有詩寄杜其要句云蜀國信難遇楚鄉路更愁我行同范蠡師舉効浮邱他日相逢處多應在十洲白馬驛之禍惟偓免焉

荅門生王渙李德鄰趙光允王拯長句

謬持文柄得時賢粉署清華次第遷昔歲策名皆健

筆今朝稱職並同年各懷器業寧推讓俱上青霄肯後先何事老夫猶賦詠欲將酬和永留傳

贈南嶽僧全玭

窠居過後更何人傳得如來法印眞昨日祝融峰下見草衣便是雪山身

李琪

琪字台秀燉煌人昭宗時舉進士累官殿中侍御史入梁爲翰林學士末帝時拜同中書門下平章事入唐加太子少傅北夢瑣言梁李相國琪唐末以文學策名仕至御史昭宗播遷衣冠蕩析因與宏農楊玢藏跡於荆楚間楊卽溺蜀琪相盤桓於夷道之清江自晦其迹號華原李長官其堂兄光符宰宜都嘗厭薄之琪相寂寞每臨流跋石摘樹葉而試草制詞吁嗟怏悵而投於水中梁祖受禪徵入拜翰林學士尋登廊廟爾後宜都之子彬羈旅渚宮因省相國乃數厥父之所短而遣之　全唐詩話琪有錄信宗幸蜀句云哀痛不下詔登封誰上書　太平廣記曰琪父佐王鐸幕琪十三鐸以漢祖三傑賦題試之大加稱獎他日總角謁鐸鐸日適蜀中詔到用夏州拓跋思恭爲京北收復都統可作一詩否卽秉筆立製鐸益奇之執琪手曰此眞鳳毛也

奉試詔用拓拔思恭爲京北收復都統

飛騎經巴棧鴻恩及夏臺將從天上去人自日邊來此處金門遠何時玉輦迴早平關右賊莫待詔書催

題廣愛寺楞伽上

普高天外遠方丈海中遙自有山神護應無劫火燒壞文侵古壁飛劍出寒霄何似蒼蒼色嚴妝十七朝

蕭項

項莆田人官侍郎梁初嘗同翁承贊爲冊禮使使閩梁末帝時拜同中書門下平章事五代史梁征伐四方所下詔書皆琪所爲下筆輒得太祖意與蕭項同爲末帝宰相不相協琪所私吏尙得試官改試爲守爲項所發末帝大怒爲內侍趙巖等力救乃罷爲太子少保

贈翁承贊漆林書堂詩

軺車故國世應稀昔日書堂二紀歸手植松筠同茂盛身榮金紫倍光輝入門鄰里喧迎接列坐兒童見等威卻對芸窗勤苦處舉頭全是錦爲衣

翁承贊

承贊字文堯閩人乾寧二年登進士第又擢宏詞科任京兆府參軍天祐元年以右拾遺受詔冊王審知爲王梁開平四年復爲閩王冊禮副使尋擢諫議大夫福建鹽鐵副使就加左散騎常侍御史大夫留相閩卒所著有書錦集宏詞前後集竹窗襍錄承贊後失節爲梁諫議大夫自號狎鷗翁有詩集一卷見唐書藝文志并書博學宏詞前後集共二十卷俱軼不傳予家收得冊封閩王時律詩三十餘首中多佳句如窗含孤岫影牧臥斷霞陰早涼生戶牖孤月照

關河參差鴈陣天初碧零落漁家蓼欲紅長
淮月上魚翻鬣荒渚人稀獺印蹄松多舊日
門人種路是前朝釋子開誠豌唐作手也
總龜俗云槐花黃舉子忙翁承贊詩云雨中
粧點望中黃勾引蟬聲送夕陽憶得當年隨
計吏馬蹄終日爲君忙乃知俗語亦有所自
也

晨興

晨起竹軒外逍遙清興多早凉生戶牖孤月照關河
旅食甘藜藿歸心憶薜蘿一尊如有地放意且狂歌

題莒潭安闍院

祧宗營祀舍幽異勝珠林名士穿雲訪飛禽傍竹吟
牕含孤岫影牧臥斷霞陰景福滋闍壤芳名亙古今

訪建陽馬驛僧亞齊

蕭蕭風雨建陽溪溪畔維舟訪亞齊一軸新詩劍潭
北十年舊識華山西吟魂惜向江村老空性元知世
路迷應笑乘軺青瑣客此時無暇聽猿啼

題景祥院

一溪拖碧遶崔嵬瓶鉢偏宜向此隈農罷樹陰黃犢
臥齋時山下白衣來松多往日門人種路是前朝釋
子開三卷貝多金粟語可能心煉得成灰

寄舍弟承裕員外

江花岸草晚萋萋公子王孫思合迷無主園林饒採

伐忘情鷗鳥恣高低長江月上魚翻鬣荒圃人稀獺
印蹄何事斜陽再回首休愁離別峴山西

文明殿受冊封閩王

龍墀班聽漏聲長竹帛昭勳撲御香鳴佩洞庭辭帝
主登車故里冊閩王一千年改江山瑞十萬軍蒙雨
露光吟寄短篇追往事留文功業不尋常

御命歸鄉蒙賜錦衣

九重宣旨下丹墀面對天顏賜錦衣中使擎來三殿
曉寶箱開處五雲飛德音耳聆君恩重金印腰懸已
力微更待臨軒陳鼓吹星軺便指故鄉歸

天祐元年以右拾遺使冊閩王而作

蓬萊宮闕曉光勻紅案昇麻降紫宸鸞奏八音諧律
呂鳳銜五色顯絲綸蕭何相印鈞衡重韓信齋壇雨
露新得侍丹墀官異寵此身何幸沐恩顏

晨興

鼓絕天街冷露收曉來風景已堪愁槐無顏色因經
雨菊有精神爲傍秋自愛鮮飆生戶外不教閑事住
心頭披襟徐步一瀟灑吟繞盆池想狎鷗

漢上登舟憶閩

漢皋亭畔起西風半挂征帆立向東久客自憐歸路

近筭程不怕酒觴空參差雁陣天初碧零落漁家蓼欲紅一片歸心隨去櫂願言指日拜文翁

對雨述懷示弟承檢

淋淋霎霎結秋霖欲使秦城歎陸沈曉勢遮回朝客馬夜聲滴破旅人心青苔重疊封顔巷白髮蕭疎引越吟不有惠連同此景江南歸思幾般深

華下霽後曉眺

結茅幽寂近禪林霽景烟光著柳陰千嶂華山雲外秀萬重鄉思望中深老嫌白髮還偷鑷貧對春風亦强吟花畔水邊人不會騰騰閑步一披襟

喜弟承檢登科

爾篇佳句敵瓊瑰憐我三清道路開荆璞獻多還得售桂堂恩在敢輕回花繁不怕尋香客榜到應傾賀喜杯知爾苦心功業就早擕長策出山來

蒙閩王改賜鄉里

鄉名文秀里光賢別向鈞台造化權閥閲便因今日貴德音兼與後人傳自從受賜身無力向未酬恩骨肯鐫歸闕路遥心更切不嫌扶病倚旌旆

奉使封閩王歸京洛

泥緘紫誥御恩光信馬嘶風出洛陽此去願言歸梓里預憑魂夢展維桑客程回首瞻文陛驛路乘軺憶故鄉指日還家堪自重恩榮晝錦賀封王

奉使封王次宜春驛

微宦淹留鬢已斑此心長憶舊林泉不因列土封千乘爭得銜恩拜二天雲斷自宜鄉樹出月高猶伴客心懸夜來夢到南臺上徧看江山勝往年

甲子歲銜命到家至榕城册封次日閩王降旌旗於新豐市堤餞別

登庸樓上方停樂新市堤邊又舉杯正是離情傷遠別忽聞台旨許重來此時暫與交親好今日還將簡

册回爭得長房猶在世縮教地近釣魚臺

寄示兒孫

力學燒丹二十年辛勤方得遇眞仙便隨羽客歸三島旋聽霓裳適九天得路自能酬造化立身何必戀林泉子家藥鼎分明在好把仙方次第傳

題壺山

井邑斜連北蓬瀛直倚東秋高巖溜白日上海波紅

題故居

一爲鵝子二蓮花三望青湖四石斜惟有嶺湖居第五山前卻是宰臣家

題槐

雨中妝點望中黄句引蟬聲送夕陽憶得當年隨計吏馬蹄終日爲君忙

擢進士

霓旌引上大羅天別領新銜意自憐蝴蝶流鶯莫先去滿城春色屬羣仙

擢探花使三首

洪崖差遣探花來檢點芳叢飲數杯深紫濃香三百朵明朝爲我一時開

九重煙暖折槐芽自是昇平好物華今日始知春氣味長安虛過四年花

探花時節日偏長恬淡春風稱意忙每到黄昏醉歸去紵衣惹得牡丹香

書齋漫興二首

池塘四五尺深水籬落兩三般樣花過客不須頻問姓讀書聲裏是吾家

官事歸來衣雪埋兒童燈火小茅齋人家不必論貧富惟有讀書聲最佳

辭閩王歸朝寄倪先輩

時人莫訝再還鄉簡册分明劍佩光駟馬高車太常樂登庸門下憶賢良

曉望

清霜散漫似輕嵐玉闕參差萬象涵獨上秦臺最高處舊山依約在東南

萬壽寺牡丹

爛熳香風引貴遊高僧移步亦遲留可憐殿角長松色不得王孫一擧頭

松

倚澗臨溪自屈蟠雪花銷盡蘚花乾幽枝好折爲談柄入手方知有歲寒

柳

斜拂中橋遠映樓翠光駘蕩曉煙收洛陽才子多情思橫把金鞭約馬頭

高出營門遠出牆朱闌門閉綠成行將軍宴罷東風急閑襯旌旗簇畫堂

彭澤先生酒滿船五株栽向九江邊長條細葉無窮盡管領春風不計年

煬帝東遊意緒多宮娃眉翠兩相和一聲水調春風暮千里交陰鎖汴河

纏繞春情卒未休秦娥蕭史兩相求玉句闌內朱簾

卷琵琶絲籠十二樓

春半煙深汴水東黃金絲軟不勝風輕籠行殿迷天子拋擲長安似夢中

秋歸昌

歸昌官侍郎光化中歷尚書左丞梁初卒

題馬嵬驛

馬嵬煙柳正依依重見鑾輿幸蜀歸泉下阿蠻應有語這回休更怨楊妃

羅衮

衮字子制臨邛人大順中歷左拾遺起居郎

仕梁為禮部員外郎北夢瑣言衮應舉值喪亂備歷飢寒不歸蜀王建致書中朝求書記眾欲以衮應衮日誓擁馬通火服弊衣以俟升朝無復西歸為魯國東家邱也後果如所願唐音戊籤黃全謫之誅衮追理劉賁策不卑用昭宗以紱崩衮與蘇楷駁謚號謚美肆詆誣議文出衮手並希全忠旨也事詳費傳及哀紀摭言羅隱梁開平中累徵夕郎不起衮以小天倅大秋姚公使兩浙衮以詩贈羅隱云云

贈羅隱

平日時風好涕洟讒書雖盛一名休寰區歎屈瞻天問夷貊聞詩過海求向夕便思青瑣拜近年尋伴赤松遊何當世祖從人望早以公台命卓侯

清明尋水寺居

榆火輕煙處處新旋從閑望到諸鄰浮生浮世祗多事野水野花娛病身濁酒不禁雲外景碧峰猶冷寺前春蓑衣毳衲誠吾黨自結村園一社貧

清明登奉先城樓

年來年去只艱危春半堯山草尚衰四海清平耆舊見五陵寒食小臣悲煙銷井邑隈樓檻雪滿川原泥酒卮拭盡賈生無限淚一行歸雁遠參差

于競

競仕梁為吏部侍郎同中書門下兼翰林學士承旨圖畫見聞志梁相國于競善畫牡丹幼年從學覩檻中牡丹盛開乃命筆倣之不浹旬奪真矣後遂酷思無倦動必增奇有人贈詩云看時人步澁展處蜨爭來有寫生全本折枝傳于世

瑯琊王祠碑銘

日月麗天舟楫濟川內外克乂股肱惟賢淮水長清緱嶺方寧慶隨祚遠材為時生伯氏雄特泉人仰德求瘼斯勤須條有則冠軍祓疾付以師律政敎翕張士庶寧謐懿彼閩越師實英傑地列周封心馳魏闕聖澤汪洋元戎啟行有典有則為龍為光高懸秦鏡理道自靜比屋懷仁連營稟令航海梯山貢琛循環務其輸委毋憚險艱周征之術公田什一約以有程

守而勿失輕徭薄賦謳歌載路高掩龔黃遐追召杜鄉校皆遊童蒙來求雅道靡靡儒風優優惟虺吹毒久依山谷岡恣陸梁竟忻柔服法寶梵宇勝因所主崇搆斯精福慶攸聚佛齊諸國綏之以德架浪自東驅山拱北壓簡遺編縉寫精研麟臺蠹爾武觀森然奮鍤其勤雉堞連雲永制爾敵用壯我軍關譏不稅水陸無滯遐邇懷來商旅相繼黃崎之勞神改驚濤役靈祇力保千萬艘劉驥荀龍塤篪雍雍維邦維翰以侯以公元帥梁王武步龍驤挺彼七德削平四方公能事大推心斯在風雨無渝歲寒不改殊勛茂績

盡瘁宣力國之丹青邦之柱石位冠台鼎任隆兵柄重以徽寵分組異姓優詔銘功萬古英風貞珉是勒垂之無窮

王瓚

瓚仕梁爲開封尹

冬日與羣公泛舟焦山

江外水初凍今年寒復遲眾芳且未歇近臘乃裌衣
載酒適我情興來趣漸微方舟大川上環酌對落暉
兩片青石稜波際無因依三山安可到欲到風引歸
滄溟壯觀多心目豁暫時況得窮日夕乘槎何所之
縱步不知遠夕陽猶未回好花隨處發流水趁人來

朱褒

褒永嘉人善屬詩文值寇亂據州以同姓結援梁太祖奏授溫州刺史充靜海軍使

悼楊氏妓琴弦

魂歸寥廓魄歸泉只住人間十五年昨日施僧裙帶上斷腸猶繫琵琶弦

劉贊

贊桂陽人宰相贍之子擢進士仕梁充崇政殿學士十國春秋故唐宰相劉贍者李殷衡姊婿也有子贊幼孤而性不慧殷衡

教之讀書每督以箠楚不進一夕贊遁入嵩山遇白衣叟語之曰與汝開心聰明必過人十倍自是日誦一卷兼有文藻俄登進士第梁時充崇政學士猶數數念殷衡不忘亦一異云

贈羅隱

人皆言子屈獨我謂君非明主既難謁青山何不歸
年虛侵雪鬢塵枉污麻衣自古逃名者至今名豈微

張袞

袞仕梁

梁郊祀樂章

煙燎昇禮容徹誠感達人神悅靈貺彰聖情結玉座

寂金罏歆和慶

恭祀上帝于國之陽爵醴是荷鴻基永昌隆慶

導和氣兮襲氤氳宣皇規兮彰聖神服遐裔兮敷質

文格苗扈兮息煙塵慶融

籩豆簠簋黍稷非馨懿茲彝器厥德惟明金石匏革

以和以平由此無疆期乎永寧慶肅

哲后躬享旨酒斯陳王恭無斁嚴祀惟寅皇祖以配

大孝以振宜錫景福永休下民慶熙

大業來四夷仁風和萬國白日體無私皇天輔有德

七旬罪已服六月方師克偉哉帝道隆終始常作則

慶休

李京

京梁貞明六年登第

除夜長安作

長安朔風起窮巷掩雙扉新歲明朝是故鄉何路歸

鬢絲饒鏡色隙雪奪燈輝卻羨秦州雁逢春盡北飛

戴司顏

司顏登大順進士第官太常博士梁初卒摭言景福中江西節度使鍾傳遣僧從約進法華經一千部上待之恩渥有加宣從約入內賜齋面錫紫衣一副將行太常博士戴司顏以詩贈行略曰遠來朝鳳闕歸去戀元侯時吳子華任中諫司顏仰公之名志在廉和以為從約之資融覽之拊掌大笑曰遮阿師更不要見俱把拽出得其承奉如此矣

江上雨

非不欲前去此情非自由星辰照何處風雨送涼秋

寒鎖空江夢聲隨黃葉愁蕭蕭猶未已早晚去蘋洲

塞上

空磧書蒼茫沙腥古戰場逢春多霰雪生計在牛羊

冷角吹鄉淚乾榆落夢牀從來山水客誰謂到漁陽

褚載

載字厚之登乾寧進士第紀事陸威爲郎官載以文投獻犯其家諱威因璺然載尋以牋致謝曰曹興之圖畫雖精終慚誤筆殷浩之矜持太過翻達空函海錄碎事載有句云相逢多是醉醺然應有囊中子母錢又云有興欲沽紅麴酒無人同上翠旗樓又月詩云星斗離披煙靄收玉蟾蜍躍海東頭又送道士云鹿胎冠子水晶簪長嘯欹眠紫桂陰又云躞蹀馬搖金絡腦嬋娟人墜玉搔頭又云狂歌放飲渾成性知道逍遙出俗籠又云除卻洛陽才子賈更誰封恨弔懷沙又云蓮浦淚澄堪倚釣柳堤風暖好垂鞭又少年行云上馬等閒銷白日出門輕薄倚黃金

投節度邢公

西風昨夜墜紅蘭一宿郵亭事萬般無地可耕歸不

得有恩堪報死何難流年怕老看將老百計求安未

得安一卷新書滿懷淚頻來門館訴饑寒詩史載家至貧客梁

梁宋閒困甚以詩投襄陽節度使邢君牙云君牙贈絹十疋薦于鄭滑辟支使不行明年裴贄知貢舉君牙薦之擢第

賀趙觀文重試及第（唐音戊籤案文乾寧二年崔凝下第八人登第是年命陸扆重試而觀文爲榜首事詳王貞白下）

一枝仙桂兩回春始覺文章可致身已把色絲要上第又將彩筆冠羣倫龍泉再淬方知利火浣重燒轉更新人日街頭看御牓大能榮耀苦心人

贈道士

簪星曳月下蓬壺曾見東皐種白榆六甲威靈藏瑞檢五龍雷電遶霜都惟教鶴探丹邱信不使人窺太乙爐聞說葛陂風浪惡許騎青鹿從行無

城鼎臣

郟鄏城高門倚天九重蹤蹟尙依然須知道德無關鎖一閉乾坤一萬年

陳倉驛

錦翼花冠安在哉雄飛雌伏盡塵埃一雙童子應惆悵不見眞人更獵來

長城

秦築長城比鐵牢蕃戎不敢過臨洮焉知萬里連雲色不及堯階三尺高

弔泰叟

市西樓店金千稱渭北田園粟萬鍾兒被殺傷妻被虜一身隨駕到三峯

雲

盡日看雲首不回無心都大似無才可憐光彩一片玉萬里晴天何處來

鶴

欲洗霜翎下澗邊卻嫌菱刺污香泉沙鷗浦鴈應驚訝一舉扶搖直上天

趙光遠

（光遠華州刺史隱之子不第終章莊奏贈官）

詠手二首

妝成皓腕洗凝脂背接紅巾掬水時薄霧袖中拈玉筍斜陽屛上撚青絲喚人急拍臨前檻摘杏高揎近曲池好是琵琶弦畔見細圓無節玉參差

撚玉搓瓊軟復圓綠窗誰見上琴弦慢籠彩筆閑書字斜指瑤階笑打錢爐面試香添麝炷舌頭輕點貼金鈿象牀珍簟宮棋處拈定文楸占角邊

題妓萊兒壁

魚鑰獸環斜掩門萋萋芳草憶王孫醉凭青瑣窺韓

壽閑擲金梭惱謝鯤不夜珠光連玉匣辟寒釵影落
瑤尊欲知腸斷相思處役盡江淹別後魂

孫棨

棨字文威歷官御史翰林學士中書舍人梁初不仕自號無爲居士著有北里志全唐詩話棨嘗云泰娘北曲內小家中門前一樗樹年齒甚妙粗有容色以居非其所人不知之余過其舍題詩云云同遊聞之詰朝詣之者結駟于門矣詩云尋常凡木最輕樗今日尋樗桂不如漢高新破咸陽後英俊奔波遂喫虛

贈妓人王福娘

綵翠仙衣紅玉膚輕盈年在破瓜初霞杯醉勸劉郎
賭雲髻慵邀阿母梳不怕寒侵緣帶寶每憂風舉倩
持裙謾圖西子晨妝樣西子元來未得如

題北里妓人壁

移壁迴窗費幾朝指鐶偷解博紅椒無端鬭草輸鄰
女更被拈將玉步搖
寒繡衣裳餉阿嬌新團香獸不禁燒東鄰起樣裙腰
闊剩蹙黃金線幾條
試共卿卿語笑初畫堂連遣侍兒呼寒肌不耐金如
意白獺爲膏郎有無

戲李文遠

引君來訪洞中仙新月如眉拂戶前領取嫦娥攀取
桂便從陵谷一時遷

卷一終

全五代詩卷二

羅江李調元雨村 編

梁

杜荀鶴

荀鶴字彥之池州人有詩名自號九華山人
大順二年第一人擢第復還舊山宣州田頵
遣至汴通好朱全忠厚遇之表授翰林學士
主客員外郎制誥卒自序其文爲唐風集十
卷洞微志荀鶴謁梁高祖忽無雲而雨溫曰無雲而雨謂之天泣不知何祥請賦詩荀鶴曰同是乾坤事不同雨絲飛灑日輪中若教陰顯都相似爭表梁王造化工溫喜之

輟耕錄荀鶴詩過亂云握手相看誰敢言云云今日始信其非寓言也 宣和書譜荀鶴詩辭句切理有槩鞭揮柳色隨手失蟬聲之句爲詩人所稱書有譜唐風 後村詩話荀鶴詩歎春祗愛和醅酒諳老猶看夾注書放翁云聽搆沾官醞晡昏讀監書二聯佳句 捫蝨新話荊公常讀荀鶴詩云江湖不見飛禽影巖谷惟聞折竹聲改云宜作禽飛竹折 唐詩紀事荀鶴有句云舊衣灰絮絮新酒竹篘篘又有句云風暖鳥聲碎日高花影重又曉來山鳥闘雨過杏花稀皆佳句也 顧雲序略云生及第之明年寧親江表以僕故山偕隱者出詩三百篇見簡其雅麗清省激越之句能使貪吏廉邪臣正父慈子孝兄友弟悌人倫之紀備矣其壯語大言則決起逸發可以左攬工部袂右拍翰林肩吞賈喻八九於胸中曾不帶介或情動於中則極思冥搜神遊希夷形兀枯木五聲勞於呼吸萬象貧於抉剔信詩之雄傑者也 方回云荀鶴律詩多是領聯作一串頭聯體物 唐音戊籤荀鶴以正月初十日生登第于大順二年時已四十六歲放榜亦正月初十日也故王希羽贈詩有金牓曉懸生世日玉書潛記上昇時之句或云荀鶴寔杜紫薇之子紫薇會昌末自齊安移守秋浦時妾有娠出嫁杜筠而生云

春宮怨

早被嬋娟誤欲將臨鏡慵承恩不在貌教妾若爲容
風暖鳥聲碎日高花影重年年越溪女相憶採芙蓉

贈廬嶽隱者

自見來如此未嘗離洞門結茅遮雨雪採藥給晨昏
古樹藤纏殺春泉鹿過渾悠悠無一事不似屬乾坤

題會上人院

鼓角城中寺師居日得閑必能行大道何用在深山
破衲新添線空門夜不關心知與眼見終取到無閑

送黃補闕南遷

得罪非天意分明謫去身一心貪諫主開口不防人
自古有遷客何朝無直臣喧然公論在難滯楚南春

送賓貢登第後歸海東

歸捷中華第登船鬢未絲直應天上桂別有海東枝
國界波窮處鄉心日出時西風送君去莫慮到家遲

近試投所知

白髮隨梳落吟懷說向誰敢辭成事晚自是出山遲

擬動如浮海凡言似課詩終身事知已此外復何為

送友人牧江州

本國兵戈後難官在此時遠分天子命深要使君知
但遂生靈願當應雨露隨江山勝他郡閑賦庾樓詩

辭座主侍郎

一飯尚懷感況攀高桂枝此恩無報處故國遠歸時
祇恐兵戈隔再趨門館遲茅堂拜親後特地淚雙垂

別從叔

立馬不忍上醉醒天氣寒都緣在門易直似別家難
世路既如此客心須自寬江村亦飢凍爭及問長安

送人南遊

凡遊南國者未有不蹉跎到海路難盡挂帆人更多
潮沙分象迹花洞響蠻歌縱有投文處於君能幾何

經賈島墓

謫官自麻衣銜冤至死時山根三尺墓人口數聯詩
仙桂終無分皇天似有私暗松風雨夜空使老猿悲

送舍弟

我受羈棲慣客情方細知好看前路事不比在家時
勉汝言須記聞人善即師旅中無廢業時作一篇詩

將歸山逢友人洞春詩話唐人虛字押韻如元正溥命知然也深交有以乎陳思溫角勝非能者推賢見射乎杜荀鶴云云

儒為君子儒儒道不妨孤白髮多生矣青山可住乎
徉狂寧是事巧達又非夫祇此平生願他人肯信無

經九華費徵君墓

凡弔先生者多傷荆棘間不知三尺墓高卻九華山
天地有何外子孫無亦閑當時若徵起未必得身還

與友人對酒吟

憑君滿酌酒聽我醉中吟客路如天遠侯門似海深
新墳侵古道白髮戀黃金共有人閒事須懷濟物心

送九華道士遊茅山

忽起地仙興飄然出舊山於身無切事在世有餘閑

日月浮生外乾坤大醉閒故園華表上誰得見君還

寄舍弟

世亂信難通鄉心日萬重弟兄皆嚮善天地合相容
大野陰雲重連城殺氣濃家山白雲裏臥得最高峰

下第投所知

若以名場內誰無一軸詩縱饒生白髮豈敢怨明時
知己雖然切春官未必私寧教讀書眼不有看花期

寄顧雲

省得前年別蘋洲旅館中亂離身不定彼此信難通

侯國兵雖斂，吾鄉業已空。秋來憶君夢，夜夜逐征鴻。

望遠

門前通大道，望遠上高臺。落日人行盡，窮邊信不來。還聞戰得勝，未見敕招回。卻入機中坐，新愁織不開。

冬末投長沙裴侍郎

欲露塵中事，其如不易言。家山一離別，草樹匝春喧。吹夢風天角，啼愁雪嶽猿。伶思心覺滿，何以遠門軒。

贈秋浦金明府長

倚郭難爲宰，非君卽有私。惟憑野老口，不立政聲碑。苦甚求名日，貧於未選時。溪山竟如此，利得且吟詩。

亂後山中作

自從天下亂，日晚別庭闈。兄弟團圞樂，羈孤遠近歸。文章甘世薄，耕種喜山肥。直待中興後，方應出隱扉。

旅寓書事

日日驚身事，悽悽欲斷魂。時清不自立，髮白傍誰門。中路殘秋雨，空山一夜猿。公卿得見面，懷抱細難言。

長林山中聞賊退寄孟明府

一縣今如此，殘民數不多。也知賢宰切，爭柰亂兵何。皆自干戈達，咸思雨露和。應憐住山者，頭白未登科。

泗上客思

痛飲復高歌，愁終不柰何。家山隨日遠，身事逐年多。沒雁雲橫楚，兼蟬柳夾河。此心閑未得，到處被詩磨。

寄同人

盡與貧爲患，唯余卽不然。四方無靜處，百口度荒年。白髮生閑事，新詩出數聯。時情竟如此，不免卻歸田。

下第出關投鄭拾遺

丹霄桂有枝，未折未爲遲。況是孤寒士，兼行苦澀詩。杏園人醉日，關路獨歸時。更卜深知意，將來擬薦誰。

別敬侍郎

交道有寒暑，在人無古今。與君中夜話，盡我一生心。

所向未得志，豈惟空解吟。何當重相見，舊隱白雲深。

送青陽李明府

善政無慙色，吟歸似等閑。惟將六幅絹，寫得九華山。求理頭空白，離京債未還。仍聞猿與鶴，都在一船閒。

將遊湘湖有作

一家相別意，不得不潸然。遠作南方客，初登上水船。嶽鐘思冷夢，湘月少殘篇。便有歸來計，風波亦隔年。

送姚庭珪

脫衣將換酒，對酌話何之。雨後秋蕭索，天涯晚別離。人生無此恨，鬢色不成絲。未得重相見，看君馬上詩。

貽里中同志

鄉里爲儒者唯君見我心詩書常共讀雨雪亦相尋
貧賤志氣在子孫交契深古人猶晚達況未鬢霜侵

江上送韋彖先輩

不易爲離抱江天即見鴻暮帆何處落涼月與誰同
木葉新霜後漁燈夜浪中時難愼行止吾道利于窮

維揚逢詩友張喬

天下方多事逢君得話詩直應吾道在未覺國風衰
生計吟消日人情醉過時雅篇三百首留作後來師

秋晨有感

木葉落時節旅人初夢驚鐘才枕上盡事已眼前生
吟髮不長黑世交無久情且將公道約未忍便歸耕

秋日山中寄李處士

吾輩道何窮寒山細雨中兒童書懶讀果栗樹將空
言論關時務篇章見國風昇平猶可用應不廢爲公

山中貽同志

君貧我亦貧爲善喜爲鄰到老如今日無心媿古人
閉門非傲世守道是謀身別有同山者其如未可親

秋日懷九華舊居

吾道在五字吾身寧陸沈涼生中夜雨病起故山心
燭共寒醱影蛩添苦楚吟何當遂歸去一徑入松林

經青山弔李翰林

何爲先生死先生道日新青山明月夜千古一詩人
天地空銷骨聲名不傍身誰移耒陽冢來此作吟鄰

送人宰吳縣

海漲兵荒後爲官合動情字人無異術至論不知清
草履隨船賣綾梭隔水鳴唯持古人意千里贈君行

讀友人詩

君詩通大雅吟覺古風生外卻浮華景中含教化情
名應高日月道可潤公卿莫以孤寒恥孤寒達更榮

辭九江李郎中入關

帝里無相識何門迹可親願開言重口薦與分深人
卷許新詩出家憐舊業貧今從九江去應免更迷津

江南逢李先輩

李杜復李杜彼時逢此時干戈侵帝里流落向天涯
歲月消於酒平生斷在詩懷才不得志祇恐滿頭絲

秋日寄吟友

閑坐細思量唯吟不可忘食無三畝地衣絕一株桑
蟬樹生寒色漁潭落曉光青雲舊知己未許釣滄浪

江上與從弟話別

相逢盡說歸早晚遂歸期流水多通處孤舟少住時
千人不得已非我欲爲之及此終無媿其如道在茲

送友人遊南海

南海南邊路君遊祗爲貧山川多少地郡邑幾何人
花鳥名皆別寒暄氣不均相期早晚見莫待瘴侵身

贈聶尊師

詩道將仙分求之不可求非關從小學應是數生修
蟾桂雲梯折鰲山鶴駕遊他年兩成事堪喜是鄰州

旅感

白髮根叢出鑷頻愁不開自憐空老去誰信苦吟來

客路東西闊家山早晚回翻思釣魚處一雨一層苔

寄益陽武灌明府

縣稱詩人理無嫌日寂寥溪山入城郭戶口半漁樵
月滿彈琴夜花香漉酒朝相思不相見煙水路迢迢

湘中秋日呈所知

四海無寸土一生惟苦吟虛垂思鄉淚不滴別人心
雨色凋湘樹灘聲下塞禽求歸歸未得不是擲光陰

閩中別所知

觸目生歸思那堪路七千臘中離此地馬上見明年
郡邑溪山巧寒暄日月偏自疑雙鬢雪不似到南天

哭友人

病向名場得終爲善誤身無兒承後嗣有女託何人
葬禮難求備交情好者貧惟餘舊文集一覽一沾巾

新栽竹

斸破蒼苔色因栽十數莖窗風從此冷詩思當時清
酒入杯中影棋添局上聲不同桃與李瀟灑伴書生

送吳蛻下第入蜀

下第言之蜀那愁舉別杯難兄方在幕上相復憐才
鳥徑盤春靄龍湫發夜雷臨邛無久戀高桂待君回

亂後歸山

亂世歸山谷征鼙喜不聞詩書猶滿架弟姪未爲軍
山犬眠紅葉樵童唱白雲此心非此志終擬致明君

題著禪師

大道本無幻常情自有魔人皆迷著此師獨悟如何
爲岳開窗闊因蟲長草多說空空說得空得到維摩

春日閑居即事

未得青雲志春同秋日情花開如葉落鶯語似蟬鳴
道合和貧守詩堪與命爭飢寒是吾事斷定不歸耕

亂後再逢汪處士

如君眞道者亂世有閑情每別不知處見來長後生

藥非因病服酒不爲愁傾笑我於身苦吟鬚白數莖

山中喜與故交宿話

蓮地能相訪何慚事力微山中深夜坐海內故交稀
村酒沽來濁溪魚釣得肥貧家只如此未可便言歸

觀碁

對面不相見用心同用兵算人常欲殺顧己自貪生
得勢侵吞遠乘危打劫羸有時逢敵手當局到深更

送人宰德清

亂世人多事耕桑或失時不聞寬賦斂因此轉流離
天意未如是君心無自欺能依四十字可立德清碑

寄竇處士

漳水醉中別今來猶未醒半生因酒廢大國幾時寧
海畔將軍柳天邊處士星遊人不可見春入亂山青

題歷山舜祠（山有廟呼爲帝二子多變妖異爲時所敬）

昔舜曾耕地遺風日寂寥世人那肯祭大聖不興妖
廢宇秋霖壞杉松野火燒時訛競淫祀絲竹醉山魈

和吳太守罷郡山村偶題二首

罷郡鐃山興村家不惜過官情隨日薄詩思入秋多
野獸眠低草池禽浴動荷眼前餘政在不似有干戈

快活田翁輩常言化育時縱饒稽歲月猶說向孫兒
茅屋梁和節茶盤果帶枝相傳終不忘何必立生祠

亂後送友人歸湘中

家枕三湘岸門前即釣磯漁竿壯歲別鶴髮亂時歸
岳暖無猿叫江春有燕飛平生書劍在莫便學忘機

送紫陽僧歸廬岳舊寺

紫衣明主贈歸寺感先師受業恩難報開堂影不知
松風欹枕夜山雪下樓時此際無人會微吟復斂眉

塞上傷戰士

戰士說辛勤書生不忍聞三邊遠天子一命信將軍
野火燒人骨陰風捲陣雲其如禁城裏何以重要勳

春日訪獨孤處士

地僻春來靜深宜長者居好花都待晚修竹不妨疏
雁入湘江食人侵曉色鋤似君無學處頭白到如初

秋宿棲賢寺懷友人

一宿三秋寺閑忙與曉分細泉山半落孤客夜深聞
鶴去巢盛月龍潛穴擁雲苦吟方見景多恨不同君

訪道者不遇

寂寂白雲門尋真不遇真祇應松上鶴便是洞中人
藥圃花香異沙泉鹿迹新題詩留姓字他日此相親

送人遊吳

君到姑蘇見人家盡枕河古宮閑地少水港小橋多夜市賣菱藕春船載綺羅遙知未眠月鄉思在漁歌

送陳昉歸麻川

麻川清見底似人武陵溪兩岸山相向三春鳥亂啼酒旗和柳動僧屋與雲齊即此吾鄉路懷君夢不迷

出山

病眼看春牓文場公道開朋人登第盡白髮出山來

浙中逢詩友

處世曾無過惟天合是媒長安不覺遠期遂一名迴到處有同人多為賦與文詩中難得友湖畔喜逢君

凍把城根雪風開嶽面雲苦吟吟不足爭忍話離羣

送友遊吳越

去越從吳過吳疆與越連有園多種橘無水不生蓮夜市橋邊火春風寺外船此中偏重客君去必經年

出常山界使回有寄

自小即南北未知今日離封疆初盡處人使卻回時開口有所忌此心無以為行行復垂淚不見是男兒

經廢宅

人生當貴盛修德可延之不慮有今日爭教無破時蘚斑題字壁花發帶巢枝何況蒿原上荒墳與折碑

登天台寺

一到天台寺高低景旋生共僧巖上坐見客海邊行野色人耕破山根浪打鳴忙時向閑處不覺有閑情

途中春

馬上覽春色丈夫惪淚垂一生看卻老五字未逢知酒力不能久愁根無可醫明年到今日公道與誰期

入關歷陽道中卻寄舍弟

求名日苦辛日望日榮親落葉山中路秋霖馬上人晨昏知汝道詩酒衛吾身自笑拋麋鹿長安擬醉春

贈歐陽明府

賢宰宰斯邑政聞閭里間都緣民訟少長覺吏徒閑

帆落樽前浦鐘鳴枕上山回舟卻惆悵數宿釣魚灣

贈臨上人

不計禪兼律終須入悟門解空非有自所得是無言眼豁浮生夢心澄大道源今來習師者多鑠敎中猿

題戰島僧居在江之心

師愛無塵地江心島上居接船求化慣登陸赴齋疎載土春栽樹拋生日餧魚入雲蕭帝寺畢竟欲何如

別衡州牧

朝別使君門暮投江上村從來無舊分臨去望何恩

行計自不定此心誰與論秋猿叫寒月祇欲斷人魂

送人遊江南

滿酌勸君酒勸君君莫辭能禁幾度別卽到白頭時
晚岫無雲蔽春帆有燕隨男兒兩行淚不欲等閑垂

遊茅山

步步入山門仙家鳥徑分漁樵不到處麋鹿自成羣
石面迸出水松頭穿破雲道人星月下相次禮茅君

讀友人詩卷

冰齒味瑤軸祇應神鬼知坐當羣靜後吟到月沈時
雪峽猿聲健風櫻鶴立危篇篇一字字誰復更言詩

寄從叔

三族不當路長年猶布衣苦吟天與性直道世將非
鴈夜愁凝坐漁鄉老憶歸爲儒皆可立自是拙時機

寄李溥

如我如君者不妨身晚成但從時輩笑自得古人情
共莫更初志俱期立後名男兒且如此何用歎平生

郊居卽事投李給事

無祿奉晨昏閑居幾度春江湖苦吟士天地最窮人
書劍同三友蓬蒿外四鄰相知不相薦何以自謀身

寄詩友

別來春又春相憶喜相親與我爲同志如君能幾人
何時吟得力漸老事關身惟有前溪水年年濯客塵

題田翁家

田翁眞快活婚嫁不離村州縣供輸罷追隨鼓笛喧
盤殘同老少家計共田園自說身無事應官有子孫

長安冬日

近臘饒風雪閑房凍坐時書生教到此天意轉難知
吟苦猿三叫形枯柏一枝還應公道在未忍與山期

雨後登唐興寺水閣

一雨三秋色蕭條古寺閒無端登水閣有處似家山

白日生新事何時得暫閑將知老僧意未必戀松關

山中寄友人

深山多隙地無力及耕桑不是營生拙都緣覓句忙
破窗風翳燭穿屋月侵牀吾友應相笑辛勤道未光

自述

四海欲行遍不知終遇誰用心常合道出語或傷時
擬作閑人老慙無識者嗤如今已無計祇得苦于詩

題江山寺

江上山頭寺景留吟客船遍遊銷一日重到是何年
沙鳥多翹足巖僧半露肩爲詩多語澀喜此得終篇

秋日旅舍臥病呈所知

秋色上庭枝愁懷切向誰青雲無勢日華髮有狂時
枕上聞風雨江南繫別離如何吟到此此道不聞知

秋宿山館

山館坐待曉夜長吟役神斜風吹敗葉寒燭照愁人
蘊蓄天然性澆訛世惡眞男兒出門志不獨爲謀身

贈老僧

眾僧尊夏臘靈嶽遍曾登度水手中杖行山溪畔藤
心空默是印首白雪爲稜自得巡方道棲禪老未能

別舍弟

欲住住不得出門天氣秋惟知偷拭淚不忍更回頭
此日祇愁老兄身方遠遊孤寒將五字何以動諸侯

雪中別詩友

酒寒無小戶請滿酌行杯若待雪消去自然春到來
出城人迹少向暮鳥聲哀未遇應關命侯門處處開

題嶽麓寺

一簇楚江山江山勝此難覓人來畫取到處得吟看
鶴隱松聲盡魚沉檻影寒自知心未了閑話亦多端

懷廬嶽書齋

長憶在廬嶽免低塵土顏煮茶窗底水採藥屋頭山
是境皆遊遍誰人不羨閑無何一名繫引出白雲間

題唐興寺小松

雖小天然別難將眾木同侵僧半窗月向客滿襟風
枝拂行苔鶴聲分叫砌蟲如今未堪看須是雪霜中

與友人話別

客路行多少干人無易顏未成終老計難致此身閑
月兔走入海日烏飛出山流年留不得半在別離間

和劉評事送海禪和歸山

衲外元無象言尋那路尋問禪將底說傳印得何人
未了羣山淺難休一室深伏魔寧是獸巢頂亦非禽
覿色風驅霧聽聲雪灑林凡歸是歸處不必指高岑

御溝柳

律到御溝春溝邊柳色新細籠穿禁水輕拂入朝人
日近韶光早天低聖澤勻谷鶯棲未穩宮女畫難眞
楚國空搖浪隋堤暗惹塵如何帝城裏先得覆龍津

卷二終

全五代詩卷三

羅江李調元雨村 編

梁

杜荀鶴

寄温州朱尚書并呈軍倅崔太傅（朱名褒以同姓結援梁太祖奏授温州刺史充靜海軍使）

永嘉名郡昔推名連屬荀家弟與兄教化靜師龔渤海篇章高體謝宣城山從海岸妝吟景水自城根演政聲今日老輸崔博士不妨疎逸伴雙旗

贈李鐔（鐔自維揚遇亂東入山中）

君行君文天合知見君如此我興悲祇殘三口兵戈後纔到孤村雨雪時著臥衣裳難辦洗旋求糧食莫供炊地鑪不暖柴枝溼猶把蒙求授小兒

冬末同友人泛瀟湘

殘臘泛舟何處好最多吟興是瀟湘就船買得魚偏美踏雪沽來酒倍香猿到夜深啼嶽麓鴈知春近別衡陽與君剩採江山景裁取新詩入帝鄉

旅中臥病

秋來誰料病相縈枕上心猶算去程風射破窗鐙易滅月穿疎屋夢難成故園何啻三千里新鴈纔聞一兩聲我自與人無舊分非干人與我無情

贈秋浦張明府

君爲秋浦三年宰萬慮關心兩鬢知人事旋生當路縣吏才難展用兵時農夫背上題軍號賈客船頭插戰旗他日親知問官況但教吟取杜家詩

雪

風攪長空寒骨生光於曉色報窗明江湖不見飛禽影巖谷時聞折竹聲巢穴幾多相似處路岐兼得一般平擁袍公子休言冷中有樵夫跣足行

題廬嶽劉處士草堂

仙境閑尋採藥翁草堂留話一宵同若看山下雲深處直是人間路不通泉領藕花來洞口月將松影過溪東求名心在閑難遂明日馬蹄塵土中

秋宿臨江驛

南來北去二三年年去年來兩鬢斑舉世盡從愁裏老誰人肯向死前閑漁舟火影寒歸浦驛路鈴聲夜過山身事未成歸未得聽猿鞭馬入長關

重陽日有作

一爲重陽上古臺亂時誰見菊花開偷擎白髮眞堪笑牢鎖黃金實可哀是箇少年皆老去爭知荒塚不

榮來大家拍手高聲唱日未沈山且莫迴

送李鐔遊新安

邯鄲李鐔才崢嶸酒狂詩逸難干名氣直不與兒輩洽醉來擬共天公爭孤店夜燒枯葉坐亂時秋踏早霜行一間茅屋居不穩剛出爲人平不平

亂後山居

從亂移家擬傍山今來方辦買山錢九州有路休爲客百歲無愁即是仙野叟菹田鋤暮雨溪禽同石立寒煙他人似我還應少如此安貧亦荷天

夏日登友人書齋林亭

暑天長似秋天冷帶郭林亭畫不如蟬噪檻前遮日竹鷺窺池面弄萍魚拋山野客橫琴醉種藥家僮踏雪鋤眾惜君才堪上第莫因居此與名疎

春日山居寄友人

野吟何處最相宜春景暄和好入詩高下麥苗新雨後淺深山色晚晴時半巖雲腳風牽斷平野花枝鳥踏垂倒載干戈是何日近來麋鹿欲相隨

懷廬嶽舊隱

一別三年長在夢夢中時蹋石稜層泉聲入夜方堪聽山色逢秋始好登巖鹿慣隨鋤藥叟溪鷗不怕洗

苦僧人間有許多般事求要身閑直未能

春日登樓遇雨

忽地晴天作雨天全無暑氣似秋間看看水没來時路漸漸雲藏望處山風趁鷺鷥雙出葦浪催漁父盡歸灣一心準擬閑登眺卻被詩情使不閑

春日行次錢塘卻寄台州姚中丞

豈爲無心求上第難安帝里爲家貧江南江北閑爲客潮去潮來老卻人兩岸雨收鶯語柳一樓風滿角吹春花前不獨垂鄉淚曾是朱門寄食身

贈友人罷舉赴交阯辟命

罷卻名場擬入秦南行無罪似流人縱經商嶺非馳驛須過長沙弔逐臣舶載海奴鐶硾耳象駞蠻女綵纏身如何待取丹霄桂別赴嘉招作上賓

時世吟

夫因兵死守蓬茅麻苧衣衫鬢髮焦桑柘廢來猶納稅田園荒後尚徵苗時挑野菜和根煮旋斫生柴帶葉燒任是深山更深處也應無計避征徭

閑居書事

竹門茅屋帶村居數畝生涯自有餘鬢白祇因秋鍊句眼昏多爲夜抄書鴈驚風浦漁燈動猿叫霜林橡

貧踈待得功成郎西去時清不問命何如

亂後逢村叟

經亂衰翁居破村村中何事不傷魂因供寨木無桑柘為點鄉兵絕子孫還似平寧徵賦稅未嘗州縣略安存至今雞犬皆星散日落前山獨倚門

贈元上人

多少僧中僧行高偶成流落遍僧抄經窗月靜灘聲到石逕人稀蘚色交垂露竹粘蟬落殼窣雲松載鶴棲巢煮茶童子閑勝我猶得依時把磬敲

夏日留題張山人林亭

此中偏稱夏中遊時有風來暑氣收澗底松搖千尺雨庭中竹撼一窗秋求猿句寄山深寺乞鶴書傳海畔洲閑與先生話身事浮名薄宦總悠悠

傷病馬

此馬堪憐力壯時細勻行步恐塵知騎來未省將鞭觸病後長教覓藥醫願主強擡和淚眼就人輕刷帶瘡皮祗今筋骨渾全在春暖莎青放未遲

送僧赴黃山沐湯泉兼參禪宗長老

聞有湯泉獨去尋一缾一鉢一無金不愁亂世兵相害卻喜寒山路入深野老禱神鴉噪廟獵人衝雪鹿驚林患身是幻逢禪主水洗皮膚語洗心

獻鄭給事

化行邦域二年春樵唱漁歌日日新未降詔書酬善政不知天澤荅何人秋登嶽寺雲隨步夜宴江樓月滿身他日朱門恐難掃沙堤新築必無塵

中山臨上人院觀牡丹寄諸從事

閑來吟遶牡丹叢花豔人生事略同半雨半風三月內多愁多病百年中開當韶景何妨好落向僧家即是空一境別無唯此有忍教醒坐對支公

塞上

旌旗鬣鬣漢將軍閑出巡邊帝命新沙塞旋收饒帳幙犬戎時殺少煙塵冰河夜渡偷來馬雪嶺朝飛獵去人獨作書生疑不穩軟弓輕劍也隨身

戲題王處士書齋

先生高興似樵漁水鳥山猿一處居石逕可行苔色厚釣竿時斫竹叢疎欺春祗愛和醅酒諱老猶看夾注書莫道無金空有壽有金無壽欲何如

長安道中有作

回頭不忍看羸僮一路行人我最窮馬迹蹇於槐影裏釣船拋在月明中帽簷曉滴淋蟬露衫袖時飄卷

鵰風子細尋思底模樣騰騰又過玉關東

題衡陽隱士山居

閑居不問世如何雲起山門日已斜放鶴去尋三島客任人來看四時花松醪臘醞安神酒布水宵煎覓句茶畢竟金多也頭白算來爭得似君家

戲贈漁家

見君生計羨君閑求食求衣有底難養一箔蠶供釣線種千莖竹作漁竿葫蘆杓酌春濃酒舴艋舟流夜漲灘卻笑儂家最辛苦聽蟬鞭馬入長安

題汪氏茅亭

茅亭客到多稱奇茅亭之上難題詩出塵景物不可狀小手篇章徒爾爲牛畔稻苗新雨後鶴邊松韻晚風時君今酷愛人間事爭得安閒老在茲

下第東歸將及故園有作

平生操立有天知何事謀身與志違上國獻詩還不遇故園經亂又空歸山城欲暮人煙斂江月初寒釣艇歸且把風寒作閑事懶能和淚拜庭闈

贈友人罷舉赴辟命

運天一水浸吳東十幅帆飛二月風好景探拋詩句裏別愁驅入酒杯中魚依岸柳眠圓影鳥傍岩花戲暖紅不是桂枝終不得白緣年少好從戎

贈休糧僧

自言因病學休糧本意非求不死方徒有至人傳道術更無齋客到禪房雨中林鳥歸巢晚霜後岩猨拾橡忙爭似吾師無一事穩披雲衲坐藤牀

維揚春日再遇孫侍御

本爲榮家不爲身讀書誰料轉家貧三年行卻千山路兩地思歸一主人絡岸柳絲懸細雨繡田花朵弄殘春多情御史應嗟見未上青雲白髮新

亂後宿南陵廢寺寄沈明府

祇共寒燈坐到明塞鴻銜雪一聲聲亂時爲客無人識廢寺吟詩有鬼驚且把酒杯添志氣已將身事託公卿男兒仗劍酬恩在未肯徒然過一生

途中春

年光身事旋成空畢竟何門遇至公人世鶴歸雙鬢主客程蛇遶亂山中牧童向日眠春草漁父隈巖避晚風一醉未醒花又落故鄉回首楚關東

書齋即事

時清祇合力爲儒不可家貧與善疏賣卻屋邊三畝地添成窗下一牀書沿溪摘果霜晴後出竹吟詩月

上初鄉里老農多見笑不知稽古勝耕鋤

傷陽道中

客路客路何悠悠蟬聲向背槐花愁爭知百歲不百歲未合白頭今白頭四五朵山妝雨色兩三行鴈帖雲秋輸他江上垂綸者祇在船中老便休

秋日臥病

浮世浮名能幾何致身流落向天涯少年心壯輕爲客一日病來思在家山頂老猨啼古木渡頭新鴈下平沙不堪吟罷西風起黃葉滿庭寒日斜

旅泊遇郡中叛亂示同志

握手相看誰敢言軍家刀劍在腰邊遍搜寶貨無藏處亂殺平人不怕天古寺拆爲修寨木荒墳開作甃城塼郡侯逐出渾閑事正是鑾輿幸蜀年

山中寄詩友

山深長恨少同人覽景無時不憶君庭果自從霜後熟野猿頻向屋邊聞琴臨秋水彈明月酒就東山酌白雲仙桂算攀攀合得平生心力盡於文

題瓦棺寺眞上人院矮檜

天生仙檜是長材栽檜希逢此最低一自舊山來砌畔幾番凡木與雲齊迴無斜影教僧踏免有閑枝引

鶴棲今日偶題題似着不知題後更誰題

江下初秋寓泊

濛濛煙雨蔽江村江館愁人好斷魂自別家來生白髮爲侵星起謁朱門也知柳欲開春眼爭奈萍無入土根兄弟無書鴈歸北一聲聲覺苦於猿

投從叔補闕

吾宗不謁謁詩宗常仰門風繼國風空有篇章傳海內更無親族在朝中其來雖媿源流淺所得須憐雅頌同三十年吟到今日不妨私薦亦成公

贈張員外兒

張公一子才三歲聞客吟聲便出來喚物舌頭猶未穩誦詩心孔迥然開天生便是成家慶年長終爲間世才月裏桂枝知有分不勞諸文作梯媒

入關寄九華友人

坐牀難穩露蟬新便作東西馬上人醲酒卻輸眈睡客好山翻對不吟人無多志氣禁離別强半年光屬苦辛篋裏篇章頭上雪未知誰戀杏園春

冬末自長沙遊桂嶺留獻所知

家隔重湖歸未期更堪南去別深知前程笑到山多處上馬愁逢歲盡時四海內無容足地一生中有苦

心詩朱門祗見朱門事獨把孤寒問阿誰

送福昌周繇少府歸寧兼謀隱

少見古人無遠慮如君眞得古人情登科作尉官雖
小避世安親祿已榮一路水雲生隱思幾山猿鳥認
吟聲知君未作終焉計要著文章待太平

賀顧雲侍御府主與子弟奏官敕下時年七歲

青衿朱袍不貿兒賀兒榮是見兒榮孝經始向堂前
徹官誥當從幕下迎戲把藍袍包果子嬌將竹笏惱
先生自慙亂世無知己弟姪鞭牛傍隴耕

舟行即事

年少髭鬚雪欲侵別家三日幾般心朝隨賈客憂風
色夜逐漁翁宿葦林秋水鷺飛紅蓼晚暮山猿叫白
雲深重陽酒熟茱萸紫卻向江頭倚棹吟

山居寄同志

茅齋深僻絕輪蹄門徑緣莎細接溪垂釣石臺依竹
壘待賓茶竈就巖泥風生谷口猿相叫月照松頭鶴
並棲不是無端過時日擬從窗下躡雲梯

將入關安陸遇兵寇

家貧無計早離家離得家來蹇滯多已是數程行雨
雪更堪中路阻兵戈幾州戶口看成血一旦天心卻
許和四面煙塵少無處不知吾土自如何

寄臨海姚中丞

夏辟旌旆已秋深永夕思量淚滿襟風月易斑搜句
鬢星霜難改感恩心尋花洞裏連春醉望海樓中徹
曉吟雖有夢魂知處所去來多被角聲侵

秋日閑居寄先達

到頭身事欲何爲窗下工夫鬢上知乍可百年無稱
意難教一日不吟詩風驅早鴈衝湖色雨挫殘蟬點
柳枝自古書生也如此獨堪惆悵是明時

題覺禪和

少見修行德似師茅堂佛像亦隨時禪衣衲後雲藏
線夏臘高來雪印眉耕地誡侵連塚土伐薪教護帶
巢枝有時問著經中事卻道山僧總不知

感秋

年年名路謾辛勤襟袖空多馬上塵畫戟門前難作
客釣魚船上易安身冷煙粘柳蟬聲老寒渚澄星鴈
叫新自是儂家無住處不關天地窄於人

題德元上人院

刳得心來忙處閑閑中方寸闊於天浮生自是無空
性長壽何曾有百年罷定磬敲松罅月解眠茶煮石

根泉我雖未似師披衲此理同師悟了然

投長沙裴侍郎

此身雖賤道長存非謁朱門謁孔門祇望至公將卷讀不求朝士致書論垂綸雨結漁鄉思吹木風傳鴈夜魂男子受恩須有地平生不受等閑恩

和友人見題山居

避時多喜葺居城七字君題萬象清開戶曉雲連地白訪人秋月滿山明庭前樹瘦霜來影洞口泉噴雨後聲有景供吟且如此算來何必躁於名

獻長沙王侍郎

文星漸見射台星皆仰爲霖沃衆情天澤逼來逢聖主辭林盛去得書生雲粧嶽色供吟景月浩湘流遞政聲美化事多難諷誦未如耕釣口分明

投江上崔尚書

此生何路出塵埃猶把中才謁上才閉戶十年專筆硯仰天無處認梯媒馬前霜葉催歸去枕上邊鴻喚覺來若許登門換鬢鬣必應辛苦事風雷

書事投所知

古陌寒風來去吹馬蹄塵旋上麻衣雖然干祿無休意爭奈趨時不見機詩思趁雲從嶽涌鄉心隨鴈遠湖飛肯將骨肉輕離別未遇人知未得歸

秋日湖外書事

十五年來筆硯功祇今猶在苦貧中三秋客路湖光外萬里鄉關楚邑東鳥逕杖藜山靄雨猿林欹枕樹搖風朱門處處若相似此命到頭通不通

題宗上人舊院

此院重來事事乖半欹茅屋草侵堦啄生鵶憶啼松栟接果猿思嘯石崖壁上塵粘蒲葉扇牀前苔爛筍皮鞋分明記得談空日不向秋風更愴懷

亂後出山逢高員外

自從亂後別京關一入煙蘿十五年重出故山生白髮卻裝新卷謁清賢窗迴旅夢城頭角柳結鄉愁雨後蟬名姓暗投心暗祝永期收拾向門前

訪蔡融因題

杖藜時復過荒郊來到君家不忍拋每見苦心修好事未嘗開口怨平交一溪寒色漁收網半樹斜陽鳥傍巢必若天工主人事肯交吾子委衡茅

友人贈舍弟依韻戲和

吾家此弟有何知多媿君開道業基不覺裹頭成大漢昨來竹馬作童兒還緣世遇兵戈鬧祇恐身修禮

樂遲及見和詩詩自好禍公不到更何時

下第東歸道中作

一回落第一寧親多是途中過卻春心火不銷雙鬢雪眼泉難濯滿衣塵苦吟風月唯添病遍識公卿未免貧馬壯金多有官者榮歸卻笑讀書人

館舍秋夕

寒雨蕭蕭燈焰青燈前孤客難爲情兵戈鬧日別鄉國鴻鴈過時思弟兄冷極睡無離枕夢苦多吟有徹雲聲出門便作還家計直至如今計未成

哭山友

十載同棲廬嶽雲寒燒枯葉夜論文在生未識公卿面至死不離麋鹿羣從見蓬蒿叢壞屋長憂雨雪透荒墳把君詩句高聲讀想得天高也合聞

獻池州牧

池陽今日似漁陽大變凶年作小康江路靜來通客貨郡城安後絕戎裝分開野色收新麥驚斷鶯聲摘嫩桑縱有逋民歸未得遠聞仁政旋還鄉

送韋書記歸京 座主侍郎同年

韋杜相逢眼自明事連恩地倍牽情聞歸帝里愁攀送知到師門話姓名朝客半修前輩禮古人多重晚年榮從來有淚非無淚未似今朝淚滿纓

贈休禪和

爲僧難得不爲僧僧戒僧儀未是能弟子自知心了了吾師應爲醉騰騰多生覺悟非關衲一點分明不在燈祇道詩人無佛性長將二雅入三乘

送李先輩從軍塞上

去草軍書出帝鄉便從城外學戎裝好隨漢將收胡土莫遣胡兵近漢疆灑磧雪粘旗力重凍河風揭角聲長此行也是男兒事莫向征人恃桂香

和友人送弟

君說無家祇弟兄此中言別若爲情干戈鬧日分頭

去山水寒時信路行月下斷猿空有影雪中孤鴈卻無聲我今骨肉雖飢凍幸喜團圓過亂兵

酬張員外見寄

分應天與吟詩老如此兵戈不廢詩生在世間人不識死於泉下鬼應知啼花蜀鳥春同苦叫雪巴猿晝共飢今日逢君惜分手一枝何校一年遲

獻新安于尚書

九土雄師竟若何未如良牧與天和月留清俸資家少歲計陰功及物多四野綠雲籠稼穡千山明月靜

干戈行人耳滿新安事盡是無愁父老歌

亂後書事寄同志

九五如今盡用兵短戈長戟困書生思量在世頭堪白晝度歸山計未成皇澤正需新將士侯門不是舊公卿到頭詩卷須藏卻各向漁樵混姓名

投宣諭張侍郎亂後過毘陵

此生今日似前生重著麻衣特地行經亂後囊新卷軸出山來見舊公卿雨籠莓壁吟燈影風觸蟬枝噪浪聲閒道中興重人物不妨西去馬蹄輕

下第投所知

落第愁生曉鼓初地寒才薄欲何如不辭更寫公卿卷卻是難修骨肉書御苑早鶯啼暖樹釣鄉春水浸貧居擬離門館東歸去又恐重來事轉疎

哭方干

何言寸祿不沾身身沒詩名萬古存況有數篇關教化得無餘慶及兒孫漁樵共壘墳三尺猿鶴同棲月一村天下未寧吾道喪更誰將酒酹吟魂

秋日泊浦江

一帆程歇九秋時漠漠蘆花拂浪飛寒浦更無船並宿暮山時見鳥雙歸照雲烽火驚離抱翦葉風霜逼暑衣江上漸明汀露溼靜驅吟魄入元微

白髮吟

一莖兩莖初似絲不妨驚度少年時幾人亂世得及此今我滿頭何足悲九轉靈丹那勝酒五音清樂未如詩家山蒼翠萬餘尺藜杖楮冠輸老兒

下第寄池州鄭員外

省出蓬蒿修謁初蒙知曾不見生疎侯門數處將書薦帝里經年借宅居未必有詩堪諷誦祇憐無援過吹噓如今足得成持取莫使江湖卻釣魚

贈題兜率寺閑上人院

人間寺應諸天號眞行僧禪此寺中百歲有涯頭上雪萬般無染耳邊風挂帆波浪驚心白上馬塵埃翳眼紅畢竟浮生謾勞役算來何事不成空

別四明鍾尚書

九華天際碧嵯峨無奈春來入夢何難與英雄論教化卻思猿鳥共煙蘿風前柳態閑時少雨後花容淡處多都道人生有離別且將詩句代離歌

題護國大師塔

莫認雙林是佛林禪棲無地亦無金塔前盡禮灰來相衲下誰宗印了心笠象允明雙不見線源分派寸

難尋吾師覺路余知處大藏經門一夜吟

春日山中對雪有作

竹樹無聲或有聲霏霏漠漠散還凝嶺梅謝後重粧蘂巖水鋪來卻結冰牢繫鹿兒防獵客滿添茶鼎候吟僧好將膏雨同功力松徑莓苔又一層

山中對雪有作

一渾乾坤萬象收唯應不壅大江流虎狼遇獵難藏迹松柏因風易舉頭玉帳英雄攜妓賞山村鳥雀共民愁豈堪久蔽蒼蒼色須放三光照九州

早發

東窗未明塵夢蘇呼童結束登征途落葉鋪霜馬蹄滑寒猿嘯月人心孤時逆帽簷風刮頂旋呵鞭手冷粘鬚青雲快活一未見爭得安閑釣五湖

題仇處士郊居 處士棄官卜居

江南景簇此林亭手板藍裾自可輕洞裏客來無俗話郭中人到有公情閑敲巖果呼猿接時釣溪魚引鶴爭笑我有詩三百首馬蹄紅日急於名

依韻次同年張曙先輩見寄之什

天上詩名天下傳引來齊列玉皇前大仙錄後頭無雪至藥成來竈絕煙笑躡紫雲金作闕夢拋塵世鐵爲船九華山叟驚凡骨同到蓬萊豈偶然

亂後逢李昭象敘別

李生李生何所之家山窣雲胡不歸兵戈到處弄性命禮樂向人生是非卻與野猿同橡塢還將溪鳥共漁磯也知不是男兒事爭奈時情賤布衣

晚春寄同年張曙先輩

莫將時態破天眞祇合高歌醉過春易落好花三箇月難離浮世百年身無金潤屋渾閑事有酒扶頭是了人恩地未酬閑未得一迴醒話一沾巾

卷三終

全五代詩卷四

羅江李調元雨村　編

梁

杜荀鶴四

長安春感

出京無計住京難深入東風轉索然滿眼有花寒食下一家無信楚江邊此時晴景愁於雨是處鶯聲苦卻蟬公道算來終達去更從今日望明年

登靈山水閣貽釣者

江上見僧誰是了修齋補衲日勞身未勝漁父閑垂釣獨背斜陽不采人縱有風波猶得睡總無蓑笠始爲貧瓦瓶盛酒瓷甌酌荻浦蘆灣是要津

贈溧水崔少府

庭戶蕭條燕雀喧日高窗下枕書眠祇聞留客教沽酒未省逢人說料錢洞口禮星披鶴氅溪頭吟月上漁船九華山叟心相許不計官卑贈一篇

讀張僕射詩

秋吟一軸見心胸萬象搜羅詠欲空才大卻嫌天上桂世危翻立陣前功廉頗解武文無說謝朓能文武不通雙美總輸張太守二南章句六鈞弓

題所居村舍

家隨兵盡屋空存稅額寧容減一分衣食旋營猶可過賦輸長急不堪聞蠶無夏織桑充寨田廢春耕犢勞軍如此數州誰會得殺民將盡更邀勳

獻錢塘縣羅著作判官

還鄉夫子遇賢侯撫字情知不自由莫把一名專懊惱放教雙眼絕冤讎猩袍懶著辭公宴鶴氅閑披訪道流猶有九華知己在羨君高臥早回頭

遣懷

驅馳岐路共營營祇爲人間利與名紅杏園中終擬醉白雲山下懶歸耕題橋每念相如志佩印當期季子榮謾道彊親堪倚賴到頭須是有前程

題開元寺門閣

一登高閣眺清秋滿目風光盡勝游何處畫橈尋綠水幾家鳴笛咽紅樓雲山已老應長在歲月如波祇暗流唯有禪居離塵俗了無榮辱掛心頭

出關投孫侍御

東歸還著舊麻衣爭免花前有淚垂每歲春光九十日一生年少幾多時青雲寸祿心耕早明月仙枝分種遲不爲感恩酬未得五湖閑作釣魚師

送項山人歸天台

因話天台歸思生布囊藤杖笑離城不教日月拘身事自與煙霞結野情雲鎖古潭龍色黑露淋秋檜鶴聲清此中是處堪終隱何要世人知姓名

題江寺禪和

江寺禪僧似悟禪壞衣芒屨住茅軒懶求施主修眞像翻說經文是妄言出浦釣船驚宿鴈伐巖樵斧迸寒猨行人莫問師宗旨眼不浮華耳不喧

題弟姪書堂

何事居窮道不窮亂時還與靜時同家山雖在干戈

地弟姪常修禮樂風窗竹影搖書案上野泉聲入硯池中少年辛苦終身事莫向光陰惰寸功

和友人寄長林孟明府

爲政爲人漸見心長才聊屈宰長林莫嫌月入無多俸須喜秋來不廢吟寒雨旋疎叢菊豔晚風時動小松陰訟庭閒寂公書少留客看山索酒斟

登城有作

上得孤城向晚春眼前何事不傷神遍看原上纍纍塚曾是城中汲汲人盡謂黃金堪潤屋誰思荒骨旋成塵一名一宦平生事不放愁侵易過身

秋日山中寄池州李常侍

近來參謁陡生踈因向雲山僻處居出爲羈孤營糗食歸同弟姪讀生書風凋古木秋陰薄月滿寒山夜景虛但得中興知己在算應身未老樵漁

辭楊侍郎

春在門闌秋未離不因人薦只因詩半年賓館成前事一日侯門失舊知霜島樹凋猨叫夜湖田穀熟鴈來時西風萬里東歸去更把愁心說向誰

喜從弟雪中遠至有作

深山大雪懶開門門逕行蹤自爾新無酒禦寒雖寡

況有書供讀且資身便均情愛同諸弟莫更生踈似外人晝短夜長須強學學成貧亦勝他貧

送僧歸國清寺

吟送越僧歸海涯僧行渾不覺程賒路沿山腳潮痕出睡倚松根日色斜撼錫度岡猨抱樹挈瓶盛浪鷺翹沙到參禪後知無事看引秋泉灌藕花

題汪明府山居

不似當官祇似閑野情終日不離山方知薄宦難拘束多與高人作往還牛笛漫吹煙雨裏稻苗平入水雲閒羨君公退歸欹枕免向他門厚客顏

宿東林寺題願公院

古寺沈沈僧未眠揞頭將客說閑緣一溪月色非塵世滿洞松聲似雨天簷底水涵抄律燭窗開風引煮茶煙無由住得吟相伴心繫青雲十五年

山居自遣

茅屋周回松竹陰山翁時挈酒相尋無人開口不言利只我白頭空愛吟月在釣潭秋睡重雲橫樵逕野情深此中一日過一日有底閑愁得到心

亂後旅中遇友人

念子爲儒道未亨依依心向十年兄莫因亂世輕依託須學前賢隱姓名大國未知何日靜舊山猶可入雲耕不如自此同歸去帆挂秋風一信程

投鄭先輩

匣中長劍未酬恩不遇男兒不合論悶向酒杯吞日月閑將詩句問乾坤甯辭馬足勞關路肯爲漁竿憶水村兩鬢欲斑三百首更教裝寫傍誰門

途中有作

無論南北與西東名利牽人處處同枕上事仍多馬上山中心更甚關中川原晚結陰沈氣草樹秋生索漠風百歲此身如且健大家閑作臥雲翁

和舍弟題書堂

兄弟將知大自強亂時同葺讀書堂嶽泉遇雨多還闊溪竹唯風少即涼藉草醉吟花片落傍山閑步藥苗香團圓便是家肥事何必盈倉與滿箱

送蜀客遊維揚

見說西川景物繁維揚景物勝西川青春花柳樹臨水白日綺羅人上船夾岸畫樓難惜醉數橋明月不教眠送君懶問君回日才子風流正少年

旅寓

暗算鄉程隔數州欲歸無計淚空流已違骨肉來時約更束琴書何處遊畫角引風吹斷夢垂楊和雨結成愁去年今日還如此似與青春有舊讎

維揚冬末寄幕中二從事

江上數株桑棗樹自從離亂更荒涼那堪旅館經殘臘祇把空書寄故鄉典盡客衣三尺雪鍊精詩句一頭霜故人多在芙蓉幕應笑孜孜道未光

辭鄭員外入關

男兒三十尚蹉跎未遂青雲一桂科在客易爲銷歲月到家難住似經過帆飛楚國風濤闊馬度藍關雨雪多長把行藏信天道不知天道竟如何

入關因別舍弟

吾今別汝汝聽言去住人情足可安百口度荒均食易數年經亂保家難莫愁寒族無人薦但願春官把卷看天道不欺心意是帝鄉吾土一般般

贈彭蠡釣者

偏坐漁舟出葦林葦花零落向秋深祗將波上鷗爲侶不把人間事繫心傍岸歌來風欲起卷絲眠去月初沈若教我似君閑放贏得湖山到老吟

送友人入關

此去青雲莫更疑出人才行足人知況當朝野搜賢

日正是孤寒取士時仙島煙霞通鶴信早春雷雨與龍期我今不得同君去兩鬢霜欺桂一枝

送友人宰潯陽

高興那言去路長非君不解愛潯陽有時猨鳥來公署到處煙霞是道鄉釣艇滿江魚賤菜紙窗連嶽楮多桑陶潛舊隱依稀在好繼高蹤結草堂

敘吟

多慙到處有詩名轉覺吟詩僻性成度水卻嫌船著岸過山翻恨馬貪程如讐雪月年年景似夢笙歌處處聲未合白頭今已白自知非爲別愁生

行次滎陽卻寄諸弟

難把歸書說遠情奉親多闕拙爲兄早知寸祿榮家晚悔不深山共汝耕枕上算程關月落帽前搜景嶽雲生如今已作長安計祗得辛勤取一名

登石壁禪師水閣有作

石壁早聞僧說好今來偏與我相宜有山有水堪吟處無雨無風見景時漁父晚船分浦釣牧童寒笛倚牛吹畫人畫得從他畫六幅應輸八句詩

贈祖肩和尚

山衣草屐染莓苔雙眼猶慵向俗開若比吾師居世

上何如野客臥嵓隈才聞錫杖離三楚又說隨緣向五臺乘醉吟詩問禪理爲誰須去爲誰來

閒居即事

形覺清羸道覺肥竹門前徑靜相宜一壺村酒無求處數朵庭花見落時章句偶爲前輩許話言多被俗人疑一枝仙桂如攀得祗此山前是老期

自敘

酒甕琴書伴病身熟諳時事樂於貧寧爲宇宙閑吟客怕作乾坤竊祿人詩旨未能忘救物世情奈值不容眞平生肺腑無言處白髮吾唐一逸人

空閑二公遞以禪律相鄙因而解之

一教誰云闢二途律禪禪律智歸愚念珠在手隳禪衲禪衲披肩壞念珠象外空分空外象無中有作有中無有無無有師窮取山到平來海亦枯

寄温州崔博士

懷君勞我寫詩情窣窣陰風有鬼聽縣宰不仁工部餓酒家無識翰林醒眼昏經史天何在心盡英雄國未甯好向賢侯話吟侶莫教辜負少微星

李昭象云與二三同人見訪有寄

得君書後病顏開云拉同人訪我來在路不妨衝雨雪到山還免踏塵埃吟沈水閣何宵月坐破松巖幾處苔貧舍款賓無別物止於空戰大尊罍

自江西歸九華

他鄉終日憶吾鄉及到吾鄉値亂荒雲外好山看不見馬頭岐路去何忙無衣織女桑猶小闕食農夫麥未黄許大乾坤吟未了揮鞭回首出陵陽

和友人見題山居水閣八韻

池閣初成眼豁開眼前霽景屬微才試攀簷果猨先見纔把漁竿鶴即來修竹已多猶可種豔花雖少不勞栽南昌一榻延徐孺楚國千鍾逼老萊未稱執鞭

奔紫陌惟宜策杖步蒼苔籠禽豈是摩霄翼潤木元非澗下材鑒己每將天作鏡陶情常以海爲杯和君詩句吟聲大蟲豸聞之謂蟄雷

感寓

大海波濤淺小人方寸深海枯終見底人死不知心

春閨怨

朝喜花豔春暮悲花委塵不悲花落早悲妾似花身

馬上行

五里復五里去時無住時日將家漸遠猶恨馬行遲

釣叟

茅屋深灣裏釣船橫竹門經營衣食外猶得弄兒孫

再經胡城縣

去歲曾經此縣城縣民無口不冤聲今來縣宰加朱紱便是生靈血染成

讀諸家詩

辭賦文章能者稀難中難者莫過詩直應吟骨無生死祇我前身是阿誰

春來燕

我屋汝嫌低不住雕梁畫閣也知寬大須穩擇安巢處莫道巢成卻不安

清溪來明府出二子請詩因遺一絶

珠明玉潤盡驚人，不稱寒門不稱貧。若向吾唐作雙瑞，便同祥鳳與祥麟。

哭陳陶

耒陽山下傷工部，採石江邊弔翰林。兩地荒墳各三尺，卻成開解哭君心。

哭貝韜

交朋來哭我來歌，喜傍山家葬薜蘿。四海十年人殺盡，似君埋少不埋多。

蠶婦

粉色全無飢色加，豈知人世有榮華。年年道我蠶辛苦，底事渾身着苧麻。

山寺老僧

草翳無塵心地閑，靜隨猨鳥過寒暄。眼昏齒落看經遍，卻向僧中總不言。

閩中秋思

雨匀紫菊叢叢色，風弄紅蕉葉葉聲。北畔是山南畔海，祗堪圖畫不堪行。

八駿圖

丹雘傳眞未得眞，那知筋骨與精神。祗今恃駿憑毛色，緑耳驊騮賺殺人。

贈僧

利門名路兩何憑，百歲風前短焰燈。祗恐爲僧僧不了，爲僧得了總輸僧。

秋夕

世間多少能詩客，誰是無愁得睡人。自我夜來霜月下，到頭吟魄始終身。

溪興

山雨溪風卷釣絲，瓦甌蓬底獨斟時。醉來睡著無人喚，流下前溪也不知。

過巢湖

世人貪利復貪榮，來向湖邊始至誠。男子登舟與登陸，把心何不一般行。

傷硤石縣病叟

無子無孫一病翁，將何筋力事耕農。官家不管蓬蒿地，須勒王租出此中。

贈老僧

童子爲僧今白首，暗鋤心地種閑情。時將舊衲添新線，披坐披行過一生。

釣叟

田不曾耕地不鋤誰人閑散得如渠渠將底物爲香餌一度擡竿一箇魚

溪岸秋思

桑柘窮頭三四家挂罾垂釣是生涯秋風忽起溪灘白零落岸邊蘆荻花

春日旅寓

滿城羅綺拖春色幾處笙歌揭畫樓江上有家歸未得眼前花是眼前愁

田翁

白髮星星筋力衰種田猶自伴孫兒官苗若不平平

納任是豐年也受飢

秋江雨夜逢詩友

故友別來三四載新詩吟得百餘篇夜來江上秋無月恨不相逢在雪天

感春

無況青雲有恨身眼前花似夢中春浮生七十今三十已是人間半世人

題花木障

不假東風次第吹筆勻春色一枝枝由來畫看勝栽看兔見朝開暮落時

顧雲侍御出二子請詩因遺一絕

二雛毛骨秀仍奇小小能吟大大詩想得月中仙桂樹各從生日長新枝

秋夕病中

壞屋不眠風雨夜故園無信水雲秋病中枕上誰相問一一蟬聲槐樹頭

宿欒城驛卻寄常山張書記

一更更盡到三更吟破離心句未成數樹秋風滿庭月憶君時復下堦行

湘江秋夕

三湘月色三湘水浸骨寒光似練鋪一夜塞鴻來不

住故鄉書信半年無

旅懷

蒹葭月冷時聞雁楊柳風和日聽鶯水涉山行二年客就中偏怕雨船聲

贈崔道士

四海兵戈無靜處人家廢業望烽煙九華道士渾如夢猶向尊前笑揭天

題道林寺

身未立間終日苦身當立後幾年榮萬般不及僧無

事共水將山過一生

贈質上人

枿坐雲遊出世塵兼無缾鉢可隨身逢人不說人間事便是人間無事人

夏日題悟空上人院

三伏閉門披一衲兼無松竹蔭房廊安禪不必須山水滅得心中火自涼

經嚴陵釣臺

蒼翠雲峰開俗眼泓澄煙水浸塵心唯將道業爲芳餌釣得高名直至今

闕試後筵上別同人

日午離筵到夕陽明朝秦地與吳鄉同年多是長安客不信行人欲斷腸

鷓鴣

一般毛羽結羣飛雨岸煙汀好景時深水有魚銜得出看來卻是鷺鷥飢

宿村舍

野人於我有何情半掩柴門向月明深夜欲眠眠未著一叢寒木一猨聲

題新鴈

暮天新鴈起汀洲紅蓼花疎水國秋想得故園今夜月幾人相憶在江樓

離家

丈夫三十身如此疲馬離鄉懶著鞭槐柳路長愁殺我一枝蟬到一枝蟬

旅舍遇雨

月華星彩坐來收嶽色江聲暗結愁半夜燈前十年事一時和雨到心頭

送人歸淝上

巢湖春漲喻溪深纔過東關見故林莫道南來總無

利水亭山寺二年吟

自遣

糲食麤衣隨分過堆金積帛欲如何百年身後一丘土貧富高低爭幾多

聞子規

楚天空闊月成輪蜀魄聲聲似告人啼得血流無用處不如緘口過殘春

秋夜苦吟

吟盡三更未著題竹風松雨共淒淒此時若有人來聽始覺巴猨不解啼

秋夜聞砧

荒涼客舍眠秋色砧杵家家弄月明不及巴山聽猨夜三聲中有不愁聲

將過湖南經馬當山廟因書三絕

人說馬當波浪險我經波浪似通衢大凡君子行藏是自有龍神衛過湖

貪殘官吏虔誠謁毒害商人瀝膽過祇怕馬當山下水不知平地有風波

九江連海一般深未必船經廟下沈頭上蒼蒼沒蹣處不如平取一生心

小松

自小刺頭深草裏而今漸覺出蓬蒿時人不識凌雲木直待凌雲始道高

醉書僧壁

九華山色眞堪愛留得高僧爾許年聽我吟詩供我酒不曾穿得判齋錢

寄李隱居

自小棲元到老閑如雲如鶴住應難溪山不必將錢買贏得來來去去看

卷四終

全五代詩卷五

羅江李調元雨村 編

梁

李山甫

山甫咸通中累舉不第梁初依魏博羅宏信及其子紹威幕府爲從事嘗逮事樂彥禎文筆雄健著有詩集牧豎閑談山甫美姿容髮長五尺餘嘗沐後理髮客造焉疑爲婦人趨出山甫連呼之方悟唐音戍籤唐書樂彥禎傳彥禎喜儒術引山甫及公乘億在幕爲爐之亂使山甫說鎮州王鎔合同盟拒賊鎔不克從王鎔傳鎔鎮滄洲過魏彥禎子從訓心利鎔妓妾山甫以數舉被黜怨中朝大臣導從訓伏兵漳南高雞泊劫之鐸家屬吏佐三百餘人皆遇害按咸通中鐸嘗再典禮闈山甫正爲鐸所黜也全唐詩話山甫數被黜依魏博羅紹威幕府嘗有詩云勸君莫用誇頭角夢裏輸贏總未眞讖執政也巢寇之亂翰林待詔王敬遨者遊鄴遇于道覩山甫謂曰幽蘭綠衣可得聞乎遨應命奏之曲終潸然曰憶在咸通王亭秋夜供奉至尊不意流離至此也山甫賦詩曰幽蘭綠水耿清音歎息先生枉用心世上幾時曾好古人前何必獨霑襟致身不似笙簧巧悅耳甯如鄭衛淫三尺綠桐七尺線子期師曠兩沈沈一句成亦自黯然悲其不遇也胡孝轅癸籤一菊詩也陳傲達云但令逢採摘甯辭獨晚榮婉厚乃爾朱灣云受氣何曾異開花獨自遲費較量矣山甫云裁處不容依玉砌要時還許上金樽更似毒口罵將來豈非時代爲之乎又云世豈有國號國姓可入詩者哉然如盧照鄰人歌小歲酒花舞大唐春山甫但經春色還秋色不覺楊家是李家非佳句乎觀此事無不可使只巧匠少

耳　西清詩話高英秀者吳越國人與贊甯爲詩友口給好罵滑稽嘗譏名人詩病云李山甫覽漢史云王莽弄來曾半破曹公將去便平沈定是破船詩李羣玉詠鷓鴣云方穿詰曲崎嶇路又聽鉤輈格磔聲定是梵語詩羅隱云雲中雞犬劉安過月裏笙歌煬帝歸定是見鬼詩杜荀鶴曰今日偶題題似著不知題後更誰題此衞子詩也不然安有四蹄贊甯笑謝而已

遺懷

長松埋澗底鬱鬱未出原孤雲飛隴首高潔不可攀
古道貴拙直時事不足言莫飲盜泉水無爲天下先
智者與愚者盡歸北邙山唯有東流水年光不暫閑

山中依韻答劉書記見贈

幽居少人事三徑草不開隱几虛室靜閑雲入坐來
至道非內外詎言才不才寶月當秋空高潔無纖埃
心滅百慮滅詩成萬象回亦有吾廬在寂寞舊山隈
從容未歸去滿地生青苔謝公寄我詩清奇不可陪
白雪飛不盡碧雲欲成堆驚風出地戶虩虩似震雷
吟哦山嶽動令人心膽摧思君覽章句還復如望梅
慷慨追古意曠望登高臺何當陶淵明遠師勸影杯
流年將老來華髮自相催野寺連屏幛左右相徘徊

山中答劉書記寓懷

貴門多冠冕日與榮辱並山中有獨夫笑傲出衰盛
正直任天眞鬼神亦相敬之子貢邱園戶牖松蘿映
骨將槁木齊心同止水淨筆頭拍金波座上橫玉柄
芙蓉出秋渚繡段流清詠高古不稱時沈默豈相競
窮搜萬籟息危坐千峯靜林僧繼嘉唱風前亦爲幸

別墅

此地可求息開門足野情窗明雨初歇日落風更清
蒼蘚槎根匝碧煙水面生攲奇心自樂暑月聽蟬聲

自歎拙

自憐心計拙欲語更悲辛世亂僮欺主年衰鬼弄人
鏡中顏欲老江上業長貧不是劉公樂何由變此身

夜吟

除卻閑吟外人間事事慵更深成一句月冷上孤峯
窮理多瞑目含毫靜倚松終篇渾不寐危坐到晨鐘

山下殘夏偶作

等閑三伏後獨臥此高邱殘暑炎於火林風爽帶秋
聲名何要出吟詠亦堪休自許紅塵外雲谿好漱流

早秋山中作

誰到山中語雨餘風氣秋煙嵐出澗底瀑布落牀頭
至道亦非遠僻詩須苦求千峯有嘉景拄杖獨巡遊

春日商山道中作

一逕春光裏揚鞭入翠微風來花落帽雲過雨沾衣
谷鳥銜枝去巴人負笈歸殘陽更惆悵前路客亭稀

亂後途中

亂離尋故園朝市不如村慟哭翻無泪顛狂覺少魂
諸侯貪割據羣盜恣并吞爲問登壇者何年答漢恩

陪鄭先輩華山羅谷訪張隱者

白雲閑洞口飛蓋入嵐光好鳥共人語異花迎客香
谷風聞鼓吹苔石見文章不是陪仙侶無因訪阮郎

題慈雲寺僧院

帝城深處寺樓殿壓秋江紅葉去寒樹碧峯來曉窗

煙霞生淨土苔蘚上高幢欲問吾師語心猨不肯降

病中答劉書記見贈

病來雙樹下雲脚上禪袍頻有瓊瑤贈空瞻雪月高
已知捐俗態時許話風騷衰疾未能起相思徒自勞

寄太常王少卿

別後西風起新蟬坐臥聞秋天靜如水遠岫碧侵雲
雅飲純和氣清吟冰雪文相思重回首梧葉下紛紛

別偒秀才

因亂與君別相逢悲且驚開襟魂自慰拭淚眼空明
故國已無業舊交多不生如何又分袂難話別離情

惜花

未會春風意開君又落君一年今爛漫幾日便繽紛
別豔那堪賞餘香不忍聞尊前恨無語應解作朝雲

燕

每歲同辛苦看人似有情亂飛春得意幽語夜聞聲
整羽莊姜恨迴身漢后輕豪家足金彈不用污雕楹

送劉將軍入關討賊

世人多恃武何者是眞雄欲滅黃巾賊須憑黑矟公
指星憂國計望氣識天風明日凌雲上期君第一功

古石硯

追琢他山石方圓一勺深抱眞唯守墨求用每虛心
波浪因文起塵埃爲廢侵憑君更研究何啻直千金

題李員外廳

石砌蛩吟響草堂人語稀道孤思絕唱年長漸知非
名利終成患煙霞亦可依高邱松蓋古閑地藥苗肥
猨鳥啼嘉景牛羊傍晚暉幽棲還自得清嘯坐忘機
愛彼人深處白雲相伴歸

酬劉書記一二知己見寄

見說金臺客相逢祗論詩坐來殘暑退吟許野僧知
自喜幽棲僻惟慙道義虧身閑偏好古句冷不求奇

晦迹全無累安貧自得宜同人終念我蓮社有歸期

寓懷

萬古交馳一片塵思量名利孰如身長疑好事皆虛事卻恐閑人是貴人老逐少年終不放辱隨榮後直須勻勸君不用誇頭角夢裏輸贏總未眞

山中病後作

臥病厭厭三伏盡商飈初自水邊來高峯枯槁骨偏峭野樹扶踈葉未摧時序追牽從鬢改蟬聲酸急是誰催雲門不閉全無事心外沈然一聚灰

早秋山中作

榮枯無路入千峯肥遯誰諳此志同司寇亦曾遭魯黜步兵何事哭途窮檜松瘦健滴秋露戶牖虛明生晚風山思更清人影絕隴雲飛入草堂中

早春微雨

怪來鶯蝶似凝愁不覺看花漸逕頭疏影未藏千里樹遠陰微翳萬家樓青羅舞袖紛紛轉紅臉啼珠旋旋收歲旱且須教濟物爲霖何事愛風流

寒食二首

柳帶東風一向斜春陰澹澹蔽人家有時三點兩點雨到處十枝五枝花萬井樓臺疑繡畫九原珠翠似煙霞年年今日誰相問獨臥長安泣歲華

風煙放蕩花披猖鞦韆女兒飛出牆繡袍馳馬拾遺翠錦袖鬬雞喧廣場天地氣和融霽色池臺日暖燒春光自憐塵土無他事空脫荷衣泥醉鄉

南山

鈍碧頑青幾萬秋直無天地始應休莫嫌塵土伴遮面能向樓臺强出頭霽色陡添千尺翠夕陽閑放一堆愁假饒不是神仙骨終抱琴書向此遊

曲江二首

南山低對紫雲樓翠影紅陰瑞氣浮一種是春長富

貴大都爲水也風流爭攀柳帶千千手間插花枝萬萬頭獨向江邊最惆悵滿衣塵土避王侯

江色沈天萬草齊暖煙晴靄自相迷蜂憐杏蘂細香落鶯墜柳條濃翠低千隊國娥輕似雪一羣公子醉如泥斜陽怪得長安動陌上分飛萬馬蹄

蒲關西道中作

國東王氣凝蒲關樓臺帖出晴空閒紫煙橫捧大舜廟黄河直打中條山地鎖咽喉千古壯風傳歌吹萬家閑來來去去身依舊未及潘年鬢已斑

兵後尋邊三首

千里煙砂盡日昏戰餘燒罷閉重門新成劒戟皆農器舊著衣裳盡血痕卷地朔風吹白骨挂天青氣泣幽魂自憐長策無人問羞戴儒冠傍塞垣

旗頭指處見黃埃萬馬橫馳鶻翅迴劍戟遠腥凝血在山河先暗陣雲來角聲惡殺悲于哭鼓勢爭强怒若雷日暮卻登寒壘望飽鴟清嘯伏屍堆

風怒邊砂迸鐵衣胡兒胡馬正驕肥將軍對陣誰教入戰士辭營不道歸新血濺紅粘蔓草舊骸堆白映寒暉胷中縱有銷兵術欲向何門說是非

司天臺

拂雲朱檻捧昭回靜對銅渾水鏡開太史只知頻奏瑞蒼生無計可陳災景公進德星曾退漢帝推誠日為迴何事曠官全不語好天良月鎖高臺

讀漢史

四百年間反覆尋漢家興替好沾襟每逢姦詐須捘手眞遇英雄始醒心王莽弄來曾半破曹公將去便平沉當時虛受君恩者謾向青編作鬼林

蜀中寓懷

千里煙霞錦水頭五丁開得也風流春裝寶景重重樹日照仙州萬萬樓蛙似公孫雖不守龍如諸葛亦須休此中無限英雄鬼應對江山各自羞

代孔明哭先主

憶昔南陽顧草廬便乘雷電捧乘輿酌量諸夏須平取期刻羣雄待遍鋤南面未能成帝業西陵那忍送宮車九疑山下頻惆悵曾許微臣水共魚

又代孔明哭先主

鯨鬣翻騰四海波始將天意用干戈盡驅神鬼隨鞭策全罩英雄入網羅提劍尙殘吳郡國垂衣猶欠魏山河鼎湖無路追仙駕空使羣臣泣血多

上元懷古二首

南朝天子愛風流盡守江山不到頭總是戰爭收拾得卻因歌舞破除休堯行道德終無敵秦把金湯可自由試問繁華何處有雨苔煙草古城秋

爭帝圖王德盡衰驟興馳霸亦何為君臣都是一場笑家國同成千載悲排岸遠檣森似槊落波殘照爀如旗今朝城上難迴首不見樓船索戰時

隋隄柳

曾傍龍舟拂翠華至今凝恨倚天涯但經春色還秋色不覺楊家是李家背日古陰從北朽逐波疏影向南斜年年只有晴風便遙為雷塘送雪花

陰地關崇徽公主手迹廣川書跋云初僕固懷恩之叛其女沒入宮大歷四年回紇請婚因封爲崇徽公主降可汗道汾州以手掌托石壁遂有手痕今靈石有崇徽公主手痕碑

一拓纖痕更不收翠微蒼蘚幾經秋誰陳帝子和番策我是男兒爲國羞寒雨洗來香已盡澹煙籠著恨長留可憐汾水知人意旁與吞聲未忍休

下第獻所知三首

偶向江頭別釣磯等閑經歲與心違虛教六尺受辛苦枉把一身憂是非青桂本來無欠負碧霄何處有因依春風不用相催促迴避花時也解歸

不識人間巧路岐只將端拙泥神祇與他名利本無分卻共水雲曾有期大底物情應莫料近來天意也須疑自憐心計今如此憑仗春醪爲解頤

十年磨鏃事鋒鋩始逐朱旗入戰場四海風雲難際會一身肝膽易開張退飛鶯谷春零落倒卓龍門路渺茫今日慙知也慚命笑餘歌罷忽淒涼

賀邢州盧員外

紫泥飛詔下金鑾列象分明世仰觀北省諫書藏舊草南宮郎署握新蘭春歸鳳沼恩波暖曉入鴛行瑞氣寒偏是此生棲息者滿衣零淚一時乾

賀友人及第

得水蛟龍失水魚此心相對兩何如敢辭今日須行卷猶喜他年待薦書松桂也應情未改萍蓬爭奈迹還疎春風不見尋花伴遥向青雲泥子虛

謁翰林劉學士不遇

夢繞清華宴地深洞宮橫鎖曉沈沈鵬飛碧海終難見鶴入青霄豈易尋六尺羇魂迷定止兩行愁血謝知音平生只恥凌風翼隨得鳴珂上禁林

赴舉別所知

腰劍囊書出戶遲壯心奇命兩相疑麻衣盡舉一雙手桂樹只生三十枝黃祖不憐鸚鵡客誌公偏賞麒麟兒叔牙知我應相痛回首天涯寄所思

下第臥病盧員外召遊曲江

眼前何事不傷神忍向江頭更弄春桂樹既能欺賤子杏花爭肯採閑人麻衣未掉渾身雪皁蓋難遮滿面塵珍重列星相借問嵇康慵病也天眞

方干隱居

咬咬嘎嘎水禽聲露洗松陰滿院清溪畔印沙多鶴迹檻前題竹有僧名問人遠岫千重意對客閑雲一片情早晚塵埃得休去且將書劍事先生

山中覽劉書記新詩

記室新詩相寄我靄然清絕更無過谿風滿袖吹騷雅巖瀑無時滴薜蘿雲外山高寒色重雪中松苦夜聲多靜酬嘉唱對幽景蒼鶴羸棲古木柯

答劉書記見贈

吟近秋光思不窮酷探騷雅愧無功茫然心苦千篇拙瞑坐神凝萬象空月上開襟當北戶竹邊回首揖西風知音頻有新詩贈白雪紛紛落郢中

贈徐三十

春滿南宮白日長夜來新直錦衣郎朱排六戟助神

聳玉襯一廳侵骨涼砌竹拂袍爭草色庭花飄豔妒蘭香從今不羨乘槎客曾到三星列宿傍

寄僊別駕

曉屐歸來嶽寺深嘗思道侶會東林昏沈天竺看經眼蕭索淨名老病心雲蓋數重橫隴首苔花千點遍松陰知君超達悟空旨三徑閑行抱素琴

山中寄梁判官

歸臥東林計偶諧柴門深向翠微開更無塵事心頭起還有詩情象外來康樂公應頻結社寒山子亦患多才星郎雅是道中侶六藝拘牽在隗臺

禪林寺作寄劉書記

坐近松風骨自寒茅齋直撥白雲邊元關不閉何人到此事誰論在佛先天竺老師留一句曹谿行者答全篇今朝林下忘言說強把新詩寄謫仙

賦得寒月寄齊己

松下清風吹我襟上方鐘磬夜沈沈已知廬嶽塵埃絕更憶寒山雪月深高謝萬緣消祖意朗吟千首亦師心豈知名徧出諸夏石上棲禪竹影侵

送職方王郎中吏部劉員外自太原鄭相公幕繼奉徵書歸省署

雙鳳銜書次第飛玉皇催促列仙歸雲開日月臨青瑣風卷煙霞上紫微蓮影一時空儉府蘭香同處撲堯衣此生長掃朱門者每向人間夢粉闈

送蘄州裴員外

正作南宮第一人暫隨霓斾愴離羣曉從闕下辭天子春向江頭待使君五馬尙迷青瑣路雙魚猶惹翠蘭芬明朝無路尋歸處禁樹參差隔紫雲

送李秀才入軍

弱柳貞松一地栽不因霜霰自難媒書生只是平時物男子爭無亂世才鐵馬已隨紅斾去同人猶著白

衣來到頭功業須如此莫爲初心首重回

公子家二首

曾是皇家幾世侯入雲高第照神州柳遮門戶橫金鎖花擁絃歌咽畫樓錦袖妬姬爭巧笑玉銜嬌馬索閑遊麻衣酷獻平生業醉倚春風不點頭

柳底花陰壓露塵醉煙輕罩一團春鶯占水能嗔客鸚鵡嫌籠解罵人騕褭似龍隨日換輕盈如燕逐年新不知買盡長安笑活得蒼生幾戶貧

貧女

平生不識繡衣裳閑把荆釵益自傷鏡裏祇應諳素貌人間多自重紅妝當年未嫁還憂老終日求媒即道狂兩意定知無說處暗垂珠淚滴蠶筐

月

狡兔頑蟾死復生波雲經漢澹還明夜長雖耐對君坐年少不禁隨爾行玉桂影搖烏鵲動金波寒注鬼神驚人間半被虛拋擲唯向孤吟客有情

風

喜怒寒暄直不勻終無形狀始無因能將塵土平欺客愛把波瀾枉陷人飄樂遞香隨日在綻花開柳逐年新深知造化由君力試爲吹噓借與春

秋

傍雨依風冷漸勻更憑青女事精神來時將得幾多鴈到處求他無限人能被絲楊深懊惱謾偎黃菊送慇懃鄒家不用偏吹律到底榮枯也自均

松

地聳蒼龍勢抱雲天教青共衆材分孤標百尺雪中見長嘯一聲風裏聞桃李傍他眞是佞藤蘿攀爾亦非羣平生相愛應相識誰道修篁勝此君

牡丹 司空表聖有絕句云芙蓉騷客空留怨芍藥詩家只寄情誰似天才李山甫牡丹屬思亦縱橫蓋指此詩也

邀勒春風不蚤開衆芳飄後上樓臺數苞仙豔火中出一片異香天上來曉露精神妖欲動暮煙情態恨成堆知君也解相輕薄斜凭闌干首重迴

菊

籬下霜前偶得存忍教遲晚避蘭蓀也銷造化無多力未受陽和一點恩栽處不容依玉砌要時還許上金罇陶潛沒後誰知己露滴幽叢見淚痕

劉員外寄移菊

秋來緣樹復緣牆怕共平蕪一例荒顏色不能隨地變風流唯解逐人香煙含細葉交加碧露拆寒英次

第黄深謝栽培與知賞但慚終歲待重陽

落花

落拓東風不藉春吹開吹謝兩何因當時曾見笑筵主今日自爲行路塵顏色却還天上女馨香留與世間人明年寒食重相見零淚無端又溼巾

還居清溪和劉書記見示

擔錫歸來竹繞谿通津曾笑魯儒迷端居味道塵勞息扣寂眠雲心行齊還似村家無寵祿時將鄰叟話幽棲山衣毳爛唯添野石井源清不貯泥祖意豈從年臘得松枝肯爲雪霜低晚天吟望秋光重雨陣橫

空薇斷蜺

游俠兒

好把雄姿渾世塵一場閑事莫因循荊軻只爲閑言語不與燕丹了得人

下第出春明門

曾和秋雨驅愁入卻向春風領恨回深謝灞陵隄畔柳與人頭上拂塵埃

滄浪峽

走轂飛蹄過此傍幾人留意問滄浪煙波莫笑趨名客爲愛朝宗日夜忙

項羽廟

爲虜爲王盡偶然有何羞見漢江船停分天下猶嫌少何要行人贈紙錢

望思臺

君父昏蒙死不回謾將平地築高臺九層黃土是何物銷得向前冤恨來

代崇徽公主意

金釵墜地鬢堆雲自別朝陽帝豈聞遣妾一身安社稷不知何處用將軍

贈宿將 詩話總龜補

校獵燕山經幾春雕弓白羽不離身年來馬上渾無力望見飛鴻指似人

柳十首

灞岸江頭臘雪消東風偷軟入纖條春來不忍登樓望萬架金絲著地嬌

愛盡風霜得到春一條條是逐年新尋常送別無餘事爭忍攀將過與人

長恨陽和也世情把香和豔與紅英家家只是栽桃李獨自無根到處生

只爲遮樓又拂橋被人催折好枝條假饒張緒如今

在須把風流暗裏銷

弱帶低垂可自由傍他門戶倚他樓金風不解相擡
舉露壓煙欺直到秋

終日堂前學畫眉幾人曾道勝花枝試看三月春殘
後門外青陰是阿誰

也曾飛絮謝家庭從此風流別有名不是向人無用
處一枝愁殺別離情

從來只是愛花人楊柳何曾占得春多向客亭門外
立與他迎送往來塵

強扶柔態酒難醒殢著春風別有情公子王孫且相

伴與君俱得幾時榮

無賴秋風斗送寒萬條煙罩一時乾遊人若要春消
息直向江頭臘後看

張　孜

孜京兆人躭酒如狂與李山甫善唐詩紀事孜有夢李白歌云夢破青霄春煙霞無去塵若詩郭璞五色筆江淹卻是尋常人又云李山秀作英雄骨黃河瀉出縱橫才

雪詩

長安大雪天鳥雀難相覓其中豪貴家搗椒泥四壁
到處爇紅爐周迴下羅幕暖手調金絲蘸甲斟瓊液
醉唱玉塵飛困融香汗滴豈知飢寒人手腳生皴劈

公乘億

億字壽仙魏人咸通末登進士第爲魏博節度使樂彥禎從事加授侍郎摭言億有句云十上十年皆落第一家一半已成塵

賦得郎官上應列宿

北極佇文昌南宮曉拜郎紫泥乘帝澤銀印佩天光
緯結三台側鉤連四輔傍佐商依傅說仕漢笑馮唐
委佩搖秋色峨冠帶晚霜自然符列象千古耀巖廊

春風扇微和

麗日催遲景和風扇早春暖浮丹鳳闕韶媚黑龍津
澹蕩迎仙仗霏微送畫輪綠搖宮柳嫩紅待禁花新
舞席潛迴雪歌筵暗起塵幸當陽候律一顧及佳晨

賦得秋菊有佳色

陶令籬邊菊秋來色轉佳翠攢千片葉金剪一枝花
蘂逐蜂鬚亂英隨蝶翅斜帶香飄綠綺和酒上烏紗
散漫摇霜彩嬌妍漏日華芳菲彭澤見更稱在誰家

賦得臨江遲來客

江上晚沈沈煙波一望深向來殊未至何處擬相尋
柳結重重眼蘋翻寸寸心暮山期共眺寒渚待同臨

北去魚無信南飛雁絕音思君不可見使我獨愁吟

卷五終

全五代詩卷六

羅江李調元雨村　編

梁

韓儀

儀字羽光萬年人偓之兄以翰林學士爲御史中丞梁太祖貶棣州司馬歸爲登州司戶參軍

絕句

短行軸子付三銓休把新銜惱必先今日便稱前進士好留春色與明年

薛昭緯

昭緯河東人唐乾甯中爲禮部侍郎梁初累貶磎州司馬卒　摭言薛保遜大中朝尤肆輕佻因之侵侮諸叔故自起居舍人貶洗馬而卒其子昭緯頗有父風常常任祠部員外時李系任小儀王蕘任小賓亞旦立仗班退昭緯朗吟曰左金烏而右玉兔天子旌旄蕘遽請下句昭緯應聲答曰上李系而下王蕘小人行綴開者靡不洪哂天復中自臺丞累貶登州司馬中書舍人顏蕘當制略曰陵轢諸父代嗣其凶　北夢瑣言薛公標韻詞辯賓接莫不款曲一日梁祖話及鷹鶻薛公祇對盛言鷙鳥之俊梁祖欣然謂其亦曾放弄歸館後傳語送鶻子一頭薛生致書感謝乃對來人戒僮僕曰令公所賜眞須愛惜果以紙裹安鞴袋中來人失笑聞於使衙又昭緯恃才傲物亦有父風每入朝省弄笏而行旁若無人好唱浣溪紗詞知舉後

有一門生辭歸鄉里臨岐獻規曰侍郎重德某乃受恩爾後請不弄笏與唱浣溪紗即其幸也時人謂之至言

謝銀工

一楪氈根數十皴盤中猶更有紅鱗早知文字多辛
苦悔不當初學治銀

裴廷裕

廷裕字膺餘昭宗時翰林學士左散騎常侍
梁時貶湖南摭言廷裕乾甯中在內庭文書敏捷號爲下水船梁太祖受禪姚洎爲學士嘗從容上問及廷裕行止洎對曰頃歲左遷今聞旅寄衡水上曰頗知其人構思甚捷對曰向在翰林號爲下水船太祖應聲謂洎曰卿便是上水船也洎微笑深有慙色議者以洎爲急灘頭水船也　又小歸倘書牓裴起部與邠之李搏先輩舊友搏以詩賀廷裕曰蜀中登第銅梁千里曙雲開仙笋新從紫府來天下也張新羽翼世間無復舊塵埃嘉禎果中君平卜賀喜須斟卓氏杯應笑戎藩刀筆吏至今泥滓曝魚鰓既而後以二十八字謔之曰曾隨風水化凡鱗安上門前一字新聞道蜀江風景好不知何似杏園春裴有六韻答云云

蜀中登第答李搏六韻

何勞問我成都事亦報君知便納降蜀柳籠堤煙矗
矗海棠當戶燕雙雙富春不並窮師子濯錦全勝旱
曲江高捲絳紗楊氏宅半垂紅袖薛濤窗浣花泛鷁
詩千首靜眾尋梅酒百缸若說弦歌與風景主人兼

是碧油幢

偶題

微雨微風寒食節半開半合木蘭花看花倚柱終朝
立卻似淒淒不在家

聶夷中

夷中字坦之河東人咸通十二年登進士第
官華陰尉梁初卒王漁洋五代詩話夷中少貧苦精於古體有公子家詩田家詩言近意遠合三百篇之旨唐音戊籤夷中詩載史傳文苑英華洪氏絕句者二十七首載郭茂倩樂府互見孟東野集者一首皆爲夷中原集之舊趙元度藏有李孔章本多七首今校定雜怨二首即孔東野之征婦怨鋤田當日午一絕乃李紳詩並删餘四首別爲錄存之

空城雀

一雀入官倉所食能損幾所處往復頻官倉乃害爾
魚網不在天鳥網不張水飲啄要自然何必空城裏

短歌行

八月木陰薄十葉三墮枝人生過五十亦已同此時
朝出東郭門嘉樹鬱參差暮出西郭門原草已離披
南鄰好臺榭北鄰善歌吹榮華忽銷散四顧令人悲
生死與榮辱四者乃常期古人恥其名沒世無人知
無言鬢似霜勿謂髮如絲昔年無一善何殊食乳兒

公子行二首

漢代多豪族恩深益驕逸走馬踏殺人街吏不敢詰
紅樓宴青春數里望雲蔚金缸焰勝晝不畏落暉疾
美人盡如月南威莫能疋芙蓉自天來不向水中出
飛瓊奏雲和碧簫吹鳳質唯恨魯陽死無人駐白日
花樹出牆頭花裏誰家樓一行書不讀身封萬戶侯
美人樓上歌不見古涼州

飲酒樂

日月似有事一夜行一周草木猶須老人生得無愁
一飲解百結再飲破百憂白髮欺賤貧不入醉人頭
我願西江水盡向杯中流安得阮步兵同入醉鄉游

勸酒二首

白日無定影清江無定波人無百年壽百年復如何
堂上陳美酒堂下列笙歌與君入醉鄉醉鄉樂天和
歲歲松柏茂日日邱陵多君看終南山萬古青峩峩
灞上送行客聽唱行客歌適來橋下水已作渭川波
人間榮樂少四海別離多但恐別離淚自成苦水河
勸爾一杯酒所贈無餘多

田家

二月賣新絲五月糶新穀醫得眼前瘡剜卻心頭肉
我願君王心化作光明燭不照綺羅筵只照逃亡屋

大垂手

金刀翦輕雲盤用黃金鏤裝束趙飛燕數來掌上舞
舞罷飛燕死片片隨風去

胡無人行

男兒徇大義立節不沽名腰間懸陸離大歌胡無行
不讀戰國書不覽黃石經醉臥咸陽樓夢入受降城
更願生羽翼飛身入青冥請攜天子劍斫下旄頭星
自然胡無人雖有無戰爭悠哉典屬國驅羊老一生

雜興

兩葉能蔽目雙豆能塞聰理身不知道將爲天地聾
擾擾造化內茫茫天地中苟或無所願毛髮亦不容

古興

片玉一塵輕粒粟邱山重唐虞貴民食祇是勤播種
前聖後聖同今人古人共一歲如苦饑金玉何所用

秋夕

日往無復見秋堂暮仍學元鬢不知白曉入寒銅覺
爲材未離樹有玉猶在璞誰把碧桐枝刻作雲門樂

訪嵩陽道士不遇

先生五嶽遊文焰滅金鼎月下鶴過時人間空落影

常言一粒藥不隨死生境何當列禦寇去問仙人請

題賈氏林泉

市朝東名利林泉繫清通豈知黃塵內迥有白雲蹤
輕流逗密篠直榦入寬空高吟五君詠疑對九華峯
我知種竹心欲扇清涼風我知決泉意欲明濟物功
有琴不張絃衆星列梧桐須知淡泊聽聲在無聲中
地非樵者路武陵又何逢祗慮迷所歸池上日西東

早發鄴北經古城

微月東南明雙牛耕古城但耕古城地不知古城名
當昔置此城豈料今日耕蔓草已離披狐兔何縱横

秋雲零落散秋風蕭條生對古良可歎念今轉傷情
古人已冥冥今人又營營不知馬蹄下誰家舊臺亭

燕臺二首

燕臺累黃金上欲招儒雅貴得賢士來更下於隗者
自然樂毅徒趨風走天下何必馳鳳書旁求向林野

燕臺高百尺燕滅臺亦平一種是亡國猶得禮賢名
何似章華畔空餘禾黍生

過比干墓

殷辛帝天下厭爲天下尊乾綱既一斷賢愚無二門
佞是福身本忠作喪已源餓虎不食子人無骨肉恩
日影不入地下埋冤死魂腐骨不爲土應作石木根
余來過此鄉下馬弔此墳靜念君臣間有道誰敢論

贈農

勸爾勤耕田盈爾倉中粟勸爾無伐桑減爾身上服
清霜一委地萬草色不綠狂風一飄林萬葉不著木
青春如不耕何以自拘束

客有追歎後時者作詩勉之

後達多晚榮速得多疾傾君看構大廈何曾一日成
在煖須在桑在飽須在耕君子貴宏道道宏無不亨
太陽垂好光毛髮悉見形我亦二十年直似戴盆行

荆山產美玉石石皆堅貞未必盡有玉玉且間石生
精衞一微物猶恐塡海平

住京寄同志

在京如在道日日先雞起不離十二街日行一百里
役役大塊上周朝復秦市貴賤與賢愚古今同一軌
白兔落天西赤鴉飛海底一日復一日日日復終始
自嫌性如石不達榮辱理試問九十翁吾今尚如此

送友人歸江南

皇州五更鼓月落西南維此時有行客別我孤舟歸
上國身無主下第誠可悲

哭劉駕博士

出門四顧望此日何徘徊終南舊山色夫子安在哉君詩如門戸夕閉晝還開君名如四時冬盡夏復來原野多邱陵纍纍如高臺君墳雖數尺誰與夫子偕

長安道

此地無駐馬夜中猶走輪所以路傍草少於衣上塵

古別離

欲別牽郎衣問郎遊何處不恨歸日遲莫向臨邛去

游子吟

萱草生堂堦游子行天涯慈親倚堂門不見萱草花

烏夜啼

眾烏各歸枝烏烏爾不棲還應知妾恨故向綠窗啼

起夜來

念遠心如燒不覺中夜起桃花帶露泛立在月明裏

公子家

種花滿西園花發青樓道花下一禾生去之爲惡草

田家

父耕原上田子劚山下荒六月禾未秀官家已修倉

雜怨

良人昨日去明月又不圓別時各有淚零落青樓前

錢珝

珝字瑞文徵之子起之孫善文詞官知制誥進中書舍人梁開平初貶撫州司馬卒有舟中集十國春秋註梁開平元年錢吳越王莊穆夫人進封晉國制錢珝筆也

客舍寓懷

灑灑灘聲晚霽時客亭風袖半披垂野雲行止誰相待明月襟懷祇自知無伴偶吟溪上路有花偷笑臘前枝牽情景物潛惆悵忽似傷春遠別離

同程九早入中書誤入祖起集

漢家賢相重英奇蟠木何材也見知不意雲霄能自致空驚鵷鷺忽相隨臘雪初明柏子殿春光欲上萬

年枝獨慚皇鑒明如日未厭春光向玉墀

江行無題一百首舊作珝祖起詩今攷詩繫遷謫塗中雜詠起無謫宦事而聲調更不類珝自中書謫撫州其舟中集序見文苑英華者云秋八月從襄陽浮江而行詩中潤色非東里官曹更建章之詠中書去指龍沙路及身到章江日之詠謫撫州所入峴山沔武昌匡廬鄱湖潯陽諸地名之詠襄陽而下之經途皆一一脗合而好日當秋半與九日自佳節扁舟無一杯等句尤秋八月啟行之左驗其爲珝詩無疑也蔡寬夫詩話云江行百首錢蒙仲得之他本因以傳世元非起集之舊宋人語更可據今直改入錢珝集中庶祖武虛名無奪克繩後美云爾

傾酒向漣漪乘流欲去時寸心同尺璧投此報馮夷

江曲全縈楚雲飛半自秦峴山回首望如別故鄉人

往年屢登峴亭

浦煙含夜色冷日轉秋旻自有沉碑在清光不照人

楚岸雲空合楚城人不來祇今誰善舞莫恨廢章臺

行背青山郭吟當白露秋風流無屈宋空詠古荆州

晚來漁父喜網重欲收遲恐有長江使金錢願贖龜

去指龍沙路徒懸象闕心夜涼無遠夢不爲偶聞砧

霧雲疎有葉雨淚細無花穩放扁舟去江天自有涯

好日當秋半層波動旅腸已行千里外誰與共秋光

潤色非東里官曹更建章宦遊難自定來喚櫂船郎

夜江清未曉徒惜月光沈不是因行樂堪傷老大心

翳日多喬木維舟取束薪靜聽江叟語盡是厭兵人

箭漏日初短汀煙草未衰雨餘雖更綠不是採蘋時

山水夜來漲喜魚跳滿江岸沙平欲盡垂蓼入船窗

渚邊新鴈下舟上獨凄涼俱是南來客憐君綴一行

雲密連江暗風斜著物鳴一杯眞戰將笑爾作愁兵

柳拂斜開路籬邊數戶村可能還有意不掩向江門

不識相如渴徒吟子美詩江清惟獨看心外更誰知

此指杜老酒渴愛江清句也起與杜同時何至遽用其語翻案益信爲珝詩矣

犖路沿江狹沙崩岸不平盡知行處險誰肯載時輕

憔悴異靈均非讒作逐臣如逢漁父問未是獨醒人

水含秋夜靜雲帶夕陽高詩癖非吾病何妨吮短毫

帶舟維古岸還似阻西陵箕伯無多怒回頭詎不能

秋雲久無雨江燕社猶飛卻笑舟中客今年未得歸

帆翅初張處雲鵬怒翼同莫愁千里路自有到來風

佳節雖逢菊浮生正似萍故山何處望荒岸小長亭

月下江流靜村荒人語稀鷺鷥雖有伴仍共影雙飛

斗轉月未落舟行夜已深有村知不遠風便數聲砧

棹驚沙鳥迅飛濺夕陽波不顧魚多處應防一目羅

行到楚江岸蒼茫人正迷祇如秦塞遠格磔鷓鴣啼

漸覺江天遠難逢故國書可能無往事空食鼎中魚

岸草連荒色村聲樂稔年晚晴貪穫稻閒卻採菱船

灘淺多遊鷺江清易見魚怪來吟未足秋物欠紅蕖

蛩響依沙草螢飛透水煙夜涼誰詠史空泊運租船

睡穩葉舟輕風微浪不驚人居蘆葦岸終夜動秋聲

自念平生意曾期一郡符可知因謫宦斑鬢入江湖

水天涼夜月不是少清光好景隨人物秦淮憶建康

古來多思客搖落恨江潭今日秋風至蕭疏過沔南

映竹疑村好穿蘆覺渚幽漸安無曠土蓺芋當農收

煙渚復煙渚畫屏休畫屏引愁天末去數點暮山青

秋風動客心寂寂不成吟飛上危檣立鶯啼報好音
見底高秋水開懷萬里天旅吟還有伴沙柳數枝蟬
九日自佳節扁舟無一杯曹園舊罇酒戲馬憶高臺
兵火有餘燼貧村纔數家無人爭曉渡殘月下寒沙
渚禽菱芡足不向稻粱爭靜宿涼灣月應無失侶聲
輕雲未撲霜樹杪橘初黃行是知名物過風過水香
土曠深耕少江平遠釣多平生皆棄本金革竟如何
海月非常物等閒不可尋披沙應有地淺處定無金
風晚冷颼颼蘆花已白頭舊來紅葉寺堪憶玉京秋
渺渺望天涯清漣浸赤霞難逢星漢使烏鵲日乘槎

風好來無陣雲開去有蹤釣歌無遠近應喜罷艨艟
吳疆連楚甸楚俗異吳鄉謾把罇中物無人啄蟹黃
岸綠野煙遠江紅斜照微撐開小漁艇應到月明歸
雨餘江始漲漾漾見流薪曾歎河中木斯言憶古人
垂露晚猶濃清風不易逢涉江雖已晚高樹搴芙蓉
乘舟維夏口煙野獨行時不見頭陀寺空懷幼婦碑
晚泊武昌岸津亭疎柳風數株曾手植好事憶陶公
舟航依浦定星斗滿江寒若比陰霾日何妨夜未闌
近成離金落孤岑望火門惟將知命意瀟灑向乾坤
叢菊生隄上此花長後時有人還採擷何必在春期

景夕殘霞落秋寒細雨晴短纓何用濯舟在月中行
堤壞漏江水地坳成野塘晚荷人不折留取作秋香
左宦終何路攄懷亦自寬襞牋嘲白鷺無意喻梟鸞
樓空人不歸雲白去時衣黃鶴無心下長應笑令威
白帝朝驚浪陽臺暮映雲等閒生險易世路祇如君
檣慢生輕浪帆虛帶白雲客船雖狹小容得瘦將軍晉冠軍將軍柳遐免官桓溫怪其瘦荅云不能不恨于破瓠璵用此聊自謔耳亦以郡司馬掌武得比將軍也
靜看秋江水風微浪漸平人間馳競處塵土自波成
風借帆方疾風回棹卻遲較量人世事不校一毫釐

咫尺愁風雨匡廬不可登祇疑雲霧窟猶有六朝僧
江草何多思冬青尚滿洲誰能驚鵩鳥作賦為沙鷗
幸有煙波興甯辭筆硯勞緣情無怨刺卻似反離騷
沙上獨行時吟高到楚詞難將垂岸蓼盈把當江蘺
秋寒鷹隼健逐雀下雲空知是江湖客無心擊塞鴻
幽懷念煙水長恨隔龍沙今日滕王閣分明見落霞
江流何渺渺懷古獨依依漁父非賢者蘆中但有磯
風雨正甘寢雲霓忽曉晴放歌雖自遣一歲又崢嶸
幽思正遲遲沙邊濯弄時自憐非博物猶未識鳧葵
曾有煙波客能歌西塞山落花惟待月一釣紫菱灣

千頃水紋細一拳嵐影孤君山寒樹綠曾過洞庭湖
光闊重湖水低斜遠鴈行未曾無興詠多謝沈東陽
晚菊繞江壘忽如開古屏莫言時節過白日有餘馨
日落長亭晚山門步障青可憐無酒分處處有旗亭
遠岸無行樹經霜有伴紅停船搜好句題葉贈江楓
身世比行舟無風暫亦休敢言終破浪惟願穩乘流
數畝蒼苔石煙濛鶴卵洲定因詞客過名字始風流
興閑停桂楫路好過松門不負佳山水還開酒一樽
短楫休敲桂孤根自駐萍自憐非劍氣空向斗牛星
高浪如銀屋江風一發時筆端降太白才大語終奇

有降太白語又知非起詩矣
細竹漁家路晴陽看結罾喜來邀客坐分與折腰菱
平湖五百里江水想通波不柰扁舟去其如決計何
數逢雲斷處去岸映高山身到章江日應猶未得閒
一灣斜照水三板順風船未敢相邀釣勞生只自憐
江雨正霏微江村晚渡稀何曾妨釣艇更待得魚歸
新野舊樓名潯陽勝賞情照人長一色江月共淒清
願飲西江水那吟北渚愁莫教留滯迹遠比蔡昭侯
湖口分江水東流獨有情常時好風物誰伴謝宣城
潯陽江畔菊應似古來秋爲問幽棲客吟時得酒不

高峯有佳號千尺倚寒風若使爐煙在猶應爲上公
萬木已清霜江邊村事忙故溪黃稻熟一夜夢中香
楚水苦縈回征帆落又開可緣非直路卻有好風來
遠謫歲時宴暮江風雨寒仍愁繫舟處驚夢近長灘

送王郎中

惜別遠相送卻成惆悵多獨歸回首處爭那暮山何

春恨三首

負罪將軍在北朝秦淮芳草綠迢迢高臺愛妾魂銷盡始得丘遲爲一招

入戍臨洮報未歸篋香銷盡別時衣身輕願比蘭堦

蝶萬里還尋塞草飛

永巷頻聞小苑遊舊恩如淚亦難收君前願報新顏色團扇須防白露秋

蜀國偶題

忽憶明皇西幸時暗傷潛恨竟誰知佩蘭應語宮臣道莫向金盤進荔枝

未展芭蕉

冷燭無煙綠蠟乾芳心猶卷怯春寒一緘書札藏何事會被東風暗拆看

劉象

象京兆人天復元年登第梁初卒

早春池亭獨游三首

春意送殘臘春晴融小洲蒲茸纔簇岸柳頰已遮樓便有杯觴興可攄羇旅愁凫鷺亦相狎盡日戲清流

清流環綠篠清景媚虹橋鶯刷翎遷羽莎拳擬拆苗細沙擢暖岸淑景動和飆倍憶同袍侶相歡倒一瓢

一瓢歡自足一日興偏多幽意人先賞疎叢蝶未過知音新句苦窺沼醉顏酡萬慮從相擬今朝欲奈何

鷺鷥

潔白孤高生不同頂絲清軟冷搖風窺魚翹立荷香裏慕侶低翻柳影中幾日下巢辭紫閣多時凝目向晴空摩霄志在潛修羽會接鸞凰別葦叢

春夜二首

幾處兵戈阻路岐憶山心切與山違時難何處披懷抱日日日斜空醉歸

一別杜陵歸未期祇憑魂夢接親知近來欲睡兼難睡夜夜夜深聞子規

曉登迎春閣

未櫛憑欄眺錦城煙籠萬井二江明香風滿閣花盈戶樹樹樹梢啼曉鶯

詠仙掌

萬古亭亭倚碧霄不成擎亦不成招何如掬取天池水灑向人間救旱苗

鄴中感舊

頃年曾住此中來今日重遊事可哀憶得幾家歡宴處家家家業盡成灰

白髭

到處逢人求至藥幾回染了又成絲素絲易染髭難染墨翟當時合泣髭

胡駢

駢唐末人梁初不仕

經費拾遺舊隱

林下茅齋已半傾九華幽徑少人行不將冠劍爲榮事只向煙蘿寄此生松竹漸荒池上色琴書徒立世間名白楊風起秋山暮時復哀猿啼一聲

李巨川

巨川字下己姑臧人佐興元楊守亮幕守亮敗爲華帥韓建所擒建重其才奏令掌書奏乾甯中駕幸三峯巨川自使下侍御史拜工部郎中稍遷考功郎中諫議大夫上返正轉

假禮部尚書充黃州節度判官天祐初大駕幸岐梁太祖自東平擁師迎駕至三峯單騎出降既而素忌巨川多謀遣人害之摭言上至華清宮遣使賜韓建御容一軸時巨川草謝表以示吳子華其中有彤雲似蓋以長隨紫氣臨關而不度子華吟詠不已因草篇與巨川對壘略曰霧開萬里克諧披覩之心掌拔一峯兼助捧持之力

遠意聯句

清晝　疾失姓　澄失姓　嚴伯均　李巨川

家在炎州往朔方疾　豈知于闐望瀟湘澄　曾經隴底復遼陽巨川　更憶東去採扶桑晝　槎客三千路未央

均　燭龍之地日無光疾　將遊莽蒼窮大荒晝　車轍馬足逐周王均

卷六終

全五代詩卷七

羅江李調元雨村　編

梁

王轂

轂字虛中宜春人乾甯五年進士第入梁官尚書郎致仕唐音戊籤紀事轂始與崔允同在庠序相善將赴舉允餞之有日者在坐日待此郎爲相乃登第後二十年允爲相轂遂登第通志略稱其入梁未知何據調元按江西通志王轂北漢進士亦未攷

吹笙引

媧皇遺音寄玉笙雙成傳得何凄清丹穴嬌雛七十

隻一時飛上秋天鳴水泉迸瀉急相續一束宮商裂寒玉旖旎香風繞指生千聲妙盡神仙曲曲終滿席悄無語巫山冷碧愁雲雨

鴻門讌

寰海沸兮爭戰苦風雲愁兮會龍虎四百年漢欲開基項莊一劍何虛舞殊不知人心去暴秦天意歸明主項王足底踏漢土席上相看渾未悟

玉樹曲

陳宮內宴明朝日玉樹新妝逞嬌逸三閤霞明天上開靈鼉振擂神仙出天花數朵風吹綻對壁輕盈瑞

香散金管紅菈旖旎隨霓旌玉佩參差轉壁月夜滿樓風輕蓮吞泠泠詞調新當行狎客盡居祿直諫犯顏無一人歌舞未終樂未闋晉王劍上粘腥血君臣猶在醉鄉中一面已無陳日月聖唐御宇三百祀濮上桑間宜禁止請停此曲歸正聲願將雅樂調元氣

紀事載未及第時輕忽被人毆擊揚聲曰莫無禮吾便是君臣猶在醉鄉中一面已無陳日月毆者斂袵慚謝而退

苦熱行

祝融南來鞭火龍火旗焰焰燒天紅日輪當午凝不去萬國如在紅爐中五嶽翠乾雲彩滅陽侯海底愁

波竭何當一夕金風發爲我掃卻天下熱

暑日題道邊樹

火輪迸焰燒長空浮埃撲面愁朦朦羸童走馬喘不進忽逢碧樹含清風清風留我移時住滿地濃陰懶前去卻歎人無及物功不似團圓道邊樹

贈蒼溪王明府有文在手曰長生

執手長生在人皆號地仙水雲眞遂性軀鶴足齊年但以酒養氣何言命在天況無婚嫁累應拍尚平肩

逢道者神和子

珍重神和子聞名五十年童顏終不改綠髮尚依然酒裏消閒日人間作散仙長生如可慕相逐隱林泉

送友人歸閩

東南歸思切把酒且留連再會知何處相看共黯然猨啼梨嶺路月白建溪船莫戀家鄉住酬身在少年

春草碧色

習習東風扇萋萋草色新淺深千里碧高下一時春嫩葉舒煙際微香動水濱金塘明夕照輦路惹芳塵造化功何廣陽和力自均今當發生日瀝懇祝良辰

夢仙謠三首

前程漸覺風光好琪花片片粘瑤草有人遺我五色

丹一粒吞之後天老

青童遞酒金觴疾列坐紅霞神氣逸笑說留連數日間已是人間一千日

瑤臺絳節遊皆遍異果奇花香撲面松清夢覺卻神清殘月林前三兩片

後魏行

力微皇帝謗天嗣太武凶殘人所畏一朝秸摠飛上天子孫盡作河魚餌

秋

蟬噪古槐疏葉下樹銜斜日映孤城欲知潘鬢愁多

少一夜新添白數莖

燕

海燕雙飛意若何曲梁嘔嘎語聲多茅檐不必嫌卑陋猶勝吳宮爇爾窠

王涣

涣字羣吉大順二年登第出孫偓門下梁初官考功員外郎宋詩紀事涣九十九歲入宋爲睢陽九老圖

悼亡

春來得病夏來加深掩粧窗臥碧紗爲怯暗藏秦女扇怕驚愁度阿香車腰肢暗想風欺柳粉態難忘露洗花今日青門葬君處亂蟬衰草夕陽斜

惆悵詩十二首

八蠶薄絮鴛鴦綺半夜佳期並枕眠鐘動紅娘喚歸去對人匀淚拾金鈿

李夫人病已經秋漢武看來不舉頭得所濃華銷歇盡楚魂湘血一生休

謝家池館花籠月蕭寺房廊竹颭風夜半酒醒憑檻立所思多在別離中

隋師戰艦欲亡陳國破應難保此身訣別徐郎淚如雨鏡鸞分後屬何人

七夕瓊筵隨事陳兼花連蔕共傷神蜀王殿裏三更月不見驪山私語人

夜寒春病不勝懷玉瘦花啼萬事乖薄倖檀郎斷芳信驚嗟猶夢合歡鞋

嗚咽離聲管吹秋妾身今日爲君休齊奴不說平生事忍看花枝謝玉樓

青絲一綹墮雲鬟金翦刀鳴不忍看持謝君王寄幽怨可能從此住人間

陳宮興廢事難期三閣空餘綠草基狎客淪亡麗華死他年江令獨來時

晨肇重來路已迷碧桃花謝武陵溪仙山目斷無尋處流水潺湲日漸西

少卿降北子卿還朔野離觴慘別顏卻到茂陵惟一慟節毛零落鬢毛斑

夢裏分明入漢宮覺來燈背錦屏空紫臺月落關山曉腸斷君恩信畫工

王周

周梁貞明間人登進士第曾官巴蜀唐音戊籤周詩唐宋藝文志並無惟文獻通考載入唐人集目中今考峽船詩序內引陸魯望茶貝詩其人蓋在魯望之後而詩題紀年有戊寅己卯兩歲近則梁之貞明遠則宋之太平興國而

自注地名又有漢陽軍興國軍爲宋郡號周殆爲宋人無疑以前人收入唐人内不敢删去姑列于梁之貞明示存其舊也

誌峽船具詩 并序

峽山之船與下之船大抵觀浮葉而爲之其狀一也執而爲用者或狀殊而用一或狀同而名異皆有謂也下之船有檣有五兩有帆所以使風也尾有柂傍有棚上者以其山曲水急下有石皆不可用也狀直如艕前後各一者謂之梢船之斜正欹側爲船之司命者梢類柂其狀殊而船之便於事者悉不如梢作梢詩艕槳橈棹拔使其進而無退利涉川澤爲船之陳力者艕幾槳類其狀同而異名也在船有力悉不如艕作艕詩峽水湍峻激石忽發者之濆渰洑而漩澓者謂之腦岸石壁立濆之忽作篙力難制以其木之堅剽竿直戟其首以竹納護之者謂之戙竹爲総而勾其戙者謂之紖爲船之頁軸者戙與篙狀

殊而用一也在船獨出悉不如戙作戙詩崖石如齒非麻枲紉纚之爲前牽取竹之筋者破而用枲爲覩以續之以備其牽者謂之百丈繫其船首者謂之陽紐牽之者擊鼓以號令之人聲灘亂無以相接所以節動止進退牽之防凝者謂之下緯濟其不逼爲船之先進者枲與竹狀殊而用一也在船先容悉不如百丈作百丈詩噫古人觀物因事爲誌者甚多也予祗命憲局泝巴賨抵瞿塘耳目熟于長年三老輩矣船具之於船有力者作詩以稱之庶幾魯望茶經者也俾系其末詩云

梢

制之居首尾俾之辨斜正首動尾聿隨斜取正爲定
有如提吏筆有如執時柄有如秉師律有如宣命令
守彼方與直得其剛且勁既能濟險艱何畏涉邃

招招俾作主汎汎實司命風烏愧斟酌畫鷁空輝映
古人存豐規猗歟聊引證

艕

用之大曰艕冠乎小者楫通津既能濟巨浸郎橫涉
身之使者頫虎之拏者爪魚之撥者鬣弩之進者筴
此寶爲相須相須航一葉

戙

箭飛峽中水鋸立峽中石峽與水爲隘水與峽相擊
濆爲生險艱聲發甚霹靂三老航一葉百丈空千尺
蒼黄徒爾爲倏忽何可測篙之小難制戙之獨有力

猗嗟戙之爲彬彬堅且直有如用武人森森矗戈戟
有如敢言士落落吐胸臆拯危居坦夷濟險免兢惕
誌彼哲匠心俾其求者識

百丈

少嘗侍先君餘閒誦白氏始得入峽詩深味作詩旨
云有萬仞山云有千丈水自念坎壈時尤多兢愼理
山束峽如口水漱石如齒孤舟行其中薄水猶坦履
孱顔屹焉立洶湧勃然起百丈爲前牽萬險即平砥
破之以篔簹續之以麻枲礪之堅以節引之直如矢
杼軸連半空長短隨兩涘鐵鎖枉馳名錦纜謾稱美

長一豈能繫朽索何足擬苟非綜之爲胡可力行止

自喻

予念天之生生本空疎器五歲稟慈訓憤悱讀書志七歲辨聲律勤苦會詩賦九歲執公卷倜儻干名意乞薦鄉老書幸會春官試折桂愧巍峩依蓮何氣味性拙絕不佞才短無餘地前年會知已薦章實非據甯見民說平空荷君恩寄瞿唐抵巴渝往來召攪轡孤舟一水中艱險實可畏羣操百丈牽臨難無苟避濆向江底發水在石中沸槌鼓稱打寬繫紉呼下緈善惡胡可分死生何足諱騎衛與垂堂非不知前喻

臨淵與履冰非不知深慮我今縻縉紳善地誰人致城狐與社鼠巧佞誰從庇奴顏與婢膝醜直誰從媚妻兒覓限越容顏幾憔悴致身霄漢人呪嚱盡賢智

齒落詞

己卯至庚辰仲夏晦之暮吾齒右排上一齒脫而去呼吸缺吾防咀嚼欠吾助年纔昔不返日馭走爲蠹脣亡得無寒舌在從何訴輔車宜長依髮膚可增懼不須考前古聊且爲近喻有如雲中雨雨散絕回顧有如枝上葉葉脫難再附白髮非獨愁紅顏豈私駐何必鬱九回何必牽百慮開尊復開懷引筆作長句

贈[亻忒]師

水中有片月照耀嬋娟姿庭前有孤柏竦秀歲寒期堅然物莫遷寂焉心爲師聲發響必答形存影卽隨雪花安結子霜葉寧附枝蘭死不改香井寒豈生澌晨鑪煙裊裊病髮霜絲絲丈室冰凜冽一衲雲離披顧此名利場得不懃冠緌

金盤草 生峽江巫山南陵林木中

今春從南陵得草名金盤金盤有仁性生在林一端根節歲一節其根一年生一節人採而服可解毒也食之甘而酸風俗競採掇俾人防急難巴中虵虺毒解之如走丸巨葉

展六出軟幹分長竿搖搖綠玉活裊裊香荷寒世云暑酷月鬱有神物看夏中採之則必有巨蛇衛足人卽難採天之產於此意欲生民安今之爲政者何不反此覩知彼苛且猛愼勿虐而殘一物苟失所萬金惟可歎莫並蒿與萊豈羨芝及蘭勤渠護根本栽植當庭欄寄言好生者休說神仙丹

巫廟

巴水走若箭峽山開如屏洶湧疋練白崔崒濃藍青崖空蓄雲雨灘惡驚雷霆神仙宅幽邃廟貌橫杳冥隱約可一夢縹緲餘千齡名利有所役舟楫無暫停

窸窣垂肸蠻祠禱希安甯鵶鵶爾何物飛飛來廟庭
紛紛颷㝮泬遠近隨虛舲鐵石礪觜爪金碧輝光翎
翔集託陰險鵂啄貪羶腥日旣恃威福歲久爲精靈
依草與附木誣詭殊不經城狐與社鼠瑣細何足聽
況乎人假人心闊吞滄溟

泊姑熟口

杳杳金陵路難禁欲斷魂雨晴山有態風晚水無痕
遠色千檣岸愁聲一笛村如何遣懷抱詩畢自開尊

道院

白日人稀到簾垂道院深雨苔生古壁雪雀聚寒林

忘慮憑三樂消閑信五禽誰知是官府煙縷滿鑪沈

公居

公居門館靜旅寄萬州城山共秋煙紫霜并夜月清
無愁干酒律有句入詩評何必須林下方馳吏隱名

富池口

扁舟閑引望望極更盤桓山密礙江曲雨多饒地寒
短莎煙苒苒驚浪雪漫漫難寫愁何限鄉關在一端

題廳壁

永日無他念孤清吏隱心竹聲幷雪碎溪色共煙深
數息閑凭几緣情獸寄琴誰知同寂寞相與結知音

過武甯縣

行過武甯縣初晴物景和岸回驚水急山淺見天多
細草濃藍潑輕煙疋練拖晚來何處宿一笛起漁歌

西山晚景

公局長清淡池亭晚景中蔗竿開倚碧蓮朶靜淹紅
半引彎彎月微生瑟瑟風無思復無慮此味幾人同

自和

一片殘陽景朦朧淡月中蘭芽紆嫩紫梨頰抹生紅
琴阮資清格冠簪養素風煙霄半知足吏隱少相同

早春西園

引步攜筇竹西園小徑通雪欹梅帶綠春入杏梢紅
靜意崖穿滿孤愁笛破空如何將此景收拾向圖中

碧鮮亭

颼颼籠清籟蕭蕭鏁翠陰向高思晝節從直美虛心
迥砌滋蒼蘚幽窗伴素琴公餘時引步一徑靜中深

清漣閣

照影翻窗綺層紋滉纈波絲青迷岸柳茸綠蘸汀莎
片雪翹飢鷺孤香卷嫩荷憑欄堪入畫時聽竹枝歌

採桑女

採桑知蠶飢拔梭惜夜遲誰誇羅綺叢新畫學月眉

渡溪

渡溪溪水急水濺羅衣溼日暮猶未歸盈盈水邊立

湖口縣

紫桑分邑載圖經屈曲山光展畫屏最是蘆洲東北望人家殘照隔煙汀

岳州眾湖阻風

偶繫扁舟枕綠莎旋移深處避驚波曉來閑共漁人話此去巴陵路幾多

西塞山二首 今謂之道士磯即興國軍大冶縣所隸也

西塞名山立翠屏濃嵐橫入半江青千尋鐵鏁無由問石壁空存道者形

匹婦頑然莫問因匹夫何去望千春翻思岵屺傳詩什舉世曾無化石人

宿疎陂驛

秋染棠梨葉半紅荊州東望草平空誰知孤宦天涯意微雨蕭蕭古驛中

再經秭歸二首

總角曾隨上峽船尋思如夢可悽然夜來孤館重來宿枕底灘聲似舊年

秭歸城邑昔曾過舊識無人奈老何獨有凄清難改處月明聞唱竹枝歌

巫山公署壁有無名氏畫戲書二韻

南陵直上路纔纔平地淩雲勢萬端堪笑巴民不厭足更嫌山少畫山看

會噲岑山人

渝州江上忽相逢說隱西山最上峯略坐移時又分別片雲孤鶴一枝筇

路次覆盆驛

曾上青泥蜀道難架空成路入雲寒如何卻向巴東去三十六盤天外盤

無題二首

冰雪肌膚力不勝落花飛絮遶風亭不知何事鞦韆下蹙破愁眉兩點青

梨花如雪已相迷更被鶯鳥半夜啼簾捲玉樓人寂寂一鉤新月未沈西

巫山廟

廟前溪水流潺潺廟中修竹聲珊珊襄王一夢杳難問晚晴天氣歸雲閑

施南太守以猨兒爲寄作詩答之

虞人初獲西江西長臂難將意馬齊今日未啼頭已

白不堪深入白雲啼

卷七終

全五代詩卷八

羅江李調元雨村　編

梁

許鼎

鼎梁貞明六年登第

登嶺望

淼淼三江水悠悠五嶺關雁飛猶不度人去若爲還（一作何時還）

粤嶺四望

漢家仙仗在咸陽洛水東流出建章野老至今猶望

幸離宮秋樹獨蒼蒼

韋洵美

洵美梁人爲羅紹威從事

答素娥

別恨離羣自古聞此心難捨意難論承恩必若須時服莫使霑濡有淚痕

路德延

德延冠氏人光化初擢第授拾遺梁太祖時河中節度使朱友謙辟掌書記（五代詩話路德延儋州嚴相之猶子數歲賦芭蕉詩曰一種靈苗異天然體性虛葉如斜界紙心似倒抽書巠日傳）

于都下會儋州坐事詠德延久不能振光化初方擢第又爲感舊詩曰初騎竹馬詠芭蕉嘗忝名卿誦滿朝五字便容趨絳帳一枝尋許折丹霄豈知流落萍蓬遠不覺推遷歲月遙國境未安身未立至今顏巷守簞瓢全唐詩話友謙辟德延掌書記甚禮之然德延浮薄動多忤物友謙解體德延乃作小兒詩以刺之

小兒詩

情態任天然桃紅兩頰鮮乍行人共看初語客多憐
臂膊肥如瓠肌膚軟勝綿長頭纔覆額分角漸垂肩
散誕無塵慮逍遙占地仙排衙朱閣上喝道畫堂前
合調歌楊柳齊聲踏採蓮走隄行細雨奔巷趁輕煙
嫩竹乘爲馬新蒲折作鞭鶯雛金鏇繫猫子綵絲牽

擁鶴歸晴島驅鵝入暖泉楊花爭弄雪榆葉共收錢
錫鏡當胸挂銀珠對耳懸頭依蒼鶻裹袖學柘枝揎
酒殢丹砂暖茶催小玉煎頻邀籌箸挣時乞繡鍼穿
寶篋拏紅豆妝奩拾翠鈿戲袍披按褥劣帽代靴氈
展畫趨三聖開屏笑七賢貯懷青杏小垂額綠荷圓
驚滴沾羅淚嬌流污錦涎倦書饒婭姹憎藥巧遷延
弄帳鸞綃映藏衾鳳綺纏指敲迎使鼓筋撥賽神弦
簾拂魚鉤動箏推雁柱偏棊圖添路畫笛管欠聲鐫
惱客初酣睡驚僧半入禪尋蛛窮屋瓦探雀遍樓椽
抛果忙開口藏鉤亂出拳夜分圍榾柮朝聚打鞦韆
折竹裝泥燕添絲放紙鳶互誇輪水碓相教放風旋
旗小裁紅絹書幽截碧牋遠鋪張鴿網低控射蠅弦
詀語時時道謠歌處處傳匿牕眉乍曲遮路臂相連
鬭草當春逕爭毬出晚田柳傍慵獨坐花底困橫眠
等鵲前籬畔聽蛩伏砌邊傍枝粘舞蝶隈樹捉鳴蟬
平島誇趫上層崖逞捷緣嫩苔車跡小深雪履痕全
競指雲生岫齊呼月上天蟻窠尋逕斸蜂穴遶階塡
樵唱迴深嶺牛歌下遠川壘柴爲屋木和土作盤筵
險砌高臺石危跳峻搭甎忽陞鄰舍樹偷上後池船
項橐稱師日甘羅作相年明時方任德勸爾減狂顛

韓定辭

定辭深州人梁太祖時爲鎮州趙王王鎔書記觀察判官檢校尚書祠部郎中兼侍御史

全唐詩話東坡紀唐事云定辭不知何許人爲鎮州王鎔書記聘燕帥劉仁恭舍于賓館命幕客馬郁延接馬有詩贈韓意在試其學問韓即席酬之云云坐內諸賓靡不欽訝稱爲妙句然亦疑其銀筆之辭也他日郁從容問韓以雪兒銀筆之事韓曰昔梁元帝爲湘東王好著書常記錄忠臣義士及文章之美者筆有三品以金銀雕飾或用班竹爲管忠孝全者金管書之德行精粹者銀管書之文章贍麗者以班竹管書之故湘東王之譽振于江表雪兒李密之愛姬能舞每見賓僚文章有奇麗者即付雪兒叶音律以歌之又問癡龍出自何處曰洛下有洞穴曾有人誤墜於中因行數里漸明曠見有宮室人物凡九

處又有大羊羊髯有珠人取食之不知何所
後出以問張華華曰此地仙九館也大羊名
癡龍定辭復問郁嵯嵍之山當在何處郁曰
此隋郡之故事何謙遜而下問由是兩相悅
服結交而去〇侍兒小名錄劉崇遠耳目記
云趙王鎔命馬彧使于燕劉守光命定辭館
之時燕之酒使轉轉者一代名姝韓之所眷
也每當酒席馬頻目之韓曰昔文公分叔隗
于趙袁伯符輟小喬于公瑾盍惟名色可奉
名人所慮倡婦不勝賢者顧矚顧垂一詠故
得奉之彧郎命題文不停綴作轉轉之賦其
首曰琥筵既啟雅樂斯陳霧卷羅幕花攢錦
茵有西園之上客命南國之佳人邀遅嬋娟
縱玉韻而傾國步移標緲蹤羅襪以生塵遂
載以歸按此又以馬爲趙使
燕以二詩証之此爲誤記

答馬彧

崇霞臺上神仙客學辨癡龍藝最多盛德好將銀管

述麗詞堪與雪兒歌

馬彧

彧梁時人少事盧龍鎭帥李匡威署幕職開
平初匡威滅復事燕王劉仁恭

贈韓定辭

燧林芳草綿綿思盡日相攜陟麗譙別後嵯嵍山上
望羨君時復見王喬

張直

直濮州人號逍遙先生梁太祖時青州王師
範嘗聘之五代詩話師範頗好儒學聚書至萬卷爲梁河陽節度使張直往就聘有宿顧城詩二首云云

宿顧城二首顧城在范縣東

綠草展青裀樾影連春樹茅屋八九家農器六七具
主人有好懷搴衣留我住春酒新潑醅香美連糟漉
一醉臥花陰明朝送君去
醉臥夜將半土底聞雞啼驚駭問主人爲我剖荒迷
武湯東伐韋固君含悲棲神奪悔悟魄幻化爲石雞
形骸僅盈寸咿喔若啁蜺吾村耕耘叟多獲於鋤犂

溫憲

憲庭筠之子光啟中登進士第梁初爲山南

從事有集北夢瑣言有溫顗者飛卿之孫憲之子仕蜀官常侍無他能唯僻繪事溫氏之先貌陋時號鍾馗憲子顗顗子郢俱肖之

郊居

村前村後樹寫賞有餘情青麥路初斷紫花田未耕
雉聲聞不到山勢望猶橫寞寞春風裏吟酣信馬行

杏花

團雪上晴梢紅明映碧寥店香風起夜村白雨休朝
靜落猶和蒂繁開正蔽條澹然閑賞久無以破妖嬈

春鳩

村南微雨新平綠淨無塵散睡桑條暖閑鳴屋脊春

遠聞和曉夢相應在諸隣行樂花時節追飛見亦頻

秦韜玉

韜玉字仲明京兆人中和二年得准勑及第以工部侍郎爲田令孜神策判官所著有投知小錄摭言韜玉有詞藻亦工長短歌有貴公子行云云然慕柏耆爲人至於躁進駕幸西蜀爲田令孜擢用未期歲官至丞郎判鹽鐵特賜及第按唐書王重榮諭晉王克用書且言奉密詔須公到使我圖公此令孜朱全忠朱玫之惑上也因示僞詔克用方與全忠有隙信之請討全忠及玫帝數詔和解重榮不受命與克用謀定王室楊復恭代令孜領神策帝西狩令孜遂入川爲十軍容使時韜玉隨至軍中後蜀太祖王建殺令孜全蜀遂爲建有梁時韜玉不知所終

採茶歌

天柱香芽露香發爛研瑟瑟穿荻篋太守憐才寄野人山童碾破團團月倚雲便酌泉聲煮獸炭潛然虯珠吐看著晴天早日明鼎中颯颯篩風雨老翠香塵下纔熟攪時繞筯秋雲綠耽書病酒兩多情坐對閩甌睡先足洗我胸中幽思清鬼神應愁歌欲成

貴公子行

階前莎毬綠不捲銀鑪噴香挽不斷亂花織錦柳撚線妝點池臺畫屏展主人公業傳國初六親聯絡馳朝車鬬鷄走狗家世事抱來皆佩黃金魚卻笑儒生把書卷學得顏回忍飢面

吹笙歌

信陵名重憐高才見我長吹青眼開便出燕姬再傾醑此時花下逢仙侶彎彎狂月壓秋波兩條黃金閣黃霧逸艷初因醉態見濃春可是韶光與纖纖軟玉捧暖笙深思香風吹不去檀唇呼吸宮商改怨情漸逐清新舉岐山取得嬌鳳雛管中藏著輕輕語好笑襄王大迂闊曾卧巫雲見神女銀鎖金簧不得聽空勞翠華衝泥雨

長安書懷

涼風吹雨滴寒更鄉思欺人撥不平長有歸心懸馬首可堪無寐枕蛩聲嵐收楚岫和空碧秋染湘江到底清早晚身閑著蓑去橘香深處釣船橫

檜樹

翠雲交幹瘦輪囷嘯雨吟風幾百春深蓋屈盤青麈尾老皮張展黑龍鱗唯堆寒色資琴興不放秋聲染俗塵歲月如波事如夢竟留蒼翠待何人

春雪

雲重寒空思寂寥玉塵如糝滿春潮片纔著地輕輕陷力不禁風旋旋銷惹砌任他香粉妒縈叢自學小

梅嬌誰家醉卷珠簾看弦管堂深暖易調

讀五侯傳

漢亡金鏡道將衰便有姦臣競佐時專國祇誇兄弟貴舉家誰念子孫危後宮得寵人爭附前殿陳誠帝不疑朱紫盈門自稱貴可嗟區宇盡瘡痍

貧女

蓬門未識綺羅香擬託良媒益自傷誰愛風流高格調共憐時世儉梳妝敢將十指誇偏巧不把雙眉鬬畫長苦恨年年壓金線爲他人作嫁衣裳

題竹

削玉森森幽思清阮家高興尚分明捲簾陰薄漏山色欹枕韻寒宜雨聲斜對酒缸偏覺好靜籠碁局最多情御驚九陌輪蹄外獨有溪煙數十莖

鷺鷀

每聞別雁競悲鳴卻歎金籠寄此生早是翠襟爭愛惜可堪丹觜彊分明雲漫隴樹魂應斷歌接秦樓夢不成幸自爾衡人未識賺他作賦被時輕

對花

長與韶光暗有期可憐蜂蝶卻先知誰家促席臨低樹何處橫釵帶小枝麗日多情疑曲照和風得路合偏吹向人雖道渾無語笑勸王孫到醉時

題刑部李郎中山亭

儂家雲水本相知每到高齋强展眉瘦竹彈煙遮板閣卷荷擎雨出盆池笑吟山色同欹枕閑背庭陰對覆碁不是主人多野興肯開青眼重漁師

八月十五日夜同衛諫議看月

常時月好賴新晴不似年年此夜生初出海濤疑尚濕漸來雲路覺偏清寒光入水蛟龍起靜色當天鬼魅驚豈獨坐中堪仰望孤高應到鳳凰城

邊將

劍光如電馬如風百捷長輕是掌中無定河邊蕃將死受降城外虜塵空旗縫鴈翅和竿裊箭撚雕翎逐隼雄自指燕山最高石不知誰爲勒殊功

塞下

到處人皆著戰袍麾旗風緊馬蹄勞黑山霜重弓添硬青冢沙平月更高大野幾重開雪嶺長河無限舊雲濤風林關外皆唐土何日陳兵戍不毛

織錦婦

桃花日日覓新奇有鏡何曾及畫眉祇恐輕梭難作匹豈辭纖手遍生胝合蟬巧間雙盤帶聯鴈斜銜小

折枝豪貴大堆酬曲徹可憐辛苦一絲絲

釣翁

一竿青竹老江隈荷葉衣裳可自裁潭定靜懸絲影直風高斜颺浪紋開朝攜輕棹穿雲去暮背寒塘戴月回世上無窮嶮巇事算應難入釣船來

曲江

曲沼深塘躍錦鱗槐煙徑裏碧波新此中境既無佳境他處春應不是春金牓真仙開樂席銀鞍公子醉花塵明年二月重來看好共東風作主人

隋隄

種柳開河爲勝遊隄前常使路人愁陰埋野色萬條思翠束寒聲千里秋西日至今悲兔苑東波終不反龍舟遠山應見繁華事不語青青對水流

天街

九衢風景盡爭新獨占天門近紫宸寶馬競隨朝暮客香車爭碾古今塵烟光正入南山色氣勢遥連北闕春莫見繁華祇如此暗中還換往來人

紫騮馬

渥洼奇骨本難求況是豪家重紫騮鷹大宜懸銀壓胯力渾欺著玉銜頭生狰弄影風隨步蹀躞銜塵汗滿韉若遇丈夫能控馭任從騎取覓封侯

問古

大底榮枯各自行兼疑陰騭也難明無門雪向頭中出得路雲從足下生深作四溟何浩渺高爲五嶽太崢嶸都來總向人間看直到皇天可是平

豪家

石甃通渠引御波綠槐陰裏五侯家地衣鎮角香獅子簾額侵鉤繡辟邪按徹清歌天未曉飲回深院漏猶賒四鄰池館吞將盡尚自堆金爲買花

陳宫

臨春高閣擬瀛洲貪寵張妃作勝遊便把江山爲己有豈知臺榭是身讐金城暗逐歌聲碎鐵甕潛隨舞勢休誰識古宫堪恨處井桐吟雨不勝秋

送友入罷舉授南陵令

共言愁是酌離杯況值弦歌枉大才獻賦未爲龍化去除書猶喜鳳銜來花明驛路燕脂暖山入江亭罨畫開莫把新詩題別處謝家臨水有池臺

春遊

選勝逢君敘解攜思和芳草遠煙迷小梅香裏黄鶯囀垂柳陰中白馬嘶春引美人歌板熟風牽公子酒

旗低早知有此關身事悔不前年往越溪

咏手

一雙十指玉纖纖不是風流物不拈鸞鏡巧梳勻翠黛畫樓閑望擘珠簾金杯有喜輕輕點銀鴨無香旋旋添因把剪刀嫌道冷泥人呵了弄人髯

燕子

不知大廈許栖無顆已銜泥到座隅曾與佳人竝頭語幾回拋卻繡工夫

黄巢

巢寃句人舉進士不第廣明作亂破京都後滅于秦山狼虎谷貴耳集巢五歲時侍其翁與父爲菊花詩翁未就巢信口曰堪與百花爲總首自然天賜赭黄衣父怪欲擊之翁曰可令再賦巢應聲云颯颯西風滿院栽蘂寒香冷蝶難來他年我若爲青帝報與桃花一處開又不第復賦菊云待到秋來九月八我花開後百花殺衝天香陣透長安滿城盡帶黄金甲又陶穀五代亂離紀云巢敗後爲僧依張全義于洛陽曾繪像題詩人見像識其爲巢云

自題像

記得當年草上飛鐵衣著盡著僧衣天津橋上無人識獨倚欄干看落暉

李夢符

夢符梁開平初人全唐詩話梁開平初夢符在洪州日與布衣飲酒狂吟嘗以釣竿懸一魚向市肆唱漁父引賣其詞好事者爭買之得錢便入酒家或抱冰入水及出身上氣如蒸後不知所在人察考取狀答曰插花飲酒何妨事攜唱漁歌不礙時人遂不敢復問又夢符遊南昌時鍾傳據其地有桂州刺史李瓊遣人謂傳曰夢符吾弟請遣歸鍾令求於市鄽人曰夜來不歸不知所之有回常學士詩云云

回常學士

罷脩儒業罷脩眞養拙藏愚春復春到老不疎林裏鹿平生難見日邊人洞桃深處千株錦岩雪鋪時萬草新深謝名賢遠相訪求聞難禱鳳爲鄰

漁父引

村寺鐘聲度遠灘半輪殘月落山前徐徐撥棹卻歸灣浪疊朝霞錦繡翻

漁弟漁兄喜到來波官賽卻坐江隈椰榆杓子木瘤杯爛煮鱸魚滿案堆

陸禹臣

禹臣字服休河東人全唐詩話避黄巢亂入南嶽得仙術隱宜州北山後尸解爲紫府仙伯嘗寓吳生家與語塵外理

贈吳生

露下瑤臂湯雲生石室寒星壇鸞鶴舞丹竈虎龍蟠

劉元英

元英初名操燕地廣陵人以明經擢第仕燕

主劉守光爲相後得道號海蟾子湖廣總志元英爲相一旦忽有道人來謁自稱正陽子索雞卵十枚金錢十枚以一丈置几上累十卵于錢若浮圖之狀海蟾驚嘆曰危哉道人曰人居榮樂之場履憂患之地其危有甚于此者復盡以其錢擘爲二擲之而去海蟾由此大悟遂易服從道宋仁宗天聖九年遊歷名山所至多有遺跡一日于潭州壽甯觀題古詩十韻云云仍自寫眞其旁撮襟書寫鶴齊壽四字題云廣甯閑民劉某書丹成尸解至元六年贈海蟾明悟宏道眞君

題潭州壽甯觀

醉走白雲來倒提銅尾柄引箇碧眼奴擔著獨壺瓔
自言秦世事家住葛洪井不讀黃庭經豈燒龍虎鼎
獨立都市中不愛俗人請欲攜霹靂琴去上芙蓉頂

吳牛買十角溪田耕半頃種秫釀白醪總是仙家境
醉眠松陰下閑過白雲嶺要去卽便去直入秋霞影

張無夢

無夢字靈隱號鴻濛子與劉海蟾爲方外友遊天台登赤城廬于瓊臺觀宋初召對除著作郎不受賜還山令台州給俸以養老有瓊臺集

天台桐柏觀

天台瀑布落青天觀在天台瀑布邊道士祇今燒藥
處仙翁曾是種芝田龍居古洞遺殘雨鶴出高巢點

破烟暫別靈谿遊五岳不知重到又何年

懷楚

楚唐末僧梁初住安州白兆竺乾院

送新平故人

常聽倉庚思舊友又因蝴蝶夢生涯一千餘里河連
郭三十六峯寒到家陰鳥直分東虢雁晴樓高入上
陽鴉姜嫄廟北與君別應笑薄寒悲落花

子蘭

蘭昭宗朝文章供奉入梁卒詩話元祐元年四月朱全忠逼昭宗遷都洛陽盡徙長安居人以東子蘭有悲長安詩云何事天時禍未回生靈愁悴苦

寒灰豈知萬頃繁華地强半今爲瓦礫堆又長安傷春詩云霜陨中春半點無狂遊恣歡盡兇徒年年賞蕭公卿輩今委溝塍骨漸枯又晚望詩云雨添一夜秋濤闊極目茫茫似接天不知龍物潛何處魚躍蛙鳴滿檻前皆爲朱全忠而作也

飲馬長城窟

遊客長城下飲馬長城窟馬嘶聞水腥爲浸征人骨
豈不是流泉終不成潺湲洗淨骨上土不洗骨中冤
骨若比流水四海有還魂空流嗚咽聲聲中疑是言

華嚴寺望樊川

萬木葉初紅人家樹色中疎鐘搖雨脚秋水浸雲容
雪磧回寒鴈村燈促夜舂舊山歸未得生計欲何從

觀碁

拂局盡消時能因長路遲點頭初得計格手待無疑

寂默親遺景凝神入過思共藏多少意不語兩相知

與道侶同於冰陸寺會宿

論道窮心少有朋此時清話昔年曾柿凋紅葉鋪寒

井鵠墜霜毛著定僧風遊遠聲秋澗水竹穿深色夜

房燈出門盡是勞生者只此長閑幾箇能

襄陽曲

爲憶南遊人移家大堤住千帆萬帆來盡過門前去

鸚鵡

翠毛丹觜乍教時終日無寥似憶歸近來偷解人言

語亂向金籠說是非

白衫舉子

歌 侯鯖錄敬翔當權時有一舉子白衫作舞歌唱云

執板狂歌乞個錢塵中流浪且隨緣直饒到老常如

此猶勝危時弄化權

黃冠野夫

授馬氏女詩 黃鹿眞人馬氏女者幼好道有黃冠野夫年踰七十顏如渥丹傳鉛汞符篆要術易其名爲道與授詩而行後結菴於廬江之東復遇野夫與鎮壇金銀爲黃鹿白鸞之精天祐末盜欲取之遂驂駕黃鹿白鸞前引騰空而逝如所授詩之言

女是寄生枝男是冬青木冬青鶴白鵰寄生跨黃鹿

若遇寇相陵穩便拋家族早早上三青莫候丹砂熟

崔素娥

素娥韋洵美妾 侍兒小名錄洵美先朝開平歲及第受鄭都從事辟焉乃挈所寵素娥行羅紹威聞其姝麗才達臨河令女使齎二百疋及生餼而露意焉洵美無所容足遂令妝束更衣備禮獻之素娥姓崔氏大梁良家子善謳諾筆札和淚作詩云云洵美行不受辟渡河宿一寺長吁而寢日何處人能報不平事有行者排闥而揖曰先輩蓄何不平事洵美具謂之欻然出門而去至三更忽擲一皮囊入門乃貯素娥而至侵曉問寺僧言在寺打鐘三十餘年已不知所之洵美即遜跡他所

妾閉閑房君路歧妾心君恨兩依依神魂倘遇巫娥

伴猶逐朝雲暮雨歸

洛陽人

嘲跋異 劉道醇五代名畫記異所善畫佛像梁龍德中洛陽廣愛寺僧邀之畫三門兩壁時有張將軍圖尤善丹青異方用朽圖長揖而進搦筆倏忽而成右堵異瞻跡驚讓聽其成之洛陽人因爲謠嘲異云赫赫洛下唯說異畫張氏出頭跋異無價後福先寺請異畫大殿護法善神有滑臺人李羅漢來與角畫異恐如張圖讓西壁與之自竭思成一神像平生所未能李見之媿甚自縊死時人復嘲之云云

李生來跋君怕不意今日卻增價不畫羅漢畫駝馬

驪山遊人

題故翠微宮 談苑翠微寺在驪山絕頂舊驪宮也唐太宗避暑于此後寺亦廢有

遊人題云

翠微寺本翠微宮，樓閣亭臺幾十重。天子不來僧又去，樵夫時倒一株松。

楊萊兒

萊兒字蓬仙，進士趙光遠溺之，後爲豪家所得。

和趙光遠題壁

長者車塵每到門，長卿非慕卓王孫。定知羽翼難隨鳳，卻喜波濤未化鯤。嬌別翠鈿黏去袂，醉歌金雀碎殘尊。多情多病年應促，早辦名香爲返魂。

答小子弟詩 光遠特才，萊兒大誇于客，指光遠爲一鳴先輩。放榜日盛飾立門以俟，小子弟馬上念詩誚之，萊兒荅云

黃口小兒口莫一作沒憑，逡巡看取第三名。孝廉持水添餅子，莫向街頭亂椀鳴。小弟子誚萊兒詩云：盡道萊兒口可憑，一冬誇婿好聲名。適來安遠門前見，光遠何曾解一鳴。

王福娘

福娘字宜之，解梁人，北里前曲妓也。

題孫棨詩後 棨贈福娘詩，俱題窗左紅牆後，有數行未滿，福娘因自題一絕

苦把文章邀勸人，吟看好箇語言新。雖然不及相如賦，也直黃金一二斤。

題紅箋詩 宜之每歡洽際，嘗自慘然，一日忽以紅箋題詩授棨，棨和

日日悲傷未有圖，嬾將心事話凡夫。非同覆水應收得，只問仙郎有意無。棨答福娘詩云：部妙如何有遠圖，未能相爲信非夫。泥中蓮子雖無染，移入家園未得無。

擲紅巾詩 棨自洛還京，上巳日禊于水曲，聞鄰棚絲竹，宜之在焉，詰旦且詣其里，其妹小福在門圃紅巾擲，棨舒之，則宜之詩也

久賦恩情欲託身，已將心事再三陳。泥蓮既沒移栽分，今日分離莫恨人。

梁初朝士

覩野花思京師舊遊

曾過街西看牡丹，牡丹纔謝便心闌。如今變作村園眼，鼓子花開也喜歡。

河北諺 梁將侍中葛從周有殊功，鎮青社，人爲語曰

山東一條葛，無事莫撩撥。

王彥章諺語

人死留名，豹死留皮。

長安中鬼

秋夜吟 長安秋夜有人聞鬼吟，又有和者，相傳務本門是鬼市，或風雨晦明，皆聞其諠聚之聲焉

六街鼓歇行人絕，九衢茫茫室有月。吟 九衢生人何

勞勞長安土盡槐根高 和

高麗鏡文 梁末帝貞明三年王建立爲王市有異人賣古鏡有文云云文人宋含宏解之曰三水中四維下上帝降子于辰馬者辰韓馬韓也巳年中二龍見一則藏身青木中一則見形黑金東青木松也謂松岳郡人以龍爲名者之子孫可爲君王也黑金鐵也指鐵圓謂今王初盛於此殆終滅于此乎先操雞後搏鴨者王侍中得國後先得雞林後收鴨綠之意也弓裔令物也求異人東州勃颯寺有鎮星塑像如其狀

三水中四維下上帝降子於辰馬先操雞後搏鴨巳年中二龍見一則藏身青木中一則見形黑金東

梁太廟樂舞辭 五代會要梁開平二年正月太常奏定享太廟樂迎神舞開平之舞迎俎奏慶肅之樂酌獻奏慶熙飲福酒奏慶隆送文舞迎武舞奏慶融亞獻終獻奏慶休 唐餘錄梁宗廟樂迎神奏開平舞次皇帝行次帝盥次登歌獻肅祖奏大合之舞恭祖奏象功之舞憲祖奏來儀之舞列祖奏昭德之舞次飲福次撤豆次送神

開平舞

黍稷馨醴醻清牲牷潔金石鏗恭祀事結皇情神來格歌頌聲

皇帝行

莫高者天攀蹐弗克隮天有方累仁積德祖宗隆之子孫履之配天明祀永永孝思

帝盥

莊肅莅事周旋禮容祼鬯嚴潔穆穆雍雍

登歌

於赫我皇建中立極動以武功靜以文德昭事上帝歡心萬國大報嚴禋四海述職

大合舞

於穆皇祖濬哲雍熙美溢中夏化被南陲后稷累德公劉創基肇與九廟樂合來儀

象功舞

天地合德睿聖昭彰累贈太傅俄登魏王雄名不朽奕葉而光建國之兆君臨萬方

來儀舞

於赫帝命應天順人亭育品彙賓禮百神洪基永固景命維新肅恭孝享祚我生民

昭德舞

肅肅文孝源濬派長漢稱誕季周實生昌奄有四海超彼百王笙鏞迭奏禮物熒煌

飲福

戛玉摐金永頌聲糜絲孤竹和且清靈歆醉止犧象盈自天降福千萬齡

撤豆

笙鏞洋洋庭燎煌煌明星有爛祝史下堂籩豆斯撤

禮容有章克勤克儉無怠無荒

送神

其降無從其往無蹤黍稷非馨有感必通赫奕令德
髣髴睟容再拜怳忽遐想昊穹

全五代詩卷九

羅江李調元雨村　編

唐

莊宗

莊宗名存勗太祖李克用長子天祐五年嗣
立為晉王破燕滅梁遂襲尊號改元同光在
位三年謚莊宗廟號雍陵五代史補莊宗公子時雅好音律又能自撰曲子詞其後凡用軍皆以所撰詞授之使揚聲而唱謂之御製至于入陣不論勝負馬頭纔轉則衆唱齊作故人忘其死斯亦用軍之一奇也○翰府名談莊宗時禁旅王慶乞叙功賞李嗣源亦言其勞莊宗曰知慶薄有功但每見慶則憤然安得更有賜與之意因舉唐太宗詩曰待余心肯日是汝運通時○北夢瑣言後唐明宗戒秦王從榮曰吾見先皇在藩時愛自作歌詩將家子文非素習未能盡妙諷于人口恐被諸儒竊笑時從榮方聚雜進士浮薄之子以歌詩吟咏為事以此言規諷之一日秦王進詩上說于俳優敬新磨新磨贊曰勿訝秦王詩好他阿爺平生愛作詩上大笑先皇即莊宗也

短歌一作歌頭詞

賞芳春暖風飄箔鶯啼綠樹輕煙籠晚閣杏桃紅開
緜萼靈和殿禁柳千行斜金絲絡夏雲多奇峯如削
紈扇動微涼輕綃薄梅雨霽火雲爍臨水檻永日逃
緐暑泛觥酌
露華濃冷高梧彫萬葉一霎晚風蟬聲新雨歇惜惜

此光陰如流水東籬菊殘時歎蕭索繁陰積歲時暮景難留不覺朱顏失卻好容光且且須呼賓友西園長宵讌雲謠歌皓齒且行樂

馮　道

道字可道瀛州景城人初事劉守光爲參軍事敗去事宦者張承業爲巡官薦之晉王爲掌書記唐莊宗卽位拜戶部侍郎明宗朝同中書門下平章事歷事晉漢周卒年七十三自號長樂老諡文懿追封瀛王詩集十卷長樂老傳自敍畧曰余先自燕亡歸唐事莊宗明宗閔帝清泰帝又事晉高祖皇帝少帝契丹據汴京爲戎二主所制自鎭州與文武臣寮馬步將士歸漢朝事高祖皇帝今上久叨祿位備歷艱危階自將仕郎轉朝議郎朝散大夫朝議大夫銀靑光祿大夫光祿大夫特進開封儀同三司職自幽州節度巡官河東節度巡官掌書記再爲翰林學士改授端明殿學士集賢殿大學士太微宮使再爲宏文館大學士又充諸道鹽鐵轉運使南郊大禮使明宗皇帝晉高祖皇帝山陵使再授定國軍節度司州管內觀察處置等使一爲長春宮使又授武勝軍節度鄜隨均房等州管內觀察處置等使官自攝幽府參軍試大理評事檢校尙書祠部郎中兼侍御史檢校吏部郎中兼御史中丞檢校太尉同中書門下平章事檢校太師兼侍中又授檢校太師兼中書令正官自行臺中書舍人再爲戶部侍郎轉兵部侍郎中書侍郎再爲門下侍郎刑戶吏尙書右僕射左僕射三爲司空兩在中書一守本官又授司徒兼侍中賜私門十六戟又授太尉兼侍中又授戎太傅又授漢太師爵

自開國男至開國公魯國公再封秦國公梁國公燕國公食邑自三百戶至一萬一千戶食寔封自一百戶至一千八百戶勳自柱國至上柱國功臣名自經邦致理功臣至守正崇德保邦致理功臣安時處順守義崇靜功臣崇仁保德甯邦翊聖功臣靜恩本末非人之謀是天之佑時開一卷時飲一杯食味別聲被色老而自樂何樂如之○北夢瓊言宰相馮道形神麗膚一旦爲丞相士人多竊笑之劉岳與任贊偶語見道行而復顧贊曰新相同顧何也岳曰定是忘持兎園冊來道之鄉人在朝者聞之告道道因授岳祕書監任贊以授散騎常侍北中村墅多以兎園冊敎童是訊之然兎園冊乃徐庾文體非鄙朴蒙之談但家藏一本人多賤之也○靑箱雜記世譏馮瀛王依阿諛隨不能死節王荊公雅愛道謂其能屈身以安人如佛菩薩行其所作詩雖淺近而多諸理○五代史夫成長興之閒歲屢豐熟中國無事道嘗戒明宗曰臣爲河東掌書記時奉使中山過井陘之險懼馬蹶失不敢怠於銜轡及至平地謂無足慮遽跌而傷凡蹈危者處深而獲全居安者患生於所忽此情人之常也明宗問曰天下雖豐百姓濟否道曰穀貴餓農穀賤傷農因誦文士聶夷中田家詩其言近而易曉明宗顧左右錄其詩常以自誦○叢苑天福三年與戎和當遣輔相爲使趙瑩桑維翰同堂皆未言以戎反覆難測威權于將命馮道與諸公中書食訖堂吏前白北使事色變手顫道索紙一幅書云道去卽遣寫敕遂舍都亭驛不復歸家虜以道有重名命與其國相同列戎賜臣下牙笏及臘月賜牛頭皆爲殊禮道皆得之以詩謝云牛頭偏得賜象笏更容持虜中大寒賜道錦襖貂襖羊狐貂衾各一每入謁悉服四襖宿館中并覆三衾有詩曰朝披四襖專藏手夜覆三衾怕露頭及還京師作詩五章述北使之意首章云云○總龜瀛王性仁厚家有一池每得魚放池中其子監承每竊釣之瀛王聞之不悅於是高其牆垣鑰其門戶作詩書其門曰高卻垣牆鎖卻門監

丞從此罷垂綸池中魚鼈應相賀從此方知有主人○續翰林志同光中承旨盧質節制河中道贈之詩略云視草北來唐學士擁旄西去漢將軍○玉壺清話竇禹鈞生五子儀儼侃偁僖等相繼登科馮瀛王贈禹鈞詩燕山竇十郎教子有義方靈椿一樹老丹桂五枝芳時號竇氏五龍○懶眞子同州澄城縣有九龍廟然只一妃土人云馮道女也夏縣司馬才仲題詩云身既事十主女亦妃九龍過客讀之皆笑○調元按五代詩中有歷事數朝者甚多俱各按其事跡於何朝最著者郎編入其中至馮道身事五代共十君殊難位置今編于唐者從其朔也亦卬倣史家之例非敢臆斷也

天道

窮達皆由命何須發嘆聲但知行好事莫要問前程
冬去冰須泮春來草自生請君觀此理天道甚分明

偶作

莫爲危時便愴神前程往往有期因須知海岳歸明主未省乾坤陷吉人道德幾時曾去世舟車何處不通津但教方寸無諸惡豺虎叢中也立身

北使還京作

去年今日奉皇華只爲朝廷不爲家殿上一杯天子泣門前雙節國人嗟龍荒冬往時時雪兔苑春歸處處花上下一行如骨肉幾人身死掩風沙

盧文紀

文紀字子持舉進士事梁爲集賢殿學士唐明宗時爲御史中丞遷工部尙書貶石州司馬久之爲太常卿奉使於蜀過鳳翔廢帝時爲節度使見文紀奇之後入立拜爲中書侍郎同中書門下平章事周時進司空五代史本傳唐廢帝立悉書清望宮姓名內琉璃瓶中夜焚香咒天以筯挾之首得文紀欣然相之○晉高祖起太原廢帝北征過拜徽陵顧文紀曰吾自鳳翔識卿不以常人爲待今日使吾至此卿宜如何文紀謝罪而已

後唐宗廟樂舞辭

仁君御宇寰海謐清運符武德道協文明九成式敘百度惟成金門積慶玉葉傳榮

盧汝弼

汝弼登進士第以祠部員外郎知制誥從昭宗遷洛後依太祖克用表爲節度副使卒唐莊宗時贈兵部尙書五代史汝弼故唐時名族與盧程門第相等因共薦之莊宗卽位議擇宰相而盧汝弼已死乃以盧程爲相拜命日肩輿導從喧呼道中帝問左右對曰宰相擔子入門莊宗登樓視之笑曰所謂似是而非者也嘗謂郭崇韜曰朕悞相此癡物益思汝弼焉○李襲吉傳盧汝弼代爲副使封拜官爵皆出汝弼汝弼工書畫而文辭不及襲吉襲吉嘗爲書諭梁太祖使人讀之至毒手尊拳交相于暮夜金戈鐵馬蹂踐于明時顧日李公僻處一隅得士如此使吾得之傳虎以翼也顧謂從事敬翔答之而文辭亦不及云○北夢瑣言汝弼嘗爲張相濬出征判官傳檄四方其略云致赤

予之流離自朱邪之板蕩謂人曰天生朱邪赤子供我之筆也

薄命妾

君恩已斷盡成空追想嬌歡恨莫窮長爲蕣花光曉日誰知團扇送秋風黃金買賦心徒切清露飛塵信莫通閑凭玉欄思舊事幾回春暮泣殘紅

秋夕寓居精舍書事

葉滿苔堦杵滿城此中多恨恨難平疎篁看織蠨蛸網暗隙愁聽蟋蟀聲醉臥欲拋羈客思夢歸偏動故鄉情覺來獨步長廊下半夜西風吹月明

聞雁

秋風蕭瑟靜埃氛邊雁迎風響咽羣瀚海應嫌霜下早湘川偏愛草初薰蘆洲宿處依沙岸榆塞飛時度晚雲何處最添羈客恨竹窗殘月酒醒聞

鴛鴦

雙浮雙浴傍苔磯蓼浦蘭皐繡帳幃長羨鷺鷥能潔白不隨鸂鶒鬬毛衣霞侵綠渚香衾暖樓倚青雲殿瓦飛應笑隨陽沙漠雁洞庭烟暖又思歸

和李秀才邊庭四時怨

春風昨夜到榆關故國烟花想已殘少婦不知歸不得朝朝應上望夫山

盧龍塞外草初肥雁乳平蕪曉不飛鄉國近來音信斷至今猶自著寒衣

八月霜飛柳半黃蓬根吹斷雁南翔隴頭流水關山月泣上龍堆望故鄉

朔風吹雪透刀瘢飲馬長城窟更寒半夜火來知有敵一時齊保賀蘭山

趙延壽

延壽本姓劉恆山人仕後唐尚主爲樞密使清泰末官至大丞相封魏王五代史李崧傳契丹入雁門明宗選將議久不決延壽欲以康義誠應選李崧獨薦石敬塘敬塘陰德之遣人謂崧曰爲浮屠者必合其尖盍欲使終始成已事也後崧事晉及建議與契丹和親學士薛文遇大以爲非因誦戎昱社稷依明主安危託婦人之詩以誚之帝怒崧惶恐拜無數幾得罪

塞上

黃沙風捲半空拋雲動陰山雪滿郊探水人回移帳就射鵰箭落著弓抄鳥逢霜果饑還啄馬渡冰河渴自跑古得高原肥草地夜深生火折林梢

崔居儉

居儉唐末進士仕後唐累官戶部尚書五代史劉昫傳居儉以祖諱蠡爲太常卿不肯充禮儀使改秘書監遂怏怏失職中書舍人李祥爲居儉誥詞有聞名心懼之語劉昫輒易曰有恥且格居儉訴曰名諱有令式予何罪也聞

者皆傳以爲笑

後唐宗廟樂舞辭

艱難王業返正皇唐先天再造卻日重光漢紹世祖
夏資少康功成德茂率祀無疆

熊皦

皦後唐清泰二年登進士第延州劉景巖辟
爲從事晉終商州上津令有屠龍集東觀餘論劉夢得言八音與政通文章與時高下昔人是之五季道衰文喪當時操筆牘大率皆哇俚淺下亂雜無章其閒能遠不志君忘在憂國文雖膚近而忠誠可取若皦者蓋鮮儷也余讀其二國音書絶二十篇及晉末感興諸詩而悲之蘇君又出當時集稿示余雖不脫爾日

風範亦時有佳語自可傳後無疑

祖龍詞

平吞六國更何求童女童男問十洲滄海不回應悵
望始知徐福解風流

謫居海上

家臨涇水隔秦川來往關河路八千堪恨此身何處
老始皇橋畔又經年

熊皎

皎皦弟自稱九華山人有南金集雅言雜載九華山人熊皎能詩早行云山前猶見月陌上未逢人山居云果熟秋先落禽寒夜未棲閒居云深逢野草皆爲藥靜見樵人恐是仙又云厭聽啼鳥夢醒後慵掃落花春盡時○事文類聚皎有句云廢寺行人耕不畏古廳無訟醉何妨

早悔

江南近臘時已亞雪中枝一夜欲開盡百花猶未知
人情皆共惜天意欲教遲莫訝無濃豔芳筵正好吹

冬日原居酬光上人見訪

吾道喪已久吾師何此來門無塵事閉卷有國風開
野迥霜先白庭荒葉自推寒牕吟罷後猶喜話天台

早行

結束何妨早將行四顧頻山前猶見月陌上未逢人
遠樹動宿鳥危橋怯病身漸明恆自慰應免復迷津

湘江曉望

笙歌歡罷散離筵水色朦朧蘸宿烟山響疎鐘何處
寺火光收釣下灘船微雲過島侵明月古岸平江浸
遠天歸夢已闌風色動孤帆仍要住無緣

遊嵩山

獨背焦桐訪洞天暫攀靈迹棄塵緣深逢野草皆疑
藥靜見樵人恐是仙翠木入雲空自老古碑橫水莫
知年可憐幽景堪長往一任人閒歲月遷

九華望廬山

九江山勢盡崢嶸惟有匡廬最得名萬疊影遮殘雪在數峯嵐帶夕陽明泠侵醉榻鋪秋色高亞吟龍送水聲只待丹霄酬志了白雲深處是歸程

道傍松

偃蓋當衢莫記年獨含蒼翠鶴應憐垂陰獨向笙歌地有韻自成風雨天塵鈌路岐分夜月燒侵根腳起殘烟論功只合行人賞銷得煩蒸古道邊

月中桂

斷破重輪種者誰銀蟾何事便相隨莫言望夜無攀處卻是吟人有得時孤影不凋清露滴異香常在好風吹幾回目斷雲霄外未必姮娥借一枝

懷三茅道友

塵事何年解容嘲十年容易到三茅長思碧洞雲窗下曾借黃庭雪夜抄丹桂有心憑至論五峯無信問深交杏壇仙侶應相笑只爲浮名未肯拋

贈胥尊師

綠髮童顏羽服輕天台王屋幾經行雲程去速因風起酒債還遲待藥成房閉十洲煙浪闊籙開三洞鬼神驚他年華表重歸日卻恐桑田已變更

盧士衡

士衡後唐天成二年進士

靈溪老松歌

靈溪古觀壇西角千尺鱗皴棟梁樸橫出一枝戛樓閣直上一枝掃寥廓白石蒼苔擁根腳月明風撼寒光落有時風雨晦瞑擺撼若黑龍之騰躍合生於象外峯巒枉滯乎人間山岳安得巨靈受請託拔向青桂白榆邊安著

再遊紫陽洞重題小松

仙家種此充朝食葉葉枝枝造化力去年見時似鶴高今年蕭騷八九尺不同矮檜終委地定向晴空倚天碧好期逸士統貞根昂枝點破秋苔色尋思凡眼重花開甯知此木超塵埃祇是十年五年間堪作大廈之宏材

松

雲外千尋好性靈伴杉陪柏事孤貞招呼暑氣終無分應和涼風別有聲細雨灑時花旋落道人食處葉重生如逢郢匠垂搜採爲棟爲梁力不輕

遊靈溪觀

雲藏寶殿風塵外粉壁松軒入看初語久仙童顏色老病來元鶴羽毛疎樵夫接引尋紅朮道上留連說

紫書不爲壯心降未得便堪從此訖清虛

寄天台道友

相思遥指玉霄峯悵望江山阻萬重曾隔曉窗聞法鼓幾同寒榻聽疎鐘別來知子長餐柏吟處將誰對倚松且住人間行聖敎莫思天路便登龍

花落

迎風嘯未已和雨落𣫍𣫍千枝與萬枝不如一竿竹

鍾陵鐵柱

千年埋沒竟何爲變化宜將萬物齊安得風湖借方便鑄成神劍斬鯨鯢

僧房聽雨

古寺松軒雨聲別寒窗聽久詩魔發記得年前在赤城石樓夢覺三更雪

題牡丹

萬葉紅綃翦盡春丹青任寫不如眞風光九十無多日難惜尊前折贈人

于鄴

鄴武陵人唐末進士唐明宗時官工部郎中

詩話後唐明宗時工部尚書盧文紀與宰相崔協有隙協除鄴工部郎中文紀以鄴與其父嗣業名同音鄴赴參文紀不見鄴因醉忿自經死文紀坐貶官　又按全唐詩有鄴下第不勝其忿題路左佛廟詩云雀兒未逐颺風高下視鵰鶚意氣豪自謂能生千里足黃昏依舊委蓬蒿

秋夕聞雁

星漢欲沈盡誰家砧未休忽聞涼雁至如報杜陵秋千樹又黃葉幾人新白頭洞庭今夜客一半卻登舟

歲暮還家

東西流不駐白日與車輪殘雪半成水微風應欲春幾經他國歲已減故鄉人回首長安道十年空苦辛

褒中即事

風吹殘雨歇雲去有烟霞南浦足遊女綠蘋應發花

遠鐘當半夜明月入千家不作故鄉夢始知京洛賒

途中作

西南千里程處處有車聲若使地無利始應人不營天涯猶馬到石跡尚塵生如此未曾息蜀山終冀平

題華山麻處寺所居

貴賤各擾擾皆逢朝市間到此無馬跡始知君獨閑冰破聽敷水雪晴看華山西風寂寥地唯我坐忘還

天南懷故人

獨行千里塵軋軋轉征輪一別已多日總看成老人洞庭雪不下故國草應春三月烟波暖南風生綠蘋

路傍草

春至始青青香車碾已平不知山下處來向路傍生

每歲有人在何時無馬行應隨塵與土吹滿洛陽城

書情

負郭有田在年年長廢耕欲磨秋鏡淨恐見白頭生

未作一句別已過千里程不知書與劍十載兩無成

感懷

東風吹草色空使客蹉跎不設太平險更應遊子多

幾傷行處淚一曲醉中歌盡向青門外東隨渭水波

遊中梁山

僻地好泉石何人曾陸沈不知青嶂外更有白雲深

因此見喬木幾回思舊林殷勤猨與鳥唯我獨何心

尋山

到此絕車輪萋萋草樹春青山如有利白石亦成塵

水闊應無路松深不見人始知巢與許千載迹猶新

宿江口

南渡人來絕喧喧雁滿沙自生江上月長有客思家

半夜下霜岸北風吹荻花自驚歸夢斷不得到天涯

斜谷道

亂峯連疊嶂千里綠峩峩蜀國路如此遊人車亦過

遠烟當驛斂驟雨逐風多獨憶紫芝叟臨風歌舊歌

過百牢關貽舟中者

蜀國少平地方思京洛間遠為千里客來度百牢關

帆影清江水鈴聲碧草山不因名與利爾我各應閑

客中覽鏡

何當開此鏡即見髮如絲白日急於水少年能幾時

每逢芳草處長返故園遲所以多為客蹉跎欲怨誰

長安逢隱者

征車千里至碾遍六街塵向此有營地忽逢無事人

昔時顏未改浮世路多新且脫衣沽酒終南山欲春

贈王道士

日日市朝路何時無苦辛不隨丹竈客終作白頭人

浮世度千載桃源方一春歸來華表上應笑北邙塵

友人亭松

俛仰不能去如逢舊友同曾因春雪散見在華山中

何處有明月訪君聽遠風相將歸未得各占石巖東

過洛陽城

古來利與名俱在洛陽城九陌鼓初起萬車輪已行

周秦時幾變伊洛水猶清二月中橋路鳥啼春草生

客中月

離家凡幾宵一望一寥寥新魄又將滿故鄉應漸遙
獨臨彭蠡水遠憶洛陽橋更有乘舟客悽然亦駐橈

友人南遊不回因而有寄

相思春樹綠千里亦依依鄠杜月頻滿瀟湘人未歸
桂花風半落煙草蝶雙飛一別無消息水南車跡稀

長信宮二首

簟涼秋氣初長信恨何如拂黛月生指解鬟雲滿梳
一從悲畫扇幾度泣前魚坐聽南宮樂涼風搖翠裾
一失輦前恩綺羅生暗塵惟應深夜月獨伴向隅人
長信翠蛾老昭陽紅粉新君心似秋節不使草長春

東門路

東門車馬路此路在浮沈白日若不落紅塵應更深
從來名利地皆起是非心所以青青草年年生漢陰

南遊

窮秋幾日雨處處生蒼苔舊國寄書後涼天方雁來
露繁山草濕洲暖水花開去盡同行客一帆猶未回

夜泊湘江

北風吹楚樹此地獨先秋何事屈原恨不隨湘水流
涼天生片月竟夕伴孤舟一作南行客無成空白頭

夜尋僧不遇

數歇度烟水漸非塵俗間泉聲入秋寺月色遍寒山
石路幾回雪竹房猶閉關不知雙樹客何處與雲閑

贈王隱者山居

石室掃無塵人寰與此分飛來南浦樹半是華山雲
浮世幾多事先生應不聞寒山滿西日空照雁成羣

寄北客

窮邊足風慘何處醉樓臺家去幾千里月圓十二回
寒所隨日遠雪路向城開遊子久無信年年空雁來

夜與故人別

白日去難駐故人非舊容今宵一別後何處更相逢
過楚水千里到秦山幾重語來天又晚月落滿城鐘

過侯王故第

過此一酸辛行人淚有痕獨殘新碧樹猶擁舊朱門
歌歇雲初散簷空燕尚存不知彈鋏客何處感新恩

孤雲

南北各萬里有雲心更閑因風離海上伴月到人間
洛浦少高樹長安無舊山裴回不可駐漠漠又空還

遠水

悔作望南浦望中生遠愁因知人易老爲有水東流
欲附故鄉信不逢歸客舟萋萋兩岸草又度一年秋

感情

青山長寂寞南望獨高歌四海故人盡九原新隴多西沈浮世日東注逝川波不使年華駐此生能幾何

洛中有懷

潺潺伊洛河寂寞少恩波鑾駕久不幸洛陽春草多

送魏山韋處士

陰陰亭際間相顧慘離顔一片雲飛去嗟哉空魏山

長信宮

莫問古宮名古宮空有城惟應東去水不改舊時聲

高樓

遠天明月出照此誰家樓上有羅衣裳涼風吹不休

高輦

輦後唐秦王從榮府諮議參軍五代史輦與秦王最厚後王敗馮道欲次第原減朱宏昭爭以爲不可於是論高輦死

棋

野客圍棋坐搘頤向暮秋不言如守默設計似平讐決勝雖關勇防危亦合憂看他終日局白卻少年頭

韓昭裔

昭裔後唐清泰時同中書門下平章事五代詩話時清泰帝以宰相李愚等無所事目曰此粥飯僧爾故昭裔詩云云

與李專美

昭裔登庸汝未登鳳池鷄樹冷如冰何如且作宣徽使免被人呼粥飯僧

張仁溥

仁溥後唐大寧縣丞

題龍窩洞

折花攜酒看龍窩鏤玉長旌俊彥過他日各爲雲外客碧紗籠卻又如何

楊凝式

凝式字景度宰相涉之子昭宗朝登進士第仕後唐後官至太子太保歴事至晉漢周卒

蔡觀夫詩話凝式仕後唐以後在晉漢閒落魄不自檢自號楊風子終能以智自完書法高妙傑出五代可與顔柳繼軌今洛中僧寺尙多遺跡題華嚴院一詩云院似禪心靜花如覺性圓自然知了義爭肯學神仙用筆尤奔放奇逸李西臺建中平生師凝式書題詩於旁曰枯杉倒檜霜天老松烟麝煤陰雨寒我亦生來有書癖一回入寺一回看西臺書亦自深穩老健前輩所貴重也○玉堂嘉話曰楊凝式小字詩字虛白五代時人號希維居士又曰關西老人○游宦紀聞凝式詩什多雜以詼諧少從張全義辟故作詩紀全義之德云洛陽風景實堪哀昔日曾爲瓦子堆不是我公重葺理至今猶自一堆灰石晉時張從恩尹洛凝式自汴還時飛蝗蔽日凝式以詩寄從恩云押引蝗蟲到洛京何消郡守遠相迎從恩弗怪也然凝式詩句自佳有院似禪心靜花如覺性圓清句也○全唐詩凝

式有雪晴詩云春來冰未泮冬至雪初晴爲報方居士豐年瑞已成

題懷素酒狂帖後

十年揮素學臨池始識王公學衞非草聖未須因酒發筆端應解化龍飛

馮吉

吉字少吉馮道之子官至少卿玉壺清話吉浮薄無檢善琵琶妙音出樂府世無及者父酷戒之吉不少悛一日家宴欲辱之處賤伶之列衆執器立于庭奏數曲罷例以纏頭縑綵隨衆伶給之吉置縑綵于左肩抱琵琶按膝長跪厲聲呼謝而退家人大笑於箔迴首謂父曰能爲吉進此技于天子否凡賓僚飲聚長爲不速酒酣即彈彈罷起舞舞罷作詩昂然而去自謂曰馮三絶○洛陽舊聞楊少卿凝式既不大用佯狂自穢游寺觀遇水竹幽勝之地吟咏忘歸牆壁之上筆跡殆徧馮道子少卿吉題云云

題楊少卿凝式書跡

少卿眞跡滿僧居祇恐鍾王也不如爲報遠公須愛惜此書書後更無書

唐朝美

朝美莊宗時伶人

咏橘淸異錄莊宗小酌進新橘命諸伶咏之唐朝美詩先成云云帝大笑賜所御軟金杯

金香大丞相兄弟八九人剝皮去滓子若箇是汝身

卷九終

全五代詩卷十

羅江李調元雨村 編

唐

唐彥謙

彥謙字茂業晉陽人累官刺史有鹿門集全唐詩話彥謙莒公儉之後博學多藝文詞壯麗詩書音樂博飲之技無不出於流輩咸通末應進士負才無所屈降十餘年不第乾符末避亂漢南中和中河中王重榮辟爲從事累表爲副歷晉絳二州刺史後重榮與中使田令孜有隙以王處存代鎭命李克用護之克用反以兵助重榮討田令孜與朱全忠重榮軍亂貶漢中掾曹節度楊守亮復署爲判官累表爲副歷閬壁二州刺史彥謙詩尤工七言少師溫庭筠故體格類之自號鹿門先生

宋楊文公喈其集手書自隨嘗謂其得義山清峭感愴之一體○北夢瑣言李巨川有筆述應舉不第先以仕僞襄王與唐彥謙俱貶於南山褒帥楊守亮優待之山南失守隨致士楊軍容復恭與守亮同奔北投太原導行者引出華州復恭爲韓建擒辱楊罵爲奴以短褐蒙之斃於枯木守亮檻送至京斬於獨椰樹京城百姓莫不沾涕李克用爲申訴冤此郎南山一丈黑本姓訾黃巢時多救護導引朝士令趨行在人有逃黃巢而投附皆濟之由是人多感激也○紀事彥謙即陶穀之祖穀避晉祖嫌名改姓于孫遂不易彥謙有奉使岐下聞唐宏夫行軍爲賊所擒傷而有作云散卒半隨袁校尉寡妻休問辟司徒最工

感物二首

騄驥初失羣亦自矜趫騰俛仰歲時久帖然困蚊蠅

豪鯨逸其穴尺水成滄溟豈無魚鼈交望望爲所憎
物理有翕張達人同廢興幸無怵迫憂聊復曲吾肱
魚目出泥沙空村百金珍豫章値擁軿細細供蒸薪
論材何必多適用卽能神託交何必深寡求永相親
鮑叔拙羈魯張生窮厄陳茫然扳援際豈意出風塵

和陶淵明貧士詩五首

貧賤如故舊少壯卽相依中心不敢厭但覺少光輝
向來乘時士亦相能奮飛一朝權勢歇欲退無所歸
不如行其素辛苦奈寒飢人生繫天運何用發深悲
我居在窮巷來往無華軒辛勤衣食物出此二畝園

蕤蕤鬱朝露桑柘浮春烟以茲亂心曲智計無他奸
擇勝不在奢興至發青言相逢樵牧徒混混誰愚賢
松風四山來清宵響瑤琴聽之不能寐中有怨歎音
旦起繞其樹磈砢不計尋清陰可數席有酒誰與斟
由來大度士不受流俗浸浩歌相倡答慰此霜雪心
中年涉事熟欲學唾面婁逡巡避少年赳磯不敢訕
旁人吁已甚自喜計慮周微勞消厚疚殘辱勝深憂
從知爲下安處上反無儔人生各有志勇懦從所求
村郊多父老面垢頭如蓬我嘗使之年言語不待工
古來名節士敢望彭城龔有叟誚其後更恨道不同

鄙哉嘵嘵者爲隘不爲通低頭拜野老負米吾願從

舟中望紫巖

近山如畫檣遠山如帝長我從雲中來回頭白茫茫
惜去乃爾覺常時自相忘相忘豈不佳遺此懷春傷
飄灑從何來衣巾濕微涼初疑風雨集冉冉遊塵黃
無歸亦自可信美非吾鄉登舟望東雲猶向帆端翔

九日遊中溪

悠悠循澗行磊磊據石坐林垂短長雲山綴丹碧顆
蓼花最無數照水嬌婀娜何知是節序風日自清妥
羣童競時新萬果間蔬蓏欣然爲之醉烏帽危不墮

此日山中懷孟公不如我

六月十三日上陳微博士

窮居無公憂私此長夏日蚊蠅如俗子正爾相妒嫉
塵驅非吾任遁避亦無術惟當俟其定靜坐萬慮一

宿田家

落日下遙峯荒村倦行履停車息茅店安寢正鼾睡
忽聞扣門急云是下鄉隸公文捧花押鷹隼駕聲勢
良民懼官府聽之肝膽碎阿母出搪塞老腳走顚躓
小心事延款倉餘糧復匱東鄰借種雞西舍覓芳酯
再飯不厭飽一飲直呼醉明朝怯見官苦苦燈前跪

使我不成眠爲渠滴清淚民膏日已瘠民力日愈弊空懷伊尹心何補堯舜治

夏日訪友

堤樹生晝凉濃陰撲空翠孤舟喚野渡村童入幽邃高軒俯清流一犬隔花吠童子立門牆問我向何處主人聞故舊出迎時倒屣驚訝敘闊闊屈指越寒暑殷勤爲延款偶爾得良會春盤擘紫蝦冰鯉斫銀膾荷梗白玉香荇菜青絲脆臘酒擊泥封羅列總新味移席臨湖濱對此有佳趣流連送深杯賓主共忘醉清風岸烏紗長揖謝君去事事如浮雲東西渺煙水

遊南明山

久聞南明山共慕南明寺幾度欲登臨日逐擾人事予焉偶閒暇鳴轡忽相聚乘興欲遨遊聊此托佳趣涉水渡溪南迢遞峯微裏石磴千疊斜峭壁半空起白雲鎖峯腰紅葉暗溪嘴長藤絡虛巖疎花映寒水金銀拱梵刹丹青照廓宇石梁臥秋溟風鈴作簷語深洞結苔陰嵐氣滴晴雨羊腸轉咫尺鳥道轉千里屈曲到禪房上人喜延竚香風宿火薰茶汲清泉煮投閑息萬機三生有宿契行廚出盤飧擔甕倒芳醑脫冠挂長松白石藉憑倚宦途勞營營暫此滌塵慮鬮令促傳觴投壺更聯句興來較勝負醉後忘爾汝忽聞吼蒲牢落日下雲嶼長嘯出烟蘿揚鞭賦歸去

索蝦

姑孰多紫蝦獨有湖陽優出產在四時極美宜於秋雙箝鼓繁鬚當頂抽長矛鞠躬見湯王封作朱衣侯所以供盤餐羅列同珍羞蒜友日相親瓜朋時與儔旣名釣詩鈎又作鈎詩鈎于時同相訪數日承款留厭飲多美味獨此心相投別來歲云久馳想空悠悠銜杯動遐思吸口涎空流封緘托雙鯉于焉來遠求慷慨胡隱君果肯分惠否

採桑女

春風吹蠶細如蟻桑芽纔努青鴉嘴侵晨採采誰家女手挽長條淚如雨去歲初眠當此時今歲春寒葉放遲愁聽門外催里胥官家二月收新絲

詠葡萄

西園晚霽浮嫩凉開尊漫摘葡萄嘗滿架高撐紫絡索一枝斜嚲金琅璫天風颼颼葉栩栩蝴蝶聲乾作晴雨神蛟清夜蟄寒潭萬片濕雲飛不起石家美人金谷遊羅幃翠幕珊瑚鈎玉盤新薦入華屋珠帳高懸夜不收勝遊記得當年景清氣逼人毛骨冷笑呼

明鏡上遙天醉倚銀牀弄秋影

蟹

湖田十月清霜墮晚稻初香蟹如虎扳罾拖網取賽多篋簍挑將水邊貨縱橫連爪一尺長秀凝鐵色含湖光蟛蜞石蟹已曾食使我一見驚非常買之最厭黃髯老償價十錢尚嫌少漫誇丰味過蝤蛑尖臍猶勝團臍好充盤煮熟堆琳琅橙膏醬渫調堪嘗一斗擘開紅玉滿雙螯啖出瓊酥香岸頭沽得泥封酒細嚼頻斟弗停手西風張翰苦思鱸如斯丰味能知否物之可愛尤可憎嘗聞取刺於青蠅無腸公子固稱

美弗使當道禁橫行

送許戸曹

沙頭小燕鳴春和楊柳垂絲烟倒拖將軍樓船發浩歌雲檣高插天嵯峩白虹走香傾翠壺勸飲花前金巨羅神鼇駕粟升天河新承雨澤浮恩波

敘別

譙樓夜促蓮花漏樹陰搖月蛟螭走蟠拏對月吸深杯月府清虛玉兔吼翠盤擘脯膴脂香碧碗敲冰分蔗漿十載番思舊時事好懷不似當年狂夜合花香開小院坐愛涼風吹醉面酒中彈劍發清歌白髮年來爲愁變

梅亭

東海窮詩客西風古驛亭髮從殘歲白山入故鄉青世事徒三窟兒曹且一經丁甯速賒酒煮栗試砂瓶

歲除

索索風搜客沈沈雨洗年殘林生獵跡歸鳥避窰烟節物杯漿外溪頭鬢影前行藏都未定筆硯或能捐

聞應德茂先離棠溪

落日蘆花雨行人穀樹村青山時問路紅葉自知門苜蓿窮詩味芭蕉醉墨痕端知棄城市經席許頻溫

夜坐

愁鬢丁年白寒燈丙夜青不眠驚戍鼓久客厭郵鈴洶洶城喧海疎疎屋漏星十年窮父子相守慰飄零

弔方干處士

不比他人死何詩可挽君淵明元嬾仕東野別攻文滄海諸公淚青山處士墳相看莫浪哭私謚有前聞

題證道寺

彎環青徑斜門是野僧家滿澗洗巖液插天排石牙爐寒餘柏子架靜落藤花記得逃兵日門多貴客車宿獨留

日晚宿留城入家半掩門羣鴉棲老樹一犬吠荒村爭買魚添價新篘酒帶渾船頭對新月誰與共清論

客中感懷

客路三千里西風兩鬢塵貪名笑吳起說國歎蘇秦託興非耽酒思家豈爲蓴可憐今夜月獨照異鄉人

過三山寺

三山江上寺宮殿望岧嶤石徑侵高樹沙灘半種苗一僧歸晚日羣鷺宿寒潮遙聽風鈴語興亡話六朝

望夫石

江上見危磯人形立翠微妾來終日望夫去幾時歸

明月空懸鏡蒼苔漫補衣可憐雙淚眼千古斷斜暉

過湖口

江湖分兩路此地是通津雪淨山浮翠風高浪潑銀人行俱是客舟住即爲隣俯仰煙波内蜉蝣寄此身

登廬山

五老峯巔望天涯在目前湘潭浮夜雨巴蜀暝寒烟泰華根同峙嵩衡脈共聯憑虛有仙骨日月看推遷

送樊琯司業歸朝

近者蘇司業文雄道最光夫君居太學妙譽繼中行汲郡陵初發汾陰篋久亡寂寥方倚席容易忽升堂去日應懸榻來時定裂裳愜心頻拾芥應手屢穿楊辯急如無敵飛騰固自強論心期舌在問事畏頭長駟馬終題柱諸生悉面牆啗螯譏爾雅賣餅訴公羊（三國志注魏嚴幹善春秋公羊鍾繇好左氏謂公羊爲賣餅家）未見泥函谷俄驚火建章烟塵昏象魏行在隔巴梁紅粟塡郿塢青袍過壽陽巋茅行殿濕伐柏舊陵香糞室青衿盡渠門火旆揚雲飛同去國星散各殊方賤子悲窮轍當年亦擅場齎辛尋幼婦醴酒憶先王聖域探姬孔皇風樂禹湯畏誅輕李喜言命小臧倉折樹休盤槊沈鉤且釣璜鴻都問詞客他日莫相忘

移莎

移從杜城曲置在小齋東正是高秋裏仍兼細雨中結根方迸竹疎蔭託高桐苒苒齊芳草飄飄笑斷蓬片時留靜者一夜響鳴蛩野露通宵滴溪烟盡日蒙試才卑庾薤求味笑周菘只此霜栽好他時贈伯翁

紅葉

無處不飄揚高樓臨道旁素娥前夕月青女夜來霜宿雨隨時潤秋晴著物光幽懷長若此病眼更相妨蜀紙裁深色燕脂落靚妝低叢侵小閣倒影入迴塘謝朓留霞綺甘甯棄錦張何人休遠道是處有斜陽

薜荔垂書幌梧桐墜井牀晚風生旅館寒籟近僧房
桂絲明淮甸楓丹照楚鄉鴈疎臨鄂杜蟬急傍瀟湘
樹異桓宣武園非顧辟彊茂林愁臥客不自保危腸

春雨

綺陌夜來雨春樓寒望迷遠容迎燕戲亂響隔鶯啼
有恨開蘭室無言對李蹊花欹渾拂檻柳重欲垂堤
燈檠昏魚目薰爐咽麝臍別輕天北鶴夢怯汝南雞
入戶侵羅幌梢簷潤繡題新豐樹已失長信草初齊
亂蝶寒猶舞驚烏暝不棲庾郎盤馬地卻怕有春泥

漢代

漢代金為屋吳宮綺作寮豔詞傳靜婉新曲定妖嬈
箭響猶殘夢籤聲報早朝鮮明臨曉日迴轉度春宵
半袖籠清鏡前絲壓翠翹靜多如有待閑極似無憀
梓澤花猶滿靈和柳未凋障昏巫峽雨屏掩浙江潮
未信潘名岳應疑史姓蕭漏因歌暫斷燈為雨頻挑
飲酒闌三雅投壺賽百嬌鈿蟬新翅重金鴨舊香焦
水淨疑澄練霞孤欲建標別為秦柱促愁為蜀弦么
元宴難瘳痺臨卭但發痟聯詩徵弱絮思友詠甘蕉
王氏憐諸謝周郎定小喬黼幃翹彩雉波扇畫文鰩
荇密妨垂釣荷欹欲渡橋不因衣帶水誰覺路迢迢

遊陽明洞呈王理得諸君

禹穴蒼茫不可探人傳靈笈鎖煙嵐初晴鶴點青邊
嶂欲雨龍移黑處潭北斗齋壇天寂寂東風仙洞草
毿毿堪憐尹叟非關吏猶向江南逐老聃

新豐

沛中歌舞百餘人帝業功成里巷新半夜素靈先哭
楚一星遺火下燒秦貔貅掃盡無三戶雞犬歸來識
四鄰惆悵故園前事遠曉風長路起埃塵

拜越公墓因遊定水寺有懷源老

越公已作飛仙去猶得潭潭好墓田老樹背風深拓
地野雲依海細分天青峯曉接鳴鐘寺玉井秋澄試
茗泉我與源公舊相識遺言瀟灑有人傳

晚秋遊中溪

淡竹岡前沙鴈飛小花尖下柘丸肥山雲不卷雨自
薄天氣欲寒人正歸招伴祗須新稻酒臨風猶有舊
苔磯故人舊業依稀在怪石老松今是非

寄陳少府兼簡叔高

懷人路絕雲歸海避俗門深草蔽邱萬事漸消閑客
夢一生虛白少年頭山鸎啼緩從除架淮鴈來多莫
上樓近日隣家有新釀每逢詩伴得淹留

第三溪

日晏霜濃十二月林疎石瘦第三溪雲沙有徑縈寒燒松屋無人聞晝鷄幾聚衣冠埋作土當年歌舞醉如泥早知涉世眞成夢不棄山田春雨犂

蒲津河亭

宿雨清秋霽景澂廣亭高樹向晨興煙横博望乘槎水日上文王避雨陵孤棹夷猶期獨往曲闌愁絶每長憑思鄉懷古多傷別況此哀吟意不勝

毘陵道中

百年只有百清明狼狽今年又避兵煙火誰開寒食禁篽裾那復麗人行禾麻地廢生邊氣草木春寒起戰聲淜淜飛鴻天斷處古來還是闔閭城

過浩然先生墓

八開萬卷龐眉老眼見堂堂入草萊行客須當下馬過故交誰復裹雞來山花不語如聽講溪水無情自薦哀猶勝黃金買碑碣百年名字已煙埃

贈孟德茂

江海悠悠雪欲飛抱書空出又空歸沙頭人滿鷗應笑船上酒香魚正肥塵土竟成誰計是山林又悔一年非平生萬卷應夫子兩世功名窮布衣

秋霽豐德寺與元貞師詠月

露冷風輕霽魄圓高樓更在碧山巔四溟水合疑無地八月槎通好上天黯黯星辰環紫極喧喧朝市匝青煙夜深獨與巖僧語羣動消聲舉世眠

長陵

長安高闕此安劉祔葬纍纍盡列侯豐上舊居無故里沛中原廟對荒邱耳聞明主提三尺眼見愚民盜一抔千載腐儒騎瘦馬渭城斜月重回頭

金陵九日

野菊西風滿路香雨花臺上集壺觴九重天近瞻鍾阜五色雲中望建章綠酒莫辭今日醉黃金難買少年狂清歌驚起南飛鴈散作秋聲送夕陽

遊清涼寺

白雲紅樹路紆縈古殿長廊次第行南望水連桃葉渡北來山枕石頭城一塵不到心源淨萬有俱空眼界清竹院逢僧舊曾識旋披禪衲爲相迎

高平九日

雲淨南山紫翠浮憑陵絶頂望悠悠偶逢佳節牽詩興漫把芳尊遣客愁霜染鴉楓迎日醉寒銜涇水帶冰流烏紗頻岸西風裏笑插黃花滿鬢秋

興元沈氏莊

清淺縈紆一水間竹岡藤樹小蹊攀露沾荒草行人過月上高林宿鳥還江遶武侯籌筆地雨昏張載勒銘山異鄉一笑因酣醉忘卻愁來鬢髮班

寄懷

有客傷春復怨離夕陽亭畔草青時淚隨紅蠟無由制腸比朱弦恐更危梅向好風惟是笑柳因微雨不勝垂雙溪未去饒歸夢夜夜孤眠枕獨欹

東韋曲野思

淡霧輕雲匝四垂綠塘秋望獨顰眉野蓮墮水無人

見寒鷺窺魚共影知九陌要津勞目擊五湖閑夢誘心期孤燈夜夜愁欹枕一覺滄洲似昔時

鸂鶒

一宿南塘煙雨時好風搖動綠波微驚離曉岸銜花去暖下春汀照影飛華屋撚弦彈鼓舞綺窗含筆潛毛衣畫屏見後長迴首爭得雕籠莫放歸

螢

日下蕪城莽蒼中濕螢撩亂起衰叢寒烟陳后長門閉夜雨隋家舊苑空星散欲陵前檻月影低如試北窗風羈人此夕方愁緒心似寒灰首似蓬

夜蟬

翠竹高梧夾後溪勁風危露雨淒淒那知北牖殘燈暗又送西樓片月低清夜更長應未已遠烟尋斷莫頻嘶羈人此夕如三歲不整寒衾待曙雞

七夕

露白風清夜向晨小星垂佩月埋輪絳河浪淺休相隔滄海波深尚作塵天外鳳凰何寂寞世間烏鵲漫辛勤倚闌殿北斜樓上多少通宵不寐人

中秋夜玩月

一夜高樓萬景奇碧天無際水無涯只留皎月當層

漢並送浮雲出四維霧靜不容元豹隱冰生惟恐夏蟲疑坐來離思憂將曉爭得嫦娥仔細知

牡丹

真宰多情巧思新固將能事送殘春為雲為雨徒虛語傾國傾城不在人開日綺霞應失色落時青帝合傷神嫦娥婺女曾相送留下鴟黃作蘂塵

離鸞

聞道離鸞思故鄉也知情願嫁王昌塵埃一別楊朱路風月三年宋玉牆下疾不成雙點淚斷多難到九迴腸庭前桂樹名梔子試結同心寄謝娘

柳

春思春愁一萬枝遠村遙岸寄相思西園有雨和苔長南内無人拂檻垂遊客寂寥緘遠恨暮鶯啼叫惜芳時晚來飛絮如霜鬢恐爲多情管別離

湘妃廟

劉表荒碑斷水濱廟前幽草閉殘春已將愁淚留斑竹又感悲風入白蘋八族未來誰北拱四凶猶在莫南巡九峯相似堪疑處望見蒼梧不見人

葡萄

金谷風露涼綠珠醉初醒珠帳夜不收月明墮清影

春草

隨夢入池塘無心在金谷春風自年年吹遍天涯綠

文惠宮人

認得前家令宮人淚滿裾不知梁佐命全是沈尚書

春日偶成

篆箏簫管和琵琶興滿金尊酒量賒歌舞留春春似海美人顏色正如花

詠馬二首

紫雲團影電飛瞳駿骨龍媒自不同騎過玉樓金轡響一聲嘶斷落花風

詠竹

醉臥涼陰沁骨清石牀冰簟夢難成月明午夜生虛籟悞聽風聲是雨聲

無題

錦箏銀甲響鵾弦勾引春聲上綺筵醉倚闌干花下月犀梳斜嚲鬢雲邊

漏滴銅龍夜已深柳梢斜月弄疎陰滿園芳草年年恨剔盡燈花夜夜心

夜合庭前花正開輕羅小扇爲誰裁多情驚起雙蝴蝶飛入巫山夢裏來

垂柳

絆惹春風別有情世間誰敢鬭輕盈楚王江畔無端種餓損纖腰學不成

曲江春望

杏豔桃光奪晚霞樂遊無廟有年華漢朝冠蓋皆陵墓十里宜春漢苑花

羅江驛

數枝高柳帶鳴鴉一樹山榴自落花已是向來多淚眼短亭回首在天涯

仲山

千載遺蹤寄薜蘿沛中鄉里舊山河長陵亦是閑丘
隴異日誰知與仲多

克復後登安國寺閣

千門萬戶鞠蒿藜斷燼遺垣一望迷惆悵建章鴛瓦
盡夜來空見玉繩低

長溪秋望

柳短莎長溪水流雨微烟暝立溪頭寒鴉閃閃前山
去杜曲黄昏獨自愁

韋曲

欲寫愁腸愧不才多情練漉已低摧窮郊二月初離

別獨傍寒村嗅野梅

李贊華

贊華遼太祖長子名倍小字突欲聰敏好學
嘗市書萬卷藏醫巫閭絶頂之望海堂能詩
畫兼精技術奔唐明宗賜姓名後爲廢帝所
害北夢瑣言莊宗夫人夏氏最承恩寵後嫁契丹突欲名李贊華所謂東丹王郎阿保機長子先歸朝後除滑州節度使性酷毒侍婢微過即以刀刲火灼夏氏少長宫掖不忍其兇求離婚歸河陽節度夏魯奇家今爲尼○遼史突欲初爲太子以淳欽后愛德光不得已讓位國於東平不得志明宗招之立木刻詩云云遂攜高美人并載書籍浮海去

立木海上刻詩

小山壓大山大山全無力羞見故鄉人從此投外國

程紫霄

紫霄唐末道士後唐同光初嘗勅令入内殿
講論避暑錄云道家言人身中有三尸亦云三彭記人過失庚申日乘人睡告之上帝學道者是日不睡謂守庚申唐末朝士會終南太極觀守庚申紫霄笑曰此吾師托是以懼爲惡者爾據牀求枕作詩示衆投筆鼻息如雷

示衆

不守庚申亦不疑此心常與道相依玉皇已自知行
止任汝三彭説是非

吳涵虛

涵虛字含靈江西人出家爲道士居南岳全唐詩話涵虛俗呼爲吳猱好睡經旬不飲食常言曰人若要閑即須嬾好勤即不閑也唐廢帝清泰年羽化宋乾祐中有人於嵩山見之

上昇歌

玉皇有詔登仙職龍吐雲兮鳳著力眼前驀地見樓
臺異草奇花不可識我向大羅觀世界世界即如指
掌大當時不爲上昇忙一時提向瀛洲賣

可止

止姓馬氏范陽房山人長近體律詩乾甯中
賜紫後唐明宗令住持洛京長壽寺署號文

智大師有三山集全唐詩話高僧傳中山節度王處直座詠白鵲時諸侯兼并王欲繼好息民故可止詩云不知誰會喃喃語必向王前報太平

山居

雪消春力展花漫洞門垂果長纖枝曲巖崩直道移重猨園淺井鬬鼠下疎籬寒食微燈在高風勢徹陂

贈樊川長老

瘦顏顴骨見滿面雪毫垂坐石鳥疑死出門人謂癡照身潭入楚浸影檜生隋太白曾經夏清風涼四肢

送僧

四海無拘繫行心與自濃百年三事衲萬里一枝筇

夜減當晴影春消過雪蹤白雲深處去知音在何峯

哭賈島

燕生松雪地蜀死葬山根詩僻降今古官卑悞子孫冢欄寒月色人哭苦吟魂墓雨滴碑字年年添蘚痕

雪十二韻

落處咸過尺翛然物象淒瑞凝金殿上寒甚玉關西潤比江河普明將日月齊凌雲花頂膩鎖徑竹梢低出谷樵童怯歸林野鳥迷煑茶融破練磨墨染成黳陷兔埋平澤和魚凍合溪入樓消酒力當檻寫詩題道路依憑馬朝昏委托鷄洞深猨作族松亞鶴移棲及夏清巖穴經春溜石梯豐年兼泰國天道育黔黎

馮道幕客

題酒戶修孔廟狀道鎮南陽郡中宣聖廟壞有酒戶十餘輩投狀乞修道未及判有幕客題狀後云云道遽罷其請出己俸重修

槐影參差覆杏壇儒門子弟盡高官卻教酒戶重修廟覓我慚惶也不難

鍾傳客

占歷日包橘傳領江西日客以覆射之技求見傳以歷日包橘置袖中令射客云

太歲當頭坐諸神不敢當其中有一物常帶洞庭香

楊芸蘿

芸蘿洛陽歌妓全唐詩話芸蘿聰慧有才思楊凝式甚憐之時有講經僧雲辨在座忽檐前蜘蛛垂絲而下正對芸蘿與僧前楊笑謂芸蘿試嘲得著師奉絹五匹芸蘿應聲成辨譏充肚大故云楊見詩絕倒大叫和尚將絹來辨懟且笑奉之如數

詠垂絲蜘蛛

喫得肚嬰撐尋思繞寺行空中設羅網只待殺眾生

京兆女子

女子姓氏未詳

題興元明珠亭

寂寥滿地落花紅獨有離人萬恨中回首池塘更無語手彈珠淚背東風

姊妹三人 光威裒唐末人失其姓

聯句

朱樓影直日當午玉樹陰低月已三光 膩粉暗銷銀鏤合錯刀閑翦泥金衫威 繡牀怕引烏龍吠錦字愁教青鳥銜裒 百味鍊來憐益母千花開處鬬宜男光 鴛鴦有伴誰能羨鸚鵡無言我自慚威 淚滴(?)喜遊蜂飛撲撲伴驚孤燕語喃喃裒 偏憐𦒎數蟢蛛掌每憶光抽琱瑁簪光 煙洞幾年悲尚在星橋一夕悵空含威 窗前時節羞虛擲世上風流笑苦諳裒 獨結香綃偷

送暗垂檀袖學通參光 須知化石心難定卻是為雲分易甘威 看見風光零落盡弦聲猶逐望江南裒

清泰三年歌先是甲子歌有此後清泰三年丙申大軍於太原南五樓村前大戰至九月晉祖勾契丹至於城下王師敗績至十一月戎王遣蕃軍送晉祖洛陽郎胡虜亂中原之應也

丙申年數在五樓前但看八九月胡虜亂中原

後唐軍士謠

除去菩薩扶立生鐵潞王之入洛許賞軍士錢百緡後不能給賞錢二十緡軍士猶怨望乃為此謠以閔帝仁弱潞王剛嚴有悔心故也

後唐宗廟樂舞辭唐餘錄後唐並用唐樂無所變更惟別造六室舞辭懿祖室奏昭德之舞獻祖室奏文明之舞太祖室奏應天之舞昭宗室奏永平之舞莊宗室奏武成之舞明宗室奏雍熙之舞

昭德舞

懿彼明德赫赫煌煌名高閶域功著旂常道符休泰運叶祺祥慶傳萬祀以播耿光

文明舞

帝業光揚皇圖翕赫聖德孔彰神功不測信及豚魚恩霑動植懿範鴻名傳之萬億

應天舞

晉國肇興雄圖再固黼黻帝道金玉王度皇天無親惟德是輔載誕英明永光聖祚

永平舞

慶傳瓚祚位正璿圖功宣四海化被八區靜彰帝道動合乾符千秋萬祀永荷昭蘇

卷十終

全五代詩卷十一

羅江李調元雨村　編

晉

和凝

凝字成績鄆州須昌人舉進士初仕後唐天
成中歷翰林學士知貢舉晉天福五年拜中
書侍郎同門下平章事入漢拜太子太傅封
魯國公有紅葉稿北夢瑣言和凝少年時好
為曲子詞布于汴洛泊入
相專託人收拾焚燬然相公厚重有德終為
豔詞所玷契丹入夷門號為曲子相公
書凝為文以多為富有集百卷自鏤板以行
識者非之曰此顏之推所謂詅癡符也和凝

有採蓮曲云波上人如潘玉兒掌中花似趙
飛燕人傳誦之　香奩集和魯公之詞也後
貴乃嫁其名于韓偓凝平生著述分為演論
游藝孝悌疑獄香奩金籯六集遊議論諱其
名又欲後人知故游藝集詩中賞之此凝意
也予在秀州其曾孫和惇家藏諸書皆魯公
故物末有印記甚完　談資錄曲子相公晉
和凝也判詩傳士五代　王仁裕也秦婦吟秀
才蜀相韋莊也五代周張昭遠好學積萬卷
號書樓張家五代蔣維東好學能屬文隱居
衡岳從而受業者號山長五代唐帝謂史虛
白曰眞處士風月主人蜀歐陽彬也皂江漁
翁蜀張立也南漢劉龔才人蘇氏通經史
宮中呼為蘇大家蜀黃崇嘏號女狀元

解紅歌

百戲罷五音清解紅一曲新教成兩箇瑤池小仙子
此時奪卻柘枝名

漁父歌

白芷汀寒立鷺鷥蘋風輕剪浪花時煙冪冪日遲遲
香引芙蓉惹釣絲

題鷹獵兔畫

雖是丹青物沈吟亦可傷君誇鷹眼疾我憫兔心忙
豈動騷人興惟增獵客狂冰綃百餘尺爭及製衣裳

醴泉院

萬山嵐靄簇洋城數處禪齋盡有名古柏八株堆翠
色靈泉一派逗寒聲暫遊頗愛閑滋味久住翻嫌俗
性情珍重支公每相勉我于儒行也修行

宮詞百首

紫燎光銷大駕歸御樓初見赭黃衣千聲鼓定將宣
赦竿上金雞翅欲飛
北闕晴分五鳳樓嵩山秀色護神州洛河自契千年
運更擬波中出九疇
中興殿上曉光融一炷天香舞瑞風百辟虔心齊稽
首捲簾遙見御衣紅
日和風暖御樓時萬姓齊瞻八彩眉瑞氣祥煙籠細
仗閤門宣赦四方知
鳳吹鑾歌曉日明豐年觀稼出神京封人爭獻南山

壽五色雲中御輦平
聖主臨軒待曉時穿花宮漏正遲遲雞人一唱乾坤曉百辟分班嚴羽儀
朦朧夜月照池亭初夜椒房掩畫屏宮女相呼有何事上樓同看老人星
紅泥椒殿綴珠璫帳蹙金龍窣地長紅獸慢然天色暖鳳爐時復爇沉香
九重樓殿簇丹青高柳含煙覆井亭宮內不知今日幾自來階下數堯蓂
寢殿香濃玉漏嚴雲隨涼月下西南帳前宮女低聲道主上還應夢傅巖
遶殿鉤闌壓玉階內人輕語凭葱臺皆言明主垂衣理不假朱雲傍檻來
巔頂冰面瑩池心風刮瑤堦膩雪深怪得宮中無獸炭步搖釵是辟寒金
蘭殿春融自龍笙玉顏風透象紗明金簧如語鶯聲滑可使雲和獨得名
蘭燭時將鳳髓添寒星遥映夜光簾龍樓露著鴛鴦瓦誰進螭頭擲玉籤
玉甃蓮池春水平小魚雙並錦鱗行內中知是黃河

樣九曲今年徹底清
真珠簾外靜無塵耿耿涼天景象新金殿夜深銀燭晃宮嬪來奏月重輪
魚犀月掌夜通頭自著盤鶯錦臂韝多把沉香配龍麝宮中掌浸十香油
香雲雙颭玉蟬輕侍從君王苑裏行嘉瑞忽逢連理木一時跪拜賀文明
金鸞雙立紫檀槽暖殿無風韻自高含笑試彈紅蘂調君王宣賜酪櫻桃
斑簟如霞可殿鋪更開新進瑞蓮圖誰人築損珊瑚架子細看時認瀝蘇
金盆初曉洗纖纖銀鴨香焦特地添出戶忽看春雪下六宮齊捲水晶簾
暖金盤裏點酥山擬望君王子細看更向眉中分曉黛巖邊染出碧琅玕
雲母屏前繡柱衣龍牀閑卷諫書幃黃金檻外螭頭活日照紅蘭露未晞
樓西殘月尚朧明中禁雞人報曉聲清日司天臺進狀夜來晴霽泰階平
纖纖摩軒響佩環銀臺門外集鴛鴦三鐘五鼓祥煙

斂日照仙人捧露盤
司膳廚中也禁煙春宮相對畫秋千清明節日頒新
火蠟炬星飛下九天
宮木交芳色盡深和風輕舞早鶯唫侍臣不異東方
朔應喜仙桃滿禁林
貢橘香勻醽醁容星光初滿小金籠近臣押賜諸王
宅拜了方開敕字封
獻壽朝元欲偃戈航深梯險競駢羅若論萬國來朝
日比竝塗山更較多
灩陽風景簇神州杏蘂桃心照鳳樓遙望青青河畔

草幾多歸馬與休牛
鑾輿親稼晚方歸日月旗中見御衣萬姓焚香惟頂
禮瑞雲隨織入宮闈
宮庭皆應紫微垣壯麗宸居顯至尊赤子顒顒瞻父
母已將仁德比乾坤
三農皆已闢田疇又見金門出土牛塊雨條風符聖
化嘉禾看御報新秋
進食門前水陸陳大官齋潔貢時新明君宵旰分甘
處便索金盤賜重臣
層臺金碧惹紅霞仙掌亭亭對月華昨夜盤中甘露

滿婕好爭去奏官家
水殿垂簾冷色凝一牀珍簟展春冰才人侍立持團
扇金縷雙龍貼碧藤
香鴨煙輕爇水沉雲鬟閑墜鳳犀簪珠簾半捲開花
雨又見芭蕉展半心
鸞錦蟬羅撒麝臍狻猊輕噴瑞煙迷紅酥點得香山
小卷上珠簾日未西
錦褥花明滿殿鋪宮娥分坐學樗蒲欲教官馬衝關
過呪願纖纖早擲盧
小樓花簇鈿山低金雉雙來蹋馬齊誇向傍人能彩

戲朝來贏得鷺鷥犀
紅鬃白馬嫩龍飛天廄供來入紫微遙見玉階嘶不
已應緣認得赭黃衣
班定千牛立受宣佩刀搢笏鳳墀前一聲下坐祥雲
合鵷鷺依行拜兩邊
三殿香濃曉色來祥鸞威鳳待門開鏘金佩玉趨丹
陛總是和羹作礪才
兩番供奉打毬時鸞鳳分廂錦繡衣虎驟龍騰宮殿
響驊騮爭趁一星飛
鳳池冰泮岸莎勻柳眼花心雪裏新都是九重和暖

地東風先報禁園春
紫氣氤氳滿帝都映樓明月鎖金鋪銀泥殿裏嫌紅
燭敎近龍牀著火珠
地衣初展瑞霞融繡帽金鈴舞舜風吹竹彈絲珠殿
響墜仙雙降五雲中
錦策匀鋪寒玉齊星鏈高運日通犀鏗金曲罷春冰
碎跪拜君王粉面低
珠簾靜卷水亭涼玉蘂風飄小監香幾處按歌齊入
破雙雙雛燕出宮牆
宮娥解禊鹽陽時鷁舸蘭橈滿鳳池春水如藍垂柳

醉和風無力裊金絲
白玉階前菊蘂香金杯仙醞賞重陽層臺雲集梨園
樂獻壽聲聲祝萬康
天籟吟風社燕歸渚蓮香老碧苔肥夜來霜墜梧桐
葉諸殿平明進御衣
鑪爇香檀獸炭癡眞珠簾外雪花飛六宮進酒蓋眉
壽舞鳳盤龍滿御衣
雲行風靜早秋天競遶盆池蹋采蓮羅畫拔袍從窄
地更尋宮柳看鳴蟬
闌珊星斗綴珠光七夕宮嬪乞巧忙總上穿針樓上

去競看銀漢灑瓊漿
寶瑟淒鏘夜漏餘玉階閑坐對蟾蜍秋光寂歷銀河
轉已見宮花露滴疎
春風金裊萬年枝簇白團紅爛熳時宮女競思遊御
苑大家齊奏聖人知
乾文初見泰階平日月常遵闔道行昨夜仰觀垂象
正拱辰星宿轉分明
鏘鏘濟濟赴延英漸近重瞳目轉明君聖臣賢魚水
契鴻基須賀永清平
天廐驊騮集嫩龍雪光相照曉嘶風昂頭步步金鞍

穩掌扇花前御路中
金吾細仗儼威儀聖旨凝旒對遠夷曉日曈曨瞻玉
案丁冬環珮滿彤墀
正旦垂旒御八方蠻夷無不奉梯航羣臣舞蹈稱觴
處雷動山呼萬歲長
聖主躬耕在籍田公卿環衛待豐年五風十雨餘糧
在金殿惟聞奏舜弦
聖日垂科委所司英才咸喜遇明時春官進榜鶯離
谷月殿香殘桂魄枝
天街香滿瑞雲生紅繖凝空景日明先遣五坊排獵

騎爲民除害出神京
內宴初開錦繡攢敎坊齊奏萬年歡簫韶響亮春雲
合日照堯階舞瑞鸞
觀章詞臣直玉堂對來新賜錦袍香班資最在雲霄
上長是先迎日月光
玉殿朦朧散曉光金龍高噴九天香摵鞭聲定初開
扇百辟齊呼萬歲長
五色卿雲覆九重香煙高舞御樓中含元殿裏行仁
德四海車書巳混同
欲封丹詔紫泥香朱篆龍文御印光汗渙絲綸出丹

禁便從天上鳳銜將
越溪姝麗入深宮儉素皆持馬后風盡道君王修聖
德不勞辭輦與當熊
早梅初向雪中明風惹奇香粉蘂輕誰道落花堪醖
酉蘋來枝上采繁英
暖殿奇香馥綺羅窗開初學繡金鵝纔經冬至陽生
後今日工夫一綫多
金井澄泉玉液香琉璃深殿自清涼溫湯頭進瓜初
熟後至宮嬪未得嘗
繡闥雕甍列錦闈珍奇惟待鳳凰棲杏梁烜赫晴霞

展時見空虛墜燕泥
龍鳳金鞍軟玉鞭雪花光照錦連乾鴐頭直指西郊
去曉日寒生講武天
戛雲樓上定風盤雀躍猨跳總不難要對君王逞輕
捷御樓時擬上雞竿
停穩春衫窣地長通天犀帶綴金章近臣銜命離丹
禁高捧恩波灑萬方
垂黎玉押春簾卷不夜珠樓曉鑑開袍袴宮人走迎
駕東風吹送御香來
金吾勘契自通宮樓上初聞唱刻閑金殿香高初喚

仗數行鴛鷺各趨班
螺髻凝香曉黛濃水精鸂鶒颭輕風金釵斜戴宜春
勝萬歲千秋遶鬢紅
襪金團扇對纖絺正是深宮捧日時要對君王說幽
意低頭佯念婕妤詩
結金冠子學梳蟬碾玉蜻蜓綴鬢偏寢殿垂簾悄無
事試香閑立御爐前
金馬詞臣夜受宣授毫交直八花磚白麻草了初呈
進稱旨絲綸下九天
平明光政便門開巳見忠臣早入來自是樞機符造

花大羅天上曜三台
紅羅窗裏繡偏慵龍袖閑隈碧玉籠蘭殿春晴鸚鵡
睡結條釵颭落花風
曉光初入右銀臺鴛鷺分班啟沃來如水如魚何際
會盡言金鼎得鹽梅
立名金馬近堯階盡是家傳八斗才麻尾尚猶龍字
濕便從天上鳳銜來
狻猊鎮角舞筵張鸞鳳花分十六行輕動玉纖歌遍
慢時時偷眼看君王
邊藩開宴賀休征細仗初排舜日明坐定兩軍呈百

戲樂臣低折賀昇平
碧羅冠子簇香蓮結勝雙銜利市錢花下貪忙尋百
草不知遺卻蹙金蟬
蘭省初除傳粉郎靜端霜簡入鴛行明庭轉制渾無
事朝下空餘雞舌香
采訪甯遺草澤人詔搜無不降蒲輪集賢殿裏開爐
冶待把黃金鑄重臣
紅玉纖纖捧暖笙絳脣呼吸引春鶯霓裳曲罷君王
笑宜近前來與改名
繡額朱門插艾人羞將角黍近香唇平明朝下誇宣
賜五色香絲繫臂新
芙蓉冠子水精簪閑對君王理玉琴鶯頸鶯脣勝仙
子步虛聲細象窗深
金馬門開侍從歸御香猶惹賜來衣曉光滿院金魚
冷紅藥花攀宿露飛
便殿朝回卸玉簪競來芳檻摘花心風和雞扱花中
蝶卻向窗前弄繡鍼
君王朝下未梳頭長暈殘眉侍鑑樓抱臂交光紅玉
軟起來重擬理箜篌
九重天上實難知空遣微臣役夢思葵藿一心期捧

日強搜狂斐擬宮詞
楊柳枝
軟碧搖煙似送人映花時把翠眉嚬青青自是風流
主慢颭金絲待洛神
瑟瑟羅裙金縷腰黛眉隈破未重描醉來咸損新花
子拽住仙郎盡放嬌
鵲橋初就咽銀河今夜仙郎自姓和不是昔年攀桂
樹豈能月裏索姮娥
洋川
華陽圖上見洋川知在青山綠水邊官閑最好遊僧

舍江近應須買釣船

賈玭

玭字仲賓晉天福三年進士宋初官至刑部郎中

寄贈宣義大師

篆寫千文邁古今感陶承旨撰碑陰兩朝雨露書中得滿篋詩章物外尋衡嶽水雲長挂夢帝城煙月不關心西遊去後無消息想共陳摶一處吟夢英大師詩碑

卷十一終

全五代詩卷十二

羅江李調元雨村　編

晉

裴皞

皞字司東河東人唐光化中進士第歷事梁唐至晉高祖官至工部尚書拜右僕射卒年八十五贈太子太保五代史皞以文學在朝廷久宰相馬允孫桑維翰皆皞禮部所放進士也後允孫知舉放牓引新進士詣皞皞喜作詩曰門生門下見門生世傳以為榮維翰已作相常過皞皞不迎不送人或問之皞曰我見桑公於中書庶寮也桑公見我於私第門生也何送迎之有人亦以為當

示門生馬侍郎允孫

宦途最重是文衡天與愚夫著盛名三主禮闈年八十門生門下見門生

崔梲

梲字子文深州安平人梁貞明三年舉進士甲科開封尹王瓚辟掌奏記唐明宗拜翰林學士晉高祖時以戶部侍郎為學士承旨拜尚書左丞遷太常卿改太子賓客分司西京卒五代史梲為學士嘗草制為宰相桑維翰所改力爭之維翰不樂梲知天福二年貢舉時有進士孔英者素有醜行為當時所惡梲初受命往見維翰維翰素貴尊嚴而語簡

謂棁曰孔英來矣棁不諭其意以謂爲孔英先容乃考英及第物議大以爲非遂罷學士職　五代會要晉天福四年十二月太常奏正至王公上壽皇帝舉酒奏元同之樂皇帝三飲皆奏文同之樂食舉奏昭德之舞次奏成功之舞皇帝降坐奏大同之樂其辭並崔棁造　唐餘錄曰天福五年十一月冬至朝羣臣舉觴奏元同三爵登歌奏文同四爵登歌作羣臣飲宮縣樂作又奏龜茲及霓裳法曲以須食畢於時衆聞龜茲法曲雅鄭雜糅固已非之明年正旦上壽登歌發聲悲離煩懘如虞殯薤露之音觀者以爲不祥

羣臣酒行歌　三首

劍佩儼如林齊傾拱北心渥恩須美祿咸濩聽和音

一德君臣合重瞳日月臨歌時兼樂聖唯待賛泥金

萬國咸歸禹千官共祝堯拜恩瞻鳳扆傾耳聽雲韶

運啟金行遠時和玉燭調酒酣齊抃舞同賀聖明朝

令節陳高會羣臣侍御筵玉墀留愛景金殿靄祥煙

振鷺涵天澤靈禽下樂懸聖明無一事何處讓堯年

李濤

濤字信臣避地湖南事馬殷後唐天成初舉進士仕晉爲中書舍人後歷事漢晉周至平章事入宋卒　唐摭言濤有句云溪聲長在耳山色不離門又掃地樹留影拂牀琴有聲又落日長安道秋槐滿地花　吟窗雜錄諫晉主不從作詩云一言寤主寧復聽三諫不從歸去來　石林詩話云俗稱社日飲酒治聾昉時爲翰林學士有月給內庫酒故濤從乞之詩云春社從李昉乞酒社公今日沒心情爲乞治聾酒一瓶惱亂玉堂將欲徧依稀巡到第三廳社公濤小字濤性滑稽泥水關有僧每過必省未幾寺焚僧散因題詩云走却坐禪客移將不動尊世間顛倒事八萬四千門　又濤弟澣娶竇尚書女年甲已高出參濤望塵下拜曰只將謂親家母　又作歇後語云慙無竇建娘作梁山聞者莫不絕倒

春晝回文

茶餅嚼時香透齒水沈燒處碧凝煙紗窗閉著猶慵起極困新晴乍雨天

李澣

澣字日新濤之弟後唐天成中擢進士第仕晉爲翰林學士所著有丁年集　揮麈後錄五代李濤與弟澣俱負才望澣仕石晉爲學士濤在西掖縉紳榮之澣後仕契丹通顯　宋史澣幼聰敏慕王楊盧駱爲文章後代唐侍郎楊凝式撰錢鏐王神道碑文彩遒麗時輩稱之

蒙求

王戎簡要裴楷清通孔明臥龍呂望非熊楊震關西

丁寬易東謝安高潔王導公忠匡衡鑿壁孫敬閉戶

郅都蒼鷹甯成乳虎周嵩狼抗梁冀跋扈郗超髯參

王珣短簿伏波標柱博望尋河李陵初詩田橫感歌

武仲不休士衡患多桓譚非讖王商止訛嵇呂命駕

程孔傾蓋劇孟一敵周處三害胡廣補闕袁安倚賴

黃霸政殊梁習治最墨子悲絲楊朱泣岐朱博烏集

蕭芝雉隨杜后生齒靈王出髭賈誼忌鵩莊周畏犧
燕昭築臺鄭莊置驛瓘靖二妙岳湛連璧郄詵一枝
戴馮重席鄒陽長裾王符逢掖鳴鶴日下士龍雲間
晉宣狼顧漢祖龍顏鮑靚記井羊祜識環仲容青雲
叔夜玉山毛義捧檄子路負米江革忠孝王覽友弟
蕭何定律叔孫制禮葛豐刺舉息躬歷詆管甯割席
和嶠專車時苗留犢羊續懸魚樊噲排闥辛毗引裾
孫楚漱石郝隆曬書枚臯詣闕充國自贊王衍風鑑
許劭月旦賀循儒宗孫綽才冠太叔辨洽摯仲辭翰
山濤識量毛玠公方袁盎卻座衛瓘撫牀于公高門

曹參趣裝庶女振風鄒衍降霜巫丹生塵晏嬰脫粟
諸汾興魏鼈靈王蜀不疑誣金卞和泣玉檀卿沐猴
謝尚鴝鵒泰初日月季野陽秋荀陳德星李郭仙舟
王愷繡被張氏銅鉤丁公遽戮雍齒先侯陳雷膠漆
范張鷄黍周侯山嶷會稽霞舉季布一諾阮瞻三語
郭文游山袁宏泊渚黃琬對日秦宓論天孟軻養素
揚雄草元向秀聞笛伯牙絕弦郭槐自屈南郡猶憐
魯恭馴雉宋均去獸廣客蛇影殷師牛鬬元禮模楷
季彥領袖魯褒錢神崔烈銅臭梁竦廟食趙溫雄飛
枚乘蒲輪鄭均白衣陵母伏劍軻親斷機齊后破環

謝女解圍甏齒尺牘荀勗音律胡威推縑陸績懷橘
羅含吞鳥江淹夢筆李廞清貞劉驎高率蔣詡三徑
許由一瓢楊僕移關杜預建橋壽王議鼎杜林駮堯
西施捧心孫壽折腰靈輒扶輪魏顆結草逸少傾寫
平子絕倒澹臺毀璧子罕辭寶東平爲善司馬稱好
公超霧市魯般雲梯田單火牛江逌爇雞蔡裔殞盜
張遼止啼陳平多轍李廣成蹊陳遵投轄山簡倒載
淵客泣珠交甫解佩龔勝不屈孫寶自劾呂安題鳳
子猷訪戴董宣彊項翟璜直言紀昌貫蝨養由號猨
馮衍歸里張昭塞門蘇韶鬼靈盧充幽婚震畏四知

秉去三惑柳下直道叔敖陰德張湯巧詆松周深刻
三王尹京二鮑糾慝孫康映雪車胤聚螢李充四部
井春五經谷永筆札顧愷丹青戴逵破琴謝敷應星
阮宣杖頭畢卓甕下文伯羞鼈孟宗寄鮓史丹青蒲
張湛白馬隱之感鄰王脩輟社阮放八雋江虨四凶
華歆忤旨陳羣蹙容王濬懸刀丁固生松姜維膽斗
盧植音鐘植溫奇骨鄧艾大志楊脩捷對羅友默記
杜康造酒蒼頡制字樗里智囊邊韶經笥滕公佳城
王果石崖買妻恥醮澤室犯齋馬后大練孟光荊釵
顏叔秉燭宋宏不諧鄧通銅山郭況金穴秦彭攀轅

侯霸臥轍滄于炙輠彥國吐屑太眞玉臺武子金埒
巫馬戴星宓賤彈琴郝廉留錢雷義送金逢萌挂冠
胡昭投簪王喬雙舃華佗五禽程邈隸書史籀大篆
王承魚盜丙吉牛喘賈琮褰帷郭賀露冕馮媛當熊
班女辭輦王充閱市董生下帷平叔傅粉宏治凝脂
楊生黃雀毛子白龜宿瘤采桑漆室憂葵韋賢滿籯
夏侯拾芥阮籍曠達袁耽俊邁蘇武持節鄭衆不拜
郭巨將坑董永自賣仲連蹈海范蠡泛湖文寶緝柳
溫舒截蒲伯道無兒嵇紹不孤綠珠墜樓文君當壚
伊尹負鼎甯戚叩角趙壹坎壈顏駟蹇剝龔遂勸農

文翁興學晏御揚揚五鹿嶽嶽蕭朱結綬王貢彈冠
龐統展驥仇覽棲鸞葛亮顧廬韓信升壇王裒栢慘
閔損衣單蒙恬製筆蔡倫造紙孔伋縕袍祭遵布被
周公握髮蔡邕倒屣王敦傾室紀瞻出妓暴勝持斧
張綱埋輪靈運曲笠林宗折巾屈原澤畔漁父江濱
魏勃埽門潘岳望塵京房推律翼奉觀性甘甯奢侈
陸凱貴盛于木富義於陵辭聘元凱傳癖伯英草聖
馮異大樹千秋小車漂母進食孫鍾設瓜壺公謫天
薊訓歷家劉元刮席晉惠聞蟇伊籍一拜酈生長揖
馬安四至應璩三入郭解借交朱家脫急虞延剋期

盛吉垂泣豫讓吞炭鉏麑觸槐阮孚蠟屐祖約好財
初平起石左慈擲杯武陵桃源劉阮天台王儉墜車
褚淵落水季倫錦障春申珠履甄后出拜劉楨平視
胡嬪爭摴晉武傷指石慶數馬孔光溫樹翟湯隱操
許詢勝具優旃滑稽落下歷數曼容自免子平畢娶
師曠清耳離婁明目仲文照鏡臨江折軸欒巴噀酒
偃師舞木德潤傭書君平賣卜叔寶玉潤彥輔冰清
衛后髮鬒飛燕體輕元石沈湎劉伶解酲趙勝謝躄
楚莊絕纓惡來多力飛廉善走趙孟疵面田駢天口
張憑理窟裴頠談藪仲宣獨步子建八斗廣漢鉤距

宏羊心計衛青拜幕去病辭第酈寄賣友紀信詐帝
濟叔不癡周兄無慧虞卿擔簦蘇章負笈南風擲孕
商受斮涉廣德從橋君章拒獵應奉五行安世三篋
相如題柱終軍棄繻孫晨藁席原憲桑樞端木辭金
鍾離委珠季札挂劍徐穉致芻朱雲折檻申屠斷鞅
衛玠羊車王恭鶴氅管仲隨馬蒼舒稱象丁蘭刻木
伯瑜泣杖陳遵豪爽田方簡傲黃向訪主陳寔遺盜
龐儉鑿井陰方祀竈韓壽竊香王濛市帽勾踐投醪
陸抗嘗藥孔愉放龜張顯墮鵲田豫儉素李恂清約
義縱攻剽周陽暴虐孟陽擲瓦賈氏如皐顏回簞瓢

仲蔚蓬蒿糜竺收資桓溫登高雷煥送劍呂虔佩刀
老萊斑衣黃香扇枕王祥守柰蔡順分椹淮南食時
左思十稔劉惔傾釀孝伯痛飲女媧補天長房縮地
季珪士首長孺國器陸玩無人賈詡非次何晏神伏
郭奕心醉常林帶經高鳳漂麥孟嘉落帽庾凱墮幘
龍逢板出張華台坼董奉活燮扁鵲起虢寇恂借一
何武去思韓子孤憤梁鴻五噫蔡琰辨琴王粲覆棊
西門投巫何謙焚祠孟嘗還珠劉昆反火姜肱共被
孔融讓果端康相代亮陟隔坐趙倫鵩怪梁孝牛禍
桓典避馬王尊叱馭鼂錯峭直趙禹廉倨亮遺巾幗

備失匕箸張翰適意陶潛歸去魏儲南館漢相東閣
楚元置醴陳蕃下榻廣利泉湧王霸冰合孔融坐滿
鄭宗門雜張堪折轅周鎮漏船郭伋竹馬劉寬蒲鞭
許史侯盛韋平相延雍伯種玉黃尋飛錢王允千里
黃憲萬頃虞騣才望戴淵鋒穎史魚黜殯子囊城郢
戴封積薪耿恭拜井汲黯開倉馮驩折券齊景駟千
何曾食萬顧榮錫炙田文比飯稚珪蛙鳴彥倫鶴怨
廉頗負荆須賈擢髮孔翊絕書申嘉私謁淵明把菊
眞長望月子房取履釋之結韈郭丹約關祖逖誓江
賈逵問事許愼無雙婁敬和親白起坑降蕭史鳳臺

宋宗雞窗王陽囊衣馬援薏苡劉整交質五倫十起
張敞畫眉謝鯤折齒盛彥感蠐姜詩躍鯉宗資主諾
成瑨坐嘯伯成辭耕嚴陵去釣董遇三餘譙周獨笑
將閭仰天王凌呼廟二疏散金陸賈分橐慈明八龍
禰衡一鶚不占隕車子雲投閣魏舒堂堂周舍諤諤
無鹽如漆姑射若冰郗子投火王思怒蠅符朗皁白
易牙淄澠周勃織薄灌嬰販繒馬良白眉阮籍青眼
鯨布開關張良燒棧陳遺飯感陶侃酒限楚昭萍實
東皙竹簡曼倩三冬陳思七步劉寵一錢廉范五袴
汜毓字孤郗鑒吐哺荀弟轉酷嚴母掃墓洪喬擲水

陳泰挂壁王述忿狷荀粲惑溺朱女愈謹敬姜猶績
飽照篇翰陳琳書檄浩浩萬古不可備甄芟繁摭華
爾貴勉旃

題座主和凝舊閣

座主登庸歸鳳闕門生批詔立鼇頭玉堂舊閣多珍
玩可作西齋潤筆不

楊昭儉

昭儉後唐長興中進士殿中丞侍御史事石
晉爲翰林學士入宋官尚書卒

贈夢英大師

紀贈歌詩數百人序師多藝各求新未言篆隸飛龍鳳且說風騷感鬼神琴有古聲清耳目鶴無凡態惹埃塵英公所學還如此不錯承恩近紫宸

題家園

池蓮憔悴無顏色園竹低垂減翠陰園竹池蓮莫惆悵相看恰似主人心

鄭遨

遨字雲叟滑州白馬人昭宗時舉進士不第入少室山爲道士徙居華陰種田自給與道士李道殷羅隱之友善世目爲三高士晉高

祖以諫議大夫召不起遂賜號逍遥先生天福中卒年七十四 三山老人語錄五代時鄭遨茶詩云維憂碧粉散嘗見綠花生范文正公詩云黃金碾畔綠塵飛碧玉甌中翠濤起茶色以白爲貴二公皆以碧綠言之何耶 詩話鄭徵君詩皆祗涯靡迴絕囂塵

山居三首

閑見有人尋移庵更入深落花流澗水明月照松林

醉勸頭陀酒閑教孺子吟身同雲外鶴斷得世塵侵

冥心棲太室散髮浸流泉採柏時逢麝看雲忽見山

夏狂衝雨戲春醉戴花眠絕頂登雲望東都一點煙

不求朝野知臥見歲華移採藥歸侵夜聽松飯過時

荷竿尋水釣背局上巖碁祭廟人來說中原正亂離

茶

嫩芽香且靈吾謂草中英夜臼和煙搗寒鑪對雪烹惟憂碧粉散常見綠花生最是堪珍重能令睡思清

富貴曲

美人梳洗時滿頭間珠翠豈知兩片雲戴卻數鄉稅

傷農

一粒紅稻飯幾點牛領血珊瑚枝下人銜杯吐不歇

詠西施

素面已云妖更著花鈿飾臉橫一寸波浸破吳王國

哭張道古

曾陳章疏忤昭皇撲落西南事可傷豈使諫臣終屈辱直疑天道惡忠良生前賣卜居三蜀死後馳名遍大唐誰是後來修史者言居力死正頹綱

思山詠

因賣丹砂下白雲鹿裘惟惹九衢塵不如將爾入山去萬是千非愁殺人

招友人遊春

難把長繩繫日烏芳時偷取醉工夫任堆金璧磨星斗買得花枝不老無

宿洞庭

月到君山酒半醒朗吟疑有水仙聽無人識我眞閑事贏得高秋看洞庭

題病僧寮

佛前香印廢晨燒金錫當門照寂寥童子不知師病困報風吹折好芭蕉

題霍山秦尊師

老鶴元猨伴採芝有時長歎獨移時翠娥紅粉渾如劍殺盡世人人不知

偶題

似鶴如雲一箇身不憂家國不憂貧擬將枕上日高睡賣與世間榮貴人

帆力劈開滄海浪馬蹄踏破亂山青浮名浮利濃如酒醉得人心死不醒

景福中作

閱見戈鋋匝四溟恨無奇策救生靈如何飲酒得長醉直到太平時節醒

與羅隱之聯句

一壺天上有名物兩箇世間無事人（遨）醉卻隱之雲叟外不知何處是天眞（隱之）

使北者

墨鴉詩（五代詩話幽薊數州自石晉賂戎後懷中華不已有使北者見燕中傳舍壁畫墨鴉甚工旁題詩云云）

要識塗鴉意棲遲未得歸星稀月明夜皆欲向南飛（調元按原本只有下二句上二句應是後人附會姑並存以俟攷）

天嶠遊人

題鄧仙客墓（鄧仙客晉延康代爲國師錫紫服葬麻姑山）

鶴老芝田雞在籠上清那與俗塵同既言白日升仙去何事人間有殯宮

馬重績繇辭

占隨卦繇辭（重績明于數術晉高祖時爲司天監從賓反命筮之遇隨重績語其繇云歲將秋矣無能爲也七月而從賓果敗）

南瞻析木木不自續虛而動之動隨其覆

遼述律后諸

青牛嫗曾避路（遼太祖后述律氏生而有雄略嘗至遼土二河之會有女子乘青牛車倉卒避路忽不見未幾童謠云云諺謂地祇爲青牛嫗後果配太祖稱地皇后云）

晉出帝詠天詩（青異錄晉出帝不善詩時爲俳諧語詠天詩云云）

高平上監碧翁翁

晉朝饗樂章

初舉酒文同樂

赫矣昌運明哉聖王文興墜典禮復舊章鴛鸞濟濟
鳥獸蹌蹌一人有慶萬壽無疆

舉酒

大明御宇至德動天君臣慶會禮樂昭宣劍佩成列
金石在縣椒觴再獻寶歷萬年

再舉酒

朝野無事寰瀛大康聖人有作盛禮重光萬國執玉
千官奉觴南山永固地久天長

四舉酒

八表歡無事三秋賀有成照臨同日遠渥澤並雲行
河變千年色山呼萬歲聲願修封岱禮方以稱文明

晉昭德成功舞歌 唐餘錄晉天福五年詔有司復修正至朝會二舞之制以文舞爲昭德之舞武舞爲成功之舞十一月冬至遂奏之於時二舞久廢衆喜於復興而樂工舞員雜取教坊以滿之聲儛靡曼綴兆合節而無遠促遲速之累及明年正旦再奏聲容蹈厲進退無列議者非之五代史樂志曰文舞六十四人左手執籥右手秉翟冠進賢冠服黃紗袍白紗中單皂領褾白練襠襠白布大口袴革帶烏皮履白布襪武舞六十四人左手執干右手執戚服弁平巾幘金支緋絲布大袖緋絲布兩襠甲金飾白練襠襠錦騰蛇起梁帶豹文大口布袴烏皮鞾

昭德舞歌二首

聖代修文德明庭舉舊章兩階陳羽籥萬舞合宮商

劍佩森鴛鷺簫韶下鳳凰我朝青史上千古有輝光
淮海干戈戢朝廷禮樂施白駒皆就縶丹鳳復來儀
德備三苗格風行萬國隨小臣同百獸率舞賀昌期

武功舞歌二首

撥亂資英主開基自晉陽一戎成大業七德煥前王
炎漢提封遠姬周世祚長朱干將玉戚全象武功揚
睿算超前古神功格上圓百川留禹迹萬國戴堯天
既已櫜弓矢誠宜播管弦蹌蹌隨鳥獸共樂太平年

卷十二終

全五代詩卷十三

羅江李調元雨村　編

漢

張昭

昭本名昭遠避漢祖諱止稱昭字潛夫濮州范縣人歷仕唐晉至漢爲兵部尚書封舒國公入宋卒有嘉善集宋史昭既冠以父失所在時盜賊蠭起道路榛梗乃自秦抵蜀徒行丐食求父所在積十年不能得乃發哀行服躬耕海濱青州王師範開學館延至儒士再以書幣招置署賓職師範降梁直脫難北歸以周易春秋教授學者自遠而至時號逍遙先生昭始十歲能誦古樂府詠史詩百餘篇未冠徧讀九經盡通其

義遂倣鄭中緩步闊視以爲馬鄭不以若也後至贊皇遇程生者專史學以爲專究經旨不通今古率多拘滯繁而寡要若極談王霸經緯治亂非史不可因出班范漢書十餘義商榷乃授昭荀紀國志等後又盡得十三史五七年閒能馳騁上下數千百年事又注十代興亡論處亂世躬耕負米以養親後父卒服闋召爲戶部侍郎以唐史未成詔與呂琦崔棁等續成之別置史館命昭兼判院事昭又撰唐朝君臣正論二十五卷上之改兵部侍郎八年遷吏部判東銓兼史館修撰判館事開運二年秋唐書成二百卷加金紫階進爵邑三年拜尚書右丞判流內銓權知貢舉漢初復爲吏部侍郎時追尊六廟定謚號樂章武曲命昭權判太常卿事月餘即眞乾祐二年加檢校禮部尚書少帝年十九猶有童心昵比羣小昭上言請聽政之暇數召儒臣講論經義云

漢宗廟樂舞辭

高廟明靈再啓圖金根玉輅幸神都巢阿丹鳳銜書
命入鼎飛星獻寶符正撫薰弦娛赤子忽登仙駕泣
蒼梧薦櫻鶴館笳簫咽酌鬯金樽劍珮趨星俎雲罍
薦鬯禮朱干象箭雜巴渝氤氳龍麝交情瑣髣髴歸錫
鑾下蘂珠薦豆奉觴親玉几配天合祖耀璿樞受釐
飲酒皇歡洽仰俟餘靈泰九區

夜吟寶肇集追思夷門題處已三稔矣悽然感
興書之

往歲記時梁苑夜今宵題處洛城秋浮生暫電人何
在懷舊傷心淚迸流三徑竹風鄰笛怨一庭霜月井

梧愁妻兒未會予惆悵只怪燈前不舉頭

王仁裕

仁裕字德輦天水人初爲秦州判官入蜀爲中書舍人翰林學士歷唐晉至漢爲戶部尚書太子少保致仕卒所作有西江集十國春秋仁裕少時嘗夢剖其腸胃以西江水滌之顧見江中沙石皆成篆籀之文由是文思日進生平作詩逾萬首蜀人呼曰詩窖子宋事寔類苑王公終於太子太保七十後精力不衰每天氣和暖必乘小輿從二四老蒼頭攜照袋以皮爲之四方有蓋其中可容一斗以來中貯筆硯韻略刀子礪石牋紙數十幅并小樂器之屬備酒炙三五人之具門生侍行出郊野遇園亭有竹樹之處燕賞終日賦詩品小管盡醉而歸　胡孝轅癸籤公宴合樂每酒

行一終伶人必唱嚾酒然後樂作此唐人送
酒之詞本作碎音今多作平聲文士亦或之
葉石林引王仁裕詩淑景易從風雨去芳尊
須用管弦嘈爲證然仁裕本集自作艄字下
聯仍有催龍石林不知據何本也　全唐詩
話仁裕大散關句云鐵鎖寨門扃白日大張
旗幟插青天

上梓潼山　從蜀後主幸秦川作

緑仗拂寒煙鳴騶在半天黃雲生馬足白日下松嶺盛德安疲俗仁風扇極邊前程問成紀此去上三千

題劍門　和蜀後主作

孟陽曾有語刊在白雲稜李杜常挨托孫劉亦恃憑庸才安可守上德始堪矜暗指長天路濃巒蔽幾層

荊南席上詠胡琴妓二首　天下大定錄云荊南高氏先建渚宮于府西北隅延袤十餘里亭榭花木甚盛從誨紹立尤加完葺廣招伶倫樂籍間多有梨園舊物從誨明音律僻好胡琴有女妓數十皆善其事仁裕使荊渚從誨開宴出十妓彈胡琴爲詩美之

紅妝齊抱紫檀槽一抹朱絃四十條湘水淩波慚鼓瑟秦樓明月罷吹簫寒敲白玉聲偏婉暖逼黃鶯語自嬌丹禁舊臣來側耳骨清神爽似聞韶

玉纖挑落折冰聲散入秋空韻轉清二五指中勾塞鴈十三絃上囀春鶯譜從陶室偷將妙曲向秦樓寫得成無限細腰宮裏女就中偏愜楚王情

題麥積山天堂　玉堂閒話云麥積山者北跨清渭南漸雨當岡巒嵐起一石高萬尋其青雲之半梯空架險有散花樓由西閣懸梯而上有萬菩薩堂鑿石盤成自此室之上有一龕謂之天堂空中倚一獨梯至此萬中無一人敢登者仁裕獨登之仍題詩于天堂西壁前唐末辛未年也

躡盡懸空萬仞梯等閒身共白雲齊簷前下視羣山小堂上平分落日低絕頂路危人少到古巖松健鶴頻棲天邊爲要留名姓拂石殷勤手自題

題斗山觀　玉堂閒話云興元斗山觀自平川聳起一山四面懸絕其上方於斗底故號之有唐公昉欽李八百仙酒全家拔宅之迹仁裕辛巳歲爲節度判官嘗以片板題詩于觀癸未年入蜀因謁嚴真觀見斗山詩牌在焉不知所來舊說雲斗山一洞與嚴真觀井相通也

霞衣欲舉醉陶陶　公昉家飲八百洗藥酒醉而上昇　不覺全家住絳霄拔宅只知雞犬在上天誰信路岐遙三清遼廓抛塵夢八景雲煙事早朝爲有故林蒼柏健露華涼葉鎖金飆

題孤雲絕頂淮陰祠　玉堂閒話云興元之南有大竹路通巴州深谿峭巖捫蘿一上三日達山頂復登嶺其絕頂謂之孤雲兩角彼中諺云孤雲兩角去天一握淮陰侯祠在焉昔漢祖不用韓信遯歸西楚蕭相國追之及于茲山故立廟貌仁裕嘗佐褒梁帥王思同南伐巴人往返登陟留題于祠

一握寒天古木深路人猶說漢淮陰孤雲不掩興亡策兩角曾懸去住心不是冕旒輕布素豈勞丞相遠追尋當時若放還西楚尺寸中華未可侵

和韓昭從駕過白衛嶺

龍旆飄飖指極邊到時猶更二三千登高曉蹋巉巖石冒冷朝衝斷續煙自學漢皇開土宇不同周穆好神仙秦民莫遣無恩及大散關東別有天

賀王溥入相石林詩話云仁裕知貢舉取王溥爲狀元時年二十六後六年溥拜相時仁裕猶致仕無恙賀以詩曰

一戰文場拔趙旗便調金鼎佐無爲白麻驟降恩何極黃髮初聞喜可知跋勅案前人到少築沙堤上馬歸遲立班始得逢相見親洽爭如未貴時

與諸門生春日會飲繁臺賦

柳陰如霧絮成堆又引門生飲古臺淑景卽隨風雨去芳樽宜命管絃開謾誇列鼎鳴鐘貴甯免朝烏夜兔催爛醉也須詩一首不能空放馬頭回

示諸門生談錄云仁裕知貢舉時已年高有數子皆早亡諸孫並幼一日生徒畢集出詩牋曰

二百一十四門生春風初長羽毛成擲金換得天邊桂鑿壁偷將榜上名何幸不才逢聖世偶將疏網罩羣英衰翁漸老兒孫小異日知誰略有情五代史補陶穀讀二四聯曰大奇大奇不意王仁裕今日板賊頭也

過平戎谷弔胡翽翽有文學佐荆湖藩幕善草軍書蔑視副軍搆之主帥盡室坑平戎谷仁裕過而弔之

立馬荒郊滿目愁伊人何罪死林邱風號古木悲長在雨溼寒莎淚暗流莫道文章爲衆嫉只應輕薄是身讐不緣魂寄孤山下此地堪名鸚鵡洲

奉詔賦劍州途中鷙獸蜀後主幸秦川至劍州西鷙獸于路左叢林間躍出搏一人去至行宮顧問臣僚皆陳恐懼命仁裕及李浩弼等賦之後主覽之大咲曰二臣之詩各有旨

劍牙釘舌血毛腥窺算勞心豈暫停不與大朝除患難惟於當路食生靈從將戶口資饞口未委三丁稅幾丁今日帝王親出狩白雲巖下好藏形

放猨仁裕從事漢中有獻猨兒者憐其黠慧育之名曰野賓經年壯大跳擲頗爲患繫紅綃于頸題詩送之

放爾丁甯復故林舊來行處好追尋月明巫峽堪憐靜路隔巴山莫厭深棲宿免勞青嶂夢躋攀應愜白雲心三秋果熟松稍健任抱高枝徹曉吟

遇所放猨再作仁裕罷職入蜀行次漢江壖嶓冢廟前見一巨猨捨羣而前於道畔古木間垂身下顧紅綃宛在以野賓呼之聲聲應立馬移時不覺惻然遂繼之一篇云

嶓冢祠前漢水濱飲猨連臂下嶙峋漸來子細窺行客認得依稀是野賓月宿縱勞羈絏夢松餐非復稻粱身數聲腸斷和雲叫識是前時舊主人

符彥卿

彥卿字冠侯陳州宛邱人後唐中書令存審之子漢乾祐中加中書令封魏國公歸宋卒劉斧清瑣高議大夫丞相李公昉嘗言當日外鎮爲䖏官符彥卿知汴州有詩云云公之詩意蓋有譏之詞爾

知汴州作

全軍十萬擁雄師正是酬恩報國時汴水波濤喧鼓角隋堤楊柳拂旌旗前驅紅旆關西將環坐青蛾趙國姬爲報長安冠蓋道䖏官到底是男兒

趙逢

逢字常夫嬀州懷戎人漢乾祐中擢甲科授祕書郎直史館入宋官諫議大夫卒宋史逢歟歷清近所至有聲然傷慘酷又言多誣訐故縉紳目之爲鑠檄

懷夢英大師

林巒影裏有清賢與我相知二十年書札愛工精玉篆利名抛捨住金田吟容賈島稱詩匠醉許劉伶作酒仙別後近聞棲華嶽亂雲應得恣情眠

王著

著字成象單州單父人漢乾祐中進士官至翰林學士入宋卒

贈夢英大師

到處聞人乞篆蹤學來年久有深功墨池闊類湘江水筆冢高齊太華峯金錫罷飛新解虎鐵盂收掌舊降龍知師吟戀煙村景不肯回頭望九重

許仲宣

仲宣字希粲青州人漢乾祐中進士官至太子中允入宋卒宋史仲宣爲濟陰主簿時令與簿分掌縣印令畜嬖妾與其室爭寵令弗能禁嬖欲陷其主竊取其印藏之封識如故以授仲宣翼日署事發匣則無其印因逮捕縣吏數輩及令簿家人下獄鞫問果得之於令舍竈突中令聞之倉皇失措仲宣處之晏然人服其量

清洛喜英公大師相訪

方袍紫染出彤庭久在林泉養性靈無事撓心長見醉有名傳世不曾醒多年別我頭先白此日逢師眼倍青記得上都相會否夜飛杯篆老君經

鍾離權

離權咸陽人自言生於漢遇江南許堅授仙訣又遇華陽眞人上仙王元甫傳道入崆峒山自號雲房先生宣和書譜神仙鍾離先生名權不知何時人間出接物自謂生於漢呂洞賓於先生執弟子禮自稱天下都散漢字畫飄然有凌雲氣事寔類苑邢州開元寺僧院有五代時隱士鍾離權草書詩三絕筆勢遒逸其詩云云後從虜

知邢州勒於石

示太原學士

風燈泡沫兩相悲未肯遺榮自保持頷下藏珠當猛取身中有道更求誰才高雅稱神仙骨知照靈如大寶龜一半青山無買處與君攜手話希夷

雲麓漫抄莊綽跋云昔維揚有何仙姑者世以爲謫仙能與眞靈接一日鍾離過之使治黃素乃書此詩呂公亦跋其後令俟王學士至授之後數日王古敏仲自貳卿出守會稽至維揚訪姑即以與之王祕不以示人

草書詩

露滴紅蘭玉滿畦閑拖象履到峯西但令心似蓮花潔何必身將槁木齊古塹細香紅樹老半峯殘雪白猨啼雖然不是桃花洞春至桃花亦滿溪

夷堅志淳熙十一年溧陽倉斗子坐盜官米黥配而籍其家得草書二軸題云庚申歲書其名權花押止如一劍之狀蓋鍾離翁也其詞云云李梓伯跋之曰字畫放逸有翔龍舞鳳之勢脫去尋常畦徑非得于心而應于手者不能爾飄然神仙風度固有所本云眞本藏于建康府治軍資庫絹素標飾處皆斷裂獨字畫不動景裴嘗見之庚申歲者豈非藝祖創業建隆元年乎

題長安酒肆壁三絕

坐臥常攜酒一壺不教雙眼識皇都乾坤許大無名姓疏散人中一丈夫

得道眞僊不易逢幾時歸去願相從自言住處連滄海別是蓬萊第一峯

莫厭追歡笑語頻尋思離亂好傷神閑來屈指從頭數得見清平有幾人

卷十三終

全五代詩卷十四

羅江李調元雨村　編

漢

呂巖

巖字洞賓禮部侍郎渭之孫蒲坂縣人咸通
中舉進士不第遊長安值黃巢亂隱居終南
山漢時遇鍾離權得道年百餘歲貌如嬰兒
世傳有劍術時至陳摶室不知所終全唐詩話洞賓
遊長沙持小瓦罐乞錢得錢無算而罐常不
滿有僧驅一車錢戲曰汝罐能容之否及推
車入罐戛戛有聲俄不見僧曰神仙耶幻術
耶呂口占答之曰非神亦非仙非術亦非
幻天地有終窮桑田幾遷變身固非我有財
亦何足戀曷不從吾遊騎鯨騰汗漫　談苑
張泊家居城外有一隱士自云呂巖泊倒屣
迓之索紙筆八分書七言一章頗言將作鼎
鼐之意其末句云功成當在破瓜年俗以破
瓜字爲二八泊六十八而卒乃其應也仙翁
詩人多傳誦飲海龜兒人不識燒丹符子鬼
難看又一粒粟中藏世界半升鐺裏煮山川
之句　蒙齋筆談洞賓呂渭之後五代間從
鍾離權遊權漢人不老自本朝以來與權更
出沒人間權不甚多而洞賓蹤跡數見好道
者每以爲口寔余記童子時見大父魏公自
湖外罷官還過岳州客有言洞賓事者云近
歲常過城南一古寺題二詩壁間而去說者
云寺有一大古松呂始至時無能知者有老
人自松巔徐下致恭故詩云然　西溪叢語
襄漢隱者躬耕數畝因古冢爲亭往來題詩
甚富一日柱間得一絕云冢上爲亭鬼莫嗔
冢頭人卽冢中人凭欄莫起存亡意除卻空
虛總是塵相傳呂翁作也○王漁洋五代詩
話回仙有沁園春一闋明內丹之旨語意深
妙惜乎世人但歌其詞不究其理吾故表而
顯之云七返還丹在人先須煉己待時正一
陽初動中宵漏永溫溫鉛鼎光透簾幃造化
爭馳虎龍交合進火功夫牛斗危曲江上看
月華瑩淨有箇烏飛當時自飲刀圭又誰信
無中養就兒辨水源清濁木金間隔不因師
指此事難知道要元微天機深遠下手速修
猶太遲蓬萊路仗三千行滿獨步雲歸
調元按呂巖唐末宋初人未知何時得道今
據王漁洋五代詩話故入五代又
其所師鍾離權故編於漢末鍾後

窯頭坯歌

窯頭坯隨雨破祇是未曾經水火若經水火燒成磚
畱向世間住萬年稜角堅完不復壞扣之聲韻堪磨
鐫凡水火尙成功堅完萬物誰能同修行路上多少
人窮年煉養費精神不道未曾經水火無常一旦臨
君身既不悟終不悔死了猶來借精髓主持正念大
艱辛一失人身爲異類君不見洛陽富鄭公說與金
丹如盲聾執迷不悟修眞理焉知潛合造化功又不
見九江張尙書服藥失明神氣枯不如還丹本無質
翻餌金石何太愚又不見三衢趙樞密參禪作鬼終
不識修完外體在何邊辯捷語言終不寔窯頭坯隨
雨破便似修行這幾箇大丈夫超覺性了盡空門不
爲證伏羲傳道至於今窮理盡性至於命了命如何
是本元先認坎離幷四正坎離卽是眞常家見者超

凡須入聖坎是虎離是龍二體本來同一宮龍吞虎啗居其中離合浮沉初復終剝而復否而泰進退往來定交會茲而望明而晦消長盈虛相匹配神仙深入水晶宮時飲醍醐清更醴餌之千日功便成金筋玉骨身已輕此箇景象惟自身上昇早得朝三清三清聖位我亦有本來只奪乾坤精飲凡酒食羶腥補養元和沖更盈自融結轉光明變作珍珠飛玉京須臾六年腸不餒血化白膏體難毁不食方爲眞絕糧眞氣薰蒸肢體强旣不食超百億口鼻都無凡喘息眞人以踵凡以喉從此眞凡兩邊立到此遂成無漏

身胎息丹田湧眞火老氏自此號嬰兒火候九年都經過蛻形住世不知春忽爾天門頂中破眞人出現大神通從此天仙可相賀聖賢三教不異門昧者勞心休恁麼有識自愛生有形終不滅歎愚人空駕說愚人流蕩無則休落趣循環幾時徹學人學人細尋覓且須研究古金碧金碧參同不計年妙中妙兮元中元

贈劉方處士

六國愁看沉與浮擕琴長歗出神州擬向煙霞煮白石偶來城市見丹邱受得金華出世術期於紫府駕雲遊年來摘得黃巖翠琪樹參差連地肺露飄香巃玉苗滋月上碧峯丹鶴唳洞天消息春正深仙路往還俗難繼忽因乘興下白雲與君邂逅於塵世塵世相逢開口希共論太古同流志瑤琴寶瑟與君彈瓊漿玉液勸我醉醉中亦話興亡事云道總無珪組累浮世短景倏成空石火電光看卽逝韶年淑質曾非固花面玉顏還作土芳樽但繼曉復昏樂事不窮今與古何如識箇元元道道在杳冥須細考壺中一粒化奇物物外千年功力奧但能制得水中華水火翻成金丹竈丹就人閒不久居自有碧霄元命詔元洲

暘谷悉可居地壽天齡永相保鸞車鶴駕逐雲飛迢迢瑤池應易到耳聞爭戰還傾覆眼見妍華成枯槁唐家舊國盡荒蕪漢室諸陵空白草蜉蝣世界寔足悲槿花性命莫遲遲珠璣溢屋非爲福羅綺滿箱徒自危志士戒貪昔所重達人忘欲甯自期劉方劉方審聽我流光迅速如飛過陰媱果決用心除尸鬼因循爲汝禍八瓊祕訣君自識莫待鉛空車又破破車壞鉛須震驚直遇伯陽應不可悠悠憂家復憂國耗盡三田元宅火咫尺元關若要開憑君自解黃金鎖

勉牛生夏侯生

二秀才二秀才兮非秀才非秀才兮是仙才中華國裏親遭遇仰面觀天笑眼開鶴形兮龜骨龍吟兮虎顔我有至言相勸勉願君兮勿猜勿猜但煦日吹月噓雨呵雷火寄冥宮水濟丹臺金木交而土歸位鉛汞分而丹露胎赤血換而白乳流透九竅兮動百骸然然卷然然舒哀哀咍咍孩兒喘而不死腹空虛兮長齋酬名利兮狂歌醉舞酬富貴兮麻衩莎鞋甲子問時休記看桑田變作黄埃青山白雲好居住勸君歸去來兮歸去來

題四明金鵞寺壁

方丈有門出不鑰見箇山童露雙脚問伊方丈何寂寥道是虛空也不著聞此語何欣欣主翁豈是尋常人我來謁見不得見謁心耿耿生埃塵歸去也波浩渺路入蓬萊山杳杳相思一上石樓時雪晴海闊千峯曉

長短行

落魄且落魄夜宿鄉村朝遊城郭閑來無事翫青山困來街市貨丹藥賣得錢不算度酤美酒自斟酌醉後吟哦動鬼神任意日頭向西落

贈江州大平觀道士

落魄薛高士年高無白髭雲中閑臥石雪裏去尋碑詩我飲大酒嫌人念小詩不知甚麼漢一任輩流嗤

通道

通道復通元名留四海傳交親一柱杖活計兩空拳要果逡巡種思茶逐旋煎豈知來混世不久卻回天

六言

春暖羣花半開逍遥石上徘徊獨攜玉律丹訣閑踏青莎碧苔古洞眠來九載流霞飲幾千杯逢人莫話他事笑指白雲去來

送鍾離雲房

功滿東來際會難又聞東去上仙壇杖頭春色一壺酒頂上雲攢五嶽冠飲酒龜兒人不識燒山符子鬼難看先生去後身須老乞與貧儒換骨丹

贈劍客二首

髮頭滴血眼如鐶吐氣雲生怒世間爭耐不平千古事須期一訣蕩兒頑蛟龍斬處翻滄海暴虎除時拔遠山爲滅世情兼負義劍光腥染點痕斑

雨雪霏霏天已暮金鍾滿勸撫焦桐詩吟席上未移刻劍舞筵前疾似風何事行杯當午夜忽然怒目便騰空不知誰是虧忠孝攜箇人頭入坐中

仙詩

落魄紅塵四十春無爲無事信天眞生涯只在乾坤
鼎活計惟憑日月輪八卦氣中潛至寶五行光裏隱
元神桑田改變依然在永作人間出世人
我家勤種我家田內有靈苗活萬年花似黃金苞不
大子如白玉顆皆圓栽培全賴中宮土灌溉須憑上
谷泉直候九年功滿日和根拔入大羅天
尋常學道說黃芽萬水千山覓轉差有畛有園難下
種無根無脚自開花九三鼎內烹如酪六一爐中結
似霞不日成丹應換骨飛升遙指玉皇家

纔吞一粒便安然十二重樓九曲連庚虎循環餐絳
雪甲龍夭矯迸靈泉三三上應三千日九九中延九
萬年須得有緣方可授未曾輕泄與人傳
誰識寰中達者人生平解法水中銀一條拄杖撑天
地三尺昆吾斬鬼神大醉醉來眠月洞高吟吟去傲
紅塵自從悟裏終身後贏得蓬壺永劫春
本末無非在玉都亦曾陸地作凡夫吞精食氣先從
有悟理歸眞便入無水火自然成旣濟陰陽和合自
相符爐中煉出延壽藥溟渤從教變復枯
杳杳冥冥莫問涯雕蟲篆刻道之華守中絕學方知
奧抱一無言始見佳自有物如黃菊蘂更無色似碧
桃花休將心地虛勞用煮鐵燒金轉轉差
還丹功滿未朝天且向人間度有緣拄杖兩頭擔日
月葫蘆一箇隱山川詩吟自得閑中句酒飲多遺醉
後錢若問我修何妙法不離身內汞和鉛
舉世何人悟我家我家別是一榮華盈箱貯積登仙
籙滿室收藏伏火砂頓飲長生天上酒常栽不死洞
中花凡流若問吾生計遍地紛紛五彩霞
亂雲堆裏表星都認得深藏大丈夫綠酒醉眠閑日
月白蘋風定釣江湖長將氣度隨天道不把言詞問

世徒山水路遙人不到茅君消息近知無
鶴爲車駕酒爲糧爲戀長生不死鄉地脈尚能縮得
短人年豈不展教長星辰往往壺中見日月時時衲
裏藏若欲時流親得見朝朝不離水銀行
世上何人會此言休將名利挂心田等閑倒盡十分
酒遇興高吟一百篇物外煙霞爲伴侶壺中日月任
嬋娟他時功滿歸何處直駕雲車入洞天
公卿雖貴不曾酬說著仙鄉更去遊爲討石肝逢蜃
海因尋甜雪過瀛洲山川醉後壺中放神鬼閑來匣
裏收據見目前無箇識不如杯酒混凡流

曾邀相訪到仙家忽上崑崙宴月華玉女控攏蒼獬
豸山童提挈白蝦蟇時斟海內千年酒慣摘壺中四
序花今在人寰人不識看看揮袖入煙霞
火種丹田金自生重重樓閣自分明三千功行百旬
見萬里蓬萊一日程羽化自應無鬼錄玉都長是有
仙名今朝得赴瑤池會九節幢幡洞裏迎
莫怪愛吟天上詩蓋緣吟得世間稀慣餐玉帝宮中
飯曾著蓬萊洞裏衣馬踏日輪紅露捲鳳銜月角擘
雲飛何時再控青絲轡又掉金鞭入紫微
雲鬟雙明骨更輕自言尋鶴到蓬瀛日論藥草皆知

味問著神仙自得名簪冷夜龍穿碧洞枕寒晨虎臥
銀城來春又擬攜筇去爲憶軒轅海上行
龍精龜眼兩相和丈六男兒不奈何九盞水中煎赤
子一輪火內養黃婆月圓自覺離天網功滿方知出
地羅半醉好吞龍鳳髓勸君休更認彌陀
强居此境絕知音野景雖多不合吟詩句若喧卿相
口姓名還動帝王心道袍薜帶應慵挂隱帽皮冠尚
懶簪除此更無餘箇事一壺村酒一張琴
欲陪仙侶得身輕飛過蓬萊徹上清朱頂鶴來雲外
接紫鱗魚向海中迎姮娥月桂花先吐王母仙桃子

漸成下瞰日輪天欲曉定知人世久長生
四海皆忙幾箇閑時人口內說塵緣知君有道來山
上何似無名住世間十二樓臺藏祕訣五千言內隱
元關方知鼎貯神仙藥乞取刀圭一粒看
當年詩價滿皇都掉臂西歸是丈夫萬頃白雲獨自
有一枝丹桂阿誰無閑尋渭曲漁翁引醉上蓮峯道
士扶他日與君重際會竹溪茅舍夜相呼
傾側華陽醉再三騎馬遇晚下南巖眉因拍劍留星
電衣爲眠雲惹碧嵐金液變來成雨露玉都歸去老
松杉曾將鐵鏡照神鬼霹靂搜尋火滿潭

琴劍酒碁龍鶴虎逍遙落托永無憂閑騎白鹿遊三
島悶駕青牛看十洲碧洞遠觀明月上青山高隱綠
雲流時人若要還如此名利浮華卽便休
別來洛汭六東風醉眼吟情慵不慵擺撼乾坤金劍
吼烹煎日月玉爐紅杖搖楚甸三千里鶴翥秦煙幾
萬重爲報晉成仙子道再期春色會稽峯
未煉還丹且煉心丹成方覺道元深每酉客有錢酤
酒誰信君無藥點金洞裏風雷歸掌握壺中日月在
胸襟神仙事業人難會養性長生自意吟
鐵牛耕地種金錢刻石時童把貫穿一粒粟中藏世

界二升鐺內煮山川白頭老子眉垂地碧眼胡兒手
指天若向此中元會得此元元外更無元
箕星昴宿下長天凡景宵教不愕然龍出水來鱗甲
就鶴沖天去羽毛全塵中教化千人眼世上人知爾
雅篇自是凡流福命薄忍教微妙略輕傳
曾隨劉阮醉桃源未省人間欠酒錢一領布裘權且
當九天回日卻歸還鳳葺襖子非為貴狐白裘裳欲
比難只此世間無價寶不憑火裏試燒看
因思往事卻成憨曾讀仙經第十三武氏死時應室
女陳王沒後是童男兩輪日月從他載九箇山河一

担擔盡日無人話消息一壺春酒且醺酣
萬卷仙經三尺琴劉安聞說是知音杖頭春色一壺
酒爐內丹砂萬點金悶裏醉眠三路口閑來遊釣洞
庭心相逢相遇人誰識只恐沖天沒處尋
曾戰蚩尤玉座前六龍高駕振鳴鑾如來車後隨金
鼓黃帝旂傍戴鐵冠醉捋黑鬚三島黯怒抽霜劍十
洲寒軒轅世代橫行後直隱深巖久覓難
頭角蒼浪聲似鐘貌如冰雪骨如松匣中寶劍時頻
吼袖裏金鎚逞露風會飲酒時為伴侶能行詩句便
參同來年定赴蓬萊會騎箇生獰九色龍

九鼎烹煎一味砂自然火候放童花星辰照出青芝
顆日月能藏白馬牙七返返成生碧霧九還還就吐
紅霞有人奪得元珠餌三島途中路不賒
誰解長生似我哉煉成眞氣在三台盡知白日昇天
去剛逐紅塵下世來黑虎行時傾雨露赤龍耕處產
瓊瑰只吞一粒金丹藥飛入青霄更不回
遊指高峯笑一聲紅霞紫霧面前生每於廛市無人
識長到山中有鶴行時弄玉蟾驅鬼魅夜煎金鼎煮
瓊英他時若赴蓬萊洞知我仙家有姓名
黃芽白雪兩飛金行即高歌醉即吟日月暗扶君甲

子乾坤自與我知音精靈滅迹三清劍風雨騰空一
弄琴的當南遊歸甚處莫交鶴去上天尋
自隱元都不記春幾回滄海變成塵玉京殿裏朝元
始金闕宮中拜老君悶即駕乘千歲鶴閑來高臥九
重雲我今學得長生法未肯輕傳與世人
隨緣信業任浮沉似水如雲一片心兩卷道經三尺
劍一條藜杖七弦琴壺中有藥逢人施腹內新詩遇
客吟一嚼永添千載壽一丸丹點一斤金
春盡閑閑過落花一回舞劍一吁嗟常憂白日光陰
促每恨青天道路賒本志不求名與利元心只慕汞

兼霞世間萬種浮沈事達理誰能似我家

留詩與巴陵太守眞人行巴陵市太守怒其不避使案吏具其罪眞人曰須酒醒耳頭忽失之但留詩曰

暫別蓬萊海上遊偶逢太守問根由身居北斗星杓下劍挂南宮月角頭道我醉來眞箇醉不知愁是怎生愁相逢何事不相認卻駕白雲歸去休

贈陳處士摶

青霄一路少人行休話興亡事不成金榜因何無姓字玉都必是有仙名雲歸入海龍千尺雪滿長空鶴一聲深謝宋朝明聖主解書丹詔詔先生

哭陳先生摶

天網恢恢萬象疏一身親到華山區寒雲去後留殘月春雪來時問太虛六洞眞人歸紫府千年鸞鶴老蒼梧自從遺卻先生後南北東西少丈夫

別詩

無心獨坐轉黃庭不逐時流入利名救老只存眞一氣修生長遣百神靈朝朝煉液歸瓊隴夜夜朝元養玉英莫笑老人貧裏樂十年功滿上三清

贈羅浮道士

羅浮道士誰同流草衣木食輕王侯世間甲子管不得壺裏乾坤只自由數著殘棋江月曉一聲長嘯海山秋飲餘回首話歸路遙指白雲天際頭

答僧

三千里外無家客七百年來雲水身行滿蓬萊爲別館道成瓦礫盡黃金待賓榼裏常存酒化藥爐中別有春積德求師何患少由來天地不私親

賜齊州李希遇詩

少飲欺心酒休貪不義財福因慈善得禍向巧姦來

贈滕宗諒

華州回道人來到岳陽城別我遊何處秋空一劍橫

題詩紫極宮

宮門一閉入臨水憑欄立無人和我來朱頂鶴聲急

呈鍾離雲房

生在儒家遇太平懸纓重滯布衣輕誰能世上爭名利臣事玉皇歸上清

絕句

不用梯媒向外求還丹只在體中收莫言大道人難得自是功夫不到頭

學道須教徹骨貧囊中只有五三文有人問我修行法遙指天邊日月輪

肘傳丹篆千年術口誦黄庭兩卷經鶴觀古壇松影裏悄無人迹戶長扃

天下都遊半日功不須跨鳳與乘龍偶因博戲飛神劍摧卻終南第一峯

朝遊百越暮蒼梧袖裏青蛇膽氣麤三入岳陽人不識朗吟飛過洞庭湖

吾家本住在天齊零落白雲鏁石梯來往八千消半日依前歸路不曾迷

東山東畔忽相逢握手丁甯語似鍾劍術已成君把去有蛟龍處斬蛟龍

朝泛蒼梧暮卻還洞中日月我爲天匣中寶劍時時吼不遇同人誓不傳

偎巖拍手葫蘆舞過嶺穿雲拄杖飛來往八千須半日金州南畔有松扉

精養靈根氣養神此眞之外更無眞神仙不肯分明說迷了千千萬萬人

不事王侯不種田日高猶自抱琴眠起來旋點黄金買不使人間作業錢

莫道幽人一事無閑中儘有靜工夫閉門清晝讀書罷掃地焚香到日晡

贈劍客四首

先生先生貌獰惡拔劍當空氣雲錯連喝三回急急去欻然空裏人頭落

劍起星奔萬里誅風雷時逐雨聲麤人頭攜處非人在何事高吟過五湖

麤眉卓豎語如雷聞說不平便放杯仗劍當空千里去一更別我二更回

龐眉鬭豎惡精神萬里騰空一踴身背上匣中三尺劍爲天且示不平人

牧童

草鋪橫野六七里笛弄晚風三四聲歸來飽飯黄昏後不脫蓑衣臥月明弱翁師平涼一方士通謁有牧童牽黄犢隨之弱翁指牧童曰道人頗能賦此乎方士笑曰不煩我請是兒能之牧童乃操筆大書云云或云方士卽呂公也

潭州鶴會

這回相見不無緣滿院風光小洞天一劍當空又飛去洞庭驚起老龍眠

贈曹先生

鶴不西飛龍不行露乾雲破洞簫清少年仙子說閑事遙隔綵雲聞笑聲

題鳳翔府天慶觀

得道年來八百秋不曾飛劍取人頭玉皇未有天符
至且貨烏金混世流

洞庭湖君山頌

午夜君山翫月回西鄰小圃碧蓮開天香風露蒼華
冷雲在青霄鶴未來

題永康酒樓

鯨吸鼇吞數百杯玉山誰起復誰頹醒時兩袂天風
冷一朵紅雲海上來

題壁

西鄰已富憂不足東老雖貧樂有餘白酒釀來緣好
客黃金散盡為收書

題黃鶴樓石照

黃鶴樓前吹笛時白蘋紅蓼滿江湄衷情欲訴誰能
會惟有清風明月知

警世

二八佳人體似酥腰間仗劍斬凡夫雖然不見人頭
落暗裏教君骨髓枯

為賈師雄發明古鐵鏡

手內青蛇凌白日洞中仙果豔長春須知物外煙霞
客不是塵中磨鏡人

題全州道士蔣暉壁

醉舞高歌海上山天飄承露結金丹夜深鶴透秋空
碧萬里西風一劍寒

題廣陵妓屏二首

嫫母西施共此身可憐老少隔千春他年鶴髮雞皮
媼今日玉顏花貌人

花開花落兩悲歡花與人還事一般開在枝間妨客
折落來地上請誰看

題壁 崔中舉進士遊岳陽遇眞人錄沁園春詞詰其姓名薦之李守排戶而入惟見留詩于壁

腹內嬰兒養已成且居塵市暫娛情無端措大剛饒
舌卻入白雲深處行

閑題

獨自行來獨自坐無限世人不識我惟有城南老樹
精分明知道神仙過

絕句

息精息氣養精神精養丹田氣養身有人學得這般
術便是長生不死人

斗笠為帆扇作舟五湖四海任遨遊大千沙界須臾
至石欄松枯經幾秋

恆超

恆超姓馮氏范陽人居棣州開元寺終於後漢之乾祐

辭郡守李公恩命

虛著褐衣老浮杯道不成誓傳經論死不染利名生厭樹遮山色憐窗向月明他時隨范蠡一棹五湖清

淨顯

淨顯五代時洛陽首座沙門後漢初卒

題廣愛寺楞伽山 闕首二句

靈異不能棲鳥雀幽奇終不着猿猱爲經巢賊應無損縱使秦驅也漫勞珍重昔賢留像迹陵遷谷變自堅牢

漢宗廟樂舞辭 五代史樂志曰漢宗廟酌獻樂舞文祖室奏靈長之舞德祖室奏積善之舞翼祖室奏顯仁之舞顯祖室奏章慶之舞高祖室觀德之舞唐餘錄曰高祖追尊四祖廟且遠引漢之二祖爲室張昭因傳會其禮乃日太祖高皇帝創業垂統室奏武德之舞世祖光武皇帝再造丕基室奏大武之舞自如其舊而大武即用東平王蒼詞云

武德舞

明明我祖天集休明神毋夜哭彤雲晝興籩豆有踐管籥斯登孝孫致告神其降靈

靈長舞

天降祥漢祚昌火炎上水靈長建廟社潔蒸嘗羅鐘石儼珩璜陳玉豆酌金觴氣昭感德馨香祇洛汭瞻晉陽降吾祖福穰穰

積善舞

黍稷斯馨祖德惟明乾告赤帝龜謀大橫雲行雨施天成地平造我家邦幹我璿衡陶匏在御醍盎惟精或戛或擊載炮載烹歆福受胙舞降歌迎滔滔不竭洪惟水行

顯仁舞

運極金行謝天資水德隆禮神郿時館布政未央宮

詰旦備明祀登歌答茂功雲軿臨降久星俎薦陳豐靄靄沈檀霧鏘鏘環佩風熒煌升藻藉肸蠁轉珠櫳尊祖咸韶備貽孫書軌同京坻長有積宗享享無窮

章慶舞

采思曉唱雞人三牲八簋斯陳霧集瑤階瑣闥香生綺席華茵珠佩貂璫熠爚羽旄干戚紛綸酌鬯既終三獻凝旒何止千春闌闠長棲綵鳳郊宮疊奏祥麟赤伏英靈未泯元圭運祚重新玉輦犧樽瀲灩龍旂鳳轄逶迤瞻望月遊冠冕猶疑蒼野回輪

卷十四終

全五代詩卷十五

羅江李調元雨村 編

周

王朴

朴字文伯東平人少舉進士爲校書郎周世宗鎮澶州辟掌書記卽位遷北郭郎中獻平邊策遷左諫議大夫知開封府事充端明殿學士世宗慨然有平一天下之志引朴計議天下事無不合遂决意用朴拜戶部侍郎遷樞密使留守京師顯德六年春遣視汴口還過故相李穀第疾作仆于坐上舁歸卒年五十四世宗臨其喪以玉鉞叩地大慟者數四贈侍中五代史世宗之時外事征伐而內修法度朴爲人明敏多材智非獨當世之務至於陰陽律歷之法莫不通焉顯德二年詔朴校定大歷乃創去近世符天流俗不經之學設通經統三法以歲軌離交朔望周變率策之數步日月五星爲欽天歷六年又詔朴考正雅樂朴以謂十二律管互吹難得其真乃以京房爲律準以九尺之絃十三依管長短寸分設柱用七聲爲均樂成而和朴性剛果又見信於世宗凡其所爲當時無敢難者然人亦莫能加也世宗征淮朴留京師廣新城通道路比偉宏潤今京師之制多其所規爲其所作樂至今用之不可變其陳用兵之略非特一時之策至言諸國興滅次第云淮南可最先取并必死之寇最後亡其後宋興平定四方惟并獨後服皆如朴言

周郊祀樂章

羽衛離丹闕金軒赴泰壇珠旗明月色玉佩曉霜寒
黼黻龍衣備琮璜寶器完百神將受職宗社保長安

扈載

載字仲熙北燕人周廣順初舉進士高第拜校書郎直史館遷監察御史遷水部員外郎翰林學士卒五代史載爲文章以辭多自喜常次歷代有國廢興治亂之迹爲遷源賦甚詳又因遊相國寺見庭竹可愛作碧鮮賦題其壁世宗聞之遣小黃門就壁錄之覽而稱善因拜學士初載以文知名一時樞密使王朴尤重其才薦于宰相李穀久而不用朴以問穀穀曰扈載不爲舍人何也穀曰非不知其才然載命薄恐不能勝朴曰公爲宰相以進賢退不肖爲職何言命邪已而召拜知制誥及爲學士居歲中病卒年三十六議者爲穀能知人而朴能薦士歐陽修史論是時天子英武樂延天下奇才而尤禮文士載與張昭竇儼陶穀徐台符等俱被進用穀居數人中文辭最劣尤無行昭儼數與論議其文章然而穀徒能先意所在以進說取合人主事無大小必稱美頌贊至於廣京城爲木偶耕人紫芝白兔之類皆爲頌以獻其辭大抵類俳優而載以不幸早卒論議雖不及昭儼而不爲穀之諛也

芳草

幽芳無處無幽處恨何如倦客傷歸思春風滿舊居
晼烟迷沓靄朝露健扶踈省傍靈光看殘陽少暤區

孟貫

貫字一之，建安人，仕周官至大夫。江西通志：貫少好學，嘗遊廬山，卜居其下，以禮義文章節儉爲當時師範，人稱孟夫子。江南野錄：周世宗幸廣陵，貫以集獻世宗，見首卷貽棲隱洞譚先生詩云「不伐有巢樹，多移無主花」，謂貫曰：「伐叛弔民，何有巢無主之有？獻貽則可，他人輒將不免。」遂釋褐授官。其詩大諫楊徽之稱之。詩史：閩嶺貫性疎野，嘗篇章不以名宦爲意，大諫楊徽之稱之，如寄張山人草堂云「掃葉林風後，拾薪山雨前」。

山中夏日

深山宜避暑，門戶映嵐光。夏木蔭溪路，晝雲埋石牀。
心源澄道靜，衣葛蘸泉涼。算得紅塵裏，誰知此興長。

山齋早秋雨中

深居少往還，卷箔早秋間。雨洒吟蟬樹，雲藏嘯狖山。
炎蒸如便退，衣葛亦堪閒。靜坐得無事，酒巵聊賜顏。

早秋吟眺

新秋新雨後，獨立對遙山。去鳥望中沒，好雲吟裏還。
長年慚道薄，明代取身閒。從有西征思，園林懶閉關。

江邊閒步

閒來南渡口，迤邐看江楓。一路波濤畔，數家蘆葦中。
遠汀排晚樹，深浦漾寒鴻。吟罷慵回首，此情誰與同。

冬日登江樓

高樓迎古岸，野步晚來登。江水因寒落，山雲爲雪凝。
遠村雖入望，危檻不堪凭。親老未歸去，鄉愁徒自興。

過秦嶺

古今傳此嶺，高下勢崢嶸。安得青山路，化爲平地行。
蒼苔留虎跡，碧樹障溪聲。欲過一回首，踟躕無限情。

過王逸人園林

谷口何時住，烟霞一徑深。水聲離遠洞，山色出疎林。
雪彩從沾鬢，年光不計心。自言人少到，猶喜我來尋。

宿故人江居

渡口樹冥冥，南山漸隱青。漁舟歸舊浦，鷗鳥宿前汀。
靜榻懸燈坐，閒門對浪扃。相思頻到此，幾番醉還醒。

宿山寺

溪山盡日行，方聽遠鐘聲。入院逢僧定，登樓見月生。
露垂羣木潤，泉落一巖淸。此景關吾事，通宵寐不成。

山中訪人不遇

負琴兼杖藜，特地過巖西。已見竹軒閉，又聞山鳥啼。
長松寒倚谷，細草暗連溪。久立無人事，烟霞歸路迷。

山中答友人

偶愛春山住，因循值暑時。風塵非所願，泉石本相宜。
坐久松陰轉，吟餘蟬韻移。自慚疎野甚，多失故人期。

酬東溪史處士

咫尺東溪路年來偶訪遲泉聲迷夜雨花片落空枝
石徑僧逢出山床鶴見移貧齋有琴酒曾許月圓期

贈棲隱洞譚先生 譚紫霄授張道陵天心正法居廬山棲隱洞

先生雙鬢華深谷卧雲霞不伐有巢樹多移無主花
石泉春釀酒松火夜煎茶因問山中事如君有幾家

贈隱者

世路爭名利深山獨結茅安情自得所非道豈相交
百尺松當戶千年鶴在巢知君於此最未欲等閒拋

懷友人

浮世況多事飄流每嘆君路岐何處去消息幾時聞

吟裏落秋葉望中生暮雲孤懷誰慰我夕鳥自成羣

懷果上人

擁錫南遊去名香幾處焚別來無遠信多恐在深雲
好月曾同步幽香省共聞相思不相見林下葉紛紛

寄伍喬

蹉跎春又晚天末信來遲長憶分攜日正當搖落時
獨遊饒旅恨多事失歸期君看前溪樹山禽巢幾枝

寄山中高逸人

烟霞多放曠吟嘯是尋常猿共摘山果僧隣住石房
躡雲雙屐冷採藥一身香我憶相逢夜松潭月色涼

夏日寄史處士

掩關苔滿地終日坐騰騰暑氣冷衣葛暮雲催燭燈
寂寥知得處疎懶似無能還憶舊遊否何年別杜陵

寄李處士

僧話磻溪叟平生重赤松夜堂悲蟋蟀秋水老芙蓉
吟坐倦垂釣閒行多倚筇聞名來已久未得一相逢

寄張山人

草堂南澗邊有客嘯雲烟掃葉林風後拾薪山雨前
野橋通竹逕流水入芝田琴月相親夜更深戀不眠

夏日登瀑頂寺因寄諸知己

曾於塵裏望此景在烟霄巖靜水聲近山深暑氣遙
杖藜青石路煮茗白雲樵寄語爲郎者誰能訪寂寥

寄故園兄弟

久與鄉關阻風塵損舊衣水思和月泛山憶共僧歸
村已添隣舍溪應改釣磯弟兄無苦事不用別庭闈

寄暹上人

閶闔城中講來安頂上禪夜燈明石室清磬出巖泉
欲訪慚多事相尋恨隔年終期息塵慮接話虎溪邊

送吳夢闇歸閩

甌閩在天末此去整行衣久客逢春盡思家冒暑歸

海雲添晚景山瘴減晴暉相憶吟偏苦不堪書信稀

送江爲歸嶺南

舊山臨海色歸路失天涯此別各多事重逢是幾時

江行晴望遠嶺宿夜吟遲珍重南方客清風失所思

送人遊南越

孑然南越去替爾畏前程見說路岐嶮不通車馬行

瘴烟迷海色嶺樹帶猿聲獨向山家宿多應鄉思生

送人歸別業

別業五湖上殘春去路賒還尋舊山水重到故人家

門徑掩芳草園林落異花君知釣磯在猶喜有生涯

春江送人

春江多去情相去枕長汀數鴈別谿浦片帆離洞庭

雨餘沙草綠雲散岸峰青誰共觀明月漁歌夜好聽

秋江送客

秋風楚江上送子話遊遨遠水宿何處孤舟春夜濤

浦雲沉鴈影山月照猿嗥莫爲饑寒苦便成名利勞

歸鴈

春至衡陽鴈思歸塞路長汀洲齊奮翼霄漢共成行

雪盡翻風暖寒收度月涼直應到秋日依舊返瀟湘

韋遵

遵後周官至起居郎

題施璘畫竹圖

枯篠危根繳石頭千竿交映近清流堪珍仲寶窮幽

筆留得荆湘一片秋

安鴻漸

鴻漸周世宗時洛陽人庶齋老學叢談李慶孫有文名時謂洛陽才子安鴻漸天下文章李慶孫

題楊凝式書

端州石硯宣城管王屋松烟紫兔毫更得孤鄉老書

札人間無此五般高

何承裕

承裕韶州人周世宗時知商州官侍御入宋

卒五代史補承裕有逸才爲小詞尤工與陶穀素不協世宗欲擢用承裕陶奏已之及陶之判銓一旦偃息何自外抗聲唱挽歌而入陶甚驚駭承裕曰尚書豈長生不死者耶幸甚無恙聞其一兩曲又何妨陶無以抗又承裕知商州有舉人投卷覽其詩有日暮後猿啼旅思悽之句遂曰足下此句甚佳但上句屬對未切奉爲改之何不云曉來大吠張三婦舉人大慙而去其以滑稽爲務如此

寄宣義英公

書札精奇已換鵞仍聞依舊臥烟蘿詩成萬首猶嫌

少酒飲千鍾不怕多鄉寺夜開雲夢月石房寒鎖洞

庭波知師收拾南歸去爲憶漁人唱楚歌

劉坦

坦後周進士第一人及第恭帝時李重進鎮淮南辟爲掌書記南部新書坦狀元及第爲維揚李重進掌書記好酒李令酒庫但書記有客無多少供之尋掌庫吏頗恡之因大書一絕于屏云云重進讀之曰小吏恡酒于書記也立命斬之坦悔而成疾

書從事廳屏上

金殿試迴新折桂將軍留辟向江城思量一醉猶難得辜負揚州管記名

郭從義

從義其先沙陀部人父紹古事後唐武皇賜姓李氏從義補內職晉天福初復姓郭歷事四朝周世宗時以功加檢校太師兼中書令致仕卒

贈夢英大師

雲水儹來說我師換鵝書札轉高奇揮毫傳下千年事貞石曾留幾處碑混俗市鄽人莫識和光蹤跡鶴應知蓮花結社須容我不似陶潛愛酒巵

陶穀

穀字秀實邠州新平人本唐彥謙之孫避晉

諱改姓陶歷仕晉漢至周爲兵部侍郎翰林承旨入宋加尚書卒贈右僕射所著有清異錄十國春秋穀使于吳越王宴於碧波亭因舉酒令曰白玉石碧波亭上迎仙客穀對曰口耳王聖明天子出錢塘又王置金鍾宴穀會穀卧病請之贈以十副穀謝詩云乞與金鍾盃眼明及出境復有井蛙休時險何入謂其狻猊 緗素雜記周世宗時陶尚書穀奉使江南韓熙載遣家妓秦盤匜及旦有書謝云巫山之麗質初臨霞侵鳥道洛浦之妖姬自至月滿鴻溝樂朝不能會 其詞熙載因詔家妓訊之云是夕適浣濯焉 國老談苑陶穀又嘗奉使兩浙獻詩二十韻於錢俶其末云此生頭已白無路掃王門時穀官是承郎職爲學士奉命小邦獻 詩已是失體復有掃門之句何辱命之甚也 玉壺清話朝廷使陶穀使江南以假書爲名實使覘之既至厓岸高峻讌席談笑未嘗啟齒韓熙載謂所親曰覼秀實公妾也非端人介士其守可隳夜遣歌伎秦弱蘭詐爲驛卒之女敝衣持帚灑掃驛庭五柳東隙因詢其迹甚日以詞贈之曰好姻緣惡姻緣只得郵亭一夜眠別神仙琵琶撥盡相思調知音少安得鸞膠續斷弦是何年後數日讌于澄心堂李主命玻璃巨鍾滿酌之穀毅然不顧乃出弱蘭于席歌前闋以侑之穀慚笑不敢不釂釂罷復灌倒在吐茵尚未許罷大爲主所薄還朝日止遣數小吏餞于郊亭逮歸京卒不大用 順存錄穀來使忠懿王宴之因食蝤蛑詢其族類王命自蝤蛑至彭蜞凡十餘種以進穀曰眞所謂一蟹不如一蟹蓋以譏王也王因命進葫蘆羹曰此先王時有此品味庖人依樣畫葫蘆故王以此戲焉 全唐詩話穀使南唐題云西川狗百姓眼馬包兒御廚飯宋齊丘戲解云十二字包 四字云獨眠孤館撼遺以爲驛中女兒所書 貢父詩話令不用所字以唐人作斯音五代時作入聲陶穀詩云尖簷帽子卑凡廝是也歐陽公記陶穀詩末廝兵不慣

晚其意余謂今人呼禿尾犬爲厥尾衣之短者亦呼爲厥然則此兵正謂其末賤耳今人不以末厥相連言之其義則是也不然則不可對畢凡厥　畫墁錄太祖嘗謂陶穀一雙鬼眼續湘山野錄國初陶尚書以朝廷眷待詔臣不厚乞罷禁林太祖曰此官職甚難作依樣葫蘆且作且作不許罷復不進用因題玉堂云云駕幸見之愈不悅卒不大用　清異錄予讀胡嶠茶詩霑牙舊姓餘甘氏破睡當封不夜侯愛其新奇猶子彝年十二歲令效法之近晚成篇云生涼好喫雞蘇佛回味宜稱橄欖仙彝亦文辭之有基址者也

寄贈夢英大師

是箇碑文念得全聰明靈性自天然離吳別楚三千
里入洛遊梁二十年負藝已聞喧世界高眠長見臥
雲烟相逢與我情何厚問佛方知宿有緣

題玉堂壁

官職須由生處有文章不管用時無堪笑翰林陶學
士年年依樣畫葫蘆

李　昉

昉字明遠深州饒陽人漢乾祐中舉進士周
顯德中仕至翰林學士入宋拜中書侍郎平
章事卒謚文正有集　翰林名賢李文正公昉少時常以詩呈叔侍中覽而喜之詩曰及觀西垣盛世世秉鈞衡李氏自五代至本朝世居將相總綰附李文正進永昌陵宮辭云奠玉五迴朝上帝御樓三度納降王當時羣臣皆進惟文正詞最爲首出所謂三降王者廣南劉鋹西蜀孟昶江南李煜也　歷代吟譜昉句云水光先見月露氣早知秋佳句也　馬令南唐書賓于歸南唐爲塗陽令黷貨當死時李昉事宋朝爲翰林學士乃賓于同年進士聞賓于縲紲以詩遺之云云後主見詩貸之復其官

贈賈黃中

七歲神童古所難賈家門戶有衣冠十人科第排頭
上五部經書誦舌端見榜不知名字貴登筵未識管
弦歡從今穩上青雲去萬里誰能測羽翰

寄孟賓于

幼攜書劍別湘潭金榜標名第十三昔日聲塵喧洛
下近年詩價滿江南長爲邑令情終屈縱處曹郎志
未甘莫學馮唐便休去明君晚事未爲慚

仙客

胎化仙禽性本殊何人攜爾到京都因加美號爲仙
客稱向閑庭伴野夫驚露秋聲雲外遠翹沙晴影月
中孤青田萬里終歸去暫處雞羣莫歎吁

贈襄陽妓

峴山亭畔紅妝女小筆香牋善賦詩顏貌共推傾國
色篇章皆是斷腸辭便牽魂夢從今日得見嬋娟在
幾時千里關河萬重意夜深無寐暗尋思

禁林春直

疎簾搖曳日輝輝直閣深嚴半掩扉一院有花春晝

永八方無事詔書稀樹頭百囀鶯鶯語梁上新來燕燕
燕飛豈合此身居此地妨賢尸祿自知非

題岱宗無字碑

已石來從十八盤離宮複道滿千山不因封禪窮民
力漢祖何緣便入關

永昌陵輓詞

丹青史筆敗虛張功德巍然軼漢唐奠玉五回朝上
帝御樓三度納降主

王溥

溥字齊物并州祁人漢乾祐中進士爲祕書
郎周廣順初拜端明殿學士恭帝嗣位官同
平章事右僕射入宋封祁國公卒謚康獻有
集石林詩話五代王仁裕知貢舉王丞相溥爲狀元時年二十六後六年遂相周世宗猶及本朝以太子太保罷歸班年才四十二前此所未有也初溥拜相仁裕致仕無恙以詩和之詩見前

謝進士張翼投詩兩軸

淸河詩客本賢良惠我新吟六十章格調宛同龍給
事功夫深似賈司倉登山始覺天高廣到海方知浪
渺茫好去蟾宮是歸路明年應折桂枝香

詠牡丹

棗花至小能成實桑葉雖柔解吐絲堪笑牡丹如斗
大不成一事又空枝

范質

質字文素大名宗城人後唐長興四年進士
晉天福中爲翰林學士周廣順初拜中書侍
郎同中書門下平章事入宋卒封魯國公有
集邵氏聞見錄魯公舉進士和凝爲主文愛其文賦凝自以第十三登第謂魯公曰君之文宜冠多士屈居十三者欲君傳老夫衣鉢耳魯公以爲榮至先後爲相有獻詩者云從此廟堂添故事登庸衣鉢亦相傳周祖舉兵向闕京師亂魯公隱於民間一日坐封邱巷茶肆中有人貌怪陋前揖曰相公無慮時暑中公所執扇偶書大暑去酷吏淸風來故人詩二句其人曰世之酷吏寃獄何止如大暑也公他日當深究此弊因攜其扇去公惘然久之後至祆廟見一土偶短鬼貌肖茶肆見者扇亦在其手中公心異焉 宋史質生之夕母夢神人授以五色筆九歲能屬文晉宰相桑維翰深器之漢初加中書舍人戶部侍郎周祖征叛每朝廷遣使齎部處分軍事皆合機宜周祖問誰爲此辭使者以質對歎日宰相器也周祖自鄴起兵向闕京城擾亂質匿民間物色得之喜甚時大雪解袍衣之世宗不豫入受顧命恭帝嗣位加開府儀同三司封蕭國公及太祖北征爲六師推戴自陳橋還府署時質方就食閤中太祖入卒王溥魏仁浦就府謁見太祖對之嗚咽流涕具言擁逼之狀質等未見對軍校羅彥瓌舉刃擬質曰我輩無主今日須得天子太祖叱彥瓌不退質不知所指乃與溥等降階受命卒年五十四將終戒其子旻勿刻墓碑太宗嘗稱之曰宰輔中能循規矩慎名器持廉節無出質右者但欠世宗一死爲可惜爾從子校

書郎累求奏遷秩質作詩曉之兼以傳誦以爲勸戒

誡兒姪八百字

昨得謝課書希於京秩之中更與遷轉余以
諸兒姪輩生長以來未諳外事艱難損益慣
然莫因抒古詩一章曉之

去年初釋褐一命到蓬邱青袍春草色白紵棄如仇
適會龍飛慶王澤天下流爾得六品階憮乃太爲優
凡登進士第四選升校讎歷官十五考敘階與爾儔
如何志未滿意欲凌雲遊若言品位卑寄書來我求
省之再三歎不覺淚盈眸吾家本寒素門地寡公侯

先子有令德樂道尙優游生逢世多僻委任信沈浮
仕宦不喜達吏隱同莊周積善有餘慶清白爲貽謀
伊余奉家訓孜孜務進修夙夜事勤肅言行思悔尤
出門擇交友防愼畏薰蕕省躬常懼玷恐掇庭闈羞
童年志於學不惰爲貧裘二十中甲科頳尾化爲虯
三十入翰苑步武向瀛州四十登宰輔貂冠侍冕旒
備位行一紀將何助帝猷既非救旱雨豈是濟川舟
天子未遐棄日益素餐憂黃河潤千里草木皆浸漬
吾宗凡九人繼踵昇官次門內無白丁森森朱紫
鵷行洎內職亞尹州從事府椽監省官高低皆清

美悉由僥倖升不因資考至朝廷懸爵秩命之曰公
器才者祿及身功者賞於世非才及非功安得霑厚
利寒衣內府帛饑食太倉米不蠶復不稼未嘗勤四
體雖然一家榮豈塞衆人議顒顒十目窺齪齪千人
指借問爾與吾如何不自媿戒爾學立身莫若先孝
弟怡怡奉親長不敢生驕易戰戰復兢兢造次必於
是戒爾學干祿莫若勤道藝嘗聞諸格言學而優則
仕不患人不知惟患學不至戒爾遠恥辱恭則近乎
禮自卑而尊人先彼而後已相鼠與茅鴟宜鑒詩人
刺戒爾勿曠放曠放非端士周孔垂名教齊梁尙清

議南朝稱八達千載穢青史戒爾勿嗜酒狂藥非佳
味能移謹厚性化爲凶暴類古今傾敗者歷歷皆可
記戒爾勿多言多言衆所忌苟不愼樞機災危從此
始是非毀譽閒適足爲身累舉世重交遊擬結金蘭
契忿怨從是生風波當時起所以君子心汪汪淡如
水舉世好承奉昂昂增意氣不知承奉者以爾爲玩
戲所以古人疾蘧篨與戚施舉世重任俠俗呼爲義
士爲人子舉世赴急難往往陷刑死所以馬援書殷
勤戒諸賤淸素奉身好華侈肥馬衣輕裘揚揚過閭
里雖得市童憐還爲識者鄙我本羈旅臣遭逢堯舜

理位重才不充戚戚懷憂畏深淵與薄冰蹈之唯恐墜爾曹當憫我勿使增罪戾閉門斂蹤跡縮首避名勢名勢不久居畢竟何足恃物盛必有衰有隆還有替速成牢亟走多顛躓灼灼園中花早發還先萎遲開畔遲不堅松鬱鬱含晚翠賦命有疾徐青雲難力致寄語封諸郎躁進徒爲爾

盧多遜

多遜懷州河内人周顯德中舉進士累官集賢校理遷左拾遺集賢殿修撰入宋歷中書侍郎平章事坐事謫崖州蓉塘詩話多遜在朝行將歷代帝王年歷功臣事迹天下州郡圖誌理體事務沿革典故括成一百二十絶詩以備應對由是每所顧問無不知者以至踐清途登鈞席皆此力耳後山詩話太祖夜幸後池對新月置酒召使賦詩請韻曰此子兒其詩云云太祖大喜盡以坐間飲食器賜之

新月應制

大液池邊看月時好風吹動萬年枝誰家玉匣開新鏡露出清光些子兒

吕端

端字易直幽州安次人以蔭補千牛備身仕周爲直史館歸宋同中書門下平章事謚文正青箱雜記李昉吕端同薦文館各登台輔吕公贈詩云云

贈李公

憶昔僦居明德坊官資俱是校書郎青衫共直昭文館白首同登政事堂佐國廟謨君已展避賢榮路我猶妨主恩至重何時報老眼相看淚兩行

送英公大師歸終南

衡茁烟蘿紫閣雲名高湖外晚遊秦清詞古學儒生業圓笠方袍釋子身竹杖拄歸山裡寺篆書留與世間人我慚簪組成爲縛空仰吾師去路塵

梁周翰

周翰字元袞管城人周廣順二年進士爲太子中允入宋工部侍郎有集

禁林讌會

寶書驚絶耀天章飛白親題賜玉堂瑞彩上騰流素月朗河下注映丹牆鶴盤吳岫雙翎健鵲顧雕陵巨翼長遊霧半收懸組練輕雲斜拂駐鸞皇墨池併獲三奇寶翠琰俱生五色光陪讌禁林知有幸叩頭遙祝萬年觴

曹翰

翰大名人周世宗時仕至德州刺史入宋歷威塞軍節度使卒謚武毅青箱雜記曹翰嘗平江南有功後歸

環衛數年不調一日內宴賦詩翰以武人不豫乃自陳曰臣少亦學詩亦乞應詔太宗笑而許之曰卿武人宜以刀字爲韻翰援筆立進太宗覽之惻然卽自環衛驟遷數級

內宴奉詔作

三十年前學六韜英名常得豫時髦曾因國難披金甲不爲家貧賣寶刀臂健尚嫌弓力輭眼明猶識陣雲高庭前昨夜秋風起羞睹盤花舊戰袍

卷十五終

全五代詩卷十六

羅江李調元雨村 編

周

劉兼

兼長安人周末時官榮州刺史胡震亨云雲刻唐百家詩兼集中有長春節詩爲宋太祖誕日蓋五代末人而入宋者

貴遊

繡衣公子宴池塘淑景融融萬卉芳珠翠照天春未老管絃臨水日初長風飄柳線金成穗雨洗梨花玉有香醉後不能離綺席擬憑青帝繫斜陽

夢歸故園

桐葉飛霜落井欄菱花藏雪助衰顏夜窗颯颯搖寒竹秋枕迢迢夢故山臨水釣舟橫荻岸隔溪禪侶啟柴關覺來依舊三更月離緒鄉心起萬端

舊館秋寒夜夢長水簾疏影入迴塘宦情牽爾拋魚艇客恨依然在燕梁白鷺獨飄山面雪紅蕖全謝鏡心香起來不語無人會醉倚東軒半夕陽

蜀都春晚感懷

蜀都春色漸離披夢斷雲空事莫追宮闕一城荒作草王孫猶自醉如泥誰家玉笛吹殘照柳市金絲拂

舊隄可惜錦江無錦濯海棠花下杜鵑啼

對雨

幽庭凝碧亦漣漪簷霤聲繁聒夢歸半岫金烏纔委照一川石燕又交飛濯枝霡霂榴花吐吹渚飄颻暑氣微因憶故園閑釣處蒼苔斑駁滿漁磯

春霽

春霽江山似畫圖醉垂鞭袂出康衢猖狂亂打貔貅鼓懶慢遲修鴛鷺書老色漸來欺鬢髮閑情將欲傲簪裾苔錢遍地知多少買得花枝不落無

秋夕書懷

荒僻淹留歲已深解嘲無計恨艱任守方半會蠻夷語賀厦全忘燕雀心夜靜倚樓悲月笛秋寒欹枕泣霜砧官情總逐愁腸斷一筯鱸魚直萬金

直氣從來不入時掩關慵更釣磻溪斯文未喪宣尼歎吾道將窮阮籍悲輕粉覆霜凝夜砌亂金鋪菊織秋籬南陽卧久無人問薄命非才有可疑

春宵

春雲春日共朦朧滿院梨花半夜風宿酒未醒珠箔捲艷歌初闋玉樓空五湖范蠡才堪重六印蘇秦道不同再取秦琴聊假寐南柯靈夢莫相通

秋夕書懷呈戎州郎中

素律初迴枕簟涼松風飄泊入華堂譚雞寂默紗窗靜夢蝶蕭條玉漏長歸去水雲多阻隔別來情緒足悲傷霜砧月笛休相引只有離襟淚兩行

風送秋荷滿鼻香竹聲敲玉近虛廊夢迴故國情方黯月過疏簾夜正涼菱鏡也知移艷態錦書其奈隔年光鸞膠處處難尋覓斷盡相思寸寸腸

晚樓寓懷

薄暮疏林宿鳥還倚樓垂袂復憑欄月沈江底珠輪淨雲鎖峰頭玉葉寒劉毅暫貧雖壯志馮唐將老自低顏無言獨對秋風立擬把朝簪換釣竿

征婦怨

金閨寂寞罷妝臺玉筯闌干界粉腮花落掩關春欲暮月圓歌枕夢初迴鸞膠豈續愁腸斷龍劍難揮別緒開曾寄錦書無限意塞鴻何事不歸來

對鏡

青鏡重磨照白鬢白鬢閑撚意何如故園迢遞千山外荒郡淹留四載餘風送竹聲侵枕簟月移花影過庭除秋霜滿領難消釋莫讀離騷失意書

春燕

多時窗外語呢喃只要佳人捲繡簾大厦已成須慶
賀高門頻入莫憎嫌花間舞蝶和香趁江畔春泥帶
雨銜棲息數年情已厚營巢爭肯傍他簷

春晚寓懷

一承兌澤莅方州八度春光照郡樓好景幾將官吏
醉名山時領管絃遊空花任爾頻侵眼老雪從他漸
滿頭歸去杜陵池閣在只能歡笑不能愁

中春宴遊

二月風光似洞天紅英翠萼簇芳筵楚王雲雨迷巫
峽江令文章媚蜀箋歌黛入顰春岫歛舞衣新繡曉

霞鮮酒闌香袂初分散笑指漁翁釣暮烟

春晚閑望

東風滿地是梨花只把琴心殢酒家立處晚樓吹短
笛望中春草接平沙雁行斷續晴天遠燕翼參差翠
幕斜歸計未成頭欲白釣舟烟浪思無涯

秋夕書事

搖落江天萬木空雁行斜戛塞垣風征閨擣月離愁
遠舊館眠雲旅夢通郢客豈能陪下里阜禽爭肯戀
樊籠此心曠蕩誰相會盡在南華十卷中

蓮塘霽望

新秋菡萏發紅英向晚風飄滿郡馨萬疊水紋羅乍
展一雙鸂鶒繡初成採蓮女散吳歌闋拾翠人歸楚
雨晴遠岸牧童吹短笛蓼花深處信牛行

送從弟舍人入蜀

嘉陵江畔餞行車離袂難分十里餘慷慨莫誇心似
鐵留連不覺淚成珠風光川谷梅將發音信雲天雁
未疎立馬舉鞭無限意會稀別遠擬何如

新迴車院筵上作

迴車院子未迴車三載疲民詠袴襦借寇已承英主
詔乞骸須上老臣書黃金蜀柳籠朱戶碧玉湘筠映

綺疏因問滿筵詩酒客錦江何處有鱸魚

寄長安鄭員外

屈指良交十四人隙駒風燭漸爲塵當初花下三秦
客只有天涯二老身乘醉幾同遊北內尋芳多共謁
東鄰此時阻隔關山遠月滿江樓淚滿巾

咸陽懷古

高秋咸鎬起霜風秦漢荒陵樹葉紅七國斸雞方賈
勇中原逐鹿更爭雄南山漠漠雲常在渭水悠悠事
旋空立馬舉鞭遙望處阿房遺址夕陽東

春怨

繡林紅岸落花鈿故去新來感自然絶塞杪春悲漢月長林深夜泣細弦錦書雁斷音難寄菱鏡鸞孤貌可憐獨倚畫屏人不會夢魂饒別戍樓邊

登樓寓望

憑高多是偶洪瀾紅葉何堪照病顔萬疊雲山供遠恨一軒風物送秋寒背琴鶴客歸松徑橫笛牛童卧蓼灘獨倚郡樓無限意夕陽西去水東還

江岸獨步

辭卓寒節傍水行漁翁不會獨吟情寵能顧印誰相重鶴偶乘軒不可輕簪組百年終長物文章千古亦

虛名是非得喪皆閑事休向南柯與夢爭

江樓望鄉寄內

獨上江樓望故鄉淚襟霜笛共淒涼雲生隴首秋雖早月在天心夜已長魂夢只能隨蛺蝶烟波無計學鴛鴦蜀箋都有三千幅總寫離情寄孟光

命妓不至

琴中難挑孰憐才獨對良宵酒數杯蘇子黑貂將已盡宋宏靑鳥又空回月穿淨牖霜成隙風捲殘花錦作堆歌枕夢魂何處去醉和春色入天台

宣賜錦袍設上贈諸郡客

十月芙蓉花滿枝天庭驛騎賜寒衣將同玉蝶侵肌冷也遣金鵬遍體飛夜卧始知多忝竊晝行方覺轉光輝深冬若得朝丹闕太華峰前衣錦歸

晨雞

朱冠金距綵毛身昧爽高聲已報晨作瑞莫慚先貢楚擅揚須信獨推秦淮南也伴升仙去函谷曾容借曉人此日卑棲隨飲啄宰君驅我亦相馴

芳春

微雨微風隔畫簾金爐檀炷冷慵添桃花滿地春牢落柳絮成堆雪棄嫌寶瑟不能邀卓氏綵毫何必夢

江淹宦情歸興休相撓隼旆漁舟總未厭

春遊

搖搖離緒不能持滿郡花開酒熟時羞聽黃鸝求善友強隨綠柳展愁眉陽雲故國山千疊傍水芳林錦萬枝聖主未容歸北闕且將勤儉撫南夷

重陽感懷

重陽不忍上高樓寒菊年年照暮秋萬疊故山雲總隔兩行鄉淚血和流黃茅莽莽連邊郡紅葉紛紛落釣舟歸計未成年漸老茱萸羞戴雪霜頭

載花乘酒上高山四望秋空八極寬蜀國江山存不

得劉家豚犬取何難張儀舊壁蒼苔厚葛亮荒祠古
木寒獨對斜陽更惆悵錦江東注似波瀾

宴遊池館

綺筵金碧照芳菲酒滿瑤卮水滿池去歲南岐離郡
日今春東蜀看花時飲蓮發臉當籌箸緒柳生腰按
柘枝座客半酣言笑狎孔融懷抱正怡怡

寄高書孔

齊朝慶裔祖敖曹麟角無雙鳳九毛聲價五侯爭辟
命文章一代振風騷醉琴自寄陶家意夢枕誰聽益
郡刀補袞應星曾奏舉北山南海孰爲高

再見從弟舍人

屈指依稀十五年鸞臺秘閣位相懸分飛淮甸雁行
斷重見江樓蟾影圓滯跡未偕朝北闕高才方命入
西川願君通理須還早拜慶慈親几杖前

春晝醉眠

朱欄芳草綠纖纖欹枕高堂捲晝簾處處落花春寂
寂時時中酒病懨懨塞鴻信斷雖堪訝梁燕詞多且
莫嫌自有卷書銷永日霜華未用鬢邊添

春夕寓興

忘憂何必在庭萱是事悠悠竟可寬酒病未能辭錦
里春狂又擬入桃源風吹楊柳絲千縷月照梨花雪
萬團閑泥金徽度芳夕幽泉石上自潺湲

訪飲妓不遇招酒徒不至

小橋流水接平沙何處行雲不在家畢卓未來輕竹
葉劉晨重到殢桃花琴樽冷落春將盡幃幌蕭條日
又斜回首却尋芳草路金鞍拂柳思無涯

春宴河亭

柳擺輕絲拂嫩黃檻前流水滿池塘一筵金翠臨芳
岸四面烟花出粉墻舞袖逐風翻繡浪歌塵隨燕下
雕梁蠻箋象管休凝思宜放春心入醉鄉

蜀都道中

劍關雲棧亂峥嶸得喪何由險與平千載寵城終失
守一堆鬼録漫留名李年必不延昏主薄賞那堪激
懦兵李特後來多二世納降歸擬盡公卿

萬葛樹

葉如羽蓋豈堪論百步清陰鎖綠雲善政已聞思召
伯英風偏稱號將軍靜鋪講席麟經潤高拂闕枝兔
影分更有歲寒霜雪操莫將樗櫟擬相羣

春夕遣懷

窮通分定莫凄凉且放歡情入醉鄉范蠡扁舟終去

國馮唐半世只為郎風飄玉笛梅初落酒汎金樽月未央休把虛名撓懷抱九原邱隴盡侯王

新蟬

齊女屛幃失舊容侍中冠冕有芳蹤翅翻晚鬢尋香露聲引秋絲逐遠風旅館聽時髩欲白戍樓聞處葉多紅只知送恨添愁事誰見凌霄羽蛻功

寄滑州文秀大師

分飛屈指十三年菡萏峰前別社蓮薄宦偶然來左蜀孤雲何事在南燕一封瑤簡音初達兩處金沙色共圓珍重湯休惠佳句郡齋吟久不成眠

中春登樓

金杯不似滌愁腸江郡芳時憶故鄉兩岸烟花春富貴一樓風月夜淒涼王章莫耻牛衣淚潘岳休驚鶴鬢霜歸去蓮花歸未得白雲深處有茅堂

古今通塞莫咨嗟謾把霜髯歛歲華失手已慙蛇有足用心休為鼠無牙九天雲淨方憐月一夜風高便厭花獨倚郡樓人不會釣舟春浪接平沙

自遣

未上亨衢獨醉吟賦成無處博黃金家人莫問張儀舌國士須知豫讓心照乘始堪沽善價陽春爭忍混凡音鵾鵬鱗翼途程在九萬風雲海浪深

偶有下殤因而自遣

彭壽殤齡共兩空幻泡緣影夢魂中缺圓宿會長如月飄忽浮生疾似風修短百年先後定賢愚千古是非同南柯太守知人意休問陶陶塞上翁

倦學

樂廣亾來冰鏡稀宓妃嫫母混妍媸且於霧裡藏元豹休向窗前間碧雞百氏典墳空自苦一堆螢雪竟誰知門前春色芳如畫好掩書齋任所之

去年今日

去年今日到榮州五騎紅塵入郡樓貔虎只知迎太守蠻夷不信是儒流姦豪已息時將泰疲瘵全蘇歲又周聖主若容辭重祿便歸烟水狎羣鷗

晝寢

花落青苔錦數重書淫不覺遊春慵恐倚枕上飛莊蝶任爾雲間騁陸龍玉液未能消氣魄牙籤方可滌昏蒙起來已被詩魔引窗外寒敲翠竹風

郡齋寓興

依約樊川似旭川郡齋風物盡蕭然秋庭碧蘚鋪雲錦晚閣紅蕖簇水仙醉筆語狂揮粉壁歌梁塵亂拂

花鈿情懷放蕩無羈東地角天涯亦信緣

郡樓閑望書懷

郡樓樓閣繞江濱風物凊秋入望頻銅鼓祭龍雲塞廟蘆花飄鷺雪粘人蓮披淨沼羣香散鷺點寒烟玉片新歸去杜陵池館在且將朝服拂埃塵

玉燭花

嫋嫋香英三四枝亭亭紅豔照階墀正當晚檻初開處卻似春闈就試時少女不吹方熠爚東君偏惜未離披夜深斜倚朱欄外擬把隣光借與誰

從弟舍人惠茶

曾求芳茗貢蕪詞果沐頒霑味甚奇龜背起紋輕炙處雲頭翻液乍烹時老丞倦悶偏宜矣舊客過從別有之珍重宗親相寄惠水亭山閣自攜持

再看光福寺牡丹

去年曾看牡丹花蛺蝶迎人傍彩霞今日再遊光福寺春風吹我入仙家當筵芬馥歌唇動倚檻嬌羞醉眼斜來歲未朝金闕去依前和露載歸衙

海棠花

淡淡微紅色不深依依偏得似春心烟輕虢國顰歌黛露重長門斂淚衿低傍繡簾人易折密藏香蕊蝶難尋良宵更有多情處月下芬芳伴醉吟

新竹

近窗卧砌兩三叢佐靜添幽別有功影鏤碎金初透月聲敲寒玉乍搖風無憑費叟烟波碧莫信湘妃淚點紅自是子猷偏愛爾虛心高節雪霜中

木芙蓉

素靈失律詐風流强把芳菲半載偷是葉葳蕤霜照夜此花爛漫火燒秋謝蓮色淡爭堪種陶菊香濃亦合羞誰道金風能肅物因何厚薄不相侔

送二郎君歸長安

我兒辭去淚雙流蜀郡秦川兩處愁紅葉滿山歸故國黃茅遍地住他州荷衣聽挂慙官吏菱鏡秋窺訝鬢髹好向雲泉營舊隱莫教莊叟畏犧牛

送文英大師

屈指平陽別社蓮蟾光一百度曾圓孤雲自在知何處薄宦參差亦信緣山郡披風方穆若花時分袂更淒然搖鞭相送嘉陵岸回首羣峰隔翠烟

酬勾評事

閑庭欹枕正悲秋忽覺新編浣遠愁才薄只愁安鴈戶（吏人內有鴈戶蓋徙移不定之故也）年高空憶復漁舟鷺翹皓雪臨

汀岍蓮媚紅香匝郡樓對景却慙無藻思南金荆玉卒難酬

初至郡界

嘉陵江畔接榮川兩畔旌旗下瀨船郡印已分炎瘴地朝衣猶惹御爐烟蓮塘小飲香隨艇月榭高吟水壓天錦字莫嫌歸路遠華夷一統太平年

到郡後有寄

蜀路新修盡坦平交親深幸再逢迎正當返袂思鄉國却似歸家見弟兄雲澤只慙堯綍重泝流還喜范舟輕欲將感戀裁書旨多少魚箋寫得成

長春節

聖朝佳節遇長春跪捧金爐祝又焚寶藏發來天地秀兵戈銷後帝皇尊太平基址千年永混一車書萬古存更有馨香滿芳檻和風遲日在蘭蓀

登郡樓書事

偶奉綸書莅旭川郡樓嘉致盡依然松欹鳥道雲藏寺月滿漁舟水浸天望帝古祠花簇簇錦城歸路草芊芊有時倚檻垂雙袂故國風光似眼前

旭川郡宰思家而卒因述意呈秦川知己

歲稔民康絶訟論政成公暇自由身朝看五馬閑如社夜擁雙姬煖似春家計不憂懲冢子官資無愧是朝臣豈同齷齪郡員外至死悲涼一婦人

登郡樓書懷

烟雨樓臺漸暝冥錦江澄碧浪花平卞和未雪荆山恥莊舄空傷越國情天際寂寥無雁下雲端依約有僧行登高欲繼離騷詠魂斷愁深寫不成

邊郡荒涼悲且歌故園迢遞隔烟波琴聲背俗終如是劍氣衝星又若何朝客漸疏書信少釣舟頻引夢魂多北山更有移文者白首無塵歸去麽

莫嗔阮氏哭途窮萬代深沈恨亦同瑞玉豈知將抵

鵲鉛刀何事却屠龍九夷欲適嗟吾道五柳終歸效古風獨倚郡樓無限意滿江烟雨正冥濛

偶聞官吏舉請輙有一篇寄從弟舍人

官吏潛陳借寇詞宦情鄉夢兩相違青城錦水無心住紫闥蓮峰有意歸張翰鱸魚因醉憶孟光書信近春稀黃茅瘴色看看起貪者猶疑別是機

誠是非

巧舌如簧總莫聽是非多自愛憎生三人告毋雖投杼百犬聞風只吠聲辨玉且寬和氏罪詆金須認不疑情因思曠昔遊談者六國交馳亦受烹

簡堅儒

蹄涔豈信有滄溟螢火何堪並太陽淵奧未曾探禹穴矜誇更擬越邱墻小巫神氣終須怯下里音聲必不長近日冰壺多晦昧虎皮羊質也觀光

貽諸學童

橫經义手步還趨積善方知慶有餘五箇小雛離學院一行新雁入貧居攘羊告罪言何直舐犢牽情理豈虛勸爾立身須苦志月中丹桂自扶疎

春夜

薄薄春雲籠皓月杏花滿地堆香雪醉垂羅袂倚朱

欄小數玉仙歌未闋

春遊

柳成金穗草如茵載酒尋花共賞春先入醉鄉君莫問十年風景在三秦

中夏晝臥

寂寂無憀九夏中傍簷依壁待清風壯圖奇策無人問不及南陽一臥龍

西齋

西齋新竹兩三莖也有風敲碎玉聲莫恨移來欄檻遠譬如元本此間生

卷十六終

全五代詩卷十七

羅江李調元雨村 編

周

胡宿

宿周末人調元按宋天聖初亦有胡宿字武平晉陵人登第拜樞密副使知杭州以太子少卿致仕與此胡宿應是兩人而後人訛爲一人以爲五代末入宋者然不應相隔如是之遠姑就五代末之說附于周以俟考

彭山贈費之

彭山隔重湖落日見孤塔揚舲入空曠烟樹散鵝鴨山中老臞仙萬頃鐵芥納乘風落珠唾暝色遠相答

平生爾汝分磁鐵契已狎萬緣一笑空箇處無剩法方舟過谷隱風雨寒霎霎黎明帶星歸尚及齋鼓踏臨歧戒後會梅熟新秧揷期我散絲稽莫忘鷗盟歃

送楊中允宰常熟

丹桐榜江滸嘔啞遠艣音新科持片玉能政引孤琴美進宮坊秩榮歸里閈心名參天下雋歌著邑中黔地志連香徑家園帶武林吳山幾屛秀楚水一篙深晩鼓停餘疊秋帆卧半陰平時接方驥後夜望橫參陶菊河劾醉江毫月剩吟悠悠河上別千里鬱朋簪

送顥忠上人歸吳郡

秋風隨處起振錫不留行卻背嵩雲去迎看淮月生
禪通少林默詩杼小山清幾夕巖窗下忘眠聽瀑聲

太湖石

海岱鉛松妄得名洞庭山腳失寒瓊漱成一朶孤雲
勢費盡千年白浪聲誰向機邊逢織女直疑巖下見
初平年來賞物多成病目遶蒼苔幾徧行

宿秀峯寺

夕鐘初斷海鯨音投宿香園半翠岑冰簟浸牀消客
夢水簾澄月伴僧吟雄風拂袵清涼極珍樹交柯翠
翳深一夜漢陰機事息草堂虛論破煩襟

過桐廬

兩岸山花中有溪山花紅白徧高低靈源忽若乘槎
到仙洞還同採藥迷二月辛夷猶未落五更鵶曰最
先啼茶烟漁火遙寇晝一片人家在水西

塞上

漢家神箭定天山烟火相望萬里閒契利請盟金匕
酒將軍歸臥玉門關雲沉老上妖氛斷雪照囘中探
騎閑五餌已行王道勝絕無刁斗至闐顏

飛將

曾從嫖姚立戰功胡雛猶畏紫髯翁雕戈夜統千廬
會緹騎秋畋五柞宮後殿拜恩金印重北堂開宴玉
壺空從來敵國威名大麾下多稱黑矟公

次韻朱沈春雨之什

蒼野迷雲黯不歸遣風吹雨入巖扉石牀潤極琴絲
緩水閣寒多酒力微夕夢將成還滴滴春心欲斷正
霏霏憂花惜月長如此爭得東陽病骨肥

淮南王

貪鑄金錢盜寫符何曾七國戒前車長生不待爐中
藥鴻寶誰收篋內書碧井牀空天影在小山人去桂
叢疎雲中雞犬無消息麥秀漸漸徧故墟

早夏

井轄投多思不禁密垂珠箔晝沈沈睡驚燕語頻移
枕病起蛛絲半在琴雨徑亂花埋宿艷月軒修竹轉
涼陰一春酒費知多少探盡囊中換賦金

芙蓉湖

小湖香艷戰芙蓉碧葉田田擁釣篷嵐氣欲飛山隔
斷秋光不定水遙空翩躚雪鳥爭投浦潑剌霜鱗對
擲風正是滄浪濯纓日一竿多謝紫溪翁

函谷關

天開函谷壯關中萬古驚塵向此空望氣竟能知老

子棄繻何不識終童謾持白馬先生論未抵鳴雞下客功符命已歸如掌地一九曾誤隗生東

律亭

律亭歌闋戒棠舟五兩風來不暫留西北浮雲連魏闕東南初日滿秦樓層城渺渺人傷別芳草萋萋客倦遊平樂舊懽收不得更邀飛夢到瀛洲

沖虛觀

五粒青松護翠苔石門岑寂斷纖埃水浮花片知仙路風遞鸞聲認嘯臺桐井曉寒千乳斂茗園春嫩一旗開馳煙未勸山亭字可是英靈許再來

淮南發運趙郝州被詔歸闕

天臺封詔紫泥馨馬首前瞻北斗城人在函關先望氣帝於京兆最知名一區東第趨晨近數刻西廂接晝榮正是兩宮裁化日百金雙壁拜虞卿

憶薦福寺牡丹

十日春風隔翠岑祇因繁朶自成陰尋前可要人頹玉樹底遙知地側金花界三千春渺渺銅檠十二夜沉沉雕盤分峻何由得空作西州擁鼻唫

古別

長安何年祖較休風帆不斷岳陽樓佳人挾瑟漳河曉壯士悲歌易水秋九帳濤油徒自負百壺芳醑豈消憂至今長樂坡前水不啻秦人怨隴頭

寄昭潭王中立

高弦一弄武陵深六幙天空萬里心吳苑歌驪成闕闕楚峰回雁好歸音十千美酒花期隔三百枯棋奕闕二莫上孤城頻送目浮雲西北是家林

雪

屏翳驅雲結夜陰素花飄墜惡氛沉色欺曹國麻衣白寒入荆王翠被深天上明河銀作水海中仙樹玉爲林日高獨擁鷫裘臥誰乞長安取酒金

天街曉望

長樂才聞一叩鐘百官初謁未央宮金波穆穆沙隄月玉樹琤琤上苑風香重椒蘭橫結霧氣寒龍虎遠浮空嗟余索米無人問行避霜臺御史驄

趙宗道歸輦下

沿牒相逢楚水湄竹林文酒此攀稽半氈未暖還傷別一臂初交又解攜江浦嘔啞風送櫓河橋勃窣柳垂隄明年四月秦關到洗眼揚州看馬嗁

感舊

千里青雲未致身馬蹄空踏幾年塵曾迷玉洞花光

老欲過金城柳眼新粉壁已沈題鳳字酒壚猶記姓黄人塢中横笛偏多感一夢闌干白角巾

城南

昨夜輕陰結夕霏城南十里有香泥初聞山鳥驚[illegible]雨遥見林花識舊蹊蕩槳遠從芳草渡墊巾還傍緑楊隄羅敷正苦桑蠶事惆悵南來五馬蹄

侯家

洞戸春遲漏箭長短轅初返維陽傍綵雲按曲青[illegible]醴沈水薰衣白璧堂前檻蘭茗依玉樹後園桐葉護銀牀宴殘紅燭長庚爛還促朝珂謁未央

殘花

雨壓殘紅一夜凋曉來簾外正飄揺數枝翠葉空闕闕萬片香魂不可招長樂夢回春寂寂武陵人去水闕二愁將玉笛傳遺恨苦被芳風透綺[illegible]

次韻徐爽見寄

五雨青絲帘渥深平時何敢嘆英沈侏儒自是長闕闕澼絖都來直數金寂寞死灰人喪偶婆娑生意樹闕二年來想見瓊枝色久夢蘧蘧到竹林

李九齡

闕九 周末人

贈馬道士

水共逍遥雲共孤混時言笑只佯愚經年但醉宜城酒千里唯擔華嶽圖尋野鶴來空碧洞覓琴僧去渡重湖人間再見知何日乞取先生石轆轤

贈譚先生

古觀重重繞翠微松杉深處掩雙扉雲生萬壑投龍去海隔三山放鶴歸花洞宴遊春日永石壇朝禮曙星稀每聽高論長生理擬向寰中便拂衣

上清辭五首

入海浮生汗漫秋紫皇高宴五雲樓霓裳曲罷天風起吹散仙香滿十洲

樓鎖彤霞地絶塵碧桃花發九天春東皇近日慵遊宴閑煞瑶池五色麟

上清仙路有丹梯影響行人到即迷不會無端箇漁父阿誰敎入武陵溪

本來方朔是真仙偶别丹臺未得還何事玉皇消息晚忍敎顦顇向人間

新拜天官上玉都紫皇親授五靈符羣仙箇箇來相問人世風光似此無

讀三國志

有國由來在得賢莫言興廢是循環武侯星落周瑜死平蜀降吳似等閑

山舍南溪小桃花

一樹繁英奪眼紅開時先合占東風可憐地僻無人賞拋擲深山亂木中

春行遇雨

夾路輕風襪柳條雨催春態動無憀採香陌上誰家女濕損釵頭翡翠翹

登樓寄遠

滿城春色花如雪極目烟光月似鉤總是動人鄉思

處更堪容易上高樓

望思臺

漢武年高慢帝圖任人曾不問賢愚直饒四老依前出消得江充寵佞無

山舍偶題

門掩松蘿一逕深偶攜藜杖出前林誰知盡日看山坐萬古興亡總在心

荆溪夜泊

點點漁燈照浪清水烟疎碧月朧明小灘驚起鴛鴦處一隻採蓮船過聲

旅舍卧病

家隔西秦無遠信身隨東洛度流年病來旅館誰相問牢落閑庭一樹蟬

代邊將

雪凍陰河半夜風戰回狂虜血漂紅據鞍遥指長安路須刻麟臺第一功

夜與張舒話別

愁聽南樓角又吹曉雞啼後更分離如何銷得淒涼思更勸燈前酒一巵

寒梅詞

霜梅先折嶺頭枝萬卉千花凍不知留得和羹滋味在任他風雪苦相欺

題靈泉寺

入谷先生一陣香異花奇木簇禪堂可憐門外高低路萬轂千蹄日日忙

宿張玨字別業

茅屋蕭寥烟暗後松窗寂歷月明初此時誰念孤吟客唯有黃公一帙書

鶴

天上瑤池覆五雲玉麟金鳳好爲羣不須更飲缺三

字直是淸流也汙君

登昭福寺樓

旅懷秋興正無涯獨倚危樓四望賒各變缺五字

滿川空有舊烟霞

過相思谷

悠悠信馬春山曲芳草和烟鋪嫩綠正被離愁著莫

人那堪更過相思谷

寫莊子

聖澤安排當散地賢侯優𢌿借新居閑中亦相閑生

計寫得南華一部書

山中寄友人

亂雲堆裏結茅廬已共紅塵跡漸疎莫問野人生計

事窗前流水枕前書

村　常

常周末人

華淸宮

行盡江南數十程曉星殘月入華淸朝元閣上西風

急都入長楊作雨聲

滕　白

白五代末人官郎中歷臺省有工部集

題文川村居

種茶巖接紅霞塢灌稻泉生白石根皤腹老翁眉似

雪海棠花下戲兒孫

李花開

花開周伶人五代詩話李栢毅嘗爲陳州防禦謁夫子廟見像在破屋中歎息久之伶人李花開趨進獻口號云云

口號

破落三間屋蕭條一旅人不知負何事生死厄于陳

梁補闕

補闕周時人南部新書米都知者伶人也善騷雅有道之士故西樞王公朴

嘗愛其警策云小旆村店酒微雨野塘花梁補闕有贈詩云云　玉壺淸話李度顯德中舉進士工詩有警輕浮世事老重故鄉人之句多誦之王朴爲樞密止以此一聯千申文炳文炳知舉遂擢爲第三人嘲日主司只誦一聯詩附見于此

贈米都知

供奉三朝四十年聖時流落髮衰殘貪將樂府歌明

代不把淸吟換好官

陳　摶

摶字圖南自號扶搖子亳州眞源人後唐長

興中舉進士不第隱居華山雲臺觀年近百

歲周世宗召至闕下賜號白雲先生放還山

入宋賜號希夷化形于張超谷有高陽集釣
潭集聞見前錄華山隱士陳圖南游四方有
志隱武當山詩云他年南北去記得此
山名本朝張鄧公改南北爲南嶽題其後云
蘚壁題詩志何人可憐今老華圖南益唐末
時詩也談苑陳摶譙郡真源人與老硎同鄉
里嘗舉進士不第去隱武當山九室岩絕穀
鍊氣作詩八十一章號指玄篇言修養之事
宋事實類苑華陽隱士李奇自言開元中郎
官年過百歲呂洞賓有劍術百餘歲而如嬰
兒皆嘗至其齋中嘗以朱書寫紙令小僮持
寄摶摶與酬和老學庵筆記邛州天慶觀
有希夷閣二云因奉攀縣尹尚書水南小酌
同特叩松扃謁高公茶話移時偶書三十八
字道門弟子圖南上詩云我謂浮榮真是幻
醉來拾響謁高公因貽元虛冥冥理轉覺齊
寰一夢中未書太歲丁酉蓋蜀孟昶時當晉
天福中其後有文與可跋云高公者此觀都
威儀何昌一也希夷從之學鎖鼻法[illegible]府名

談陳希夷先生每睡則半載或數月近亦不
下月餘贈金勵睡詩云云玉堂信話陳希
夷有詩云我見世人忙箇箇忙如火忙者不
爲身爲身忙却可鄧伯溫易學辨惑陳摶
負經綸才五季亂離游行四方志不遂入武
當山後隱居華山自晉漢以後每聞一朝革
命顰顣數日人有問者瞑目不答一日方乘
驢遊華陰時聞太祖登極驚喜大笑問其故
又笑曰天下自此定矣太祖方龍潛之時摶嘗
曰天日之表知太平之有自矣遯流初有
詩云十年蹤跡走紅塵云云豈淺也五代
史補陳摶能爲詩隱居華山世宗召到闕下
拜左拾遺摶不就堅乞歸山世宗許之未幾
賜之書勅陳摶朕以汝高謝人寰栖心物外
養太浩自然之氣應少微處士之星既不屈
於王侯遂隱居於岩壑樂我中和之化慶乎
下武之期而能遠涉山涂暫來城闕浹旬延
遇宏益居多白雲暫駐於帝鄉好爵難縻於
達士昔堯唐之至聖有巢許爲外臣朕雖寡
薄庶遵前鑒恐山中所闕已令華州刺史每

事供須乍反故山履茲春序緬懷高尚當適
所宜故茲撫問想宜安悉即陶穀之詞也初
摶之被召嘗爲詩一章有草澤吾皇詔云云
好事者欣然謂之答詔詩青瑣集先生後
歸華陰縣令王睦欲爲之起廨于溪岩先生
爲詩曰華山高處是吾宫云云睦得詩愧謝
古今詩話張忠定公少謁華山陳圖南圖
南贈詩一絕云自吳入蜀是尋常歌舞筵
中救火忙乞得金陵養閑散也須多謝鬢邊
瘡始皆不喻其意後忠定更鎮杭益晚年發
瘡于鬢移守金陵遂薨悉如其言唐宋遺
史成都妓人單氏贈陳希夷詩云帝王師不
得日月老應難
名士多稱之

西峯

爲愛西峯好吟頭盡日昂嚴花紅作陣溪水綠成行
幾夜礙新月半山無夕陽寄言嘉遯客此處是仙鄉

辭上歸隱詩

草澤吾皇詔圖南摶姓陳三峯千載客四海一閑人
世態從來薄詩情自得真乙全麋鹿性何處不稱臣

贈金勵睡詩二首

常人無所重惟睡乃爲重舉世皆爲息魂離神不動
覺來無所知貪求心愈動堪笑塵中人不知夢是夢
至人本無夢其夢本游仙真人本無睡睡則浮雲烟
爐裏近爲藥壺中別有天欲知睡夢裡人間第一元

歸隱

十年蹤跡走紅塵回首青山入夢頻紫陌縱遊爭及

睡朱門雖富不如貧愁聞劍戟扶危主悶聽笙歌聒
醉人攜取琴書歸舊隱野花啼鳥一般春

冬日晚望

山鬼燒或呼溪魚寒不跳晚景愈堪觀危峯露殘照

與毛女游

藥苗不滿筍又更上危巔回指歸去路相將入翠烟

題石水澗

銀河灑落翠光冷一派回環湛晚暉幾恨却爲頑石
礙琉璃滑處玉花飛

華山

半夜天香入岩谷西風吹落嶺頭蓮空愛掌痕侵碧
漢無人曾嘆巨靈仙

與毛女游

曾折松枝爲寶櫛又編栗葉作羅襦有時問著秦宮
景笑撚仙花望太虛

謝華陰令

華山高處是吾宮出即凌空跨曉風臺殿不將金鎖
閉來時自有白雲封

齊州人

歌　周顯德中齊州有人病狂每歌云云自言夢見一紅衣女子引入宮殿皆紅衣小姑令歌云五靈華蓋曉玲瓏天府由來汝府中惆悵闕二言不盡一丸蘿蔔火吾宮有道士曰此犯大麥毒所致女即心神小姑脾神也醫經蘿蔔治麪毒如此言以藥并蘿蔔食遂愈

踏陽春人間三月雨和塵陽春踏盡秋風起腸斷人
間白髮人

章江書生

詩　全唐詩話金陵陳省躬顯德中爲臨川宰舟經章江泊女兒浦抵暮有書生不通姓名登舟求見與省躬論語甚奇問今晉朝幾帝省躬皆實對微笑而已生間高吟一詩省躬疑是神仙再拜叩問終無言出船不見所之

西去長沙東上船思量此事已千年長春殿掩無人

掃滿眼梨花哭杜鵑

馮暉

荅妻　暉與周太祖相善微時與太祖號一道士離刺以膺作鵞中作雁數隻太祖項上作雀及穀戒曰爾曹自愛雀銜穀雁出戕是爾曹通顯時也後太祖登位暉秉旄所刺皆驗先是暉貧迺寒食妻詈日節到矣如何辨得暉捫腹云云

休說辨不辨且看甕裏飛出雁

僧緘

示王處厚　緘大中進士削髮修道至後周顯德中猶在僞蜀舉子王處厚嘗叩之言其必捷但泰山舉爲司命當食幽府祿留四句示之後成名者八士而處厚與王慎言策名爲二王而一百二十日後處厚竟亡皆驗焉

周士同成二王殊名王居一焉百日爲程

度世古元歌（後周至眞觀小鑾橋下掘得石碑刻度世古元歌云云）

始青之下月與日兩半同升合爲一大如彈丸甘如密子若得之愼勿失

顯德道宮石記（顯德中世宗嘗營一道宮於皇城之西丁人發得石一片上有字云云後題道士守眞記帝讀之歎異）

瑞雲靈跡鎭梁東他日多應與古同歲月遷移人事改再來閑處又興功

漣水古冢餅文（周顯德乙卯歲僞漣水軍使秦進崇修城發一古冢棺櫬皆腐得一餅中更有一餅黃質黑文成隸字云云其明年周師伐吳進崇死之）

一雙青烏子飛來五兩頭借問船輕重寄信到揚州

周郊祀樂章（五代史樂志曰太祖廣順元年邊蔚議改漢十二成爲十二順之樂祭天神奏昭順之樂祭地祇奏寧順之樂祭宗廟奏肅順之樂登歌奠玉帛奏感順之樂皇帝行及臨軒奏治順之樂王公出入送文舞迎武舞奏闕忠順之樂皇帝食舉奏庸順之樂皇帝受朝皇后入宮奏雍順之樂皇太子軒懸出入奏溫順之樂正至皇帝禮會登歌奏禮順之樂郊廟俎入奏禋順之樂酌獻飲福奏福順之樂祭孔宣父齊太公降神同用禮順之樂三公升降及行同用忠順之樂享籍田同用寧順之樂）

昭順樂

五兵勿用萬國咸安告功圜葢受命雲壇樂鳴鳳律禮備雞竿神光欲降衆目遐觀

治順樂

羽衛離丹闕金軒赴泰壇珠旗明月色玉佩曉霜寒

感順樂

黼黻龍衣備琮璜寶器完百神將受職宗社保長安

禋順樂

明君陳大禮展幣祀圓丘雅樂聲齊發祥雲色正浮

福順樂

黃彝將獻特牲預迎既修昭事潛達明誠

相承五運取法三才大禮爰展率土咸來卿雲秘室甘泉寶臺象樽初酌受福不回

福順樂

昊天成命邦國盛儀多士齊列六龍載馳壇升泰一樂奏咸池高明祚德永致昌期

福順樂

上天垂景貺哲后舉鸞觴明德今方祚邦家萬世昌

忠順樂

木鐸敷音文德昌朱干成列武功彰雷鼗鷺羽今休用玉鏚相參正發揚

武舞樂

圭瓚方陳禮干旄乃象功成文非羽籥猛勢若羆熊

昭順樂

雲門孤竹蒼璧黃琮既祀天地克配祖宗虔修盛禮
仰答元功神歸碧落福降無窮

周宗廟樂舞辭 唐餘錄周宗廟樂降神奏肅順皇帝行奏治順獻信祖室奏肅雍之舞僖祖室奏觀成之舞大祖室奏明德之舞世宗室奏定功之舞酌獻登歌感順迎俎奏禋順飲福奏福順送文舞迎武舞奏忠順武舞奏善順撤俎奏禮順送神奏肅順

肅順

我后至孝祇謁祖先仰瞻廟貌夙設宮縣朱弦疏越
羽舞迴旋神其來格明祀惟虔

治順

清廟將入衮服是依載行載止令色令儀永終就養
空極孝思瞻望如在顧復長違

肅雍舞

周道載興象日之明萬邦咸慶百穀用成於穆聖祖
祇薦鴻名祀於廟社陳其犧牲進旅退旅皇武之形
一倡三歎朱弦之聲以妥以侑既和且平至誠潛達
介福攸甯

章德舞

清廟新展嚴禋恭祖德厚人倫雅樂薦禮器陳儀皇
尸列虡賓神如在聲不聞享必信貌惟寅想龍服奠
犧樽禮既備慶來臻

善慶舞

卜世長帝祚昌定中國服四方修明祀從舊章奏激
楚轉清商羅俎豆列簪裳歌纍纍容皇皇望來格降
休祥祝敢告壽無疆

觀成舞

穆穆王國奕奕神功懿祀載展明德有容彝樽斯滿
簠簋斯豐紛絺旒羽鏘洋磬鐘或升或降克和克同
孔惠之禮必肅之容錫以純嘏祚其允恭神保是饗
萬世無窮

明德舞

惟彼岐陽德大流光載造周室澤及遐荒於鑠聖祖
上帝是皇迺聖迺神知微知彰新廟奕奕豐年穰穰
取彼血膋以往烝嘗黍稷惟馨籩豆大房工祝致告
受福無疆

咸順

萬舞咸列三階克清貫珠一倡擊石九成盈觴雖酌
靈坐無形永懷我祖達其孝誠

禋順

旨酒既獻嘉殽乃迎振其鼗鼓潔以鉶羹肇禋肇祀

或炮或烹皇尸儼若保饗是明

福順

新廟奕奕金奏洋洋享于祖考循彼典章清酤特滿

嘉玉騰光神醉既告帝祉無疆

忠順

稱文既表溫柔德示武須成蹈厲容綴兆疾舒皆應

節明明我祖樂無窮

善勝舞 五代史樂志周廣順元年改郊廟朝會舞名乃改漢治安爲政和之舞振德爲善勝之舞觀象爲崇德之舞講功爲象成之舞

聖祖累功福鍾來裔持羽執干舞文不廢

禋順

禮畢祀先香散几筵罷武干戚收撤豆籩

肅順

樂奏四順福受萬年神歸碧天庭餘瑞煙

周朝饗樂章 唐餘錄周元正冬至朝饗樂公卿入奏忠順皇帝坐奏治順羣臣上壽奏福順皇帝舉壽酒登歌奏康順羣臣降階公卿出並奏忠順

忠順

歲迎更始節及朝元冕旒仰止冠劍相連八音合奏

萬物齊宣常陳盛禮願永千年

忠順

明君當宁列辟奉觴雲容表瑞日影初長衣冠濟濟

鍾磬洋洋令儀克盛嘉會有章

治順

庭陳大樂坐當太微凝旒負扆端拱垂衣鵷鸞成列

簪組相輝御爐香散郁郁霏霏

福順

聖皇端拱多士輸忠鑾觴共獻臣心是同聲齊嵩嶽

祝比華封千齡萬祀常保時雍

康順

鴻鈞廣運嘉節良辰列辟在位萬國來賓干旄屢舞

金石咸陳禮容既備帝履長春

忠順

禮成三爵樂畢九成共離金戺復列彤庭

忠順

明庭展禮爲龍爲光咸韶息韵鵷鷺歸行

卷十七終

全五代詩卷十八

羅江李調元雨村　編

吳

後主楊溥

後主溥楊行密第四子僭位十六年李昇篡

十國春秋齊王使徙帝居丹楊潤命馬思謙爲丹陽宮使以嚴兵衛之楊溥渡江賦詩云云冬十月辛丑是日有使命來徙所帝方閱佛書于樓上使者趨前帝以香爐擲之俄而報吳讓皇闕二數年未卒每有枯楊生枝葉及五歲有中使賜衫笏加官郎日而終江表志讓皇居泰州永甯宮嘗賦詩自歎

渡江

江南江北舊家鄉二十年來夢一場吳苑宮闈今冷落廣陵臺榭亦荒涼烟迷遠岫愁千點雨打孤舟淚萬行兄第四人三百口不堪回首細思量

殷文圭

文圭池州人居九華苦學所用墨池底爲之穴唐末詞場請託公行文圭與遊恭獨步場屋乾甯中及第爲裴樞宣諭判官後事楊行密拜翰林學士終左千牛衛將軍有登龍集

唐摭言乾甯中駕幸三峯殷文圭者攜梁王表薦及第仍列于牓內時楊令公行密鎮維揚奄有宣浙楊汴構梗久矣文圭家池州之青陽辭親間道至行在無何隨牓爲吏部侍郎裴樞宣諭判官至大梁以身事叩梁王王乃上表薦之圭復擬飾非之投啟事于公卿問啓曰於苑獵食非求尺璧之珍鷄鶩避風不望洪鐘之樂既擢第由宋汴馳關假爲多言者所發梁王大怒亟遣追捕已不及矣然是屢言問大率皆負心常以文圭爲證白馬之誅靡不由此也　南唐近事李德誠加司空守臨川文圭草麻德誠濡筆之賂不時至文圭以詩督之云紫殿西頭月欲斜曾草臨川上相麻潤筆已曾關奏謝更飛章句問張華

八月十五夜

萬里無雲鏡九州最團圓夜是中秋滿衣冰彩拂不落遍地水光凝欲流華嶽影寒清露掌海門風急白潮頭因君照我丹心事減得愁人一夕愁

省試夜投獻座主

闢開公道選時英神鏡高懸鑒百靈混沌分來融氣機欃槍滅處炫文星燭然蘭省三條白山東龍門萬仞青聖教中興周禮在不勞干羽舞門庭

觀賀皇太子册命

嗣册儲皇帝命行萬方臣妾躍歡聲鸞旃再立星辰正雉扇雙開日月明自有漢元爭翊戴不勞商皓定欹傾春官保傅皆周召致主何憂不太平

賀同年第三人劉先輩鹹辟命

甲門才子鼎科人拂地藍衫榜下新脫俗文章笑鸚

鵡淩雲頭角壓麒麟金壺籍草溪亭晚玉勒穿花野
寺春多媿受恩同闕里不嫌師僻與顏貧

寄廣南劉僕射

戰國從今却尚文品流才子作將軍畫船清宴闕二
闕粉閣閑吟瘴嶠雲暴客卸戈歸惠政史官調筆待
儒勳漢儀一化南人役牧馬無因更夜聞

經李翰林墓

詩中日月酒中仙平地雄飛上九天身謫蓬萊金籍
外寶裝方丈玉堂前虎靴醉索將軍脫鴻筆悲無令
子傳十字遺碑三尺墓只應吟客弔秋煙

題吳中陸龜蒙山齋

萬卷圖書千戶貴十洲煙景四時和花心露洗猩猩
血水面風披琴瑟羅莊叟靜眠清夢永客兒芳意小
詩多天麟不觸人間網擬把公卿換得麽

邊將別

地角天涯倍苦辛十年鉛槧未酬身朱門泣別同鮫
客紫塞旅游隨鴈臣漢將出師衝曉雪胡兒奔馬撲
征塵行行獨止干戈域毳帳望誰爲主人

江南秋日

水國由來稱道情野人經此頓神清一蓬秋雨睡初
起半硯冷雲吟未成青笠漁兒筒釣沒蒨衣菱女畫
橈輕冰綃寫上江南景寄與金鑾馬長卿

覽陸龜蒙舊集

先生文價沸三吳白雪千編酒一壺吟去星辰筵下
動醉來嵩華眼中無峭如謝檜虬蟠活清似緱山鳳
路孤身後獨遺封禪草何人尋得佐鴻圖

趙侍郎看紅白牡丹因寄楊狀頭贊圖

避開都爲讓羣芳貴地栽成對玉堂紅豔裊煙疑欲
語素華映月只聞香纔裁偏得東風意淡薄似矜西
子粧雅稱花中爲首冠年年長占斷春光

初秋留別越中幕客

魂夢飄零落葉洲北轅南柂幾時休月中青桂漸看
老星畔白榆還報秋鶴禁有知須强進嵇峯無事莫
相留吳花越柳饒君醉直待功成始舉頭

贈戰將

綠沈槍利雪峯尖犀甲軍裝稱紫髯威懾萬人長凜
凜禮延羣客每謙謙陣前戰馬黃金勒架上兵書白
玉籤不爲巳爲儒弟子好依門下學韜鈐

九華賀雨吟

陶公焦思念生靈變旱爲豐合杳冥雷劈老松疑虎

怒雨銜陰洞躍龍腥萬畦香稻蓬葱綠九朶奇峰撲
亞靑吟賀西成饒旅與散絲飛灑滿長亭

贈池州張太守

神珠無纇玉無瑕七葉簪貂漢相家陣面奔星破犀
象筆頭飛電躍龍蛇絳幃夜坐窮三史紅旆春行到
九華只怕池人留不住別遷征鎮擁高牙

寄賀杜荀鶴及第

一戰平疇五字勞畫歸鄉去錦爲袍大鵬出海翎猶
袍駿馬辭天氣正豪九子舊山增秀絕二南新格變
風騷由來稽古符公道平地丹梯甲乙高

鸚鵡

丹觜如簧翠羽輕隨人呼物旋知名金籠夜黷山西
夢玉枕曉憎簾外聲才子愛奇吟不足美人憐爾繡
初成應緣是我邯鄲客相顧咬咬別有情

題友人庭竹

叢篁蕭瑟拂清陰貴地栽成碧玉林盡待花開添鳳
食可憐風擊狀龍吟鈿竿離立霜文靜錦籜飄零粉
節深何事子猷偏寄賞此君心似古人心

玉仙道中

尊罍方美別吳江筆陣詩魔兩未降山勢北蟠龍偃

蹇泉聲東漱玉琤瑽古陂狐兎穿殘塚破寺荆榛擁
佛幢信馬冷吟迷路處隔溪烟雨吠村尨

題胡州太學邱光庭博士幽居

舜軌堯文混九垓明堂宏博集良材江邊雲臥如龍
穩天外泥書遣鶴來五夜藥苗滋沆瀣四時花影蔭
莓苔草元門似山中靜不是公卿到不開

中秋自宛陵寄池陽太守

出山三見月如眉蝶夢終宵遶戟枝旅客思歸鴻去
日賢侯行化子來時郡樓遐想劉琨嘯相閣方窺謝
傅棊按部況聞秋稼熟馬前迎拜羨升兒

和友人送衡尙赴池陽副車

淮王上將例分憂玉帳參承半列侯次第選材如創
廈別離排宴向藏舟鵾鵬變化知難測龍蠖升沈各
有由蹤跡行牽金鍰重嬋娟立唱翠娥愁築頭勳業
諧三陣滿腹詩書究九流金海珠韜乘月讀肉芝牙
茗撥雲收赤鱗旆卷鷗汀晩靑雀船横鴈陣秋十字
細波澄鏡面九華殘雪露峰頭醉沈北海千尊酒吟
上南荆百尺樓況是昭明食魚郡不妨閑擲釣璜鉤

孫魴

魴字伯魚南昌人從鄭爲詩頗得鄭體事吳

吳爲宗正郎與沈彬李建勳友善集三卷南唐書金山寺號爲勝景張祜吟詩有僧歸夜船月龍出曉堂雲之句自後詩人閣筆魴復吟詩云云時號絶唱馬書三四作樓臺懸倒影鐘磬隔囂塵七八作誰言題處流響更無人　苕溪漁隱張祜詩云一宿金山頂微茫水國分僧歸夜船月龍出曉堂雲樹影中流見鐘聲兩岸聞因悲在朝市終日醉醺醺祜詩全篇皆好魴詩不及之有狂病如驚濤濺佛身之句則金山寺何其低而且小哉誰言張處士二句乃有矜御如此尤可强歸也全唐詩話金山居大江中迥然孤秀詩意難盡羅隱云老僧齋罷關門睡不管波濤四面生孫生何云結宇孤峯上安禪巨浪間馬書本傳魴從鄭谷游吟詩頗有鄭谷與沈彬李建勳爲詩社彬好評詩建勳常與彬議時魴不在席以魴詩詰之彬曰此非有風雅製度但得人間烟火氣多爾魴遽出讓彬曰非有風雅固然而謂得人間烟火氣何耶彬笑

日子夜坐何云劃多灰雜蒼虬跡坐久烟銷寶鴨香非爐上作而何因座大笑　吟窗雜錄魴春日途中詩云遊子未歸去野花愁破心金山詩云分開潮海浪留住過江雲皆佳句

甘露寺

寒暄皆有景孤絶畫難形地拱千尋嶮天垂四面青
晝燈籠鴈塔夜磬徹漁汀最愛僧房好波光滿戶庭

題金山寺

山載江心寺魚龍是四鄰樓臺懸倒影鐘磬隔囂塵一作萬古波心寺金山名日新天多剩得月地少不生塵過櫓妨僧定驚濤濺佛
身誰言張處士題後更無人

廬山瀑布

有山來便有萬丈落雲端霧噴千巖濕雷傾九夏寒
圖中僧寫去湖上客迴看却羨爲猨鶴飛鳴近碧湍

牡丹

意態天生異轉看看轉新百花休放豔三月始爲春
蝶死難離檻鶯狂不避人其如豪貴地清醒復何因

柳絮

年年三月裏隨處自悠揚雨過渾疑盡風來特地狂
入花峰有礙遮水燕無妨苦是添離思青門道路長

芳草

何處不相見烟苗捧露心萋萋緣遠水苒苒在空林
野吹閑搖蕩遊人醉卧深南朝古城裏碑石又應沉

春苔

底物最牽吟春苔獨自尋何時連夜雨壓翠滿松陰
湘岸荒祠靜吳宮古砌深候門還可惜長被馬蹄侵

看桑

簇簇牙相遮閑看實可嗟藉多雖是葉枝盛不如花
春綠暗連麥秋乾暮立鴉舊鄉曾種得經亂屬誰家

老松

鬱鬱復蒼蒼秋風韻更長空心應有韻老葉不知霜

子落生深澗陰淸背夕陽如逢東岱雨猶得覆秦王

柳

龍葱二月初靑軟自相紆意態花猶少風流木更無
影繁晴陌上烟重古城隅煬帝河聲裏幾番榮又枯

主人司空後亭牡丹

佳卉擬芳辰天容乃絕倫望開從隔歲愁過卽無春
體物眞英氣餘花似庶人蜂攢知眷戀鳥語亦慇懃
況在豪華地甯同里巷塵酷憐應喪德多賞奈怡神
忌穢栽時土嘗甜折處津繞行那識倦圍坐豈辭頻
入夢殊巫峽臨池勝洛濱樂喧絲雜竹露漬卯連寅

飲興尤思滿吟情自合新怕風惟怯夜憂雨不經旬
欄檻爲艮援亭臺是四鄰雖非能伐性爭免礙還湻
鬬豔何慚蜀矜繁未讓秦私心期一日許近看逡巡

垂柳

垂柳碧髯茸樓昏帶雨容思量成晝夢來去發春慵
梳洗憑張敞乘騎笑稚恭碧虛從轉笠紅燭近高春
怨臉明秋水愁眉淡遠峰小園花盡蝶靜院酒醒蛩
舊作琴臺鳳今爲藥店龍寶奩抛擲久一任景陽鐘

題梅嶺泉

梅嶺舊聞傳林亭勞倦然登臨眞不易幽勝恐無先
楚野平千里吳江曲一邊標形都大別洞府豈知焉
飛閣橫空去征帆落面前南雄雄堞峻北壯鳳臺連
爛漫三春媚參差百卉妍風桃諳處錦溶竹半溪烟
燕入晴梁語鶯從暖谷遷石根朝靄碧簾際晚霞鮮
逕柳行難約庭莎醉好眠淸明時更異造化意疑偏
不獨宜韶景尤須看暑天藥苗絲似結蘿蔓猛如編
珠亞垂枝果氷澄汲井泉粉牆蜩蛻落丹檻雀雛顛
炎氣微茫覺淸飈左右穿雲峰從勃起葵葉豈勞扇
又見秋天麗渾將夏日懸紅顆著霜樹香老卧池邊
菱芡誰鋪繡莓苔自學錢暗蟲依砌響明月逗簾圓

小砌滋新菊高軒噪暮蟬雨聲寒颯颯雁影曉聯聯
釋此何堪玩深冬更可憐窗中看短景樹裏見重川
岡阜分明出杉松氣概全謳成白雪曲吟是早梅篇
叙制誰人解根基太守賢或時留皂蓋盡日簇華筵
誰詠憂黎庶狂遊泥管弦交加豐玉食來去迸金船
侍從非常客俳諧像列仙畫旗張赫奕妖妓舞嬋娟
罷宴心猶戀將歸興尚牽秖應愁逼夜甯厭賞經年
孤賤今何幸躋攀奈有緣展眉驚豁達徐步喜周旋
諷詠雖知苦推功靡極元聊書四十韻甘責未精專

看牡丹

莫將紅粉比穠華紅粉那堪比此花隔院聞香誰不
惜出欄呈豔自應誇北方有態須傾國西子能言亦
喪家輸我一枝和曉露真珠簾外向人斜

又題牡丹上主人司空

一年芳勝一年芳愛重賢侯意異常手鬭紅房看澗
狹自張靑幄蔭馨香自疑美玉無多潤紫覺靈芝不
是祥祇恐夢徵他日去又須疑向鳳池傍

牡丹落後有作

未發先愁有一朝如今零落更䰟銷靑叢別後無多
色紅線穿來巳半焦翻恨綺羅猶眷眷薄情蜂蝶去
飄飄明年雖道還期在爭奈憑欄乍寂寥

柳

數樹新栽在畫橋春來猶自長長條東風多事剛牽
引巳解纖纖學舞腰

金堤堤上一林烟況近淸明二月天別有數枝遙望
見畫樓南面拂鞦韆

小池前後碧江濱窣翠拖靑爛漫春不是和風爲擡
舉可能開眼向行人

深綠依依配淺黃兩般顔色一般香到頭壞柳成何
事祇解年年斷客腸

楊柳枝詞

靈和風暖太昌春舞線搖絲向昔人何似曉來江雨
後一行如畫隔遙津

彭澤初栽五樹時只應閑看一枝垂不知天意風流
處要與佳人學畫眉

暖傍離亭靜拂橋入流穿檻綠陰遙不知落日誰相
送䰟斷千條與萬條

春來綠柳遍天涯未見垂楊未可誇晴日萬株烟一
陣閑坊兼是莫愁家

小眉初展綠條稠露壓烟濛不自由莫是折來偏屬
意依稀相似是風流

九衢春霽濕雲凝着地毿毿礙馬行擬折無端抛又
戀亂穿來去羨黃鶯

千樹陰陰盝御溝雪花金穗思悠悠先朝事後應無
也惟是荒根逐碧流

搖蕩和風恃賴春蘸樓遮路逐年新顛狂絮落還堪
恨分外欺淩寂寞人

暖催春促吐芳芽伴雨從風處處斜莫道元功無定
配不然爭得見桃花

湖上望廬山

輟櫂南湖首重迴笑靑吟翠向崔嵬天應不許人全見長把雲藏一半來

康駢

駢字駕輕池州人登第爲崇文館校書郎後爲吳王楊行密大將田頵客薦授中書舍人所著有劇談錄

詩話劉長卿有謫仙怨詞云晴川落日初低惆悵孤舟解攜鳥向平蕪遠近人隨流水東西白雲千里萬里明月前溪後溪獨恨長沙謫去江潭春草淒淒後合州刺史竇宏餘有廣謫仙怨幷序云天寶十五載正月安祿山反陷没洛陽王師敗績關門不守車駕幸蜀途次馬嵬驛六軍不發賜貴妃自盡然後駕行次駱谷上登高下馬望秦川遙辭陵廟再拜嗚咽流涕左右皆泣謂力士曰吾聽九齡之言不到於此乃

命中使往韶州以太牢祭之因上馬索長笛吹笛曲潸然流涕佇立久之時有司旋錄成譜鑾駕至成都乃進此譜請名曲帝謂吾因思九齡亦别有意可名謫仙怨其旨屬馬嵬之事厥後以亂離隔絶有人自西川傳得者無由知但呼爲劍南神曲其音怨切諸曲莫比大歷中江南人盛爲此曲隨州刺史劉長卿左遷睦州司馬祖筵之内長卿遂撰其詞吹之爲曲意頗自得蓋亦不知本事余既備知卿因暇日撰其詞復命樂工吹之用廣其不知者其詞云胡塵犯闕衝關金輅提攜玉顏雲雨此時消散君王何日歸還傷心朝恨暮恨回首千山萬山獨望天邊初月蛾眉猶自彎彎駢更廣其詞今幷載之其詞云云

廣謫仙怨 幷序

竇使君序謫仙怨云劉隨州之辭未知本事及詳其意但以貴妃爲懷蓋明皇登駱谷之時實有思賢之意竇之所製殊不述焉駢因更廣其辭蓋欲兩全其事雖才情淺拙不逮二公而理或可觀貽諸識者

晴山礙目橫天綠叠君王馬前鑾輅西廵蜀國龍顏東望秦川曲江魂斷芳草妃子愁凝暮烟長笛此時吹罷何言獨爲嬋娟

盧蘋

蘋洛陽人事吳歷官至司農卿

蛺蝶行

東園宮草綠上下飛相逐君恩不禁春昨夜花中宿

東西行

種荷玉盆裏不及溝中水養雉黃金籠見草心先喜

無題

春淚爛羅綺泣聲抽恨多莫滴芙蓉池愁傷連蔕荷一朶花葉飛一枝花光彩美人惜花心但願春長在

李章

章吳後主時人官百勝軍節度使加中書令

春遊

初春徧芳何十里鵠盈矚美人摘新英步步翫春綠

所思香何處宛在吳江曲可憐不得共芳菲日暮歸來淚滿衣

卷十八終

全五代詩卷十九

羅江李調元雨村　編

吳

曹松

松字夢徵舒州人學賈島爲詩久困名場昭宗天復初與王希羽等五人同登第時號五老榜授祕書省正字唐音戊籤昭宗實錄天復元年赦文令中書門下選擇新及第進士中有久在名場纔沾科級年齒已高者不拘常例各授一官於是禮部侍郎杜德祥奏揀到新及第進士陳光問年六十九曹松年五十四王希羽年七十三劉象年七十柯崇年六十四鄭希顏年五十九詔光問松希羽可祕書省正字象崇希顏可太子校書時上新平內難授官制詞有忿爾登科之際當予反正之年宜降異恩各膺寵命之語攄言松于詩外無他能時號其敲事爲送年脚狀然五七律時復有異句可誦　李擧國史補曲江大會先牒教坊請奏上御紫雲樓觀焉時或擬作樂則爲之移日故　松詩云追遊若遇三清樂行從應妨一日春　吟窻雜錄松有句云石脈水流泉滴沙鬼燈燃點松柏花　王漁洋五代詩話錦繡萬花谷松句云鹿眠荒圃寒蕪白鴉噪殘陽敗葉飛　丹鉛總錄松中秋警句云華嶽影寒清露掌海門風急白潮頭松詩多淺俗此二句差有中唐之意

塞上行

上將擁黃鬚安西逐指呼離鄉俱少壯到磧減肌膚風雪夜傍塞腥羶朝繫胡爲君樂戰死誰喜作征夫

山中言事

嵐靄潤窗櫺吟詩得冷癥教餐有効藥多媿獨行僧

雲濕煎茶火冰封汲井繩片扉深著掩經國自無能

山中

此地似商嶺雲霞空往還衰條難定鳥缺月易依山

野色耕不盡溪容釣自閒分因多臥退百計少相關

崇義里言懷

馬蹄京洛岐復此少閒時老積滄洲夢秋乖白閣期

平生五字句一夕滿頭絲把向侯門去侯門未可知

言懷

冥心坐似癡寢食亦如遺爲覓出人句祇求當路知

豈能窮到老未信達無時此道須天付三光幸不私

書懷

默默守吾道望榮來替愁吟詩應有罪當路御如讎

陸海儻難溺九霄爭便休敢言名譽出天未白吾頭

貽世

富者非義取朴風爭肯還紅塵不待曉白首有誰閒

淺度四溟水平看諸國山只消年作刼俱到總無閒

感世

觸目盡如幻幻中能幾時愁來搶行樂事去莫吞悲

白髮不由己黃金留待誰耕煙得銘誌翻爲古人思

除夜

舊歷不足卷東風還坐聞一宵有幾刻兩歲欲平分

臘盡傾時斗春通綻處雲明朝遊捧酒先合祝吾君

（一本首句作殘臘卽又盡第五作爐暗傾時斗）

立春

春日一杯酒便吟春日詩木梢寒未覺地脈煖先知

鳥囀星沈後山分雪薄時宵無翦花手贈與最芳枝

（雜詠作賞心無處說悵望曲江池）

立春

全五代詩卷十九吳 三 三十六函

玉燭傳佳節陽和應此辰土牛呈歲稔綵燕表年春

臘盡星回次寒餘月建寅梅花將柳色偏思越鄉人

晨起

曉色教不睡卷簾清氣中林殘數枝月髮冷一梳風

竝鳥鬧鐘語欲荷隔霧空莫徒營白日道路本無窮

長安春日

浩浩看花晨六街揚遠塵塵中一丈日誰是晏眠人

御柳舞著水野鶯啼破春徒云多失意猶自惜離秦

曲江暮春雪霽

霽動江池色春殘一去游菰風生馬足槐雪滴人頭

北闕塵未起南山青欲流如何多別地卻得醉汀洲

九江暮春

楊柳城初鎖輪蹄息去蹤春流無舊岸夜色失諸峯影動漁邊火聲遲話後鐘明朝迴去鴈誰向北郊逢

滕王閣春日晚望

淩春帝子閣偶眺日移西浪勢平花塢帆陰上柳堤凝嵐藏宿翼疊鼓碎歸蹄只此長吟咏因高思不迷趙凡夫藏前半補萬首絶句誤

鍾陵野步

岡扉聊自啟信步出波邊野火風吹闊春冰鶴啄穿渚檣齊驛樹山鳥入公田未創孤雲勢空愚白閣年

鉛山寫懷

天涯兵火後風景畏臨門骨肉到時節園圃因夢魂池塘縈水眼嶺嶠結花根耳縱聽歌吹中心不可論

岳陽晚泊

輕帆下闊流便泊此沙洲湖影撼山朶日陽燒野愁白波爭起倒青嶼或沈浮是際船中望東南仭仭秋

道中

出門嗟世路何日樸風歸是處太行險闕二應解飛主人厚薄禮客子新故衣所以澆浮態多令行者違

南遊

直到南箕下方諳漲海頭君恩過銅柱戎節限交州犀占花陰臥波衝瘴色流遠夷非不樂自是北人愁

塞上

邊塞來所闕今日復明朝河凌堅通馬胡雲缺見鵰砂中程獨泣鄉外隱誰招迴首若經歲靈州生柳條

石頭懷古

日月出又沒臺城空白雲雖寬百姓土漸缺六朝墳禾黍是亡國山河歸聖君松聲驟雨足幾樹晚鐘聞

弔北郭

山下望山上夕陽明又曛無人醫白髮少地著新墳歲代殊相遠賢愚旋不分東歸聊一弔亂木倚寒雲

再到洪州望西山此山松常棲

洪州向西顧不忍暫忘君記得瀑泉落省同幽鳥聞一迴經雨雹長有剩風雲未定卻棲息前頭江海分

望九華寄池陽太守

造化峯峯異宜教岳德謙靈蹤栽籍古怪刃刺雲尖盤礎陵陽壯孤標建鄴瞻霽餘堪洗目青出謝家簷

題甘露寺

香門接巨壘畫閣間清鐘北固一何峭西僧多未逢

天垂無際海雲白人晴峯巳暮燃燈外濤頭振蟄龍

題湖南岳麓寺

海雲山上寺每到每開襟萬木長不住細泉聽更深
蜩沾高雨斷鳥過夕嵐沈此地良宵月秋懷隔楚砧

慈恩東樓

寺樓涼出竹非與曲江賒野火留穿苑秦山疊入巴
風梢離衆葉岸角積虛沙此地鐘聲近令人思未涯

書翠岩寺壁

何年話尊宿瞻禮此堂中入郭非無路歸林自學空
濺瓶雲嶠水逆磬雪川風時說南廬事知師用意同

信州聞通寺題僧砌下泉

細聲從嶠足幽淡浸香堦此境未開日何人初見時
耗痕延黑蘚淨罅吐微澌應有喬梢鶴下來當飲之

題鶴鳴泉

仙鶴曾鳴處泉兼半井苔直峯抛影入片月瀉光來
潄齒侵顏冷深沈慰眼開何因值丹頂滿汲石瓶迴

商山夜聞泉

瀉月聲不斷坐來心益閒無人知落處萬木冷空山
遠憶雲容外幽疑石縫閒那辭通曙聽明日度藍關

覩山寺僧穿井

雲僧鑿山井寒碧在中庭況是分巖眼同來下石瓶
旁痕終變蘚圓影卽澄星異夜天龍蟄應聞說葉經

廬山訪賈匡

西城疾病日此地少尋君古跡春猶在遙泉夜盡聞
片時三處雨九疊幾重雲到者皆忘寐精神與俗分

訪山友

一徑通高屋重雲翳兩原山寒初宿頂泉落未知根
急雨洗荒壁驚風開靜門聽君吟廢夜苦卻建溪猨

宿溪僧院

年少雲溪裏禪心夜更閒煎茶留靜者靠月坐蒼山

露白鐘尋定螢多戶未關嵩陽有石室何日譯經還

與胡汾坐月期貫休上人不至

掃庭秋漏滴接話貴忘眠靜夜人相語低枝鳥暗遷
星圍南極定月照斷河連後會花宮子應開石上禪

覽春牓喜孫鄂成名

門外報春牓喜君天子知舊愁渾似雪見日總消時
塔下牡丹氣江頭楊柳絲風光若有分無處不相宜

喜友人歸上元別業

一橋千里外隱者興宜孤落日長邊海秋風滿故都
掩關苔色老盤徑葉聲枯匡岳來時過遲迴絕頂無

上廣州支使王拾遺

明時應不諫天幕稱仙才聘入關中去人從帝側來詩窗盛島嶼檄盾照風雷幾度陪旌節營巡海色迴

山中寒夜呈許棠

山寒草堂煖寂夜有良朋讀易分高燭煎茶取折冰庭垂河半角窗露月微稜俱入詩心地爭無俗者憎

贈華陰李明府

佩墨縣兼清約關西近城三峯豈不重厚地戴猶輕雪篠欹難直風泉噴易橫須知高枕外長是勸民耕

贈衡山廉明府

爲縣瀟湘水門前樹配苔晚吟公籍少春醉積林開滌硯松香起擎茶岳影來任官當此境更莫夢天台

贈餘干袁明府

一雨西成色陶家心自清山衙中郭分雲卷下湖程公署聞流水人烟入廢城難忘楚畫處新有越吟生

贈雷鄉張明府

任官征戰後度日寄閒身封卷還高客飛書問野人廢田教種穀生路遣尋薪若起柴桑興無先漉酒巾

贈南陵李主簿

外邑官同隱宵勞短吏趨看雲情自足愛酒逸應無

簟席彈碁子衣裳惹印朱仍聞陂水近亦擬掉菰蒲

浙右贈陸處士

靜節灌園餘得非成隱居長當庚子日獨拜五經書白浪吹亡國秋霜洗太虛門前是京口身外不營儲

贈胡處士

年光離岳色帶疾臥南原白日與無事俗人嗔閉門樵漁臨岸水野鹿入荒園莫問榮華事清霜點鬢根

薦福寺贈棲白太師

才子紫檀衣明君寵顧時講升高坐懶書答重臣遲瓶勢傾圓頂刀聲落碎髭還聞穿內去隨駕進新詩

青龍寺贈雲顥法師

紫檀衣且香春殿日尤長此地開新講何山鑠舊房僧名喧北闕祖印續南方莫惜青蓮喻秦人聽未忘

闕山寄詩贈清越

不寄秦中酒冥心祇似師望山吟過日伴鶴立多時溝遠流聲細林寒綠色遲菴西蘿月夕重得話空期

慈恩寺貽楚霄上人

在秦生楚思波浪接禪關塔礙高林鳥窗開白日山樹陰移草上岸色透庭間入內談經徹空攜講疏還

貽住山僧

罷講巡巖塢無窮得野情臘高猶伴鹿夏滿不歸城
雲朶緣崖發峯陰截水清自然雙洗耳唯任白毫生

林下書懷寄建州李員外

一從諸事懶海上跡宜沈吾道不當路鄰人甘入林
雲垂方覓鶴月濕始收琴水石南州好誰陪刻骨吟

金陵道中寄

忍苦待知音無時省廢吟始爲分路客莫問向隅心
嶠翠藏幽瀑枝風下曉禽憶君秋欲盡馬上秣陵砧

送胡中丞使日東

辭天理玉簪指日使雞林猶有中華戀方同積水深

張帆度鯨口銜命見臣心渥澤遐宣後歸期抵萬金

送左協律京西從事

辟書來幾日遂喜就嘉招猶向風沙淺非於甸服遙
時平無探騎秋靜見盤鵰若遣關中使煩君問寂寥

送邵安石及第歸連州覲

及第兼歸覲宜忘涉驛勞青雲重慶少白日一飛高
轉楚聞啼狖臨湘見壘濤海陽沈飲罷何地佐旌旄

秋日送方干遊上元

天高淮泗白料子趣修程汲水疑山動揚帆覺岸行
雲離京口樹鴈入石頭城後夜分遙念諸峯霜露生

九江送方干歸鏡湖

一檣懸五兩此日動歸風客路抛湓口家林入鏡中
談餘雲出嶠詠苦月欹空更若看鳷鵲何人夜坐同

都門送許棠東歸

舊客東歸遠長安詩少朋去愁分磧鴈行計逐鄉僧
華岳無時雪黃河漫處冰知辭國門路片席認西陵

送喻坦之遊太原

北鄙征難盡詩愁滿去程廢巢侵燒色荒塚入鋤聲
逗野河流濁離雲磧月明并州戎壘地角動引風生

邊上送友人歸甯

鄉路穿京口甯心去少同日斜尋闊磧春盡逐歸鴻
獨樹河聲外凝笳塞色中憐君到此處卻背老萊風

送德輝禪師 重禮石霜長老者

天涯緣事了又造石霜微不以千峯險唯將獨影歸
有爲嫌假佛無境是眞機到後流沙錫何時更有飛

弔賈島墓

先生不折桂謫去抱何冤已葬離燕骨難招入劍魂
旅墳低卻草稚子哭勝猿冥寞如搜句宜邀賀監論

哭李頻員外 時在建州

出麾臨建水下世在公堂苦集休開篋清資罷轉郎

瘴中無子奠嶺外一妻孀定是浮香骨東歸就故鄉

哭陳陶處士

園裏先生冢鳥啼春更傷空餘八封樹尚對一茅堂
白日埋杜甫皇天無耒陽如何稽古力報答甚茫茫

哭胡處士

邱中久不起將謂詔書來及見淩雲說方知掩夜臺
白衣歸北路元造亦遺才世上亡君後詩聲更大哉

重哭胡處士

故人江閣在重到事悠悠無爾向潭上爲吾傾甕頭
空餘赤楓葉墜落釣魚舟疑是冲虛去不爲天地囚

憶江南幷悼亡友

前心奈兵阻悔作豫章分芳草未歸日故人多是墳
帆行出岫雨馬踐過江雲此地一罇酒當時皆以文

月

寥寥天地內夜魄爽何輕頻見此輪滿郎應華髮生
不圓爭得破纔正又須傾人事還相似因知倚伏情

夏雲

勢能成岳仞頃刻長崔嵬暝鳥飛不到野風吹得開
一天分萬態立地看忘回欲結暑宵雨先聞江上雷

僧院松

此木韵彌全秋宵學瑟絃空知百餘尺未定幾多年
古甲磨雲拆孤根捉地堅（朱慶餘有旅雁捉孤島用字並奇）何當抛
一幹作蓋道場前

友人池上詠蘆

秋聲誰種得蕭瑟在池欄葉澁棲蟬穩叢疎宿鷺難
斂煙宜早下飄吹省先寒此物生蒼島令人憶釣竿

顧少府池亭葦

池上分行種公庭覺少塵根離潮水岸韵爽判曹人
正午迴魚影方昏息鷺身無時不動詠滄海島思頻

猨

僧宿三巴路今來不願聽雲根啼片白峯頂擲尖青
護果憎禽啄棲霜覷葉零唯應臥嵐客憐爾傍嵒扃

送人庭鶴

度歲休籠閉身輕好羽儀白雲原是伴滄海得因誰
唳起遺殘食盤餘在迴枝條風頻雨去只恐更相隨

答匡山僧贈椰栗杖

栗杖出匡頂百中無一枝雖因野僧得猶畏嶽神知
畫月冷光在指雲秋片移宜留引蹇步他日訪莪眉

觀華夷圖

落筆勝縮地展圖當晏甯中華屬貴分遠裔占何星

分寸辨諸岳斗升觀四溟長疑未到處一一似曾經

古塚

代遠已難問纍纍次古城民田侵不盡客路踏還平
作穴蛇分蟄依岡鹿繞行唯應風雨夕鬼火出林明

卷十九終

全五代詩卷二十

羅江李調元雨村 編

吳

曹 松二

送陳樵校書歸泉州

巨塔列名題詩心亦罕齊除官京下闕乞假海門西
別席侵殘漏歸程避戰鼙關遥秦鴈斷家近瘴雲低
候馬春風館迎船曉月溪帝京須早入莫被刺桐迷

武德殿朝退望九衢春色

玉殿朝初退天街一望春南山初過雨北闕淨無塵

夾道夭桃滿連溝御柳新蘇舒同舜澤煦嫗並堯仁
佳氣浮軒蓋和風襲縉紳自茲憐萬物同入發生辰

梢雲

殊質資靈貺陵空發瑞雲梢梢含樹彩郁郁動霞文
不比因風起全非觸石分葉光閒泛灎枝彩靜氤氳
隱見心無宰徘徊慶自君翻飛如可託長願在横汾

山中

要路豪家非往還巖門先有不曾關眾心惟恐地無
剩吾意亦憂天惜閒白練曳泉窗下石綠羅垂果枕
前山樵夫豈解營生業貴欲自安麋鹿閒

及第勑下宴中獻座主杜侍郎

得召邱牆淚徹頻若無公道也無因門前送勑朱衣吏席上銜杯碧落人半夜笙歌教泥月平明桃李放燒春南山雖有歸溪路爭那酬恩未殺身

七夕

牛女相期七夕秋相逢俱喜鵲橫流彤雲縹緲迴金輅明月嬋娟掛玉鉤翠羽幾曾添別恨花容終不更含羞更殘便是分襟處曉箭東來射翠樓

南海

傾騰界漢沃諸蠻立望何如畫此看無地不同方覺遠共天無別始知寬文魮隔霧朝含磬老蚌凌波夜吐丹萬狀千形皆得意長鯨獨自轉身難郭璞江賦文魮磬鳴以孕璆山海經文魮狀如覆銚鳥首而翼魚尾音如磬是生珠玉

洞庭湖

東南西北各連空波上唯留小朵峯長與岳陽翻鼓角不離雲夢轉魚龍吸迴日月過千頃鋪盡星河剩一重直到劫餘還作陸是時應有羽人逢

桂江

未識佳人尋桂水水雲先解傍壺觴笋林次第添斑竹雞鳥參差護錦囊南中有錦囊鳥乳洞此時連越井石樓何日到仙鄉如飛似墮皆青壁畫手不強元化強

天台瀑布

萬仞得名云瀑布遠看如織掛天台休疑寶尺難量度直恐金刀易翦裁噴向林梢成夏雪傾來石上作春雷欲知便是銀河水墮落人間合卻迴

霍山在龍川縣

七千七百七十丈丈藤蘿勢入天未必展來空似翅不妨開去也成蓮月將河漢分巖轉僧與龍蛇共窟眠直是畫工須閣筆況無名畫可流傳三四方輿勝覽作西土文殊曾卽迹大中皇帝舊參禪

巫峽

巫山蒼翠峽通津下有仙宮楚女眞不逐綵雲歸碧落卻爲暮雨撲行人年年舊事音容在日日誰家夢想頻應是荊山留不住至今猶得覩芳塵

春日自吳門之陽羨道中書事

勝異思遊應未遍路岐猶去幾時還浪花湖闊虹蜺斷柳線村深鳥雀閒千室綺羅浮畫檝兩州絲竹會茶山眼前便是神仙事何必須言洞府閒

荊南道中作

十月荒郊雪氣催依稀愁色認陽臺遊秦分緊三條

燭出楚心殊一寸灰高柳莫遮寒月落空桑不放夜
風迴如何住在猨聲裏卻被蟬吟引下來

將入關行次湘陰

背顧秦城在何處圖書作伴過湘東神鵶亂噪黃陵
近候鴈斜沈夢澤空打槳天連晴水白燒田雲隔夜
山紅也知漸老嵒棲穩爭柰文闈有至公

嶺南道中

百花成實未成歸未必歸心與志違但有壺觴資逸
詠盡教風景入清機半川陰霧藏高木一道晴蜺雜
落暉遊子馬前芳草合鷓鴣啼歇又南飛

南海旅次

憶歸休上越王臺歸思臨高不易裁爲客正當無鴈
處故園誰道有書來城頭早角吹霜盡郭裏殘潮蕩
月迴心似百花開未得年年爭發被春催

江外除夜

千門庭燎照樓臺總爲年光急急催半夜臘因風卷
去五更春被角吹來甯無好鳥思花發應有遊魚待
凍開不是多岐漸平穩誰能呼酒祝昭回

李郎中林亭

祇向砌邊流野水樽前上下看魚兒笋蹊已長過人
竹藤徑從添拂面絲若許白猨垂近戶卽無紅菓壓
低枝大才必擬逍遥去更遣何人佐盛時

羅浮山下書逸人壁

海上亭臺山下煙買時幽邃不爭錢莫言白日催華
髮自是丹砂駐少年漁釣未歸深竹裏琴壺猶戀落
花邊可中更踐無人境知是羅浮第幾天

題昭州山寺常寂上人水閣

常寂常居常寂裏年年月月是空堦前未放巖根
斷屋下長教海眼通本爲入來尋佛窟不期行處踏
龍宮他時憶著堪圖畫一朶雲山二水中

陪湖南李中丞宴隱溪 璋

竹林啼鳥不知休羅列飛橋水亂流觸散柳絲迴玉
勒約開蓮葉上蘭舟酒邊舊侶眞何遜雲裏新聲是
莫愁若值主人嫌晝短應陪秉燭夜深遊

南海陪鄭司空遊荔園

荔枝時節出旌斿南國名園盡興遊亂結羅紋照襟
袖別含瓊露爽咽喉葉中新火欺寒食樹上丹砂勝
錦州他日爲霖不將去也須圖畫取風流

夜飲

艮宵公子宴蘭堂濃麝薰人獸吐香雲帶金龍銜畫

燭星羅銀鳳瀉瓊漿滿屏珠樹開春景一曲歌聲遶
翠梁席上未知簾幕曉青娥低語指東方

拜訪陸處士

萬卷書邊人半白再來惟恐降元纁性靈比鶴爭多
少氣力登山較幾分吟鬢漸無前度漆寢衣猶有昨
宵雲將知谷口耕煙者低視齊梁楚趙君

江西逢僧省文

高僧不負雪峯期卻伴青霞入翠微百葉巖前霜欲
降九枝松上鶴初歸風生碧澗魚龍躍錫振金樓燕
雀飛想得白蓮花上月滿山猶帶舊光輝

贈鏡湖處士方干二首

包含教化剩搜羅句出東甌奈峭何世路不妨平處
少才人唯是屈聲多雲來島上便幽石月到湖心忌
白波後輩難為措機杼先生織字得龍梭

祗擬應星眠越絕唯將麗什當高勳磨礱清濁人難
會織絡虛無帝亦聞鳥道未知山足雨漁家已沒鏡
中雲他時莫為三徵起門外沙鷗解笑君

贈道人

住山因以福為庭便向山中隱姓名閬苑駕將雕羽
去洞天贏得綠毛生日邊腸胃飧霞火月裏肌膚飲
露英顧我從來斷浮濁擬驅雞犬上三清

廣州貽匡緒法師

口宣微密不思議不是除貪即誡癡祗待外方緣了
日爭看後殿詔來時迴迴海樹侵階疾迢遞江潮應
井遲必竟懶過高坐寺未能全讓法雲師

別湖上主人

門繫釣舟雲滿岸借君幽致坐移旬湖村夜叫白蕪
鴈菱市曉喧深浦人遠水日邊重作雪寒林燒後別
生春不辭更住醒還醉太一東峯歸夢頻

送乞雨禪師臨遇南遊

活得枯樵耕者知巡方又欲向天涯珠穿闔國菩提

子杖把靈峯榔栗枝春蘚任封降虎石夜來從傍養
龍池生綠在地南浮去自此孤雲不可期

弔李翰林

李白雖然成異物逸名猶與萬方傳昔朝曾侍元宗
側大夜應歸賀監邊山木易高迷故隴國風長在見
遺篇投金渚畔春楊柳自此何人繫酒船

水晶念珠

等量紅縷貫晶熒盡道勻圓別未勝鑿斷玉潭盈尺
水琢成金地兩條冰輪時祗恐星侵佛掛處常疑露

滴僧幾度夜深尋不著瑠璃爲殿月爲燈

白角簟

角簟工夫已到頭夏來全占滿床秋若言保惜歸華屋祇合封題寄列侯學卷曉冰常怕綻解鋪寒水不教流藩桃錦是瀟湘底曾得王孫價倍酬

碧角簟

細皮重疊織霜紋滑膩鋪床勝錦茵入尺碧天無點翳一方青玉絕纖塵蠅行只恐烟黏足客臥渾疑水浸身五月不教炎氣入滿堂秋色冷龍鱗

言懷

出山不得意謁帝値戈鋋豈料爲文日翻成用武年

夏日東齋

三庚到秋伏偶來松檻立熱少清風多開門放山入

南朝

離離益馳道風烈一無取時見牧牛童嗔牛喫禾黍

金谷園

當年歌舞時不說草離離今年歌舞盡滿園秋露垂

寒食日題杜鵑花

一朶又一朶併開寒食時誰家不禁火總在此花枝

春草

不獨滿池塘夢中佳句香春風有餘力引上古城牆

己亥歲二首

澤國江山入戰圖生民何計樂樵蘇憑君莫話封侯事一將功成萬骨枯（紀事云可謂諳世故矣）

傳聞一戰百神愁兩岸強兵過未休誰道滄江總無事近來長共血爭流

中秋對月

無雲世界秋三五共看蟾盤上海涯直到天頭天盡處不曾私照一人家

鍾陵寒食日郊外閒遊

可憐時節足風情杏子粥香如冷餳無奈春風輸舊火遍教人喚作山櫻

亂後入洪州西山

寂寂陰溪水潄苔塵中將得苦吟來東峯道士如相問縣尉而今不姓梅

商山

垂白商於原下住兒孫共死一身忙木弓未得長離手猶與官家射麝香

山寺引泉

劈碎琅玕意有餘細泉高引入香廚山僧未肯言根

本莫是秋河漏泄無

駙馬宅宴罷

粉牆殘月照宮祠宴闕銀瓶一半欹學語鶯兒飛未穩放身斜墜綠楊枝

江西逢僧省文

閩地高僧楚地逢伴遊鑾錫挂垂松白雲逸性都無定纔出雙峯受五峯

贈廣宣大師

憶昔同遊紫閣雲別來三十二回春白頭相見雙林下猶是清朝未退人

送僧入廬山

若到江州二林寺遍遊應未出雲霞廬山瀑布三千仞劃破青霄始落斜

送僧入蜀過夏

師言結夏入巴峯雲水迴頭幾萬重五月峩眉須近火木皮嶺裏祗如冬

題僧院松

空山澗畔枯松樹禪老堂頭鱗甲身傳是昔朝僧種著下頭應有茯苓神

卷二十終

全五代詩卷二十一

羅江李調元雨村 編

吳

張喬

喬池州人有詩名咸通中與許棠鄭谷張蠙諸人同號十哲黃巢亂隱九華唐音戊籤李頻爲京兆參軍主解試月中桂詩喬擅場時許棠久在場屋頻憐之首薦棠喬竟下第 調元按曹松張喬皆有哭陳陶詩而陳陶在南唐昇元中猶在故編于吳之末

楊花落

北斗南回春物老紅英落盡綠尚早韶風澹蕩無所依偏惜垂楊作春好此時可憐楊柳花縈盈艷曳滿人家人家女兒出羅幕淨掃玉除看花落寶環纖手捧更飛翠羽輕裾承不著歷歷瑤琴舞袖陳飛紅拂黛憐玉人東園桃李芳已歇猶有楊花嬌暮春

塞下曲

勒兵遼水邊風急捲旌旆絕塞寒無樹平沙勢盡天下營看斗建傳號信狼煙聖代垂青史當書破虜年後四句一作雪晴回探騎月落控鳴弦永定山河誓南歸改漢年

曲江春

尋春與送春多遶曲江濱一片鳧鷖水千秋輦轂塵

岸涼隨衆木波影送遊人自是遊人老年年管吹新

秘省伴直

喬枝聚暝禽疊閣鏁遙岑待月當秋直看書廢夜吟
殘薪留火細古井下瓶深縱欲抄前史貧難遂此心

延福里秋懷

終年九陌行要路跡皆生苦學猶難至甘貧豈有成
病攜秋卷重閒著暑衣輕一別林泉久中宵御水聲

秋夕

春恨復秋悲秋悲難到時每逢明月夜長起故山思
巷僻行吟遠螢多獨臥遲溪僧與樵客動別十年期

山中冬夜

寒葉風搖盡空林鳥宿稀澗冰妨鹿飲山雪阻僧歸
夜坐塵心定長吟語力微人間去多事何處夢柴扉

藍溪夜坐

藍水警塵夢夜吟開草堂月臨山靄薄松滴露花香
詩外真風遠人間靜興長明朝訪禪侶更上翠微房

宿劉温書齋

不掩盈窗月天然格調高涼風多蟋蟀落葉在離騷
迴筆挑燈燼懸圖見海濤因論三國志空載幾英豪

隱巖陪鄭少師夜坐 鄭薰歸老號所居爲隱巖

幸喜陪騶馭頻來向此宵硯磨清澗石廚爨白雲樵
竹外村烟細燈中禁漏遙衣冠與文理靜語對前朝

回鑾閣寫望

古閣上空半寥寥千里心多年爲客路盡日倚欄吟
山壓秦川重河來虜塞深回鑾今不見煙霧杳沈沈

江樓作

憑檻見天涯非秋亦可悲晚天帆去疾春雪燕來遲
山水分鄉縣干戈足別離南人廢耕織早晚罷王師

登慈恩寺塔

窗戶響層風清涼碧落中世人來往別煙景古今同

列岫横秦斷長河極塞空斜陽越鄉思天末見歸鴻

遊少華山甘露寺

少華中峯寺高秋衆景歸地連秦塞起河隔晉山微
晚水蟬相應涼天雁並飛慇懃記巖石祇恐再來稀

遊歙州興唐寺

山橋通絕境到此憶天台竹裏尋幽徑雲邊上古臺
鳥歸殘照出鐘斷細泉來爲愛澄溪月因成隔宿迴

秦原春望

無窮名利塵軒蓋逐年新北闕東堂路千山萬水人
雲離僧榻曙鷺遠鳳樓春荏苒文明代難歸釣艇身

滕王閣寫望

昔人登覽處遺閣大江隅疊浪有時有閒雲無日無早涼先驚去返照後帆孤未得營歸計菱歌滿舊湖

終南山

帶雲復銜春橫天占半秦勢奇看不定景變寫難眞洞遠皆通岳川多更有神白雲幽絶處自古屬樵人

華山

誰將倚天劍削出倚天峯眾水背流急他山相向重樹黏青靄合崖夾白雲濃一夜盆傾雨前湫起毒龍

遊南岳

入巖仙境清行盡復重行若得閒無事長來寄此生澗松閒易老籠燭晚生明一宿泉聲裏思鄉夢不成

尋桃源

武陵春草齊花影隔澄溪路遠無人去山空有鳥啼水垂青靄斷松偃綠蘿低世上迷途客經茲盡不迷

青鳥泉

祇此沈仙翼瑤池似不遥有聲懸翠壁無勢下丹霄淨瀨烟霞古寒原草木凋山河幾更改幽咽到唐朝

長安書事

出送鄉人盡滄州未得還秋風五陵樹晴日六街山有景終年往無機是處閒何當向雲外免老别離閒

北山書事

黃河一曲山天半鏁重關聖日雄藩靜秋風老將閒車輿寄谷口市井響雲閒大野無飛鳥元戎校獵還

書邊事

調角斷清秋征人倚戍樓春風對青塚白日落梁州大漠無兵阻窮邊有客遊蕃情似此水長願向南流

岳陽即事

遠色岳陽樓湘帆數片愁竹風山上路沙月水中洲力學桑田廢思歸鬢髮秋功名如不立豈易狎汀鷗

郢州即事

孤城臨遠水千里見寒山白雪無人唱滄洲盡日閒鳥歸殘燒外帆出斷雲間此地秋風起應隨計吏還

商山道中

春去計秋期長安在夢思多逢山好處少偪客行時雲起爭峯勢花交隱澗枝停驂一惆悵應祇嶺猨知

荆楚道中

前程曾未到岐路擬何爲返照行人急荒郊去鳥遲春宵多旅夢夏閏遠秋期處處牽愁緒無窮是柳絲

吳江旅次

行人愁落日去鳥倦遙林曠野鳴流水空山響暮砧
旅途歸計晚鄉樹別年深寂寞逢村酒漁家一醉吟

將歸江淮書

東風搖衆木卽有看花期紫陌頻來日滄洲獨去時
郡因兵役苦家爲海翻移未老多如此那堪鬢不衰

將離江上作

白衣歸樹下青草戀江邊三楚足深隱五陵多少年
寂寥聞蜀魄清絶怨湘絃岐路在何處西行心渺然

江行至沙浦

煙霞接杳冥旅泊寄迴汀夜雨雷雹歇春江蛟蜃腥

城侵潮影白嶠截鳥行青偏欲探泉石南須過洞庭

江行夜雨

江風木落天游子感流年萬里波連蜀三更雨到船
夢殘燈影外愁積葦叢邊不及樵漁客全家住島田

沿漢東歸

北去窮秦塞南歸遶漢川深山逢古跡遠道見新年
絶壁雲銜寺空江雪洒船縈迴還此景多坐夜烟前

浮汴東歸

日暖泗濱西無窮岸草齊薄煙衰草樹微月迴城雞
水近滄浪急山隨綠野低羞將舊名姓還向舊遊題

宿昭應

夜憶開元事凄涼里巷聞薄烟通魏闕明月照驪山
半壁空宮閉連天白道閒清晨更迴首獨向灞林還

雨中宿僧院

千燈有宿因長老許相親夜永樓臺雨更深江海人
勞生無了日忘念起微塵不是眞如理何門靜此身

宿江叟島居

一家烟島上竹裏夜窻開數派分潮去千檣聚月來
石樓雲斷續瀾渚鴈徘徊了得平生志還歸築釣臺

尋陽村舍

荒林寄遠居坐臥見樵漁夜火隨船遠寒更出郡疎
雪迷登岳路風阻轉江書寂寞高窻下思鄉歲欲除

江村

貧遊無定蹤鄉信轉難逢寒渚暮煙闊去帆歸思重
潮平低戍火木落遠山鐘況是漁家宿疏籬響夜舂

題鄭侍御藍田別業

秋山清若水吟客靜於僧小徑通商嶺高窻見杜陵
雲霞朝入鏡猨鳥夜窺燈許作前峯侶終來寄上層

題友人林齋

喬木帶涼蟬來吟暑雨天不離高枕上似宿遠山邊

簟冷窗中月茶香竹裏泉吾廬近溪島憶别動經年

題湖上友人居

豈得戀樵漁全家湖畔居遠無潮客信閒寄嶽僧書
野白梅蘇後山明雨散初逍遥向雲水莫與宦情疏

題友人草堂

空山卜隱初生計亦無餘三畝水邊竹一牀琴畔書
深林收晚果絶頂拾青蔬堅話長如此何年獻子虚

題靈山寺

樹凉清鳥寺虛閣敞禪扉四面閒雲入中流獨鳥歸
湖平幽徑近船泊夜燈微一宿秋風裏煙波隔擣衣

題廣信寺

亭北敞靈溪林梢與檻齊野雲來影遠沙鳥去行低
晚渡明村火晴山響郡鼙思鄉值搖落賴不有猨啼

題興善寺僧道深院

江峯峯頂人受法老西秦法本無前業禪非爲後身
院栽他國樹堂展祖師眞甚願依宗旨求閒未有因

金山寺空上人院

已老金山頂無心上石橋講移三楚遍梵譯五天遥
板閣禪秋月銅瓶汲夜潮自慚昏醉客來坐亦通宵

甘露寺僧房

臨水登山路重尋旅思勞竹陰行處密僧臘别來高
遠岫明寒火危樓響夜濤悲秋不成寐明月上千艘

再題敬亭清越上人山房

重來訪惠休已是十年遊向水千松老空山一磬秋
石窗清吹入河漢夜光流久别多新作長吟洗俗愁

題詮律師院

院凉松雨聲相對有山情未許谿邊老猶思嶽頂行
紗燈留火細石井灌瓶清欲問吾師外何人得此生

題山僧院

谿路僧來日年多與舊同地寒松影裏僧老磬聲中

遠水清風落閒雲别院通心源若無礙何必更論空

題終南山白鶴觀

上徹鍊丹峯求元意未窮古壇秋草合往事白雲空
仙境日月外帝鄉烟霧中人閒足煩暑欲去戀松風

題古觀

急景遞衰老此經誰養眞松留千載鶴碑隔六朝人
洞水流花早壺天閉雪春其如爲名利歸踏五陵塵

書梅福殿壁二首

梅眞從羽化萬古是須臾此地名空在西山雲亦孤
井痕平野水壇級上春蕪縱有雙飛鶴年多松已枯

一自白雲去千秋壇月明我來思往事誰更得長生
雅韻磬鐘遠眞風樓殿清今來爲尉者天下有仙名

江上逢進士許棠

詩人推上第新榜又無君鶴髮他鄉老漁歌故國聞
平江留曉月獨鳥伴餘雲且了髫年志沙鷗未可羣

江南逢洛下友人

洛下吟詩侶南遊只爲君波濤歸路見蟋蟀在船聞
曉月江城出晴霞島樹分無窮懷古意豈獨遶湘雲

贈友人

九霄無詔下何事觸清塵宅帶松蘿僻身惟猨鳥親

吟看仙掌月期有洞庭人莫問煙霞句懸知見岳神

贈邊將

將軍誇膽氣功在殺人多對酒擎鐘飲臨風拔劍歌
翻師平碎葉掠地取交河應笑孔門客年年羨四科

贈仰大師

仰山因久住天下仰山名井邑身雖到林泉性本清
野雲居處盡江月定中明髣髴曾相識今來隔幾生

聞仰山禪師往曹溪因贈

曹溪松下路猨鳥重相親四海求元理千峯遶定身
異花天上墮靈草雪中春自惜經行處焚香禮舊眞

贈敬亭清越上人

海上獨隨緣歸來二十年久閒時待句漸老不離禪
砌木欹臨水窗峯直倚天猶期向雲裏別掃石床眠

東湖贈僧子蘭

名利了無時何人暫訪師道情閒外見心地語來知
竹落穿窗葉松寒蔭井枝匡山許同社顧卜掛帆期

贈初上人

竹色覆禪棲幽禽遶院啼空門無去住行客自東西
井氣春來歇庭枝雪後低相看念山水盡日話曹溪

贈棋僧侶

機謀時未有多向弈棋銷已與山僧敵無令海客饒
靜驅雲陣起疏點鴈行遥夜雨如相憶松窗更見招

劉補闕自九華山拜官因以寄獻

冥鴻入不羣徵拜動天文地主迎過郡山僧送出雲
登車殘月在宿館亂流分若更思林下還須共致君

寄績溪陳明府

古邑猨聲裏空城只半存岸移無舊路沙漲別成村
鼓角暄京口江山盡汝濆六朝興廢地行子一銷魂

寄處士梁燭

賢哉君子風風與古人同採藥楚雲裏移家湘水東

星霜秋野闊雨雹夜山空早晚相招隱深耕老此中

思宜春寄友人

勝遊雖隔年魂夢亦依然瀑水喧秋思孤燈動夜船
斷虹全嶺雨斜月半溪煙舊日吟詩侶何人更不眠

寄南中友人

相夢如相見相思去後頻舊時行處斷華髮別來新
淚動三湘月煙藏五嶺春又無歸北客書札寄何人

寄中岳顓頊先生

先生顓頊後得道自何人松柏卑於壽兒孫老卻身
夜窗峯頂曙寒澗洞中春戀此逍遙境雲間不可親

別李參軍

王孫遊不遇況我五湖人野店難投宿漁家獨問津
嶺分中夜月江隔兩鄉春靜想青雲路還應寄此身

贈別李山人

分合老西秦年年夢白蘋曾爲洞庭客還送洞庭人
語別惜殘夜思歸愁見春遙知泊舟處沙月自相親

江南別友人

勞生故白頭頭白未應休闕下難孤立天涯尚旅遊
聽猨吟島寺待月上江樓醉別醒惆悵雲帆滿亂流

送鄭侍御赴汴州辟命

官從諫署清暫去佐戎旌朝客多相送吟僧欲伴行
河冰天際白嶽雪眼前明即是東風起梁園聽早鶯

送鄭谷先輩赴汝州辟命

看花興未休已散曲江遊載筆離秦甸從軍過洛州
嵩雲將雨去汝水背城流應念依門客蒿萊滿徑秋

送睦州張參軍

重祿輕身日清貧近故鄉因知送君後轉自惜年芳
遠水分林影層峯起鳥行扁舟此中去溪月有餘光

送河西從事

結束佐戎旃河西住幾年隴頭隨日去磧裏寄星眠
水近沙連帳程遙馬入天聖朝思上策重待奏安邊

送龍門令劉滄

去宰龍門縣應思變化年還將魯儒政又與晉人傳
峭壁開中古長河落半天幾鄉因勸勉耕稼滿雲煙

送龐百篇之任青陽縣尉

都堂公試日詞翰獨超群品秩台庭與篇章聖主聞
鄉遠三楚樹縣對九華雲多少青門客臨岐共羨君

送沈先輩尉昭應

餘才不廢詩佐邑喜閒司丹陛終須去青山未可期
葉凋溫谷晚雲出古宮遲若草東封疏君王到有時

送南陵尉李頻

重作東南尉生涯尙似僧客程淮館月鄉思海船燈晚霧看春穀晴天見朗陵不應三考足先受詔書徵

送前輩讀三傳赴長城尉

登科精曾史爲尉及良時高論窮諸國長才併幾司地傾流水疾山疊過雲遲暇日琴書畔何人對手棋

送友人許棠

離鄉積歲年歸路遠依然夜火山頭市春江樹杪船干戈愁鬢改瘴癘喜家全何處營甘旨潮濤浸薄田

送許棠下第遊蜀

天下獲多處西南是蜀關馬登青壁瘦人宿翠微閒帶雨逢殘日因江見斷山行歌風月好莫老錦城閒

送許棠及第歸宣州

雅調一生吟誰爲晚達心旁人賀及第獨自卻霑襟宴別喧天樂家歸礙日岑青門許攀送故里接雲林

卷二十一終

全五代詩卷二十二

羅江李調元雨村 編

吳

張喬二

送友人及第歸江南

豈易及歸榮辛勤致此名登車思往事迴首勉諸生路遶山光曉帆通海氣清秋期卻閒坐林下聽江聲

送友人歸袁州

袁江猨鳥清曾向此中行才子登科去諸侯掃榻迎山藏明月浦樹遶白雲城遠想安親後秋風夢不驚

送韓處士歸少室山

江外歷千岑還歸少室吟地閒緱嶺月窗迥洛城砧石竇垂寒乳松枝長别琴他年瀑泉下亦擬置家林

送友人歸宣州

失計復離愁君歸我獨遊亂花藏道發春水遶鄉流暝火叢橋市晴山疊郡樓無爲謝公戀吟過晚蟬秋

送友人歸宜春

落花兼柳絮無處不紛紛遠道空歸去流鶯獨自聞野橋喧碓水山郭入樓雲故里南陵曲秋期更送君元僧圓至注三體唐詩以南陵爲南陵云爲之故里裔池人南陵隸宣非也自言宜春故里歌南陵笙詩

貢士更入京耳

送友人歸江南

辛勤同失意迢遞獨還家落日江邊笛殘春島上花
親安誠可喜道在亦何嗟誰伴高吟處晴天望九華

送人歸江南

貧歸無定程水宿與山行未有安親計難爲去國情
島煙孤寺磬江月遠船箏思苦秋迴日多應吟更清

送友人東歸

遠涉期秋卷將行不廢吟故鄉芳草路來往別離心
挂席春風盡開齋夏景深子規誰共聽江月上青岑

送友人北遊

東歸未遂心北去幾沉吟把酒思鄉遠投人入塞深
晉山擎白道汾水截青林想見連天雪安知是積霖

江山送友人南遊

何處積鄉愁天涯聚亂流岸長羣岫晚湖闊片帆秋
買酒過漁舍分燈與釣舟瀟湘見來鴈應念獨遨遊

送友人遊湖南

所投非舊知亦似有前期路向長江上帆揚細雨時
春生南嶽早日轉大荒遲盡採瀟湘句重來會近期

送蜀客

劍閣緣空去西南過幾州丹霄行客語明月杜鵑愁
露帶山花落雲隨野水流相如曾醉地莫滯少年遊

送友人遊蜀

此心知者稀欲別倍相依無食擬同去有家還未歸
巴山開國遠劍道入天微必恐臨邛客疑君學賦非

送陸處士

罇前放浩歌便起泛煙波舟楫故人少江湖明月多
孤峯經宿上僻寺共雲過若向仙巖住還應著薜蘿

送賓貢金夷吾奉使歸本國

渡海登仙籍還家備漢儀孤舟無岸泊萬里有星隨

積水浮魂夢流年半別離東風未迴日音信杳難期

送朴充侍御歸海東

天涯離二紀闕下歷三朝漲海雖然闊歸帆不覺遙
驚波時失侶舉火夜相招來往無遺事秦皇有斷橋

送碁待詔朴球歸新羅

海東誰敵手歸去道應孤闕下傳新勢船中覆舊圖
窮荒迴日月積水載寰區故國多年別桑田復在無

李道士歸南嶽

千峯隔湘水迢遞挂帆歸掃月眠蒼壁和雲著褐衣
洞虛懸溜滴徑狹長松圍只恐相尋日人間舊識稀

送僧鸞歸蜀甯親

歌詩精外學夫子是知音坐夏宮鍾近甯親劍閣深
高名徹西國舊跡寄東林自此栖禪者因師滿蜀吟

送僧雅覺歸海東

山川心地內一念卽千重老別關中寺秋歸海外峯
鳥行來有路帆影去無蹤幾夜波濤息先聞本國鐘

送新羅僧

東來此學禪多病念佛緣把錫離巖寺收經上海船
落帆敲石火宿島汲瓶泉永向扶桑老知無再少年

弔前水部賈員外

籠中江海禽日夕有歸心魏闕長謠久吳山獨往深
別時羣木落終處亂猨吟李白墳前路溪僧送入林

弔建州李員外 文苑謨作曹松 松集自有弔詩

銘旌歸故里猨鳥亦悽然已葬桐江月空迴建水船
客傳爲郡日僧說讀書年恐有吟魂在深山古木邊

弔栖白上人

今古遞相送幾時無逝波篇章名不朽寂滅理如何
內殿流眞影閒房落貝多從茲高塔寺惆悵懶經過

弔造微上人

至人隨化往遺路自堪傷白塔收眞骨青山閉影堂
鐘殘含細韻烟滅有餘香松上齋烏在遲遲立夕陽

題賈島吟詩臺

吟魂不復遊臺亦似荒邱一徑草中出長江天外流
暝烟寒鳥集殘月夜蟲愁願得生禾黍鋤平恨卽休

經九華山費徵君故居

草堂無沒後來往問樵翁斷石荒林外孤墳晚照中
數溪分大野九子立寒空烟壁曾行處青雲路不通

經宣城元員外山居

無人襲仙隱石室閉空仙避燒猨猶到隨雲鶴不還
澗荒巖影在橋斷樹陰閒但有黃河賦長留在世閒

經隱巖舊居

夜久村落靜徘徊楊柳津青山猶有路明月已無人
夢寐生前事星霜倦此身嘗期結茅處來往躡遺塵

題元哲禪師影堂

吾師視化身一念卽還塵巖谷藏虛塔江湖散學人
雲迷禪處石院掩寫來眞寂寞焚香後閒堦細草生

聽琴

清月轉瑤軫弄中湘水寒能令坐來客不語自相看
靜恐鬼神出急疑風雨殘幾時歸嶺嶠更過洞庭彈

和崔監察題興善寺古松

種種近王城前朝古寺名瘦根盤地遠香吹入雲清
鶴動池臺影僧禪雨雪聲看來人旋老因此歎浮生

題小松

松子落何年纖枝長水邊斸開深磵雪移出遠林烟
帶月栖幽鳥兼花灌冷泉微風動清韻閒聽罷琴眠

蟬

先秋蟬一悲長是客行時曾感去年者又鳴何處枝
細聽殘韻在迴望舊聲遲斷續誰家樹涼風送別離

華山

青蒼河一隅氣狀杳難圖卓傑三峯出高奇四岳無

力疑擘上界勢獨壓中區眾水東西走羣山遠近趨
天迴諸宿照地聳百靈扶石壁煙霞麗龍潭雨雹麤
澄凝臨甸服險固東神都淺覺川原異深應日月殊
鶴歸青靄合仙去白雲孤瀑溜斜飛凍松長倒掛枯
每來尋洞穴不擬返江湖儻有芝田種巖閒老一夫

試月中桂

與月轉洪濛扶踈萬古同根非生下土葉不墮秋風
每以圓時足還隨缺處空影高羣木外香滿一輪中
未種丹霄日應虛玉兔宮何當因羽化細得問元功

興善寺貝多樹

還應毫末長始見拂丹霄得子從西國成陰見昔朝
勢隨雙刹直寒出四牆遙帶月啼春鳥連空噪暝蜩
遠根穿古井高頂起涼飈影動懸燈夜聲繇過雨朝
靜遲松桂老堅任雪霜凋永共終南在應隨劫火燒

哭陳陶

先生抱衰疾不起茂陵閒夕臨諸孤少荒居弔客還
遺文禪東岳留語葬鄉山多雨銘旌故殘燈素帳閒
樂章誰與集隴樹即堪攀神理今難問予將叫帝關

書邊事

萬里沙西寇已平犬羊羣外築空城分營夜火燒雲

遠校獵秋鵰掠草輕秦將力隨胡馬竭蕃河流入漢
家清羌戎不識干戈老須賀今時聖主明

歸舊山

昔年山下結茅茨村落重來野徑移樵客相逢悲往
事林僧閒坐問歸期異藤遍樹無空處幽草緣溪少
歇時此景一抛吟欲老可能文字聖朝知

望巫山

溪疊雲深轉谷遲暝投孤店草蟲悲愁連遠水波濤
夜夢斷空山雨雹時邊海故園荒後賣入關元髮夜
來衰東歸未必勝覊旅況是東歸未有期

謝公亭懷古

謝家煙徑長莓苔牢落虛欄竹上開流水不將山色去閒雲時帶角聲來六朝舊跡遺詩在三楚空江有雁迴達理始應惆悵盡因僧清話憶天台一本題作宣州開元寺閣與此大同小異附錄誰家煙徑長莓苔金碧虛欄竹上開流水遠分山色斷清猨時帶角聲來六朝明月惟詩在三楚空山有鴈迴達理始應盡惆悵僧閒應得話天台

題河中鸛雀樓

高樓懷古動悲歌鸛雀今無野雀過樹隔五陵秋色早水連三晉夕陽多漁人遺火成寒燒牧笛吹風起夜波十載重來值搖落天涯歸計欲如何

七松亭

七松亭上望秦川高鳥閒雲滿目前已比子眞棲谷口豈同陶令臥江邊臨崖把卷驚迴燒掃石留僧聽遠泉明月影中宮漏近佩聲應宿使朝天七松亭鄭少師薰隱岩別墅中亭也薰歸老築隱岩蒔松七本號七松處士自謂異代可與五柳先生作對詩中用子眞陶令以此詳見新唐史及南部新書

贈友人

自說安貧歸未得竹邊門掩小池冰典琴賒酒吟過寺送客思鄉上灞陵待月夜留煙島客憶雲閒訪翠微僧幾時獻了相如賦去向嵩山採茯苓

贈頭陀僧

自說年深別石橋遍遊靈跡熟南朝已知世路皆虛幻不覺空門是寂寥滄海附船浮浪久碧山尋塔上雲遙如今竹院藏衰老一點寒燈弟子燒

城東寓居寄知己

花木閒門苔蘚生淮川特去得吟情病來久絕洞庭信年長卻思廬岳耕落日獨歸林下宿暮雲多遶水邊行干時退出長如此頻愧相悉道姓名

送何道士歸山

身非絕粒本清羸東掛仙經杖一枝落葉獨尋流水

去深山長與白雲期樹臨丹竈寒花疾壇近青嵐夜月遲樵客若能過洞裏迴歸人世始應悲

對月二首

盈缺青冥外東風萬古吹何人種丹桂不長出輪枝

圓魄上寒空皆言四海同安知千里外不有雨兼風前首癡話此首又眞話也

送人及第歸海東

東風日邊起草木一時春自笑中華路年年送遠人

漁家

擁棹思悠悠更深泛積流唯將一星火何處宿蘆洲

長門怨

御泉長繞鳳凰樓自是恩波別處流閒揲舞衣歸未得夜來砧杵六宮秋

自詒

每到花時恨道窮一生光景半成空只應抱璞非良玉豈得年年不至公不怨人而自怨厚之至也

春日有懷

高下尋花春景遲汾陽臺榭白雲詩看山懷古翻惆悵未勝遙傳不到時

春日遊曲江

日煖鴛鴦拍浪春蒹葭浦際聚青蘋若論來往鄉心切須是烟波島上人

九華樓晴望

一夜江潭風雨後九華晴望倚天秋重來此地知何日欲別殷勤更上樓

臺城

宮殿餘基長草花景陽宮樹噪村鴉雲屯雉堞依然在空繞漁樵四五家

潭上作

竹島殘陽映翠微雪翎禽過碧潭飛人間未有關身事每到漁家不欲歸

谷口作

巴客青冥過嶺塵雪崖交映一川春晴朝採藥尋源去必恐雲深見異人

宿洛都門

山川馬上度邊禽一宿都門永夜吟客路不歸秋又晚南風吹動洛陽砧

宿潺湲亭

走月流烟疊樹西聽來愁甚聽猨啼幾時御水身邊住御夢潺湲宿此溪

宿齊山僧舍

一宿經窗臥白波萬重歸夢隔煙蘿若言不得南宗要長在禪床事更多

題上元許棠所任王昌齡廳

琉璃堂裏當時客久絕吟聲繼後塵百四十年庭樹老如今重得見詩人

遊邊感懷二首

貧遊繚繞困邊沙御被遼陽戰士嗟不是無家歸不得有家歸去似無家

兄弟江南身塞北雁飛猶自半年餘夜來因得思鄉

夢重讀前秋轉海書

宴邊將

一曲涼州金石清邊風蕭颯動江城坐中有老沙場
客橫笛休吹塞上聲

贈河南詩友

山東令族玉無塵裁翦烟花筆下春不把瑤華借風
月洛陽才子更何人

寄維揚故人

離別河邊綰柳條千山萬水玉人遙月明記得相尋
處城鎖東風十五橋

寄弟

故里行人戰後疎青崖萍寄白雲居那堪又是傷春
日把得長安落第書

寄清越上人

眞性本來無所染白雲那得有心期遠公猶刻蓮花
漏獨向空山禮六時

寄山僧

閒倚蒲團向月眠不能歸老岳雲邊舊時僧侶無人
在惟有長松見少年

越中贈別

東越相逢幾醉眠滿樓明月鏡湖邊別離吟斷西陵
渡楊柳秋風兩岸蟬

河湟舊卒

少年隨將討河湟頭白時清返故鄉十萬漢軍零落
盡獨吹邊曲向殘陽

漁者

首戴圓荷髮不梳葉舟爲宅水爲居沙頭聚看人如
市釣得澄江一丈魚

孤雲

舒卷因風何所之碧天孤影勢遲遲莫言長是無心
物還有隨龍作雨時

詠棊子贈奕僧

黑白誰能用入玄千回生死體方圓空門說得恒沙
刼應笑終年爲一先

笛

翦雨裁煙一節秋落梅楊柳曲中愁尊前暫借殷勤
看明日曾聞向隴頭

鷺鷥障子

翦得機中如雪素畫爲江上帶絲禽閒來相對茅堂
下引出烟波萬里心

猨

挂月棲雲向楚林取來全是爲清音誰知繫在黄金索翻畏侯家不敢吟

促織

念爾無機自有情迎寒辛苦弄梭聲椒房金屋何曾識偏向貧家壁下鳴

卷二十二終

全五代詩卷二十三

羅江李調元雨村　編

吳

高越

越字仲遠幽州人仕吳授祕書郎終勤政殿學士戶部侍郎南唐近事鄂帥李公將妻以愛女越竊喻其意因題鷹一絶云云

詠鷹

雪爪星眸世所稀摩天專待振毛衣虞人莫謾張羅網未肯平原淺草飛

沈彬

彬字子文高安人唐末應進士不第浪跡湖湘嘗與僧虚中齊已爲詩友事吳爲祕書郎以吏部郎中致仕年八十餘李璟以舊恩召見賜粟帛官其子雅言雜載彬爲詩天才狂逸下筆成章好神仙之事少孤西遊以三舉爲約嘗夢著錦綵衣貼月而飛識者言雖名播天下身不入月終不及第洪州解至長安初舉行納省卷作夢仙謠曰玉殿大開從容入金桃爛熟無人偷鳳鸞寶扇頻翻翅龍誤金鞭忽轉頭第二舉云云第三舉贈劉象云云劉象三舉無成孤寒主司覽彬詩其年放象及第五老牓郎其數也　五代史補彬遊長沙會武穆方霸彬獻頌德詩曰金翅動身摩日月銀河轉浪洗乾坤覽而喜之　總龜李昇移鎮金陵旁羅隱逸

沈彬赴辟知其欲取楊氏因獻山水圖詩云
須知手筆安排定不怕山河整頓難覽之而
喜　馬書本傳彬工詩而未嘗喜名如再過
金陵詩云云又都門送客詩云云皆盛稱于
士大夫　野客叢書西清詩話日許昌西湖
展江亭宋元憲留題有鑿開魚鳥忘情地展
盡江湖極目天之句皆曠古未有然本于五
代馬殷建明月圖徐仲雅詩鑿開青帝春風
圖移下嬋娟夜月樓僕謂又不止此觀唐沈
彬望壢山詩壓低吳楚選涵水約破雲霞獨
倚天前此盡有是意　詩史桂林山皆平地
拔起千百丈石如染黛陽朔縣尤佳沈彬有
詩云云　零陵總記法華寺在永州東南一
里城郭林辮交爲掩映名士多題咏之沈彬
云地限一水巡城轉天約羣山附郭來可謂
盡其狀　郡閣雅談王定保唐光化二年及
第吳子華侍郎鬱爲壻子華郎世定保南游
湖湘無北歸意吳假緇服自長安來訪其艮
人白於馬武穆王介引見定保隔簾請之曰
先侍郎進先輩名行俾妾侍箕帚侍郎没先

輩以妾妓適是以不遠千里來明侍郎之志
定保不勝慚赧致書武穆乞爲壻吳確乎不
拔定保爲盟華世不婚矣吳歸吳中外家沈
彬有詩贈王云云　全唐詩話彬有紀事句
云九衢冠蓋暗爭路四海干戈多異心又湘
江行云數家魚網疎雲外一岸殘陽細雨中
又與潘天錫同題古觀云松欹晚影離壇草
鐘撼秋聲入殿風又有句云半身落日離秦
樹一路平燕入楚烟清占月中三峽水麗褕
雲外十洲春幽鳥喚人穿竹去野猨尋果出
雲來皆爲人傳誦　江南野錄彬臨終指葬
處以示家人穴之乃一家石燈臺上有漆燈
一壙頭有銅牌鐫篆文云佳城今已開
雖開不葬埋漆燈猶未滅留待沈彬來

入塞曲

欲爲皇王服遠戎萬人金甲鼓鼙中陣雲黯塞三邊
黑兵血愁天一片紅半夜翻雲旗攪月深秋防戍劔
磨風謗書未及明君爇臥骨將軍已没功
苦戰沙門臥箭痕戍樓閑上望星文生希沙漠擒驕
虜死奪河源答聖君鳶覘敗兵埋白草馬驚邊鬼哭
陰雲功多地遠無人紀漢閣笙歌日又曛

塞下曲

塞葉聲悲秋欲霜寒山數點下牛羊映霞旅雁隨疎
雨向磧行人帶夕陽邊騎不來沙路失國恩深後海
城荒胡兒向化新成長猶自千迴問漢王
貴主和親殺氣沉燕山閑獵鼓鼙音旗分雪草偷邊
馬箭入寒雲落塞鴻隴月盡牽鄉思動戰衣誰寄淚

痕深金釵漫作封侯別劈破佳人萬里心
月冷榆關過雁行將軍寒笛老思鄉貳師骨恨千夫
壯李廣橫飛一劍長戍角就沙催落日陰雲分磧護
飛霜誰知漢武興中國閑奪天山草木荒

秋日

秋含砧杵擣斜陽笛引西風顥氣涼薜荔惹烟籠蟋
蟀芰荷翻雨潑鴛鴦當年酒賤何妨醉今日時難不
易狂腸斷舊遊從一別潘安惆悵滿頭霜

金陵雜題二首

王氣生秦四百年晉元東渡浪花船正悲海內皆塗

地來保江南一片天古樹著行臨遠岸暮山相亞出
微烟千征萬戰英雄盡落日牛羊食野田
暮潮聲落草光沉賈客來帆宿岸陰一笛月明何處
酒滿城秋色幾家砧時清曾惡桓溫盛山翠長牽謝
傅心今日到來何物在碧烟和雨鎖寒林

麻姑山

紺殿松蘿太古山仙人曾此話桑田閑傾雲液十分
日已過浮生一萬年花洞路中逢鶴信水簾巖底見
龍眠我來遊禮酬心願欲共怡神契自然

題蘇仙山

眠穿林罅見郴州井里交連側局楸味道不來閑處
坐勞生更欲幾時休蘇仙宅古烟霞老義道墳荒草
木愁千古是非無處問夕陽西去水東流

憶仙謠

白榆風颭九天秋王母朝迴宴玉樓日月漸長雙鳳
睡桑田欲變六鼇愁雲翻簫管相隨去星觸旌幢各
自流詩酒近來狂不得騎龍卻憶上清遊

納省卷贈爲首劉象

曾應大中天子舉四朝風月鬢蕭疏不隨世祖重攜
劒卻爲文皇再讀書十載戰塵銷舊業滿城春雨壞
貧居一枝何事爲君借仙桂年年幸有餘

贈王定保

仙桂曾攀第一枝薄遊湘水阻佳期皋橋已失齊眉
願蕭寺行逢落髮師廢苑露寒蘭寂寞丹山雲斷鳳
參差聞公已有平生約謝絶女蘿依兔絲

結客少年場行

重義輕生一劒知白虹貫日報讐歸片心惆悵清平
世酒市無人問布衣

陽朔碧蓮峯

陶潛彭澤五株柳潘岳河陽一縣花兩處爭如陽朔

好碧蓮峯裏住人家

再過金陵

玉樹歌終王氣收雁行高送石城秋江山不管興亡
事一任斜陽伴客愁

都門送别

岸柳蕭疏野荻秋都門送客莫回頭一條灞水清如
劒不爲離人割斷愁

弔邊人

殺聲沉後野風悲漢月高時望不歸白骨已枯沙草
上家人猶自寄寒衣

沈廷瑞

廷瑞高安人吏部侍郎彬之第二子初名有鄰棄妻入道居玉笥浮雲二山化後人猶常見之江南野錄廷瑞性但率直造縣宰之坐宰方治訟而廷瑞至宰戲之曰沈道士何時成道廷瑞應聲曰何須問我成道時云云　雅言雜錄廷瑞寄食閤皂山舉作異俗輩盛夏常火嚴寒單衣問其故終不答與責州陳知周相善興國中無病卒於玉笥觀數年有人於江筠路次見廷瑞共語久之令人將詩寄知周知周得詩甚訝詩曰名山相別後云云　全唐詩話華蓋山事寔云昭瑩遺廷瑞後開鑿視之惟見穿棺穴旁得片紙遺詩云虛勞營殯玉山前殯後那知已脫蟬聽是元神歸洞府更無遺魄在黃泉靈臺已得修眞訣塵世空留慚道篇堪歎浮生今古事北邙山下草芊芊　郡閣雅談廷瑞每遇深

山古洞數日不返嚴寒風雪常單衣危坐或絕食經月或縱酒行歌緣峭壁升喬木若猿猱之狀骨肉相尋便卻走避忘情混俗人莫測之雍熙二年正月內於玉笥山無病而終將畫者士宿一幀度人經一卷隨葬後有閤皂山僧詔瑩於山門數里相遇問所往云暫別廬山尋知已留下士宿一幀及度人經一卷五言詩一首爲別詩曰南北東西路云云後昭瑩到玉笥山具說途中相遇幷所留十宿及經詩示於人眾皆駭異賫其文驗其事郎尸解而去

贈僧昭瑩

南北東西路人生會不無早曾依閤皂又卻上元都雲片隨天闊泉聲落石孤何期早相遇樂共煮菖蒲

寄袁州陳智周

名山相別後別後會難期金鼎銷紅日丹田老紫芝訪君雖有路懷我豈無詩休羨繁華事百年能幾時

答高安宰

何須問我道成時紫府清都自有期手握藥苗人不識體含金骨俗爭知書符彌遣龍蛇走動印還教海岳移他日丹霄誰是侶青童引駕紫霄隨

楊夔

夔唐末爲吳楊行密將田頵客集五卷吟窗雜錄夔嘗著冗書三卷馳名於世下第鄭谷贈二絕云散賦冗書高且奇百篇猶有百篇詩江湖休洒春風淚十軸香於一桂枝時無韓柳道難窮也覺天公不至公看取年年金榜上

幾人才氣似揚雄　十國春秋夔有雋才知頵不足以抗太祖著溺賦數百言以戒之頵不用竟至於敗

甯州道中

城枕蕭關路胡兵日夕臨唯憑一炬火以慰萬人心春老雪猶重沙寒草不深如何驅匹馬向此獨閑吟

尋九華王山人

下馬叩荊扉相尋春半時捫蘿盤磴險疊石度溪危松夾莓苔徑花藏薜荔籬臥雲情自逸名姓厭人知

金陵逢張喬

殊鄉會面時辛苦兩情知有志年空過無媒命共奇

吟餘春漏急語舊酒巡遲天爵如堪倚休驚鬢上絲

送鄒尊師歸洞庭

眾鳥在波心會居舊隱林近聞飛檄急轉憶臥雲深賣藥惟供酒歸舟只載琴遥知明月夜坐石自開襟

送日東僧遊天台

一瓶離日外行指赤城中去自重雲下來從積水東攀蘿躋石徑挂錫憩松風迴首雞林道惟應夢想通

題甘露寺

高殿拂雲霓登臨想虎溪風匀帆影眾烟亂鳥行迷北倚波濤闊南窺井邑低滿城塵漠漠隔岸草萋萋

虛閣延秋磬澄江響暮鐘客心還惜去新月挂樓西

送張相公出征

得意在中年登壇秉國權漢推周勃重晉讓趙宣賢儒德尼邱降兵鈐太白傳援毫飛鳳藻發匣吼龍泉歷火金難耗零霜桂益堅從來稱玉潔此更讓朱妍鴛鷺臻門下貔貅擁帳前去知清朔漠行不費陶甄獻畫符中旨推誠契上元願將班固筆書頌勒燕然

題鄭山人郊居

谷口今逢辟世才入門瀟灑絶塵埃漁舟下釣乘風去藥醞留賓待月開數片石從青嶂得一條泉自白雲來竹軒相對無言語盡日南山不欲迴

題宣州延慶寺益公院

嘿坐能除萬種情臘高兼有賜衣榮講經舊說傾朝聽登殿曾聞降輦迎幽徑北連千嶂碧虛窗東望一川平長年門外無塵客時見元戎駐旆旌

寄當陽袁皓明府

高人爲縣在南京竹遶琴堂水遶城地古既資攜酒興務閑偏長看山情松軒待月僧同坐藥圃尋花鶴伴行百里甚堪留惠愛莫教空說魯恭名

送杜郎中入茶山修貢

一道澄瀾徹底清仙郎輕棹出重城採蘋虛得當時稱述職那同此日榮劍戟步搖高嶂黑綺羅光動百花明謝公攜妓東山去何以乘春奉詔行

送鄭谷

春江瀲瀲清且急春雨濛濛密復疎一曲狂歌兩行淚送君兼寄故鄉書

沈顏

顏字可鑄德清人天復初登進士第授校書郎入吳爲淮南巡官累遷禮儀使兵部郎中仕至翰林學士知制誥著有陵陽集 十國春秋顏少

有詞藻琴奕皆臻神境時人爲之語曰下水船言爲文精速無不載也性閒淡不樂世利常疾當世文章浮靡倣古著書百篇曰聲書凡十卷自序云孟軻以後千餘年儒者咸未有聞焉天厭其極付在鄙子其誇誕如此又有解聲書十五卷大紀賦一卷登華旨象刑解待辨讒國諸文及宣州重建小廳記行曲全唐詩話頗有題縣令池傳眞化洽亭云前有淺山屹然如屏後有卑嶺繚然如城跨池左右足以建亭斯亭何有化洽而成

書懷寄友人

江湖勞遍尋祗自長愁襟到處慵開口何人可話心登樓得句遠望月抒情深卻憶山齋後猨聲相伴吟

王希羽

希羽池州人天復元年登進士第授秘書省

正字後與楊夔康駢客於田頵詩一卷五代詩話荀鶴遇知於朱溫送名春官于裴贄侍郎下第八人登科大順三年正月十日荀鶴生日也九華王希白羽士獻詩云按此出洞微志一作希白羽士一又作羽

贈杜荀鶴及第

金榜曉懸生世日玉書潛記上升時九華山色高千尺未必高於第八枝

黃冠道人

道人不知其名自云鍾離人十國春秋高祖行密改元開國時廣陵殷盛士庶駢闐道人狀如病狂手持一竿竿頭懸一木刻爲鯉魚形行歌於市云云其類此意者凡數十章時人莫能曉後徐知誥禪代復姓李氏其言始應

歌

盟津鯉魚肉爲角濠梁鯉魚金刻鱗盟津鯉魚死欲盡濠梁鯉魚始驚人

橫排三十六條鱗個個圓如紫磨眞爲甚竿頭挑著定世間難遇識魚人

郭仁表夢中道士

夢中辭稽神錄僞吳春坊吏郭仁表居台城北甲寅歲得疾沈痼夢道士衣金花紫帔入坐堂上仁表初不甚收因問疾何時可愈道士色厲曰甚則有之既瘖疾甚復夢前道士至因叩頭遜謝道士色解索紙筆書授之因爾病愈

飄風暴雨可思惟鶴望巢門歛翅飛吾道之宗正可

依萬物之先數在茲不能行此欲何爲

雲表

雲表唐末於豫章講法華慈恩大疏法席稱善

寒食日

寒食悲看郭外春野田無處不傷神平原纍纍添新塚半是去年來哭人

歸仁

歸仁唐末江南僧住京洛靈泉

自遣

日日爲詩苦誰論春與秋一聯如得意萬事總忘憂
雨墮花臨砌風吹竹近樓不吟頭也白任白此生頭

牡丹

三春堪惜牡丹奇半倚朱欄欲綻時天下更無花勝
此人間偏得貴相宜偷香黑蟻斜穿葉覷蕊黄蜂倒
挂枝除卻解禪心不動等應狂殺五陵兒

隱巒

隱巒唐末匡廬僧

牧童

牧童見人俱不識盡著芒鞋戴箬笠朝陽未出衆山

晴露滴蓑衣猶半濕二月三月時平原草初緑三箇
五箇騎羸牛前村後村來放牧笛聲纔一舉衆稚齊
歌舞看看白日向西斜各自騎牛又歸去

蜀中送人遊廬山

君遊正值芳春月蜀道千山皆秀發溪邊十里五里
花雲外三峯兩峯雪君上匡山我舊居松蘿抛擲十
年餘君行試到山前問山鳥只今相憶無

逢老人

路逢一老翁兩鬢白如雪一里二里行四回五回歇

浮橋

横壓驚波防浸溺當初元創是軍機行人到此全無
滯一片江雲蹋欲飛

冷然

冷然唐末僧

宿九華化成寺莊

佛寺孤莊千嶂間我來詩境强相關巖邊樹動猨下
澗雲裏錫鳴僧上山松月影寒生碧落石泉聲亂噴
潺湲明朝更躡層霄去誓共烟霞到老閑

修睦

修睦光化中爲洪州僧正與貫休處默棲隱

爲詩友

秋日閒居

是事不相關誰人似此閒卷簾當白晝移榻對青山
野鶴眠松上秋苔長雨間岳僧頻有信昨日得書還

宿岳陽開元寺

竟夕憑虛檻何當興歎頻往來人自老今古月常新
風逆沉魚唱松疎露鶴身無眠鐘又動幾客在迷津

送邊將

人盡有離別而君獨可嗟言將身報國敢望祿榮家
戰思風吹野鄉心月照沙歸期定何日塞北樹無花

雪中送人北遊

然知心去速其柰雪飛頻莫喜無危道雖平更陷人

遠郊光接漢曠野色通秦此去迢遙極卻迴應過春

落葉

雨過閑田地重重落葉紅翻思向春日肯信有秋風

幾處隨流水河邊亂暮空祇應松自立而不與君同

落花

一片又一片等閑苔面紅不能延數日開亦是春風

公子歌聲歇詩人眼界空遙思故山下徑雨兩三叢

題田道者院

入門空寂寂真是出家兒有行鬼不見無心人謂癡

古巖寒柏對流水落花隨欲別一何懶相從所恨遲

東林寺

欲去不忍去徘徊吟繞廊水光秋淡蕩僧好語尋常

碑古苔文疊山晴鐘韻長翻思南岳上欠此白蓮香

寄貫休上人

常語亦關詩常流安得知楚郊來未久吳地住多時

立月無人近歸林有鶴隨所居渾不遠相識偶然遲

喜僧友到

十年消息斷空使夢烟蘿高嶽幾時下洞庭何日過

瓶乾離澗久衲壞臥雲多意欲相留住游方肯舍麽

懷虛中上人

簷雨滴更殘思君安未安湘川聞不遠道路去尋難

吟鬢霜應蝕禪衣雪漸寒倚松因獨立一鳥下江干

睡起作

長空秋雨歇睡起覺精神看水看山坐無名無利身

偶吟諸祖意茶碾去年春此外誰相識孤雲到砌頻

賣松者

求利有何限將松入市來直饒人買去也向柳邊栽

細葉猶粘雪孤根尚惹苔知君用心錯舉世重花開

思齊己上人

同人與流俗相謂好襟靈有口不他說長年自誦經

送元泰禪師

水聲秋後石山色晚來庭客問修何法指松千歲青

去去去何住一盂兼一瓶水邊寒草白鳥外晚峯青

宿處林聞虎行時天有星回期誰可定浮世重看經

三生石

聖跡誰會得每到亦徘徊一尚不可得三從何處來

清宵寒露滴白晝野雲隈應是表靈異凡情安可猜

題僧夢微房

東海日未出九衢人已行吾師無事坐苔蘚入門生雨過閑花落風來古木聲天台頻說法石壁欠題名

秋臺作

獨上高樓上客情何物同孤雲無定處長日信秋風兄弟多年别關河此夕中到頭歸去是免使歎洪濛

簡寂觀

正同高士坐烟霞思著閒忙又是嗟碧岫觀中人似鶴紅塵路上事如麻石肥滯雨添蒼蘚杉老涵風落翠花莫道此間無我分遺民長在惠持家

懷故園

故園歸未得此日意何傷獨坐水邊草水流春日長

栖一

栖一武昌人

垓下懷古

緬想咸陽事可嗟楚歌哀怨思無涯八千子弟歸何處萬里鴻溝屬漢家弓指陣前爭日月血流垓下定龍蛇拔山力盡烏江水今古悠悠空浪花

武昌懷古

戰國城池盡悄然昔人遺迹遍山川笙歌罷歇幾多日臺榭荒涼七百年蟬響夕陽風滿樹鴈橫秋島雨漫天堪嗟世事如流水空見蘆花一釣船

甘露寺鬼

西軒詩 全唐詩吳王收復浙右之明年甘露寺僧夏夜月明持課俄見數鬼自西軒出坐定命酒南向一人衣南朝衣西向一人衣北虜衣北向一人衣縫掖衣東向一人衣朱衣清瘦多髯相顧言曰朝代雖殊古今一致時世命也知復何爲各述朱衣者平生句贊賞久之虜衣者曰請各徵囊時臨危一言以代絲竹可乎衆曰可於是各賦四句吟罷晨鐘鳴倏各散

趙壹能爲賦鄒陽解獻書可惜西江水不救轍中魚 虜衣者

偉哉橫海鱗壯矣垂天翼一旦失風水翻爲螻蟻食 縫掖衣者

功遂侔昔人保退無智力既涉太行險茲路信難陟 南朝衣者

握裏龍蛇紙上鸞逡巡千幅不將難顧雲已往羅隱耄更有何人逞筆端 朱衣者

九華山白衣

吟 五代史補晉昌唐進士隱九華山夜步林中有白衣丈夫戴紗巾貌孤俊年近五十循澗而來吟步自若將與之言未及而沒明日燕王問里人有識者曰是吳氏子舉進士善爲詩卒數年矣　河東記無名小鬼贈韋齊休詩云澗水濺濺流不絕芳草綿綿野花發自去自來人不知黃昏惟有青山月　與此互異未知孰是

澗水潺潺聲不絕溪隴茫茫野花發自去自來人不

知歸時惟對空山月

故臺城妓

詩全唐詩話金陵黃進士夢遇臺城故妓自云今爲吳神樂部其詩云云

歌罷玉樓月舞殘金縷衣勻鈿收迸節歛袋別重闈

網斷蛛猶識梁春燕不歸那堪迴首處江步野棠飛

維揚少年

答孟氏全唐詩維揚萬貞娶壽春坊孟氏爲妻美容質有詞藻貞商於外孟氏遊家園獨吟而泣云可惜花時節依然獨自遊無端兩行淚長祗對花流忽有少年貌甚秀麗踰垣求偶孟氏許而賦詩云誰家少年兒心中暗自欺不道終不可可卽恐郎知少年亦以詩答之云云遂私焉同處踰年而夫自外至孟氏憂且泣少年曰勿爾吾固知其不久也忽騰身而沒不知爲何怪

神女得張碩文君遇長卿逢時兩相得聊足慰多情

汪少微硯銘苕溪漁隱叢話東坡云余家有歙硯底有款識云吳順義元年處士汪少微銘云所頌者三物耳蓋硯與少微爲五耶

松摻凝烟楮英鋪雪毫穎如飛人間五絶

魚腹丹書吳郡漁人張胡子嘗于太湖中釣得一巨魚腹上有丹書字

九登龍門山三飲太湖水畢竟不成龍命負張胡子

卷二十三終

全五代詩卷二十四

羅江李調元雨村 編

南唐

前主李昇

前主姓李氏諱昇字正倫徐州人楊行密養爲子以乞徐溫初冒姓徐名知誥代溫秉政受楊氏禪僭帝位傳國三十九年廟號烈祖

雅言雜載昇少爲徐溫養子九歲詠燈詩云云溫歎賞遂不以常兒遇之　詩史李昇十歲詠竹詩曰棲鳳枝梢猶軟弱化龍形狀已依稀王霸之意已見一云元宗作　初李昇蓄異志欲有江南雪天會羣僚宋齊邱徐融等出令借雪取古人名以諷之惟齊邱稱旨融意欲挫昇昇大怒收而投之江昇日雪下紛紛便是白起齊邱日著履過街必須雍齒融日明朝日出爭奈蕭何　紀事先主以國用不足稅民閒鵝卵出雙子者柳花爲絮者有伶人獻詞云惟願普天多瑞慶柳條結絮鵝雙生

詠燈

一點分明値萬金開時惟怕冷風侵主人若也勤挑撥敢向尊前不盡心

二主璟

二主諱璟字伯玉昇子嗣立僭號改元保大初名景通後奉周正朔避廟諱改名璟降稱國主宋建隆二年卒其子從嘉乞還復帝號

太祖許之廟號元宗詩話廬山百花亭刊石有句云蒼苔迷古道紅葉辭朝霞元宗詩也江表志元宗割江之後金陵對岸即爲敵境因徙都豫章上每北顧忽忽不樂澄心堂承旨春裕多引屏風障之嘗自吟云靈槎思浩渺老鶴憶崆峒把遺李璟遊後湖賞蓮花作詩云云識者謂雜佳句然宮中有佳人頭非吉語也江表志上友愛之分備極天倫與太弟遂江王景逷齊王逵出處游宴未嘗相捨軍國之政同爲參泱保大五年元日大雪上詔太弟以下登樓展宴咸命賦詩徐鉉爲前後序太弟合爲一圖集名公圖繪曲盡一時之妙御容高冲古主之太弟以下侍臣法部絲竹周文矩主之樓閣宮殿朱澄主之雪竹寒林董源主之池沼會魚徐崇嗣主之圖成無非絶筆侍宴詩謾記數篇御詩云云　南唐書王感化善謳歌聲韻悠揚清振林木　繫樂部爲歌板色元宗嘗作浣溪沙二闋手寫賜感化曰菡萏香消翠葉殘西風愁起碧波間還與容光共憔悴不堪看細雨夢回清漏永小樓吹徹玉笙寒簌簌淚珠多少恨倚闌干手捲眞珠上玉鈎依前春恨鎖重樓風裏落花誰是主思悠悠青鳥不傳雲外信丁香空結雨中愁回首綠波春色暮接天流後主即位感化以其詞札上之後主感慟賞賜感化甚優　溫叟詩話李璟有詞云捲眞珠上玉鈎後人改作珠簾此非知音者

浣溪沙曲

風壓輕雲貼水飛乍晴池館燕爭泥沈郎多病不勝衣沙上未聞鴻雁信竹間時聽鷓鴣啼此情惟有落花知

遊後湖賞蓮花

蓼花蘸水火不滅水鳥驚魚銀梭投滿目荷花千萬頃紅碧相雜敷清流孫武已斬吳宮女琉璃池上佳人頭

保大五年元日大雪同太弟景遂汪王景逷齊王景逵進士李建勳中書徐鉉勤政殿學士張義方登樓賦

珠簾高卷莫輕遮往往相逢隔歲華春氣昨宵飄律管東風今日放梅花素姿好把芳姿掩落勢還同舞勢斜坐有賓朋尊有酒可憐清味屬儂家

後主煜

煜字重光元宗璟子在位十有五年歸宋封違命侯開寶中封隴西公卒贈吳王嘗著雜說百篇翰府名談李後主作詩多悲感愁戚如髩從今日添新白菊是去年依舊黃之類　石林燕語江南李煜既降太祖嘗因曲燕問聞卿在國中好作詩因使舉其得意者一聯煜沉吟久之誦其詠扇云揖讓月在手搖動風滿懷上曰滿懷之風卻有多少他日復燕煜顧近臣曰好一個翰林學士野客叢書唐人詩句不一固有采取前人之意亦有偶然暗合者如許渾詩百年便作千年計李後主云人生不滿百剛作千年畫此類最多又李煜暮歲乘醉書於牖云萬古到頭歸一死醉鄉葬地有高原醒而見之大悔不久謝世　雪舟脞語後主浪淘沙詞云簾外雨潺潺春意闌珊羅衾不耐五更寒夢裏不知身是客一晌貪歡獨自莫凭闌無限關山別時容易見時難流水落花春去也天上人間含情悽惋又老學菴筆記李後主落花詩云鶯狂應有恨蝶舞已無多未幾下世詩

識蓋有之矣　馬書注後主樂府詞云故國夢初歸覺來雙淚垂又小樓昨夜又東風故國不堪回首月明中馬書乾德四年後主遣弟韓王從善入朝留京師後主表求從善還國不許自從善不還四時宴會皆罷登高賦交以見意曰原有鴒兮相從飛嗟嗟余季兮不歸來　瀛奎律髓冷笑秦王經遠略靜憐姬滿苦時巡後主詩也　海錄碎事日映仙雲薄秋高天碧深李後主句　方虛谷云李後主號能詩集中多有病詩憔悴衰颯宜其亡也如夜鼎唯煎藥朝髭半染霜病態知衰弱厭厭向五年之類　苕溪漁隱叢話西清詩話云南唐後主圍城中作長短句未就而城破櫻桃落盡春歸去蝶翻金粉雙飛子規啼月小樓西曲闌金箔惆悵卷金泥門巷寂寥人去後望殘烟草低迷余嘗見殘稾點染晦昧心方危窘不在書耳藝祖云李煜若以作詩工夫治國事豈爲吾虜也接此詞爲臨江仙集中有全篇末云爐香閑嫋鳳凰兒空持羅帶回首恨依依　希通錄東坡志林載李後主去國之詞云二十餘年家國數千里地山河鳳闕龍樓連霄漢玉樹瓊枝作烟蘿幾曾慣干戈一旦歸爲臣虜沈腰潘鬢消磨最是蒼皇辭廟日教坊猶奏別離歌揮泪對宮娥東坡謂後主當慟哭於九廟之下謝其民而後行卻乃揮淚宮娥聽教坊離曲哉直是養成兒女子態耳　江鄰幾雜志李後主作紅羅亭子四面栽紅梅花作艷曲歌之韓熙載和云桃李不誇爛熳已輸了風吹一半時淮南已歸周　喬氏眼淚洗面帖雪浪齋日記王介甫問山谷云李後主詞何處最佳山谷曰問君能有幾多愁恰似一江春水向東流介甫曰不如細雨濕流光最妙　癸辛雜識荊楚歲時記云黃姑織女時相見太白詩云黃姑與織女相去不盈尺是皆以牽牛爲黃姑然李後主詩云迢迢牽牛星杳在河之陽粲粲黃姑女耿耿遂相望若此則又以織女爲黃姑何耶　颯窗小牘李後主手題詩有不是祖龍留面目遺篇那得到今朝之句書卷皆薛濤紙所抄惟今朝誤作金朝徽廟惡

之以筆抹去後書竟如識入金也　馬令書周后傳昭惠周后殂後主自爲誄花朝月夕無不傷懷如書靈筵手巾云浮生苦憔悴壯歲失婵娟汁手遺香漬痕眉染黛烟書琵琶背云侁自肩如削難勝數縷條天香留鳳尾餘煖在檀槽觸物寓意類如此　宣和畫譜後主審音律善書畫其作大字卷帛而書之世謂撮襟書復喜作顫掣勢人又目其狀爲金錯刀及歸朝藝祖曰煜雖有文一翰林學士耳御府所藏有春草賦浩歌行中主璟草堂詩射丹詩古風詩三秋登高等詩招賢詩帖樂章羅帖羅府三雜文稿　孔帖云照照始潛輝龍燭便爭兼又九重開扇鵲四牖炳燈魚又游颺日已西肅穆寒初至皆後主句　五朝故事李煜時建康之旁多題日天水碧因煜之內人染碧夕露于中庭爲露所染其色尤好故名之尋而皇家蕩平之悉前兆也

浣溪沙曲

紅日已高三丈透金爐次第添香獸紅錦地衣隨步皺佳人舞點金釵溜酒惡時拈花蕊嗅別殿遙聞簫鼓奏

擣練曲

深院靜小庭空斷續寒砧斷續風無奈夜長人不寐數聲和月到簾櫳

雲鬟亂晚妝殘帶恨眉兒遠岫攢斜托香腮春筍嫩爲誰和淚倚闌干

羅敷豔歌

轆轤金井梧桐晚幾樹驚秋晝雨如愁百尺蝦鬚上

玉鈎瓊窗春斷雙蛾皺回首邊頭欲寄鱗游九曲寒波不泝流

春曉曲

曉妝初了明肌雪春殿嬪娥魚貫列鳳簫聲斷水雲閑重按霓裳歌徧徹臨風誰更飄香屑醉拍闌干情未切歸時休放燭花紅待踏馬蹄清夜月

漁父詞

浪花有意千里雪桃花無言一隊春一壺酒一竿身快活如儂有幾人

一櫂春風一葉舟一綸繭縷一輕鈎花滿渚酒滿甌萬頃波中得自由

望遠行

碧砌花光照眼明朱扉長日鎮長扃餘寒欲去夢難成爐香烟冷自亭亭遼陽月秣臨砧不傳消息但傳情黃金臺下忽然驚征人歸日二毛生

病中感懷

顦顇年來甚蕭條益自傷風威侵病骨雨氣咽愁腸夜鼎唯煎藥朝髭半染霜前緣竟何似誰與問空王

悼詩 仲宣卒後主哀甚然恐重傷昭惠帝歎坐飲泣而已因爲詩以寫志吟詠數四左右爲之泣下

永念難消釋孤懷痛自嗟雨深秋寂寞愁引病增加咽絕風前思昏濛眼上花空王應念我窮子正迷家

輓辭 宣城公仲宣後主子小字瑞保年四歲卒母昭惠先病哀苦增劇遂至於殂故後主輓辭并其母子悼之 二首

珠碎眼前珍花凋世外春未銷心裏恨又失掌中身玉笥猶殘藥香奩已染塵前哀將後感無淚可霑巾

艷質同芳樹浮危道略同正悲春落實又苦雨傷叢穠麗今何在飄零事已空沈沈無問處千載謝東風

梅花 後主嘗與周后移植梅花於瑤光殿之西及花時而后已殂因成詩見意

殷勤移植地曲檻小闌邊共約重芳日還憂不盛妍阻風開步障乘月溉寒泉誰料花前後蛾眉卻不全

九月十日偶書

晚雨秋陰酒乍醒感時心緒杳難平黃花冷落不成豔紅葉颼飀競鼓聲背世返能厭俗態偶緣猶未忘多情自從雙鬢斑斑白不學安仁卻自驚

秋鶯

殘鶯何事不知秋橫過幽林尚獨遊嫩綠百層傾耳聽深黃一點入烟流棲遲背世同悲魯瀏亮如笙碎在緱莫更留連好歸去露華淒冷蓼花愁 嫩綠百層本集詩作老舌百般

送鄧王二十弟從益牧宣城 後主自爲詩序以送之其畧云秋山滴翠暮壑澄空愛公此行暢乎遐覽

且維輕舸更遲遲別酒重傾惜解攜浩浪侵愁光蕩漾亂山凝恨色高低君馳檜楫情何極我凭闌干日向西咫尺烟江幾多地不須懷抱重淒淒

病中書事

病身堅固道情深宴坐清香思自任月照靜居惟擣藥門扃幽院只來禽庸醫嬾聽詞何取小婢將行力未禁賴問空門知氣味不然煩惱萬塗侵

病起題山舍壁

山舍初成病乍輕杖藜巾褐稱閑情爐開小火深回煖溝引新流幾曲聲暫約彭涓安朽質終期宗遠問無生誰能役役塵中累貪合魚龍構強名

梅花

失卻烟花主東君自不知清香更何用猶發去年枝

感懷 後主昭惠后周氏小字娥皇年二十九殂後主哀苦骨立杖而後起每於花朝月夕無不傷懷

又見桐花發舊枝一樓烟雨暮淒淒凭闌惆悵人誰會不覺潸然淚眼低

層城無復見嬌姿佳節纏哀不自持空有當年舊烟月芙蓉城上哭娥眉

賜宮人慶奴 墨莊漫錄云煜嘗書黃羅扇上至今藏在貴人家

風情漸老見春羞到處消魂感舊遊多謝長條似相識強垂烟態拂人頭

題金樓子後 并序

梁元帝謂王仲宣昔在荊州著書數十篇荊州壞盡焚其書今在者一篇知名之士咸重之見虎一毛不知其斑後西魏破江陵帝亦盡焚其書曰文武之道盡今夜矣何荊州壞焚書二語先後一轍也詩以慨之

牙籤萬軸裹紅綃王粲書同付火燒不是祖龍留面目遺篇那得到今朝

韓王從善

從善字子師元宗第七子宋改封楚國公

薔薇詩一首十八韻呈東海侍郎徐鉉

綠影覆幽池芳草四月時管弦朝夕興組繡百千枝盛引牆看偏高煩架屢移露輕濡綵筆蠡誤拂吟髭日照玲瓏幔風搖翡翠帷早紅飄蘚地狂蔓挂蛛絲嫩刺牽衣細新條窣草垂晚香難暫捨嬌態自相窺深淺分前後榮華互盛衰尊前留客久月下欲歸遲何處繁臨砌誰家密暎籬絳羅房燦爛碧玉葉參差分得殷勤種開來遠近知晶熒歌袖被柔弱舞腰支

宮麝誰將比庭萱自合嗤匀妝低水鑑泣淚滴煙霏
叢擬憑梁廣名宜亞楚姬寄君十八韻思拙媿新奇

吉王從謙

從謙元宗第九子後主母弟也風采峭整動有規誨喜爲律詩宋改封鄂國公清異錄載從謙常春日與妃侍遊宮中後圖妃侍觀桃花爛開意欲折而條高小黃門取綵梯獻時從謙乘駿馬擊毬乃引鞚至花底痛採芳菲顧謂嬪妾曰吾之騄耳梯何如　南唐拾遺記云宜春王從謙學晉二王楷法用宣城葛筆一枝酬十金勁妙甲于當時從謙號爲翹軒寶帚製撰多不具慕常戲作夏清侯傳甚稱于時

觀棋後主燕閒嘗與侍臣奕從謙南數歲侍側後主命賦觀棋詩

竹林二君子盡日竟沈吟相對雖無語爭先各有心
侍強知易失守分固難侵若算機籌處滄滄海未深

宋齊邱

齊邱字子嵩廬陵人洪州副使誠之子吳時累官右僕射平章事李昪代吳以齊邱爲丞相尋出鎭南軍節度璟嗣位召爲中書令顯德末放歸縊死南唐書烈祖爲昇州刺史時齊邱因騎將姚克瞻得見暇日陪讌賦此詩烈祖見養花如養賢及貞竹無盛衰之句奇之待以國士　西溪叢語紹興壬子夏登鳳凰臺有小碑在亭上云五言三十韻詩一首題鳳凰山亭子陳獻司空鄉貢進士宋齊邱上云云詩中有我欲烹長鯨四句皆欲颯其跋扈也而主終不聽不得意上表乞歸九華其畧云千秋載籍願爲知足之人九朶峯巒永作乞骸之客主知其詐也　吟窗雜錄齊邱詠影句云大似賢臣扶社稷遇明則見暗還藏

陪遊鳳凰臺獻詩

嵯峩壓洪泉岝峉撐碧落宜哉秦始皇不驅亦不鑿
上有布政臺八顧背城郭山蹙龍虎健水黑螭屈作
白虹欲吞人赤驥相搏擽畫棟泥金碧石路盤墝埆
倒挂哭月猨危立思天鶴鑿池養蛟龍栽桐棲鸑鷟
梁間燕教雛石罅蛇懸殼養花如養賢去草如去惡
日晚嚴城鼓風來蕭寺鐸掃地驅塵埃翦蒿除鳥雀
金桃帶葉摘綠李和衣嚼貞竹無盛衰媚柳先搖落
塵飛景陽井草合臨春閣芙蓉如佳人迴首似調謔
當軒有直道無人肯駐腳夜半鼠窸窣天陰鬼敲啄
松孤不易立石醜難安著自憐啄木鳥去蠹終不錯
晚風吹梧桐樹頭鳴嚗嚗峨峨江令石青苔何淡薄
不話興亡事舉首思眇邈吁哉未到此褊劣同尺蠖
籠鶴羨鳧毛猛虎愛蝸角一日賢太守與我觀橐籥
往往獨自語天地相唯諾風雲偶不來寰宇銷一略
我欲烹長鯨四海爲鼎鑊我欲取大鵬天地爲繒繳
安得生羽翰雄飛上寥廓

贈仰山慧度禪師

初聞如自解及見勝初聞兩鬢堆殘雪一身披斷雲
道應齊古佛高不揖吾君稽首清涼月蕭然萬象分

陪華林園試小妓羯鼓 湘山野錄齊邱爲僕射璟愛其才而知其不正一日宴華林獻羯鼓詩璟愈厭之

切斷牙敎鏤紫金最宜平穩玉槽深因逢淑景開佳
宴爲出花奴奏雅音掌底輕璁孤鵲噪枝頭乾快亂
蟬吟開元天子曾如此今日將軍好用心 時李璟爲諸衛將軍

韓熙載

熙載字叔言北海人後唐同光中登進士第
李昪建國用爲秘書郎璟嗣位拜虞部員外

郎史館修撰知制誥後主時終中書侍郎卒
謚文靖 湘山野錄熙載事江南三主時謂之神仙中人風采照物每縱轡春城秋苑人皆隨觀審音能舞善八分及畫筆皆絕制誥典雅有元和之風嚴僕射續位高寡學爲時所鄙江文蔚嘗作蟹賦譏續云口裏雖黃每失途於相沫腹中戈甲當聚衆以橫行續深赧之強自激昂以熙載有才名請撰其父神道碑欲苟稱譽取信於人以珍貨萬緡仍殷未勝衣一歌鬟質冠洞房者爲濡毫之贈熙載文既成但敍譜系品秩及薨葬褒贈之典而已續嫌之封還倘冀改竄熙載悉以向所贈及歌姬遣之題詩于泥金雙帶云云漁隱叢話裴虔餘云滿額鵝黃金縷衣翠翹浮動玉釵垂從教水濺羅襦濕疑是巫山行雨歸廣韻集韻類篇皆不同韻此詩爲落韻矣韓熙載云風柳搖搖無定枝云云既言陽臺又言蓬島何用事重疊如此二詩並載小說稱爲佳句余謂疵病如此殆非佳句也 吟窗雜錄熙載登樓句云幾人平地上看我半天中南唐近事熙載姬妾甚多不爲防閑往往私出侍客客賦詩云最是五更留不住向人枕畔著衣裳

感懷 馬書本傳熙載奉使中原爲感懷詩有僕本江北人云云或問江南何不食剝皮羊熙載曰江南地產羅紈故耳爾時猶不喻既去乃悟

僕本江北人今作江南客再去江北遊舉目無相識
金風吹我寒秋月爲誰白不如歸去來江南有人憶

奉使中原署壁

未到故鄉時將爲故鄉好及至親得歸爭如身不到
目前相識無一人出入空傷我懷抱風雨蕭蕭旅館
秋歸來窗下和衣倒夢中忽到江南路尋得花邊舊

居處桃臉蛾眉笑出門爭向前頭擁將去

書歌妓泥金帶

風柳搖搖無定枝陽臺雲雨夢中歸他年蓬島音塵
斷留取尊前舊舞衣

送徐鉉流舒州 時鉉弟鍇亦貶烏江尉

昔年悽斷此江湄風滿征帆淚滿衣今日重憐鶺鴒
羽不堪波上又分飛

馮延巳

延巳一名延嗣字正中廣陵人李璟爲元帥
時辟掌書記璟立拜翰林學士進中書侍郎

同平章事有陽春集詩史南唐元宗優待潘郎舊僚延已自元帥府書記至中書侍郎遂相時論以為非材江文蔚因其弟延魯福州亡敗請從退削乃出撫州秩滿還朝因赴內宴進詩曰青樓阿監應相笑書記登壇又卻回馬書曰本傳延已著樂章百餘闋其鶴冲天詞云曉月墜宿雲披銀燭錦屏闈建章鐘動玉繩低宮漏出花遲又歸國謠云云又元宗樂府一詞云小樓吹徹玉笙寒延已有鳳乍起吹皺一池春水閑引鴛鴦芳徑裏手挼紅杏蘂俱見稱於世又鬬鴨闌干獨倚碧玉搔頭斜墜終日望君君不至舉頭聞鵲喜調名謁金門皆為警策元宗嘗戲延已吹皺一池春水干卿何事延已曰未若陛下小樓吹徹玉笙寒元宗悅說郛南唐馮延已詞有鬬鴨闌干獨倚之句人疑鬬鴨未嘗鬬予按三國志孫權傳注引江表傳魏文帝使求鬬鴨羣臣奏無與權曰彼居諒陰中所求若此豈可與言禮哉具以與之新唐書齊王祐善養鬬鴨方未及時狸咋鴨四

十餘絕其頭去及敗牽連誅死者四十餘人則古蓋有之唐田令孜傳僖宗好鬬鷄數往六王宅興慶池與諸王鬬鵝直五千萬則已鵝亦能鬬也猶覺寮雜記梅用南枝事延已詞云北枝梅蘂犯霜開則南北枝事其來遠矣本傳延已與其弟延魯魏岑陳覺查文徽侵損時政時人謂之五鬼

薄命妾

春日宴綠酒一杯歌一遍再拜陳三願一願郎君千
歲二願妾身長健三願如同梁上燕歲歲長相見

醉瑤瑟曲

雙玉斗百瓊壺佳人歡飲笑喧呼麒麟欲畫時難偶
鷗鷺何猜興不孤歌婉轉醉模糊高燒銀燭臥流蘇
只銷幾覺懵騰睡身外功名任有無
日融融草芊芊黃鶯求友啼林前柳條嫋嫋拖金線
花蕊茸茸簇錦氈鳩逐婦燕穿簾狂蜂浪蝶相翩翩
春光堪賞還堪玩惱殺東風悞少年

早朝

銅壺滴漏初盡高閣鷄鳴半空吹起五門金鎖猶垂
三殿簾櫳階前御柳搖綠仗下宮花散紅鴛瓦數行
曉日鸞旗百尺春風侍臣舞蹈重拜聖壽南山永同

舞春風曲

嚴妝纔罷怨春風粉牆畫壁宋家東蕙蘭有恨枝猶
綠桃李無言花自紅燕燕巢時羅幕卷鶯鶯啼處鳳
樓空少年薄倖知何處每夜歸來春夢中

卷二十四終

全五代詩卷二十五

羅江李調元雨村 編

南唐

李建勳

建勳字致堯隴西人少好學能屬文尤工詩南唐主李昪鎭金陵用爲副使預禪代之策拜中書侍郎同平章事昪元五年放還私第嗣主璟召拜司空尋以司徒致仕賜號鍾山公集二十卷馬書本傳建動以司徒致仕賜號鍾山公先是宋齊邱退居青陽號九華先生未幾一徵而起時論薄之建動因爲詩以見志曰桃花流水須相信不學劉郎去又來　建動博覽經史其爲詩清淡平易見稱于時　南唐近事馮延魯出師閩中催督軍糧急如星火李建動寄詩云粟多未必爲全計師老須防有伏兵旣而果爲越人所敗及歸還司空累表乞致政自稱鍾山公詔授司徒不起學士湯悅致狀賀之建動以詩答曰空徒猶不作爭敢作司徒幸有山公號如何不見呼又建動鎭臨川日九江帥周宗以書來訴以赴鎭日近器用儀注或闕欲輟臨川者李冠醉批一絕句云偶能阿衡來典郡固無聞物可應官馮君爲報周公道莫作尋常刺史看　青瑣集建動年八十謁朱齊邱于洪州題信果觀壁云春來流水漲而活曉起西山勢似行王洞主人經坳在攜竿步步就長生歸高安無病而卒　南唐書方術傳李子善吹中管當座吹噓聲韻悠揚清入晉漢元宗聞其名未獲召見李建動以詩送之曰匀如春澗長流水怨似秋枝欲斷蟬可惜人間容易聽清聲不到御樓前　詩話總龜建動鎭臨川賞牡丹有小吏捧硯舉止有士人風公曰學詩乎對曰纔親筆硯因令口占一篇有云三月能辭千日醉一生能得幾回看公奇之勉令就學因成詩名全唐詩建動有柏梁隔句韻詩云不喜長亭柳枝枝疑送君惟憐北窗下樹樹解留人圓鈌都如月東西只似雲愁看離席散歸盃動行塵又有送八分書與友人繼以詩云跙踊爲詩跙踊書不封將去寄仙都仙翁拍手應相笑得似秦朝次仲無　吟窗雜錄建動有留別鍾山句云偏尋雲壑重題石欲下山門更倚松

迎神曲

攂蠻鼉吟塞笛女巫結束分行立空中再拜神且來
滿奠椒漿齊獻揖陰風窣窣吹紙錢妖巫瞑目傳神
言與君降福爲豐年莫教賽祀虧常筵

惜花寄孫員外

朝始一枝開暮復一枝落只恐雨淋漓又見春蕭索
侵晨結駟攜酒徒尋芳踏盡長安衢思量少壯不自
樂他年白頭空歎吁

白雁

東溪一白雁毛羽何皎潔薄暮浴清波斜陽共明滅
差池失羣久幽獨依人切旅食賴菰蒲單棲怯霜雪
邊風昨夜起顧影空哀咽不及牆上烏相將繞雙闕

感故府二首

戚戚復戚戚期懷安可釋百年金石心中路生死隔

新墳應草合舊地空苔色白日燈熒熒凝塵滿几席
悒悒復悒悒思君安可及永日在堦前披衣隨風立
高樓暮角斷遠樹寒鴉集惆悵幾行書遺蹤墨猶濕

春陰

老雨不肯休東風勢還作未放草蒙茸已遣花蕭索
浮生何勞苦觸事妨行樂寄語達生人須知酒勝藥

細雨遥懷故人

江雲未散東風暖溟濛正在高樓見細柳緣堤少過
人平蕪隔水時飛燕我有近詩誰與和憶君狂醉愁
難破昨夜南窗不得眠閑堦點滴迴燈坐

中酒寄劉行軍

甚矣頻頻醉神昏體亦虛肺傷徒問藥髮落不盈梳
戀寢嫌明室脩生媿道書西峯老僧語相勸合何如

早春寄懷

家山歸未得又是看春過老覺光陰速閑悲世路多
風和吹岸柳雪盡見庭莎欲向東溪醉狂眠一放歌

春日東山草堂作

身閑贏得出天氣漸喧和蜀馬登山穩南朝古寺多
早花微弄色新酒欲生波從此唯行樂閑愁奈我何

春日小園晨看兼招同舍

最有杏花繁枝枝若手搏須知一春促莫厭百迴看
鳥囀風潛息蜂遲露未乾可容排飲否兼折贈頭冠

春日病中

纔得歸閑去還教病卧頻無由全勝意終是負青春
綠柳漸拂地黃鶯始喚人方爲醫者勸斷酒已經旬

毆妓

自爲專房甚怱怱有所傷當時心已悔徹夜手猶香
恨枕堆雲髻啼襟搵月黃起來猶忍惡翦破繡鴛鴦

踏青罇前

斯君速行樂不要旋還家永日雖無雨東風自落花

詩毫黏酒淡歌袖向人斜薄暮忘歸路垂楊噪亂鴉

正月晦日

莫倦尋春去都無百日遊更堪正月過已是一分休
泉暖聲纔出雲寒勢未收晚來重作雪翻爲杏花愁

惜花

白髮今如此紅芳莫更催預愁多日謝翻怕十分開
點滴無時雨荒涼滿地苔閑堦一桮酒惟待故人來

金谷園落花

愁見清明後紛紛蓋地紅惜看難過日自落不因風
蝶散餘香在鶯啼半樹空堪悲一尊酒從此似西東

柳花寄宋明府

每愛江城裏青春向盡時一迴新雨歇是處好風吹
破石黏蟲網高樓樸酒旗遙知陶令宅五樹正離披

送人

相見未逾月堪悲遠別離非君誰顧我萬里又南之
雨過清明日花陰杜宇時愁看挂帆處鷗鳥共遲遲

閑遊

攜酒復攜觴朝朝一似忙馬諳頻到路僧借舊眠床
道勝他圖薄身閑白日長扁舟動歸思高處見滄浪

送翰鍊師歸茅山

休糧知幾載臉色似桃紅半醉離城去單衣行雪中
水聲茅洞曉雲影石房空莫學秦時客音書便不通

春日金谷園

火急召親賓歡遊莫厭頻日長徒似歲花過卽非春
晚雨來何定東風自不勻須知三箇月不是負芳晨

夏日酬祥松二公見訪

多謝空門客時時出草堂從容非有約淡薄不相忘
池映春篁老簷垂夏果香西峯正清霽自與拂吟床

懷贈操禪師

嘗憶曹溪子龕居面碧嵩杉松新夏後雨雹夜禪中
道匪因經悟心能向物空秋來得音信又在剡山東

閑居秋思呈祥松二公

秋光雖卽好客思轉悠哉去國身將老流年雁又來
葉紅堆晚徑菊冷藉空罍不得師相訪難將道自開

賦得冬日青溪草堂

莫道無幽致常來到日西地雖當北闕天與設東溪
疎葦寒多折驚鳧去不齊坐中皆作者長愛覓分題

溪齋

水木遶吾廬搴簾晚檻虛衰條寒露鵲幽果落驚魚
愛酒貧還甚趨時老更疎乖慵自有素不是忽簪裾

小園

小園吾所好栽植忘勞形晚果經秋赤寒蔬近社青
竹蘿荒引蔓土井淺生萍更欲從人勸憑高置草亭

宿山房

石窗燈欲盡松檻月還明就枕渾無睡披衣卻出行
巖高泉亂滴林動鳥時驚倏忽山鐘曙喧喧僕馬聲

金陵所居青溪草堂閑興

窗外皆連水杉松欲作林自憐趨競地獨有愛閑心
素壁題看遍危冠醉不簪江僧暮相訪簾卷見秋岑

寄魏郎中

碌碌但隨羣蒿蘭任不分未嘗矜有道求過向吾君逸駕秋壽寺長歌醉望雲高齋紙屏古塵暗北山文

病中書懷寄王二十六

落葉滿山州閑眠病未瘳窗陰連竹枕藥氣染茶甌路匪人遮去官須自覺休焉宜更贏老扶杖作公侯

採菊

簇簇竟相鮮一枝開幾番味甘資麴蘖香好勝蘭蓀古道風搖遠荒籬露壓繁盈筐時採得服餌近知門

孤雁

欲食不敢食合栖猶未栖聞風亦驚過避繳恨飛低

水闊緣湘困雲寒過磧迷悲鳴感人意不見夜烏啼

贈送致仕郎中

鶴立瘦稜稜鬚長白似銀衣冠皆古製氣貌異常人聽雪添詩思看山滯酒巡西峯重歸路唯許野僧親

宿友人山居寄司徒相公二首

雨雪正霏霏令人不憶歸地爐僧坐暖山枿火聲肥隔紙烘茶蘂移鐺剩芋衣知君在霄漢此興得還稀

郢客相尋夜荒庭雪灑蒿虛堂看向曙吟坐共忘勞溪凍聲全滅燈寒焰不高他人莫相笑未易會吾曹

田家三首

畢歲知無事兵銷復舊丁竹門桑徑狹春日稻畦青犬吠隈籬落雞飛上碓桯歸田起缺思蛙叫草冥冥

不識城中路熙熙樂有年木槃擎社酒瓦鼓送神錢霜落牛歸屋禾收雀滿田遙陂過秋水閑閣釣魚船

長愛田家事時時欲一過垣籬樹皆槿廳院亦堆禾病果因風落寒蔬向日多遙聞數聲笛牛晚下前坡

新竹

嫋嫋薰風軟涓涓湛露光參差仙子仗迤邐羽林槍迥去侵花地斜來破蘚牆籜乾猶抱翠粉膩若塗裝逕曲莖難數陰疎葉未長懶嫌吟客倚甘畏夏蟲傷

映水如爭立當軒自著行北亭尊酒興還爲此君狂

歸燕詞

羽翼勢雖微雲霄亦可期飛翻自有路鴻鵠莫相嗤待侶臨書幌尋泥傍藻池銜人穿柳徑捕蝶遶花枝廣廈來應偏深宮去不疑離梁聲上下烟浦影參差舊地人潛換新巢雀謾窺雙雙暮歸處疎雨滿江湄

題魏壇二首

不過王眞傳道要曾看眞誥亦何爲舊碑經亂沉荒澗靈篆因耕出故基蛙黽自喧澆藥井牛羊閑過放生池蕭條夕景空壇畔朽檜枝斜綠蔓垂

一尋遺跡到仙鄉雲鶴沈沈思渺茫丹井歲深生草木芝田春廢臥牛羊雨淋殘畫摧荒壁鼠引飢蛇落壞梁薄暮欲歸仍佇立菖蒲風起水泱泱

東樓看雪

一上高樓醉復醒日西江雪更冥冥化風吹火全無氣平望惟松別露青臘內不妨南地少夜長應得小窗聽因思舊隱匡廬日閑看杉欏掩石扃

落花

惜花無計又花殘獨遶芳叢不忍看暖豔動隨鶯翅落冷香愁雜燕泥乾綠珠倚檻魂初散巫峽歸雲夢又闌忍把一尊重命樂送春招客亦何歡

春雪

南國春寒朔氣迴霏霏還阻百花開全移暖律何方去似誤新鶯昨日來平野旋銷難蔽草遠林高綴卻遮梅不知金勒誰家子只待清明賞帝臺

重戲和春雪寄沈員外

誰道江南要雪難牛春猶得倚樓看卻遮遲日偷鶯暖密灑西風借鶴寒散漫不容梨豔去輕明應笑玉華乾和來瓊什雖無敵且是儂家比興殘

春日尊前示從事

州中案牘魚鱗密界上軍書竹節稠眼底好花渾似雪甕頭春酒漫如油東君不爲留遲日清鏡唯知促白頭最覺此春無氣味不如庭草解忘憂

尊前

官爲將相復何求世路多端早合休漸老更知春可惜正歡唯怕客難留雨催草色還依舊晴放花枝始自由莫厭百壺相勸倒免教無事結閑愁

薔薇二首

萬蘂爭開照檻光詩家何物可相方錦江風撼雲霞碎仙子衣飄黼黻香裛露早英濃壓架背人狂蔓暗穿牆綵牋蠻榼旬休日欲召親賓看一場

拂簷拖地對前墀蝶影蜂聲爛熳時萬倍馨香勝玉蘂一生顏色笑西施忘歸醉客臨高架恃寵佳人索好枝將並舞腰誰得及惹衣傷手盡從伊

殘牡丹

腸斷題詩如執別芳因愁更繞闌鋪風飄金蘂看全落露滴檀英又暫蘇失意婕妤妝漸薄背身妃子病難扶迴看池館春休也又是迢迢看畫圖

春雨二首

春霖未免妨遊賞唯到詩家自有情花徑不通新草

合蘭舟初動曲池平淨綠高樹莓苔色飢集虛廊燕雀聲閑憶昔年爲客處悶留山館阻行行

蕭蕭春雨密還疎景象三時固不如寒入遠林鶯翅重暖抽新麥土膏虛細濛臺樹微兼日潛漲漣漪欲動魚唯稱乖慵多睡者掩門中酒覽閑書

醉中惜花更書與諸從事

公退尋芳已是遲莫因他事更來稀未經旬日唯憂落算有開時不合歸歡檻宴餘風裹裹閑園吟散雨霏霏高樓鼓絶重門閉長爲抛迴恨解衣

和判官喜雨

去禱山川尚未還雲雷尋作遠聲寒人情便似秋登悅天色休勞夜起看高檻氣濃藏柳郭小庭流擁沒花壇須知太守重牆內心極農夫望處歡

離闕下日感恩

二年塵冒處中台喜得南歸退不才卽路敢期皇子送出關猶有御書來未知天地恩何報翻對江山思莫開斜日葦汀凝立處遠波微颭翠如苔

春水

萬派爭流雨過時晚來春靜更逶迤輕鷗散遠夫差國遠樹微分夏禹祠青岸漸平濡柳帶舊溪應暖負

尊絲風鬟倚檝誰家子愁看鴛鴦望所之

蝶

粉蝶翩翩若有期南園長是到春歸閑依柳帶参差起困傍桃花獨自飛潛被燕驚還散亂偶因人逐入簾幃晚來欲雨東風急迴看池塘影漸稀

中春寫懷寄沈彬員外

省從騎竹學謳吟便殢光陰役此心寓目不能閑一日閉門長勝得千金窗懸夜雨殘燈在庭掩春風落絮深唯有故人同此興近來何事嬾將尋

鍾山寺避暑

樓臺雖少景何深滿地青苔勝布金松影晚留僧共坐水聲閑與客同尋清涼會擬歸蓮社沈湎終須棄竹林長愛寄吟經案上石窗秋霽向千岑

道林寺

雖向鍾峯數寺連就中奇勝出其間不教幽樹妨閑地別著高窗向遠山蓮沼水從雙澗入客堂僧自九華還無因得結香燈社空向王門玷玉班

和致仕沈郎中

欲謀休退尙因循且向東溪種白蘋謬應星辰居四輔終期冠褐作閑人城中隔日趨朝嬾楚外千峯入

夢類殘照晚庭沈醉醒靜吟斜倚老松身

閑出書懷

閑遊何用問東西寓興皆非有所期斷酒只攜僧共去看山從聽馬行遲溪田雨漲禾生耳原野鶯啼黍熟時應有交親長笑我獨輕人事鬢將衰

寺居陸處士相訪感懷卻寄二三友人

湘寺閑居亦半年就中昨夜好潸然人歸遠岫疎鐘後雪打高杉古屋前投足正逢他國亂冥心未解祖師禪爐烟向冷孤燈下唯有寒吟到曙天

春雪

隨風竟日勢漫漫特地繁於故歲看幽槲凍黏花屋重短簷斜濕燕巢寒閑聽不寐詩魂爽淨喫無厭酒肺乾莫道便爲桑麥藥亦勝焦涸到春殘

惜花

淡淡西園日又垂一尊何忍負芳枝莫言風雨長相促直是晴明到幾時心破只愁鶯踐落眼穿唯怕客來遲年年使我成狂叟腸斷紅牋幾首詩

登昇元閣

登高始覺太虛寬白雪須知唱和難雲渡瑣窗金牓濕月移珠箔水精寒九天星象簾前見六代城池直下觀唯有上層人未到金烏飛過拂闌干

宮詞

自遠凝旒守上陽舞衣頓減舊朝香簾垂粉閣春將盡門掩梨花日漸長草色深濃封輦路水聲低咽轉宮牆君王一去不迴駕皓齒青蛾空斷腸

晚春送牡丹

攜觴邀客遶朱闌腸斷殘春送牡丹風雨數來留不得離披將謝忍重看氛氳蘭麝香初減零落雲霞色漸乾借問少年能幾許不須推酒厭杯盤

歲暮晚泊望廬山不見因懷岳僧呈察判

貪程只爲看廬阜及到停舟恨頗濃雲暗半空藏萬仞雪迷雙瀑在中峰林端莫辨曾遊路鳥際微聞向暮鐘長愧昔年招我入共尋香社見芙蓉

重臺蓮

斜倚秋風絕比倫千英和露染難勻自爲祥瑞生南國誰把丹青寄北人明月幾宵同綠水牡丹無路出紅塵憐伊不算多時立贏得馨香暗上身

和元宗元日大雪登樓

紛紛忽降當元會著物輕明似月華狂灑玉墀初散絮密黏宮樹未妨花迴封雙闕千尋峭冷壓南山萬

仍斜窗意傳來中使出御題先賜老僧家

遊棲霞寺

養花天氣近平分瘦馬來敲白下門曉色未開山意遠春容猶淡月華昏琅琊冷落存遺跡籬舍稀疎帶舊村此地幾經人聚散只今王謝獨名存

春詞

日高閑步下堂階細草春莎沒繡鞋折得玫瑰花一朶憑君簪向鳳凰釵

竹

瓊節高吹宿鳳枝風流交我立忘歸最憐琴瑟斜陽

下花影相如滿客衣

清明日

他皆攜酒尋芳處我獨關門好靜眠唯有楊花似相覓因風時復到牀前

宮詞

宮門長閉舞衣閑略識君王鬢便斑卻羨落花春不管御溝流得到人間

獨夜作

佳人一去無消息夢覺香殘愁復入空庭悄悄月如霜獨倚闌干伴花立

補遺

贈趙學士

常欽趙夫子遠作五侯賓見面到今日操心如古人醉同華席少吟訪野僧頻寂寂長河畔荒齋與廟鄰

留題愛敬寺

野性竟未改何以居朝廷空爲百官首但愛千峰青南風新雨後與客攜觴行斜陽惜歸去萬壑啼鳥聲

闕下偶書寄孫員外

長安驅馳地貴賤共悠悠白日誰相促勞生自不休鳳翔雙闕曉蟬噪六街秋獨有南宮客時來話釣舟

送王郎中之官吉水

南望廬陵郡山連五嶺長吾君憐遠俗從事輟名郎移戶多無土春蠶不滿筐惟應勞贊畫溪峒話彊梁

醉中詠梅花

十月清霜尚未寒雪英重疊已如摶還悲獨詠東園裏老作南州刺史看北客見皆驚節氣郡僚癡欲望杯盤文親罕至長安遠一醉如泥豈自歡

梅花寄所親

一氣才新物未知每慚青律與先吹雪霜迷素猶嫌早桃杏雖紅且後時雲鬢自粘飄處粉玉鞭誰指出

牆枝老夫多病無風味只向樽前詠舊詩

雪有作

霏霏弈弈滿寒空況是難逢値臘中未白已堪張宴會漸繁偏好去簾櫳庭莎易集看盈地池柳難裝旋逐風長愛清華入詩句預愁遲日放消融

遊宋興寺東巖

幾年不到東巖下舊住僧亡屋亦無寒日蕭條何物在朽松經燒石池枯

卷二十五終

全五代詩卷三十六

羅江李調元雨村 編

南唐

徐鉉

鉉字鼎臣廣陵人十歲能屬文與韓熙載齊名江南謂之韓徐起家吳校書郎已事李昇父子試知制誥貶泰州司戶掾俄遷祠部郎中復知制誥召為太子右諭德遷中書舍人後主時除禮部侍郎通署中書省事歷尚書右丞兵部侍郎翰林學士御史大夫吏部尚書歸宋為直學士院給事中散騎常侍湻化初坐累黜靜難軍司馬卒有騎省集三十卷

隱居詩話梅聖俞贈鄰居詩壁隙透燈光籬根分井口徐鉉亦有喜李少保卜鄰云井泉分地脉砧杵共秋聲此句尤閑遠也　隆平集李穆使江南見鉉及其弟鍇文章嘆曰二陸不及也　騎省集鉉嘗奉御札賦茱萸詩御札云新酒初熟偶與鄭王諸公開嘗於清晏堂廡之間既覽秋物復矚霜牋因賦茱萸一題以遣此時之興卿鴻才敏思不可獨醒宜應急徵同賦前旨鉉因進詩云萬物慶西成茱萸獨擅名芳排紅結小香透夾衣輕宿露霑猶重朝陽照更明長和菊花酒高晏奉西清又和御製詩末云今朝聖藻偏流詠黃菊無由敢鄰又太子宏冀元宗長子母為光穆皇后先是民間謠曰有一真人在冀川開口張弓向外邊乃名以應之以埇難功立為太子顯德六年九月薨謚文獻鉉有挽詩

云出處成交讓經綸有大功淚碑瓜步北棠
樹蒜山東百揆方時敍重離遂不融故臣偏
感咽會是歎三窮　十國春秋昭惠后寵嬖
專房創爲高髻纖裳及首翹鬢朶之妝雪夜
酣飲立命箋綴邀醉舞破又有懨來遲破念
家山破故霓裳羽衣曲久不傳后得殘譜以
琵琶奏之遂復聞於世鉉知音聞於國工曹
生問曰法曲終則緩此乃反急何也曹生曰
舊譜寔緩宮中有人易之非吉徵也鉉有坐
中應制柳枝詞云長愛龍池二月時毿毿金
線弄春姿假饒葉落枝空後更有梨園笛裏
吹又新春花柳近芳姿偏愛垂楊拂地枝天
子偏教詞客賦宮中要唱洞簫詞凝碧池頭
蘸翠漣鳳皇樓畔簇晴烟新詞欲詠知難詠
說與雙成又管絃後果以乾德二年十一月
甲戌卒年二十有九　詩史後主繼后周氏
昭惠后女弟開寶元年冊立行親迎禮民間
觀者萬人先是后寢疾小周后已入宮中后
偶褰幔見之怨至死面不外向後主製樂府
豔其事詞云花明暗籠輕霧今宵好向郎邊

去剗襪步香階手提金縷鞋畫堂南畔見一
餉偎人顫好爲出來難教君恣意憐詞甚狎
昵頗傳於外至納后乃成禮而已翼日大宴
羣臣韓熙載以下皆作詩諷焉而後主不之
譴也徐鉉有納后夕侍宴詩云時平物茂歲
功成重翟排雲到玉京四海未知春色至今
宵先入九重城又銀燭金爐禁漏移月輪初
照萬年枝造舟已似文王事卜世應同八百
期　翟耆年籀史徐鉉鼎臣從李煜歸朝爲
銀青光祿大夫右散騎常侍太平興國中李
煜薨詔侍臣撰神道碑有欲中傷鉉者奏曰
吳王事莫若徐鉉爲詳遂詔鉉撰鉉泣曰臣
舊事李煜陛下容臣存故主之義乃敢奉詔
太宗許之鉉但推言歷數有盡天命有歸而
已其警句云東鄰構禍南箕扇疑投杼致慈
親之惑乞火無鄰婦之詞始勞因壘之師終
後塗山之會太宗覽之稱歎不已異日復見
鉉所撰吳王挽詞尤加歎賞每對宰臣稱鉉
之忠義與王挽詞三篇今傳者二首其一曰
倏忽千齡盡冥茫萬事空青松洛陽陌白草

建康宮道德還文在興衰自古同愛恩無補
報反袂泣途窮其二曰土德承餘烈江南廣
舊恩一朝人事變千古信書存哀挽周原道
銘旌鄭國門此生雖未死寂寞已消魂鉉被
詔撰江南錄故有信書之句東鄰謂錢俶也
○玉壺清話騎省挽年詩愈工游木蘭亭云
蘭舟破浪城陰直玉勒穿花苑樹深歸泉州
云三朝恩澤馮唐老萬里江關賀監歸宿山
寺云落宿依樓
角歸雲擁殿廊

拋毬樂辭二首

歌舞送飛毬金觥碧玉籌管弦桃李月簾幕鳳凰樓
一笑千場醉浮生任白頭
灼灼傳花枝紛紛度畫旂不知紅燭下照見彩毬飛
借勢因期尅巫山暮雨歸

酬郭先輩

太原郭夫子行高文炳蔚弱齡負世譽一舉游月窟
仙籍第三人時人故稱屈昔余吏西省傾蓋名籍籍
及我竄羣舒向風心鬱鬱歸家暮江上雲霧一披拂
雷雨不下施猶作池中物念君介然氣感時思奮發
示我數篇文與古爭馳突綵縟粲英華理深刮肌骨
古詩尤精奧史論皆宏拔舉此措諸民何憂民不活
吁嗟吾道窮與世長迂闊顧我徒有心數奇身正絀
論兵屬少年經國須儒術夫子無自輕蒼生正愁疾

題伏龜山北隅

茲山信岑寂陰厓積蒼翠水石何必多宛有千巖意
孰知近人境且暮含佳氣池影搖輕風林光澹新霽
支頤藉芳草自足忘世事未得歸去來聊爲宴居地

詠梅子眞送郭先輩

忠臣本愛君仁人本愛民甯知貴與賤豈計名與身
梅生爲一尉獻疏來君門君門深萬里金虎重千鈞
向來且不用況復論子眞拂衣遂長往高節邈無鄰
至今仙籍中謂之梅眞人郭生負逸氣百代繼遺塵
進退生自知得喪吾不陳斯民苟有幸期子一朝伸

送薛少卿赴青陽

我愛陶靖節吏隱從絃歌我愛費徵君高臥歸九華
清風激頹波來者無以加我志兩不遂漂淪浩無涯
數奇時且亂此圖今愈賒賢哉薛夫子高擧凌晨霞
安民郎是道投足皆爲家功名與權位悠悠何用誇
攜朋出遠郊酌酒藉平沙雲收遠天靜江潤片帆斜
離懷與企羨南望長杳嗟

送高起居之涇縣

右史罷朝歸之官句水湄別我行千里送君傾一巵
酒罷長歎息此歎君應悲亂中吾道薄鄉族舊人稀
胡爲佩銅墨去此白玉墀吏事豈所堪民病何可醫
藏用清其心此外愼勿爲縣郭有佳境千峰溪水西
雲樹香迴合巖巒互蔽虧彈琴坐其中世事吾不知
時時寄書札以慰長相思

玉笥山留題

仙鄉會應遠王事知何極征傳莫辭勞玉峰聊一息
形骸已消散心想都凝寂眞氣自清虛非關好松石
九仙皆積學洞壑多遺跡遊子歸去來胡爲但征役

迴至南康題紫極宮裒道士房

王事信靡盬飲水安足辭胡爲擁征傳乃至天南陲
天南非我鄉留滯忽踰時還經羽人家豁若雲霧披
何以寬吾懷老莊有微詞達士無不可至人豈偏爲

客愁勿復道爲君吟此詩

孟君別後相續寄書作此酬之

多病怯煩暑短才憂近職跂足北窗風遙懷浩無極
故人易成別詩句空相憶尺素寄天涯淦江秋水色

奉詶度支陳員外

古來賢達士馳騖唯羣書非禮誓弗習違道無與居
儒家若迂濶遂將世情疏吾友嗣世德古風藹有餘
幸遇漢文皇握蘭佩金魚俯視長沙賦栖栖將焉如

北使還襄邑道中作

九月三十日獨行梁宋道河流激似飛林葉翻如掃程遙苦晝短野迥知寒早還家亦不閑要且還家了

右省僕射後湖亭閑宴鉉以宿直先歸賦詩留獻

湖上一陽生盧亭啟高宴楓林煙際出白鳥波心見主人忘貴達座客容疏賤獨慚殘照催歸宿明光殿

月眞歌（廣陵妓人翰林殷舍人所錄攜之乖訪筵上贈此）

揚州勝地多麗人其間麗者名月眞月眞初年十四五能彈琵琶善歌舞風前弱柳一枝春花裏嬌鶯百般語揚州帝京多名賢其間賢者殷德川德川初秉

綸闈筆職近名高常罕出花前月下或遊從一見月眞如舊識門庭深院移資宅宅門嚴峻無凡客垂簾偶坐唯月眞調弄琵琶郎爲拍殷郎一旦過江去鏡中嬾作孤鸞舞朝雲暮雨鎖相隨石頭城下還相遇二月三月江南春滿城濛濛起香塵隔牆試聽歌一曲乃是資賢宅裏人絲窗繡幌天將曉殘燭依依香裊裊離腸卻慮苦多情軟帳熏籠空悄悄殷郎去冬入翰林九霄官署轉深沉人間想望不可見唯向月眞存舊心我慚闒茸何爲者長感餘光每相假陋巷蕭條正掩扉相攜訪我衡茅下我本山人愚且貞歌筵飲席常無情自從一見月眞後至今贏得顛狂名殷郎月眞聽我語少壯光陰能幾許良辰美景數追隨莫教長說相思苦

酬喬亞元舍人長歌（亞元舍人不替深知猥貽佳作三篇清絕不敢輕酬因爲長歌聊以爲報末竟得子喬校書示問故兼寄陳君庶資一笑爾）

海陵城裏春正月海畔朝陽照殘雪城中有客獨登樓遙望天邊白銀闕白銀闕下何英英雕鞍繡轂趨承明閶門曉闢旌旗影玉墀風細佩環聲此處追飛皆俊彥當年何事容疏賤懷鉛晝坐紫微宮焚香夜直明光殿王言簡靜宮司閑朋好殷勤多往還新亭

風景如東洛圻嶺林泉似北山光陰暗度盃盂裏職業未妨談笑間有時邀賓復攜妓造門不問都非是酣歌叫笑驚四鄰賦筆縱橫動千字任他銀箭轉更籌不怕金吾司夜吏可憐諸貴賢且才時情物望兩無猜伊余獨稟狂狷性禍量多言仍薄命吞舟可漏豈無恩負乘自貽非不幸一朝削跡爲遷客旦暮青雲千里隔離鴻別鴈各分飛折柳攀花兩無色盧龍渡口問迷津瓜步山前送暮春（去年三月三十日瓜步阻風）白沙江上曾行路青林花落何紛紛漢皇昔幸回中道（昇元中巵駕東遊之路）極目牛羊臥芳草舊宅重游盡隙荒故人

相見多衰老禪智寺山光橋風瑟瑟兮雨蕭蕭行盃已醒殘夢斷征途未極離魂消海陵郡中陶太守相逢本是隨行舊乍申拜起已開眉卻問辛勤還執手精廬水榭最清幽一稅征車聊駐留閉門思過謝來客知恩省分寬離憂郡齋勝境有後池山亭菌閣互參差有時虛左來相召舉白飛觴任所爲多才太守能撾鼓醉送金船問歌舞酒酣耳熱眼生花暫似京華歡會處歸來旅館還端居清風朗月夜窗虛騷騷流景歲云暮天涯望斷故人書春來憑檻方歎息仰頭忽見南來翼足繫紅箋墮我前引頸長鳴如有言

開緘試讀相思字乃是多情喬亞元短韻三篇皆麗絕小梅寄意情偏切（亞元詩云借問小梅應得信春風新自海邊來此篇尤嘉）金蘭投分一何堅銀鉤置袖終難滅醉後狂言何足奇感君知己不相遺長卿曾作美人賦元成今有責躬詩（鉉去春醉中贈醉妓長歌酷爲喬君所賞來篇所引故以謝之）報章欲託還京信筆拙紙窮情未盡珍重芸香陳子喬亦解貽書遠相問甯須買藥療羈愁只憾無書消鄙吝（子喬問藥物所要又問置新書故有此句）游處當時靡不同歡娛今日兩成空天子尚應鄰賈誼時人未要嘲揚雄曲終筆閣緘封已翩翩驛騎行塵起寄向中朝謝故人爲說相思意如此

白鷺洲送陳使君

白鷺洲邊江路斜輕鷗接翼滿平沙吾徒來送遠行客停舟爲爾長歎息酒旗漁艇兩無猜月影蘆花鎮相得離筵一曲怨復清滿座銷魂鳥不驚人生不及魚禽樂安用虛名上麟閣同心攜手今如此金鼎丹砂何寂寞天涯後會眇難期從此又應添白髭願君不忘分飛處長保翩翩潔白姿

早春左省寓直

旭景鑾臺上微雲象闕間時清政事少日永直官閑遠籟飛簫管零冰響珮環終軍年二十默坐叩元關

寒食宿陳公塘上

垂楊界官道茅屋倚高坡月下春塘水風中牧豎歌折花閑立久對酒遠情多今夜孤亭夢悠揚奈爾何

將過江題白沙館

少長在維揚依然認故鄉金陵佳麗地不道少風光稍望吳臺遠行登楚塞長殷勤語江嶺歸夢莫相妨

早春旬假獨直寄江舍人

省署皆歸沐西垣公事稀詠詩前砌立聽漏向申歸遠思風醒酒餘寒雨濕衣春光已堪採芝蓋共誰飛

賦得綵燕

縷綵成飛燕迎和啓蟄時翠翹生玉指繡羽拂文楣
誰費銜泥力無勞剪瓜期化工今在此翻怪社期遲

送史館高員外使嶺南

東觀時閑暇遠修喻蜀書雙旌馳縣道百越從軺車
桂蠹晨飡罷貪泉訪古餘春江多好景莫使醉吟疏

春日紫巖山期客不至

郊外春華好人家帶碧谿淺莎藏鴨戲輕靄隔鷄啼
掩映紅桃谷賓緣翠柳堤王孫竟不至芳草自萋萋

愛敬寺有老僧嘗遊長安言秦雍間事歷歷可聽因贈此詩兼示同行客

白首棲禪者嘗談灞滻游能令過江客偏起失鄉愁
室倚桃花嶠門臨杜若洲城中無此景將子剩淹留

寄和州韓舍人

急景駸駸度遙懷處處生風頭乍寒暖天色半陰晴
久別魂空斷終年道不行殷勤雲上鴈爲過歷陽城

春分日

仲春初四日春色正中分綠野裵回月晴天斷續雲
鷰飛猶箇箇花落已紛紛思婦高樓晚歌聲不可聞

謝文靜墓下作（時閩嶺用師契丹陷梁汞）

越徼稽天討周京亂虜塵蒼生何可奈江表更無人

豈憚尋荒壟猶思認後身春風白楊裏獨步淚霑巾

和明道人宿山寺

聞道經行處山前與水陽磬聲深小院燈影迥高房
落宿依樓角歸雲擁殿廊羨師閑未得早起逐班行

晚歸

著服道情出煙街薄暮還風清飄短袂馬健弄連環
水靜聞歸櫓霞明見遠山過從本無事從此涉旬閒

聞鴈寄故人

久作他鄉客深慚薄宦非不知雲上鴈何得每年歸
夜靜聲彌怨天空影更微往年離別淚今夕重霑衣

寒食日作

廚冷煙初禁門閑日更斜東風不好事吹落滿庭花
過社紛紛燕新晴淡淡霞京都盛遊觀誰訪子雲家

歐陽太監雨中視決堤因墮水明日見於省中因戲之

聞道張晨蓋徘徊石首東濬川非伯禹落水異三公
哀溺仍愁雨冠欹更怯風今朝復相見疑是葛仙翁

送吳郎中爲宣州推官知涇縣

征虜亭邊月雞鳴伴客行可憐何水部今事謝宣城
風物聊共賞班資莫繫情同心不同載留滯爲浮名

寄舒州杜員外

信到得君書知君巳下車粉闈情在否蓮幕與何如人望徵賢入余思從子居灊山眞隱地憑爲卜茅廬

賦得擣衣

江上多離別居人夜擣衣拂砧知露滴促杵恐霜飛漏轉聲頻斷愁多力自微裁縫見夢見腰帶定應非

九月三十夜雨寄故人

獨聽空堦雨方知秋事悲寂寥旬假日蕭颯夜長時別念紛紛起寒更故故遲情人如不醉定是兩相思

寄撫州鍾郎中 時王師敗績於閩中讀在建州

去載分襟後尋聞在建安封疆正多事鐏俎若爲歡都護空遺鏃明君欲舞干繞朝時不用非是殺身難

秋日盧龍村舍

罷卻人間事閒從野老遊樹聲村店晚草色古城秋獨鳥飛天外閒雲度隴頭姓名君莫問山木與舟虛

中書相公鷄亭閒宴依韻 李建勳

雨霽秋光晚亭虛野興迴沙鷗掠岸去谿水上堦來客傲風欹幘筵香菊在盃東山長許醉何事憶天臺

寄饒州王郎中效李白體

珍重王光嗣交情尚在不蕪城連宅住楚塞並車游別後官三改年來歲六周銀鉤無一字何以緩離愁

臨石步港

碕岸縈紆帶微風起細漣綠陰三月後倒影亂峰前吹浪游鱗小黏苔碎石圓會將腰下組換取釣魚船

和江州江中丞見寄

賈傅南遷久江關道路遙北來空見鴈西去不如潮鼠穴依城社鴻飛在沉寥高低各有處不擬更相招

過江

別路知何極離腸有所思登艫望城遠搖櫓過江遲斷岸煙中失長天水際垂此心非橘柚不爲兩鄉移

泰州道中卻寄東京故人

風緊雨淒淒川迴岸漸低吳州林外近隋苑霧中迷聚散紛如此悲歡豈易齊料君殘酒醒還聽子規啼

陶使君挽歌二首

大守今何在行春去不歸筵空收管吹郊迴儼驂騑營外星纔落園中露已晞傷心梁上燕猶解向人飛

始憶花前宴笙歌醉夕陽那堪城外送哀挽逐歸艎鈴閣朝猶閉風亭日已荒唯餘還客淚霑灑後池傍

雪中作

賦分多情客經年去國心疎鐘寒郭晚密雪水亭深

影迴鴻投渚聲愁雀噪林他鄉一罇酒獨坐不成斟

寄從兄憲兼示二弟

別路吳將楚離憂弟與兄斷雲驚晚吹秋色滿孤城
信遠鴻初下鄉遙月共明一枝棲未穩迴首望三京

送荻栽與秀才朱觀

羨子清吟處茅齋面碧流解憎蓮豔俗唯欠荻花幽
鷺立低枝晚風驚折葉秋贈君須種取不必樹忘憂

常州驛中喜雨

颯颯旱天雨涼風一夕迴遠尋南畝去細入驛亭來
蓑唱牛初牧漁歌棹正開盈庭頓無事歸思酌金罍

驛中七夕

七夕雨初霽行人正憶家江天望河漢水館折蓮花
獨坐涼何甚微吟月易斜今年不乞巧鈍拙轉堪嗟

贈浙西妓亞仙 筵上作

翠黛顰如怨朱顏醉更春占將南國貌惱殺別家人
粉汗沾巡盞花鈿逐舞茵明朝綺窗下離恨兩殷勤

送劉山陽

舊族知名士朱衣宰楚城所嗟吾道薄豈是主恩輕
戰鼓何時息儒冠獨自行此心多感激相送若爲情

送黃秀才姑孰辟命

世亂離情苦家貧色養難水雲孤棹去風雨暮春寒
幕府才方急騷人淚未乾何時王道泰萬里看鵬摶

送王四十五歸東都

海內兵方起離筵淚易垂憐君負米去惜此落花時
想憶看來信相寬指後期殷勤手中柳此是向南枝

送勲道人之建安

下國兵方起君家義獨聞若爲輕世利歸去臥溪雲
桂席衡嵐翠攜筇破蘚紋離情似霜葉江上正紛紛

和明上人除夜見寄

酌酒圍爐久愁襟黙自增長年逢歲暮多病見兵興

夜色開庭燎寒威入硯冰湯師無別念吟坐一燈凝

正初和鄂州邊郎中見寄

潦倒含香客淒涼賦鵩人未能全卷舌終擬學垂綸
故友暌離久音書問訊頻相思俱老大又見一年新

送劉司直出宰

之子有雄文風標秀不羣低飛從墨綬逸志在青雲
柳色臨流動春光到縣分賢人多靜理未爽醉醺醺

送朱先輩尉廬陵

我重朱夫子依然見古人成名無愧色得祿及慈親
莫歎官資屈甯論活計貧平生心氣在終任靜邊塵

送龔明府九江歸甯

茂宰㢘官去扁舟著綠衣溢城春酒熟康阜野花稀
解纜垂楊綠開帆宿鷺飛一朝吾道泰還逐落潮歸

步虛詞五首

氣爲還元正心由抱一靈凝神歸罔象飛步入青冥
整服乘三素旋綱躡九星瓊章開後學稽首奉眞經
天帝黃金闕眞人紫錦書霓裳紛蔽景羽服迥淩虛
白鶴能爲使班麟解駕車靈符終願借轉共世情疎
聖主過幽谷虛皇在蘂宮五千宗物母七字秘神童
世上金壺遠人間玉篇空唯餘養身法修此與天通

何處求元解人間有洞天勤行皆是道謫下尚爲仙
蔽景乘朱鳳排虛駕紫煙不嫌園吏傲願在玉宸前
三素霏霏遠盟威凜凜寒火鈴空滅没星斗繞闌干
佩響流虛殿爐煙在醮壇蕭寂不可極驂駕上雲端

宿茅山寄舍弟

茅許稟靈氣一家同上賓仙山空有廟舉世更無人
獨往誠違俗浮名亦累眞當年各自勉雲洞鎖長春

晚憩白鶴廟寄句容張少府

日入林初靜山空暑更寒泉鳴細巖竇鶴唳眇雲端
拂榻安棋局焚香戴道冠望君殊不見終夕凭闌干

和致仕張尚書新創道院

梓澤成新致金丹有舊情挂冠朝睡足隱几暮江清
藥圃分輕綠松窗起細聲養高甯厭病默坐對諸生
尚書時有瘖疾

京使迴自臨川得從兄書寄詩依韻和

珍重還京使殷勤話故人別離長挂夢寵祿不關身
趣向今成道聲華舊絕塵莫嗟容鬢老詩句逐時新

文獻太子挽歌詞五首

國有承祧重人今秉哲尊清風來望苑遺烈在東藩
此日升緱嶺何因到寢門天高不可問煙靄共昏昏

夏啓吾君子周儲上帝賓音容一飄忽功業自紛綸
露泣承華月風驚麗正塵空餘商嶺客行哭下宜春
百揆方時敘重離遂不融故臣偏感咽曾是歎三窮
出處成交讓經綸有大功淚碑瓜步北棠樹蒜山東
甲觀光音促園陵天地長簫笳咽無韻賓御哭相將
盛烈傳彝鼎遺文被樂章君臣知己分零淚亂無行
綵仗清晨出非同齒胄時愁煙鎖平甸朔吹繞寒枝
楚客來何補緱山去莫追迴瞻飛蓋處掩袂不勝悲

送王員宰德安

家世朱門貴官資粉署優今爲百里長應好五峰游

柳影連彭澤，湖光接庾樓。承明須再入，官滿莫淹留。

以端谿硯酬張員外水精珠兼和來篇

請以端谿潤，醻君水玉明。方圓雖異器，功用信俱呈。自得山川秀，能分日月精。巾箱各珍重，所貴在交情。

光穆皇后挽歌三首

山馭期難改，坤儀道自光。閟宮新表德，沙麓舊膺祥。

素柰堯門掩，凝笳畢陌長。東風慘陵樹，無復見親桑。

永樂留虛位，長陵啓夕扉。返虞嚴吉仗，復土掩空衣。功業投三母，光靈極四妃。唯應彤史在，不與露花晞。

隱隱閶門路，煙雲曉更愁。空瞻金輅出，非是濯龍游。

德感人倫正，風行內職修。還隨偶物化，同此思軒邱。

侍宴賦得歸鴈

夜靜羣動息，翩翩一鴈歸。清音天際遠，寒影月中微。何處雲同宿，長空雪共飛。陽和常借便，免與素心違。

又賦早春書事

苑裏芳華早，皇家勝事多。弓聲達春氣，弈思養天和。煖酒紅爐火，浮舟綠水波。雪晴農事起，擊壤聽賡歌。

春雪應制

繁陰連曙景，瑞雪洒芳辰。勢密猶疑臘，風和始覺春。縈林開玉蕊，飄座裛香塵。欲識宸心悅，雲謠慰兆人。

賦得秋汀晚照

落日照平流，晴空萬里秋。輕明動楓葉，點的亂沙鷗。罾網魚梁靜，篝簦稻穗收。不教行樂倦，冉冉下城樓。

和遊光睦院

寺門山水際，清淺照孱顏。客櫂晚維岸，僧房猶掩關。日華穿竹靜，雲影過堦閒。箕踞一長嘯，忘懷物我間。

和張少監舟中望蔣山

谿路向還背，前山高復重。紛披紅葉樹，間斷白雲峰。盡日慵移櫂，何年醉倚松。自知閒未得，不敢笑周顒。

奉御札賦茱萸詩（御札：新酒初熟，偶與鄭王諸公開嘗於清宴堂應之閒。既覽秋物，復矚霜殘，因賦茱萸一題，以遣此時之興。卿鴻才敏思，不可獨醒，宜應急徵同賦。前旨翰林學士臣徐鉉進詩云）

萬物慶西成，茱萸獨擅名。房排紅結小，香透夾衣輕。宿露霑猶重，朝陽照更明。長和菊花酒，高宴奉西清。

秋日泛舟賦蘋花

素豔擁行舟，清香覆碧流。遠煙分的的，輕浪泛悠悠。雨歇平湖滿，風涼運瀆秋。今朝流詠處，卽是白蘋洲。

明道人歸西林求題院額作此送之

昔從岐陽狩，簪纓滿翠微。十年勞我夢，今日送師歸。曳尾龜應樂，乘軒鶴謾肥。含情題小篆，將去挂巖扉。

送宣州邱判官

憲署游從阻平臺道路睽喜君馳後乘於此會仙槎

緩酌遲飛蓋微吟望綺霞相迎在春渚暫別莫咨嗟

禁中新月

今夕拜新月沉沉禁署中玉繩疏間彩金掌靜無風

節換知身老時平見歲功吟看北墀暝蘭燼墜微紅

棋賭賦詩輸劉起居 奐

刻燭知無取爭先素未精本圖忘物我何必計輸贏

賭墅終規利焚囊亦近名不如相視笑高詠兩三聲

後湖訪古各賦一題得西邸

南朝藩閫地八友舊招尋事往山光在春晴草色深

曲池魚自樂叢桂鳥頻吟今日中興運猶懷翰墨林

賦得霍將軍辭第

漢將承恩久圖勳肯顧私匈奴猶未滅安用以家為

郢匠雖聞詔衡門竟不移甯煩張老頌無待晏嬰辭

甲乙人徒費親鄰我自持悠悠千載下長作帥臣師

題畫石山

彼美巉巖石誰施黼藻功回巖明照地絕壁爛臨空

錦段鮮須濯羅屏展易窮不因秋蘚綠非假晚霞紅

羽客藏書洞樵人取箭風靈蹤理難問仙客去何通

返駕歸塵裏留情向此中迴瞻畫圖畔遙羨面山翁

賦得風光草際浮

宿露依芳草春郊古陌旁風輕不盡偃日早未晞陽

耿耿依平遠離離入望長映空無定彩飄逕有餘光

颭若荷珠亂紛如爛火颺詩人多感物凝思繞池塘

題碧巖亭贈孫尊師

絕境何人識高亭萬象含凭軒臨樹杪送目極天南

積靄生泉洞歸雲鎖石龕丹霞披翠巘白馬帶晴嵐

仙去留虛室龍歸漲碧潭幽巖君獨愛元味我會耽

世上愁何憾人間事久諳終須脫羈鞅來此會空談

送高舍人使嶺南

西掖官曹近南溟道路遙使星將渡漢仙棹乍乘潮

柳暎靈和折梅依大庾飄江帆風淅淅山館雨蕭蕭

陸賈眞迂闊終童久寂寥送君何限意把酒一長謠

和歙州陳使君見寄

新安風景好時令肅轅門身貴心彌下功多口不言

韜鈐家法在儒雅素風存簪履陪游盛鄉閭族化敦

臨窗山色秀繞郭水聲喧織絡文章麗矜嚴道義尊

樓臺秋月靜京庾晚雲屯曉吹傳衙鼓晴陽展信旛

一篇貽友好千里倍心論未見歸驂動空能役夢魂

依韻和令公大王薔薇詩

綠樹成陰後羣芳稍歇時誰將新濯錦挂向最高枝
卷箔香先入凭欄影任移賞頻嫌酒渴吟苦怕霜髭
架迥籠雲幄庭虛展繡帷有情縈舞袖無力罥游絲
嫩蘂鸎偷釆柔條柳半垂荀池波自照梁苑客嘗窺
王李尋皆謝金桃亦暗衰花中應獨貴庭下故開遲
委豔粧苔砌分華借槿籬低昂勻灼爍濃淡疊參差
幸値王宮裏仍逢宰府知芳心向誰許醉態不能支
芍藥天教避玫瑰衆共嗤光明烘晝景潤膩裛輕霏
麗似期神女珍如重衛姬君王偏屬詠士子盡搜奇

和門下殷侍郎新茶二十韻

暖吹入春園新芽競粲然才教鷹觜折未放雪花妍
荷杖青林下攜筐旭景前孕靈資雨露種秀自山川
碾後香彌遠烹來色更鮮名隨土地貴味逐水泉遷
力藉流黃暖形模紫筍圓正當鑽柳火遙想湧金泉
任道時新物須依古法煎輕甌浮綠乳孤竈散餘煙
甘薺非予匹宮槐讓我先竹孤空冉冉荷葉護田田
解渴消殘酒清神感夜眠十漿何足饋百榼盡堪捐
采擷唯憂晚營求不計錢任公因焙顯陸氏有經傳
愛甚眞成癖嘗多合得仙亭臺虛靜處風月豔陽天
自可臨泉石何妨雜管弦東山似蒙頂願得從諸賢

奉和右省僕射西亭高臥作

院靜蒼苔積庭幽怪石欹蟬聲當檻急虹影向簷垂
晝漏猶憐永叢蘭未覺衰疏篁巢翡翠折葦覆鸕鶿
對酒襟懷曠圍棋旨趣遲景皆隨所尚物各遂其宜
道與時相會才非世所羈賦詩貽座客秋事爾何悲

納后夕侍宴

天上軒星正雲間湛露垂禮容過渭水宴喜勝瑤池
彩霧籠花燭升龍肅羽儀君臣歡樂日文物盛明時
簾捲銀河轉香凝玉漏遲華封傾祝意觴酒與聲詩

哭刑部侍郎喬公詩 公臨終數日舍弟往候之怡然言曰吾往矣君兄弟可各爲一詩哭我翼日復告門生曰吾已得徐君兄弟許我詩餘無事矣其志忘死生也如此嗚呼絮酒之禮已隔平生挂劍之信永畀窮壤故以二章爲誌閟於九原其詩云

舉世重文雅夫君更質眞曾嗟混雞鶴終日異淄磷
詞賦離騷客封章諫諍臣襟懷道家侶標格古時人
逸老誠云福遺形未免貧求文空得草埋玉遂爲塵
靜想忘年契冥思接武晨連宵洽杯酒分日掌絲綸
盡篋書陳事遺孤託世親前賢同此歎非我獨霑巾

卷二十六終

全五代詩卷二十七

羅江李調元雨村　編

南唐

徐　鉉二

和元帥書記蕭郎中觀習水師

元帥樓船出治兵落星山外火旗明千帆日助江陵勢萬里風馳下瀨聲殺氣曉嚴波上鷁凱歌遙駭海邊鯨仲宣一作從軍詠迴顧儒衣自不平

宣威苗將軍貶官後重經故宅

蔣山南望近西坊亭館依然鎖院牆天子未嘗過細柳將軍尋已戍燉煌史萬歲嘗謫戍燉煌敧傾怪石山無色零落圓荷水不香爲將爲儒皆寂寞門前愁殺馬中郎

病題

人間多事本難論況是人間嬾慢人不解養生何怪病已能知命敢辭貧向空咄咄煩書字舉世滔滔莫問津金馬門前君識否東方曼倩是前身

送蒯司錄歸京亮

早年聞有蒯先生二十餘年道不行抵掌曾談天下事折腰猶悟俗人情老還上國歡娛少貧裏歸裝結束輕遷客臨流倍惆悵冷風黃葉滿山城

送郝郎中爲浙西判官

大藩從事本優賢幕府仍當北固前花繞樓臺山倚郭寺臨江海水連天恐君到即忘歸日憶我遊曾歷二年若許他時作閑伴殷勤爲買釣魚船

和鍾大監汎舟同游見示

潮溝橫趣北山阿一月三游未足多老去交親難暫捨閑中滋味更無過溪橋樹映行人渡村徑風飄牧豎歌孤櫂亂流偏有興滿川晴日弄微波

進雪詩

欲使新正識有年故飄輕絮伴春還近看瓊樹籠銀闕遠想瑤池帶玉關潤逐麳麰鋪綠野暖隨杯酒上朱顏朝來花萼樓中宴數曲賡歌雅頌間

登甘露寺北望

京口潮來曲岸平海門風起浪花生人行沙上見日影舟過江中聞櫓聲芳草遠迷揚子渡宿煙深映廣陵城游人鄉思應如橘相望須含兩地情

京口江際弄水

退公求靜獨臨川楊子江南二月天百尺翠屏甘露閣數帆晴日海門船波澄瀨石寒如玉草接汀蘋綠似煙安得乘槎更東去十洲風外弄潺湲

陳覺放還至泰州以詩見寄作此答之

朱雲曾爲漢家憂不怕交親作世仇狀氣未平空咄咄狂言無驗信悠悠今朝我作傷弓鳥卻羨君爲不繫舟勞寄新詩平宿憾此生心氣貫清秋

王三十七自京垂訪作此送之

失鄉遷客在天涯門掩苔垣向水斜只就鱗鴻求遠信敢言車馬訪貧家煙生柳岸將垂縷雪壓梅園半是花惆悵明朝尊酒散夢魂相送到京華

聞查建州陷賊寄鍾郎中

聞道將軍輕壯圖螺江城下委犀渠旌旗零落沉荒

服簪履蕭條返故居皓首應全蘇武節故人誰得李陵書自憐放逐無長策空使盧諶淚滿裾

寄外甥苗武仲

放逐今來漲海邊親情多在鳳臺前且將聚散爲閑事須信華枯是偶然蟬噪疎林村倚郭鳥飛殘照水連天此中唯欠韓康伯共對秋風詠數篇

送楊郎中唐員外奉使湖南

江邊微雨柳條新握節含香二使臣兩綬對懸雲夢日方舟齊泛洞庭春今朝草木逢新律昨日山川滿戰塵同是多情懷古客不妨爲賦弔靈均

送許郎中歙州判官兼黟縣舊宰涇縣許宣平亦黟人也

嘗聞黟縣似桃源況是優游冠珧筵遺愛非遙應臥理祖風猶在好尋仙朝衣舊識熏香史祿米初營種秫田大抵宦遊須自適莫辭離別二三年

邵伯埭下寄高郵陳郎中

故人相別動經年候館相逢倍慘然顧我飲冰難輟櫂感君扶病爲開筵河灣水淺翹秋鷺柳岸風微噪暮蟬欲識酒醒魂斷處謝公祠畔客亭前

謫居舒州累得韓高二舍人書作此寄之

三峰煙靄碧臨溪中有騷人理釣絲會友少於分袂

日謫居多卻在朝時丹心歷歷吾終信俗慮悠悠爾不知珍重韓君與高子殷勤書札寄相思

移饒州別周使君

正憐東道感賢侯何幸南冠脫楚囚睆伯臺前收別宴喬公亭下艤行舟四年去國身將老百郡徵兵主尚憂更向鄱陽湖上去青衫憔悴淚交流

避難東歸依韻和黃秀才見寄

戚戚逢人問所之東流相送向京畿自甘逐客紉蘭佩不料貧民著戰衣樹帶荒村春冷落江澄霽色霧霏微時危道喪無才術空手徘徊不忍歸

送黃梅江明府

封疆多難正經綸臺閣如何不用君江上又勞爲小邑篋中徒自有雄文書生膽氣人誰信遠俗歌謠主不聞一首新詩無限意再三吟詠向秋雲

和蕭郎中午日見寄

細雨輕風采藥時褰簾隱几更何爲豈知澤畔紉蘭客來赴城中角黍期多罪靜思如對蘗赦書纔聽似含飴謝公制勝常閑暇願接西州敵手棊

和太常蕭少卿近郊馬上偶吟

田園經雨綠分畦飛蓋閑行九里隄拂袖清風塵不起滿川芳草路如迷林開始覺晴天迥潮上初驚浦岸齊怪得仙郎詩句好斷霞殘照遠山西

又和

抱甕何人灌藥畦金街爲爾駐平堤村橋野店景無限綠水晴天思欲迷橫笛乍隨輕吹斷歸帆疑與遠山齊鳳城迴望眞堪畫萬戶千門蔣嶠西

和蕭少卿見慶新居

湘浦懷沙已不疑京城賜第豈前期鼓聲到晚知坊遠山色來多與靜宜簪履尚應憐故物稻粱空自媿華池新詩問我偏饒思還念鵷鶵得一枝

送從兄赴臨川幕

梁王籍寵就東藩還召鄒枚坐兎園今日好論天下事昔年同受主人恩石頭城下春潮滿金柅亭邊綠樹繁唯有音書慰離別一盃相送別無言

和江西蕭少卿見寄

亡羊岐路媿司南二紀窮通聚散三老去何妨從笑傲病來看欲懶朝參離腸似線常憂斷世態如湯不可探珍重加餐省思慮時時斟酒壓山嵐

和尉遲贊善秋暮僻居

登高節物最堪憐小嶺疏林對檻前輕吹斷時雲縹緲夕陽明處水澄鮮江城秋早催寒事望苑朝稀足晏眠庭有菊花尊有酒若方陶令媿前賢

陪鄭王相公賦筵前垂冰應教依韻

窗外虛明雪乍晴簷前垂霤盡成冰長廊瓦疊行行密晚院風高寸寸增玉指乍拈簪尚媿金階時墜磬難勝長餐堪醒曹參酒自恨空腸病不能

池州陳使君見示游齊山詩因寄

往歲曾游弄水亭齊峰濃翠暮軒橫哀猿出檻心雖喜傷鳥聞弦勢易驚病後簪纓殊寡興老來泉石倍關情今朝池口風波靜遥賀山前有頌聲

再領制誥和王明府見賀

蹇步還依列宿邊拱辰重認舊雲天自嗟多難飄零困不似當年膽氣全雖樹晚花疏向日龍池輕浪細含烟從來不解為身計一葉悠悠任大川

和方泰州見寄

逐客悽悽重入京舊愁新憾兩難勝雲收楚塞千山雪風結秦淮一尺冰置醴筵空情豈盡投湘文就思如凝更殘月落知孤坐遙望船窗一點星

嚴相公宅牡丹

但是豪家重牡丹爭如丞相閣前看鳳樓日暖開偏

早雞樹陰濃謝更難數朶已應迷國豔一枝何幸上塵冠不知更許憑欄否爛熳春光未肯殘

九日落星山登高

秋暮天高稻穟城落星山上會諸賓黃花汎酒依流俗白髮盈頭思古人崖影晚看雲出岫湖光遙見客垂綸風煙不改年長度終待林泉老此身

御筵送鄧王

禁裏秋光似水清林煙池上共離情暫移黃閣只三載卻望紫垣都數程滿座清風天子送隨車甘雨郡人迎綺霞閣上題詩在從此還應有頌聲

陳侍郎宅觀花燭

今夜銀河萬里秋人言織女嫁牽牛佩聲寥亮和金奏燭影熒煌映玉鉤座客亦從天子賜更籌須為主人留世間盛事君知否朝下鸞臺夕鳳樓

蒙恩賜酒旨令醉進詩以謝

明光殿裏夜迢迢多病逢秋自寂寥蠟炬乍傳丹鳳詔御題初認白雲謡今宵幸識衢尊味明日知停入閣朝為感君恩判一醉不煩辛苦解金貂

題梁王舊園

梁王舊館枕潮溝共引垂藤繫小舟樹倚荒臺風淅

淅草埋欹石雨修修門前不見鄒枚醉池上時聞鴈鶩愁節士逢秋多感激不須頻向此中游

觀吉王從謙花燭

王門嘉禮萬人觀況是新承置醴歡花燭喧闐丞相府星辰搖動遠遊觀歌聲暫闋閒宮漏雲影初開見露盤帝里佳期頻賦頌長留故事在金鑾

憶新淦觴池寄孟賓于員外

往年淦水駐行軒引得清流似月圓自有溪光還碧甃不勞人力遞金船潤滋苔蘚欺茵席聲入杉松當管弦珍重詩人頻管領莫教塵土咽潺潺

使浙西先寄獻燕王侍中

京江風靜喜乘流極目遥瞻萬歲樓喜氣蘢葱甘露晚水煙波淡海門秋五年不見鸞臺長明日將陪兔苑遊欲問平臺門下吏相君還取吐茵不

和張先輩見寄二首

去國離羣擲歲華病容憔悴媿丹砂谿連舍下衣長潤山帶城邊日易斜幾處垂鈎依野岸有時披褐到鄰家故人書札頻相慰誰道西京道路賒

清時淪放在山州邛竹紗巾處處遊野日蒼茫悲鵩舍水風陰濕弊貂裘雞鳴候旦甯辭晦松節凌霜幾

换秋兩首新詩千里道感君情分獨知邱

夢游

繡幌銀屏杳靄間若非魂夢到應難窗前人靜偏宜夜戶內春濃不識寒蘸甲遞觴纖似玉含詞忍笑膩於檀錦書若要知名字滿縣花開不姓潘

南國佳人字玉兒芙蓉雙臉遠山眉仙郎有約長相憶阿母無猜不得知夢裏行雲還倏忽暗中攜手乍疑遲因思別後閑窗下織得迴文幾首詩

和蕭少卿見慶新居

驚蓬偶駐知多幸斷鴈重聯愜素期當戶小山如舊識上牆幽蘚最相宜清風不去因栽竹隙地無多也鑿池更喜良鄰有嘉樹綠陰分得近南枝

送陳祕監歸泉州

風滿潮溝木葉飛水邊行客駐驂騑三朝恩澤馮唐老萬里鄉關賀監歸世路窮通前事遠半生談笑此心違離歌不識高堂慶特地令人淚滿衣

將去廣陵別史員外南齋

家聲曾與金張輩官署今居何宋間起得高齋臨靜曲種成奇樹學他山鴛鸞終日同醒醉蘿薜常時共往還賤子今朝獨南去不堪回首望清閒

從駕東肆諸公

吳公臺下舊京城曾掾衡門過十春別後不知新景象信來空問故交親宦游京口無高興習隱鍾山限俗塵今日喜爲華表鶴況陪鵷鷺免迷津

送魏舍人仲甫爲蘄州判官

從事蘄春興自長蘄人應識紫微郎山資足後拋名路蒓菜秋來憶故鄉以道卷舒猶自適臨戎談笑固無妨如聞郡閣吹橫笛時望青谿憶野王

題殷舍人宅木芙蓉

憐君庭下木芙蓉嫋嫋纖枝淡淡紅曉吐芳心零宿

露晚搖嬌影媚清風似含情態愁秋雨暗減馨香借
菊叢嘿飲數杯應未稱不知歌管與誰同

賦得有所思

所思何在杳難尋路遠山長水復深衰草滿庭空佇
立清風吹砌更長吟忘情好醉青田酒寄恨宜調綠
綺琴落日鮮雲偏聚散可能知我獨傷心

贈王貞素先生

先生嘗已佩眞形紺髮朱顏骨氣清道秘未傳鴻寶
術院深時聽步虛聲遼東幾度悲城郭吳市終應變
姓名三十六天皆有籍他年何處問歸程

游蔣山題辛夷花寄陳奉禮 本約陳同游不至

今歲游山已憾遲山中仍喜見辛夷簪纓且免全爲
累桃李猶堪別作期晴後日高偏照灼晚來風急漸
離披山郎不作同行伴折得何由寄所思

從兄龍武將軍沒於邊戍過舊營宅作

前年都尉沒邊城帳下何人領舊兵徼外瘴烟沉鼓
角山前秋日照銘旌笙歌卻返烏衣巷部曲皆還細
柳營今日園林過寒食馬蹄猶擬入門行

和王庶子寄題兄長建州廉使新亭

謝守高齋結搆新一方風景萬家情羣賢訝減山陰
會遠俗初聞正始聲水檻片雲長不去訟庭纖草轉
應生阿連詩句偏多思遙想池塘晝夢成

秋日雨中與蕭贊善訪殷舍人於翰林座中作

野出西垣步步遲秋光如水雨如絲銅龍樓下逢閒
客紅藥堦前訪舊知亂點乍滋承露處碎聲因想滴
蓬時銀臺鑰入須歸去不惜餘歡盡酒巵

送和州張員外爲江都令

經年相望隔重湖一旦相逢在上都塞詔官班聊慰
否埋輪意氣尚存無由來聖代憐才子始覺清風激
懦夫若向西岡尋勝賞舊題名處爲躊躕

除夜

寒燈耿耿漏遲遲送故迎新了不欺往事併隨殘歷
日春風寧識舊容儀預慙歲酒難先飲更對鄉儺羨
小兒吟罷明朝贈知己便須題作去年詩

寄鍾謨

看看潘鬢二毛生昨日林梢又囀鶯欲對春風忘世
慮敢言罇酒召時英假中西閣應無事筵上南威幸
有情不得車公終不樂已教紅袖出門迎

江舍人宅筵上有妓唱和州韓舍人歌辭因以
寄

艮宵絲竹偶成歡中有佳人俯翠鬟白雪飄飖傳樂府阮郎憔悴在人間清風明月長相憶佩蕙紉蘭早晚還深夜酒空筵欲散向隅惆悵鬢堪斑

賀殷游二舍人入翰林江給事拜中丞

清晨待漏獨徘徊霄漢懸心不易裁閣老深嚴歸翰苑夕郎威望拜霜臺青綾對覆蓬壺晚赤棒前驅道路開猶有西垣廳記在莫忘同草紫泥來

送歐陽大監游廬山

家家門外廬山路唯有夫君乞假遊案牘乍拋公署晚林泉已近暑天秋海潮盡處逢陶石江月圓時上庾樓此去蕭然好長往人間何事不悠悠

和蕭郎中小雪日作

征西府裏日西斜獨試新爐自煮茶籬菊盡來低覆水塞鴻飛去遠連霞寂寥小雪閑中過斑駮輕霜鬢上加筭得流年無柰處莫將詩句祝蒼華

寄歙州呂判官

任公郡占好山川谿水縈迴路屈盤南國自來推勝境故人此地作郎官風光適意須留戀祿秩資貧且喜歡莫憶班行重迴首是非多處是長安

附池州薛郎中書因寄歙州張員外

新安從事舊臺郎直氣多才不可忘一旦江山馳別夢幾年簪紱共周行政分出處何方是情共窮通此義長因附鄰州寄消息接輿今日信爲狂

寄江都路員外

吾兄失意在東都聞說襟懷任所如已縱乖慵爲傲吏有何關鍵制豪胥縣齋曉閉多移病南畝秋荒憶遂初知道故人相憶否稽康不得懶修書

送應之道人歸江西

曾騎竹馬傍洪崖二十餘年變物華客夢等閑過驛閣歸帆遥羨指龍沙名題小篆矜垂露詩作吳吟對綺霞歲暮定知迴未得信來憑爲寄梅花

送元帥書記高郎中出爲婺源建威軍使

寒風蕭瑟楚江南記室戎裝挂錦帆倚馬未曾忘笑傲斬牲先要厲威嚴危言昔日嘗無隱壯節今來信不凡唯有盃盤思上國酒醪甜淡菜蔬甘

寄江州蕭給事

夕郎憂國不憂身今向天涯作逐臣魂夢暗馳龍闕曙嘯吟閑繞虎谿春朝車載酒過山寺諫紙題詩寄野人惆悵儒夫何足道自離羣後已同塵

貶官秦州出城作

浮名浮利信悠悠四海干戈痛主憂三諫不從爲逐
客一身無累似虚舟滿朝權貴皆曾忤繞郭林泉已
徧游唯有戀恩終不改半程猶是望城樓

得浙西郝判官書未及報聞燕王移鎮京口因
寄此詩問方判官田書記消息

秋風海上久離居曾得劉公一紙書淡水心情長若
此銀鈎蹤迹更無如嘗憂座側飛鴞鳥未暇江中覓
鯉魚今日京吳見朱邸問君誰共曳長裾

九日雨中

茱萸房重雨霏微去國逢秋此慽稀目極暫登臺上

望心遥長向夢中歸荃蘪路遠愁霜早兄弟鄉遥羨
鴈飛唯有多情一枝菊滿盃顔色自依依

還過東都留守周公筵上贈座客

賈生三載在長沙故友相思道路賒已分終年甘寂
寞豈知今日返京華麟符上相恩偏厚隋苑留歡日
欲斜明旦江頭倍惆悵遠山芳草映殘霞

寄蕭給事 蕭江西致仕

危言危行古時人歸向西山臥白雲買宅尚尋徐處
士殯霞終訪許真君容顔别後應如故詩詠年來更
不聞今日城中春又至落梅愁緒共紛紛

贈泰州掾令狐克己 文公曾孫

念子才多命且奇亂中拋擲少年時深藏七澤衣如
雪却見中朝鬢似絲舊德在人終遠大扁舟爲吏莫
推辭孤芳自愛凌霜處詠取文公白菊詩

贈浙西顧推官

盛府賓寮八十餘閉門高臥興無如梁王苑裏相逢
早潤浦城中得信疏狠籍杯盤重會面風流才調一
如初願君百歲猶强健他日相尋隱士廬

迴至瓜州獻侍中

紫微垣裏舊賓從來向吳門謁府公奉使謬持嚴助

節登門初識魯王公笙歌隱隱違離後煙水茫茫悵
望中日暮瓜洲江北岸兩行清淚滴西風

送彭秀才

賈生去國已三年短褐閑行皖水邊盡日野雲生舍
下有時京信到門前無人與和投湘賦媿子來浮訪
戴船滿袖新詩好迴去莫隨騷客醉林泉

和集賢鍾郎中

石渠册府神仙署當用明朝第一人腰下别懸新印
綬座中皆是故交親龍池樹色供清景浴殿香風接
近鄰從此翻飛應更遠徧尋三十六天春

夢游

魂夢悠揚不奈何夜來還在故人家香濛蠟燭時時暗戶映屏風故故斜檀的慢調銀字管雲鬟低綴折枝花天明又作人間別洞口春深道路賒

卷二十七終

全五代詩卷二十八

羅江李調元雨村　編

南唐

徐鉉三

送彭秀才南游

問君孤棹去何之玉笥春風楚水西山上斷雲分翠靄林間晴雪入澄溪琴心酒趣神仙會道士山童手共攜他日時清更隨計莫如劉阮洞中迷

送龔員外赴江洲幕

煩君更上築金臺世難民勞藉俊才自有聲名馳羽檄不妨談笑奉罇罍元規樓迥清風滿匡俗山春畫障開莫忘故人離別憾海潮迴處寄書來

送陳先生之洪井寄蕭少卿

聞君仙袂指洪涯我憶情人別路賒知有歡娛游楚澤更無書札到京華雲開驛閣連江靜春滿西山倚漢斜此處相逢應見問爲言搔首望龍沙

和江西蕭少卿見寄

身遥上國三千里名在中朝二十春金印不須辭入幕麻衣曾此歎迷津卷舒由我眞齊物憂喜忘心即養神世路風波自翻覆虚舟無計得沉淪

題紫陽觀

南朝名士富仙才追步東鄉去不迴丹井自深桐暗老祠宮長在鶴頻來巖邊桂樹攀仍倚洞口桃花落復開惆悵霓裳太平事一函眞跡鏁昭臺

贈奚道士 名象

先生曾有洞天期猶傍天壇摘紫芝處世自能心混沌全眞誰見德支離玉霄塵閉人長在金鼎功成俗未知他日飈輪謁茅許願同鷄犬去相隨

題白鶴廟

平生心事向玄關一入仙鄉似舊山白鶴唳空晴眇眇丹沙流澗暮潺潺嘗嗟多病嫌中藥擬問眞經乞小還滿洞煙霞互陵亂何峰臺樹是蕭閒

和陳洗馬山莊新泉

已開山館待抽簪更要巖泉欲洗心常被松聲迷細韻忽流花片落高岑便疏淺瀨穿荒徑始有清光映竹林何日煎茶醖香酒沙邊同聽暝猿吟

奉和七夕應令

今宵星漢共晶光應笑羅敷嫁侍郎斗柄易傾離憾促河流不盡後期長靜聞天籟疑鳴佩醉折荷花想豔粧誰見宣猷堂上宴一篇淸韻振金鐺

又和八日

微雲疏雨淡新秋曉夢依稀十二樓故作別離應有以擬延更漏共無由那教人世長多恨未必天仙不解愁博望苑中殘酒醒香風佳氣獨遲留

和印先輩及第後獻座主朱舍人郊居之作

成名郊外掩柴扉樹影蟬聲共息機積雨暗封靑蘚徑好風輕透白練衣嘉魚始賦人爭誦荆玉頻收國自肥獨坐公廳正煩暑喜瞻新詠見玄微 印以南有嘉魚賦及第

和陳贊善致仕還京口

海門山下一漁舟中有高人未白頭已駕安車歸故里尚通閨籍在龍樓泉聲漱玉窗前落江色和煙檻外流今日君臣厚終始不須辛苦畫雙牛

送禮部潘尚書致仕還建安

名遂功成累復輕鱸魚因起舊鄉情履聲初下金華省帆影看離石首城化劍津頭尋故老同亭會上問仙卿冥鴻高舉眞難事相送何須淚滿纓 幔亭亦號同亭

和尉遲贊善病中見寄

仙郎移病暑天過卻似冥鴻避罻羅晝夢乍驚風動竹夜吟時覺露霑莎情親稍喜貧居近性懶猶嫌上

直多望苑恩深期勿藥青雲岐路未蹉跎

山路花

不共垂楊映綺寮依山臨路自嬌饒游人過去知香遠谷鳥飛來見影搖半隔煙嵐遥隱隱可堪風雨暮蕭蕭城中春色還如此幾處笙歌按舞腰

重游木蘭亭

繚繞長隄帶碧潯昔年游此尚青衿蘭橈破浪成陰直玉勒穿花苑樹深宦路塵埃成久別仙家風景有誰尋那知年長多情後重凭欄干一獨吟

宿蔣帝廟明日游山南諸寺

便返城闉尚未甘更從山北到山南花枝似雪春雖半桂魄如眉日始三松蓋遮門寒黯黯柳絲妨路翠毵毵登臨莫怪偏留戀游宦多年事事諳

和陰舍人蕭員外春雪

萬里春陰乍履端廣庭風起玉塵乾梅花嶺上連天白蕙草堦前特地寒晴去便爲經歲別與來何惜徹宵看此時鴛侶皆閑暇贈答詩成禁漏殘

寄蘄州高郎中

賈傳棲遲楚澤東蘭臯三度換秋風紛紛世事來無盡黯黯離魂去不通直道未能勝社鼠孤飛徒自歎冥鴻知君多少思鄉憾併在山城一笛中

正初答鍾郎中見招

高齋遲景雪初晴風拂喬枝待早鶯南省郎官名籍籍東鄰妓女字英英流年倏忽成陳事春物依稀有舊情新歲相思自過訪不須虛左遠相迎

病題

性靈慵嬾百無能唯被朝參遣夙興聖主優容恩未答丹經疏濶病相陵脾傷對客偏愁酒眼暗看書每媿燈進與時乖不知退可鄰身計謾騰騰

和鍾郎中送朱先輩還京垂寄

分司洗馬無人問辭客殷勤輟棹歌蒼蘚滿庭行徑小高梧臨檻雨聲多春愁盡付千杯酒鄉思遥聞一曲歌且共勝遊消永日西岡風物盡如何

陪王庶子游後湖涵虛閣

懸圃清虛乍過秋看山尋水上茲樓輕鷗的的飛難没紅葉紛紛晚更稠風卷微雲分遠岫浪搖晴日照中州躋攀况有承華客如在南皮奉聖遊

贈維楊故人

東京少長認維桑書劍誰教入帝鄉一事無成空放逐故人相見重淒涼樓臺寂寞官河晚人物稀疏驛

路長莫怪臨風惆悵久十年春色憶維揚

和明府見寄

時情世難消吾道薄宦流年厄此身莫歎京華同寂寞會經兵革共漂淪對山開戶唯求靜貰酒留賓不道貧善政空多尚淹屈不知誰是解憂民

奉使九華山中塗遇青陽薛郎中

故人相別動相思此地相逢豈素期九子峰前閒未得五谿橋上坐多時甘泉從幸余知忝宣室徵還子未遲且飲一杯消別憾野花風起漸披離

南都遇前嘉魚劉令言游閩嶺作此與之

我持使節經韶石君作閒遊過武夷兩地山光成獨賞隔年鄉思暗相知洪厓壇上長吟寂孺子亭前自別離珍重分岐一杯酒强加飡飯數吟詩

廬陵別朱觀先輩

桂籍知名有幾人翻飛相續上青雲解憐才子宵唯我遠作卑官尚見君嶺外獨持嚴助節宮中誰薦長卿文新詩試爲重高詠朝漢臺前不可聞

文彧少卿文山郎中交好深至二紀已餘暌別數年二子長逝奉使嶺表塗次南康弔孫氏之孤於其家覩文彧手書於僧室慷慨悲歎留題此詩

孫家虛座弔諸孤張叟僧房見手書二紀歡游今若此滿衣零淚欲何如腰間金印從如斗鏡裏霜華已滿梳珍重遠公應笑我塵心唯此未能除

送孟賓于員外還新淦

暫來城闕不從容卻佩銀魚隱玉峰雙澗水邊欹醉石九仙臺下聽風松題詩翠壁稱逋客采藥春畦狎老農野鶴乘軒雲出岫不知何日正相逢

右省僕射相公垂覽和詩復貽長句輒次來韻

西院春歸道思深披衣閒聽暝猿吟鋪陳政事留黃

閣偃息神機在素琴玉柄暫時疏末座瑤華頻復惠清音閒晴便作東山約共賞煙霞放曠心

十日和張少監

重陽高會古平臺吟徧秋光始下來黃菊後期香未減新詩捧得眼還開每因佳節知身老卻憶前歡似夢迴且喜清時屢行樂是非名利盡悠哉

和張少監晚菊

憶共庭蘭倚砌栽柔條輕吹獨依隈自知佳節終堪賞爲惜流光未忍開采擷也須盈掌握馨香還解滿罇罍今朝旬假猶無事更好登臨汎一杯

送馮侍郎

聞君竹馬戲毗陵誰道觀風自六卿今日聲明光舊物共看旌旆擁書生斬蛟橋下谿煙碧射虎亭邊草路清應念筵中倍離憾老來偏重十年兄

送蕭尚書致任歸廬陵

江海分飛二十春重論前事不堪聞主憂臣辱誰非我曲突徙新唯有君金紫滿身皆外物雪霜垂領更離羣鶴歸華表望不盡玉筍山頭多白雲

奉和子龍大監與舍弟贈答之什

江梁東觀兩優賢名主知臣豈偶然鴛鷺分行皆接

武金蘭同好共忘年懷恩未遂林泉約竊位空慙組綬懸多少深情知不盡好音相慰強成篇

奉和御製茱萸

臺畔西風御果新芳香精彩麗蕭辰柔條細葉粧治好紫蒂紅芳點綴勻幾朵得陪天上宴千株長作洞中春今朝聖藻偏流詠黃菊無由更敢鄰

送德邁道人之豫章

禪靈橋畔落殘花橋上離情對日斜顧我乘軒慙組綬羨師飛錫指煙霞樓中西嶺眞君宅門外南州處士家莫道空談便無事碧雲詩思更無涯

奉和官傳相公懷舊見寄四十韻

謝傅功成德望全鸞臺初下正蕭然摶風乍息三千里感舊重懷四十年西掖新官同賈馬南朝興運似開天文辭職業分工拙流輩班資讓後先每媿陋容勞刻畫長慚頑石費彫鐫晨趨綸掖吟春永夕會精廬待月圓立馬有時同草詔聯鑣幾處共成篇閒歌柳葉翻新曲醉詠桃花促綺筵少壯況逢時世好經過窗慮歲華遷雲龍得路須騰躍社櫟非材合棄捐再謁湘江猶是幸兩還宣室竟何緣已知瑕玷勞磨瑩又得宮司重接連聽漏分宵趨建禮從遊同召赴

甘泉雲開閶闔分臺殿風過華林度管絃行止不離宮仗影衣裾嘗惹御爐煙師資稷契論中禮依止山公典小銓多謝天波垂赤管敢教晨景過華塼翾飛附驥方經遠巨楫垂風遂濟川玉燭調時鈞軸正台階平處德星懸巖廊禮絕威容肅布素情深友愛偏長擬營巢安大廈忽驚操鉞領中權吳門日麗龍衛節京口沙晴鷁畫船蓋代名高方赫赫戀恩心切更乾乾袁安辭氣忠仍懇吳漢精誠直且專卻許邱明師紀傳更容疏廣奉周旋朱門自得施行馬厚祿何妨食萬錢密疏尚應勞獻替清談唯見論空元東山

妓樂供閒步北牖風涼足晏眠元武湖邊林隱見五城橋下棹洄沿會移苑樹開紅藥新鑿家池種白蓮不遣前騶妨野逸別尋逋客互招延棋枰寂靜陳虛閣詩筆沉吟傍彩牋往事偶來春夢裏閒愁因動落花前青雲舊侶嗟誰在白首親情倍見憐盡日凝思殊悵望一章追敘信精研韶顏莫與年爭競世慮須憑道節宣幸喜書生爲將相定由陰德致神仙羊公剩有登臨興尚子都無嫁娶牽退象天山鎭浮競起爲霖雨潤原田從容自保君臣契何必扁舟始是賢

觀人讀春秋

日覺儒風薄誰將霸道羞亂臣無所懼何用讀春秋

天闕山絕句

散誕愛山客淒涼懷古心寒風天闕晚盡日倚軒吟

行園樹

松節淩霜久蓬根逐吹頻群生各有性桃李但爭春

題雷公井

榆靄愚公谷蕭寥羽客家俗人知處所應爲有桃花

離歌辭五首

莫折紅芳樹但知盡意看狂風幸無意那忍折教殘

朝日城南路旌旗照綠蕪使君何處去桑下覓羅敷

事與年俱往情將分共深莫驚容鬢改只是舊時心

暫別勞相送佳期願莫違朱顏不須老留取待郎歸

拂匣收珠珮迴燈拭薄粧莫嫌春夜短匹似楚襄王

清明日清遠峽作

嶺外春過半途中火又新殷勤清遠峽留戀北歸人

自題山亭三首

簪組非無累園林未是歸世喧長不到何必故山薇

小舫行乘月高齋臥看山退公聊自足爭敢望長閒

跂石仍臨水披襟復挂冠機心忘未得棋局與魚竿

竹 以下五首北苑侍宴雜咏

勁節生宮苑虛心奉豫遊自然名價重不羨渭川侯

松

細韻風中遠寒青雪後濃繁陰堪避雨勁用待東風

水

碧草垂低岸東風起細波橫汾從遊宴何謝到天河

風

昨朝纔解凍今日又開花帝力無人識誰知玩物華

菊

細麗披金彩氛氲散遠馨汎杯頻奉賜緣解制頹齡

景陽臺懷古

後主亡家不悔江南異代長春今日景陽臺上閒人何用傷神

春夜月

幽人春望本多情況是花繁月正明竟夕無言亦無寐繞階芳草影隨行

走筆送義興令趙宣輔

聞君孤棹泝荆谿隴首雲隨別恨飛杜牧舊居憑買取他年藜杖願同歸

九月十一日寄陳郎中

我多吏事君多病寂絕過從又幾人前日龍山煙景好風前落帽是何人

立秋後一日與朱舍人同直

一宿秋風未覺涼數聲宮漏日猶長林泉無計消殘暑虛向華池費稻粱

游方山宿李道士房

從來未面李先生借我西窗臥月明二十三家同願識素騾何日暫還城

柳枝辭十二首

把酒憑君唱柳枝也從絲管遞相隨逢春只合朝朝醉記取秋風落葉時

南園日暮起春風吹散楊花雪滿空不惜楊花飛也得愁君老盡臉邊紅

陌上朱門柳映花簾鈎半捲綠陰斜憑郎暫駐青驄馬此是錢塘小小家

夾岸朱欄柳映樓綠波平漫帶花流歌聲不出長條密忽地風迴見綵舟

老大逢春總憾春綠楊陰裏最愁人舊游一別無因見嫩葉如眉處處新

濛濛堤畔柳含煙疑易陽和二月天醉裏不知時節改漫隨兒女打鞦韆

水閣春來乍減寒曉粧初罷倚欄干長條亂拂春波動不許佳人照影看

柳岸煙昏醉裏歸不知深處有芳菲重來已見花飄盡唯有黃鸝囀樹飛

此去仙源不是遙垂楊深處有朱橋共君同過朱橋去索映垂楊聽洞簫

暫別揚州十度春不知光景屬何人一帆歸客千條柳腸斷東風揚子津

仙樂春來案舞腰清聲偏似傍嬌嬈應緣鶯舌多情賴長向雙城說翠條

鳳笙臨檻不能吹舞袖當筵亦自疑唯有美人多意緒解依芳態畫雙眉

經東都太子橋

綸闈放逐知何道桂苑風流且暫歸莫問升仙橋上客身謀蹤拙舊心違

送客至城西望圖山因寄浙西府中

枚叟鄒生笑語同莫嗟江上聽秋風君看逐客思鄉處猶在圖山更向東

送寫眞成處士入京

傳神蹤迹本來高澤畔形容媿彩毫京邑功臣多佇

望凌煙閣上莫辭勞

附書與鍾郎中因寄京妓越賓

暮春橋下手封書（海陵橋名）寄向南江問越姑不道諸郎少歡笑經年相別憶儂無

留題仙觀

瑶壇醮罷珮雲開羽客分飛俗士迴爲報移文不須勒未曾游處待重來

奉命南使經彭澤（値王明府不在留此）

遠使程途未一分離心常要醉醺醺那堪彭澤門前立黄菊蕭疎不見君

閣皁山

殿影高低雲掩映松陰繚繞步徘徊從今莫厭簪裾累不是乘軺不得來

朱處士相與有山水之願見送至南康作此以別之

憐君送我至南康更憶梅花庾嶺芳多少仙山共遊在願君百歲尚康强

和賈員外戩見贈玉蘂花栽

瓊瑶一簇帶花來便斸蒼苔手自栽喜見唐昌舊顔色爲君判病酌金罍

和陳表用員外求酒

暑天頻雨亦頻晴簾外閑雲重復輕珍重一壺酬絶唱向風遙想醉吟聲

納后侍宴三絶

時平物茂歲功成重翟排雲到玉京四海未知春色至今宵先入九重城

銀燭金爐禁漏移月輪初照萬年枝造舟已似文王事卜世應同八百期

漢主承乾帝道光天家花燭宴昭陽六衣盛禮如金屋彩筆分題似柏梁

柳枝辭十首 座中應制

金馬辭臣賦小詩梨園弟子唱新辭君恩還似東風意先入靈和蜀柳枝

百草千花共待春綠楊顏色最驚人天邊雨露年年在上苑芳華歲歲新

長愛龍池二月時毿毿金線弄春姿假饒葉落枝空後更有梨園笛裏吹

綠水成文柳帶搖東風初到不鳴條龍舟欲過偏留戀萬縷輕絲拂御橋

百尺長條宛麴塵詩題不盡畫難眞憑君折向人間

種還似君恩處處春

風煖雲開晚照明翠條深映鳳凰城人間欲識靈和態聽取新詞玉管聲

醉折垂楊唱柳枝金城三月走金羈年年爲愛新條好不覺蒼華也似絲

新春花柳競芳姿偏愛垂楊拂地枝天子偏教詞客賦宮中要唱洞簫詞

凝碧池頭蘸翠漣鳳凰樓畔簇晴煙新詞欲詠知難詠說與雙城入管弦

侍從甘泉與未央移舟偏要近垂楊櫻桃未綻梅花老折得柔條百尺長

寄題毗陵驛

曾持使節駐毗陵長與州人有舊情爲向驛橋風月道金人髭鬢白千莖

春盡日游後湖贈劉起居 劉時方燒藥

今朝湖上送春歸萬頃澄波照白髭笑折殘花勸君酒金丹成熟是何時

送察院李侍御使廬陵因寄孟員外

繡衣乘驛急如星山水何妨寄野情肯向九霄臺下歇閒聽孟叟醉吟聲

聽霓裳羽衣曲送陳君

清商一曲遠人行桃葉津頭月正明此是開元太平曲莫教偏作別離聲

卷二十八終

全五代詩卷二十九

羅江李調元雨村　編

南唐

徐鍇

鍇字楚金鉉之弟與鉉齊名時號二徐起家秘書郎齊王景達奏授記室未幾貶烏江尉歲餘召還授右拾遺集賢殿直學士論馮魯以秘書郎分司東都復召爲虞部員外郎後主立遷屯田郎知制誥集賢殿學士改官名拜右內史舍人賜金紫宿直光政殿兼兵吏部選事開寶七年七月卒年五十五贈禮部侍郎諡曰文著說文解字系傳四十卷說文通釋四十卷方輿記一百三十卷又古今國典賦苑歲時廣記及他文章凡若千卷十國春秋

鍇凡四知貢舉號得人鍇常著論十餘篇後主爲丹黃校定復裒已所製文命鍇爲之序士以爲榮鍇酷嗜讀書隆冬烈暑未嘗少輟後主一日得周載齊職儀江東初無此書人無知者以訪鍇一一條對無所遺忘其博記如此既久處集賢書册不去手非暮不出少精小學故所讎書尤審諦每指其家語人曰吾惟寓宿於此耳江南藏書之盛爲天下冠鍇力居多後主常歎曰羣臣勤其官皆如徐鍇在集賢吾何憂哉宋李穆來使見鍇及鉉歎曰二陸之流也時國勢日削鍇憂憤得疾卒謂家人曰吾今乃免爲俘鹵矣　談苑江

南時吳洲爲校理古樂府中有掺字者洲多改爲操字蓋章草之變鍇曰此非可一例言若漁陽掺者三撾鼓也禰衡行漁陽掘古歌云邊城晏開漁陽掺黃塵蕭蕭白日暗淋歎服掺七鑒反又後主患清暑閣前草生鍇令以桂屑布塼縫中宿草盡死謂呂氏春秋桂林之下無雜木故也　事物紺珠南唐徐氏二龍蓋謂鉉與鍇也　玉壺清話鍇詞藻尤贍年十歲羣從宴集令賦秋聲詩頃刻而就畧云井梧紛墮砌塞雁遠橫空雨滴苺苔紫風歸薜荔紅盡見秋聲之意　金玉詩話王師帀伐江左城未破時或夢緋衣女子行空中以巨箠箠物散落如豆著地皆成人問之曰此當死于難者後見一貴人盛冠服纔墮于地云徐舍人也既寤聞徐鍇歿王文公見弟在金陵和王微之登高齋詩押箠字平甫曰當時徐氏擅筆墨夜圓夢墮空中箠此事奇譎而語崛强可謂搏虎手也

太傅相公以東觀庭梅西垣舊植昔陪盛賞今獨家兄唱和之餘俾令攀和輙依本韻伏愧斐然　按騎省集徐鉉與太傅殷崇義唱和庭梅詩共三首其一序云史館庭梅見其毫末歷載三十今已半枯嘗與諸公唯相公與鉉在耳覩物興感率成短篇謹書獻上伏惟垂覽詩云東觀婆娑樹曾憐甲坼時繁英共攀折芳歲幾推移往事皆陳迹清香亦暗衰相看宜自喜雙鬢合垂絲其二序云太傅相公深感庭梅再成絕唱曲垂借示倍認知憐謹用舊韻攀和詩云禁省繁華地含芳自一時雪英開復落紅藥植還移靜想分今昔頻吟歎盛衰多情共如此爭免鬢成絲其三序云太傅相公以庭梅二篇許舍弟同賦再遷藻思曲有虛稱謹依韻奉和庶申感謝詩云舊眷終無替流光自足悲攀條感花萼和曲許塤篪前會成春夢何人更已知緣情聊借喻爭敢道言詩鍇有和詩二首並錄于此其殷崇義和詩見卷三十六

靜對含章樹　漢有含章簷下樹　閑思共有時香隨荀令在根

異武昌移物性雖搖落人心豈變衰唱酬勝笛曲來往韻朱絲

太傅相公與家兄梅花詶唱許綴末篇再賜新詩俯光絕句謹奉清韻用感鈞私伏惟采覽

重歎梅花落非關塞笛悲論文叨接萼末曲愧吹箎枝逐清風動香因白雪知陶鈞敷左悌更賦邵公詩

賦遠山送鍾德林郎中學士（事見鍾蒨詩話）

瓜步妖氛滅昆岡草樹青終朝空爾望今日送君行報政秋雲靜微吟曉月生樓中長可見特用滅離情

同家兄哭喬侍郎

諸公長者鄭當時事事無心性坦夷但是登臨皆有詠未嘗相見不伸眉生前適意無過酒死後遺言只要詩三日笑談成理命一篇投弔尚應知

鍾蒨

蒨字德林豫章人起家藩府從事與二徐等遊累登臺郎遷集賢殿學士保大九年爲東都少尹交泰時齊王景達都督撫州朝廷慎選僚佐除觀察判官校檢屯田郎中後主時官勤政殿學士宋師入金陵蒨朝服坐於家兵及門舉族死之（騎省集徐鉉有與弟鍇及蕭彧孫覬謝仲宣王沂李

送鍾德林少尹員外幷序云歲辛亥冬十月天子命吾友德林爲東府亞尹大弟諭德蕭君洎諸客餞于石頭城雲日蒼茫園林搖落尊酒將斟征帆欲飛處者眷眷而不能遐行者遲遲而不忍去煙生景夕風靜江平君子曰公足以滅私子當促棹詩所以言志我當分題故以風月松竹山石寄情于贈別云爾賦得石詩云我愛他山石中含絕代珍煙銷寒落落沙淺靜磷磷翠色辭文陛清聲出濱扁舟載歸去知是洪崖人又鉉與蕭彧喬舜陳元裕有送鍾德林郎中學士赴東府詩幷序云德林始以才術優贍入參近司旋以地望清雅寵登書殿會東畿之克復上以君遺愛於淮海之都故輟侍從之班攝尹正之任吾一二親友共餞行舟鉉也不才請以言贈理大國若烹小鮮言不可撓之也況亂後乎德林當本仁守信體寬務斷大兵之後民各思乂聽其自理任其自營爲之上者導其棠過其淫而已示之以聽明則民益迷拘之以禁令則民重困棗仁則吏暴失民信則衆惑

急則民傷不斷則民懈愼此四者何往而不臧噫嘻吾黨皆忘形者也平生以來胥會者幾何思當雞犬相聞舟輿不接開口而笑攜手而遊在吾輩勉之而已忘身徇國急病讓夷德林此行宜減離戀盍各賦一物以爲贈乎九月十七日序賦得酒詩云酌此盃中物茱萸滿把秋今朝將送別他日是忘憂世亂方多事年加易得愁政成頻一醉亦未減風流

賦山別諸知己

暮景江亭上雲山日望多只愁辭輦轂長憾隔嵯峨有意圖功業無心憶薜蘿親朋將遠別且共醉笙歌

賦新鴻別諸同志

隨陽來萬里點點度遙空影落長江水聲悲半夜風

殘秋辭絕漠無定似驚蓬我有離羣憾飄飄類此鴻

蕭彧

彧字文彧官至少卿詩話徐鉉與蕭彧孫峴有詩悼之其畧云文彧少卿文山郎中交好深至二紀已餘睽別數年二子長逝奉使嶺表遂次南康弔孫氏之孤于其家覩文彧手書于僧室悽愴悲歎留題此詩詩云孫家虛座弔諸孤張叟僧房見手書二紀歡遊今若此滿衣零淚欲何如腰間金印從如斗鏡裏霜華已滿梳珍重遠公應笑我塵心唯此未能除

賦月送鍾員外

麗漢金波滿當年玉斝傾因思穎聚散幾復換虧盈光徹離襟冷聲符別管清那堪還目此兩地倚樓情

賦菊送德林郎中學士赴東府

離情折楊柳此別異春哉含露東籬艷泛香南浦杯惜持行次贈留插醉中迴暮齒如能制玉山甘判頹

孫峴

峴字文山南康人官郎中辟江王景遏記室

賦竹送鍾員外

萬物中蕭灑修篁獨逸羣貞姿曾冒雪高節欲凌雲細韻風初發濃煙日正曛因題偏惜別不可暫無君

謝仲宣

仲宣嘗爲齊王景達宮寮

賦松送鍾員外

送人多折柳唯我獨吟松若保歲寒在何妨霜雪重森梢逢靜鏡廓落見孤峰還似君高節亭亭[illegible]縱

王沂

沂南唐時人

賦風送鍾員外

靜追蘋末興況復值蕭條猛勢資新鴈寒聲伴暮潮過山雲散亂經樹葉飄飄今日煙江上征帆望望遥

喬舜

舜一名匡舜字亞元高郵人李昪輔吳用爲

秘書省正字及開國宋齊邱辟置幕中十餘年歷大理評事屯田員外郎表爲節度掌書記保大中召爲駕部郎中知制誥中書舍人以沮國計流撫州後主嗣位復起爲司農少卿歷殿中監修國史給事中兼獻納使知貢舉遷刑部侍郎老病乞骸骨後主閔其貧給俸終身開寶五年卒年七十五謚曰貞十國春秋匡舜知貢與及第樂史輩五人多見滯名場者時稱得人而少年輕薄子嘲之謂之陳橋皮榜　騎省集徐鉉和亞元長歌中有句云開緘試讀相思字乃是多情喬亞元短韻二篇皆麗絕小梅寄意情偏切註云亞元詩云借問小梅應得信春風新自海邊來此語尤

嘉

賦江送德林郎中學士赴東府

摻袂向江頭朝宗勢未休何人乘桂檝之子過揚州颯颯翹沙鴈漂漂逐浪鷗欲知離別憾半是淚和流

陳元裕

元裕南唐時人

賦水送德林郎中學士赴東府

上善湛然秋恩波洽帝猷謾言生險浪豈爽見安流泥去星槎遠澄來月練浮滔滔對離酌入落稱仙舟

孟賓于

賓于字國儀連州人晉天福九年登第還鄉為馬氏從事後歸南唐為塗陽令坐繫赦歸後主起為水部員外致仕初居吉州玉笥山自號羣玉峰叟有金鼇集郡閣雅談天福中自湘越京洛應舉遠人無援遂卜命于華山神珓一年乞一珓凡六擲得上上大吉第一年云蟾宮空手下澤國更誰來二年云水國二親應探榜龍門三月又傷春三年云仙島卻回空悅夢清朝未達自嫌身四年云失意從他桃李春嵩陽經過歇行塵雲僧不見城中事問是今年第幾人五年云因逢日者教重應忍被雲僧勸卻歸天福九年禮部侍郎符蒙下及第果六舉往往江南官至水部侍郎王元之嘗云古詩人有三水部何遜張籍及孟賓于也江南野錄賓于有詩百篇獻于李若虛侍郎其譽藹然明年與李昉同登進士第後事李後主為塗陽令抵法當死會昉還翰林學士以詩寄賓于莫學馮唐便休去明君晚事未為慵句後主見昉詩宥之復官雅言○述賓于及第獻主司詩云那堪雨後更聞蟬溪隔重湖路七千憶昔故園楊柳岸全家送上渡頭船當年中第與國中致仕歸秘閣馬致恭送行詩云今日還家莫惆悵不同初渡船頭蓋用此語馬書頡謝傳江南野錄上作頡謝曾公之後雅辭翰謹禮法多循先業就所居第依泉石築亭樹開軒四敞則碧鮮叢遶翠微環列蕭爽之趣杜絕塵囂孟賓于嘗以詩美之云園林蕭爽聞來久欲訪因循二十秋此日開襟吟不盡碧山重疊水長流詩中旨格夏日曲江云遠樹連沙靜閑舟入浦遲贈徐明府云簾垂羣吏散苔長訟庭閑吟窗雜錄柳云去年曾折處今日又垂條落花云早知落處隨疏雨悔得開時順暖風又千家簾幙春空在幾處樓臺月自明雪霽云臘雪化為流水去春風吹自好山來永州法華寺云匝地人家凭檻見遠山秋色捲簾

看皆佳句也鑑戒野錄賓于子歸唐寓廬山國學得瀑布一聯云練色有窮處寒聲無盡時鄰舍有生亦得此句互訟之助教不能理因送江州以全篇定之歸唐勝焉

蟠溪懷占

良哉呂尚父深隱始歸周釣石千年在春風一水流松根盤蘚石花影臥沙鷗誰更懷韜術追思古渡頭

晚眺

倚杖殘秋裏吟中四顧頻西風天際鴈落日渡頭人草色衰平野山陰歛暮塵卻尋苔徑去明月照村鄰

懷連上舊居

閑思連上景難齊樹繞仙鄉路繞溪明月夜舟漁父

唱春風平野鷓鴣啼城邊寄信歸雲外花下傾杯到日西更憶海陽垂釣侶昔年相遇草萋萋

公子行

錦衣紅奪彩霞明侵曉春遊向野庭不識農夫辛苦力驕驄蹋爛麥青青

湘江亭

獨宿大中年裏寺樊籠得出事無心寒山夢覺一聲磬霜葉滿林秋正深

題梅仙館

仙界路遥雲縹緲古壇風冷葉蕭騷後來豈合言淹

滯一尉昇騰道最高

左偃

偃南唐人不仕居金陵能詩有鍾山集雅言雜錄江南韓熙載稱左偃能詩有集千餘首昭君怨云胡笳聞欲死漢月望還生早日云日華離碧海雲影散青天

寄廬山上人

潦倒門前客閑眠歲又殘連天數峰雪終日與誰看萬丈高松古千尋落水寒仍聞有新作嬾寄入長安

寄韓侍郎

謀身謀隱兩無成拙計深慙負耦耕漸老可堪懷故國多愁翻覺厭浮生言詩幸遇明公許守朴甘遭俗者輕今日況聞搜草澤獨悲顦顇卧昇平

漢宮詞

寒燭照清夜笙歌隔藓牆一從飛燕入便不見君王

送君去

關河月未曉行子心已急佳人無一言獨背殘燈泣

秋晚野望

倚筇聊一望何處是秦川草色初晴路鴻聲欲暮天

郊原晚望懷李秘書

歸鳥入平野寒雲在遠村徒令睇望久不復見王孫

言懷別同志

漸老將誰託勞生每自慙何當重攜手風雨滿江南

江上晚泊

寒雲淡淡天無際片帆落處沙鷗起水濶風高日復斜扁舟獨宿蘆花裏

寄鑒上人

一從攜手阻戈鋌屈指如今已十年長記二林同宿夜竹齋聽雨共忘眠

送人

一莖兩莖華髮生千枝萬枝梨花白春色江南獨未

歸今朝又送還鄉客

李詢

詢南唐人

贈織人

札札機聲曉復晡眼穿力盡竟何如美人一曲成千
賜心裏猶嫌花樣疏

劉庶幾

庶幾吉水人南唐時隱士能改齋漫錄庶幾在五代時中朝累有聘召皆不起故老有能記其放猿絕句云云

放猿

孤猿鎖檻歲年深放出城南百丈林綠水任君連臂
飲青山不用斷腸吟

李匡堯

匡堯泰和人南唐布衣元章書宋齊邱鎮鍾陵有布衣李匡堯累贄謁宋宋知其怪物託以他故不見一日宋喪子匡堯隨弔客造謁乃就賓次大署二十八字云云

安排唐祚挫強吳盡見先生說廟謨今日喪雛猶自
哭讓皇宮眷合何如按此詩一作李家明詩詞句小異

周顗

顗南唐處士南唐近事顗洪儒奧學偶不中第旅浙西從事歎欽惟昧章程

座中皆戲之有贈詩云龍津棹尾十年勞聲價當時鬬月高惟有紅妝回舞手似持霜刃向猿猱周和云云

和韻

十年文場敢憚勞宋都回鷁爲風高今朝甘被花枝
笑任道樽前愛縛猱

張紹

紹南唐人

冲佑觀

大始未形混沌無際上下開運乾坤定位日月麗天
山川鎮地萬彙猶屯三才始備肇有神化初生蒸民

上惟立德下無疏親皇風蕩蕩黔首湻湻天下有道
誰非聖人開源嗜慾澆漓俗盛賢者避世眞人華命
八極神鄉十州異境翠阜丹邱潛伏靈聖惟彼武夷
實曰洞天峯巒黛染巖岫霞蘚金房玉室羽蓋雲軿
葬日風雨會有神仙國步多艱皇綱中絕四海九州
瓜分幅裂稔禍陬隅阻兵甌越寂寞蠻風荒涼絳闕
赫赫烈祖再造丕基拱揖高讓神人樂推明明我后
允協昌基功崇下武德茂重熙睿哲英斷雄畧神智
拓土開疆經天緯地五嶺來庭三湘清徹四海震威
羣生懷惠猶勞宵旰猶混馬車貪狼俟靜宮焉方除

淹留駿馭想像鶉居心懸眞洞夢到華胥乃眷名山
追惟聖跡內庫頒金元俟奉職三境求規五靈取則
跨谷彌岡張霄架極珠宮寶殿璇臺玉堂鳳翔高甍
龍轉迴廊錯落金碧玲瓏璧璫雲生林楚雷繞簷牆
七聖斯巖三君如在八景靈輿九華神蓋清霄莫胥
明霜匪對彷彿壺中依稀物外衆眞之宇擬之無倫
會仙之類名之惟新高峰爲壑區谷成峒皇獻頌聲
永絕淄磷

李貞白

貞白南唐人爲百勝軍節度陳德誠客全唐詩話
貞白善諧嘗詠刺蝟云行似鍼氈動臥若栗毬圓莫欺如此大誰敢便行拳又詠月云當塗當塗見蕪湖蕪湖見八月十五夜一似沒柄扇又詠狗蚤云與蝨都來不較多擽挑筋斗大嘍囉忽然管著一藍子有甚心情那你何又詠罌粟子云倒排雙陸子希擦碧牙籌既似犧牛乳又如鈴馬兜鼓搥并瀑箭直是有來由又謁貴公子不禮書格子屏風云道格何曾格言糊又不糊渾身總是眼還解識人無又建帥陳誨之子德誠罷管沿江水軍入掌禁衛頗忠拘束方宴客貞白在坐食蟹德誠顧貞白曰請詠之貞白云云衆客皆笑
調元按王漁洋五代詩話詠蟹詩作王貞白攷唐詩戊籤王貞白無爲陳德誠客事今據全唐詩仍歸李貞白爲是

詠蟹

蟬眼龜形脚似珠未曾正面向人趨如今釘在盤筵

上得似江湖亂走無

陳沆

沆南唐時廬阜處士全唐詩話沆寒食云罷卻兒女戲放他花木生又閑居云掃地雲粘箒耕山鳥怕牛又題水云黠入旱雲千國仰力浮塵世一毫輕

嘲廬山道士南唐近事廬山九天使者廟有一道士體貌魁偉飲啗酒肉晚節服餌丹砂嘌于沖舉有鶴因風所飄憩于廟庭道士驚喜謂當赴昇騰之召令山童拴而乘之羽儀清弱不勝其載毛傷骨折而斃翌日驅養者知訴于公府沆以詩嘲之　調元按十國春秋作孟蜀向瓚詩未知孰是今并存之

啗肉先生欲上昇黃雲踏破紫雲崩龍腰鶴背無多
力傳與麻姑借大鵬

卷二十九終

全五代詩卷三十

羅江李調元雨村　編

南唐

王貞白

貞白字有道信州永豐人五舉禮部登乾甯二年第後七年始授校書郎晩歸南唐嘗與羅隱貫休唱和所著有靈溪集紀事天祐年中內試貞白札翰猥籍帝覽拂下玉案有黃門奏此舉人頗有詩名御批曰粗通放　青瑣後集貞白唐末大播詩名嘗作御溝詩云一片御溝水綠槐相蔭清此波涵帝澤無處濯塵纓云云以示貫休貫休曰剩一字貞白揚袂而去貫休預書一中字于掌逡廵貞白回曰此中涵

帝澤貫休開掌示之不異所改　老學菴續筆記唐有一種色謂之退紅王建牡丹詩云粉光深紫膩肉色退紅嬌貞白倡樓行云龍腦香調水教人染退紅花間集牀上小薰籠昭州新退紅蓋退紅若今之粉紅縣器亦有此色者今無之矣紹興末縑帛有一等似皂而淡者謂之不肯紅亦退紅之類也　摭言昭宗皇帝頗爲寒進開路崔凝典貢舉濫得不少然如王貞白張蠙律詩趙觀文古風之作皆臻前輩之閫閾者　洪景盧云貞白靈溪集藏永豐邑士周宗朴家更無他本鄱陽余鏞攝尉訪得刻之

放歌行

南渡洛陽律西望十二樓明堂坐天子月朔朝諸侯
清樂動千門皇風被九州慶雲從東來泱漭抱日流
昇平貴論道文墨將何求有詔徵草澤徵誠將獻謀
冠冕如星羅拜揖曹與周望塵非吾事入職且遲留
幸蒙國士識自脫負薪裘今者放歌行以慰梁甫愁
位榮數斗祿奉義本豐羞願得金膏遂飛雲亦可籌

長安道

曉鼓人已行暮鼓人未息梯航萬國來爭先貢金帛
不問賢與愚但論官與職如何貧書生只獻安邊策

洛陽道

喧喧洛陽路奔走爭先步惟恐著鞭遲誰能更迴顧
覆車雖在前潤屋何曾懼賢哉只二疏東門挂冠去

田舍曲

古今利名路只在儂門前至老不離家一生常晏眠
牛羊晚自歸兒童戲野田豈思封侯貴唯只待豐年
征賦豈辭苦但願時官賢時官苟貪濁田舍生憂煎

擬塞外征行

冠騎滿鷄田都護欲臨邊青泥方絕漠懷劍始辭燕
旌旗挂龍虎壯士募鷹鸇長城威十萬高嶺奮三千
行行向馬邑去去指祁連鼓聲遙赤塞兵氣遠衝天
對陣雲初上臨城月始懸風驚烽易滅沙暗馬難前
恩重恒思報勞心屢損年微功一可立身輕不自憐

長門怨二首

寂寞故宮春殘燈曉尚存從來非妄過偶爾失君恩
花落傷容鬢鶯啼驚夢魂翠華如可待應免老長門
第三句唐音戊籤作從來非妄妬
葉落長門靜苔生永巷幽相思對明月獨坐向空樓
鑾駕迷終轉蛾眉老自愁昭陽歌舞伴此夕未知秋

妾薄命

薄命頭欲白頻年嫁不成秦娥未十五昨夜事公卿
豈有機杼力空傳歌舞名妾專修婦德媒氏卻相輕

長相思

芙蓉出水時偶爾便分離自此無因見長教挂所思

殘春不入夢芳信欲傳誰寂寞秋堂下空吟小謝詩

少年行二首

遊讌不知厭杜陵狂少年花時輕暖酒春服薄裝綿
戲馬上林苑鬬鷄寒食天魯儒甘被笑對策鬢皤然
弱冠投邊急驅兵夜渡河追奔鐵馬走殺虜寶刀⿰扌化
音鞾撟也 威靜黑山路氣含一作吞清海波常聞為突騎天
子賜長戈

短歌行

物候來相續新蟬送晚鶯百年休倚賴一夢甚分明
金鼎神仙隱銅壺晝夜傾不如早立德萬古有其名

湘妃怨

舜欲省蠻陬南巡非逸遊九江沉白日二女泣滄洲
目極楚雲斷恨深湘水流至今聞鼓瑟咽絕不勝愁

出塞曲

歲歲但防虜西征早晚休匈奴不繫頸漢將但封侯
夕照低烽火寒笳咽戍樓燕然山上字男子見須羞

御溝水

一帶御溝水綠槐相蔭清此中涵帝澤無處濯塵纓
鳥道來雖險龍池到自平朝宗本心切願向急流傾

度關山

只領千餘騎長驅磧邑間雲州多警急雪夜度關山
石響鈴聲遠天寒弓力慳秦樓休悵望不日凱歌還

出自薊北門行

薊北連極塞塞色晝冥冥戰地骸骨滿長時風雨腥
沙河流不定春草凍難青萬戶封侯者何謀靜虜庭

古悔從軍行

憶昔仗孤劍十年從武威論兵親玉帳逐虜過金微
隴水秋先凍關雲寒不飛辛懃功業在麟閣志猶違

遊仙

我家三島上洞戶枕波濤醉背雲屏卧誰知海日高

露香紅玉樹風綻碧蟠桃悔與仙子别思歸夢釣鼇

商山

商山名利路夜亦有人行四皓卧雲處千秋疊蘚生
晝烟籠澗黑殘雪隔林明我待酬恩了來聽水石聲

廬山

嶽立鎮南楚雄名天下聞五峰高閡日九疊翠連雲
夏谷雪猶在陰巖晝不分唯應嵩與華清峻得爲羣

寄鄭谷

五百首新詩緘封寄去時祇憑夫子鑒不要俗人知
火鼠重收布水蠶乍吐絲直須天上手裁作領巾披

白牡丹

穀雨洗纖素裁爲白牡丹異香開玉合輕粉泥銀盤
曉貯露華濕宵傾月魄寒家人淡妝罷無語倚朱欄

送韓從事歸本道

獻捷靈州倅歸時寵拜新論邊多稱旨許國誓亡身
馬渴黄河凍雁回靑塚春到蕃唯促戰應不肯和親

贈劉凝評事

棘寺官初罷梁園靜掩扉春深顔子巷花映老萊衣
談史曾無滯攻書已造微郎膺新寵命稱慶向庭闈

雲居長老

巘路躡雲上來參出世僧松高半巖雪竹覆一溪冰
不說有爲法非傳無盡燈了然方寸内應祇見南能

雨後從陶郎中登庾樓

庾樓逢霽色夏日欲西曛虹截半江雨風驅大澤雲
島邊漁艇聚天畔鳥行分此景堪誰畫文翁請綴人

述松

遠谷呈材幹何由入棟梁歲寒虛勝竹功績不如桑
秋老落乾子春深裛嫩黄雖蒙匠者顧樵採日難防

從軍行

從軍朔方久未省用干戈祇以恩信及自然戎虜和
邊聲動白草燒色入枯河每度因看獵令人勇氣多

胡笳曲

隴底悲笳引隴頭鳴北風一輪霜月落萬里塞天空
戍卒淚應盡胡兒哭未終爭教班定遠不念玉關中

出塞

玉殿論兵事君王詔出征新除羽林將曾破月支兵
慣歷塞垣險能分部落情從今一戰勝不使虜塵生

晚夏逢友人 一作李昌符詩

一别同袍友相思已十年長安多在客久病忽聞蟬
驟雨纔沾地陰雲不徧天微凉堪話舊移榻晚風前

終南山

終朝異五岳列翠滿長安地去搜揚近人謀隱遁難
水穿諸苑過雪照一城寒爲問紅塵裏誰同駐馬看

涼州行

誰唱關西曲寂寥夜景深一聲長在耳萬恨重經心
調古清風起曲終涼月沈卻應筵上客未必是知音

金陵懷古二首

恃險不種德興亡嘆數窮石城幾換主天塹漫連空
御路壘民塚臺基聚牧童折碑猶有字多記昔英雄
六代江山在繁華古帝都亂來城不守戰後池多蕪

寒日隨潮落歸帆與鳥孤興亡多少事回首一長吁

釣臺

異代有巢許方知嚴子情舊交雖建國高卧不求榮
水鳥寒來浴汀蘭暖重生何顏吟過此辛苦得浮名

憶張處士

天台張處士詩句造元微古樂知音少名言與俗違
山風入松徑海月上巖扉畢世唯高卧無人說是非

送馬明府歸山

辭秩入匡廬重修靖節居免遭黑綬束不與白雲疎
送吏各獻酒羣兒自擔書到時看瀑布爲我謝清虛

送友人南歸

南國菖蒲老知君憶釣船離京近殘暑歸路有新蟬
峴首白雲起洞庭秋月懸若教吟與足西笑是何年

題嚴陵釣臺

山色四時碧溪聲七里清嚴陵愛此景下視漢公卿
垂釣月初上放歌風正輕應憐渭濱叟匡國正論兵

曉泊漢陽渡

落月臨古渡武昌城未開殘燈明市井曉色辨樓臺
雲自蒼梧去水從嶓冢來芳洲號鸚鵡用記禰生才

隨計

徒步隨計吏辛勤鬢易凋歸期無定日鄉思羨迴潮

冒雨投前驛侵星過斷橋何堪穆陵路霜葉更蕭蕭

宮池產瑞蓮

雨露及萬物嘉祥有瑞蓮香飄雞樹近榮占鳳池先
聖日臨雙麗恩波照并妍願同指佞草生向帝堯前

秋日旅懷寄右省鄭拾遺

永夕愁不寐草蟲喧客庭半窗分曉月當枕落殘星
鬢髮遊梁白家山近越青知音在諫省苦調有誰聽

九日長安作

無酒泛金菊登高但憶秋歸心隨旅雁萬里在滄州

殘照明天闕孤砧隔御溝誰能思落帽兩鬢已添愁

曉發蕭關

早發長風裏邊城曙色間數鴻寒背磧片月落臨關
隴上明星沒沙中夜探還歸程不可問幾日到家山

寄天台葉尊師

師住天台久長聞過石橋晴峰見滄海深洞徹丹霄
採藥霞衣濕煎芝石鼎焦念予無俗骨頻與鶴書招

江上吟

一葉野人舟長將載酒游夜來吟思苦江上月華秋
曉露滿紅蓼輕波飃白鷗漁翁似有約相伴釣中流

過商山

一宿白雲根時經採麝村數峰雖似蜀當晝不聞猨
馬立溪沙淺人爭閣道喧明朝棄繻罷步步入金門

泛鏡湖

我泛鏡湖日未生千里薄時無賀賓客誰識謫仙人
吟對四時雪憶遊三島春惡聞亡越事洗耳大江濱

書陶潛醉石

片石陶真性非爲麴蘖昏爭如眾月醉不笑獨醒人
積疊莓苔色交加薜荔根至今重九日猶待白衣魂

芍藥

芍藥承春寵何曾羨牡丹麥秋能幾日穀雨只微寒
妬態風頻起嬌妝露欲殘芙蓉浣紗伴長恨隔波瀾

獨芙蓉

方塘清曉鏡獨照玉容秋蠹芰不相採斂蘋空自愁
日斜還顧影風起强垂頭芳意羨何物雙雙鸂鶒游

馮氏書齋小松二首

孤根生遠岳移植翠枝添自秉雪霜操任他蜂蝶嫌
微陰連迴竹清韻入疎簾聳勢即空碧時人看莫厭
得地已經歲清音晝夜聞根涵舊山土葉間近溪雲
野鶴望長遠庭花笑不羣須知搖落後眾木始能分

蘆葦

高士想江湖湖閑庭植蘆清風時有至綠竹興何殊
嫩喜日光薄踈憂雨點麤驚蛙跳得過門雀鳧如無
未織巴籬護幾擡邛竹扶惹烟輕弱柳醮水嫩清蒲
溉灌情偏重琴罇賞不孤穿花思釣叟吹葉少羌雛
寒色暮天映秋聲遠籟俱朗吟應有趣瀟灑十餘株

洗竹

道院竹繇教署洗鳴琴酌酒看扶踈不圖結實來雙
鳳且要長竿釣巨魚錦籜裁冠添散逸玉芽修饌稱
清虛有時記得三天事自向琅玕節下書

庾樓曉望

獨凭朱檻立凌晨山色初明水色新竹霧曉籠銜嶺月蘋風暖送過江春子城陰處猶殘雪衙鼓聲前未有塵三百年來庾樓上曾經多少望鄉人

送芮尊師

石上菖蒲節節靈先生服食得長生早知避世憂身老近日登山覺步輕黃鶴待傳蓬島信丹書應換藥宮名他年控鯉昇天去廬岳逋民願從行

仙巖二首

白烟晝起丹竈紅葉秋書篆文二十四巖天上一鷄

啼破晴雲

風呼山鬼服役月照衡薇結花江燒客尋瑤草洞深人聽丹霞

折楊柳三首

枝枝交影鎖長門嫩色曾沾雨露恩鳳輦不來春欲盡空留鶯語到黃昏

水殿年年占早芳柔條風裏御爐香如今萬乘多巡狩輦路無陰綠草長

嫩葉初齊不耐寒風和時拂玉闌干征人去日曾攀折泣雨傷春翠黛殘

御試後進詩

三時賜食天厨近再宿偷吟禁漏清二十五家齊拔宅八人聞已寫上昇名（是年初放二十五人後覆汰止放十五人）

春日詠梅花

靚粧纔罷粉痕新迨曉風迴散玉塵若遣有情應悵望已兼殘雪又兼春

卷三十終